COLEÇÃO

HISTÓRIA DA IGREJA DE CRISTO

DANIEL-ROPS

COLEÇÃO

HISTÓRIA DA IGREJA DE CRISTO

I

A IGREJA DOS APÓSTOLOS E DOS MÁRTIRES

4ª edição

Tradução
Emérico da Gama

QUADRANTE

QUADRANTE

QUADRANTE EDITORA
Rua Bernardo da Veiga, 47 | Tel.: 3873-2270
CEP 01252-020 | São Paulo - SP
atendimento@quadrante.com.br
www.quadrante.com.br

Direção geral
Renata Ferlin Sugai

Direção de aquisição
Hugo Langone

Direção editorial
Felipe Denardi

Produção editorial
Juliana Amato
Gabriela Haeitmann
Ronaldo Vasconcelos
Daniel Araújo
Karine Santos

Capa
Gabriela Haeitmann

Diagramação
Sérgio Ramalho

Título original: *L'Église des Apôtres et des Martyrs*
Edição: 4ª

Dados Internacionais de Catalogação na Publicação (CIP)

Daniel-Rops, Henri, 1901-1965
A Igreja dos Apóstolos e dos Mártires / Henri Daniel-Rops; tradução de Emérico da Gama – 4ª ed. – São Paulo: Quadrante Editora, 2024.

ISBN (capa dura): 978-85-7465-746-2
ISBN (brochura): 978-85-7465-733-2
ISBN (3ª edição): 978-65-8982-041-3

1. Igreja - História - Período antigo 2. Igreja Católica - História I. Gama, Emérico da. II. Título III. Série.

CDD–270

Índices para catálogo sistemático:
1. Igreja : Período antigo : História da Igreja 270

Sumário

I. A SALVAÇÃO VEM DOS JUDEUS

Os "irmãos" de Jerusalém

Nos últimos anos do reinado de Tibério, isto é, por volta do ano 36 ou 37 do nosso calendário, espalhou-se entre as colônias judaicas dispersas pelo Império um rumor que logo suscitou o mais vivo interesse.

Tudo estava em calma neste mundo mediterrâneo, que em três séculos Roma refundira segundo os seus princípios; tudo neste imenso Império dava uma impressão de ordem e estabilidade. É verdade que, tendo-se retirado voluntariamente para os rochedos de Capri, onde se tinham edificado doze luxuosas casas de campo destinadas exclusivamente aos seus prazeres, o já mais que septuagenário imperador despendia o que lhe restava de vida entregue à devassidão e aos mais cruéis divertimentos, enquanto a aristocracia senatorial, já farta de vilezas e delações, olhava ansiosamente para aquela ilha de onde não lhe chegavam senão sentenças de morte.

Mas as fantasias sangrentas do velho misantropo não punham em risco o equilíbrio do Estado; a capital continuava calma, as províncias mantinham-se perfeitamente submissas, e tanto em terra como no mar o comércio prosperava maravilhosamente.

Também na Palestina, a menor das regiões do Império, não parecia acontecer nada de excepcional. Reinava a ordem em Jerusalém, sob a autoridade desconfiada e às vezes brutal do procurador Pôncio Pilatos. A comunidade judaica, tendo aceitado voluntariamente ou pela força a tutela romana, levava, como vinha fazendo havia cinco séculos, a mesma vida minuciosa de ritos e observâncias conformes aos preceitos rígidos da Torá, sob a vigilância atenta do Sinédrio. Quem poderia, pois, imaginar que uma obscura notícia, contestada com a mesma rapidez com que fora conhecida, e que a "asa do pássaro" levava aos quatro cantos do mundo, havia de abalar violentamente esse mesmo mundo? E que, em menos de quatrocentos anos, surgiria aos olhos de todo o Império como a revelação da verdade?

Essa extraordinária mensagem provinha de um pequeno grupo de judeus de Jerusalém. Quem os encontrasse nos átrios sagrados ou pelas tortuosas ruelas da Cidade Santa, nada notaria neles que os distinguisse dos demais fiéis. Dotados de uma fé viva e exemplar, eram vistos frequentando assiduamente o Templo, geralmente reunidos sob o Pórtico de Salomão (cf. At 5, 12 e 3, 11; cf. também Jo 10, 23), ou recitando todos os dias as piedosas ladainhas das *dezoito bênçãos*, ao nascer do sol e à hora nona, guardando o sábado[1] e todas as prescrições rituais, e jejuando até duas vezes por semana[2], segundo o costume ancestral dos fariseus.

Não pertenciam às classes dirigentes, aos "príncipes dos sacerdotes" ou aos "anciãos do povo". Apenas algumas poucas personalidades de destaque, como Nicodemos, mantinham com eles relações de amizade. Na sua maior parte, eram gente humilde, saída da plebe, ou seja *amha-arez*[3], daqueles que os escribas instruídos e os ricos saduceus olhavam com suspeita e desprezo. Muitos deles eram de origem galiléia, o que logo se notava pelo sotaque. Mas vinham também de outras regiões da Palestina, assim como das mais longínquas colônias judaicas em terras de infiéis, do Ponto, do Egito, da Líbia e da Capadócia (cf. At 2, 9); encontravam-se até entre eles romanos e árabes: uma curiosa amálgama.

Era comum reunirem-se à parte para realizar certas cerimônias que, embora ainda judaicas na aparência, tinham para eles um novo significado; assim, por exemplo, as refeições tomadas em comum, no decorrer das quais os ritos antigos eram interpretados de forma estranha. Ao mesmo tempo, reinava entre eles uma grande harmonia. Inicialmente, haviam-se denominado *discípulos*, porque tinham tido um mestre, um fundador; mas depois pareceu-lhes que era mais conveniente outra expressão para designarem a misteriosa comunhão que selava o seu acordo mútuo, e daí em diante passaram a chamar-se *irmãos*.

Mas não formavam uma seita como tantas outras que se conheciam em Israel. Não exibiam a austeridade exterior dos fariseus — que se mostravam constantemente com os filactérios na fronte, vestidos de luto e com o andar conscienciosamente grave —, nem passavam o tempo discutindo sobre os mil e um preceitos que regulamentavam o descanso do sábado. Também não fugiam do mundo, como esses agrupamentos de essênios que, nas solidões do Mar Morto, tinham instalado verdadeiras formações conventuais, multiplicavam os jejuns, renunciavam às mulheres e, vestidos de linho branco, se tornavam vegetarianos.

Por outro lado, não tinham constituído qualquer sinagoga independente, ou *kénéseth*, como a Lei autorizava, desde que houvesse um mínimo de dez fiéis; assim o tinham feito muitos núcleos judaicos vindos das colônias longínquas, os quais, à exceção das cerimônias coletivas do Templo, gostavam de orar a Deus junto com os seus compatriotas. Não eram gente que procurasse isolar-se ou recluir-se; pelo contrário, mostravam-se acessíveis a todos, e os seus líderes convidavam incessantemente as almas piedosas a unir-se ao seu pequeno grupo.

Se se quisesse enquadrar esses homens numa das correntes religiosas estabelecidas, a única que, a largos traços, lhes conviria seria a dos "pobres de Israel", os *anawim*[4], que, escandalizados com o luxo da casta sacerdotal e demasiado iletrados para se alinharem ao lado dos fariseus, reagiam com humilde zelo contra tudo o que lhes parecia mau no povo eleito, e que não tinham outra regra de vida senão aquela cuja fórmula perfeita lhes fora dada pelo salmo: "Feliz os que temem o Senhor, os que andam em seus caminhos" (Sl 127, 1).

Que laço unia então os fiéis desta comunidade tão pouco definida? Que laço tão forte era esse que, para manter coeso esse grupo, não necessitava de nenhuma barreira exterior? E por que ficavam agrupados em Jerusalém, como se nesse palco tradicional da ação divina estivesse a ponto de ocorrer algum acontecimento cujo segredo só eles possuíam?

O grito do mensageiro da alegria

A resposta resumia-se numa breve frase, em que se condensava toda a fé daqueles homens: "O Messias veio para o meio de nós". O mundo deixou que esta fórmula se desgastasse, e ela perdeu o seu sentido de revelação misteriosa e a sua revolucionária novidade. Para avaliar o peso que possuía então, seria preciso ir ao encontro das raízes vivas da tradição judaica e sentir no mais profundo do ser aquela plenitude de amor e aquele terror augusto que uma alma fiel experimentava à simples evocação dessa vinda[5].

A corrente messiânica tinha a sua origem no âmago da história de Israel. Estivera ligada inicialmente ao dogma nacional da eleição divina, e entroncava através dos séculos com a fé na antiga promessa feita ao patriarca Abraão por Javé e depois reafirmada muitas vezes: a Jacó no sonho de Betel, a Moisés no Sinai fumegante, aos reis na glória da sua capital.

Mesmo quando a desgraça fez soprar o seu vento de morte sobre o povo eleito, nada conseguiu fazer secar essa água viva. Pelo contrário: mais poderosa, mais precisa, a certeza ancestral convertera-se em esperança e consolação. Os grandes profetas tinham-se referido a ela sem cessar. Isaías, num capítulo admirável — o décimo primeiro —, evocara detalhadamente os dias em que a *raiz de Jessé* seria "como um estandarte desfraldado por sobre os povos". Ezequiel vira os mortos ressuscitarem e a Jerusalém futura renascer das cinzas da antiga. O livro de Daniel, abrangendo toda a história no seu conjunto, designara-lhe o fim providencial: a instalação do Reino de Deus sobre a terra pela restauração gloriosa de Israel e pelo estabelecimento de um povo de santos.

Foi principalmente após a volta do exílio que esta grandiosa imagem se individualizou. A realização da antiga promessa havia de ser levada a cabo por Deus, evidentemente, mas não de um modo direto. O Altíssimo havia de servir-se de um intermediário sagrado para lhe dar cumprimento, de um *Ungido*, de um *Messias*, de um *Cristo*. Essa tendência profunda que jaz no coração de cada homem, de encarnar os seus sonhos mais caros em seres que ele possa amar, coincidia com o dogma nacional da eleição divina. Confusa, contraditória, mas singularmente presente nas consciências, tinha-se imposto cada vez mais a imagem de um personagem sobrenatural que viria restituir Israel a si mesmo e levar a cabo a obra de Javé.

Não se pode pôr em dúvida que, no começo do primeiro século da nossa era, a corrente messiânica irrigava tudo o que havia de melhor na consciência judaica. As esperanças temporais, neste período, pareciam definitivamente caducas; os descendentes dos Macabeus haviam-se afundado em sangue e os pequenos príncipes da linhagem de Herodes, bem como os funcionários de Roma, repartiam entre si a terra prometida. Mas não havia judeu algum que pensasse em se entregar ao desespero. Ao contrário, basta abrir os Evangelhos para logo se perceber o frêmito de esperança que percorria aquela raça santa. Quando João Batista pregava nas margens do Jordão, os sacerdotes e os levitas foram perguntar-lhe se era ele o Messias. André, correndo ao encontro de Simão, grita-lhe: "Encontramos o Messias". E a mulher samaritana, na sua humilde fé, confessa ao seu interlocutor diante do poço de Jacó: "Sei que deve vir o Messias (que se chama Cristo); quando, pois, vier, ele nos fará conhecer todas as coisas" (Jo 4, 25).

É verdade que, nos diversos setores da sociedade judaica, esta imagem era interpretada de maneiras muito diferentes. Cada um compreendia o messianismo conforme o seu temperamento e a sua cultura. Um nacionalista fanático via o Salvador como uma espécie de Judas Macabeu, impiedoso para com os inimigos; um fariseu representava-o como um mestre eminentemente virtuoso, a encarnação viva da Lei santa; o povo humilde, sempre ávido do maravilhoso, rodeava-o do sobrenatural e ilusório. Às vezes, aproveitando-se da violência desta esperança, surgiam aventureiros que arrastavam os seguidores para a realização imediata dessa promessa; chamavam-se Judas, Simão, Atronge...; mas todos, um após outro, depois de algumas semanas de agitação, eram metidos na ordem pela autoridade, sem que esse fato, no entanto, servisse de lição a novos pretendentes.

Um gênero literário extremamente difundido entre o segundo século antes de Cristo e o primeiro da nossa era explorava incansavelmente este filão: o gênero *apocalíptico*, cujo ponto de partida se pode descobrir no livro bíblico de Daniel, e cujo remate se há de encontrar no *Apocalipse* de São João. Essa literatura estava permeada de uma estranha poesia, atulhada de dissertações semi-sublimes, semi-absurdas, em que o sonho inflamado de uma nação angustiada se misturava com as especulações de intelectuais peritos nas disciplinas do mistério. A esperança messiânica mais concreta e mais temporal servia de base a doutrinas escatológicas que pretendiam revelar os últimos fins do homem e o sentido último dos dramas cósmicos.

Estes livros, que a Igreja excluiu do cânon do Antigo Testamento[6], constituem um conjunto compacto e estranho, que teve como prolongamento a *kabbala* e o *zohar*. O *Livro de Enoch*, o *Livro dos Jubileus*, o *Testamento dos XII Patriarcas*, a *Ascensão de Moisés* e, um pouco à margem, os *Salmos de Salomão* — onde a intenção piedosa é mais patente —, bem como mais tarde o *Apocalipse de Esdras*, todos esses apócrifos exerciam certamente uma profunda influência sobre a alma judaica da época.

São obras que mostram até que ponto a vinda do Messias era esperada no Israel de então como uma revelação fulminante, que se faria acompanhar de súbita comoção. Cantava-se: "Felizes aqueles que viverem nos dias do Messias, porque verão a felicidade de Israel e todas as tribos reunidas". Mas também se repetia de boca em boca que a vinda do Ungido seria marcada por sinais atrozes: "A madeira sangrará, as pedras falarão e em muitos lugares do mundo se abrirá o abismo". A alegria da expectativa estava, pois, permeada de pavor.

É todo este conjunto psicológico, composto de uma fé simples, de uma piedade viva, de um desejo de vingança, de um terror secreto, do gosto popular pelo fantástico, em suma, é todo este estranho eretismo espiritual que seria necessário tentar apreender para se abarcar o que poderia significar a espera do Messias numa alma israelita dos anos 30 d.C., bem como os sentimentos de assombro e angústia que a dominariam quando lhe afirmassem que tinha chegado a hora.

"Fazei soar em Sião a trombeta das festas! Gritai em Jerusalém o grito do mensageiro da alegria! Dizei que Javé, na sua misericórdia, visitou Israel! De pé, Jerusalém, ao alto os corações! Olha os teus filhos do nascente e do poente reunidos pelo Senhor! A sua alegria em Deus vem também do norte, e o seu agrupamento das ilhas mais longínquas. Os montes nivelaram-se, as colinas esfumaram-se e as florestas projetaram a sua sombra sobre os caminhos por onde eles haviam de passar. Para que estivessem preparados para a festa do Senhor, os bosques deram-lhes toda a espécie de madeiras aromáticas. Jerusalém, cobre-te com as tuas vestes de glória, limpa a tua túnica de santificação. Porque Deus prometeu a felicidade ao teu povo, no século presente e na sequência dos séculos. Que venha, que se realize a promessa de Deus feita outrora a nossos pais e que, pelo seu santo nome, Jerusalém seja para sempre exaltada!" (*Salmos de Salomão*, 11).

Tal era a oração do judeu crente. E os membros da comunidade dos "irmãos" respondiam a esses anseios tão intimamente enraizados que todas essas coisas já se tinham realizado e que o "grito do mensageiro da alegria" já retinira pelas colinas. Um deles, Simão, cognominado Pedro, que se comportava como seu chefe, falando um dia perante um numeroso auditório, fez estas afirmações, ainda mais difíceis de admitir: "Varões israelitas, escutai estas palavras: Jesus de Nazaré, varão provado entre nós com milagres, prodígios e sinais que Deus fez por seu intermédio no meio de vós, como vós sabeis, foi entregue segundo os desígnios da presciência de Deus, e vós o crucificastes e o matastes por mão de iníquos [...] Este Jesus, Deus o ressuscitou, e disso todos nós somos testemunhas [...] Tenha, pois, por certo a casa de Israel que Deus fez Senhor e Cristo a Jesus, que vós crucificastes" (At 2, 22-23.32.36).

A fé em Jesus e os penhores espirituais

Donde tiravam estes homens a convicção que proclamavam tão alto?

Jesus de Nazaré, cujo destino humano e cuja missão divina Pedro resumira perfeitamente em tão poucas palavras, proclamara-se o Messias. Numa hora decisiva, ao ser levado à presença do Sumo Sacerdote, tivera de formular uma resposta em que arriscava a própria vida, e não hesitara em reivindicar o título de Salvador. "És tu o Cristo, o filho de Deus bendito? Jesus disse: Eu o sou, e vereis o Filho do homem sentado à direita do Todo-poderoso e vir sobre as nuvens do céu" (Mc 14, 61-62).

Esta mesma frase, considerada blasfema, levara os chefes de Israel a usar de todo o rigor contra Ele e a condená-lo à morte. Um testemunho selado com sangue podia ser de extremo valor; mas quantos aventureiros não conheceu a história que estiveram prontos a sacrificar tudo, incluindo a própria vida, no encalço de uma quimera?

Enquanto Jesus fora vivo, ainda se podia compreender esta fé. As testemunhas afirmavam que dEle emanava um poder singular, feito de resplendor espiritual e de ternura, uma força inexplicável que dominava as inteligências, enchia de amor os corações e, derramando-se nas almas, as elevava ao ápice. Tinham sido inúmeros os exemplos de homens e mulheres que, já no primeiro contato, se tinham sentido ligados a Ele como se Ele os estivesse esperando desde toda a eternidade e os tivesse chamado pelo nome. E desde então, para segui-lo, todos eles se tinham disposto de bom grado a renunciar à sua antiga vida e a realizar em si mesmos uma transformação total.

Depois de morto, porém, como pudera manter-se a convicção de que o Crucificado do Calvário era realmente o Vencedor do Tempo? O mistério da fé em Jesus, simultaneamente razão e graça, existia já nessas longínquas origens; e explodirá em toda a sua evidência nas horas dramáticas em que milhares de seres humanos a anteporão a tudo, mesmo à própria vida, perante os carrascos de Roma; assim como explodirá mais tarde no silêncio dos carmelos ou das cartuxas, bem como no obscuro sacrifício das missões ou dos asilos, prolongando-se através dos séculos.

Os homens que tinham seguido Jesus enquanto estava vivo não eram senão homens, e por isso não estavam isentos das fraquezas que conhecemos. Quando o Sinédrio decidira pôr fim ao movimento do galileu, parecera ter sido bem sucedido. O terror tinha dispersado o pequeno grupo, e o primeiro dos discípulos chegara a renegar o Mestre. Ao pé da Cruz via-se apenas um punhado de teimosos, sobretudo umas mulheres; os outros tinham fugido para se esconderem, conforme se dizia, em alguns dos túmulos helenísticos que se erguiam lá no fundo dos barrancos. Por que seria então que uns judeus piedosos, bons cidadãos da Cidade Santa, se mantinham fiéis à memória desse agitador vencido, que deveria parecer-lhes alguém justamente punido pelas autoridades?

A semelhantes perguntas, os membros da comunidade dos "irmãos" davam uma resposta situada no plano das realidades sobrenaturais que deviam manifestar a era messiânica. Sim, eles acreditavam em Jesus-Messias apesar de tudo, apesar do atroz desfecho do seu destino terreno, não por um simples apego sentimental, mas porque estavam na posse de provas flagrantes do seu caráter providencial. Essas garantias sobrenaturais eram três, e todos os livros escritos pela primeira geração cristã — os *Evangelhos*, os *Atos* e as *Epístolas* — sublinham a sua importância e mostram que era sobre elas que repousava a fé.

A primeira fora dada pelo próprio Jesus, na véspera da sua morte, na noite de quinta-feira. Partilhando com os seus a sua última ceia pascal, partira o pão, tomara uma taça de vinho e dera graças, dizendo: "Este é o meu corpo, que é entregue por vós [...]. Este cálice é o novo testamento em meu sangue, que é derramado por vós" (cf. Lc 22, 19-20). O gesto sintetizava numa fórmula sacramental um ensinamento sobre o qual Ele insistira muitas vezes. Quatro vezes, pelo menos, advertira os seus do drama que havia de pôr fim à sua missão sobre a terra, frisando a necessidade inelutável da sua morte e o sentido sacrificial que comportava. Em Cafarnaum, no admirável discurso sobre o pão da vida, tinha precisado antecipadamente esta doutrina: "Eu sou o pão vivo descido do céu; se alguém comer deste pão, viverá para sempre. E o pão que eu darei é a minha carne para a salvação do mundo" (Jo 6, 51).

No entanto, Jesus não fora compreendido naquela ocasião. Cegados pela imagem, muito difundida em Israel, de um Messias glorioso e predestinado à vitória, os discípulos e até o próprio Pedro haviam-se recusado a acreditar na necessidade desse sacrifício. Mas, ao se deterem nos fatos, e uma vez transposto o momento bem compreensível da perturbação emocional, a morte do Mestre tinha assumido uma importância decisiva para a fé dos seus. Em primeiro lugar, essa morte provara de forma evidente os seus dons proféticos. Além disso, estabelecera entre Ele e os seus discípulos um laço que nada poderia quebrar, uma vez que era o laço de uma participação na sua vida divina, conforme a sua própria promessa. Por fim, como Ele também dissera, era o sinal de uma "nova aliança". Para os judeus crentes, familiarizados com os textos sagrados, era manifesto que o mistério da Aliança, desde o sacrifício de Abraão até o do cordeiro pascal, sempre estivera ligado à necessidade do sacrifício; os discípulos puderam compreender, assim, o verdadeiro alcance da imolação do Calvário. Da mesma forma como Israel, no decorrer dos séculos, tinha ido buscar a sua força na convicção inquebrantável da Antiga Aliança com Deus, assim os fiéis de Jesus iriam enfrentar a história apoiados na certeza de que a morte do Mestre era, para eles, o penhor de uma Nova Aliança.

Por outro lado, o caráter sobrenatural do destino de Cristo tinha sido confirmado, com todo o esplendor, pelo mais admirável dos milagres: a Ressurreição. Quando, na manhã daquele domingo de Páscoa, as santas mulheres tinham chegado ao túmulo, encontrando-o vazio, haviam corrido a levar a notícia aos discípulos aterrados, e jorrara sobre eles uma torrente de luz. Mas este efeito não fora imediato; o fato parecia tão inacreditável que houve certa hesitação em admiti-lo. Desconfiara-se daquelas "histórias de mulheres". O próprio Tomé quis ver antes de acreditar. Mas, confirmada por numerosas testemunhas, a Ressurreição passou a ocupar um lugar central na nova fé; tornou-se o fecho da abóbada do edifício doutrinal.

Foi assim que Pedro o proclamou solenemente como uma certeza. Quando se fez necessário substituir um dos membros, no colégio que dirigia a pequena comunidade — Judas enforcara-se, desesperado pela sua traição —, insistiu-se expressamente em que o substituto devia ser "uma testemunha da Ressurreição" (cf. At 1, 22). Mais tarde, o maior mensageiro da nova fé, São Paulo, escrevendo a um grupo de fiéis, havia de exclamar: "Se Cristo não ressuscitou, vã é a nossa pregação, vã é a vossa fé" (1 Cor 15,14).

Que significava, portanto, este penhor da Ressurreição? Não apenas uma promessa de ressurreição pessoal — Cristo ressuscitara "como primícias daqueles que morreram" (1 Cor 15, 20) —; ela não realizava somente a antiga expectativa dos homens, aquela que as grandes vozes proféticas de Israel — Isaías, Daniel, Ezequiel, Jó — haviam formulado: "Com este esqueleto revestido de carne verei a Deus"; não respondia somente à interrogação semi-dissimulada e semi-inquieta do pagão Sêneca: "Para que eu acreditasse na imortalidade, seria preciso que um homem ressuscitasse!" A Ressurreição estabelecia na alma dos fiéis a certeza da sua vitória. Se a promessa que Jesus fizera de ressuscitar ao terceiro dia se realizara — e era de todas a mais difícil de cumprir —, as demais haviam de realizar-se também, principalmente aquela em que dissera que "venceria o mundo" e que os seus assistiriam ao seu regresso em glória.

Além disso, não tinham eles visto, com os seus próprios olhos, a primeira manifestação dessa apoteose? Decorridos quarenta dias após a manhã da Ressurreição, quarenta dias durante os quais Jesus multiplicara as provas, ao mesmo tempo assombrosas e incontestáveis, da sua nova vida, "elevou-se à vista dos apóstolos e uma nuvem o ocultou aos seus olhos" (At 1, 9). A Ascensão não constituía também um sinal? Porque "nunca ninguém subiu ao céu, senão aquele que desceu do céu, o Filho do homem" (Jo 3, 13).

Referindo-se a fatos tão evidentemente messiânicos, os fiéis de Jesus tinham, pois, sérios argumentos para entrar em choque com os seus compatriotas. Mas teriam eles a força necessária para sustentar esses argumentos e enfrentar a opinião quase geral, que rejeitava o messianismo do Mestre, e para se oporem à autoridade da condenação judicial? Mas foi-lhes dado ainda um terceiro penhor. Era uma promessa do Mestre: "Eu vos enviarei o Espírito consolador", dissera Ele, e "quando ele vier, o Espírito da verdade, guiar-vos-á para a verdade completa" (Jo 16, 7 e 13).

No dia de Pentecostes cumpriu-se essa promessa. "Quando [...] estavam todos reunidos no mesmo lugar, produziu-se de repente um ruído do céu, semelhante a um vento impetuoso, que encheu toda a casa em que estavam sentados. Apareceram-lhes repartidas línguas como de fogo, que pousaram sobre cada um deles. E todos ficaram cheios do Espírito Santo e puseram-se a falar em línguas estranhas, conforme lhes era concedido pelo próprio Espírito" (At 2, 1-4).

Para compreendermos plenamente o sentido deste outro mistério, é preciso reportarmo-nos uma vez mais à tradição profética judaica, de que todos esses homens estavam impregnados. A efusão do Espírito devia ser o último sinal da era messiânica. O Ungido sempre fora concebido como o mensageiro do Espírito, e este Espírito devia espalhar-se à sua volta, transformando o mundo e chamando os homens a uma nova vida de heroísmo e santidade. Assim o dissera Ezequiel: "Eu lhes darei um só coração e incutirei neles um espírito novo. Tirar-lhes-ei o coração de pedra e dar-lhes-ei um coração de carne, para que caminhem segundo os meus mandamentos e cumpram as minhas ordens. Sobre a casa de Davi e sobre o povo de Jerusalém, espalharei um espírito de graça e de oração" (Ez 36, 26 e ss.).

A vinda do Espírito Santo fora, portanto, o terceiro penhor sobrenatural e o mais definitivo. A partir desse momento, estes homens já não formavam uma simples comunidade fraterna, mas uma entidade ao mesmo tempo humana e sobrenatural de almas escolhidas, completamente renovadas e prontas para assumir todos os riscos em defesa da sua fé; uma comunidade que, mais tarde, havia de chamar-se *Igreja*. Todos os textos primitivos mostrarão a importância desse fato. "Se alguém não tem o Espírito de Cristo, não é de Cristo" (Rm 8, 9), dirá São Paulo. Por outro lado, São Pedro, hesitando em receber no seio dos fiéis os pagãos convertidos, acabará por reconhecer: "Poderá alguém negar a água do batismo a homens que receberam o Espírito Santo como nós?" (At 10, 47). A partir do Pentecostes, a fé dos fiéis de Jesus tinha-se tornado não só inabalável, mas conquistadora. Esses homens tinham pressentido que, no seio da comunidade judaica, cuja existência e ritos partilhavam, eles constituíam uma raça nova destinada a fecundar a terra. A partir de agora, traziam dentro de si aquela força que dá às minorias resolutas a sua vitoriosa audácia.

Foi exatamente isso o que se manifestou quando teve lugar a efusão do Espírito. O ruído do fenômeno atraiu uma multidão de pessoas para junto da casa — a festa de Pentecostes trouxera muitos visitantes a Jerusalém —, e o espetáculo daquela agitação, bem como os discursos poliglotas daqueles homens, despertaram o riso. Houve mesmo quem dissesse: "Estão embriagados de vinho" (At 2, 13). Mas Pedro levantou-se e encarou a multidão. Já não tinha medo; o galo que cantara quando tinha negado o Mestre não voltaria a cantar. Foi então que, pela primeira vez, nos termos que já lemos, gritou a sua fé inquebrantável em Jesus Messias. Começou nesse instante a história cristã, com esta primeira declaração apologética, que era também uma declaração de guerra ao mundo.

Vida comunitária

Quem quiser conhecer os princípios da sementeira cristã, a vida desta primeira comunidade que albergou o Evangelho à sua nascença, encontrará no Novo Testamento um documento de primeira ordem, o livro denominado *Atos dos Apóstolos.*

Escrito muito pouco tempo depois dos acontecimentos — por volta de 60-64 — por um homem que, sem ser testemunha direta da Ressurreição, estava ainda impregnado da mais viva tradição, é obra de um interesse sem par. É bastante incompleto, sem dúvida, porque o autor, por mais consciencioso que quisesse ser, não pôde conhecer nem concatenar todos os fatos; a sua origem e as suas ligações pessoais[7] induziram-no a tomar em consideração mais a ação deste ou daquele apóstolo do que os fatos em conjunto; mais ainda, como acontece com todas as obras do cristianismo primitivo, não há neste livro a intenção de satisfazer a curiosidade histórica, mas a de exaltar a fé.

No entanto, mesmo na perspectiva em que se coloca voluntariamente, como é incomparável o testemunho que nos oferece e a emoção que desperta em nós a sua leitura! É verdade que não se encontra nesta obra aquele brilho que, nos Evangelhos, jorra diretamente da pessoa de Jesus; todo o relato torna bem sensível o imenso vazio deixado pelo desaparecimento do Mestre. Mas, por muito inspirado que seja, é o livro de um homem que narra os feitos de outros homens, e acaba por comover-nos. Em que outro texto poderemos encontrar uma imagem mais doce e mais entusiasta de um cristianismo quase isento das servidões do mundo, apesar das misérias inerentes à nossa natureza, e que procura estabelecer sobre a terra o reino de Deus?

Quantos eram os primeiros fiéis? É quase impossível dizê-lo. São Lucas, nos *Atos* (1, 15), cita o número de cento e vinte e São Paulo fala-nos de quinhentas pessoas que, juntas, viram aparecer-lhes Jesus ressuscitado (cf. 1 Cor 15, 6). Mas, além de que estes dados se referem à época inicial, às semanas que se seguiram à morte de Cristo, nada prova que se tratasse de todos os membros da comunidade nascente. Depois do primeiro discurso de São Pedro, dizem-nos os *Atos* que três mil pessoas aderiram de uma só vez à nova fé (cf. At 2, 41), e um pouco mais tarde fala-se já de cinco mil adeptos. Pensando que Jerusalém contava alguns milhares de fiéis por volta dos anos 35 ou 37, mas que isso era ainda uma fraca minoria na cidade, devemos estar perto da verdade.

Também só podemos fazer uma ideia aproximada da sua organização. Não se pode pôr em dúvida que essa organização existisse, porque todo o empreendimento humano a pressupõe; o próprio sucesso do cristianismo no plano temporal prova que o seu desenvolvimento obedeceu a essa lei profunda da história segundo a qual um movimento, para se desenvolver, precisa de quadros sólidos, de um princípio de comando, de um método de ação, e tudo isso em estreita relação, como que fazendo corpo com a doutrina. O próprio Jesus, aliás, tinha transmitido essas estruturas aos seus discípulos: para quem souber ler os Evangelhos, um dos aspectos mais admiráveis da sua atividade sobre a terra é o esforço prático de organização e de instrução que realizou, e cujos efeitos se prolongaram até os nossos dias. Tudo nos prova que Jesus, Deus feito homem, sabia perfeitamente que, para lhe sobreviver, a sua obra teria necessidade de instituições humanas[8].

Na comunidade primitiva, distinguem-se bem os fundamentos institucionais criados por Cristo. Colhemos a impressão de que os apóstolos, suas primeiras testemunhas, aqueles que Ele mesmo "designou e estabeleceu", gozam, como é natural, de uma grande autoridade moral. O número de doze, a que Jesus limitou o seu pequeno grupo, tem certamente o valor de um sinal, porque, assim que se tornou conhecido o suicídio de Judas, e antes que tivesse soprado o vento sagrado do Pentecostes, Pedro pediu aos outros que o substituíssem de comum acordo; tendo o colégio apostólico proposto dois candidatos, lançaram sortes e o Espírito Santo designou Matias (cf. At 1, 15-26). Entre os Doze, Pedro parece ocupar o primeiro plano. Vê-lo-emos assumir diversas vezes a liderança, como fez por ocasião desta eleição: é ele quem toma as iniciativas e a sua opinião sempre tem muito peso. Além dele, apenas João, filho de Zebedeu, parece destacar-se. Esta preeminência de Pedro, cuja importância será considerável quanto às suas consequências na história cristã, assenta também sobre uma declaração expressa do Mestre, que quis dar à sua fundação um princípio hierárquico; Cristo nitidamente designara, como "a pedra sobre a qual a sua Igreja seria construída", este homem de coração generoso: Simão, a velha rocha[9].

Junto dos apóstolos, há ajudantes e assistentes, uma espécie de apóstolos de segundo plano. Fariam eles parte do colégio ampliado dos Setenta (ou setenta e dois) que, no segundo ano do seu ministério, vendo crescer o número dos fiéis, o próprio Jesus tinha instituído?[10] Seriam a origem daqueles *presbíteros* que encontraremos mais tarde em todas as comunidades cristãs? Qual era exatamente a sua função? Não é fácil precisá-la.

Temos também a impressão de que, ao lado da autoridade apostólica, existe na comunidade de Jerusalém — talvez num plano diferente — a autoridade de outras personagens, principalmente de Tiago, chamado "irmão do Senhor", isto é, um dos seus primos em primeiro grau[11]. Eusébio, o primeiro dos historiadores cristãos, ao recolher no século IV tradições diferentes das contidas nos *Evangelhos* e nos *Atos* acerca dessas remotas origens, insistirá sobre o papel deste santo personagem, que "não tomava vinho nem qualquer bebida que embriagasse, nem nada que tivesse tido vida [...] e cuja pele se tornara calosa nos joelhos como a dos camelos, de tanto permanecer ajoelhado em oração".

Deve-se ver em Tiago, de acordo com esse retrato, o líder de uma tendência especificamente judaica, que teria encerrado a nova fé nos moldes do mais estrito legalismo, em oposição mais ou menos clara ao colégio apostólico, e que preferiria o Espírito à letra? Neste caso, as instituições da primeira comunidade teriam refletido muito cedo aquela divergência de interpretação da mensagem de Jesus que veremos produzir-se em breve[12]. Mas será exagerado, sem dúvida, caracterizar como visível oposição de pessoas aquilo que, a princípio, não devia passar de uma simples diferença de acentuação. Havia laços demasiado sólidos entre esses fiéis para que as reações da natureza humana viessem a comprometer gravemente uma admirável unidade.

À semelhança dos pormenores da organização, também não podemos comentar com a precisão que desejaríamos os ritos e as observâncias que caracterizavam os primeiros fiéis. Mas podemos distinguir três práticas fundamentais, que constituirão, para o futuro, a base da vida religiosa cristã: o Batismo, a imposição das mãos e o ágape fraterno.

Quanto ao Batismo, tanto os *Atos* como as *Epístolas* de São Paulo revelam com clareza que as primeiras igrejas o consideram indispensável e que todo o novo adepto o recebe no momento da sua admissão. Por quê? Evidentemente porque o próprio Jesus o recebera de João Batista e os seus discípulos também se tinham batizado. Mas o rito cristão possui, certamente, características próprias. O batismo de João distinguia-se das abluções judaicas e dos *mikweh* rituais[13] pelo fato de ser um "batismo de penitência". O dos cristãos inclui também a vontade de renovação e de purificação moral, mas abrange ainda outra dimensão. Os *Atos* dizem que cada um devia ser batizado em nome de Jesus Cristo, "para remissão dos seus pecados" (At 2, 38), e veremos que São Paulo, ao encontrar em Éfeso os que tinham sido batizados por João, lhes revelou que o rito praticado por eles não era suficiente, e os batizou novamente "em nome de Jesus" (At 19, 1-5). Devemos então admitir que, segundo uma fórmula que desconhecemos, os batizados da nova fé deviam reconhecer o messianismo de Jesus e abjurar a falta nacional cometida contra a sua pessoa?[14]

A ação sobrenatural do Batismo parece ter sido completada por outra cerimônia: a imposição das mãos. Tratava-se também de uma prática israelita muito antiga, de que há inúmeros exemplos no Antigo Testamento, quando era necessário conferir a alguém uma eficácia sobrenatural, o poder patriarcal ou o poder real (cf., por exemplo, Gn 48, 17). Essa prática tinha sido também familiar a Jesus (Mc 5, 23; Mt 9, 18; 19, 13-15; Lc 4, 40; 13, 13). Renan vê nela o ato sacramental por excelência da Igreja de Jerusalém, o que será talvez arriscar muito; mas não há dúvida de que a encontraremos repetida muitas vezes na história dos primeiros tempos cristãos (At 6, 6 e 8, 17-19; 9, 12-17; 13, 3; 19, 6; 28, 8). Qual é o seu sentido exato? É difícil dizê-lo. Parece que já comportava o significado que vemos manter-se nos nossos dias no sacramento da Crisma, isto é, uma transmissão direta dos dons que o Espírito Santo derramara sobre os primeiros discípulos no dia de Pentecostes, dons de graça, de luz, de coragem e de sabedoria. O Batismo abriria aos fiéis a porta da verdade; a imposição das mãos permitir-lhes-ia prosseguir a caminhada.

Destes antigos ritos, o mais comovente é o da comunhão. Os primeiros fiéis perseveravam "na doutrina dos apóstolos, nas reuniões em comum, na fração do pão e nas orações" (At 2, 42). Estes ágapes em comum são verdadeiras refeições; o texto é preciso: "tomavam o seu alimento" (2, 46). Mas admitiriam, como a atual Eucaristia, um sentido bem superior? Em todos os países, a refeição em comum é um rito de união e, entre os judeus, a refeição sabática iniciava-se partindo solenemente o pão e consagrando-o ao Senhor. Na prática cristã, há certamente mais alguma coisa, e se os *Atos* não estabelecem um nexo formal entre estas cerimônias comunitárias e a memória de Cristo, a sua similitude sugere que ele existiu no espírito dos fiéis. Em caso contrário, como se teria compreendido nos Evangelhos a frase que Jesus pronunciara durante a Última Ceia: "Fazei isto em memória de mim"?

Bem podemos evocar estes primeiros fiéis "partindo o pão com alegria e louvando a Deus", fazendo alternar o *Marana tha* — o "Vem, Senhor" tradicional — com os hosanas que proclamam a sua certeza quanto à realização messiânica, unindo assim o passado da sua raça ao futuro da sua fé, e sentindo com a alma vibrante que, ao consumirem o pão da vida, realizam algo mais do que um simples rito de comemoração: é uma participação na vida divina. Foi, sem dúvida, por meio da comunhão que estes primeiros fiéis ganharam consciência do que eram realmente, depois de terem recebido o sopro do Espírito Santo: mais do que uma assembleia de amigos, mais do que uma reunião piedosa ou da escola de um mestre, eles eram uma sociedade de homens que viviam em Cristo e para Ele, uma comunidade de santos, uma *Igreja*[15].

Viver em Cristo, por Ele e para Ele — esse é, com efeito, o desígnio único que a sua existência revela. Se só podemos apreender as grandes linhas acerca da constituição e do culto da Igreja primitiva, há no entanto uma realidade humana que se impõe ao nosso espírito com a força de uma convicção irresistível, quando consideramos as suas características: essa realidade é a de um esforço admirável para pôr em prática os preceitos do Mestre e para levar a cabo em cada um a renovação completa que Ele exigia. O texto dos *Atos* está semeado de pequenas frases preciosas, que revelam esta atmosfera de generosidade e de fervor. "A alegria e a simplicidade de coração" estão espalhadas por toda parte. "A multidão dos fiéis tinha um só coração e uma só alma". Pratica-se verdadeiramente "essa caridade doce e humilde, essa amizade de irmãos" que São Pedro louvará na sua primeira *Epístola*. E a prova de que este quadro não é idílico, mas verdadeiro, é que o autor dos *Atos* não hesita em acentuar-lhe também as sombras, deixando ver que a natureza humana, aflorando por vezes à superfície, introduzia nele um que outro traço de miséria e de pecado.

Cristo está ainda ali, muito próximo. Dentre os que dirigem a comunidade, muitos o conheceram. E esses homens evocam recordações pessoais e contam o que viram e ouviram quando Ele ensinava no lago de Tiberíades, ou no meio da multidão, no átrio do Templo. Reúnem-se todos os pormenores que se possuem sobre a sua vida, e assim se elabora uma catequese que dará origem à tradição oral e depois será passada a escrito, convertendo-se nos *Evangelhos*. Nota-se sensivelmente a presença do Mestre no seio das almas; como já acontecera com Maria Madalena e com os discípulos de Emaús, cada uma delas experimenta essa presença dentro de si, com uma certeza que perturba e com um ardor que incendeia: "Ficai conosco, Senhor. — O Mestre está aqui!"

Manifesta-se uma vida espiritual intensa. As pessoas rivalizam no esforço de santidade. O mundo parece germinar por toda parte em graças. Multiplicam-se os prodígios e os milagres. De forma incessante e bem visível, realiza-se a promessa: "Do seio daquele que crê em mim, jorrarão rios de água viva" (Jo 7, 38). E como a expectativa apocalíptica que jaz no coração de Israel se mistura secretamente com estas imagens, os discípulos perguntam-se se porventura o retorno glorioso do Messias não estará muito próximo e se Ele não voltará a aparecer sobre as nuvens do céu, numa manifestação assombrosa. Já é tempo de as virgens prudentes vigiarem o azeite de suas lâmpadas e prepararem a alma para a visita do esposo!

Um aspecto importante e muitas vezes comentado desta primitiva era cristã deriva ao mesmo tempo do ideal de fraternidade e da convicção da proximidade da segunda vinda de Cristo. Os *Atos* relatam que os fiéis punham tudo em comum. "Todos os que tinham campos ou casas os vendiam e traziam o produto da sua venda, e depositavam-no aos pés dos apóstolos, e a cada um se lhe repartia segundo a sua necessidade" (At 4, 32-35). Assim se tornou norma comum o preceito que Jesus ensinara ao jovem rico: "Vai, vende tudo o que tens e dá-o aos pobres, e terás um tesouro no céu" (Lc 18, 22). Cita-se com admiração um homem, José, conhecido por Barnabé, cuja generosidade parece ter sido contagiosa. Mas refere-se também com terror a história dos dois esposos, Ananias e Safira, que tinham tentado enganar o Espírito Santo, fingindo trazer todos os seus bens para a comunidade — o que não lhes havia sido imposto —, enquanto escondiam uma parte. E a justiça divina os fulminara a ambos (At 5, 1-11). Sem ser exigida por nenhuma lei, esta prática comunitária tinha-se generalizado. Neste período, a fraternidade cristã não era uma palavra vã.

Tal é o quadro que nos oferece a primitiva Igreja. Século após século, estes comoventes episódios permanecerão na tradição cristã como um modelo e como uma saudade.

"Não podemos deixar de falar do que vimos e ouvimos"

O desenvolvimento da comunidade cristã não tardaria em suscitar problemas, em primeiro lugar o das relações com o mundo judaico de que ela fazia parte. Como já tivemos ocasião de ver, os primeiros fiéis de Cristo não se colocavam à margem da obediência à Torá. Não tinha dito Jesus (Mt 5, 17-18) que não viera "abrogar a Lei ou os Profetas, mas consumá-los"? Não tinha afirmado que não passaria "um jota ou um til da Lei"? Que os fiéis estivessem atentos e recolhidos nas orações e nas cerimônias do Templo, que se mostrassem mesmo mais atentos e mais recolhidos que muitos outros judeus, era coisa muito natural, já que a fé na realização do reino messiânico exaltava as suas almas e as aproximava de Deus.

No entanto, começava a desenhar-se insensivelmente uma fenda entre eles e os outros israelitas. Sem que o procurassem, simplesmente porque viviam em Jesus, a sua existência iria diferenciá-los na prática daqueles que não criam nEle. Assim, por exemplo, a festa ritual do *Sabbath*, destinada unicamente à oração, celebrava-se todos os sábados. Sabemos que os primeiros fiéis a observavam da mesma forma que os judeus. Mas ao mesmo tempo aparecia-lhes uma outra festa, a do "Dia do Senhor", em que se comemorava a Ressurreição. Nas *Epístolas* de São Paulo (1 Cor 16, 2), nos *Atos* (20, 7), e também no texto não-canônico chamado *Carta de Barnabé*, que data aproximadamente do ano 132, encontra-se a prova de que este "primeiro dia da semana" era festa cristã. Daí resultou uma rivalidade entre esses dois dias igualmente santos, e pouco a pouco o domingo foi prevalecendo[16]. Foi por meio de situações como essa que os primeiros cristãos passaram a tomar consciência de si próprios e a revelar-se nitidamente diferentes dos outros judeus.

Mas estas divergências de atitude — embora consideráveis num povo tão extremadamente formalista — não representam nada ao lado da oposição fundamental que, mais cedo ou mais tarde, havia de originar a vigilância oficial contra os herdeiros do Crucificado. As autoridades sacerdotais teriam podido menosprezar um punhado de fanáticos a remoerem entre si as suas recordações; mas, uma vez que os cristãos continuavam a lançar-se a um proselitismo que parecia ser bem sucedido, os sacerdotes tinham de pôr-se em guarda. Ao afirmarem que Jesus era o Messias, os membros da comunidade assumiam antes de mais nada uma atitude de rebeldia contra Javé e contra a Lei, pois o seu líder fora condenado pelo tribunal sagrado sob uma acusação particularmente grave e depois de um processo cuja legalidade não se queria discutir. Por outro lado, esses homens atingiam as raias do absurdo, pois era evidente que não se haviam manifestado os grandes sinais da realização messiânica: os soldados de Roma continuavam lá, sobre as muralhas da fortaleza Antônia, e Israel não recuperara a sua glória. Mas, acima de tudo, havia ainda uma coisa pior: esses homens atentavam contra o que um povo sempre tem de mais sensível — o seu orgulho. E este orgulho, tratando-se do povo eleito, era parte integrante da certeza da sua missão.

Toda a tradição messiânica parecia pesar sobre a consciência dos sacerdotes e obrigá-los a exercer todo o tipo de violências; era uma tradição naturalmente ancorada no coração de um povo oprimido havia já cinco séculos, um desejo de reencontrar a sua altivez, a sua liberdade e a sua força, e que tantos textos exprimiam: “Fazei aparecer, Senhor, um rei filho de Davi, e dai-lhe poder para que os príncipes injustos sejam suprimidos e os pagãos ímpios destruídos" (*Salmos de Salomão*, apócrifo, 17, 23-17)[17]. É certo que existia uma outra corrente messiânica na Sagrada Escritura, principalmente no famoso capítulo 53 de Isaías, onde se afirma que o Servo de Javé sofreria e morreria "transpassado pelos pecados dos homens"; e muitos rabinos conheciam perfeitamente essas tradições. Mas essa profecia parecia-lhes tão revoltante, tão pouco conforme com a grandiosa imagem do Israel bíblico, guiado por Javé para a glória, que hesitavam em admiti-la. Alguns chegavam a duvidar se aquelas frases proféticas não se aplicariam a um outro personagem qualquer que não o Ungido do Senhor. No século II, São Justino apresenta o judeu Trifão pronunciando estas palavras, que bem revelam um estado de espírito anticristão por excelência: "Sabemos perfeitamente que as Escrituras anunciam um Messias sofredor, que voltará em glória para receber o reinado eterno sobre o universo. Prova-lhes, porém, que Ele deva ser crucificado, que deva passar por essa morte de vergonha e infâmia, morte amaldiçoada pela Lei, porque nós nem sequer chegamos a conceber tal coisa".

O conflito era fatal, portanto, e o livro dos *Atos* logo nos primeiros capítulos (3 e 4) relata-nos um episódio revelador. Pouco tempo depois de Pentecostes, Pedro e João sobem ao Templo para a oração da hora nona. Já tinham passado o pátio dos pagãos, onde qualquer um podia entrar, mesmo que não estivesse circuncidado, e tinham atravessado a ruidosa aglomeração de mesas de cambistas, de negociantes de animais para os sacrifícios, de curiosos e de transeuntes. No momento em que iam subindo a escadaria que conduzia ao recinto do Tabernáculo, um paralítico pediu-lhes esmola. "Não tenho ouro nem prata", respondeu São Pedro, "mas o que tenho, isso te dou: em nome de Jesus Cristo Nazareno, levanta-te e anda" (At 3, 6).

O rumor deste milagre espalha-se aos quatro ventos. A multidão precipita-se para o pórtico de Salomão e rodeia o taumaturgo. O apóstolo aproveita a ocasião e fala. Afirma que foi em nome de Jesus, daquele mesmo que fora crucificado, que se realizou essa cura surpreendente. E reafirma a sua fé no Messias Jesus. Aqueles que o escutam, aqueles que mataram o Mestre, bem como os seus chefes, pecaram por ignorância. É preciso que se arrependam e se convertam!

Nesse momento surgem os sacerdotes e o comandante dos guardas do Templo. Os apóstolos são detidos e mandados para a prisão. No dia seguinte, reúne-se o Sinédrio, sob a presidência do sumo sacerdote Anás; ali se encontra também Caifás, um velho conhecido, e sem dúvida muitos daqueles que condenaram Jesus. Interrogam Pedro que, animado pelo Espírito Santo, torna a falar, indiferente às represálias do tribunal. "A pedra que vós rejeitastes tornou-se a pedra angular. Não há salvação senão em Jesus, e abaixo do céu nenhum outro nome foi dado aos homens, pelo qual eles se possam salvar!"

O Sinédrio mostra-se mais hesitante do que enfurecido. Talvez seja apenas por habilidade: a agitação bem pode vir a extinguir-se por si mesma. Proíbem que os dois homens falem e ensinem em nome de Jesus. E é então que Pedro e João dão a resposta que há de ser o axioma fundamental de toda a propaganda cristã: "Não podemos deixar de falar do que vimos e ouvimos!" Mais vale obedecer a Deus do que aos homens (At 4, 20).

Assim se define uma oposição cada vez mais acirrada entre os judeus da Torá e os judeus da Cruz. Dentro em breve, a relativa mansidão dos chefes de Israel cessará e dará lugar a uma crescente severidade. Pedro e João hão de verificá-lo quando, tendo recomeçado a pregar a Boa-nova, forem novamente presos e, desta vez, açoitados. Por um lado, as autoridades de Jerusalém e dos demais lugares procurarão lutar, por todos os meios ao seu alcance, contra a propagação da nova mensagem; por outro, os que são fiéis à doutrina do Mestre recusar-se-ão a "ocultar a luz debaixo do alqueire". Não poderão deixar de falar! Quanto mais os perseguirem, maior será a sua força e audácia, pois sempre hão de considerar-se "felizes por terem sido dignos de padecer ultrajes pelo nome de Jesus" (At 5, 41)[18].

A palavra semeada fora de Jerusalém

A expansão do cristianismo começou logo após a sua fundação e nunca mais parou. Este é um dos traços mais surpreendentes de toda a sua história. A Igreja não é uma entidade petrificada, definida e delimitada de uma vez para sempre; é uma força viva que progride, uma realidade humana que se desenvolve na sociedade segundo uma lei que chamaríamos orgânica, tal o modo como sabe adaptar-se às circunstâncias, utilizar para os seus fins as condições de lugar e tempo, tornar-se prudente na sua audácia e lentamente persuasiva mesmo nas rupturas que provoca, sem nunca perder de vista o seu fim único: o estabelecimento do reino de Deus.

A primeira expansão teve lugar no apertado marco de Jerusalém. Mas, pela própria força das coisas, em breve ultrapassou esses limites e estendeu-se por toda a Palestina e suas imediações. Habituados como estamos aos meios modernos de comunicação, não nos é fácil imaginar a importância que os deslocamentos assumiam entre os povos da Antiguidade, privados de automóveis e de estradas de ferro. Só quem já viveu no Oriente ou em países árabes conhece a espantosa mobilidade desses povos que parecem desprezar completamente as fadigas de viagem e os nossos hábitos caseiros.

No princípio do Evangelho de São Lucas, não vemos nós Maria, embora grávida, transpor a longa distância que vai de Nazaré a Ain-Karim para visitar Isabel? E alguns meses mais tarde, com o esposo, percorrer novamente cento e cinquenta quilômetros para se dirigir a Belém? E, pouco depois do nascimento do seu filho, partir para o Egito, pelo áspero trilho do Negeb? Tudo isso apenas com a ajuda de um jumentinho. Temos de imaginar o povo de Israel deslocando-se sem cessar dentro dos limites da Terra Santa, as estradas percorridas por caravanas de camelos e mulas, as estalagens desconfortáveis repletas de mercadorias e viajantes, e, por ocasião destes deslocamentos e encontros, a tagarelice dos países do Oriente, que faz voar tão depressa as novidades.

Uma das principais causas destas movimentações era a religião. Por ocasião das diversas festas rituais, os judeus piedosos partiam para Jerusalém. A Páscoa, principalmente, atraía à cidade de Davi multidões que podemos comparar às que hoje afluem aos grandes centros de peregrinação cristã, ou às que afluem a Meca, no islã. Flávio Josefo assevera que, em certos anos, foram imolados 255.600 carneiros; à razão de uma vítima por cada dez peregrinos, isso corresponderia a uma maré humana de mais de dois milhões de almas. Vindos de todos os recantos da Palestina, estes piedosos visitantes, uma vez acabada a festa, regressavam às suas cidades, salmodiando os versículos dos hinos: "O Eterno vela sobre a nossa partida, Ele protege o nosso regresso. O meu socorro vem do Eterno, que fez os céus e a terra". Chegados a casa, contavam, evidentemente, aos seus conterrâneos o que tinham sabido na Cidade Santa, já que estes, menos favorecidos, não tinham tido a sorte de pisar os átrios sagrados.

As correntes de permutas comerciais e de peregrinações que com certeza determinaram a primeira semeadura da Boa-nova não se limitavam apenas à Terra Prometida. Minúscula região dos imensos territórios de Roma, a Palestina poderia ter sido fortemente agitada pelo anúncio da era messiânica sem que o mundo o percebesse, se entre ela e o resto do Império não existisse um laço geográfico extremamente importante: a dispersão judaica ou, em grego, a *diáspora*[19].

Lembremo-nos de que, muito tempo antes, grupos de israelitas tinham sido levados a instalar-se em países estrangeiros. Já antes do Exílio, uma colônia hebraica residia em Damasco e ali se dedicava ao comércio. No século VI, as sucessivas deportações de pessoas da Samaria para a Assíria e dos vencidos de Judá para a Babilônia tinham deixado colônias vivas às margens do Eufrates e do Tigre, e até nos planaltos iranianos, como o provam as narrativas de *Tobias* e de *Ester*. Muitas outras causas tinham contribuído a seguir para esta disseminação: Alexandre atraíra judeus para a sua nova capital, Alexandria, e estabelecera um núcleo dessa gente na Mesopotâmia, mediante a concessão de terras; por sua vez, os selêucidas, apesar de se terem entregado a uma intensa perseguição na Palestina, tinham encorajado a fixação de judeus na Anatólia; e Roma, depois de ter capturado tropas palestinas sob as ordens de Antíoco Epifânio, instalara-as na Itália. Todas as agitações da história tinham, pois, favorecido a *diáspora*.

Nos primeiros tempos da nossa era, havia comunidades judaicas em todas as províncias do Império, e a dispersão havia de continuar durante pelo menos mais cem anos. Já o livro dos *Oráculos Sibilinos* punha estas palavras na boca de Israel: "A terra inteira e até o mar estão cheios de ti". Flávio Josefo afirmará "que seria difícil encontrar uma única cidade onde não houvesse judeus", o que é confirmado por

Estrabão em termos quase equivalentes. E Santo Agostinho citará estas palavras de Sêneca: "Os hábitos e costumes desta raça de celerados instalaram-se em todos os países".

Com efeito, vamos encontrar os seus vestígios tanto na Babilônia como na ilha santa da Grécia, Delos, onde construíram uma sinagoga, bem como em Sardes e na Gália romana. Eram tão numerosos em Alexandria que dois dos cinco bairros da cidade eram considerados domínio seu. Na África do Norte, judaizaram tribos berberes e chegou-se até a afirmar que, alcançando o Níger através dos desertos do Saara, teriam levado até lá os germes dessa civilização tão curiosa que os peules ou fulás haviam de implantar no reino de Gana[20].

Haverá possibilidade de reduzir a números esta *diáspora*? É claro que não podemos tomar a sério os exageros de Fílon, quando afirma que os judeus constituíam metade do gênero humano e que, nos países em que se encontravam estabelecidos, quase igualavam os indígenas! Mas é incontestável que eram muito numerosos, muito mais numerosos do que hoje na França ou na Alemanha. Não é exagerado dizer que chegaram a um milhão e meio no Oriente Próximo (incluindo o Egito e a Síria), e que eram outros tantos no resto do Império; para uma população global de cerca de 55 milhões de habitantes, isso representa 3%. O fenômeno da *diáspora* é, pois, de uma importância fundamental na história, e especialmente na história religiosa desses tempos.

Efetivamente, embora assim dispersos entre os povos, os judeus da *diáspora* não se misturavam com eles. Na aparência, estavam perfeitamente inseridos na vida do país em que se encontravam; falavam a sua língua e aceitavam em parte os seus costumes. Mas, agrupados nas suas sinagogas, onde liam e comentavam a santa Torá sob a direção de um conselho de anciãos e de um chefe eleito, o rabino, salvaguardavam ciosamente a sua independência espiritual. Não constituíam uma massa amorfa e sem laços orgânicos, como acontece hoje, por exemplo, com os italianos ou poloneses dos Estados Unidos. Continuavam a ser um ramo do povo eleito, separado do velho tronco pela história, mas conservando-se fiel a esse tronco e sorvendo-lhe incessantemente a seiva vivificadora.

Entre as comunidades judaicas dispersas e a Palestina, as relações eram constantes. Jerusalém continuava a ser, no sentir de todos, a Cidade Santa, a capital espiritual onde batia o coração da nação judaica; para lá se voltavam pela prece e para lá sonhavam regressar um dia. Para todos os emigrados da *diáspora*, o Sinédrio era ainda a autoridade suprema para a qual se apelava das decisões dos tribunais das sinagogas. A partir dos vinte anos, todo o judeu, estivesse onde estivesse, devia pagar anualmente um dracma como imposto sagrado para o Templo. Por outro lado, em todas as cidades do mundo em que viviam judeus, havia caixas onde se recolhiam esmolas, por vezes consideráveis, cujo produto era levado solenemente à Cidade Santa; o próprio César Augusto, por uma série de decretos, tinha garantido a liberdade dessa transferência de dinheiro. E de todos os lados chegavam à Terra Santa, nos dias das grandes festas, "partos, medos, elamitas, os que habitam a Mesopotâmia, [...] a Capadócia, o Ponto e a Ásia, a Frígia e a Panfília, o Egito e as partes da Líbia para as bandas de Cirene" (At 2, 9); chegavam em batéis superlotados, pelos portos de Jope e Cesareia, beijando piedosamente o solo ao desembarcarem.

É este afluxo humano incessantemente renovado, este vaivém contínuo, que é preciso ter em conta para tentar compreender a rapidez da semeadura evangélica. Amanhã, as colônias da *diáspora* hão de acolher os fiéis de Cristo perseguidos em Jerusalém ou os missionários em visita; mas, logo que Jesus morreu, a notícia do seu destino foi levada pelos peregrinos através do mundo. "Alguns, em Jerusalém, afirmam que chegou o Messias...". E isto repetia-se tanto no bairro judeu de Faro como nas ruas estreitas do Trastevere. O Espírito de Deus tinha soprado e semeado o grão.

Helenistas e judaizantes

Mas em breve a expansão espontânea do cristianismo vai deparar com uma nova dificuldade. Já não se tratará de lutar contra a desconfiança mordaz dos adversários, mas de decidir entre duas tendências que parecerão igualmente respeitáveis no seio da comunidade primitiva, com todos os riscos de uma dissensão e de uma cisão que tal escolha comporta. Em Jerusalém, cresceu o número dos fiéis vindos da *diáspora;* por toda parte do Império, formaram-se núcleos de cristãos no interior dos bairros judaicos, e este fato vai suscitar graves problemas teóricos e práticos, de cuja solução dependerá em grande medida o futuro da Igreja e da fé.

Para compreender bem esta questão, é necessário situar-se novamente dentro das perspectivas judaicas. Em Israel, desde havia muito tempo, coexistiam duas correntes espirituais que determinavam atitudes contrárias com relação aos estrangeiros. Uma delas era a do particularismo, que insistia com orgulho sobre a eleição única do povo das tribos, e que por isso sublinhava, com justa razão, que só uma feroz resistência às contaminações pagãs lhe tinha permitido sobreviver e levar a cabo a sua missão. Afastava com violência a nação santa das "raças malditas desde a origem", cujo simples contato já era uma mancha. "O Legislador encerrou-nos dentro dos muros de ferro da Lei, para que, puros de alma e de corpo, não nos misturemos com nenhuma outra nação", dirá a *Carta de Aristeu*, um escrito judaico do século II.

Indo da simples repulsa ao ódio mais ativo, este sentimento acabaria num exclusivismo de que muitos textos bíblicos nos oferecem provas. Era este, de um modo geral, o sentir dos judeus de Jerusalém e da Palestina, que cerravam fileiras em torno do Templo, na recordação ainda tão dolorosa de todos os sofrimentos que os estrangeiros haviam infligido à Terra Santa, e que ignoravam soberbamente o mundo.

Mas sempre existira também, na consciência de Israel, uma outra corrente, universalista e respeitadora do estrangeiro, que acolhia todos os homens de boa vontade, que não lançava anátemas sobre os pagãos, e que arrastará os judeus mais generosos na direção que Jesus apontará. Estes crentes não encaravam com ligeireza a promessa feita a Abraão: "Em ti serão abençoadas todas as nações da terra", nem a profecia de Jeremias que previa um tempo em que todos os povos conheceriam a Deus, nem as ordens dadas a Jonas, quando este relutava em dirigir-se aos ninivitas. Para estes judeus universalistas, a missão do povo eleito estava definida nas admiráveis palavras do velho Tobias: "Se o Senhor vos dispersou entre as nações que o ignoram, foi para que lhes contásseis a sua glória e as fizésseis reconhecer que Ele é o Único, o Onipotente" (Tb 13, 4).

Era sobretudo nas comunidades da *diáspora* que se manifestava essa tendência universalista. Em Jerusalém, era algo excepcional; a respeito do sapientíssimo rabi Gamaliel, um dos mais ilustres doutores da Lei, comentava-se com escândalo que aprendera o grego, que convivia com pagãos, e que chegara até o extremo de mergulhar — como se fosse uma simples piscina — na água dos banhos dedicados ao ídolo Afrodite! Nas colônias, pelo contrário, permanecendo embora unido ao Templo por laços sólidos, o judaísmo sofrera no decorrer dos séculos uma lenta transformação. Ocorrera uma abertura de espírito. Falava-se a língua nova, o grego, necessária para os negócios, a ponto de se esquecer o arameu dos antepassados e de não se usar o hebreu senão como língua litúrgica. A civilização pagã oferecera a esses judeus dispersos as suas tentações e o seu encanto, mas também as suas oportunidades de enriquecimento espiritual. Já não era, para eles, apenas o reino do demônio; pelo contrário, à parte alguns apóstatas que haviam sucumbido de corpo e alma, a maioria dos fiéis da Lei pensava em trazer os pagãos para Javé.

O lugar em que melhor se desenvolveu esta tendência foi Alexandria do Egito. Em contato com o que o mundo helênico tinha de mais sutil e refinado, a enorme colônia judaica dessa metrópole germinara em estranhas plantas espirituais, enraizadas ainda no solo da tradição mosaica, mas erguendo os seus caules em pleno céu grego. Ali, no dizer de uma tradição mais simbólica do que histórica, o faraó lágida Ptolomeu II mandara traduzir os livros santos de Israel por uma comissão de setenta sábios, e as respectivas versões, concluídas todas simultaneamente ao cabo de setenta dias, tinham coincidido miraculosamente; constituíam a *Septuaginta* — "Os Setenta" —, cujo texto há de espalhar-se por toda parte. Lá pontificara também uma escola de exegetas judeus que procuravam no Pentateuco a resposta para todos os graves problemas da filosofia grega, e que viam nos heróis do Antigo Testamento os símbolos encarnados da razão, da sabedoria e das virtudes que Platão e os estoicos já haviam definido. E lá vivia sobretudo o grande rabino Fílon[21], contemporâneo de Cristo (nascera em 20 a.C.), judeu fiel e devotado à causa da sua nação a ponto de arriscar por ela a sua vida; mas, ao mesmo tempo, imbuído da doutrina das ideias segundo Platão — o "muito santo Platão" —, do simbolismo pitagórico dos números, da teoria estoica das causas finais, procurava conscientemente utilizar a cultura grega e colocá-la a serviço da sua fé[22].

A corrente universalista trazia consigo uma consequência normal: o proselitismo. Moderadamente na Palestina, mas muito ativamente na *diáspora*, atraíam-se as almas para o culto do verdadeiro Deus. Se dermos crédito a Flávio Josefo, "eram muitos os que observavam zelosamente as práticas judaicas, o descanso semanal, os jejuns, o acender das lâmpadas e até os usos relativos à alimentação". Veem-se nos Evangelhos alguns desses prosélitos, desses que "temem a Deus", como por exemplo o centurião de Cafarnaum. Mas a expansão do judaísmo não se realizava sem dificuldades e resistências. Os espíritos rigoristas desconfiavam dos convertidos e, por outro lado, a todos os que queriam tornar-se verdadeiros filhos de Javé, era imposto o rito da circuncisão, diante do qual muitos recuavam[23]. Confinada entre um exclusivismo que se tornará cada vez mais violento, até chegar à catástrofe da "guerra judaica", e um universalismo respeitável, mas que não ousava ir até o fim e afirmar que já não havia "nem circuncisão nem incircuncisão", a consciência judaica parecia balançar num equilíbrio instável, desprovido de bases sólidas.

Nas comunidades nascidas de Jesus, logo se verificou o mesmo dilema, transposto para o plano do cristianismo. Mas os elementos em choque pareciam menos claros, pois o que ressoa ao longo de todo o Evangelho é o grande grito libertador que chama todos os homens, sem distinção de origem, para os caminhos da conversão e da salvação. A lição fundamental era a que Jesus dera aos apóstolos alguns dias após a Ressurreição: "Ide e instruí todos os povos, batizando-os em nome do Pai, do Filho e do Espírito Santo, e ensinai-os a observar tudo quanto vos mandei" (Mt 28, 19-20). Nunca

Jesus ensinara coisa alguma que justificasse o isolamento, o particularismo ou um egoísmo "sagrado".

Mas, filtrada pelo espírito judaico, impregnada do orgulho tradicional — de certa forma legítimo —, essa doutrina generosa e aberta podia aos poucos retrair-se. "A salvação vem dos judeus", dissera Jesus à samaritana (Jo 4, 22), e frases como essa caíam num terreno bem preparado para recebê-las. Deste modo, permanecia viva no interior da comunidade cristã a corrente que defendia a interpretação da Boa-nova em termos estritamente judaicos, que compelia a impor aos futuros conversos os mesmos ritos que aos prosélitos das sinagogas, especialmente a circuncisão, e que assim se arriscava a enclausurar a mensagem de Jesus nos apertados moldes de uma pequena seita judaica. Esta corrente era tão viva que o próprio São Paulo teve de tomar cuidado para não ferir as suscetibilidades que ela semeava nos corações. Mas tinha contra si a verdade do ensinamento de Cristo e a dinâmica da história.

A tendência exclusivista acabará por ser vencida: os *helenistas*, isto é, os judeus convertidos universalistas, originários principalmente da *diáspora,* levarão de vencida os *judaizantes*, excessivamente presos a laços de fidelidades mal compreendidas. Isso, porém, não se chegará a fazer sem que o conflito entre ambos tenha agitado inúmeras vezes os destinos da comunidade.

Os sete diáconos e o martírio de Santo Estevão

Um incidente narrado nos *Atos*, apesar da maneira prudente como está redigido, permite ver claramente as consequências desta oposição. "Por aqueles dias, havendo crescido o número dos discípulos, houve queixas dos helenistas contra os hebreus, porque as viúvas daqueles eram mal atendidas na distribuição cotidiana" (At 6, 1). Aparentemente, trata-se apenas de um pequeno detalhe, mas que tem grande peso. É por estes pormenores que se avalia a credibilidade do relato, sublime sob tantos aspectos, mas não mascarado pelo seu autor com cores idílicas. O regime comunitário tinha criado problemas muito concretos, tanto administrativos como de distribuição; a natureza humana, por muito santa que seja, acaba sempre mostrando as orelhas. Os helenistas receavam ser tratados como cristãos de segunda categoria, particularmente no momento em que se distribuíam as ajudas, e esse fato foi, no terreno prático, o resultado daquela tensão espiritual a que já nos referimos.

Em pouco tempo, as reclamações tornaram-se tão fortes que houve necessidade de se procurar uma solução urgente. Quando em Roma, no século V a.C., a plebe se mostrara descontente com o regime e se retirara da cidade, disposta à rebelião, tinham sido nomeados magistrados especiais, escolhidos dentre os próprios plebeus e encarregados de defender os seus interesses: os tribunos da plebe. Idêntico raciocínio levou a comunidade cristã a dar aos helenistas as mesmas garantias, nomeando uma espécie de funcionários escolhidos nos grupos de fora da Palestina; estes procurariam fazer reinar a equidade entre os dois grupos da Igreja, aliviando ao mesmo tempo os apóstolos das tarefas administrativas.

Instituíram-se assim os *diáconos*, por proposta dos Doze e com o assentimento de toda a comunidade. Eram inicialmente em número de sete, talvez porque o conselho municipal das cidades judaicas era composto por sete membros, ou ainda porque a segunda multiplicação dos pães, feita por Jesus em terra helenística, na Decápole (Mc 8, 1-9), símbolo da conversão dos gentios, fora realizada com sete pães e deixara sete cestos de restos. Esses homens eram todos de origem helênica, como provam os seus nomes: Estêvão, Filipe, Prócor, Nicanor, Tímon, Parnemas e Nicolau; este último era até um prosélito de Antioquia, isto é, um grego convertido.

De que se ocupariam estes novos sub-chefes da comunidade? Em primeiro lugar, da administração, pois para isso haviam sido nomeados; mas certamente tratariam também da pregação e da propaganda. O seu caráter sagrado não podia ser posto em dúvida, pois à nomeação seguira-se uma cerimônia em que os apóstolos lhes haviam imposto as mãos, invocando sobre eles as graças do Espírito Santo. Uma vez sagrados, não são apenas ministros de um *munus*, de uma missão material, mas passam a fazer parte da hierarquia, e o seu título ficara associado na Igreja ao sacramento da Ordem, constituindo um dos seus graus indispensáveis.

Deste modo, os helenistas marcaram um tento importante. Tudo isso se realizou, certamente, por iniciativa dos apóstolos, principalmente de Pedro, que veremos associado na sua ação a um ou outro dos diáconos, sobretudo a Filipe. Enquanto a família de Jesus, que influiu legitimamente na primeira Igreja, parece mais ou menos encerrada no marco judaico, os Doze, depositários da palavra, pressentem a necessidade de sair desse marco a bem da fé. Além disso, como acontece sempre com os empreendimentos que são inspirados por um desígnio elevado, uma decisão arrasta outra e cada pequeno ato traz em si novas possibilidades de desenvolvimento. Estes diáconos eram homens mais jovens, mais abertos, mais voltados para a propagação exterior da fé e menos enleados no conformismo hebraico. Representarão um impulso novo e vigoroso para a Igreja nascente. No livro dos *Atos*, a narrativa da sua eleição é seguida desta observação significativa: "E a palavra de Deus frutificava, e multiplicava-se extraordinariamente o número dos discípulos em Jerusalém" (At 6, 7).

A história de *Estêvão* (At 6, 8 a 7, 60) mostra-nos bem esse elemento dinâmico que os diáconos trouxeram à Igreja. Era uma alma de fogo, transbordante de audácia, iniciador e modelo dessa imensa série de homens admiráveis que o cristianismo porá a serviço da sua causa, e que, tendo encontrado a vida em Jesus, julgarão inteiramente natural sacrificá-la por amor dEle. Helenista, talvez mesmo alexandrino de origem[24], conhecedor das doutrinas filosóficas dos gregos tanto quanto das tradições hebraicas, esse homem encarna maravilhosamente o espírito novo, voltado para a conquista e resolutamente disposto a enfrentar as necessárias rupturas. Melhor do que os judaizantes, ele sabe falar às pessoas de fora, mas também poupa muito menos a suscetibilidade dos velhos crentes da Torá. São Pedro, ao ensinar as multidões de Jerusalém, procurava sobretudo mostrar que Jesus fora o Messias, o último remate de Israel. Estêvão, porém, reteve especialmente aquelas frases em que se diz que não se deita vinho novo em odres velhos, nem se cose um remendo novo num pano velho. Os judeus tradicionalistas não se enganavam, portanto. Aí está um perigoso adversário. Nem mesmo as gentes da *diáspora* se deixam iludir por um só momento: "Este homem não cessa de proferir palavras contra este lugar santo e contra a Lei" (6, 13).

Reúne-se o Sinédrio. Naqueles dias — no ano 36 da nossa era —, as autoridades judaicas deviam sentir-se mais livres, porque Pôncio Pilatos acabava de ser chamado a Roma para explicar algumas violências recentes e muito flagrantes, e defendia-se — mal — perante Calígula. É o momento oportuno para assestar um golpe mortal na seita em expansão. Estêvão é trazido à presença dos juízes. Nem por um instante pensa em salvar a cabeça. Não trata de defender-se, mas de gritar a sua fé, tão alto que as suas palavras sejam ouvidas por todos; essa será sempre a atitude dos mártires.

O discurso que pronuncia é belo, cheio de rigor e de força de raciocínio, ligando a mensagem de Cristo a tudo o que a anuncia nas Escrituras, e revelando-a como a conclusão necessária destas. Mas, acima de tudo, o discurso é belo pela sua altivez. Estalam as acusações contra a nação predestinada, mas infiel. E termina o seu longo arrazoado apologético com estas palavras: "Duros de cerviz e incircuncisos de coração e de ouvidos, vós sempre resististes ao Espírito Santo. Como os vossos pais procederam, assim também vós. Que profeta os vossos pais não perseguiram? Mataram os que prediziam a vinda do Justo, de quem agora vós vos tornastes traidores e assassinos, vós que recebestes a Lei por ministério dos anjos, e não a guardastes" (7, 51-53).

Era demais! Os judeus vociferam perante a provocação. Estêvão sabe perfeitamente qual é a sorte que o espera. Vê antecipadamente os céus abertos e o Filho do homem sentado à direita do Pai. Assim o diz. Blasfêmia! Blasfêmia! Exasperados, precipitam-se sobre ele e arrastam-no para fora da cidade. O procurador romano nada saberá dessa condenação à morte completamente ilegal e, seja como for, já nada poderá fazer. O ímpio receberá a pena dos blasfemos: a lapidação. As pedras voam e atingem o diácono, que ora ao Senhor e lhe suplica que perdoe os seus carrascos. A um canto, um jovem estudante fariseu acompanha a cena com um riso na face; seu nome é Saulo, e encontra-se ali para guardar as roupas dos verdugos.

"Vede — dissera Jesus —, eis que vos envio profetas, sábios e doutores. Deles matareis e crucificareis uns e açoitareis outros em vossas sinagogas. Persegui-los-eis de cidade em cidade, para que caia sobre vós todo o sangue inocente derramado sobre a terra... Em verdade vos digo: tudo isto virá sobre esta geração" (Mt 23, 34-36). Trinta anos mais tarde, quando Jerusalém se tornar a "casa deserta" predita por Cristo, a morte do primeiro mártir terá sido resgatada por uma imensidade de dor; mas terá contribuído poderosamente para espalhar a Boa-nova, dando ao cristianismo o primeiro dos testemunhos assinados com sangue.

O trabalho de São Pedro e do diácono Filipe

A perseguição que se desencadeou com a execução de Estêvão não paralisou o apostolado cristão. "Alguns varões piedosos sepultaram Estêvão com grandes sinais de luto" (At 8, 2), o que prova que não era ainda tão grande o medo aos judeus. Os helenistas, mais especialmente visados, abandonaram a Cidade Santa e procuraram um asilo provisório nas suas regiões de origem. Deste modo, o que deveria ter destruído a propaganda cristã acabou por favorecê-la consideravelmente. "Sereis minhas testemunhas em Jerusalém, em toda a Judeia, na Samaria, e até os confins da terra" (At 1, 8), dissera Jesus aos seus fiéis, e a profecia do Ressuscitado ia-se realizando.

No começo, a propaganda cristã tinha-se limitado apenas aos meios judaicos, tanto palestinos como helenistas. Foi uma primeira fase, necessária para assegurar bases sólidas ao movimento. O próprio Jesus sublinhara claramente que seria indispensável uma certa gradação, quando, no princípio da pregação dos Doze, os proibira de se dirigirem a pagãos e samaritanos, e lhes ordenara que se ocupassem apenas das ovelhas extraviadas de Israel (cf. Mt 10, 5). Solidificada por alguns anos de esforços, a comunidade cristã podia agora atrever-se a ir mais longe, a sair dos limites do povo eleito e a obedecer às últimas instruções do Mestre, passando a dirigir-se a "todos os povos". E assim partiram por todos os caminhos, talvez em grupos de dois, conforme o costume instituído pelo Senhor (cf. Mc 6, 7-13; Lc 10, 1-16), como mensageiros da nova fé, cheios de zelo e de uma audácia infatigável. Não levariam dinheiro nem provisões, mas apenas uma túnica, as sandálias e o bastão. Se alguém se recusasse a recebê-los, sacudiriam contra ele a poeira dos seus pés e partiriam para mais longe. Toda a força lhes vinha de uma grande esperança: não prometera o Messias (cf. Mt 10, 23) que havia de voltar, mesmo antes de que eles tivessem podido percorrer todas as nações? Interpretavam essas palavras ao pé da letra, como coisa que se realizaria imediatamente.

Os diáconos parecem ter desempenhado um papel importante nesta expansão do Evangelho para fora dos estreitos limites de Jerusalém. Há sobretudo um, Filipe, cuja ação e métodos emergem claramente da narrativa dos *Atos*. Em contínuo movimento, plenamente disponível à ação do Espírito e sabendo aproveitar todas as circunstâncias, é um propagandista admirável, como desejaria tê-lo qualquer empresa humana: um desses pioneiros que desbravam o terreno e plantam nele as primeiras tendas, até que venham outros, mais amadurecidos, para explorar as suas conquistas e erguer as construções definitivas.

Vemo-lo dirigir-se inicialmente à região dos samaritanos (At 8, 4-25), a fim de levar-lhes a palavra de Deus. Este passo, que a nós não nos parece tão admirável, deve ter sido para os judeus mais do que uma surpresa: era um escândalo! Em Jerusalém e em todos os meios piedosos, odiava-se essa gente da Samaria, esses descendentes de uma corja pagã, esses heréticos, esses sujos, cuja água era, no dizer dos rabinos, "mais impura que o sangue do porco". Não lhes perdoavam que, em outros tempos, tivessem erigido no monte Garizim um templo rival ao de Sião; e por isso fora grande o regozijo quando, em 128 a.C., João Hircano lhes arrasara a capital[25]. Ao verem Jesus falando familiarmente com uma mulher samaritana, os discípulos não tinham deixado de manifestar-lhe o que sentiam; que não haviam de pensar agora os fiéis da Cidade Santa a respeito do diácono que pretendia converter esses malditos?

A Samaria estava então em pleno esplendor. Pompeu a reconstruíra, transformando-a em cidade livre; Gabínio a fortificara e Herodes, o Grande, — pois claro!, pensavam os judeus —, tinha-lhe dado uma ornamentação pagã de colunatas, templos e anfiteatros; para lisonjear César Augusto, chegara a rebatizá-la com o nome grego do seu senhor: Sebaste. O povo conservava, porém, uma fé viva, embora um pouco especial: esperava com certeza o Messias, como a samaritana declarara a Jesus junto do poço de Sicar, mas entusiasmava-se também com qualquer taumaturgo ou traficante de magias. O ambiente não era fácil.

Filipe, no entanto, foi bem sucedido. "A multidão, unânime, ouvia atentamente o que ele lhe dizia". Houve alguns milagres que lhe balizaram a pregação, "pois muitos espíritos impuros saíam gritando em altas vozes, e muitos paralíticos e coxos eram curados, o que foi causa de grande alegria naquela cidade". Jesus dissera à samaritana, junto do monte Garizim: "Chegada é a hora em que nem neste monte nem em Jerusalém adorareis o Pai [...], em que os verdadeiros adoradores adorarão o Pai em espírito e verdade" (Jo 4, 21-23), e o Batismo dos samaritanos ia realizando a profecia.

O rumor destes acontecimentos chegou a Jerusalém, e a comunidade alvoroçou-se. A alegria misturou-se, porém, certa preocupação, e resolveu-se enviar dois apóstolos em viagem de inspeção. Foram escolhidos Pedro e João, o que mostra bem a importância que se atribuía ao fato. Este é o primeiro exemplo de um método que parece ter-se tornado sistemático daí por diante: enviar missionários para desbravar o terreno, e mandar depois personalidades mais importantes que verificassem as condições em que realizavam o seu trabalho e estabelecessem os laços com a comunidade da capital. Além disso, a visita dos apóstolos era indispensável porque só eles tinham o poder de, pela imposição das mãos, fazer descer o Espírito Santo sobre os novos cristãos. Pedro e João chegaram, pois, à Samaria, aprovaram o trabalho de Filipe, confirmaram os batizados e retornaram muito satisfeitos, evangelizando as terras por onde passavam[26].

Mais tarde, tornamos a encontrar Filipe na estrada de Gaza, em direção a Saron e ao país dos filisteus, para onde se dirigiu por ordem de um anjo do Senhor (At 8, 26). Mesmo durante o percurso, não perde de vista a sua missão, que é levar a palavra e semeá-la aos quatro ventos. Tendo subido à carruagem de um viajante benévolo, notou que o amável condutor — um eunuco etíope, oficial de Candace, rainha do país de Mersé, no Sudão — lia apaixonadamente os textos sagrados de Israel. Ofereceu-se para explicar-lhe o sentido dessas passagens, comentou-lhe com ardor o célebre texto em que Isaías profetiza a vinda do Messias sofredor, e soube ser tão persuasivo que o viajante se converteu ato contínuo, pediu para ser batizado ali mesmo e recebeu a água santa à beira da própria estrada. Nunca é demasiado cedo ou inoportuno quando se trata de ganhar uma alma para Cristo.

Filipe chega depois, por Azdod, a Cesareia, onde se instala e donde ilumina toda a região com o anúncio da Boa-nova; voltaremos a vê-lo ainda lá estabelecido quando por ali passar São Paulo (At 21, 8-9). Já havia, pois, comunidades cristãs fundadas a oeste e a norte da Palestina, e novamente São Pedro vai inspecioná-las. Entra em contato com os recém-convertidos, permanece entre eles e fortifica-os na fé. Dois milagres realizados em terras de filisteus contribuem poderosamente para aumentar a irradiação da nova crença: a cura de um paralítico em Lida e a ressurreição de uma mulher em Jope. Assim a fé começa a sair dos meios helenistas para atingir as próprias almas estrangeiras. E é então que ocorre um episódio que, em certo sentido, pôs em jogo todo o futuro da Igreja.

Os *Atos* referem-no detalhadamente (caps. 10 e 11), o que prova suficientemente a importância decisiva que o seu autor lhe atribui. Na *cohors italica* sediada em Cesareia, encontrava-se um centurião chamado Cornélio, "piedoso, temente a Deus", ou seja, um romano prosélito de Israel. Certo dia, um anjo de Deus ordenou-lhe que mandasse buscar em Jope um certo Simão, conhecido por Pedro, que se hospedava junto ao mar na casa de um curtidor de peles. Cornélio mandou imediatamente dois servos e um dos seus soldados, talvez prosélitos como ele. No dia seguinte, enquanto estes homens se aproximavam da cidade, por volta do meio-dia, Pedro, que estava em oração no terraço da casa, entrou em êxtase. No céu aberto, sobre uma grande toalha, viu serem-lhe apresentados todos os tipos de iguarias, e ele convidado a prová-las, ainda que houvesse entre esses alimentos carnes impuras que não tinham sido legalmente tributadas e purificadas. A sua alma de judeu fiel revoltou-se com a oferta tentadora, mas fez-se então ouvir por três vezes uma voz que lhe mandava pôr de lado os preceitos sobre as purificações legais e obedecer a Deus.

As leis sobre a pureza e impureza dos alimentos, tais como a Torá as formulava, podem parecer-nos de medíocre importância, mas não o eram para um israelita de então; o mais humilde dos crentes, como os sete irmãos mártires do segundo livro dos *Macabeus* (cf. 7, 2), preferia morrer a transgredi-las. Pedro via-se, pois, mergulhado numa grande agitação interior quando os mensageiros de Cornélio bateram à sua porta. Foi com eles a Cesareia e encontrou-se com o centurião, que lhe relatou a sua própria visão. Subitamente fez-se luz no espírito do apóstolo. Compreendeu o que Deus tinha querido dizer-lhe no seu estranho êxtase. Era preciso ultrapassar certos preceitos legais judaicos, que resultavam unicamente da letra, e submeter-se ao espírito. Este pagão de boa vontade, que queria conhecer Cristo, era impuro aos olhos da Torá, e todo aquele que se sentasse à sua mesa ficaria manchado. E, no entanto, o que Deus esperava de Pedro era que o acolhesse, o batizasse e fizesse dele um cristão. Intranquilo com a decisão a tomar, o apóstolo hesitava. Mas nesse momento produz-se um fenômeno sobrenatural, um pequeno Pentecostes: o Espírito Santo desce de maneira visível sobre os presentes, e Pedro, docilmente, lançando-se talvez sem o saber no caminho que será o do triunfo da Igreja, batiza Cornélio e toda a sua casa, deixando de lado as observâncias judaicas e ultrapassando a Lei de um só golpe.

Este fato teve uma importância capital. Em Jerusalém, os elementos judaizantes mostraram-se apavorados. Quando Pedro regressou, assaltaram-no com perguntas e recriminações: "Entraste em casa de incircuncisos e comeste com eles" (At 11, 3). O apóstolo explicou-se, fez com que os seis companheiros que o tinham acompanhado na viagem narrassem o que se havia passado, e referiu a descida do Espírito Santo. Podia ele mostrar-se mais rigoroso do que o próprio Espírito? Por fim levou a melhor, não só quanto ao direito que se tinha arrogado de violar a Torá, comendo em casa de impuros, mas também quanto ao Batismo que ministrara ao pagão Cornélio. O conflito entre as duas tendências fundamentais, a particularista e a universalista, resolvia-se, pois, neste caso, a favor da segunda. É certo que, aos olhos dos judaizantes, se tratava apenas de uma exceção justificada pela têmpera moral de Cornélio, e a resistência a novas transgressões da Lei será tão grande que o próprio Pedro terá de recuar em algumas ocasiões[27]. Não importa.

Estava tomada a opção decisiva, que o gênio de São Paulo confirmará mais tarde.

Herodes Agripa, perseguidor

Nas coisas humanas, acontece frequentemente que, no exato momento em que se impõe uma mudança de orientação, certas circunstâncias estranhas à vontade provocam a decisão necessária e constrangem o espírito a romper com os processos antigos. É assim, por exemplo, que na vida das nações a política externa pesa sobre a política interna com uma força às vezes decisiva. Para a primitiva comunidade cristã, o difícil problema da escolha entre as duas tendências a que vimos aludindo dará um passo decisivo porque os acontecimentos exteriores irão constrangê-la a preparar o futuro, na própria hora em que os alicerces do passado estarão a ponto de ruir.

A perseguição desencadeada pelo incidente de Santo Estêvão nunca tinha cessado completamente. Oscilando entre períodos de calma e de recrudescimento, sempre conturbara mais ou menos os cristãos, tanto "hebreus" como "helenistas". No ano 41, essa perseguição explodiu mais forte e mais sistemática, por vontade de Herodes Agripa I, agora rei de Israel. Este equívoco personagem era filho de Aristóbulo e de Berenice, e neto de Herodes, o Grande[28], e dessa Mariamne que o idumeu sanguinário amara, assassinara e depois pranteara. Seu pai fora uma das últimas vítimas do tirano. Educado na corte de Tibério, onde a sua vida de libertinagem, de escândalos e de dívidas tinha surpreendido um ambiente que, via de regra, não se escandalizava com facilidade, fora preso por ordem do velho imperador misantropo, no ano 37, e tinha passado alguns meses na prisão.

Mas, tendo pouco depois subido ao trono o seu companheiro de orgias, Calígula, recebera o título de rei e as duas tetrarquias da Palestina do Norte e, depois da deposição de Herodes Antipas, também a Galileia e a Pereia. Em 41, Cláudio acrescentara ainda a Judeia e a Samaria, reconstituindo para ele o reino herodiano.

Desde a sua chegada a Jerusalém, este libertino — que não era tolo — alardeou um grande zelo religioso com o fim de conquistar as boas graças do povo. Flávio Josefo conta que, quando entrou na cidade, "imolou vítimas em ação de graças, sem esquecer nenhuma das prescrições da Lei", e que "depositou no recinto sagrado uma cadeia de ouro que lhe fora oferecida por Calígula, a qual pesava tanto quanto a de ferro com que Tibério lhe acorrentara as mãos reais". Talvez não se tratasse de mera astúcia política, porque a psicologia da dinastia herodiana se mostra sempre complexa. O Talmude refere que, celebrando a festa dos Tabernáculos e lendo, conforme o costume dos anos sabáticos (o ano de 40-41 era um deles), o texto inteiro do *Deuteronômio*, e tendo chegado à passagem que diz: "Tu não farás reinar sobre ti um estrangeiro que não seja teu irmão", ele, o semibeduíno, o mestiço, de repente se sentira indigno de reinar sobre a nação santa, e derramara tantas lágrimas que o povo, comovido, protestara e o aclamara.

Este zelo explica a sua atitude para com os cristãos. Pela primeira vez, a perseguição tomou um caráter sistemático que nunca tivera anteriormente, já que as reações violentas à propaganda do Evangelho tinham sido apenas ocasionais. "Herodes Agripa pôs-se a maltratar os membros da Igreja. Matou à espada Tiago, irmão de João" (At 12, 1-2). Trata-se do filho de Zebedeu, de quem tantas vezes se fala nos Evangelhos; pela primeira vez, um apóstolo, um dos Doze, dava o seu testemunho de sangue. Eusébio, segundo

Clemente de Alexandria, conta que este martírio deu origem a um belo episódio, como tantos outros que ocorreram depois nos tempos heroicos das grandes perseguições. O denunciante de Tiago, ao sustentar a acusação perante o tribunal, ficou de tal modo impressionado com a coragem do apóstolo que se converteu ali mesmo e se declarou cristão. Conduzido ao suplício com a sua vítima, suplicou-lhe que lhe perdoasse. Tiago refletiu um instante e disse: "A paz seja contigo". E abraçou-o.

O próprio Pedro foi também preso na mesma ocasião. A sua importância na comunidade devia ser notória, porque o rodearam da vigilância mais cuidadosa. Na prisão, era guardado por quatro grupos de quatro soldados cada um, que se revezavam por turnos, à espera de poderem julgá-lo logo que terminassem as festas da Páscoa.

Mas Deus reservava o príncipe dos apóstolos para outras tarefas. Na noite anterior ao dia fixado por Herodes para o seu julgamento, Pedro, amarrado com duas correntes, dormia entre dois soldados, enquanto outros dois, diante da porta, guardavam a prisão. De repente apareceu um anjo do Senhor e a cela ficou inundada de luz. O anjo acordou Pedro. "Levanta-te depressa!" As correntes caíram-lhe das mãos. Aturdido, pensando sonhar, Pedro depressa se viu do lado de fora, depois de ter passado a pesada porta de ferro que se abriu por si mesma. Estava livre e o anjo o deixou.

Após uns momentos de reflexão e de ação de graças, o apóstolo correu ao longo das vielas noturnas e chegou à casa de Maria, mãe de Marcos, que ficava talvez, se nos lembrarmos dos incidentes da prisão de Cristo, na parte mais baixa da periferia da cidade, para os lados de Getsêmani[29]. Bateu à porta. Uma criada, de nome Rode, veio ver quem era e, na sua alegria, quando reconheceu a voz do apóstolo, esqueceu-se de abrir a porta e correu a dar a notícia de que Pedro estava ali. Dentro da casa havia um grupo de fiéis que oravam. O grito foi unânime: "Estás louca!" A serva insistiu. "Então é o seu anjo", repetiam todos. Entretanto, Pedro continuava a bater. Por fim abriram-lhe a porta, reconheceram-no e aclamaram-no. Com um gesto, o apóstolo impôs silêncio. O Senhor tinha-o libertado milagrosamente e era preciso não deitar tudo a perder.

Este capítulo dos *Atos* (12, 3-19), tão vivo e ágil, permite-nos colher muitos pormenores interessantes sobre a comunidade primitiva. Vemos reunida a pequena assembleia de fiéis, agrupados durante a noite para escaparem da polícia, com a esperança posta unicamente em Deus. Observamos a aparição do pequeno Marcos, que será o companheiro de São Paulo e o futuro evangelista. Verificamos que Pedro, uma vez em liberdade, ordena que previnam imediatamente Tiago e os irmãos, isto é, possivelmente o grupo dos anciãos congregados em torno do "irmão do Senhor", como se se tratasse de uma autoridade regular da comunidade. E por fim vem a narrativa, em tom irônico, da decepção de Herodes, ao saber que o seu prisioneiro tinha desaparecido, e da morte do pequeno tirano, ferido por um anjo de Deus, ou, segundo Flávio Josefo, atormentado por horríveis dores nas entranhas e entregando a alma com o corpo roído de vermes.

Por que motivo e para que fins Deus libertou milagrosamente o seu servidor? Os *Atos* dizem-nos apenas que Pedro "foi para outro lugar". Mas a sequência da história cristã permite-nos compreender melhor o sentido do episódio: "A palavra de Deus crescia e se espalhava sempre mais" (At 12, 24). Longe de amortecer a expansão da Igreja, a perseguição de Herodes ajudou-a. Mais séria do que as precedentes, obrigou os cristãos a abandonarem a Cidade Santa e a irem procurar asilo em outros lugares. De um momento para o outro, a sementeira expande-se. Uma das comunidades cristãs do exterior vai abrigar grande número de fugitivos e assumir uma situação primordial: Antioquia, para onde, segundo a tradição, se dirigiu o próprio Pedro. Ora, Antioquia, cidade grega, universalista por natureza, que substituiria Jerusalém como capital da nova fé, deveria forçosamente arrastar essa fé no sentido em que ela já era levada. Este fato, que é de uma extrema importância histórica, manifestar-se-á claramente no dia em que a cidade de Davi cair sob os golpes dos conquistadores romanos.

Antioquia

Capital da província romana da Síria, Antioquia era então uma das primeiras cidades do Império, a terceira ou quarta em importância. Depois que um dos reis selêucidas a fundara, no ano 300 antes da nossa era, nenhum dos seus descendentes deixara de aumentá-la e de embelezá-la.

A sua muralha fortificada estendia-se pela planície, numa área aproximada de sessenta hectares, e subia depois pelas vertentes do Sílpio, onde, sobre as encostas avermelhadas, se escalonavam o branco amontoado das casas com terraços, os jardins eriçados de ciprestes e de buxo, e os templos de Pã, de Afrodite e de Esculápio. Situada no extremo dos desfiladeiros por onde desliza o Orontes através do monte Amano — conforme a lenda, as pegadas do gigante Tifão que fugia da cólera de Zeus —, Antioquia era uma cidade de encruzilhada, de ponte e de fundo de estuário.

Os camelos do deserto, vindos de Baalbek, de Palmira ou da Mesopotâmia, traziam para as suas docas imensas quantidades de mercadorias, que eram embarcadas no vizinho porto de Selêucia, ou mesmo no próprio cais da cidade, em navios de todo o *Imperium*. Riquíssima, cosmopolita, medianamente dissoluta como a maioria das cidades helênicas, era um desses lugares de encontro, de misturas e de sincretismo, como havia tantos no Oriente.

A colônia judaica era ali antiga e numerosa. Flávio Josefo fala de cinquenta mil almas, a quinta ou sexta parte da cidade, isto é, um bairro inteiro. Comerciantes, estes israelitas falavam a língua grega, viviam como gregos, mas preservavam a sua fé, reuniam-se nas suas quatro sinagogas e resolviam os litígios entre eles sob a direção de um ancião, o Alabarca.

Nesta comunidade judaica da *diáspora*, semelhante a tantas outras, a fé cristã fora semeada havia já muito tempo. "Aqueles que foram dispersados pela perseguição que houve no tempo de Estêvão, chegaram até à Fenícia, Chipre e Antioquia, pregando a palavra somente aos judeus. Alguns deles, porém, que eram de Chipre e de Cirene, entrando em Antioquia, dirigiam-se também aos gregos, anunciando-lhes o Evangelho do Senhor Jesus. A mão do Senhor estava com eles e foi grande o número dos que receberam a fé e se converteram ao Senhor" (At 11, 19-21).

Vê-se claramente, pois, que o problema fundamental — o da escolha entre o particularismo judaico e o universalismo cristão — já fora resolvido na comunidade de Antioquia. Se houve no seio desta Igreja dois grupos de convertidos, um judeu-cristão e o outro helenista-cristão, as suas relações eram certamente boas, melhores do que em Jerusalém, já que eram minoria numa terra estrangeira; a segunda *Epístola aos Gálatas* revelar-nos-á que comiam juntos, isto é, que também ali os preceitos da pureza legal tinham sido ultrapassados.

Foi isso o que inquietou a igreja de Jerusalém, quando lhe chegou a notícia desses fatos? O exemplo de Antioquia reavivou os temores suscitados pelo incidente de Cesareia? Ou pretendeu-se apenas verificar com júbilo o êxito do Evangelho naquela cidade síria? A verdade é que se resolveu enviar para lá um inspetor.

O escolhido foi José, chamado Barnabé, "filho da consolação", que a comunidade de Jerusalém admirava pela sua caridade. "Um homem de bem e cheio do Espírito Santo e de fé". E de sabedoria também, como viria a demonstrar. Cipriota de origem, falava o grego desde a nascença; mas, pela raça, pertencia à tribo de Levi, que o Eterno sempre abençoara e mantivera ao seu serviço. É preciso prestar homenagem a este mensageiro do Evangelho, cuja figura foi mais ou menos eclipsada pela luz de São Paulo, mas que soube discernir o bom caminho numa encruzilhada delicada. Chegou a Antioquia, entrou em contato com os chefes da comunidade — Simeão, o Negro, Luciano de Cirene e Manahem, irmão do tetrarca Herodes, a quem os *Atos* se referem um pouco mais adiante (13, 1) —, ponderou o êxito da expansão cristã entre os judeus, os prosélitos e sobretudo os pagãos, e concluiu que esse êxito não podia ser senão obra da vontade divina. As conclusões do seu inquérito convidavam, pois, a aprovar os métodos seguidos em Antioquia.

Assim, a impressão que dá esta comunidade cristã da Síria é de estar já em plena prosperidade uns doze ou quinze anos após a morte de Cristo. Um detalhe relatado por São Lucas denota a importância deste grupo: foi lá que pela primeira vez se usou o nome de *cristãos*. Talvez por razões administrativas, a menos que se tratasse de uma alcunha, pouco usada a princípio. Os próprios *Atos*, fora a frase em que assinalam o momento em que começou a ser usada (11, 26), só utilizam a palavra uma outra vez (26, 28), e não a encontramos nos textos primitivos a não ser numa epístola de São Pedro (1 Pe 4, 16). Seja como for, a sua significação é clara: como se havia de designar aquela gente que aumentava em número e que dava que falar? Judeus? Nem todos o são, antes parecem ser de uma espécie particular. Reclamam para si o *Chrestos*? Sejam então *cristãos*.

A mais antiga tradição da Igreja católica, tal como é sublinhada pela celebração, a 22 de fevereiro, da festa da "cátedra de São Pedro em Antioquia", associa ao desenvolvimento desta comunidade a recordação formal do príncipe dos apóstolos. A permanência de Pedro em Antioquia é certa (cf., por exemplo, Gl 2, 11). Teremos de admitir que, no dia seguinte ao da perseguição de Herodes Agripa, ele se foi instalar nas margens do Orontes e transferiu realmente a sua sede de uma cidade para a outra? Jerusalém, Antioquia e Roma, essas teriam sido as três etapas pelas quais passou o cristianismo, desde a pequena e fechada comunidade da Cidade Santa até o universalismo da *cathedra Petri*.

Seja como for, maravilhosamente situada para que a palavra se projetasse em todas as direções, Antioquia vai desempenhar um papel fundamental num momento em que se torna necessário ampliar a propaganda cristã. A irradiação proveniente de Jerusalém era suficiente para que o Evangelho chegasse à Samaria e ao Saron. No futuro, seria preciso partir para o assalto ao mundo helênico, e de lá se atingiria Roma. Antioquia, novo centro da Igreja universal, manterá durante muito tempo inúmeras relações com Jerusalém, e quando a fome se alastrar pela Palestina, serão os cristãos da Síria que organizarão os socorros para os seus irmãos. Mas essas relações não são mais do que relações de amizade e de respeitosa fidelidade. Daí por diante, o cristianismo voltar-se-á para horizontes mais vastos do que os da Terra Prometida. Jerusalém pode desaparecer, porque os caminhos do Senhor estão já preparados.

O fim de Jerusalém

Enquanto a nova fé se prepara para espalhar pelo mundo uma luz incomparável, na Palestina tem-se a impressão de que o seu desenvolvimento está paralisado. A partir dos anos 50, já não se vê na Terra Santa a animação entusiástica dos primeiros tempos. As comunidades primitivas agora parecem vegetar na sombra, e mesmo a de Jerusalém já não brilha com um fulgor tão vivo.

O orgulho judaico teria sido um obstáculo intransponível? Neste período, vemo-lo tornar-se ainda mais duro e exaltar-se até à paixão. Predominam pouco a pouco em Israel as tendências extremistas, especialmente a dos *zelotes*, fariseus ferrenhos, dos quais Flávio Josefo diz que tinham "um amor fanático pela liberdade e não reconheciam outro senhor senão Deus". Havia entre eles uma seita revolucionária, composta por cavaleiros de clava e punhal, os *sicários*, que por conta própria se tornara justiceira e repressiva: pagãos, samaritanos ou judeus aristocratas, julgados cúmplices de Roma, eram as vítimas certas do seu terror expeditivo. Neste povo, simultaneamente exasperado pela dominação romana e agitado por inúmeros sonhos, a violência não cessava de aumentar. "Uma profecia ambígua, encontrada na Sagrada Escritura e que anunciava que nesse tempo um homem da sua raça dominaria o mundo", isto é, um messianismo compreendido às avessas — tal foi, segundo Josefo, a causa profunda do drama em que Israel havia de soçobrar dentro em breve.

Este estado de tensão do espírito judaico acentuou a oposição ao cristianismo. Explodiu um novo drama. Apesar da perseguição de Agripa, a igreja de Jerusalém tinha continuado a viver, sempre dirigida por Tiago, "o irmão do Senhor", que pelo seu eminente espírito de justiça era chamado *Oblias*, isto é, "escudo do povo". Cerca de vinte anos mais tarde, por um motivo que nos é desconhecido, o ódio anticristão explodiu. O fato não teria tido nenhuma consequência prática se o procurador romano, que depois da morte de Herodes Agripa I tornara a instalar-se na Palestina[30], se encontrasse no seu posto, na torre Antônia. Mas Festo morrera e o seu sucessor, Albino, tardava em tomar posse do cargo. Aproveitaram-se disso.

Em 62, o sumo sacerdote Anás, filho daquele sob cujo pontificado Jesus fora crucificado, julgou-se suficientemente forte para dar cabo da seita cristã. Mandou prender Tiago e denunciou-o ao Sinédrio. Por Josefo e pelo memorialista e historiador cristão Hegésio, que escreveu em meados do século II, conhecemos os pormenores do drama. Fizeram Tiago subir ao pináculo do Templo e ordenaram-lhe que renegasse Jesus. Perante a sua recusa, solenemente proclamada em termos semelhantes aos que Estêvão utilizara, despenharam-no lá do alto. Como não tivesse morrido, apedrejaram-no e, finalmente, apesar de alguns protestos generosos, puseram termo à sua vida com a pesada maça de um pisão. Foi uma execução ilegal, que valeu a Anás a deposição do sumo pontificado.

Quatro anos mais tarde, devia abater-se sobre Israel um castigo muito pior. Exasperados pela brutalidade e cupidez de dois procuradores sucessivos, Albino (62-64) e Géssio Floro (64-66), fanatizados pelos zelotes, os judeus revoltaram-se. Houve tumultos em Cesareia e agitações em Jerusalém, que Roma, a princípio, não tomou a sério. Alertado pela aristocracia conservadora, Herodes Agripa II enviou forças para tentar restabelecer a ordem. Foi em vão. A fortaleza Antônia e o palácio de Herodes foram incendiados e os seus defensores massacrados. Ao mesmo tempo, foram atacadas guarnições romanas em vários lugares da Palestina. Seguiram-se as represálias romanas e novas violências por parte dos judeus. A começar por Anás, os chefes dos sacerdotes caíram sob os golpes dos judeus fanáticos. As agitações da Palestina dos nossos dias dão uma ideia bastante exata do que foram essas perturbações. No decorrer do inverno de 66-67, o legado da Síria, inquieto com o rumo dos acontecimentos, chegou pela costa com doze legiões e avançou até os muros de Jerusalém, mas, fustigado pelas guerrilhas judaicas, teve de bater em retirada. O povo eleito julgou ter readquirido de um só golpe a glória dos Macabeus, e cunharam-se em Jerusalém moedas de prata datadas do "1º ano da liberdade".

Roma não podia tolerar esse estado de coisas. Na primavera de 67, Nero mandou para lá Vespasiano, exímio general, que devastou as planícies da Galileia com sessenta mil homens. Mas quando teve de penetrar nas regiões montanhosas, foi a sua vez de sofrer algumas derrotas; uma delas, segundo dizem, custou-lhe onze mil soldados. Dois anos se passaram, marcados pelas agitações que se seguiram à morte de Nero; na Páscoa de 70, Roma mais uma vez resolveu pôr ponto final no assunto. Vespasiano enviou seu filho Tito com todas as forças e máquinas que eram necessárias. Em Jerusalém, os fanáticos pela luta a qualquer preço ocupavam o Templo sob a direção de João de Giscala; mas, na cidade alta, faziam-lhes frente os partidários ainda não liquidados de uma política menos atroz, comandados por Simão Bar Giora. Os dois grupos uniram-se contra os legionários e o cerco começou.

Quando, cinco meses mais tarde, após indescritíveis cenas de horror, o cerco chegou ao fim[31], Jerusalém estava em ruínas, o Templo queimado e milhares de cadáveres rolavam sob as patas dos cavaleiros núbios a serviço de Roma. Da resistência judaica restaram apenas alguns grupos insignificantes, ocultos entre os escombros, que sucumbiram nos anos seguintes. A Judeia tornou-se uma província romana, separada da Síria e ocupada por uma legião aquartelada em Jerusalém. Desapareceram o Sinédrio e o sumo sacerdócio. Ironia cruel: Roma exigiu que se continuasse a pagar o imposto ritual que todos os judeus do mundo deviam recolher para a sustentação do Templo, e transferiu-o para o tesouro de Júpiter.

Teriam estes terríveis acontecimentos perturbado muito os cristãos espalhados pelo Império? Não se sabe. Os primeiros convertidos conservavam laços estreitos com Jerusalém, metrópole espiritual; mas, pouco a pouco, esses laços foram afrouxando. É provável que o drama tivesse sido encarado por muitos dentro das perspectivas apocalípticas que eram tão familiares na época: como um juízo de Deus, o castigo do crime cometido contra o Messias, a realização das profecias de Jesus contra a raça infiel.

Entretanto, a acreditarmos em Eusébio, "o povo da Igreja, em Jerusalém, teria sido avisado por meio de uma profecia de que era necessário abandonar a cidade antes da guerra e ir habitar na Pereia, na cidade helênica de Pela. Foi para ali que se retiraram os fiéis de Cristo saídos de Jerusalém". Esta medida salvadora deve ter sido ordenada por Simeão, um dos filhos de Cléofas (outro parente, portanto, de Jesus), que tinha sucedido a Tiago. Assim, bem ou mal, sobreviveram nas aldeias da Transjordânia pequenos núcleos de judeus-cristãos. Eusébio conservou a lista de treze bispos, todos de nomes judaicos, que, segundo diz, sucederam a Simeão quando este sofreu o martírio na cruz. Mas estas comunidades já não levavam a cabo quase nenhum trabalho de irradiação.

A tomada de Jerusalém contribuiu para exasperar ainda mais as relações entre cristãos e judeus. A partir desse momento, o antagonismo tornou-se manifesto. Tácito parece partir dessa presunção nas suas *Histórias*[32], quando conta que, num conselho de guerra realizado em 9 de agosto do ano 70, em que se discutiu a conveniência de destruir o Templo, Tito evocou "a luta de uma destas seitas contra a outra, apesar da sua origem comum". Foi então que, começando a compilar as tradições que serviriam de base para a posterior redação do Talmude, os judeus deram vazão ao seu ódio contra os novos fiéis, "apóstatas e traidores"; não só ninguém devia tirá-los de um poço, se lá caíssem, mas pelo contrário, deviam atirá-los para dentro dele; e foi ainda a respeito deles que o rabi Gamaliel, o segundo desse nome, e Samuel, o Pequeno, introduziram por volta do ano 70 o versículo que ainda hoje se pode ler na célebre oração do *Shémone Esré*: "Pereçam num instante o nazareno e o minim", isto é, os cristãos.

O último ato do drama de Israel levará este ódio ao extremo, e os cristãos, esquecendo os ensinamentos de Cristo, procurarão retribuir na mesma moeda e com juros. Quando, no princípio do século II, Adriano (117-138), imperador artista e grande construtor, resolver reedificar Jerusalém, até então uma simples guarnição com o nome de Aelia Capitolina, levantará uma cidade pagã; os lugares santificados por Javé serão profanados pela estátua de Júpiter e, segundo a tradição, Vênus terá o seu trono no Gólgota. O que restar da nação judaica não poderá suportar tais ultrajes. Perante o apelo de um pseudo-messias chamado Bar Cocheba, e com o apoio do rabi Akiba, rebentará uma revolução, revolução do desespero e do absurdo. Durante três anos reinará o terror, não somente contra Roma, mas também, segundo narra Justino, contra os cristãos, que "sofrerão o último suplício se se recusarem a negar e a insultar Jesus Cristo". Por fim, as legiões restabelecerão a ordem: Bar Cocheba será executado e os sobreviventes desta louca tentativa serão dispersados. Sob pena de morte, não será permitido aos judeus aproximarem-se de Jerusalém a não ser uma vez a cada quatro anos, a fim de lá poderem chorar, como os vemos fazer ainda hoje ao longo das célebres muralhas.

Algum tempo depois, entre os elementos greco-romanos instalados na Aelia Capitolina e na Palestina, aparecerá uma comunidade nova que, sob a direção de bispos com nomes helênicos, fará germinar de novo a Cruz no lugar onde fora levantada. Mas esta comunidade nada terá que ver com a primitiva; reinará no seu seio um novo espírito, aquele que, nesse meio tempo, tinha triunfado em toda a Igreja.

A dura repressão — primeiro sobressalto do mundo antigo perante o monoteísmo da Palestina — acabará por destruir completamente toda a propaganda judaico-cristã. Mas as comunidades desta tendência sobreviverão no Império pelo menos por mais três séculos [33]. Santo Inácio de Antioquia porá em guarda os verdadeiros fiéis contra os observantes das práticas judaicas: "Seguir ainda hoje os princípios do judaísmo é o mesmo que confessar que não se recebeu a graça. Rejeitai o mau fermento, o fermento velho e azedo". E o autor da *Carta de Barnabé*, indo ainda mais longe e adotando uma posição que, desde os Padres até Claudel[34], será muitas vezes a de inúmeros cristãos, sustentará que os únicos herdeiros da missão de Israel são os fiéis da nova Lei e que os judeus "perderam o testamento que Moisés havia feito a seu favor".

Isoladas, debruçadas sobre si mesmas, privadas das águas vivas do grande rio cristão, muitas dessas comunidades se deixarão contaminar e irão beber em fontes impuras. Aparecerão tendências suspeitas, desde a época de Simeão, e dentro em breve será por meio da história das heresias que se chegará a esses charcos nascidos daquilo que tinha sido uma corrente tão pura. Haverá, entre essas tendências, os ebionitas, uma espécie de puritanos ferozes, que negarão a divindade de Cristo, o seu nascimento virginal, e sobretudo afirmarão que Jesus não foi justificado a não ser porque aplicou estritamente a Torá. Haverá os mandeus, possivelmente um ramo saído das seitas essênias, dos quais subsistem uns poucos grupos no Baixo Tigre, e nos quais alguns autores têm pretendido ver os descendentes de João Batista[35], embora o seu livro sagrado, o *Kechter Ginza*, muito posterior, nos esclareça mal sobre as suas doutrinas originais. Haverá também os helchassaítas ou aleixitas, discípulos de um certo Helchassai ou Aleixo, que no reinado de Trajano pretendeu ter recebido, de um anjo com a altura de cem quilômetros, a revelação de uma doutrina bizarra em que se juntam, na mais absurda amálgama, observâncias judaicas, dogmas cristãos e práticas de magia. Todas estas divagações não terão qualquer influência sobre a verdadeira tradição judaica nem, por maioria de razão, sobre a Igreja. As suas ondas turvas serão recolhidas mais tarde, em maior ou menor proporção, pelo gnosticismo e pelo maniqueísmo.

A salvação vem dos judeus

Igreja de Jerusalém, comunidades judaico-cristãs... Não será justo que as recordemos e lhes prestemos a nossa homenagem, quando vão desaparecer nas areias da história? Os fiéis que nasceram ao pé do Templo foram, certamente, muito dominados pela sua sombra; não souberam ver onde estava a luz, e o seu doloroso destino põe de relevo uma lógica providencial que tornava necessário o seu malogro. Se o cristianismo os tivesse escutado, não passaria de uma pequena seita judaica e talvez hoje se falasse dele como de uma simples curiosidade histórica, tal como os recabitas ou os essênios. Mas pode-se porventura esquecer a dedicação e a coragem de que deram provas nas horas decisivas, quando o grão de mostarda mal acabava de germinar e a frágil planta tinha necessidade de ser defendida e amparada? Podemos menosprezar as figuras desses admiráveis fiéis da Torá, um Estêvão e um Tiago, que derramaram o seu sangue israelita em testemunho da fé cristã? "A salvação vem dos judeus!" Foi através das primitivas comunidades da Palestina que se cumpriu a palavra do Messias, e foi por meio delas que se estabeleceram os laços da fidelidade.

Foi por isso que a influência judaica sobre a Igreja primitiva se manteve profunda. Quanto mais se estuda o cristianismo das catacumbas, tanto mais se verifica que está ligado de mil maneiras ao judaísmo[36]. Cada um dos quatro Evangelhos conterá inúmeras citações ou alusões ao Antigo Testamento, numa média de trezentas pelo menos. A liturgia e a oração cristãs, como teremos ocasião de ver, entroncarão diretamente nos usos religiosos da raça eleita. E quais serão os símbolos de que se servirão essas comunidades cristãs, em que os antigos pagãos serão muito mais numerosos do que os judeus de origem? Nas paredes das catacumbas, será o Antigo Testamento, o livro hebreu, que multiplicará as suas imagens: Adão e Eva, Noé na arca, o sacrifício de Abraão, Jonas arrojado à praia ou Daniel na fossa dos leões. Este nexo é proclamado ainda hoje pela Igreja Católica Romana quando, no Sábado Santo, depois da quarta leitura, pede ao Todo-Poderoso "que todos os povos do mundo se tornem filhos de Abraão e participem da dignidade do povo de Israel".

Mas aquilo que se nos mostra hoje como uma legítima fidelidade e uma justa homenagem podia ter sido, naquela altura, um desvio perigoso e uma limitação. A fim de obedecer às ordens de Cristo e lançar-se na grande aventura universalista, era necessário que o cristianismo compreendesse que, para *cumprir* totalmente a Lei, era indispensável ultrapassar-lhe os limites. Na hora em que Jerusalém caía sob os golpes de Tito e em que os judeus-cristãos viam fechar-se para eles o destino, havia já muito tempo que estava feita a síntese criadora do passado e do futuro e a Igreja tinha encontrado definitivamente o seu caminho. Mais do que a ninguém, esta obra devera-se a São Paulo.

Notas

[1] Lê-se em São Mateus (24, 20): "Orai para que a vossa fuga não tenha lugar no inverno ou em dia de sábado". É uma prova clara de que, na época em que o Evangelho foi escrito, a comunidade cristã observava o rigoroso descanso sabático.

[2] Enquanto Jesus vivia, os seus discípulos foram censurados por não jejuarem, ao que o Mestre respondeu "Acaso os companheiros de bodas podem jejuar enquanto está com eles o esposo? Dias virão, porém, em que lhes será arrebatado o esposo, e então eles jejuarão" (Mc 2, 19-20). A Igreja primitiva manteve o costume do jejum bissemanal, que fora introduzido pela seita dos fariseus, como se vê pelo monólogo do fariseu no Templo, na famosa parábola do fariseu e do publicano (cf. Lc 18, 12).

[3] Para os termos judaicos empregados, cf. Daniel-Rops, *Jesus no seu tempo*. Para os termos *fariseu, saduceu, am-ha-arez* etc., cf. cap. III, par. *A comunidade fechada.* Nas notas seguintes, usar-se-ão as abreviaturas *JT* para Daniel-Rops, *Jesus no seu tempo*, e *PB* para *O povo bíblico,* do mesmo autor.

[4] Chegou-se a pensar que existiria uma espécie de comunidade organizada que se teria chamado "pobres de Israel" (A. Causse, *Les Pauvres d'Israel,* Strasbourg, 1922). Mas esta tese já não é aceita hoje, e no movimento dos *anawim* reconhece-se antes uma atitude geral do judaísmo mais tradicional, uma corrente de pensamento vinda das profundezas da consciência judaica, humilde e totalmente fiel, que se exprimiu em muitos salmos do Antigo Testamento, bem como em textos não canônicos, tais como os *Salmos de Salomão* e o *Testamento dos XII Patriarcas.*

[5] Para um estudo mais pormenorizado do messianismo e da sua importância, cf. *PB,* 4ª parte, cap. III, par. *A espera do Messias,* e as indicações bibliográficas.

[6] Cumpre notar, porém, que o *Livro de Enoch* foi muito venerado na Igreja primitiva até o século IV, que é citado na *Epístola de São Judas*, e que a Igreja etíope o considera canônico.

[7] Cf. cap. II, par. *Cristo anunciado aos gentios.* São Pedro e São Paulo estão no primeiro plano dos *Atos*, ao passo que os outros apóstolos são quase completamente ignorados. Sobre o livro dos *Atos* e o seu autor, cf. também o cap. IV, par. *Gestas e textos dos apóstolos.*

[8] Não é este um dos aspectos mais estudados de Cristo; é, no entanto, um dos mais apaixonantes, e talvez aquele que mais se relaciona com o futuro. Jesus não foi apenas o maravilhoso catalisador de almas, o autor e o porta-voz da doutrina sublime, e a vítima sobrenatural que cada um de nós conhece; revelou-se também como o mais sábio dos fundadores, o mais completo dos educadores e o mais eficaz dos homens de ação. Deu aos

seus discípulos uma doutrina concreta, digna de uma excelente escola de líderes, e ensinou-lhes também uma estratégia. Temos o direito de dizer, portanto, que *a Igreja nasceu de Cristo;* tanto as instituições como os dogmas que veremos desenvolver-se no decorrer dos séculos têm as suas raízes nos seus ensinamentos, e desde o início essa Igreja apresenta um duplo caráter que se conservará até os nossos dias (e que torna a sua história tão difícil de abarcar): o de ser, ao mesmo tempo, uma manifestação de fé, o corpo místico de um Deus vivo que é a sua alma, e um conjunto de instituições humanas, igualmente queridas por Deus. (Tentamos analisar este aspecto da obra de Cristo em *JT*, caps. V, VII e IX).

[9] Não trataremos aqui da célebre discussão sobre a autoridade da passagem evangélica em que esta designação é formulada (Mt 16, 13-20). Para as razões que a crítica católica tem para a considerar irrefutável, cf. *JT*, cap. V, par. *Pedro e a glória de Deus.*

[10] Cf. *JT, cap. VII, par. Amigos e fiéis.*

[11] Sobre o sentido da expressão *irmãos do Senhor*, cf. *JT*, índice das questões controvertidas.

[12] Talvez se possa ver um vestígio desta espécie de dualidade no *Apocalipse* (21, 13; 4, 4; 5, 8). Na Jerusalém celeste, o vidente encontra os doze nomes dos apóstolos inscritos sobre os doze alicerces da muralha, mas em redor do trono do Cordeiro estão os "antigos", assentados sobre vinte e quatro tronos.

[13] Cf. *JT*, cap. I, par. *A mensagem do Batista.*

[14] Os *Atos*, bem como os *Evangelhos*, não nos descrevem o rito do Batismo, mas a *Didaquê*, texto cristão do fim do século I, diz-nos que era normalmente administrado por imersão e podia sê-lo também, excepcionalmente, por aspersão.

[15] "O reconhecimento de Jesus na fração do pão é indício da relação que existe originariamente entre a fé na ressurreição e a ceia eucarística. A fé na ressurreição e na presença de Jesus no meio dos seus afirmaram-se ao mesmo tempo na refeição da comunidade; as duas formam, por assim dizer, uma mesma fé em Cristo sempre vivo". Estas palavras revestem-se de uma importância particular por terem sido escritas por um homem pouco suspeito de complacência pró-católica: Alfred Loisy *(Les Actes des Apôtres*, Paris, 1920, pág. 217).

[16] Este primeiro desvio arrastou outro. Os judeus jejuavam às quintas-feiras e os cristãos preferiram jejuar às sextas, dia da Paixão, em que "o Esposo lhes fora arrebatado". A tradição dos fariseus, mais austera, era jejuar também num outro dia, na segunda-feira; os cristãos adotaram a quarta como segundo dia de expiação, o dia em que começara a Paixão. A substituição das práticas antigas pelas novas não se completou senão a partir do século II. Nas *Cartas* de Santo Inácio de Antioquia, bem como na *Didaquê*, isto é, antes de 150, encontra-se ainda a prova da oposição entre o domingo e o *Sabbath.*

[17] Sobre os dois aspectos do messianismo, cf. nota 5.

[18] A segunda prisão dos apóstolos acompanhou-se de um incidente curioso. Um eminente escriba, o rabi Gamaliel, sucessor de toda uma geração de doutores da Lei e neto do célebre rabi Hillel, interveio a favor de Pedro e João. Por quê? Por uma preocupação de justiça? Por secreta simpatia para com os cristãos, como afirmam as tradições medievais? Pelo desejo de causar embaraço aos sacerdotes saduceus? Não se sabe. Mas a sua argumentação é digna de nota. "Não persigais essa gente; se a sua empresa vem dos homens, ela própria se destruirá, mas, se vem de Deus, que podereis vós fazer?" Com efeito, quanto mais o cristianismo progredir, mais parecerá "obra de Deus", e o seu êxito derivará de si próprio. É um dos aspectos que mais é preciso ter presente, entre os que explicam a rapidez da sua difusão.

[19] Cf. um estudo pormenorizado da *diáspora* em *PB*, 4ª parte, cap. II, *JT*, cap III, e também as indicações bibliográficas no fim desta obra.

[20] Cf. M. Delafosse, *Les Noirs de l'Afrique*, Paris, 1922.

[21] Com relação às ideias religiosas de Fílon e à sua influência, cf. cap. IV, par. *As exigências do pensamento.*

[22] Outros textos judaicos, também originários da *diáspora*, revelam a mesma tendência. A *Carta de Aristeu* interpreta a mensagem dos profetas de Israel num sentido universalista, chegando a admitir que todos os homens podem salvar-se se praticarem as virtudes e crerem num Deus único, criador e providente. A *Sabedoria de Salomão*, que data de meados do século II, identifica a *sophia* — a sabedoria — dos gregos com o Espírito de Deus, apesar de lançar violentas críticas aos pagãos ímpios. E o *Quarto livro dos Macabeus,* escrito na mesma altura, amalgama de uma forma curiosa os argumentos filosóficos e as citações da Sagrada Escritura. Conhecemos também algumas orações judaico-helenísticas nas quais a convicção da escolha de Israel se encontra associada a um generoso impulso cosmopolita, ao desejo de uma reconciliação da terra inteira e de todos os povos no seio de Deus.

[23] As mulheres prosélitas eram, efetivamente, muito mais numerosas do que os homens.

[24] É o que se supõe por causa do conhecimento que Estêvão parecia possuir das doutrinas de Fílon, que na época estavam em voga sobretudo em Alexandria, e também por empregar quatro vezes a palavra "sabedoria", muito usada nos meios judaicos do Egito, de onde procede, aliás, o livro bíblico da *Sabedoria.*

[25] Cf. *JT*, cap. IV, par. *A samaritana e a água viva.*

[26] Durante a missão de Filipe entre os samaritanos, verificou-se um incidente curioso. Vivia na cidade um homem chamado Simão, que exercia a profissão de mágico, coisa que era muito comum no Império de então. Tivera um êxito tão estrondoso que passara a ser apelidado de "Grande Poder". Quando Filipe começou a pregar e a converter, "o próprio Simão creu e se fez batizar", sem que seja necessário pensar que o fez por astúcia. Mas o que aconteceu quando Pedro e João chegaram para a inspeção? Teriam eles selecionado aqueles a quem imporiam as mãos? Ter-se-iam recusado a chamar o Espírito sobre esse manipulador de forças secretas? O certo é que Simão, desiludido, lhes ofereceu dinheiro para que consentissem em ceder-lhe o poder de fazer descer o Espírito Santo. Desta proposta, aliás, é que vem a palavra *simonia* para designar o tráfico de coisas sagradas. Pedro, como é evidente, recusou com violência e ameaçou Simão com castigos terríveis; o mágico, porém, não devia ter a alma muito negra, pois respondeu humildemente aos apóstolos: "Rogai vós por mim ao Senhor, para que não me sobrevenha nada disso que dissestes" (At 8, 24). Uma tradição confusa, citada por São Justino e Eusébio de Cesareia, afirma que São Pedro teria voltado a encontrar o mago Simão em Roma, e que teve de enfrentá-lo pela segunda vez.

[27] Quanto ao incidente de Antioquia, cf. cap. II, par. *Problema do passado;* cf. Também Gl 2, 11.

[28] Cf. *JT*, cap. III, *Roma e a Palestina*, e *PB*, IVª parte, cap. III, par. *Herodes.*

[29] Lembremo-nos de que, quando Jesus foi preso, "seguiu-o um mancebo coberto apenas com um lençol" (Mc 14, 51). Prenderam-no, mas ele conseguiu fugir, completamente nu, porque largara o lençol. O *Evangelho de São Marcos é o* único que relata esta cena, o que tem levado a considerá-la como uma recordação pessoal, uma espécie de discreta assinatura. Conjeturou-se, pois, que a pequena propriedade de Getsêmani talvez pertencesse a Maria, mãe de Marcos, uma das santas mulheres que tantas vezes tinham acompanhado e ajudado Jesus. A situação desta moradia tornava-se muito conveniente a um fugitivo que, como Pedro, estava ansioso por esconder-se.

[30] O filho do pequeno déspota, Herodes Agripa II, depois de passar a sua infância em Roma, obteve um simulacro de realeza sobre a região do Líbano e de Bekaa. Deve ter reinado de 50 a cerca de 100.

[31] Cf. uma narração pormenorizada em *JT*, cap. IX, par. *O Apocalipse da Terça-feira Santa: predição da ruína da cidade.*

[32] Numa passagem que se perdeu, mas que Sulpício Severo cita na sua *Crônica.*

[33] Pormenor curioso: nas comunidades judaico-cristãs da Palestina encontram-se vestígios persistentes dos parentes de Jesus. No episcopado de Simeão, o imperador Domiciano mandou buscar os descendentes de Davi e viu comparecerem à sua presença dois netos do apóstolo Judas, "da raça do Senhor", segundo Hegesipo; como eram inofensivos camponeses, mandou-os embora. Esses homens viveram nalguma comunidade cristã até o tempo de Trajano. No século III, Júlio, o Africano, tornará a encontrar outros descendentes da família do Senhor.

[34] Cf. *JT*, cap. VIII, par. *Evangelho e Judaísmo: os elementos de oposição.*

[35] Cf. *JT*, cap. I, par. *A mensagem do Batista.*

[36] Cf. caps. V e VI.

II. UM ARAUTO DO ESPÍRITO: SÃO PAULO

A estrada de Damasco

Como nos impressiona, a nós que ainda caminhamos, este homem que a Luz derrubou na estrada, vencido mas feliz com a própria derrota no mais íntimo do seu coração! De todos os personagens do Novo Testamento, este é, depois de Jesus, o mais vivo, o mais completo, aquele cujo rosto distinguimos com mais clareza. Os problemas que o atenazaram são os mesmos que eternamente nos dilaceram. E quando ouvimos a menor das suas palavras, reconhecemos nela esse tom de confidência inesquecível que só alcançam aqueles que arriscam tudo.

Caminhava há oito dias pela arenosa estrada que vai de Jerusalém a Damasco. Sentia-se possuído de uma fúria estranha, desse fanatismo religioso e dessa inquieta convicção de estar na posse da verdade que introduzem no coração humano tanto azedume e tanta violência. Deixara já o agreste vale do alto Jordão e avançava agora pela estepe, onde as gramíneas ressecadas farfalhavam ao sopro do vento. A sua esquerda, o Hermon, "o primogênito dos altos", erguia sob um céu duro a sua cadeia sempre coberta de neve. Aproximava-se já do oásis, com os seus plátanos cinzentos, o odor dos jasmins e das rosas e, sob o balouçar das grandes palmeiras, o rico emaranhado dos pomares bem irrigados. Era verão, por volta do meio-dia.

Subitamente, desceu do céu uma luz que o envolveu. Caiu por terra e ouviu uma voz que lhe dizia: "Saulo, Saulo, por que me persegues?" Ele balbuciou: "Quem és, Senhor?" A voz continuou: "Eu sou Jesus a quem tu persegues". Aterrado e tremendo, o homem murmurou: "Senhor, que queres que eu faça?". E veio a resposta: "Levanta-te, entra na cidade. Aí te será dito o que deves fazer". Saulo levantou-se, titubeante. Ao esplendor do sol seguira-se uma escuridão total: com os olhos abertos, não enxergava nada. Os companheiros de viagem olhavam-no, mudos de espanto; tinham ouvido um som confuso de vozes, sem distinguir as palavras. Saulo, porém, compreendera para sempre (cf. At 9).

Por essa altura, era ele um jovem de menos de trinta anos, um judeu baixinho de aspecto pouco glorioso. Um apócrifo grego do século II, denominado *Atos de Paulo*, deixou-nos a seu respeito uma descrição pouco lisonjeira[1]: "Era de estatura média, baixo e rechonchudo, com as pernas tortas, a cabeça calva, as sobrancelhas espessas e muito juntas, o nariz arqueado". A imagem é característica da sua raça. Mas uma estranha força emanava deste rosto, do qual também se diz que tinha mais de anjo que de homem.

Observa-se com frequência, entre os seres que a natureza privou de força física, uma energia espiritual de extrema intensidade, mais violenta e mais impressionante justamente por estar associada não sabemos a que misteriosa fragilidade. Saulo era um desses homens que não existem senão pela alma. Vê-lo-emos movimentar-se durante toda a vida no meio da tensão e da luta. Nada daquilo que vem dos homens poderá abatê-lo: "Em tudo somos oprimidos, mas não sucumbimos. Vivemos em completa penúria, mas não desesperamos. Somos perseguidos, mas não desamparados. Somos abatidos, mas não perecemos" (2 Cor 4, 9) — eis o que legitimamente afirma de si próprio. Era dotado de uma alma de grande senhor, a quem a extrema flexibilidade da inteligência, a sensibilidade mais receptiva e o vigor de um espírito simultaneamente realista e apaixonado pelo absoluto tinham armado para todas as lutas. Homem exigente e tenaz, possuía verdadeiramente aquela madeira de que Deus talha com gosto os santos.

De pé, no meio de uma noite repentina, que poderia experimentar aquele que acabava de ser chamado pelo nome? Sentia-se arrasado. "Dura coisa te é recalcitrar contra o aguilhão" (At 26, 14)[2]. Aprendeu instantaneamente que, para o futuro, teria de viver com essa ferida incurável, com esse "espinho na carne" por meio do qual a verdade chegara até ele. Humanamente, porém, que significava essa ferida? Têm-se proposto explicações médicas que um exame atento torna inaceitáveis. A histeria, um mal ainda pouco definido, que apresenta como um dos seus sintomas mais claros o de incitar o indivíduo a uma espécie de constante mimetismo patológico, não encontra nenhuma base nesta personalidade tão original, tão autêntica, cujas resoluções procedem evidentemente de uma vontade lúcida. E a epilepsia, cujos principais sintomas são as rupturas súbitas na lógica da ação e os fantasmas que escapam à memória, não poderia ter relação alguma com esta existência perfeitamente equilibrada e unitária, impelida por uma vibração eficaz, nem com a precisão objetiva do testemunho que o próprio São Paulo nos oferece sobre as suas visões. O fato está à vista, tão irrecusável como o será no caso de São Francisco de Assis ou de Joana d'Arc; não é numa consciência mais ou menos perturbada pela demência que ressoa o apelo que deverá arrancar Saulo de si mesmo: é na própria realidade das coisas da terra, é numa estrada da Ásia, é ao sol duro de um dia de julho.

Cego, tornou a caminhar e entrou em Damasco. Partindo da torre maciça que guardava as portas da cidade, havia uma larga avenida, chamada Direita, que se dirigia a um templo, ladeada por pórticos com colunatas coríntias. Era aí que habitava um judeu chamado Judas, membro da numerosa colônia (Flávio Josefo fala de cinquenta mil) que ali prosperava e que Aretas, rei da rubra Petra, tratava muito bem. Saulo instalou-se em casa desse homem e afundou-se ainda mais, sem dúvida perdido, silencioso, com os olhos abertos sobre a noite do castigo, recusando-se a comer e a beber, esperando e orando.

Entretanto, ali mesmo em Damasco, havia um homem que também recebera uma ordem vinda do alto. Era Ananias, um dos primeiros membros do reduzido núcleo cristão que já existia nessa cidade: "Levanta-te — disse-lhe o Senhor —, vai à rua Direita e pergunta em casa de Judas por um homem de Tarso chamado Saulo; ele está orando". Ananias ousou responder: "Senhor, muitos já me falaram desse homem, dos muitos males que fez aos teus fiéis em Jerusalém. E se vem aqui, é a mandado dos príncipes dos sacerdotes, para prender todos aqueles que invocam o teu nome". O Senhor, porém, mandou-o calar-se: "Vai, porque esse homem é o instrumento que eu escolhi para mim" (cf. At 9, 10-15).

Ananias estava bem informado. Fora como inimigo do nome cristão que Saulo deixara Jerusalém, munido de uma ordem precisa da casta dos sacerdotes — ordem que ele mesmo tinha solicitado para perseguir até à morte aqueles que, em Damasco, pertencessem à nova seita. Desde que residia na Cidade Santa, fariseu entre os fariseus, sempre se tinha mostrado adversário do Galileu e da sua corja. E aquele estudante que tínhamos visto guardando as roupas do mártir Estêvão, enquanto os carrascos o apedrejavam, aquele moço odiento e arrogante, não era outro senão ele.

Deve-se dizer que estes sentimentos violentos tinham muitas atenuantes. Para pôr em dúvida uma convicção profunda, a consciência tem necessidade de audácia, de independência ou de luz. Pela formação que recebera, Saulo achava-se mais impedido do que ninguém de acreditar num Messias humilhado e vencido. Empertigado no seu nacionalismo religioso, impávido no seu fanatismo, este adolescente abrupto não nos deve causar qualquer surpresa, pois o que conhecemos do seu caráter deixa-nos adivinhar perfeitamente como a intransigência das suas convicções podia unir dentro dele a certeza da inteligência e o orgulho.

No entanto, o problema não é tão simples. Podemos perguntar-nos se o episódio à entrada de Damasco, a despeito da sua aterradora instantaneidade, não poderia ter sido já preparado secretamente na alma daquele que Deus escolhera para si. Quando se leem os textos em que, anos mais tarde, Paulo fala da Lei e dos seus problemas, é difícil deixar de pensar que é ali que se pode ter situado o abalo inicial que viria a fender esta alma cerrada.

Para uma consciência escrupulosa, como era pesado suportar a Lei de Israel! Quem podia estar certo de ter cumprido os seus infinitos preceitos e de não ter violado alguma das suas mil e uma proibições? Debaixo desse "jugo intolerável", ninguém podia saber ao certo se não tinha, embora contra vontade, cometido alguma falta. E por quê? Com que fim? Por acaso essas observâncias minuciosas resolviam o verdadeiro problema? Podiam elas apagar o sentimento de miséria insuportável que é a sorte da condição humana? Que poder têm os princípios formais perante a angústia de viver? Não tinha sido essa mesma Lei que, submetendo o homem a certos princípios, isto é, abrindo-lhe os olhos, o arrancara à inocência original e o atirara para o âmago desse complexo de contradição e desespero em que sempre permanece? Este problema, que preocupará tantos místicos e poetas, desde Santo Agostinho até Rimbaud e desde Orígenes até Blake, não seria o mesmo que tornava tão arisco o coração do jovem fariseu? Talvez ele já suspeitasse que esses enigmas se resolviam pelo amor de Cristo, e que, ao combater os cristãos com tanta ferocidade, não estava senão combatendo-se a si próprio.

Na casa de Damasco, naquela noite milagrosa, Saulo soube que ia receber a resposta. O fato de que esta lhe viesse a ser transmitida por aqueles mesmos que ele mais havia odiado era algo que estava na ordem natural das coisas, conforme a misteriosa lei de reversão que une sempre o carrasco à sua vítima. Estava perto dele um discípulo do Galileu. Saulo ouviu a sua voz. "Saulo, meu irmão — disse-lhe Ananias —, o Senhor, esse Jesus que te apareceu no caminho, enviou-me para que recobres a vista".

Foi assim que teve lugar aquilo que frequentemente se chama a conversão de São Paulo e que só pode ser plenamente compreendido à luz do drama espiritual em que se opera a opção da alma. O vencido da estrada não mudará nem de religião nem de dependência, pois não deixará o Templo ao abrigo do qual a jovem Igreja continuava ainda a colocar-se. Se se converteu, foi no sentido em que o nosso século XVII passou a entender esse termo, como, por exemplo, no caso de um Pascal ou de um Rancé; tudo se realizou no seu íntimo. "*Metanoeitel*, convertei-vos!", dissera Jesus; a transformação será total. Aquele a quem Saulo ia obedecer no futuro era o mesmo que tinha condenado os orgulhosos, as almas duras, os intelectualmente satisfeitos, e ele tinha sido tudo isso. Daí por diante, todos os dias de vida que lhe restassem ser-lhe-iam insuficientes para testemunhar o seu amor Àquele que tanto o amara e que lhe ferira o coração.

Um jovem judeu dos países gregos

A cidade de Tarso, onde Saulo tinha nascido entre os anos 5 e 10 da era cristã, era uma dessas cidades brilhantes e pouco austeras, como tantas outras que a conquista de Alexandre, o desenvolvimento da civilização helênica e depois o enriquecimento sob a *pax romana* tinham feito pulular por todo o Oriente Próximo. Situada nas faldas do Tauro, à saída do desfiladeiro que o Cidno abre nesta barra abrupta, era a guardiã dos portos da Cilícia, parada obrigatória para quem se dirigia à Síria ou aos países da Mesopotâmia. Nos dias de hoje, recuada devido aos aluviões, encontra-se a vinte quilômetros da costa; mas, no século I, era ainda um centro de comércio marítimo, ligado ao anteporto de Regmão e acessível a todas as embarcações daquele tempo.

Era uma cidade bela, antiga e próspera, e São Paulo havia de mostrar-se orgulhoso do seu renome. As suas casas brancas, cúbicas, e os seus numerosos monumentos alinhavam-se entre jardins floridos, porque havia abundância de água. As suas origens remotas, que a história hoje atribui aos heteus e aos fenícios, estavam associados nomes fabulosos como Semíramis, Sardanápalo e a própria Afrodite. Na fria água do seu rio banhara-se Alexandre, por ocasião de um breve intervalo na sua marcha fulminante através da Ásia, que havia de custar-lhe a vida. E meio século antes de que Paulo viesse ao mundo, em 41 antes da nossa era, os seus cais tinham visto desembarcar de uma faustosa galera, ornada de ouro e púrpura, uma jovem rainha, clandestina e pouco vestida, que vinha seduzir um ditador romano.

A imagem greco-egípcia de Cleópatra corresponde bem ao caráter cosmopolita que Tarso partilhava com todas as cidades helenísticas, de Antioquia a Pérgamo e de Corinto a Alexandria. Ao seu fundo étnico assírio-iraniano haviam-se sobreposto todos os tipos de elementos, sobretudo depois que os reis selêucidas se tinham interessado pela cidade. Agora dominavam os gregos, mas não de raça pura. Ao lado deles, vindos principalmente nos dias de Antíoco Epifânio[3], os judeus eram ali muito numerosos. Agrupados numa comunidade, como em toda parte, não constituíam, no entanto, uma massa isolada, um gueto, mas participavam da vida pública, sob todos os seus aspectos, e da própria administração. Foi neste meio que o pequeno Saulo nasceu e cresceu.

Uma tradição referida por São Jerônimo, nos seus *Homens Ilustres*, pretende que os pais do futuro apóstolo procediam de Giscala, na Palestina do Norte, e tinham sido deportados para a Cilícia quando Varo, no ano 4 antes da nossa era, restabelecera brutalmente a ordem após os distúrbios da Galileia. "Hebreu", no sentido mais geográfico do termo, o futuro apóstolo teria sido levado para território grego no decurso da sua infância. O nome que lhe foi dado na circuncisão, *Schaoul*, que nós pronunciamos Saulo, provinha da tradição da sua tribo, a de Benjamim, cuja glória se tinha manifestado, mil anos atrás, com o primeiro rei de Israel. Seja como for, se esta família de judeus da Galileia foi transplantada à força para as margens do Cidno, a verdade é que soube adaptar-se à sua nova condição: no tempo em que Saulo nasceu, pertencia à classe dos comerciantes ricos, a uma espécie de aristocracia provinciana. E, melhor ainda, tinha obtido o direito de cidadania romana.

O fato é tão importante que se torna necessário sublinhá-lo. O *jus civitatis* era um privilégio que Roma concedia muito raramente: a pessoas oriundas das províncias, a certos protegidos ou, por vezes, a cidades inteiras que queria recompensar; sabe-se também que algumas vezes o privilégio era comprado por um preço muito alto. Conferia aos seus titulares a plenitude dos direitos civis, a capacidade de serem eleitos para as magistraturas e garantias especiais em assuntos jurídicos, permitindo-lhes também apelar para o imperador em caso de condenação. Um judeu que fosse cidadão romano escapava, pois, do estatuto normal da sua raça e mesmo da jurisdição dos seus irmãos. Veremos São Paulo aproveitar-se dessa prerrogativa. Como é que a sua família adquiriu esse direito? Comprou-o? Prestou algum serviço a um daqueles ditadores, Pompeu, César ou Antônio, que sucessivamente haviam percorrido todo o Oriente, constituindo ali as suas clientelas? Não se sabe. Em qualquer caso, este precioso privilégio não somente ajudara o apóstolo no decurso das suas missões, mas incliná-lo-á a ver no Império Romano, não o instrumento de uma opressão intolerável, mas uma grandeza positiva, uma organização poderosa que legitimava o lealismo para com ela (cf. Rm 12) e que contribuirá para a realização dos desígnios de Deus.

O ofício que o veremos exercer ao longo da sua vida missionária, para prover às suas necessidades por suas próprias mãos, seria o de seu pai? Um *skenopoios* ou *tabemacularius* podia ser um tecelão de panos para tendas ou um fabricante de tendas, mas, tanto num caso como noutro, um homem de ofício bastante humilde, que trabalhava com o cardador ou com a tesoura. Semelhante ofício parecer-nos-á demasiado modesto para a posição da família do apóstolo, e tem havido quem perguntasse se ele não o teria adotado depois da ruptura com os seus, logo após a conversão. Por outro lado, não convém perder de vista que, em Israel, o trabalho manual estava normalmente ligado à vida intelectual e que os mais célebres doutores da lei ganhavam o pão de cada dia fabricando vestimentas ou preparando molhos.

Saulo crescerá, pois, numa cidade, uma cidade grega, como verá quem ler os seus escritos. A vida de Tarso marcará profundamente o seu espírito, fornecer-lhe-á matéria para inúmeras alusões às atividades urbanas, ao comércio, ao direito, ao exército e aos jogos do estádio, ao contrário de Jesus, um galileu do campo, que se refere sem cessar aos aspectos da natureza, ao sopro dos ventos, à chuva que cai, ao voo alegre das aves. O meio grego dar-lhe-á a língua, que ele utilizará com desembaraço, bem como uma cultura bastante vasta, que lhe permitirá citar não só uma frase do poeta Menandro, mas também versos do filósofo estoico Aretas ou do filósofo e poeta cretense Epemênides, coisa que nenhum dos doze apóstolos seria capaz de fazer.

Teria ido ainda mais longe a influência da terra natal sobre ele? Chegou-se a afirmá-lo frequentes vezes, já que, no campo da história das religiões, certas semelhanças adquirem facilmente o valor de uma explicação. Tarso era certamente uma cidade intelectual, "que ultrapassava Atenas e Alexandria no seu amor às ciências", dirá Estrabão; tornara-se um centro universitário tão importante que, depois da reforma levada a cabo por Atenodoro, filho adotivo de Tarso e preceptor de Augusto, eram os professores quem fiscalizava a vida municipal e administrativa. Nas escolas, ensinava-se oficialmente a doutrina estoica, tal como Zenão de Chipre, Aratos da Cilícia, Crisipo e Apolônio, todos eles nascidos em Tarso, a haviam formulado, e que chegaria até nós sobretudo por meio de Sêneca. Mas nada prova que o jovem Saulo tivesse frequentado escolas pagãs, pois eram suspeitas para todo o israelita e especialmente para um fariseu, coisa que Saulo era, como veremos; e se pôde sofrer alguma influência dessa doutrina, foi *a contrario*, levando-o a opor-se a ela na sua substância.

Quanto às formas religiosas, que em Tarso como em todo o Oriente se misturavam num sincretismo tão apaixonado como confuso, parece ainda menos plausível que elas tenham impressionado um adolescente que em tudo se nos mostra fiel ao culto de Javé e à santa Torá. Perante os arrebatamentos místicos da multidão, ao som de flautas e tímpanos, perante a fogueira onde o velho Baal de Tarso, Sandam, era queimado todos os anos, perante os tauróbolos sagrados onde os discípulos de Mitra, o deus da Pérsia, se deixavam enxarcar pelo sangue da vítima, é bem duvidoso que um verdadeiro israelita pudesse experimentar qualquer impressão que não fosse a de um profundo desgosto.

A verdade é que Saulo cresceu no meio espiritual do mais puro judaísmo, total e profundamente fiel. A sua família pertencia à seita dos fariseus, e isso foi para ele de uma extrema importância. Porque, se Jesus denunciara a astúcia e a frequente hipocrisia destes escribas casuístas e formalistas, a justiça manda que se reconheçam também entre eles virtudes espirituais elevadas: o respeito apaixonado pelas coisas divinas, a submissão total à Providência, o desejo constante de viver conforme a palavra — mesmo que essa palavra fosse entendida de forma arrevezada[4].

Quando Saulo tinha quinze ou dezesseis anos, seus pais enviaram-no a Jerusalém, a fim de frequentar os cursos do maior rabino fariseu daquele tempo, Gamaliel, que, conforme dissemos, se distinguia pela sua abertura de espírito e generosidade[5]. Sentado no chão aos pés do doutor, conforme ainda hoje é costume entre os estudantes muçulmanos de teologia na mesquita de El-Azar, no Cairo, Saulo terá escutado durante anos aqueles ensinamentos minuciosos e intermináveis. E se desse mestre, pelo menos de entrada, não recebeu a mansidão, recebeu certamente os métodos de uma dialética prodigiosamente sutil e talvez também determinados conceitos sobre a natureza humana, a vida e a morte, a natureza e o pecado. Mais tarde, deixará cair o que havia de murcho nessa casuística, mas saberá utilizar o método e, principalmente, conhecerá por experiência própria o perigo de um certo dessecamento do Espírito inerente à interpretação literal.

Pelas suas próprias origens, Saulo aparece, pois, como verdadeiramente predestinado para o papel que havia de assumir. Representante típico do espírito da *diáspora*, por um lado encarna o judaísmo no máximo da força, naquilo que ele comporta de verdade e de grandeza e, ao mesmo tempo, naquilo que pode fazer sentir a necessidade de uma superação; por outro lado, familiar dos pagãos, mede o terrível vazio que se esconde na alma daqueles que, como dirá, estão "sem Deus neste mundo" (Ef 2, 12). Assim, como a sua cidade natal, encontra-se na charneira de duas civilizações, na linha de ruptura e de ataque. Os homens destinados a modificar profundamente o curso da história apresentam sempre um caráter similar: estão ligados pelas suas mais secretas raízes à sociedade que combatem, e ao mesmo tempo descobrem por experiência pessoal o que é preciso destruir e substituir.

Anos de aprendizagem

Assim, "segregado desde o seio de sua mãe e chamado pela graça", Saulo, por um milagre, encontrou-se investido no dever de anunciar a nova fé, a chegada do Messias e do amor. Sem dúvida, deu logo o seu testemunho nessa comunidade de Damasco que o acolhera, mas não manifestou nenhuma pressa orgulhosa em desempenhar um papel de destaque na Igreja nascente. Durante longos anos, vai apenas preparar-se para a tarefa que o Mestre lhe designou. Medita, aprofunda os conceitos, define posições e adquire experiência apostólica.

É, sem dúvida, entre os anos 32 e 36 que se situa a visão de Damasco[6], mas é só entre 45 e 46 que começam as grandes missões do apóstolo das gentes.

Foram anos de aprendizagem muito intensa, a julgar pelos resultados! Começam com um episódio misterioso, que apenas São Lucas refere no livro dos *Atos*, mas que o próprio apóstolo contará mais tarde, quando escrever aos seus queridos gálatas. Saulo foi para a "Arábia" e ali permaneceu por muito tempo. Isto nos faz pensar no retiro de 40 dias com que Jesus iniciou a sua vida pública, e imaginamos o novo cristão numa estepe perdida ou em algum Sinai, a sós consigo mesmo e esforçando-se por harmonizar dentro de si o homem antigo com aquele homem novo que a espantosa novidade impusera à sua alma; mas sobre o que experimentou então, não sabemos nada — menos ainda do que sabemos sobre os dias que Cristo passou em *Jebel Quarantal*, na "Montanha da Quarentena".

Voltou a Damasco e começou a falar do Messias e da sua fé nas sinagogas. O fato, porém, não deixou de provocar surpresa. "Os seus ouvintes pasmavam e diziam: Este não é aquele que perseguia em Jerusalém os que invocam o nome de Jesus? Não veio cá só para levá-los presos aos sumos-sacerdotes?" (At 9, 21). As multidões compreendem mal estas bruscas reviravoltas da alma e dificilmente perdoam aos que mudam de campo com excessiva rapidez. O gueto de Damasco urdiu uma cilada contra o desertor; colocaram-se capangas do rei Aretas às portas da cidade, para que não pudesse escapar, e foi necessário que alguns amigos lhe facilitassem a fuga, descendo-o pela muralha da cidade dentro de um cesto que servia para transportar peixe — coisa que para ele certamente não foi muito gloriosa. Outrora, o Senhor dissera a Ananias, falando daquele a quem o enviava: "Eu lhe mostrarei tudo o que terá de padecer pelo meu nome"

(At 9, 16). Era este o primeiro sinal, a primeira lição da hostilidade humana contra o convertido.

De Damasco, Saulo subiu a Jerusalém, onde o esperavam outras experiências não menos instrutivas. Que ia fazer na Cidade Santa? Ia, evidentemente, tomar contato com as testemunhas do Ressuscitado e estabelecer com elas relações de confiança. Mas foi a desconfiança que o acolheu. Como era de esperar, a pequena comunidade dos primeiros fiéis, que guardava ainda vivas lembranças do perseguidor, relutou em dar crédito à sua visão e à sua conversão. A suspeita só veio a arrefecer quando Barnabé — cuja autoridade, como sabemos, era grande na jovem Igreja, e que, sendo de origem cipriota, talvez conhecesse aquele natural de Tarso — se responsabilizou por ele. Saulo foi então recebido e, a partir daquele momento, "permaneceu com eles, saindo e entrando em Jerusalém, e pregando destemidamente o nome do Senhor" (At 9, 28).

Mas, logo a seguir, surgiram novas dificuldades. Pelo que dizem os *Atos* (9, 29), é difícil compreender por quê. Apenas se conta que ele mantinha relações com os helenistas e que *estes* pretendiam tirar-lhe a vida. Soa a contradição. O que pode ter acontecido é que o apóstolo se tenha visto envolvido necessariamente na discussão entre as duas tendências da Igreja de Jerusalém e que tenha tomado partido pelos helenistas contra os judaizantes. Mas se ultrapassou o marco acanhado do povo eleito, também não deixou de manifestar um profundo respeito pela sua mensagem e teve o cuidado de não infringir as fidelidades necessárias. E foi certamente esta atitude prudente que alguns não lhe perdoaram de maneira nenhuma. "Guelfo para os gibelinos e gibelino para os guelfos" — esta é sempre a posição dos espíritos verdadeiramente livres. No momento em que a situação se tornou bastante tensa, uma nova manifestação divina veio iluminar o apóstolo. Jesus apareceu-lhe e ordenou-lhe: "Apressa-te e sai logo de Jerusalém, porque as gentes daqui não receberão o teu testemunho a meu respeito". O antigo perseguidor baixou a cabeça, confessando, porém, que certas desconfianças lhe pareciam legítimas; mas Cristo ditou-lhe a sua verdadeira tarefa: "Vai, porque eu te enviarei para longe, aos gentios..." (At 22, 17ss).

Restava-lhe agora preparar-se para o mister de missionário que Deus lhe propunha. Foi a quarta fase deste tempo de aprendizagem. Depois de uma breve permanência na sua pátria ciliciana, onde — segundo afirmam muitos comentaristas — não colheu senão insucessos e teve de romper com os seus parentes, alistou-se na ação apostólica, em 42 ou 43, a convite daquele mesmo Barnabé que o acolhera fraternalmente em Jerusalém.

Enviado pelos apóstolos para inspecionar a nova comunidade da Síria, como já vimos[7], esse santo homem em breve reconhecera que tinha necessidade de auxiliares e lembrou-se então do jovem Saulo que, pelas suas virtudes, pelos seus dons e sem dúvida por todo o seu comportamento, lhe parecia indicado para grandes obras. Foi procurá-lo na Cilícia e levou-o consigo.

Foi, portanto, em Antioquia que Saulo terminou a sua formação "profissional" de apóstolo, sob a orientação de um homem de verdadeira sabedoria. Antioquia era então a cidade em que se preparava a indispensável expansão da propaganda cristã entre os gentios, e não há dúvida de que o próprio Saulo contribuiu para a realização dessa mudança de objetivos e para fazer da cidade do Orontes o ponto de apoio providencial do novo plano. Os *Atos* (11, 26) dizem que, ao lado de Barnabé, Saulo participava nas assembleias da igreja e instruía inúmeras pessoas, e que, no momento em que a fome tomou conta de Jerusalém, foi ele o encarregado de levar à comunidade-mãe, juntamente com o seu amigo, os socorros da longínqua filha síria. Esta ação durou dois anos e acabou de preparar o apóstolo para a sua tarefa, já que, logo após a sua permanência em Antioquia, partiu para as grandes empresas missionárias. Terminara o tempo de aprendizagem, e ei-lo agora armado e pronto para conquistar o mundo para a Cruz.

Mas não teríamos dito o bastante a respeito dessa formação se deixássemos de sublinhar que todo este esforço e toda esta aplicação com vistas à eficácia estavam profundamente ligados, na alma do apóstolo, a uma participação ininterrupta na vida divina. Não há, nos grandes místicos, nenhuma separação entre a ação prática e a contemplação de Deus. Desde a hora em que Saulo, o fariseu, se tinha voltado para a luz, tudo nele se tinha dado a Deus, tudo se tinha perdido em Deus; como diria mais tarde, já não era ele que vivia, mas Cristo que vivia nele. Esta incorporação verdadeira, pela qual Deus feito homem se une àqueles que creem nEle, e cuja afirmação será o eixo da teologia paulina, é a que oferecerá ao apóstolo o melhor dos seus meios de ação. Foi em Antioquia, possivelmente entre os anos 42 e 44, que Saulo teve um êxtase cuja breve narrativa, feita por ele mesmo, é um dos textos mais essenciais de toda a literatura mística: "Conheço um homem em Cristo que há catorze anos foi arrebatado até o terceiro céu. Se foi no corpo, não sei. Se fora do corpo, também não sei, Deus o sabe. E sei que esse homem — se no corpo ou fora do corpo não sei, Deus o sabe — foi arrebatado ao Paraíso e lá ouviu palavras inefáveis, que não é permitido a um homem repetir" (2 Cor 12, 2-4).

Que determinações precisas, que novas revelações fulminantes recebeu então? Por um nobre pudor de alma, absteve-se sempre de explicá-lo. Aliás, podem as palavras de um homem, mesmo as de um santo, ser alguma vez adequadas para expressar tais revelações divinas? Mas quando, catorze anos depois, se resolveu a tocar no assunto com os seus amigos de Corinto, não conseguiu evitar a emoção que ainda lhe apertava a garganta: deve ter sido decisivo esse instante em que o Mestre acabou de consagrá-lo à tarefa a que o chamava.

Cristo anunciado aos gentios

Vemos, pois, o desengonçado missionário lançar-se doravante nessa existência errante e fecunda que será a sua pelos próximos vinte anos, até à morte, até ao martírio. Não se sabe se houve alguma vez um homem que se dedicasse tanto a uma causa, que se entregasse tanto ao serviço de uma única ideia. Soldado de Deus, militante da Boa-nova, a sua vida confunde-se com a doutrina que propaga. Uma atividade quase incrível preenche todos os seus dias. Novas igrejas germinam sobre as suas pegadas. Mal nasce uma, logo vai lançar a semente em outra parte; mas encontrará ainda o tempo necessário para escrever — ou antes, para ditar — cartas de conselho e orientação para as suas filhas espirituais, as comunidades nascentes. Em vinte anos, quantos êxitos e que poucos reveses! Tudo aquilo que, no cristianismo primitivo, não é ainda senão intenção pouco consciente e obediência instintiva às ordens do Mestre, vai transformar-se com ele em doutrina e método. O perseguidor que fora chamado no caminho de Damasco vai ter um lugar providencial no destino da Igreja.

Serão autênticas as epístolas que figuram no Novo Testamento? [8] Eis como E. Osty, na sua excelente edição desses textos, resume esta questão tão controvertida: "1º — A grande maioria dos críticos admite a autenticidade, pelo menos substancial, das *Epístolas* aos *Gálatas* e aos *Romanos*, da

1ª e 2 ª aos *Coríntios*, da 1ª aos *Tessalonicenses*, e das *Epístolas* aos *Colossenses*, aos *Filipenses* e a *Filêmon*. 2 º — A maior parte dos críticos não-católicos recusa-se a ver nas outras epístolas a autoria de São Paulo, embora lhe atribuam, com maior ou menor boa vontade, alguns fragmentos de importância variável. 3º — Não há dúvida de que se podem apontar nestas epístolas diferenças de linguagem, de estilo e de preocupações dogmáticas. 4º — Mas estas diferenças explicam-se suficientemente pela variedade das situações e dos assuntos tratados, pelas condições em que o apóstolo as escreveu e pela prodigiosa maleabilidade do seu gênio. O conjunto de todas essas diferenças nada pode contra o testemunho quase unânime da tradição" (sobre a *Epístola aos Hebreus*, cf. nota 25, neste capítulo).

Mas de que recursos dispunha Saulo para levar a cabo semelhante tarefa? Como acontece com quase todos aqueles que vão realizando grandes coisas pelo mundo, os seus meios eram limitados. Não passava de um pobre judeu que vivia do trabalho das suas mãos. Mas era um homem de uma intrepidez sem limites, a quem não detinham o passo nem "os quarenta açoites menos um" [9], nem as bastonadas, nem a lapidação, nem o medo da morte; perigos no mar, perigos no deserto, ameaças dos judeus, ameaças dos pagãos, fome e sede, frio e tempestades, tudo está ele pronto a suportar (cf. 2 Cor 12, 10). A sua fé era imensa, essa fé da qual Jesus dissera que quem a possuísse do tamanho de um grão de mostarda poderia com ela deslocar montanhas. Virtudes de tal natureza resplandecem no rosto de quem as possui; e são elas, em última análise, que explicam a autoridade soberana, flagrante em inúmeras circunstâncias, daquele que a si mesmo se denominava *o aborto*.

Não se pode negar que, à primeira vista, o seu aspecto não tem nada de terno ou amável. Capaz de atenções paternais e de generosidades infatigáveis, mostra-se sempre um homem com cara de bronze. Renan descreveu-o com rigor quando o contrapôs ao "doce Jesus da Galileia". Mas censurar-lhe a violência é nada compreender desse terrível sinal de contradição, dessa natureza de fogo, empenhada em combates sem trégua. O homem que escreveu a *Epístola a Filêmon* devia ser dotado de uma singular delicadeza. Mas o rio de sensibilidade e a torrente de caridade que arrebatavam São Paulo podiam também carrear mil explosões de cólera, pois a melhor maneira de amar a humanidade não é ceder às suas fraquezas e às contradições dos seus sentimentos, mas desejar o seu bem, mesmo contra ela própria e contra si.

A ação de São Paulo divide-se em dois grandes períodos, conforme as regiões em que se desenvolveu. No primeiro período, limita-se à região oriental que ficava mais próxima: a Ásia Menor e a Grécia, a bacia do Mar Egeu; no segundo, a partir do ano 60, as circunstâncias levam-no a trabalhar em Roma. Mas, em ambos os casos, atua fora da Palestina, entre homens que não vivem à sombra do Templo, entre judeus "helenistas" e pagãos convertidos, "nações" às quais Jesus ordenara que fosse levado o Evangelho: *gentes*, diz o latim, palavra que a tradição fixou como *gentios*. De um período para o outro, os problemas mudarão e as perspectivas não serão as mesmas. Na segunda fase, o cristianismo nascente encontrar-se-á perante uma autoridade centralizadora, perante o funcionalismo imperial e o pragmatismo romano. No primeiro período, Saulo é atirado para o seio do mundo helênico, um mundo amassado com o espírito grego e a anarquia oriental, agitado há já três séculos pela inquietação religiosa, pela decadência moral e pelas ameaças sociais, um mundo a que Roma soubera impor a ordem administrativa, mas não a paz do coração.

Distinguem-se geralmente três grandes viagens do apóstolo das gentes, mas essa distinção parece bastante arbitrária, porque os intervalos entre as viagens foram singularmente curtos, e ainda porque esses trajetos prodigiosos a serviço do Mestre — realizados quase sempre a pé, num total que, em treze anos, ascende a cerca de vinte mil quilômetros — não se distinguiam entre si nem pela intenção nem pelo meio social.

De 45 a 49, o apóstolo leva a cabo a primeira missão: partindo de Antioquia da Síria, vai a Chipre, e depois à Ásia Menor: aos elevados planaltos da Panfília, da Pisídia e da Licaônia, a Derbe, a Antioquia da Pisídia, a Icônio e a Listra, para de lá regressar a Antioquia do Orontes.

No fim do ano 49, vai a Jerusalém, onde se realiza uma reunião muito importante da Igreja: o primeiro "Concílio". Tendo partido logo a seguir para a Ásia Menor e visitado as comunidades já estabelecidas, abriu um espaço para ir até à Galácia, para junto dos povos celtas, que a antiga vida nômade dos arianos tinha atirado para essas terras longínquas. Depois, guiado pelo Espírito, atravessa o mar e vai à Europa, onde visita Filipos da Macedônia, Tessalônica, Atenas e Corinto; daqui embarca de regresso para Éfeso e Antioquia, no fim do outono de 52.

Por fim — terceira viagem —, seis meses mais tarde, retoma em Éfeso a obra iniciada, volta à Grécia para rever os seus amigos de Corinto, chega até às bordas do Adriático e, depois — pelas ilhas da Ásia, Mitilene, Quios, Samos e Rodes, e pelos portos da Síria e Palestina —, regressa a Jerusalém perto do Pentecostes de 58, onde o espera o seu destino.

Não se sabe que admirar mais num esforço desta natureza — se o heroísmo, se a perseverança ou a inteligência que o presidem. O viajante apressado que atravessa hoje a Ásia Menor no expresso da Anatólia poderá porventura calcular quanta canseira e quantos perigos representaram essas lentas caminhadas apostólicas? Nem as passagens do Tauro nem as pistas dos desertos eram seguras, infestadas como estavam por salteadores. Nos elevados planaltos — onde todas as cidades ficam a mais de mil metros de altitude — o inverno é terrível, mas o verão, de fogo, é ainda pior. É preciso ter um coração forte para arrostar tantas penas e riscos.

Com efeito, a obra evangelizadora do apóstolo encontra por toda parte obstáculos às vezes bem difíceis. Em cada uma das cidades em que se estabelece, os acontecimentos sucedem-se segundo um esquema mais ou menos semelhante. A comunidade judaica, à qual se dirige em primeiro lugar, e depois os meios pagãos, atentos a toda a doutrina nova, concedem-lhe a princípio uma audiência simpática. Mas logo começa a manifestar-se a resistência, quer dos judeus tradicionalistas, quer dos idólatras convictos, e até, prosaicamente, de alguns vendedores de animais para os sacrifícios ou de imagens de ídolos, porque veem perigar o seu negócio. Surge então uma crise mais ou menos violenta, seguida de perseguição. Aguentar tudo, perseverar e voltar de novo ao terreno momentaneamente abandonado — tal é a estratégia espiritual que o misssionário de Cristo põe maravilhosamente em prática, com uma surpreendente eficácia. Como todos os homens verdadeiramente grandes, submete-se aos acontecimentos para deles extrair conclusões fecundas. Um revés como o que experimentou em Atenas leva-o a uma mudança decisiva no seu modo de pregar. E é este misto de flexibilidade e de energia que, acima de tudo, nos causa admiração, bem como, neste gênio em que tudo se contém, o constante aprofundamento na meditação da doutrina; a ação não lhe cria obstáculos, antes pelo contrário, serve-lhe de ocasião para desenvolver a oração e o conhecimento das coisas sagradas.

E este mesmo homem, que vemos em contínuo movimento através de terras e mares, ainda encontra tempo para redigir esses textos definitivos que são as *Epístolas*, essas obras-primas do pensamento cristão, verdadeiros monumentos do Espírito. Vê-se bem que as cartas aos tessalonicenses, aos gálatas, aos romanos e aos coríntios não são de modo algum mandamentos ou encíclicas, mas verdadeiras missivas familiares, escritas talvez ao correr da pena ou do estilete, ou, ainda mais provavelmente — o "estilo oral" que revelam é muitas vezes impressionante —, ditadas às pressas, sob a pressão dos acontecimentos, e redigidas para serem lidas em público aos fiéis reunidos, cada um dos quais se sente seu destinatário. E o mais admirável é que o apóstolo formula nelas uma doutrina cuja firmeza lógica se iguala à sua elevação, e que brota visivelmente do mais íntimo da sua própria alma.

Compreende-se perfeitamente que um homem destes tenha despertado dedicações e lealdades. A seu lado, como outrora em volta de Cristo, forma-se um pequeno grupo decidido a compartilhar os seus riscos e assumir os ônus de um destino comum. Quando um deles desanima e se afasta — como aconteceu com Marcos, inquieto e desencorajado diante dos obscuros perigos da primeira missão na Ásia —, logo outros o substituem. É Tito, um "incircunciso" e um dos primeiros fiéis; é Silas, cidadão romano, companheiro da segunda viagem; é Lucas, o médico grego, tão inteligente e tão sensível, que mais tarde escreverá o terceiro Evangelho e esse livro admirável que são os *Atos dos Apóstolos*, a principal fonte dos primeiros passos da Igreja nascente. São ainda mulheres como Lídia, a devotada macedônia, ou essa Priscila, judia de Corinto, que com seu marido Áquila protegerá e sustentará o apóstolo, e irá depois a Éfeso preparar os caminhos do Senhor. Temos a impressão de que se encontra à sua volta um estado-maior completo, educado para converter o seu pensamento em fatos, tanto quanto para transcrevê-lo e transmiti-lo. Através da narrativa destas viagens, o que realmente percebemos é um movimento de fervor e entusiasmo que nos aquece o coração, semelhante ao que vimos na comunidade de Jerusalém, mas transposto para outro ambiente.

Os momentos do Espírito

Seria impossível seguir aqui, passo a passo, essa caminhada de treze anos. O que se lê no livro dos *Atos* revela-nos um painel simultaneamente realista e grandioso, que desperta uma poderosa impressão de verdade.

Não faltam até episódios cômicos, como o de Listra (At 16, 8-18), durante a primeira viagem: tendo o apóstolo curado com uma só palavra um cego de nascença, a multidão aclama-o sob o nome de Hermes e arrasta-o à força para um altar — ao excelente Barnabé coube o papel de Zeus —, e Saulo vê-se em apuros para se libertar de tão embaraçoso fervor.

Mas também o arrebatam fatos sublimes: visões, carismas e milagres, com que Deus fortalece o seu servo. Temos, em primeiro lugar, o acontecimento sobrenatural que se desenrola novamente em Listra, quando a turba, mudando de atitude, se lhe mostra hostil. Apedrejado, quase morto, ofegante, o apóstolo consegue levantar-se, com as feridas miraculosamente curadas (cf. At 14, 19-20). Mas ficar-lhe-ão sempre vivas umas chagas nas mãos, nos pés, na fronte e nas costas: os estigmas do Crucificado, o selo do Mestre, que Paulo conservará até a morte.

Na série dos acontecimentos que acompanham o seu destino há, no entanto, alguns momentos que devem ser considerados atentamente, pelo significado exemplar e pelo valor de compromisso que revelam. Logo no começo das grandes viagens, ocorre em Chipre o episódio da mudança de nome. Chipre era a ilha do amor, a terra de Afrodite, a deusa que nascera nas suas praias da espuma do mar, e em cuja homenagem continuavam a ser celebradas as festas falofórias e a prostituição sagrada. O missionário encontra lá o procônsul Sérgio Paulo, um desses aristocratas cheios de curiosidade por assuntos religiosos, como há tantos. Ao lado deste acha-se um tal Elimas, também chamado Bar Jesus, que tem pretensões a mágico. Confundindo o velhaco, Saulo converte para Cristo o magistrado de Roma e, logo a seguir — talvez por amizade para com o convertido ou para facilitar a sua ação em terra pagã —, adota definitivamente o nome de *Paulus,* que usava já desde a mocidade juntamente com o seu nome hebreu. Daqui para a frente desaparece Saulo para dar lugar a Paulo. Se pensarmos na importância que os judeus, como todos os orientais, atribuíam e atribuem ao nome — que para eles é dotado de uma espécie de valor sobrenatural —, devemos ver nesta escolha algo diferente de uma simples tática: é a manifestação de uma intenção espiritual, a aceitação total, por parte do apóstolo, dessa missão particular que Deus lhe confiava — a de levar o Evangelho ao mundo pagão.

É a essa intenção que, em última análise, estão ligados todos os grandes momentos desta vida. Sair do meio judaico, preparar a sementeira universal da palavra de Cristo: este é o verdadeiro destino desse homem. Quando, no decurso da sua primeira missão, tendo crescido rapidamente o número de fiéis oriundos do paganismo, se torna mais premente o problema das relações entre a nova fé e a Lei judaica, ou melhor, entre as práticas mosaicas e a adesão a Cristo, é ainda Paulo que, provocando o Concílio de 49 em Jerusalém, leva a Igreja a resolver a questão e a enfrentar o futuro. Sublime momento esse em que estes homens, tão diferentes uns dos outros, mas dominados apenas pelo desejo de uma total fidelidade a Cristo, chegam a uma decisão que revela um senso premonitório acerca dos futuros interesses da Igreja (cf. At 15, 1-33).

Passou um ano. Partindo novamente de viagem, Paulo adoece e demora-se alguns meses na Galácia, e por duas vezes pressente que o Espírito Santo o impele numa direção diferente daquela que a razão lhe ditava. Chega às planícies de Troia e, voltado para o Ocidente, pensa na Europa, com um sentimento de incerteza e de tortura. Acaba ali a velha terra da Ásia, que lhe é tão familiar; mas uma força misteriosa o empurra para esse mundo desconhecido onde o bom grão está ainda por semear. Desta mesma região em que Aquiles morrera para que a Europa vencesse, em que Alexandre desembarcara para conquistar o velho continente, Paulo entrevê essa terra ainda fechada ao Evangelho e sente-se chamado a ir trabalhá-la. É então que lhe vem, durante a noite, a visão em que Deus lhe dá a conhecer a sua vontade. Aparece-lhe em sonhos um macedônio com a clâmide e o penteado típicos da sua raça. E esse homem chama o apóstolo e suplica-lhe que leve a luz aos filhos do Ocidente. É para Paulo o momento de uma nova e definitiva opção (cf. At 16, 9-10).

Entre tantos episódios notáveis pela sua grandeza, há alguns que nos devem sensibilizar particularmente: são aqueles em que o grande apóstolo já não nos aparece sustentado pelo poder supremo, infalível na sua ação, mas mais perto de nós, à nossa altura, extraindo de uma dificuldade ou de um malogro o meio de fazer um novo avanço, plasmando na sua obra uma solicitude extremamente humana, ou ainda cedendo a uma angústia profundamente humilde, ameaçado pelo pressentimento do pior, mas vencendo toda a inquietação e caminhando em linha reta para o seu destino.

Chegando a Atenas no outono de 50, Paulo vai conhecer a derrota mais estrondosa da sua carreira. Atenas já não é a nobre capital de Péricles e de Fídias; é uma cidade quase toda em ruínas, em que pulula o turista, um desses centros de decadência onde a extrema racionalidade acaba levando à negação de tudo. Agrupa-se nela uma juventude cheia de vida, vinda da Trácia, da Itália ou da Grécia, que lê, que discute e que pratica esporte. Oxford e Cambridge, ou certos meios intelectuais "avançados" de Paris, dão-nos uma ideia aproximada do seu clima. Ter-se-á o apóstolo desconcertado neste meio que não lhe era habitual?

Tudo lhe aponta o novo inimigo que terá de combater: esse humanismo pagão que anula tacitamente a Deus, a beleza da paisagem com fulgores de ouro e azul, os discursos inexauríveis dos filósofos e, sobre a alta colina a que conduz uma escadaria gigantesca, a Acrópole, uma pequena gaiola de mármore fulvo onde os gregos julgam ter encerrado a sabedoria. Mas o apóstolo não sabe ainda como lutar com semelhante adversário.

Julga de boa tática relacionar a sua doutrina com as referências em voga no meio que o cerca; e assim insinua que aquele "Deus desconhecido" com que os pagãos adornam os seus altares não é outro senão o Messias, Deus feito homem. Mas ao falar da Ressurreição, todo o auditório ri às gargalhadas. Todos pensavam como o velho Ésquilo: "Quando o pó da terra tiver bebido o sangue de um homem, não haverá ressurreição para ele". E gritam-lhe: "A respeito disso, ouvir-te-emos em outra ocasião" (cf. At 17, 16-33).

A lição foi dura, mas fecunda. Paulo deixa a cidade da inteligência meditando nessa recusa, e compreende. Não era verdade que, até aquela ocasião, tinha acreditado excessivamente no raciocínio e na demonstração? Deus faz-lhe ver que esse mundo a braços com a perdição, que ele quer salvar, tem necessidade de uma outra mensagem, essa que a primeira *Epístola aos Coríntios* formulará em termos inesquecíveis: o cristianismo não é nem uma filosofia nem uma sabedoria "discursiva", e chega a ser mesmo um absurdo aos olhos da razão humana ("escândalo para os judeus e loucura para os gentios"); mas é um fato, um fato que transcende toda a lógica e cuja realidade se inscreve no próprio coração do homem. Um cristão não elocubra sobre a Cruz: vive-a. A única mensagem que será necessário espalhar, portanto, é a da abjeção triunfante do Filho de Deus Crucificado.

Esta lição — que o mundo até hoje não acabou de entender — cristaliza-se imediatamente em decisões concretas. O que Deus recusa à curiosidade da inteligência, concede-o à simplicidade do coração. De Atenas, Paulo dirige-se a Corinto. Corinto é na época esse lugar maligno, essa espécie de degradante porto marselhês onde as moças se "corintizam", como se diz em calão grego, sob o olhar interessado dos "corintiastas", dos rufiões, e onde o culto mais espalhado é o de Afrodite Pandemos, servido por outras prostitutas, estas sagradas, na elevada colina do Acrocorinto[10]. E — milagre — o que fracassou na capital da inteligência triunfa nesta cidade do lucro e do estupro. Surge uma comunidade tão rica de fé e tão fervorosa, que virá a ser a mais querida ao coração de São Paulo, uma comunidade que nada poderá enfraquecer na sua fé, nem mesmo a hostilidade vigilante da colônia judaica, que provoca a prisão do apóstolo[11]. É mais uma lição do Espírito, válida tanto para os gregos dos tempos apostólicos como para os homens de todas as épocas: um pecador está mais perto de Deus do que um polemista vazio (cf. At 18, 1-17).

Foi suficiente a prodigiosa sementeira do Evangelho que todos estes episódios revelam? Conhecemos homens que, capazes de conceber uma grande obra, são incapazes de levá-la a bom termo. São Paulo, gênio completo, dotado de todos os dons, sabe não só projetar, mas vigiar e rematar; a prova disso é a temporada que passou em Éfeso (cf. At 19). Chegando à grande metrópole helênica[12] na primavera de 53, no começo da sua terceira missão, fica lá dois anos, desprezando os perigos que corre e o "combate contra as feras" que tem de travar. A comunidade cristã que ali encontra, ao voltar de Corinto, parece-lhe promissora e, ao mesmo tempo, frágil. A propaganda da Boa-nova, feita por um alexandrino chamado Apolo, apresenta graves lacunas. Paulo põe-lhes remédio, corrige erros, elimina certa tendência para a magia e fortalece a fé com a sua pregação e os seus milagres.

Simultaneamente, não perde de vista as outras comunidades que tinha fundado, pois sabe perfeitamente que elas têm necessidade da sua mão firme para caminharem direitas. É de Éfeso que envia aos gálatas, perturbados pela propaganda judaizante, o seu incitamento vibrante para que rejeitem definitivamente a antiga servidão da Lei. E é ainda de lá que envia aos seus amados coríntios, ameaçados pela discórdia e devorados secretamente pela velha corrupção da carne, a maravilhosa mensagem em que se reconciliam o amor e a virtude. Estes dois anos de Éfeso fazem-nos tocar com o dedo o sólido realismo do grande místico e permitem-nos compreender até que ponto o Espírito sabe descer aos detalhes concretos[13].

E chega agora a última fase, o último grande momento destes treze anos. Estamos no fim da terceira viagem. Paulo retorna à Palestina, depois de bem cumprida a sua missão, ao que tudo indica. Mas um pressentimento aperta-lhe o coração. Durante todo este tempo, falou de Cristo, trabalhou por Ele, sofreu por Ele. Mas será suficiente? Para que se realize a sua mensagem, não será preciso mais? Não deverá ele completar na sua carne a paixão do Crucificado?

Estes últimos meses da sua missão permitem-nos apreender verdadeiramente o homem. Sente-se inquieto, angustiado. A alguns amigos de Éfeso, que vieram de Mileto para visitá-lo, anuncia que este será o seu último encontro: ele o sabe porque Deus lho disse; conhece bem as tribulações que o esperam. Recuará em face delas? Experimentará ao menos uma certa hesitação? De modo algum. Em Tiro, alguns grupos de fiéis, preocupados com a sua sorte, querem retê-lo. Paulo recusa e, enquanto eles rezam e imploram a sua bênção, ajoelhados na praia, o apóstolo embarca e vai ao encontro do destino cruel que aceita de antemão. Na hora em que começa para ele esta segunda fase, marcada por dores e tormentos; na hora em que, levando a palavra ao próprio coração do mundo romano, vai realizar plenamente a missão que Jesus lhe confiara na estrada de Damasco, é nessa hora que Paulo descobre definitivamente a grande lição inscrita no segredo da história: para vencer, a verdade necessita de sangue (cf. At 20, 17-36).

Uma arte segundo o espírito

Desejaríamos poder conhecer os meios usados por este homem — que tantas almas e tão diversas atraiu à luz — para obter tão triunfantes persuasões. Temos os seus textos, em quantidade quase igual à daqueles em que se condensam os ensinamentos de Jesus. No entanto, ao lê-los, temos a impressão muito nítida de que esses escritos não nos oferecem senão um testemunho incompleto, e de que o verdadeiro Paulo está para além desses raciocínios dialéticos, desses trechos líricos e de todas essas palavras. Quando consideramos um homem de ação — como São Paulo o é antes de mais nada —, a palavra e a escrita estão sempre aquém da realidade viva. Teremos de acrescentar-lhes o magnetismo do olhar e a força do gesto, o peso dos silêncios e a inflexão da ironia ou da cólera, tudo aquilo, enfim, que leva um homem a impor-se e a afirmar a sua presença.

Seria ele verdadeiramente um orador? No sentido oriental do termo, era-o sem dúvida. Educado por rabinos, era superiormente hábil no emprego daqueles ritmos medidos, daquelas repetições e aliterações que estamos acostumados a considerar como fundamentais na expressão do pensamento de Israel. Mas tudo isso está longe de definir um orador. O próprio Paulo parece reconhecer numa epístola (cf. 2 Cor 10, 10) que a sua voz é "desprezível". É certo que pôde ter dito isso por humildade, mas a verdade é que os grandes dotes da eloquência andam geralmente ligados a uma boa figura, e, conforme sabemos, o "aborto" Saulo estava muito longe de a ter. É muito mais verossímil representá-lo como um desses pequenos judeus, cuja voz de falsete range à menor emoção, do que sob o aspecto de um tribuno de tórax avantajado.

Mas era um escritor? No sentido clássico do termo, não. Não tem nada de modelo para um estudante. O seu grego, sem ser incorreto, como pretende Renan, não é muito puro nem muito literário; é a língua da *koiné*, da massa, o grego corrente em todo o Oriente Próximo, muito semelhante ao de Políbio e de Epiteto, misturado com algumas expressões populares e com certos aramaísmos. Quanto ao estilo, é fácil criticá-lo: frases mal equilibradas, ora enormes e ásperas, ora interrompidas a meio caminho do pensamento; sequências de proposições desajeitadamente ligadas pelas conjunções *e... e...* Tudo isto é verdade e de fácil verificação. Bossuet fala-nos "deste ignorante na arte de bem dizer"... E, no entanto, quem mergulha na sua prosa veemente fica logo com a impressão de um impulso vital e de uma torrente incoercível e, mais ainda, da perfeita fusão entre os movimentos da alma e os do estilo, que é onde se reconhece o escritor.

O que nos admira, quando lemos São Paulo, não é apenas o dom raro das fórmulas que esmaltam os seus períodos e refulgem com um brilho estranho; palavras profundas, designações definitivas, tais como "o homem velho", "o bom odor de Cristo", "um espinho na carne", "a loucura da Cruz". Mas a nossa admiração não provém apenas desses trechos que se nos apresentam perfeitamente acabados, tão plenos e tão densos que não se poderia mudar um simples advérbio, tão persuasivos que julgamos estar ouvindo o som da voz do apóstolo.

"Eis que vos revelo um mistério: nem todos morreremos, mas todos seremos transformados num abrir e fechar de olhos, quando soar a última trombeta. Porque a trombeta soará, e os mortos ressuscitarão incorruptíveis, e nós seremos transformados. É necessário que este corpo corruptível se revista da incorruptibilidade, e que este corpo mortal se revista da imortalidade. E quando este corpo corruptível estiver revestido da incorruptibilidade, e quando este corpo mortal estiver revestido da imortalidade, então se cumprirá a palavra da Escritura: «A morte foi tragada pela vitória. Onde está, ó morte, a tua vitória? Onde está, ó morte, o teu aguilhão?»" (1 Cor 15, 51-55).

Esta passagem é célebre, e toda inspirada pelo sopro lírico do Espírito. Mas há muitas outras que não lhe ficam atrás, como aquela, tão minuciosamente verdadeira, em que se definem as características do amor aos homens segundo o espírito de Deus: "A caridade é paciente, é benigna; não é invejosa, não é temerária; não se ensoberbece, não é ambiciosa, não busca os seus próprios interesses, não se irrita, não suspeita mal; não se alegra com a injustiça, mas folga com a verdade. Tudo desculpa, tudo crê, tudo espera, tudo sofre" (1 Cor 13, 4-7). Em seis linhas, quanta análise psicológica!

Ainda mais que estes trechos isolados, o que nos admira é o peso, a incontestável densidade de toda a obra, a tensão que revela e perante a qual não podemos ficar insensíveis, a não ser que queiramos ser surdos a todo o testemunho literário, bem como a todo o chamamento do Espírito. É verdade que algumas vezes, e até com certa frequência, Paulo é obscuro, incompreensível, como São Pedro reconhecia na sua segunda epístola (cf. 2 Pe 3, 16), e como cada um poderá verificar. Nunca se acabou de estudar a sua mensagem; dois mil anos de comentários não foram suficientes para trazê-la à plena luz, e muitos dos seus textos nos oferecem incansavelmente temas contraditórios. Esta dificuldade não deriva unicamente dos processos de que o apóstolo se serve, segundo o velho método hebraico que consiste em expor sucessivamente a tese e a antítese em toda a sua crueza, sem procurar harmonizá-las em síntese. A dificuldade provém sobretudo da pressão em que estava a sua alma, dessa força espiritual que umas vezes lhe ditava as palavras mais precisas, os períodos da mais elevada poesia, e outras, sendo excessiva para um homem terreno, o fazia gaguejar.

O que o testemunho escrito de São Paulo demonstra sem deixar qualquer margem a dúvidas é aquilo que a sua vida também provou, isto é, que não era apenas um pregador como os outros, um orador prodigiosamente dotado e um hábil dialético, mas que estava verdadeiramente habitado pelo Espírito. "Caminhando segundo o Espírito, vivendo segundo o Espírito", como diz na sua carta aos gálatas, o apóstolo fala também segundo o Espírito. A sua arte não é senão a expressão, a jorrar dos seus lábios, da perturbadora presença que habita nele. Misteriosa para as nossas inteligências, talvez essa mensagem o fosse também para o seu intérprete. "Se o Senhor Javé fala, quem não profetizará?" — exclamava Amós, o velho profeta de Israel. Não experimentaria essa mesma exigência profunda o apóstolo que, intimidado pela força de que se sentia possuído, murmurava: "Sou eu capaz de uma tal obra?" (2 Cor 2, 16; cf. 3, 5). Nenhuma arte mais que a sua nos poderá dar a impressão de ser ditada.

Uma mensagem ligada à realidade

Um arauto do Espírito, eis o que foi São Paulo. Mas é necessário perguntar imediatamente: de que espírito? Porque há muitas maneiras de fazer uso dos "valores espirituais", alguns dos quais não passam de jogos de palavras. O Espírito, segundo São Paulo, nada tem que ver com aquele espírito abstrato e lógico que os filósofos perseguem. Não é a sombra da caverna platônica. Não é um sonho nebuloso. O Espírito a quem ele serve é esse que dá sentido à vida, que atua dentro do homem com um poder transformador e que se deve manifestar no próprio seio da sociedade e da história. É o Verbo de Deus, que se fez homem tomando carne de uma mulher, que viveu e que morreu na Cruz.

O aspecto fundamental do cristianismo — o fato de ser ao mesmo tempo uma explicação transcendente do mundo e uma força imanente de ação no real — é apresentado com perfeição pela mensagem de São Paulo. O caráter do seu apostolado, como já vimos, corresponde plenamente a esse núcleo. Bergson fez notar com razão que os grandes místicos, ao contrário dos sonhadores quiméricos, são sempre homens cheios de bom senso, gente com os pés na terra, eficazes na vida: Santo Agostinho, São Francisco de Assis,

Santa Joana d'Arc ou Santa Teresa de Ávila. São Paulo é dessa natureza, visto que a sua mensagem está simultaneamente enraizada nas realidades mais concretas e ligada às mais elevadas especulações.

Por isso, ao considerarmos o conteúdo do que o apóstolo trouxe ao mundo, não devemos proceder como se se tratasse da doutrina de um filósofo cujo esforço se reduz a passar o seu pensamento para uma obra escrita. Estudar a sua teologia, a sua moral e a sua metafísica à margem das condições concretas em que foi levado a formulá-las e à margem do valor de compromisso que elas comportam significa falsear todas as perspectivas.

Não existe um "paulinismo", pelo menos no sentido em que se diz que há um "kantismo" ou um "bergsonianismo". O que existe é um homem que reage perante dados precisos que os acontecimentos lhe oferecem, mas cujo pensamento é tão genial, tão maravilhosamente coerente e manifestado segundo uma ordenação tão clara, que chega a parecer-nos preestabelecido.

É sempre em função de um acontecimento concreto da sua ação apostólica ou da vida das primeiras comunidades que São Paulo formula a sua doutrina. As preocupações dos tessalonicenses a propósito dos últimos fins do homem levam-no a definir o seu pensamento acerca desse problema e a dizer o que sabe a respeito da segunda vinda do Filho do Homem. As desordens morais ocorridas em Corinto oferecem-lhe o ponto de partida para desenvolver com sublime majestade a doutrina do pecado. Mais tarde, certas tendências para o sincretismo frígio-judaico, que ele observa em alguns grupos, hão de levá-lo a precisar o retrato de Cristo, tal como este se lhe apresenta.

É isto o que dá à sua mensagem esse caráter concreto e humano que a torna tão viva. Este homem, que tendemos a imaginar perdido nas suas visões e nos seus arcanos, formula sem cessar axiomas de comportamento válidos para todas as sociedades: o do trabalho, por exemplo, a propósito do qual pronunciou a célebre frase que Lênin havia de aproveitar: "Quem não quiser trabalhar, que não coma" (2 Ts 3, 10); o da vida matrimonial, cujo caráter, princípios, penas e limites determinou com uma precisão e uma lucidez psicológica que nunca foram ultrapassadas; e tantos outros problemas da vida política e social, como o das relações entre pais e filhos. Não há nenhuma questão importante para o homem que São Paulo tenha ignorado.

A sua mensagem pode, pois, ser considerada sob dois aspectos: enquanto oferece às perguntas eternas as respostas fulgurantes de um grande inspirado, e enquanto se insere na história, acabando por revolucionar a ordem humana das coisas. Sob o primeiro aspecto, haverá algum cristão que possa deixar de confessar tudo o que deve ao pequeno e genial judeu de Tarso, por menor que seja a sua experiência das inquietações e exigências espirituais? Quem poderá esquecer a cintilante síntese que o apóstolo faz entre a morte e o pecado? Ou a comovente exposição sobre a caridade, que ainda há pouco líamos, na sua primeira *Epístola aos Coríntios*? Ou essa profunda consciência da miséria do homem, redimida e apaziguada pela promessa da Salvação? Tudo isso nos toca no fundo da alma; São Paulo está no próprio âmago das nossas pelejas mais íntimas.

O segundo aspecto vai-nos mostrar como esta mensagem estava destinada a produzir uma mudança radical de objetivos, não somente na Igreja, mas em todo o universo da sua época. Mas é preciso sublinhar bem que, para o apóstolo, os dois pontos de vista coexistem e identificam-se. É porque está inteiramente a serviço do Espírito que São Paulo vai transformar o mundo; e, paralelamente, é pela resolução de questões de atualidade imediata que ele formula doutrinas eternas.

Problema do passado

Ao entrar em ação, o apóstolo teve de enfrentar desde o começo um problema decisivo, que preocupava a cristandade primitiva: aquele que, num plano tático, aflorava nas relações entre "helenistas" e "judaizantes"; e que, numa perspectiva mais vasta, se manifestava pela necessidade de escolher entre o quadro estreito de uma pequena seita judaica e o horizonte sem limites da visão universal de Jesus. É certo que o jovem Saulo já se defrontara com esse problema no instante em que entrara para a Igreja; já o seu mestre cristão, Barnabé, tinha sido enviado a Antioquia para averiguar o que fora resolvido a esse respeito na cidade do Orontes. Ele próprio tinha sido arrastado a acaloradas discussões entre as duas tendências, por ocasião da primeira viagem a Jerusalém, após a conversão. Era evidente, portanto, que ninguém melhor do que Paulo estava qualificado para dar a esta delicada questão de consciência uma solução perfeitamente fundamentada.

Tanto pela sua formação como pela sua origem, era um judeu completo. Estudara a fundo, entre os fariseus, as Sagradas Escrituras, e nunca deixará de cumprir e de citar com manifesto agrado a Lei e os profetas. Doutor da Torá, tão sólido em exegese e teologia como em direito e moral, era já um verdadeiro rabi quando abraçou o cristianismo. E há de manter fidelidade a Israel durante toda a sua vida. Sempre que tiver ocasião, declarar-se-á orgulhoso de pertencer ao povo eleito, de ser da posteridade de Abraão e da tribo de Benjamim, "hebreu e filho de hebreus". Orgulhar-se-á mesmo de ter sido "extremamente zeloso das tradições" dos seus antepassados (cf. Gl 1, 14) e de sempre se ter mostrado "irrepreensível" quanto à justiça da Lei (cf. Fl 3, 6). Mesmo quando os seus irmãos de raça se mostrarem tão hostis para com ele, recusar-se-á a odiá-los e afirmará que "a adoção, a glória, as alianças, a Lei, o culto, as promessas" lhes pertencem (cf. Rm 9, 4). Amá-los-á com dor e pena.

Mas, ao mesmo tempo, o judeu Saulo encontra-se preparado para sair dos moldes muito estreitos de Israel. A sua cidade natal, Tarso, é demasiado percorrida por influências ocidentais para que ele não tenha sentido o vento que vinha do mar. Gamaliel, seu mestre fariseu, sempre dera mostras de um espírito aberto e nada sectário. Paulo ingressa assim, com o melhor de si, na corrente universalista que ultrapassa a tradição dos antepassados, corrente que muitos tinham esquecido, mas da qual ele vai extrair uma síntese maravilhosamente fecunda, graças ao seu gênio.

Quando no ano 49 se reúne o Concílio de Jerusalém, provavelmente a seu pedido, qual será a sua intenção? Simplesmente colocar a Igreja em face do problema. A questão é demasiado grave para poder continuar a ser encarada de viés e ao sabor das circunstâncias. Aquilo em que Pedro consentira excepcionalmente, no caso do centurião Cornélio, em Cesareia, e aquilo que a comunidade de Antioquia decidira também, é necessário que se converta num verdadeiro princípio da propaganda cristã. Está certo que os judeus que se tornem cristãos guardem as práticas legais e que, especialmente, conservem a circuncisão; mas não se poderá exigir que os pagãos que queiram converter-se abracem primeiro o judaísmo. No plano tático, essa exigência seria uma falta de tino, porque os rigores da Torá repugnam a muitas almas de boa vontade; na ordem espiritual, uma vez que a Lei foi "cumprida" por Jesus, por que agarrar-se ao *menos* quando se possui o *mais*?

É a esta decisão que se liga a primeira assembleia da Igreja. Nada indica que entre Paulo e os apóstolos, depositários da mensagem de Jesus, tenha havido contradição sobre este ponto essencial. Pelo contrário, o acordo foi rapidamente selado: "Tiago, Cefas e João, que eram considerados as colunas da Igreja, deram as mãos a Barnabé e Paulo, em sinal de comunhão" (cf. Gl 2, 9). Fixaram-se os princípios por meio de um decreto e determinaram-se com exatidão as observâncias judaicas que convinha manter. A concepção de São Paulo acabava de estabelecer como doutrina as tendências profundas, mas ainda pouco elaboradas, da consciência cristã (cf. At 15, 1-35).

O apóstolo das gentes conservará essa mesma atitude durante toda a sua vida. Adaptando-se com extrema flexibilidade às circunstâncias, saberá ser rígido como uma rocha quanto aos princípios e, ao mesmo tempo, saberá evitar na prática toda a irritação e escândalo. Timóteo, seu discípulo, embora filho de mãe judia, não fora circuncidado ao nascer; Paulo faz com que se circuncide, para que os judeus piedosos não o considerem apóstata. Tito, porém, que era de origem pagã, não será circuncidado. O próprio apóstolo, em Jerusalém, submete-se às provas da purificação votiva[14] para apaziguar os judaizantes. Mas quando, em Antioquia, Pedro parece tomar o partido dos judaizantes mais fechados e desviar-se do cristianismo universalista, é Paulo quem o repreende com uma firme amizade. Conforme esclarece Tertuliano, não se tratava, da parte do príncipe dos apóstolos, senão de "um erro de atitude e não de um erro de doutrina"; mas poderia vir a ter consequências graves, e São Paulo evitou que ele o cometesse (cf. Gl 2, 11).

Do ponto de vista prático, pois, podemos afirmar que São Paulo lançou o cristianismo no seu verdadeiro caminho. Mas compreenderíamos mal a mensagem deste gênio se limitássemos o seu pensamento a uma simples decisão tática e de propaganda. Ainda que resolvido no melhor sentido, o debate entre helenistas e judaizantes não deixava de causar angústia à alma cristã. Por um lado, era preciso libertar-se dos quadros de Israel, mas, por outro, era preciso conservar-se fiel ao povo que fora o primeiro a receber a promessa, que dera ao mundo o Messias e a respeito do qual o próprio Jesus afirmara que dele vinha a salvação. Era um grave caso de consciência. Como compreender o mistério do povo eleito e rebelde, a dramática contradição entre a sua recusa e as causas, perfeitamente razoáveis, dessa recusa? É a este debate que se refere, num rigor que comove, o capítulo 9 da *Epístola aos Romanos*, na grandiosa visão com que termina: Israel recusou Jesus, mas a sua falta foi sobrenaturalmente necessária, pois foi por meio dela, pela Redenção e pelo sacrifício do sangue, que veio a salvação ao mundo. No fim dos tempos, quando a humanidade entrar no reino de Deus, a salvação arrastará na torrente da sua misericórdia o povo eleito, pecador, mas perdoado. "O abismo de riqueza, de sabedoria e de ciência em Deus! Quão impenetráveis são os seus juízos, e inexploráveis os seus caminhos!" (Rm 11, 33). Diante de tais perspectivas, como nos encontramos longe das pequenas e minuciosas questões das práticas legais e da circuncisão!

Mas, na alma dos vivos, antes de que o fim dos tempos tenha chegado, como se realizará a harmonia entre a Lei antiga e a nova mensagem? Mais uma vez, Paulo responde. A humanidade estava oprimida por uma pesada e opressiva dívida que o pecado lançara sobre os seus ombros. A Lei era como que o título da dívida, mas Cristo veio. Morre no marco de uma existência em prostração; vive e ressuscita na liberdade e na luz, a fim de que todos aqueles que nEle creem participem da Redenção. A Lei antiga podia fazer com que a alma sentisse a fundo a sua miséria — aliás, como desempenhava bem essa missão! —; mas, sendo uma imposição externa, não podia redimir a humanidade nem dar-lhe a paz e a consolação. Foi o amor de Jesus que realizou esse milagre. Portanto, já não é o cumprimento da Lei que faz o justo, mas a fé, a fé vazada em obras pela caridade. O cristão que se dá a Cristo, que vive segundo o amor, será salvo. Esta é a admirável doutrina exposta na *Epístola aos Romanos*, na *Epístola aos Gálatas* e numa grande parte da segunda *Epístola aos Coríntios*. O problema do passado está resolvido, mas a solução que São Paulo lhe deu traz em si todo o futuro cristão.

Opções sobre o futuro

O futuro do cristianismo — unicamente isso — é o que o grande apóstolo considera. Conhece as inúmeras dificuldades que encerra. "Diante de mim vejo uma grande porta aberta, cujo acesso conduz à ação eficaz; os inimigos, porém, são numerosos" (1 Cor 16, 9). É essa uma das verdadeiras características do gênio: o dom de discernir os obstáculos quando ainda se escondem nos limbos do futuro, e de prever com longa antecipação os meios para franqueá-los.

É na Grécia que Paulo encontra o primeiro dos problemas que o cristianismo terá de resolver quando, oriundo dos meios judaicos, tentar penetrar no paganismo intelectual, o das escolas e dos filósofos. O adversário agora já não é o legalismo formal, que aprisiona a alma dentro de uma armadura em que o Espírito estiola; é o humanismo pagão, "a sabedoria do mundo", que pretende alcançar o divino unicamente pelos esforços da inteligência, ou incluí-lo num naturalismo em que a sua transcendência se dissolve.

Já vimos como, segundo os termos inesquecíveis da primeira *Epístola aos Coríntios*, São Paulo rompe de um só golpe com as próprias perspectivas em que todo o paganismo se colocava; e vimos também como, ao proclamar a *loucura da Cruz*, dá ao cristianismo um novo método de pensar. Também aqui a revolução espiritual é completa, e o problema das relações entre o humanismo cristão e o humanismo pagão fica resolvido. Se a nova fé tivesse tentado inserir-se nos conceitos religiosos e filosóficos comuns no seu tempo, não teria passado de uma doutrina vagamente reformista, não muito diferente das religiões de mistérios e das teorias de escola. É esta transmutação de posições que lhe permite rupturas decisivas. O Evangelho de Jesus Cristo venceu o mundo pagão porque São Paulo proclamou a "loucura" e o absurdo desse Evangelho.

Mas, ao mesmo tempo, quem poderá ignorar que o apóstolo teve em mira — e condenou para sempre — duas das mais graves tentações humanas: o orgulho da inteligência e a submissão ao lastro da natureza? A loucura da Cruz humilha o espírito humano e coloca-o frente a frente com os seus próprios limites; exigindo da carne que aceite a dor, dá-lhe a certeza da sua miséria e da sua fragilidade. Assim como dissera aos judeus: "Crede e amai", São Paulo diz agora aos pagãos: "Humilhai-vos, submetei-vos à condição do homem". Nestas poucas palavras encontram-se muitas das bases da religião cristã; na medida em que é permitido dizer que o cristianismo transformou a humanidade, fê-lo com a introdução desses princípios.

Assim, a obra de São Paulo prova de uma maneira brilhante como uma doutrina espiritual pode ser plenamente eficaz na sociedade humana, se esta se submeter completamente aos seus princípios. Mas é preciso ir ainda mais longe e mostrar como os elementos teológicos mais essenciais da doutrina de São Paulo irão permitir que a Igreja nascente, chamada a suceder ao Império de Roma, realize as duas operações mentais que são o pressuposto mais elementar de qualquer revolução: a promoção de um novo tipo de homem e a projeção no futuro de uma nova sociedade.

Para empregar o termo clássico alemão, a *weltanschauung* do cristianismo nascente surge da metafísica, da teologia e da mística de São Paulo.

"Eu vivo, mas já não sou eu, é Cristo que vive em mim". Este grito do apóstolo é a expressão perfeita do ideal de todos os grandes místicos: a identificação com Deus. Que é o cristão? É o homem que vive em Cristo. Por conseguinte, já não é "nem grego nem judeu". Desta maneira, por intermédio de São Paulo, esta nova raça — este *tertium genus,* como se dirá mais tarde —, que há de substituir os pagãos e os adeptos da antiga Lei, adquirirá plena consciência de si; nela estará contido o novo tipo de homem. E assim fica definida de uma vez para sempre a nova sociedade, aquela que sucederá à comunidade judaica, bem como à cidade antiga, ao império universalista de Roma: a sociedade de todos os que vivem "segundo o Espírito", por Cristo e em Cristo: é a Igreja, "corpo de Cristo", humanidade resgatada e santificada.

É verdade — mas como coisa secundária — que poderemos encontrar na imensa obra de São Paulo muitos outros elementos que hão de levar o cristianismo a progredir na compreensão das verdades reveladas por Jesus, especialmente no que se refere aos dogmas, como por exemplo o da Trindade ou o dos sacramentos, incluindo a Eucaristia; mas o essencial reside no propósito de superação, na síntese criadora que acabamos de ver. Os primeiros cristãos sabiam de tudo isso no mais profundo das suas almas sinceras; queriam viver com Jesus e tinham a certeza instintiva de serem o bom grão das sementeiras futuras; mas esses sentimentos nunca haviam cristalizado num corpo coerente de pensamento — e essa foi a tarefa de São Paulo.

Se quisermos avaliar a força verdadeiramente explosiva desta doutrina, teremos ainda de considerar um dos aspectos em que São Paulo se mostrou mais premonitório: a famosa teoria da liberdade cristã, que se encontra dispersa por toda a sua obra e subentendida por toda parte, particularmente na *Epístola aos Romanos* e na primeira *Epístola aos Coríntios*. Como concebe São Paulo essa liberdade? Não como uma independência orgulhosa ou como uma anarquia. Tivemos já ocasião de ver que ele era um homem de ordem e respeitava as hierarquias da sociedade e do Estado dentro das suas respectivas esferas. Os verdadeiros revolucionários desprezam as revoltas inúteis. O cristão é livre porque venceu o mundo graças a Jesus, porque venceu as suas próprias paixões e porque venceu a morte. Poderá estar submetido ao mais opressor dos Estados, será escravo ou cativo — que importa? O cristão é o homem livre por excelência, e não há nada que resista a essa liberdade. Ao mesmo tempo que formulava tais afirmações, como consequência lógica dos seus princípios espirituais, São Paulo nunca entrou em choque com Roma e nunca vaticinou uma destruição próxima do Império da Loba. Mas o seu princípio continha essa conclusão inexorável. Os soldados cristãos que, em nome dessa mesma liberdade, hão de reivindicar o direito de amarem os seus irmãos, e mesmo os seus inimigos; os mártires que, ainda em nome dessa liberdade, preferirão morrer a oferecer sacrifícios a "Roma e Augusto" — todos eles ferirão mortalmente o domínio imperial. Ainda neste ponto a doutrina de São Paulo se mostra decisiva.

Jesus ou Paulo?

Resta-nos ventilar uma questão que tem dado lugar a posições inaceitáveis na crítica contemporânea. Extremamente importante para o desenvolvimento do cristianismo, terá a mensagem de São Paulo sido suficiente para assegurar por si só esse crescimento? Por muito original e vigoroso que seja o pensamento do grande apóstolo, será lícito considerá-lo independentemente do vasto conjunto de ideias que constituía o cristianismo desde a sua origem, ou do pensamento de Cristo em particular? Há quem o tenha sustentado.

Uns dizem que o verdadeiro "inventor" do cristianismo foi o judeu helenista de Tarso[15] que, tendo-se apoderado de Jesus (o qual nunca teria acreditado que era Deus nem ensinado tantas coisas), teria alterado a sua verdadeira imagem para traçar-lhe o retrato teológico que conhecemos[16]. Outros, sobretudo protestantes liberais, julgam poder opor o cristianismo de Jesus, puramente moral, "evangélico", ao catolicismo de Paulo, dogmático e teológico. Em ambos os casos, é uma maneira de negar a realidade sobrenatural de Cristo, atribuindo aos homens da "primeira geração cristã" e ao autor das grandes epístolas um processo de divinização.

Os fatos, porém, não coincidem com semelhantes teorias. Em primeiro lugar, São Paulo não cessa de referir-se a Jesus, de afirmar que procede dEle, que obedece à voz divina que lhe falou nas suas visões. E não é um artifício dialético: são afirmações que se confirmam objetivamente. O cristianismo já existia antes de Paulo se ter convertido. Pedro era o chefe em Jerusalém e Barnabé já tinha ensinado em Antioquia. Ora, Paulo foi plenamente aceito pelos demais fiéis, e não nos consta que se lhe tivessem oposto dogmaticamente. Se o cristianismo ensinado pelo apóstolo das gentes não se tivesse inserido perfeitamente na linha tradicional, com que oposição não teria ele chocado?

É verdade que existe uma diferença de acentuação entre os Evangelhos (principalmente os sinóticos) e as epístolas de São Paulo, e que há também nestas um aperfeiçoamento progressivo da doutrina teológica. Isso, porém, resulta das diferenças de personalidade, de meio ambiente e de intenções. Um artesão galileu, assistido por pescadores do lago de Tiberíades, não desenvolve o seu raciocínio da mesma maneira que um cidadão romano saturado de cultura grega, e ninguém se dirige com as mesmas palavras aos *am-ha-arez* da Palestina e aos estudantes da filosofia ática. São Paulo precisou, desenvolveu, enriqueceu o corpo de doutrina, mas seguindo em linha reta os passos de Cristo. "Vós não podeis ainda compreender tudo — dissera Jesus aos seus fiéis —, mas o Espírito vo-lo explicará" (cf. Jo 14, 26; 15, 26). Citando estas palavras, Alio encerra definitivamente a questão quando diz: "O Espírito explicou, sobretudo por meio de São Paulo".

No âmago desta mensagem, no centro desta doutrina que ultrapassa toda a filosofia, encontra-se uma única realidade, aquela que, em última análise, transformará o mundo: a realidade de Jesus crucificado.

A prisão em Jerusalém

Era a Jesus crucificado que São Paulo iria reunir-se na última fase da sua vida itinerante. Pouco antes do Pentecostes de 58, encerrando a sua terceira grande viagem, o apóstolo desembarca na Palestina, em Cesareia (cf. At 21, 7-14), onde já existia um compacto núcleo de cristãos. Como de costume, hospeda-se em casa de um amigo, o diácono Filipe, admirável propagandista que fixara residência naquela cidade com as suas quatro filhas, "virgens que profetizavam".

Ocorre então um incidente inquietante, que corrobora os pressentimentos trágicos que há meses não cessavam de afligir o coração do apóstolo.

Um homem dotado do dom de profecia, Ágabo, vem procurar São Paulo, agarra-o pela cintura, prende-lhe os pés e exclama: "Isto diz o Espírito Santo: assim os judeus em Jerusalém ligarão o homem a quem pertence este cinto e o entregarão às mãos dos pagãos". Gesto simbólico, na linha dos antigos profetas; assim outrora Jeremias tinha passeado pelas ruas, albardado como um jumento, para predizer a dominação dos caldeus; assim Isaías se mostrara nu, para dar a entender em que estado seriam deixados os judeus nos dias da cólera.

Nenhum dos assistentes se engana sobre o sentido desta profecia, e todos pedem ao apóstolo que não suba a Jerusalém, mas se deixe ficar entre eles. Pode, porém, um homem conduzido pelo Espírito escapar ao seu destino providencial e evitar que ele se cumpra, mesmo que seja para salvar a vida? "Por que chorais e me magoais o coração? Pois eu estou preparado não só para ser preso, mas também para morrer em Jerusalém pelo nome do Senhor Jesus". A comunidade dos fiéis compreende então o sentido desse sacrifício e, de coração apertado, todos murmuram: "Faça-se a vontade do Senhor!"

A profecia de Ágabo não tardaria a realizar-se. Ao subir à Cidade Santa, Paulo tem duas preocupações: a de que pode tornar-se mais ou menos suspeito aos chefes da Igreja de Jerusalém, que, como vimos, se haviam conservado judaizantes; e a de que a sua presença provoque uma crise violenta entre os fanáticos da Antiga Lei.

O primeiro receio não tinha fundamento (cf. At 15, 17-25). Ao chegar a Jerusalém, o apóstolo foi prestar contas a Tiago, "irmão do Senhor", do que tinha feito fora da Palestina; depois de tê-lo ouvido, o colégio dos anciãos louvou a Deus e felicitou o apóstolo. Mas preveniram-no de que tinha adversários na comunidade cristã da cidade e de que, para apaziguá-los, seria melhor dar-lhes uma prova pública da sua fidelidade à Lei mosaica, ao que Paulo prudentemente se submeteu, fazendo um retiro de *nazir*[17].

O outro perigo, porém, era infelizmente muito certo. A simples vista daquele que trabalhara contra a Torá irritou os judeus formalistas (cf. At 21, 27-40 e At 22), principalmente os da Ásia Menor, aos quais o apóstolo se opusera tantas vezes no decurso das suas viagens. Odeiam-no e, como sabem tecer intrigas, acusam-no de um vago sacrilégio: o de ter introduzido um incircunciso, um impuro, no átrio sagrado do Templo, onde só tinham acesso os israelitas de boa raça. "Este é o homem que por toda parte prega contra o povo, a Lei e o templo. Além disso, introduziu gregos no templo e profanou o lugar santo" (At 21, 28).

O incidente irrompe violentamente, com gritarias e tumultos: um desses motins orientais em que, no meio de vociferações acerbas e gesticulações frenéticas, o observador mal consegue saber o que os adversários pretendem. E o tribuno romano Lísias, que do alto da torre Antônia vela pela ordem da cidade, ao ver aquela agitação, procura acalmar o tumulto, também sem conseguir compreender o que está acontecendo. A princípio, toma Paulo por um salteador egípcio evadido, mas, depois de o apóstolo se ter explicado, autoriza-o a justificar-se perante a multidão. Um longo discurso em arameu daquele homem de Tarso, provando as suas origens judaicas, parece acalmar a multidão; mas quando ouvem o apóstolo afirmar que fora chamado por Deus para levar a palavra aos gentios, logo recomeçam a gritar, e é necessário que os soldados o retirem, para subtraí-lo à fúria do povo. Já cansado, o oficial romano manda encerrar o apóstolo na fortaleza, talvez no mesmo lugar em que Jesus fora interrogado por Pilatos. Era preciso acabar com essa história e saber de que se tratava. Uns bons açoites com o *flagellum* trariam esse excitado à razão e o animariam a explicar-se melhor.

É então que Paulo protesta. Dirige-se ao centurião que quer mandar vergastá-lo e pergunta-lhe se por acaso é legal açoitar assim um cidadão romano que nem sequer foi condenado. O oficial fica embaraçado, entrevendo um caso. Uma das piores acusações que outrora Cícero formulara contra Caio Licínio Verres, conhecido pela sua brutalidade na "pacificação" das províncias, fora a de que tinha tratado ignominiosamente um cidadão romano, e isso pesara muito contra o pretor da Sicília. Prudentemente, o oficial vai falar com o seu chefe. Este procura Paulo e pergunta-lhe se realmente tem a cidadania romana. "— Sim. — Eu a adquiri por grande soma de dinheiro. — Pois eu a tenho desde que nasci". E Lísias, impressionado, manda desamarrá-lo (cf. At 22).

Mas isso não punha o caso a limpo. O funcionário queria esclarecê-lo ou, melhor, ver-se livre do apóstolo. Seria bom tentar uma acareação entre Paulo e os chefes dos judeus? Mas desta vez é dentro do próprio Sinédrio que rebenta o tumulto. Como Paulo tivesse levantado sutilmente a questão da ressurreição dos mortos, uma questão que dividia fariseus e saduceus, os sacerdotes, escribas e doutores descompõem-se mutuamente, gritam e esbravejam (cf. At 23). Como pôr termo a tudo aquilo?

Seria arriscado conservar Paulo em Jerusalém, porque alguns jovens judeus fanáticos se preparavam para atentar contra a sua vida. Lísias decide então desfazer-se de um prisioneiro tão incômodo e envia-o sob escolta a Cesareia, onde residia o procurador imperial (cf. At 23, 23 e segs.). O procurador, chamado Félix, era irmão de Palas, o célebre liberto do imperador Cláudio, que Tácito descreve como "cruel e devasso, exercendo o poder real com alma de escravo". Não se atreve a maltratar Paulo, que está protegido pelo *jus civitatis*, mas conserva-o longo tempo na prisão, talvez com a segunda intenção de obter dele um resgate. Depois Félix é substituído por Festo, um homem reto mas fraco, que não se atreve a soltar o prisioneiro e pensa em desembaraçar-se dele enviando-o de volta a Jerusalém, o que provavelmente acarretaria a sua morte [18] [19]. Nesse momento, usando da sua prerrogativa de cidadão e cansado da lentidão do pseudo-processo, Paulo apela para César e exige que o mandem a Roma (At 24, 2; 25, 3; e 26).

Realiza-se então, entre o outono de 60 e a primavera de 61, essa viagem pitoresca, romanesca, fecunda em peripécias, que nos é relatada pelos *Atos* (27), em páginas que contêm tantos dados sobre a navegação antiga que o almirante inglês Nelson declarou quase ter aprendido nelas o seu ofício. Sob a custódia de um simpático centurião chamado Júlio e de uma forte escolta de legionários, o apóstolo deixa Cesareia. Lucas é seu companheiro de viagem, assim como outro dos fiéis chamado Aristarco. Fazem escala na Síria, na Líbia, em Creta e em Malta, e em toda parte o eterno missionário agrupa os fiéis à sua volta e funda comunidades, como a de Creta, que ainda hoje conserva, como recordação desses dias, a sua admirável basílica de Gortina.

Quantos incidentes e quantos perigos! Mal se fizeram ao largo de Creta, perto da ilha de Clauda, sobreveio uma tempestade que os perseguiu durante quinze dias; foi preciso que Paulo alentasse a tripulação e a obrigasse a não abandonar o navio, tendo ele mesmo chegado a comandar as manobras. Em Malta, ocorre o famoso episódio da víbora, que a arte da

Idade Média haverá de representar com frequência pelo seu valor simbólico: o animal, escondido numa braçada de lenha, pula e agarra-se à mão do apóstolo, mas Paulo sacode-o com um pequeno movimento, sem sofrer qualquer dano. O mal e o pecado não têm nenhum poder sobre um homem como esse. Por toda parte, no decurso da viagem, o que mais impressiona é a autoridade manifesta que dimana da personalidade do apóstolo; quando possui um certo grau de unidade interior e de plenitude espiritual, o homem consegue sempre impor-se a todos, mesmo aos seus inimigos.

Foi na primavera de 61 que, tendo saído de Malta num navio que "levava por insígnia os Dióscuros" — Cástor e Pólux —, Paulo viu surgir no horizonte a baía napolitana, o Vesúvio fumegante e as colinas de Posilipo, com os seus esguios pinheiros negros em forma de guarda-sol. E assim chegava à Itália, onde sabia que haviam de exigir-lhe o testemunho supremo.

São Pedro e a igreja de Roma

Esta comunidade romana, a que o apóstolo dos pagãos ia levar agora a sua presença e a sua mensagem, já ele a tinha certamente em grande consideração. Não fora por acaso que quisera ser enviado à Cidade Eterna, e o procurador Festo tinha, sem o saber, servido de instrumento dos desígnios de Deus. Já em 58, quando se encontrava em Corinto, Paulo tinha escrito aos romanos a célebre carta em que lhes anunciava a sua ida e, louvando "a sua fé viva, tão renomada", lhes expunha o essencial da sua doutrina sobre o pecado, a redenção, a justiça de Deus e o poder da fé, em termos tão completos e tão admiráveis que a tradição cristã, quando fixar o cânon do Novo Testamento, colocará esse texto à cabeça das *Epístolas*, apesar da cronologia, como uma espécie de modelo e de baliza.

Tudo se passa como se o grande missionário tivesse compreendido perfeitamente que, para conquistar o mundo, era necessário erguer a Cruz precisamente no ponto em que lhe batia o coração.

Na grande cidade cosmopolita em que Roma se tinha convertido, misturavam-se e acotovelavam-se todos os povos do Império. Num milhão de habitantes, quantos latinos haveria de raça pura? O gaulês cabeludo e o negro da África estavam ali fartamente representados, assim como o espanhol, o grego, o sírio e o dálmata. Belo campo de ação para o apóstolo das gentes.

Entre estes grupos heterogêneos, a colônia judaica destacava-se pela sua coesão e pela sua força. Sem pretender igualar a de Alexandria, não devia ter menos de quarenta ou cinquenta mil almas. Assim, por exemplo, no ano 4 antes da nossa era a delegação israelita que tinha ido ver Augusto compunha-se de 8.000 homens; por outro lado, dentre os judeus, Tibério tinha levado quatro mil soldados para a sua expedição à Sardenha. Protegidos, a partir de César — de quem se tinham proclamado "amigos" e cuja morte tinham chorado ruidosamente —, por todos os sucessivos senhores de Roma, eram sobretudo homens de negócios e de pequenos ofícios. Espalhados por toda a cidade e não reunidos em gueto, como durante muito tempo se acreditou, habitavam não somente o Trastevere, mas também a Sub-urbe, o Campo de Marte e as cercanias da Porta Capena. Possuíam uma dezena de sinagogas e vários cemitérios, onde a arqueologia encontrou os seus *graffiti* artísticos, candelabros de sete braços e o armário da Torá.

Foi neste meio de lojistas judeus que nasceu a primitiva comunidade cristã. Como? Não o sabemos muito bem. Teria a semente evangélica sido trazida da Palestina por alguns peregrinos piedosos, convertidos à fé de Cristo por ocasião das festas pascais em Jerusalém? Ou ter-se-iam também enviado missionários de Antioquia a Roma, por volta da mesma época em que Paulo se encontrava nas margens do Orontes? Ou devemos ainda tomar em consideração o jogo normal das permutas num grande império, em que as comunicações eram fáceis? Todos estes fatores de disseminação deviam ter agido em Roma simultaneamente, como aliás em toda parte. Seja como for, quando Paulo ali aparece em 61, a comunidade cristã já dá a impressão de ser importante e de agrupar à sua volta muitos desses "tementes a Deus", desses prosélitos, à semelhança dos que as colônias judaicas viam gravitar à sua volta por toda parte.

Dos começos desta comunidade, não conhecemos senão um episódio narrado por Suetônio[20]. Sob o reinado de Cláudio, sem dúvida cerca de 49, houve tumultos na colônia judaica "por instigação de um certo Chrestus" — fórmula vaga, escrita por um homem bastante mal informado, mas que permite imaginar a realidade do incidente, as disputas e as invejas entre judeus do Templo e judeus da Cruz, as suas arruaças e, por último, um decreto do imperador exilando os turbulentos. O episódio referido por Suetônio é confirmado pelos *Atos dos Apóstolos*, que nos falam de Áquila e Priscila, protetores e amigos de São Paulo em Corinto, como judeus desterrados de Roma por Cláudio. Este fato prova a vitalidade desse primeiro núcleo de cristãos na Cidade Eterna e a efervescência provocada pela evangelização[21].

Mas, para explicar o seu sucesso, que a história confirmará esplendorosamente, não será necessário supor a presença de uma outra personalidade além da de São Paulo na comunidade romana? A Igreja pensa que sim, e não é apenas a mais alta tradição católica, mas também liberais como

Harnack e protestantes como Lietzmann, que o afirmam: o homem que contribuiu para esta fundação, eminente entre todas, muito antes de São Paulo desembarcar em Pozzuoli, não foi outro senão aquele a quem o Senhor havia confiado o cuidado de dirigir a sua Igreja, o príncipe dos apóstolos, São Pedro, a velha "rocha"[22].

Infelizmente, temos muito poucas informações sobre as atividades do príncipe dos apóstolos depois da passagem por Antioquia[23]. Orígenes, cujas informações foram recolhidas por Eusébio, assegura que visitou o Ponto, a Bitínia, a Capadócia e a Macedônia, e podemos ver um indício disso no fato de que a primeira *Epístola de São Pedro* é dirigida aos cristãos dessas províncias, o que prova que se estabelecera na Igreja primitiva um laço entre o apóstolo e essas regiões. Outra prova, esta da sua passagem por Corinto, é a que se contém na primeira *Epístola aos Coríntios*, onde São Paulo menciona os partidários de Cefas (cf. 1, 12), mais ou menos opostos aos fiéis que dependiam dele; além disso, em meados do século II, o bispo Dinis, de Corinto, dirá formalmente que a sua Igreja foi fundada por Pedro e por Paulo.

Não há dúvida alguma de que o príncipe dos apóstolos foi a Roma, tendo ali chegado muito cedo. Também não há dúvida de que lá permaneceu durante muito tempo, cerca de vinte e cinco anos, ausentando-se apenas por curtos períodos, principalmente para ir a Jerusalém. Por último, também é certo que o seu martírio ocorreu na cidade que ele consagrou com o seu sangue. Fora disso, nada mais se sabe ao certo.

Por volta do ano 61, Pedro era um ancião; admitindo que tivesse sido mais ou menos contemporâneo de Jesus, devia ter entre sessenta e seis e setenta anos; era dez a quinze anos mais velho que São Paulo. Se a sua ação não parece ter tido a violência e a impetuosidade que teve a de São Paulo, o pouco que dela se sabe permite-nos supor que foi diferente, mas não menos eficaz. Pensemos num santo carregado de anos e de glória, trazendo ainda no rosto o reflexo daquela luz que recebera no dia da Transfiguração; um velho militante do Evangelho, cuja simples presença já é uma lição e que vai, de cidade em cidade, abençoando, curando, edificando as almas e pacificando os corações. Era necessária também esta sabedoria: ao lado da força viva de São Paulo, do fogo que queima, a estabilidade sólida, a pedra dos alicerces.

Não houve certamente oposição entre eles, mesmo que — como se tem sustentado demasiadas vezes — se notassem nas comunidades duas correntes: a dos partidários de São Pedro e a dos de São Paulo. Mas em volta dos grandes chefes, os grupinhos acentuam ou inventam divergências e exclusivismos. Em todas as ocasiões em que pudemos observar as suas relações, verificamos que estas duas testemunhas do Espírito estavam perfeitamente de acordo sobre o essencial, sobre as únicas coisas que tomavam a peito: a glória de Cristo e a irradiação da palavra. O resto não revela senão pequenezes humanas, certas diferenças de formação, de meio social e de temperamento, coisas todas que não têm valor algum. Em Roma, sem dúvida, enquanto Pedro pregava, sobretudo na comunidade judaica, Paulo trabalhava entre os pagãos, os soldados e os guardas, e até mesmo entre os "da casa de César". A ação de um e outro deve ter sido paralela e complementar. Tinha toda a razão aquele gravador de medalhas do século II, cujas peças foram encontradas nas catacumbas de Domitila, quando mostrava face a face o príncipe dos apóstolos e o apóstolo das gentes, juntando no bronze esses dois homens que uma mesma fé e um mesmo destino já tinham unido.

A liberdade do Espírito

São Paulo desembarca em Pozzuoli na primavera do ano 61 (cf. At 27, 11 e segs). Que alegria! Encontra lá uma comunidade de cristãos, e o benévolo centurião Júlio autoriza o prisioneiro a permanecer uma semana nesse porto para doutrinar os seus irmãos. Depois, a caravana prossegue ao longo da Via Ápia. Mas como já se espalhara o rumor da sua chegada, numerosos grupos de cristãos vão ao seu encontro, uns até o Foro de Ápio, a sessenta quilômetros da cidade, outros até as Três Tavernas. Era mais uma prova da fama que cercava o apóstolo e da avidez com que todos queriam ouvi-lo.

Entregue aos pretorianos encarregados de manter sob sua guarda os acusados que apelavam para César, Paulo foi colocado "sob vigilância militar" — *custodia militaris* —; mas, ao que parece, o regulamento, geralmente muito severo, foi relaxado no seu caso. Devia, sem dúvida, estar preso com uma cadeia de ferro fixada ao pulso, e não podia sair de visita aos amigos e às comunidades. Contudo, foi autorizado a morar, não nos *castra pretoriana*, mas numa casa que alugou e onde podia ser visitado por qualquer pessoa. Ficará dois anos nessa situação.

Em toda a sua existência dedicada a Deus, não se conhece nenhum período como o deste tempo de cativeiro que nos dê uma impressão tão forte de grandeza, de plenitude e de realização. É posto a ferros que o homem superior se sente plenamente livre, porque a liberdade que então possui é somente a do Espírito; e essa grande lição — que tantos cativos têm dado, no decorrer dos séculos, por entre as servidões da escravatura, nas prisões e nos campos, descobrindo precisamente através da crueldade da sua experiência um meio de libertação —, essa grande lição São Paulo no-la deu magnificamente.

Desde os primeiros dias da sua chegada a Roma, firmou a sua autoridade com um discurso de extrema importância (é o último texto dos *Atos dos Apóstolos*, que se encerram aqui), em que torna a abordar pontos essenciais da sua doutrina: afirma principalmente que continua a ser um judeu fiel ao seu povo, que nada tem de renegado, mas que a Palavra de Deus deve ser anunciada à humanidade inteira e que também os gentios a receberão. Durante dois anos, paralelamente à ação de Pedro, São Paulo desempenha um verdadeiro papel de chefe nesta comunidade a que transmite todo o seu ardor. Há sempre à sua volta um grupo de fiéis: como é lógico, lá está Lucas, o médico "muito amado", que precisamente no correr destes anos escreve o seu Evangelho e o livro dos *Atos*; e Timóteo, verdadeiro "filho da fé", colaborador constante; e Marcos, contra o qual haviam cessado todos os agravos[24], e que por essa época conclui também o seu Evangelho; e Aristarco de Tessalônica, e Epafras, vindo da longínqua Colossos, nos confins da Armênia, junto do monte Ararat; e Tíquico de Éfeso, que será encarregado de uma missão, e muitos outros. Todas as igrejas que o grande apóstolo fundou no decurso das suas viagens parecem ter feito questão de enviar para junto dele as testemunhas da sua fidelidade.

Não há dúvida de que este cativeiro, como disse o próprio São Paulo, "redundou em proveito do Evangelho". A coragem e a firmeza da sua atitude causavam impressão. Houve conversões até mesmo entre os pretorianos que o vigiavam. Foram vê-lo muitos curiosos — e também gente atormentada pela sede da verdade —, e alguns se tornaram cristãos, como Êubolo, Pudente e Lino, que parecem ter pertencido à autêntica aristocracia romana; e Lino será

São Lino, papa e mártir, o primeiro sucessor de São Pedro. Até na "casa de César", entre os que privavam com Nero, haverá conversões, como São Paulo anota com legítimo orgulho (cf. Fl 4, 22). Este homem encarcerado irradiava o poder invencível do Espírito.

Mas irradiava-o ainda de outra maneira, pelas cartas que continuava a enviar às suas filhas espirituais, as comunidades por ele fundadas, ou mesmo a alguns fiéis, a propósito de uma questão de doutrina ou de uma atitude moral: Epístolas do cativeiro, todas simples e belas, envolvidas num calor humano mais vivo que o das grandes epístolas dogmáticas, como se, tendo passado dos cinquenta anos, o apóstolo veemente, o arauto apaixonado da palavra, tivesse acabado de realizar-se na maturidade e na doçura. É desta época que data também a encantadora carta escrita a Filêmon, em que o apóstolo intervém junto de um cristão para obter o perdão de um escravo fugitivo que ele convertera e que quer ver tratado "como se fosse ele próprio". Nestas linhas tão simples, tão confiantes, encontra-se toda a lição de amor universal dada por Cristo, transposta agora para o plano prático, lição de amor aos olhos daquele para quem já não há senhor nem escravo, mas somente irmãos em Jesus Cristo.

O testemunho do sangue

No fim da sua carta a Filêmon, São Paulo tinha escrito: "Prepara-me pousada porque, pelas vossas orações, espero ser-vos restituído em breve". A previsão era certeira. No fim dos dois anos de prisão domiciliar, o apóstolo foi provavelmente absolvido pelo tribunal imperial ou pelo menos posto em liberdade. Em que data? Talvez antes do ano 64, que foi o da feroz perseguição desencadeada por Nero, logo após o incêndio de Roma. Com efeito, a permanência de São Paulo na Cidade Eterna coincide com esses anos agitados do reinado da "fera", quando, depois de ter presenciado a morte de Burro (alguns dizem: depois de o ter assassinado), de ter afastado o seu mestre Sêneca e de ter repudiado e mandado executar a pura Octávia, o monstro coroado se lançou em todas aquelas loucuras que o levaram à derrocada. Por volta do ano 62, com Burro ainda vivo, ainda era concebível que um chefe cristão fosse absolvido ou se suspendesse o seu processo; mas já não o seria dois anos mais tarde, quando passou a governar o infame Tigelino.

Uma vez posto em liberdade, o grande missionário retomou imediatamente o seu caminho. Sabia perfeitamente que se tratava de uma liberdade provisória e que a morte às mãos do carrasco era a sorte que o esperava; por isso tinha pressa em percorrer as terras onde ainda lhe faltava semear o Evangelho e, sobretudo, em rever as comunidades nascidas do seu trabalho. Faltando-nos daqui para a frente o livro dos *Atos*, pouco se conhece das suas últimas viagens. Teria estado na Espanha, como era sua intenção e como, trinta e cinco anos mais tarde, parecerá dizer São Clemente Romano? De acordo com as epístolas a Timóteo e a Tito, podemos seguir os seus passos na Grécia e na Ásia, na ilha de Creta, em Corinto, em Éfeso e em Nicópolis. As três epístolas desse tempo, chamadas *pastorais*, refletem claramente as últimas instruções de um homem que sabe estar perto do seu fim e que quer, uma vez mais — e com que fervor! — aconselhar os discípulos que continuarão a sua obra, para que "o depósito do Espírito que habita em nós" seja bem conservado (cf. 2 Tm 1, 14).

Provavelmente em Troia, o apóstolo foi novamente preso e dali levado a Roma. E foi na Cidade Eterna que escreveu a segunda *Epístola a Timóteo*, um documento pungente[25]. Desta vez, a prisão é severa. Tornara-se regra o rigor contra os cristãos e já não havia lugar para contemporizações. Nos fundos de um horrível cárcere ou de qualquer *tullianum*, onde os romanos não tinham o menor escrúpulo em enclausurar os seus prisioneiros, o apóstolo cativo sofreu o frio e, pior ainda, a solidão. Na comunidade dos fiéis, o medo causara estragos, tanto quanto as perseguições; houve à sua volta apostasias, traições, e essas deserções discretas em que os prudentes da terra são exímios. Houve também, sem dúvida, casos de fidelidade admirável — o de São Lucas em primeiro lugar —, mas, ao contar esses fatos, o coração do apóstolo não podia deixar de confessar a sua tristeza.

Restava-lhe, porém, uma grande esperança: a da morte que ele sabia estar-lhe prometida e que completaria nele a plenitude do testemunho: ser derramado, como uma libação, por Jesus. "Quanto a mim, estou a ponto de ser imolado e aproxima-se o instante da minha libertação. Combati o bom combate, concluí a minha carreira, guardei a fé. Resta-me agora receber a coroa da justiça, que o Senhor, justo Juiz, me dará naquele dia" (2 Tm 4, 6-8).

Os textos não nos dizem nada a respeito da sua condenação e da sua morte. Houve um processo regular? Acusaram-no de "espalhar novidades inquietantes", como se costumava dizer? Tratando-se de um cidadão romano, deram-lhe as garantias legais? Tudo isso é obscuro; sabe-se apenas que, naqueles anos de terror policial, eram frequentes as medidas tomadas do dia para a noite. A mais antiga tradição da Igreja relata que Paulo foi executado na via que levava a Óstia, e que foi decapitado, conforme o privilégio que o *jus civitatis* lhe reconhecia.

A mesma tradição associa, no tempo e no simbolismo, a morte do apóstolo das gentes à do príncipe dos apóstolos.

São Pedro teria sido executado no mesmo dia (ou com um dia de diferença), mas — por ser um judeu indigente —, sobre uma cruz, que era o suplício servil; teria pedido ainda, por humildade, que não o crucificassem como ao Divino Mestre, mas de cabeça para baixo. Tradições simbólicas referem que Paulo foi executado junto de um "cedro" e São Pedro junto de um "terebinto": as duas mais altas árvores da Igreja foram abatidas no mesmo instante. Mas nada pode impedir que o Espírito viva. E ainda hoje se fala em São Paulo das Três Fontes, por causa das três nascentes de água que teriam brotado da cabeça do apóstolo quando, depois de decepada, saltou três vezes...

A liturgia da Igreja, que associa São Pedro e São Paulo em dois dias de festa, 29 e 30 de junho*, parece basear-se numa tradição muito antiga, pois estas datas foram escolhidas no tempo de Constantino para comemorar o traslado dos dois preciosos corpos para as catacumbas da Via Ápia, efetuado em 258. Mais tarde, talvez durante o século IV, enquanto São Pedro ia para o Vaticano, para o lugar em que fora supliciado, Paulo voltava para o lugar onde tinha prestado o seu derradeiro testemunho. A admirável basílica de São Paulo extra-muros conserva a lembrança da "deposição" do apóstolo das gentes, enquanto os trapistas das Três Fontes, entre plantas viçosas e eucaliptos, velam pelo lugar onde correu o seu sangue[26].

O martírio de São Paulo rematava a sua vida e conferia-lhe o sentido último que ela exigia. Como conceber que o testemunho daquele que foi chamado "o primeiro depois do Único", não fosse dado numa sobrenatural semelhança com o do Mestre, pelo sofrimento e pelo sangue? No transcorrer dos séculos que se hão de seguir, serão numerosos os

* Pela última reforma do calendário litúrgico, comemora-se a festa dos apóstolos São Pedro e São Paulo no dia 29 de junho (N. do T.).

mártires que se juntarão a Cristo pela morte e cujo sangue será "semente de cristãos". Mas, entre eles, São Paulo ocupa uma posição exclusiva: não é apenas mártir, é apóstolo. Não se denominava ele próprio, com uma humildade tão altiva, "o apóstolo de Jesus Cristo pela vontade de Deus, para anunciar a promessa de vida"? A Igreja confirmou esse título. Entre todos os santos que não conheceram Jesus com os olhos da carne, somente ele é proclamado apóstolo, com o mesmo título e a mesma categoria dos doze fiéis que acompanharam o Messias pelas colinas da Galileia.

"Apóstolo das gentes", São Paulo continuou a sê-lo acima do escoar dos séculos e do vaivém dos acontecimentos. A sua mensagem é daquelas que o tempo não apaga. Quem ler as suas fulgurantes páginas verá desprenderem-se delas muitas lições cuja atualidade não esmoreceu. A vertigem da negação e do absurdo, que é a pior tentação da consciência, São Paulo opõe a certeza inquebrantável de uma explicação sobrenatural, de uma revelação à luz da qual se elucidam tanto o enigma do mundo como o do ser. Em face da infidelidade permanente e do esquecimento universal, afirmou a realidade viva de uma Presença que nada pode destruir e cuja misericórdia infinita nenhuma traição pode abolir. Ao sentimento de desespero que o homem bebe no próprio âmago da sua condição, responde ele com a promessa de uma vitória definitiva sobre o pecado e sobre a morte, e com o penhor da glória e da ressurreição. E num universo de violência e de ódio, cujas marcas todas as épocas podem reconhecer, o que ele trouxe de definitivo foi — tomada do próprio Jesus, mas expressa com um fervor humano inigualável — a mensagem do amor, do poder onipotente da caridade. A história vê no pequeno judeu de Tarso o mais eficaz militante que a revolução da Cruz possuiu nesses dias da sua origem; mas, passados dois mil anos, nenhum dos seus ensinamentos se tornou vão, nenhum dos seus gestos se tornou ineficaz — sem dúvida porque essa revolução está sempre recomeçando.

Notas

[1] É possível que esses "sinais" — essa descrição — provenham de uma espécie de passaporte que os missionários do cristianismo primitivo teriam usado para poderem ser identificados nas comunidades onde ainda não eram conhecidos.

[2] A visão aqui evocada encontra-se também em outra passagem célebre: At 9, 1-19; cf. At 22, 3-16 e 26, 9-20. As epístolas também aludem a ela por diversas vezes. A propósito do fenômeno em si e da enfermidade que se lhe seguiu, diversos trabalhos médicos têm provado que não se pode atribuir essa cegueira, de longa duração, à ação do sol do deserto. Há quem a tenha comparado à causada por um choque elétrico, que é devida a uma incidência excessiva de luz sobre a retina e a queimaduras superficiais da córnea, produzindo secreções mucopurulentas. A narrativa dos *Atos* é medicamente válida e exata (declarações do oftalmologista René Onfray).

[3] Cf. *PB*, IIIª parte, cap. II, par. *A resistência ao helenismo.*

[4] Sobre os fariseus, cf. *JT.*, cap. III, par. *A comunidade fechada.* Cf. também cap. VIII, par. *Evangelho e Judaísmo, os laços visíveis*

[5] Cf. At 5, 34; cap. I, n. 18.

[6] O ano 36 é a data mais provável de conversão de São Paulo. Se admitirmos que o martírio de Estêvão ocorreu nesse ano, a visão na estrada de Damasco deve ter-se dado pouco depois.

[7] Cf. cap. I, par. *Antioquia.*

[8] A tradição conservou e o cânon das Escrituras reuniu catorze epístolas de São Paulo, que se costumam dividir em três grupos: a) as *grandes epístolas*: aos gálatas, a primeira e segunda aos coríntios, aos romanos e as duas *Epístolas aos Tessalonicenses.* Nos cinco textos, São Paulo trata sobretudo de questões doutrinais, da "justificação", da segunda vinda de Cristo em glória e de outros problemas teológicos com que se debatiam as primitivas comunidades; b) as *epístolas do cativeiro*: aos colossenses, a Filêmon, aos efésios e aos filipenses, em que o apóstolo centra o pensamento em Cristo, no seu papel no mundo e na história, e na eficácia que Ele tem para a renovação interior de cada pessoa; c) as *epístolas pastorais-*, a primeira e segunda a Timóteo e a *Epístola a Tito*, que revelam a preocupação de organizar as comunidades nascentes e de as pôr em guarda contra as tentações do erro. A *Epístola aos Hebreus* está fora deste quadro. Não há nenhuma dúvida de que São Paulo escreveu outras cartas; ele mesmo alude a várias, que se perderam ou de que a muito custo se encontra algum vestígio.

[9] Cifra regulamentar, segundo a Lei judaica; a pena era de quarenta chicotadas, mas não se dava a última, com medo de que fosse precisamente essa a que matasse a vítima.

[10] Destruída em 146 a.C. pelos romanos, Corinto já não tinha senão raros vestígios da glória passada: a fonte de Pirene, o templo de Apolo, do qual restavam apenas seis colunas, e o túmulo da célebre prostituta Laís, que se podia ver ao lado do de Diógenes, o filósofo "cínico". Reconstruída por César em 44 a.C., tinha sido povoada por "um bando de escravos mal-vendidos", no dizer de um contemporâneo. Voltou a ser capital da província da Acaia

no tempo de Augusto, e cobriu-se de inumeráveis monumentos no maciço estilo romano: templos, basílicas, um teatro e arenas. Hoje, restam ainda abundantes ruínas. "A menos grega das cidades gregas", conforme disse Mommsen, tinha também uma grande colônia judaica, e lá se encontrou uma sinagoga do século I.

[11] Este incidente é muito importante para estabelecer a cronologia de São Paulo. O livro dos *Atos* relata que ele foi levado à presença do procônsul Galião, o qual, tendo-o interrogado, se recusou categoricamente a imiscuir-se nessa questão interna dos judeus. Ora, existem diversas inscrições deste Galião, irmão do filósofo Sêneca; uma delas, encontrada em Delfos, permite-nos fixar com precisão a data do seu proconsulado — primavera de 52. Nessa data, Paulo estava já há dezoito meses em Corinto (cf. At 18, 11). Podemos concluir, portanto, que o apóstolo chegou à cidade em fins do outono de 50 e saiu de lá no outono de 52.

[12] Éfeso era então uma das maiores cidades do Oriente, como Alexandria. O seu porto era o mais florescente da Ásia Menor. Ainda hoje, nas areias e nos pântanos que a afastaram dos mares, a cidade em ruínas deixa ver impressionantes despojos do seu esplendor passado, tanto romano como cristão. O templo de Artemisa, uma das sete "maravilhas do mundo", acolhia multidões vindas de todo o orbe grego para assistirem às cerimônias em honra da casta deusa. Foi no decorrer de uma dessas festas que um vendedor de estatuetas e de pequenos templos votivos desencadeou contra Paulo um motim popular, que obrigou o apóstolo a deixar aquele lugar num momento, aliás, em que o seu trabalho já estava concluído (primavera de 56).

[13] Em Éfeso, a ação de São Paulo terá prosseguimento com a presença do apóstolo João, que acabou a sua vida nessa cidade, depois de ter exercido nela uma grande influência (cf. cap. III).

[14] Cf. par. *A prisão em Jerusalém.*

[15] Segundo afirmam, é justamente o ambiente em que o apóstolo cresceu que permite discernir nele influências helenísticas e traços da filosofia grega e dos mistérios. Vimos já como essas influências são psicologicamente pouco prováveis, e que também não aparecem objetivamente. Voltaremos a este assunto no cap. V.

[16] É a posição defendida metodicamente por Guignebert, sobretudo no seu livro *Le Christ.*

[17] Os *nazirs* eram homens que se consagravam ao Senhor, fazendo três votos: o de não cortarem o cabelo, o de não beberem vinho e o de não terem relações sexuais *(PB,* IVª parte, cap. *A vida interior da comunidade*, par. *Os partidos e as seitas).* Parece que, no tempo de Cristo, estes votos eram temporários. Tem-se procurado saber se Jesus não teria sido *nazir* (cf. *JT,* índice de questões discutidas: *Nazaré).* É muito pouco provável, ao contrário de São João Batista.

[18] A permanência de São Paulo em Cesareia é relatada muito brevemente nos *Atos dos Apóstolos.* É provável que se tenha dado durante os dois anos em que Lucas, companheiro fiel do apóstolo, interrogou testemunhas diretas e resumiu os materiais que, três anos mais tarde, em 63, iriam servir-lhe em Roma para redigir o seu Evangelho.

[19] Há um incidente que revela o prestígio de que São Paulo gozava nessa altura. No momento em que ia deixar Cesareia, Agripa II, o príncipe herodiano, desembarcou ali com sua irmã Berenice. Levado por essa curiosidade mórbida que os membros das sociedades em vias de extinguir-se sentem pelos homens que os suplantarão, quis ver imediatamente o homem cujo nome andava na boca de todos. A conversa entre o apóstolo e o reizinho é bastante curiosa. Paulo narra a sua conversão e fala da sua vocação para Deus. O procurador romano Festo, que assistia à cena, encolhe os ombros. "Estás louco, Paulo! O teu muito saber tira-te o juízo". O apóstolo volta-se para Agripa: "Tu és judeu, ó rei, e crês nos profetas, não é verdade? Será então loucura crer como eu numa missão imposta pelo Senhor?" Apanhado em falso, Agripa sente-se embaraçado; não quer mostrar-se infiel à sua raça, mas também não quer passar por

idiota aos olhos do romano. E não encontra outra saída senão o gracejo: "Por pouco me não persuades a fazer-me cristão!"

[20] Fato muito importante, porque é um dos textos não cristãos mais antigos em que se fala de Jesus (Cf. *JT*, introdução: *Como conhecemos Jesus?*, par. O *que souberam os contemporâneos*).

[21] Terá havido, no próprio interior da comunidade cristã de Roma, essas duas tendências a que já nos referimos, a dos cristãos judaizantes e a dos cristãos de concepção universalista? Assim parece, porque, na *Epístola aos Romanos*, vemos São Paulo dar-se ao trabalho de explicar aos seus correspondentes o papel providencial de Israel, para evitar, sem dúvida, que o seu pensamento fosse reivindicado pelos fanáticos em favor de si próprios.

[22] A permanência de São Pedro em Roma constitui um dos assuntos mais veementemente discutidos a respeito deste período da história cristã, e a discussão é tanto mais viva quanto uma relação precisa entre a igreja de Roma e São Pedro é evidentemente de toda a importância para se determinar a origem da autoridade dos papas. A ater-nos aos trabalhos do historiador protestante H. Lietzmann (*Petrus und Paulus in Rom*, Berlim, 1927), impõe-se a conclusão de que, por volta do final do século II, estava firmemente estabelecida em Roma a tradição da permanência e do martírio do príncipe dos apóstolos na Cidade Eterna. Todos os documentos literários depõem nesse sentido: um texto do letrado Gaio, que escreveu perto do ano 200 e foi citado por Eusébio; o famoso *catálogo liberiano,* iniciado por volta do ano 235, que estabelece a lista dos bispos de Roma, e que depois irá até ao século IV, ao papa Libério (352-366); cartas de Santo Irineu, bispo de Lyon, por volta do ano 180, e do bispo Dinis de Corinto, da mesma época. Os dois textos mais antigos que se conhecem são o famoso *Comentário das Sentenças do Senhor*, em que Papias, o velho bispo asiático de Hierápolis, que conheceu os discípulos diretos dos apóstolos, assegura que Marcos resumiu no seu Evangelho as pregações de São Pedro em Roma; e uma carta de São Clemente, papa e mártir, terceiro sucessor de São Pedro, que, dirigindo-se aos coríntios por volta do ano 95, fala claramente do martírio de Pedro e Paulo em Roma. Por outro lado, as pesquisas arqueológicas provaram que, no decurso do século III, os cristãos das catacumbas veneravam a memória dos dois apóstolos. A questão parece, portanto, resolvida quanto ao fato. Quanto à duração, pelas datas que se lhe podem assinalar, todos os historiadores sérios, cristãos ou não, concordam em que apenas se podem estabelecer hipóteses. Eusébio diz que São Pedro chegou a Roma no ano 42 e sofreu o martírio no ano 67.

[23] Cf. cap. I, par. *Antioquia.*

[24] Marcos tinha abandonado São Paulo e Barnabé quando estes iniciavam pelas terras da Ásia Menor a sua primeira missão, e o apóstolo recusara-se a levá-lo consigo na segunda.

[25] Excluímos aqui, mencionando-a apenas, a *Epístola aos Hebreus*, que figura nas nossas bíblias a seguir aos escritos de São Paulo, e que a Igreja coloca sob o seu nome, embora a isso se recusem as igrejas separadas. A inspiração do apóstolo nesse texto não oferece dúvidas, mas notam-se nele acentuadas diferenças de estilo e de vocabulário. Pensam alguns que o autor é um dos seus discípulos, que teria tomado notas à medida que o escutava. Prat sugeriu o nome de Barnabé. A hipótese mais sedutora é a de Marcel Jousse que, apoiando-se nas características linguísticas e na consideração dos ritmos, afirma que esta epístola é indubitavelmente de São Paulo, mas que a sua redação se fez de forma diferente da dos outros textos do apóstolo. Tratando-se de um hebreu que ditava em grego, São Paulo deixa habitualmente transparecer no seu estilo as cadências próprias da técnica oral do rabino, técnica que ele aprendera com Gamaliel. Como os seus secretários transcreviam o seu pensamento decalcando-o oralmente e no instante, as maneiras de dizer propriamente judaicas são mais acentuadas. Pelo contrário, dirigindo-se aos seus irmãos de raça, os hebreus, São Paulo teria ditado a última carta em arameu, e sobre esse texto um discípulo, um tradutor, trabalhando por escrito e com vagar, teria redigido o que nós hoje lemos sob o título de *Epístola aos Hebreus.* O resultado é uma obra de "técnica grega que revela um mestre em língua helênica", isto é, muito diferente do

restante da literatura de São Paulo (Cf. Marcel Jousse. *Judâhèn, Judéen, Judaïste, dans le milieu etnique palestinien*, na revista *L'Ethnographie*, n. 38, 1946).

[26] As pesquisas arqueológicas realizadas sob a Basílica Vaticana entre 1939-50 e 1953-57 indicam que São Pedro foi enterrado no lugar onde hoje se encontra o altar. Numerosos *graffiti*, um deles com o nome do apóstolo, outras inscrições tumulares e um altar do século II confirmam esta hipótese.

Quanto ao túmulo de São Paulo, apesar de ainda não haverem sido feitas escavações no local, parece estar situado na Basílica de São Paulo extra-muros.

Por outro lado, é possível que a cabeça de São Pedro tenha sido levada para a catacumba de São Sebastião, situada ao lado da Via Ápia, por ocasião da perseguição de Valeriano (258).

Uma inscrição do papa São Dâmaso, datada de fins do século IV, diz que "São Pedro e São Paulo ali habitaram", e inúmeras inscrições cristãs em honra dos apóstolos provam que a sua memória também era venerada nesse lugar.

III. Roma e a revolução da Cruz

A semeadura cristã

Não há nenhum período da história da Igreja cuja importância ultrapasse o da primeira semeadura cristã, como não há, sem dúvida, ponto algum que seja tão mal conhecido. Em toda a grande instituição religiosa ou política, são quase sempre os primeiros anos que determinam o futuro. É ainda no tempo confuso das tentativas e dos primeiros passos às escuras que se tomam posições e se elaboram métodos de que depende o sucesso ou o malogro da empresa. No que diz respeito ao cristianismo, o resultado está à vista. Com uma rapidez que nos deixa atônitos, a Boa-nova foi levada a inúmeras terras e germinou em comunidades ativas. Já em meados do século II, multiplicam-se as provas da existência da Igreja a grande distância da Palestina. Mas se a estrutura geral deste trabalho de expansão é suficientemente clara, não podemos em contrapartida apontar muitos nomes como pioneiros dessa conquista. Só através da bruma é que conseguimos distingui-los.

Lendo o Novo Testamento, colhemos a impressão de que a semeadura cristã se limitou a São Paulo. A sua figura, em plena luz, joga mais ou menos para a sombra a ação dos outros apóstolos ou discípulos. Mas a personalidade genial do grande filho de Tarso não é suficiente para explicar este efeito de perspectiva; não convém esquecer que a nossa melhor fonte, o livro dos *Atos*, é da autoria de São Lucas e que este, muito naturalmente, centrou o texto no seu amigo e companheiro. Mas nada seria mais falso do que limitar ao trabalho do apóstolo das gentes a grandiosa aventura que foi a primeira expansão do Evangelho. O próprio São Paulo nada fez ou escreveu que nos permita pensar que pretendia de algum modo monopolizar esse esforço e essa glória. Como ele mesmo diz na *Epístola aos Romanos* (12), cada um dos membros do "corpo de Cristo" era chamado àquele ingente labor, conforme os diferentes dons do Espírito e a graça que Deus lhes concedia.

É certo que, obedecendo à ordem do Mestre, todos os discípulos imediatos de Jesus partiram para "evangelizar todos os povos" e a primeira *Epístola aos Coríntios* contém uma alusão (cf. 9, 5) que prova implicitamente que os outros apóstolos estavam em missão ao mesmo tempo que Paulo. Mas os textos são demasiado raros para que possamos segui-los nessas grandes tarefas cujo bom êxito se revelara mais tarde. Além de breves passagens dos *Atos* e das epístolas de São Paulo, além de outras epístolas que trazem a assinatura de apóstolos e além do *Apocalipse*, o que sabemos de mais preciso chegou até nós por meio de escritores notavelmente posteriores aos acontecimentos, tais como Clemente de Alexandria, Santo Irineu e Eusébio, e é somente em tradições piedosamente veneradas que podemos informar-nos sobre certos pormenores, quando existem.

De todos estes primeiros mensageiros de Jesus, destes laços vivos entre Ele e nós, apenas um conseguiu furar um pouco a obscuridade geral: *São João*. Mesmo assim, é impossível relatar sem lacunas a sua vida e a sua ação. Após o Concílio de Jerusalém, em 49, desaparece; tornamos a encontrá-lo em Éfeso, certamente depois da morte de São Paulo, por volta de 67, bem informado, segundo parece, de tudo o que se passava na Ásia Menor e muito venerado entre as comunidades cristãs, que o tinham por seu mentor. Por ocasião da perseguição de Domiciano, encontramo-lo em Roma, onde sofreu, segundo Tertuliano, o suplício do azeite a ferver; escapou e depois foi condenado a trabalhos forçados e desterrado para a ilha de Patmos, onde escreveu o *Apocalipse*. Libertado por Nerva, voltou para Éfeso, onde o vemos, segundo o testemunho de Clemente de Alexandria, percorrer já em idade avançada todas as regiões vizinhas, "nomeando bispos, fundando igrejas, escolhendo este ou aquele para clérigo"; ao mesmo tempo, escrevia sob a inspiração do Espírito o seu admirável Evangelho e as epístolas, repetindo sem cessar, como refrão da sua longa experiência cristã: "Filhinhos, amai-vos uns aos outros: este é o preceito de Cristo".

Além de João, de Pedro — que já encontramos em Antioquia e em Roma — e dos dois Tiagos — que militavam em Jerusalém —, nada sabemos de positivo sobre os outros discípulos de Jesus e sobre a sua ação. Os numerosos *Atos dos Apóstolos* apócrifos que florescerão no fim do século II quererão prencher esta lacuna, mas a Igreja, com severa prudência, não acolherá o seu testemunho — o que não quer dizer que tudo seja absolutamente falso nas linhas gerais das histórias que sugerem.

Uma tradição muito antiga assevera que os apóstolos deixaram a Cidade Santa e se dispersaram doze anos após a ressurreição do Senhor, o que é inteiramente plausível, já que essa data coincide com a perseguição de Herodes Agripa, na qual Tiago, filho de Zebedeu, foi supliciado e Pedro encarcerado[1]. Teria sido nessa ocasião que eles partiram em todas as direções, levando a palavra de Deus a muitos povos. Eusébio, que afirma reproduzir Orígenes, e Rufino, que o traduz com retoques, pretenderam saber qual a zona de ação que coube a cada um dos apóstolos: enquanto João ia para a Ásia, André ter-se-ia dirigido ao país dos citas (na atual Ucrânia, sul da Rússia), Mateus à Etiópia, Bartolomeu à "Índia" (atual Arábia do Sul*), e Tomé ao reino dos partos.

Outras tradições completam nalguns pontos este esquema. A mais curiosa afirma que Tomé, seguindo a rota das caravanas, teria chegado pela Pérsia ao vale do Ganges, onde teria convertido o príncipe Matura, sátrapa dos Saces, exatamente na altura em que este fundava um poderoso império na Índia e na Ásia Menor[2]. Trata-se com certeza de belos temas, que se prestam ao sonho, mas que permitem entrever através das fábulas esta grande realidade: a prodigiosa atividade dos cristãos na tarefa de espalharem a sua fé pelos quatro cantos do mundo.

Se esta semeadura cristã teve como condutores de primeira categoria, como pontas de lança, os apóstolos e discípulos, nem por isso devemos esquecer-nos de que foi também obra não menos gigantesca de milhares de fiéis anônimos que, ao sabor fortuito das viagens e dos encontros, prepararam as vias do Senhor e começaram a conquistar almas para a luz. O termo "missão", que se utiliza às vezes para caracterizar esta primeira propaganda cristã, faz-nos hoje pensar numa intenção sistemática, numa organização, num centro administrativo; mas, se esses elementos existiram no apostolado de um São Paulo, o mesmo não se deu com essa outra forma de evangelização, espontânea, subterrânea, cuja influência foi igualmente decisiva.

Para compreendê-la, para apreciar a sua eficácia, seria preciso ter a experiência concreta de todas as condições da vida popular nos primeiros séculos da nossa era, imaginar

* A Arábia do Sul desfez-se em 1967. O território atual corresponde ao Iêmen. [N. E.]

os deslocamentos e viagens, mais abundantes do que somos inclinados a crer; ter presentes os albergues, as ruas cheias de tendas de comércio, os caravançarais, onde a gente se encontrava e conversava; pensar na importância que tinham em todas as cidades da região mediterrânea, e até na Mesopotâmia, as comunidades judaicas da *diáspora* que muitas vezes receberam os primeiros mensageiros do cristianismo; e, sobretudo, seria necessário experimentar no íntimo a violência jubilosa e a vontade de conquista que eram o privilégio de uma doutrina muito jovem e na qual o Espírito de Deus continuava a brilhar por meio de milagres.

Nenhum contemporâneo registrou o aparecimento desta propaganda, tão obscura e secreta ela foi; nenhum nome destes primeiros arautos do Evangelho chegou até nós. Em algum bairro periférico de uma grande cidade, ou em alguns desses lugares mal afamados que rodeiam as suas muralhas, começou um dia a espalhar-se a notícia. Quem a trouxe? Foi o vendedor ambulante judeu, ou esse comerciante de Antioquia, ou aquele escravo fugitivo que dizem ter vindo de Chipre ou das cidades sicilianas? Ou terá sido uma mulher, pois as mulheres desempenharam também um grande papel nestes cochichos? O certo é que a notícia se espalhou rapidamente nas lojas, nos mercados ao ar livre, entre os curtidores de peles e os tripeiros.

Uns zombam, outros sentem-se comovidos. O Homem-Deus, o Ressuscitado, o consolador de todas as misérias — quem pronunciou o seu nome? Depois, um dia, chegou de longe um mensageiro que falava o grego com sotaque estrangeiro. E talvez esse homem tivesse comentado os textos na sinagoga, para justificar as suas estranhas asserções; ou antes tivesse reunido multidões nas praças públicas, não para conferências eruditas ou para sermões preparados, mas para algumas arengas improvisadas, semelhantes às que se podem ouvir hoje nas praças de Londres, mas mais pitorescas, mais veementes, por se dirigirem a públicos de regiões quentes. E assim nasceu a Igreja, melhor, o embrião de uma igreja, talvez com doze ou quinze fiéis no começo; um embrião que, na maior parte dos casos, nada será capaz de destruir.

Devemos admitir que a propaganda cristã obedeceu a princípios maduramente refletidos, a fim de seguir esta ou aquela orientação? No caso dos chefes, sim. É evidente que um homem como São Paulo não traçou ao acaso o itinerário das suas viagens; os seus cinco grandes altos são plenamente reveladores tanto das suas intenções como da sua visão do futuro. Antioquia, ponto de partida das caravanas da Mesopotâmia; Éfeso, trampolim para a Ásia Menor; Tessalônica, limiar da Macedônia; Corinto, primeiro porto da Grécia no contato com o Egeu e o Adriático; e Roma, coração do Império, eram, como ele próprio afirmou, "as portas que davam para o exterior".

Mas os outros, os mensageiros obscuros? Obedeceriam a algum plano, a uma decisão sistemática, ao espalharem a Boa-nova? Evidentemente, não. No entanto, o que se manifesta nesta propaganda é um sentido profundo, concreto, das realidades geográficas, econômicas e políticas do mundo tal como era então. Extremamente maleável, adaptando-se aos costumes locais, seguindo as grandes correntes de permutas marítimas ou fluviais, arriscando às vezes um golpe de audácia, mas seguindo sempre uma linha muito sóbria, esta propaganda cristã dá uma impressão de força e continuidade de excepcionais.

Quais são as grandes zonas pelas quais se expande desde o início? Em primeiro lugar, e acima de tudo, a Ásia Menor e as suas vizinhanças, lugares das pregações de Paulo e João, regiões ainda próximas da Palestina. Aí hão de florescer os primeiros núcleos, para logo depois ultrapassarem esses limites, transpondo as fronteiras do Império em direção ao reino de Odessa ou Osroene, que parece ter sido cristianizado muito cedo; e em direção à Pérsia, onde deviam existir comunidades desde os fins do século I[3].

Tendo desabrochado tão bem nestas regiões, irá o cristianismo, como religião asiática que é, limitar-se à Ásia? Perder-se-á na imensidade deste continente? De modo algum: Osroene e a Pérsia serão exceções. Na esteira de São Paulo, que ali, como em toda parte, abriu o caminho, o Evangelho transpõe o mar Egeu e volta-se para a Europa. Germinará na Grécia, roturada pelo apóstolo das gentes, e com a Grécia germinará nos seus anexos ilírios e dálmatas. Bem cedo — talvez apenas vinte anos após a morte de Cristo — a Itália assiste aos primeiros batismos e as suas comunidades multiplicam-se rapidamente. O Egito, colônia romana, também deve ter sido cristianizado muito cedo, mesmo que não o tenha sido por São Marcos, o evangelista, como pretende a tradição.

Já o Ocidente, considerado em conjunto, foi evangelizado mais lentamente. A Gália, a Espanha e a África, apesar dos ilustres padrinhos apostólicos que mais tarde as suas comunidades hão de reivindicar, só se abrem verdadeiramente no decurso do século II, mas então de forma esplêndida. Tinha razão o piedoso apologeta Hermas, autor do *Pastor*, quando, já por volta do ano 120, comparava o cristianismo a uma árvore cujos ramos cobriam todo o mundo civilizado. Pode-se dizer que, no espaço aproximado de um século, o Evangelho penetrou em todos os centros vitais do Império, isto é, em todos os seus nós espirituais.

Mas, assim esboçada, a curva desta expansão cristã leva a uma observação muito importante. O cristianismo primitivo desenvolveu-se — com duas exceções apenas — no âmbito de Roma; o Império, na célebre expressão de Duchesne, foi a sua *pátria*. Como o Império Romano, não se estendeu a leste além de um certo limite. Como o Império, voltou-se para o Ocidente. Mesmo nos seus progressos, seguiu os passos da civilização romana: nascera no cadinho greco-oriental, mas atingiu pouco a pouco as terras mais rústicas e mais sãs do Ocidente. Há nisto uma concordância que, para o futuro da religião cristã, terá uma importância primordial. É ao sistema romano que a Igreja deverá muito daquilo que virá a ser no futuro; mas é também com o poder de Roma que ela terá de haver-se — e logo.

Imperium Romanum

No decurso dos dois primeiros séculos da nossa era, isto é, no momento em que a semente cristã vai tentar ganhar raízes, existe em toda essa parte do mundo que tem o Mediterrâneo por centro uma única realidade política que se impõe ao espírito: o Império de Roma. Sabemos por experiência que os impérios da terra são perecíveis e que nos é quase impossível — a nós que vivemos numa época ameaçada — compreender plenamente o termo *Imperium Romanum* e calcular tudo o que ele evocava então de estabilidade e grandeza. Nem o Sacro Império Germânico, nem o de Napoleão, nem mesmo a *Commonwealth* britânica ao tempo da rainha Vitória podem ser-lhe comparados. Apenas a China dos Han, na mesma ocasião, podia experimentar um tal sentimento de plenitude. Único na sua ordem, imenso e invencível, o Império nascido da loba parecia ser de uma solidez eterna.

Os pacientes esforços dos rústicos latinos tinham atingido completamente o seu fim. O Mediterrâneo é agora romano: *mare nostrum*, ninguém o poderá disputar-lhes. Vencida

Cartago, arrasada por Cipião ao cabo de dois séculos a única inimiga que os teria ameaçado seriamente, veem cair nas suas mãos, com uma facilidade quase inquietante, os reinos do Oriente; ao mesmo tempo, em luta rude contra Viriato e Vercingetórix, impõem à Hispânia e à Gália o seu domínio rigoroso. Coberto pelos desertos a leste e ao sul, protegido ao norte pelo escudo ainda sem brechas das legiões, o Império pode permitir-se o gesto magnânimo de fazer esquecer aos vencidos o que as suas conquistas tiveram de brutal, isto é, de iníquo, e constituir-se como fiador da única forma válida de civilização.

Por ocasião da morte de Jesus, no ano 30, o *Imperium* atinge vastos três milhões de quilômetros quadrados e não conta menos de 55 ou 60 milhões de habitantes. Rodeia-o o Atlântico, desde as margens marroquinas até a foz do Reno; depois, subindo o grande rio e descendo em seguida o Danúbio, a fronteira que separa a civilização da barbárie germânica atravessa a Europa de oeste a leste. Toda a Ásia Menor serve de baluarte contra as ameaças partas, com duas pontas de lança que penetram no coração dos mundos selvagens: o protetorado da Armênia, governado por uma criatura de Roma, e o pequeno reino vassalo de raça grega, o "Bósforo", atual Crimeia. Enfim, ligando a este bloco o Egito e, através dele, as províncias africanas que acabam de submeter-se, a Síria e a Palestina fecham o círculo no centro do qual Roma, triunfante, contempla os seus domínios.

Estes dois primeiros séculos da nossa era são para Roma a idade de ouro. As potências da terra percorrem no tempo uma curva semelhante à das vidas individuais. Os esforços, os trabalhos e os sacrifícios levados a cabo durante gerações seguidas acabam erguendo a sociedade a um ponto de perfeição inexcedível, em que todas as virtualidades da raça se tornam realidade. É a hora das grandes realizações, dos gênios e das obras-primas, a hora em que, perante o mundo, certos agrupamentos humanos se erigem alternadamente em testemunhas e guias. Estes tempos reais duram pouco: cem ou duzentos anos em média. Depois, nada mais lhes resta senão deslizar para o abismo inevitável em que a história lança, indistintamente, os impérios e os seres. O Alto Império é, para Roma, esse momento fugidio de plenitude, de poder e de orgulho.

Roma foi criada por um gênio: *Otávio Augusto*. Desde os começos da adolescência, numa intuição prodigiosa, este homem compreendeu que a crise que Roma sofria havia quase um século, e que a sacudia em terríveis convulsões, não era apenas uma crise de regime, como as rivalidades entre os homens e entre os partidos fariam pensar, mas uma conjuntura decisiva da sua história, e que se impunha reconsiderar sobre bases novas a própria definição da romanidade. Uma vez que Roma se tornara demasiado grande para Roma, era necessário modificar os seus princípios, sair dos estreitos moldes da cidade tradicional e fundar um império que fosse um vasto conjunto de nações, no qual a Cidade Eterna continuaria sem dúvida a assumir as primeiras funções de iniciativa e de superintendência, mas já não pretenderia encerrar na sua estrutura municipal o universo inteiro.

Para levar a bom termo este plano grandioso, Otávio teve de pôr de lado as antigas formas legais da República. As maiores realizações da história fazem-se quase sempre contra a liberdade; e ele a confiscou, sim, mas, instruído pelo exemplo do seu tio Júlio César, soube salvar as aparências, que são, aliás, aquilo que os homens mais apreciam. Quando foi que este confisco teve lugar? Em 2 de setembro de 31 a.C., no dia da vitória de Actium? Em 1º de agosto de 30, quando o rival Antônio morreu em Alexandria? Em meados de agosto de 29, por ocasião da sua volta triunfal a Roma? Ou, enfim, em 16 de janeiro de 27, quando o Senado lhe concedeu o nome divino de Augusto? A própria incerteza das datas prova a habilidade da manobra.

Uma vez "Senhor do universo", o primeiro imperador soube também mostrar-se "senhor de si mesmo". Vencendo o que havia nele de áspero e de suspeito, transformou o seu próprio caráter, alcançou uma grandeza serena e até uma grande generosidade, e mereceu a homenagem que um historiador da época imperial, quase sem exagero, lhe havia de prestar: "Não há nada que os homens possam pedir a Deus, que Augusto não tenha proporcionado ao povo romano e ao universo"[4].

O regime assim estabelecido irá perdurar entre 14 d.C., ano em que morre Augusto, e 192, ano em que Cômodo é assassinado, mas não sem mudanças e sem que se acentuem, também na superfície, certos aspectos que serão mais tarde outros tantos fatores de declínio. Mas essa evolução é lenta e processa-se por degraus; os centros vitais do *Imperium* ainda não foram atingidos.

Sucedem-se no poder três dinastias, todas provenientes dos mais diversos elementos do Império. Vem, em primeiro lugar, a de Júlio Cláudio, constituída por parentes de Augusto e representantes da alta aristocracia, mas que parece não ter contado com homens muito notáveis, à exceção, talvez, de Tibério, apesar do seu caráter odioso e dos seus últimos anos banhados em sangue. Temos ainda Calígula e Nero — dois loucos —, e Cláudio, que não passou de um pobre homem. Mas o mecanismo montado por Augusto é tão sólido que funciona perfeitamente, apesar da insuficiência dos seus condutores. O Estado, mesmo que o imperador seja falho, tem servidores à altura da sua missão, quer se trate de chefes de exércitos — um germano e um druso, ambos libertos de Cláudio, astutos e ambiciosos, mas homens de governo, criadores da alta administração romana —, ou dos primeiros conselheiros de Nero, Sêneca e Burro.

Depois, quando em 69 a pequena burguesia toma o poder com Vespasiano, introduz no governo, embora com uma certa estreiteza de espírito, as suas qualidades de ordem, de tenacidade e de economia. Finanças equilibradas, grandes obras, um esforço de restauração moral e social inteligentemente posto em prática — tal é a política dos Flávios. O título de "delícias do gênero humano" concedido a Tito, depois de um reinado muito breve, exprime por certo um sentimento sincero, e quando uma conspiração aristocrática derruba Domiciano, em 96, não se pode dizer que esse homem brutal e autoritário não tivesse sido chorado pelas classes baixas, pelas províncias e pelas cidades.

Vem por fim, de 96 a 192, a dinastia dos Antoninos, surgida do meio italiano provincializado, que oferece à história uma sucessão de personalidades tão notável que não terá igual em todas as famílias reinantes do mundo. Trajano, Adriano, Antonino e Marco Aurélio, embora diferentes uns dos outros no caráter e na conduta, mas identificados num mesmo modo de sentir relativamente aos deveres de Estado, foram imperadores do século II que gozaram de uma autoridade tão serena e sólida que muitos chefes de nações os poderiam invejar. São tempos de finanças folgadas e de administração severa, em que também a política se esforçou por tornar-se mais moral e mais social, e o empirismo organizador de Roma, à força de sabedoria e de firmeza, conseguiu revestir-se de um caráter mais humano.

É, pois, admirável a impressão de solidez que o Império oferece nestes dois primeiros séculos, o que não significa que não tenha havido turbulências. Temos, em primeiro lugar, as guerras: na Germânia, na Bretanha, no Danúbio e na Dácia, no Oriente contra os partos ou contra os judeus revoltados; nenhum reinado as desconhece. Mas essas guerras mantêm-se na periferia, não envolvem senão efetivos limitados e não põem em causa a grande massa dos que vivem à sombra das águias romanas. Não são, aliás, guerras de expansão ou, de conquista: visam apenas a tomada de posições mais seguras ou retaliações necessárias. A grande massa do *Imperium* pode quase ignorá-las. São guerras "sem danos de guerra".

Houve também crises políticas: o drama de 41, em que Calígula, o belo imperador louco, morre no pórtico do seu palácio, perseguido como uma fera e atravessado por trinta lâminas; o drama de 68 a 79, em que legiões inimigas umas das outras opõem em guerras civis imperadores contra imperadores; o drama de 96, em que Domiciano sustenta nos seus aposentos privados uma luta tremenda contra o seu assassino e sucumbe finalmente, com os dedos decepados e banhado em sangue; e o drama de 192, quando Cômodo, depois de ter escapado do veneno que lhe fora ministrado pela concubina, acaba por ser estrangulado no banho. E a essas grandes tragédias em que se joga a sorte do mundo, temos ainda de acrescentar todas aquelas que devastam tantas vezes as classes dirigentes romanas, ao sabor casual de uma conspiração falhada ou das loucuras de um príncipe.

É preciso, reparar, porém, que estes abalos sangrentos, que os historiadores apregoam, não ultrapassam, a maior parte do tempo, o âmbito das revoluções palacianas e só agitam as classes dirigentes, os altos funcionários e os cortesãos que vivem sob o olhar do seu senhor. O resto do povo, isto é, a imensa maioria, não ouve falar desses acontecimentos senão de longe e, quer se divirta quer se indigne com eles, continua a julgar os seus chefes de acordo com os resultados da sua política. Se esses resultados são bons, o povo mantém-se calmo e indiferente.

Esta tranquilidade das camadas sociais mais fundas está ligada, aliás, às próprias condições da organização imperial. Tal como Augusto a estabelecera e os seus sucessores a conservaram, essa organização deixava às administrações locais e às cidades uma ampla autonomia. Desde que houvesse ordem e tudo funcionasse corretamente, o governo imperial não se preocupava com pormenores. Esta relativa independência era a melhor garantia da fidelidade dos povos administrados. E embora o Império houvesse de avançar cada vez mais no caminho da centralização e do estatismo ao longo destes dois séculos, o universo romano não conhecia ainda os defeitos inerentes a esses métodos de governo, cujas consequências viria a experimentar penosamente mais tarde: a incoerência e a inércia, as intrigas e a ineficácia. Governando do alto, a Roma dos primeiros séculos conseguiu escapar às inevitáveis agitações que acompanham os regimes pessoais.

Tal é, pois, o rosto do *Imperium* durante as quinze décadas em que o cristianismo germinou nas suas terras. Poder, equilíbrio e estabilidade — essas são as noções que se impõem ao espírito como evidências, quando consideramos a obra-prima que foi a idade de ouro romana. E se pensarmos na pequenez da Igreja nascente perante esse colosso majestoso, parece absurdo imaginar que, num conflito entre os dois, o resultado pudesse ser outro que não a aniquilação do cristianismo. Mas também no combate entre Davi e Golias as probabilidades de vitória pareciam estar todas do lado do gigante...

"As legiões marcharam a seu favor"

Contrariamente a uma opinião muito espalhada, não são as épocas conturbadas as mais propícias à expansão de uma doutrina nova no seio de uma sociedade. Os tempos de crise, de miséria e de desordem podem permitir que uma aspiração revolucionária se traduza em eventos. Mas, para que esses eventos não se reduzam a uma agitação mais ou menos estéril, para que levem a um resultado criador, é necessário que exista previamente nos espíritos uma doutrina que os ordene para um fim, e essa doutrina, para poder penetrar bem, tem necessidade de tempo e de estabilidade. E este é um paradoxo do governo dos homens: quando fazem reinar no seio de uma sociedade a ordem e a paz, essa sociedade, sejam quais forem as precauções policiais que se tomem, facilita sempre a ascensão de forças que, de per si, tendem a destruí-la. Este paradoxo trabalhou a favor do cristianismo nascente.

As grandes oportunidades que o Evangelho terá para se propagar no Império resumem-se numa palavra, numa célebre fórmula — a paz romana, *Pax Romana!* Os primeiros tempos da semeadura cristã correspondem ao período mais calmo e mais livre de ameaças que o Ocidente jamais conheceu. Para nós, europeus do mundo moderno, que há tantos séculos sofremos guerras cada vez mais atrozes com aparências de fatalidade, a paz já não tem, por assim dizer, nenhuma significação absoluta: apresenta-se aos nossos olhos como uma simples trégua entre duas calamidades; mas era bem diferente para um cidadão do Império no tempo de Tito ou de Trajano. A paz era então uma realidade duradoura, cujos benefícios podiam ser explorados sem apreensões. Na Espanha, por exemplo, os últimos sobressaltos da conquista findaram em 19 antes da nossa era, e na Gália, por volta do ano 50; e até às primeiras vagas das invasões, isto é, durante três séculos, nenhum soldado voltará a aparecer ameaçadoramente nas terras protegidas por Roma. É pouco mais ou menos como se, desde o fim das Guerras Religiosas até 1900, o Ocidente não tivesse conhecido nenhum conflito.

E essa paz exterior, que a defesa das fronteiras, como já vimos, não comprometia de maneira nenhuma, andava de mãos dadas com uma paz interna também quase total. Breves e limitadas no espaço, nunca as crises militares a perturbarão profundamente. Terminaram os longos embates entre exércitos rivais, como no tempo de Sila, Pompeu e Antônio; terminaram os massacres de cidadãos romanos que um Mitrídates se permitia ainda fazer no último século da República; terminaram também as rapinas e piratarias nas rotas da terra e do mar.

Pax Romana! As homenagens literárias prestadas a esta grande realidade histórica não são uma ênfase. A "imensa majestade" desta paz louvada por Plínio, o Velho, é uma realidade; e Tácito é uma testemunha verídica, e também um profeta, quando escreve: "Expulsos os romanos (não praza aos deuses tal coisa!), que se veria sobre a terra senão a guerra universal? Oitocentos anos de uma intenção refletida e de muita sorte levantaram este imenso edifício. Quem o lançar por terra ficará esmagado debaixo dos seus escombros".

O primeiro benefício que o cristianismo nascente receberá da paz romana será a proteção da lei. Basta reler nos *Atos* os capítulos relativos a São Paulo para avaliar o papel que a legalidade e a disciplina romanas desempenharam na ação do apóstolo. O seu título de cidadão permite-lhe aproveitar plenamente as facilidades resultantes da ordem que reinava no Império. Graças às leis de Roma, não foi massacrado por algum grupo de fanáticos no decurso das suas viagens, e foram os funcionários de César que lhe permitiram dar a Deus o que a Deus pertencia. Em Corinto, por exemplo, é o procônsul da Acaia, Galião, quem acalma os judeus amotinados contra o apóstolo; em Jerusalém, é o tribuno, o governador militar, que, comprometendo-se a enviá-lo a Cesareia, consegue fazê-lo escapar da conspiração dos zeladores da

Torá, isto é, de uma morte certa; e em Éfeso, são os magistrados, os asiarcas, que apaziguam os fiéis de Diana, prestes a reduzir a pedaços São Paulo e os seus discípulos. Nada é mais significativo do que a alocução do secretário da cidade à multidão enraivecida: "Se tendes alguma coisa de que vos queixar, nós temos dias de audiência e temos procônsules; trazei uma representação em regra. Se tendes qualquer reclamação a fazer, poderá decidir-se em legítima assembleia" (At 19, 35-41). Enquanto não romperem com os princípios do Estado (e veremos que a ruptura não será imediata), os propagadores do Evangelho poderão aproveitar-se, para o seu trabalho apostólico, do ambiente de legalidade e segurança que os romanos garantiam por toda parte.

No aspecto material, Roma vai pôr à disposição dos cristãos o incomparável sistema dos seus meios de comunicação: as estradas. Traçada nas suas grandes linhas a partir da República, a rede de estradas é a preocupação constante dos imperadores. Augusto, desde que chegou ao poder, cuida de refazer as vias romanas, e o seu amigo Agripa, encarregado dessa tarefa, expõe no Campo de Marte um mapa em que o último dos cidadãos pode admirar a vastidão dos domínios da Loba e a multiplicidade das estradas que os servem[5]. Cláudio cria um ministério das comunicações, que toma a seu cargo a manutenção de toda a rede. Ainda no tempo de Augusto, a Gália passa a ter também a sua rede de estradas, que se tornará uma das mais completas e das mais densas; a Espanha consegue-a no tempo de Tibério e de Vespasiano, e é ainda Cláudio quem manda construir as estradas da Dalmácia, como Nero as da Trácia. Durante dois séculos, não haverá nenhum imperador que não cuide de melhorar esta obra grandiosa. Certas regiões que nos nossos dias não possuem mais que umas pistas medíocres, como a Ásia Menor, ou que não podem orgulhar-se senão de algumas recentes auto-estradas, como a Tripolitânia, eram então servidas por um sistema de primeira linha. De Roma até as Colunas de Hércules, até Bizâncio ou o Danúbio, ou até a ponta extrema da Armórica, admiráveis calçadas de lajes de pedra, perfeitamente regulares, partem retas através das montanhas e das planícies, como símbolo dessa teia indestrutível que Roma lançou sobre o mundo.

O mar não oferece menos meios de viagem. Tornou-se seguro depois que os barcos de guerra romanos afastaram para longe as ameaças da pirataria. Numerosos barcos navegam em todas as direções, e pode-se dizer que o Mediterrâneo é tão sulcado por navios como no nosso tempo. Há barcos de carga, pesados e lentos, e navios mais rápidos, alguns dos quais podem transportar até seiscentos passageiros. As corporações de armadores contam centenas de membros. As companhias de navegação têm os seus escritórios não somente nos portos (em Óstia havia vinte e cinco!), mas também em Roma e em todas as grandes cidades. Há mesmo repartições de turismo que convidam os ociosos a irem aquecer-se, durante o inverno, ao sol cálido do Egito[6]. Os grandes portos estão em plena prosperidade; no Oriente: Alexandria, Esmirna, Éfeso, Selêucia de Antioquia; na Itália, Pozzuoli e Óstia, que servem Roma, e depois Siracusa e Brindisi; na África, Cirene, Cartago e Leptis Magna; na Grécia, Tessalônica, Corinto e, no Adriático, Dirráquio (Durazzo); enfim, do lado do Ocidente, Marselha, Arles, Narbona, Tarragona, Cartagena e, lá longe, no Atlântico, Gades, a atual Cádis. A lista destes nomes, só por si, já é significativa: revela-nos as primeiras balizas do Evangelho, como a rede de estradas nos mostra a sua penetração por terra. O mapa econômico do Império e o da conquista cristã coincidirão a traços largos.

Efetivamente, a doutrina evangélica vai extrair imensas facilidades destas condições materiais. Não apenas porque os seus propagadores poderão deslocar-se à vontade para onde a sua missão os chame, mas ainda devido ao jogo de intercâmbios humanos que acompanham forçosamente todo e qualquer negócio. Sem dúvida alguma, o fim visado por Roma, ao estabelecer a sua maravilhosa rede de comunicações, é essencialmente econômico e político; trata-se de expedir para todos os lados as ordens do imperador, e de receber o mais rapidamente possível os relatórios dos administradores. Trata-se também, ao mesmo tempo, de drenar para Roma, para o imenso *emporium* de docas e armazéns que cerca o Aventino, o trigo da Sicília e do Egito, os metais da Espanha, as madeiras da Ásia Menor e da Fenícia, as peles e lãs da Gália, os perfumes e as especiarias dos países árabes, todos esses mil e um produtos de que a capital tem uma necessidade cada vez mais premente. Mas por essas vias terrestres e marítimas não circulam apenas as mercadorias e os decretos imperiais; é evidente que os marinheiros e os viajantes desempenham aqui o papel que os vemos desempenhar sempre e por toda parte: são transmissores de doutrinas e dão a conhecer nos mais extremos recantos do Ocidente o que pensa o Oriente.

Além disso, entre as mercadorias transportadas, há algumas que têm alma e consciência — os escravos — e que constituem um importante elemento de tráfico. Extremamente numerosos nos tempos luxuosos do Império, todos estes desenraizados, todos estes transplantados levam para o seio das famílias romanas os seus costumes e as suas crenças. Muitas vezes, se são gregos ou orientais, mais cultos e mais refinados do que os seus senhores, exercem sobre estes uma influência secreta, mas profunda. As domésticas sírias foram as propagadoras das religiões místicas da Ásia e o cristianismo terá também muitos e zelosos adeptos na classe servil.

Há ainda outras facilidades que são consequência desta organização sistemática de Roma e da interdependência econômica. Como sucede em todos os vastos sistemas comerciais, impõe-se coordenar os meios de troca. A unidade monetária, já estabelecida para o ouro nos princípios do Império, tornar-se-á absoluta no século III, como símbolo da soberania romana. Os homens de negócios têm necessidade de entender-se: tinha sido para facilitar as suas operações que os fenícios haviam difundido o seu alfabeto tão prático, que é o antepassado do nosso; hoje, o inglês tornou-se, por força das circunstâncias, o idioma-chave do comércio mundial. Em todo o Império Romano, as pessoas só se poderão entender se possuírem o conhecimento de uma única língua — o grego. O latim (que irá impondo-se pouco a pouco e acabará por dominar no Ocidente a partir do século III) é sobretudo a língua dos exércitos e da administração. O grego era entendido por todos, embora se deva estabelecer a diferença entre o grego popular dos portos e o grego aristocrático das classes superiores. Isto não quer dizer que os idiomas locais tivessem desaparecido, e que já não se falasse o líbico — o berbere — na África, ou o ibero-basco na Espanha. Mas quem falasse o grego tinha a certeza de ser compreendido, como aconteceu com São Paulo em Icônio ou entre os gálatas. Quando os cristãos puserem por escrito os Evangelhos, utilizarão a língua grega.

É fácil enumerar, portanto, um grande número de oportunidades que a majestosa organização do *Imperium* ofereceu ao cristianismo para a sua difusão. É justo também observar que, na ordem moral e intelectual, o terreno se encontrava igualmente preparado. A tendência para a unificação, que Roma se propôs, não tinha fins egoístas. A romanização, que é um fato ainda hoje evidente para todo aquele que observe as ruínas dos monumentos — idênticos — que o

Império levantou nos quatro cantos do mundo, obedeceu a uma intenção mais elevada do que a exploração econômica. Aquela velha raça dos camponeses latinos, rude e forte, que no começo da sua história anexava províncias com a naturalidade com que um proprietário de terras anexa um campo, tivera a eminente sabedoria de calcular os limites da força e de pô-la a serviço de um certo ideal.

O fato ocorreu quando o pensamento helênico fecundou o cérebro latino e se produziu essa síntese greco-romana de que saiu a civilização clássica, tal como nós a admiramos. A ideia de uma missão atribuída pelos deuses ao povo da Loba para pacificar e ordenar o mundo não deixava, pois, de ter uma real grandeza, e, nos primeiros tempos do Império, essa ideia espraiou-se numa aspiração universalista, num humanismo com o qual o "gênio latino" gostava de identificar-se. Felicidade superior de uma cultura comum, fecundação recíproca dos espíritos, acesso dos homens a uma concepção de vida lúcida e razoável — eis o que Cícero queria designar quando definia nobremente o mundo como "uma sociedade do gênero humano". E se este universalismo romano se mostra ainda muito longe do ecumenismo cristão, não há dúvida, no entanto, de que deve ter sido uma espécie de prefiguração útil, de terreno de eleição para esse espírito.

Há, portanto, na obra histórica de Roma, um grande número de dados que surgem como elementos favoráveis à expansão cristã, e daí que as relações de fato que verificamos entre a Igreja nascente e o Império, bem como a sua implantação geográfica no marco do Império, tenham uma explicação fácil. Esta romanização do cristianismo desde as suas origens virá a ter grandes consequências para o seu desenvolvimento. O cristianismo será, logo nos começos, uma religião de cidades, como o próprio Império era uma organização de cidades[7]. Quando lhe for necessário construir uma administração, irá buscá-la ao Império. E esta espécie de predestinação encontrará o seu remate no dia em que a capital do mundo romano vier a ser a capital da Igreja, e a sede dos Césares a dos sucessores de Pedro.

Encontro da história ou intenção providencial? Desde os tempos mais remotos, muitos fiéis viram no fenômeno romano a prova de um plano divino. Aquilo que tantos cristãos modernos têm repetido, ao analisarem a história, já fora pressentido pela Igreja desde os primeiros tempos. É bem conhecida a passagem de *Ève*, em que Péguy, evocando a obra de Roma e o universo "convertido numa imensa rotunda sob o governo de duas mil coortes", afirma que todos estes labores seculares não tiveram outro fim senão a vinda do Messias e que "as legiões marcharam a seu favor". Mas já Orígenes escrevia, por volta do ano 220: "Querendo Deus que todas as nações estivessem preparadas para receber a doutrina de Cristo, a Providência submeteu-as todas ao imperador de Roma". E Prudêncio, no século IV, desenvolve maravilhosamente esta teoria: "Qual é o segredo do destino histórico de Roma? É que Deus quis a unidade do gênero humano, pois a religião de Cristo exige uma base social de paz e de amizade internacionais. Até agora, toda a terra estava dilacerada, do Oriente até o Ocidente, por uma luta contínua. Para domar essa loucura, Deus ensinou as nações a obedecerem às mesmas leis e a tornarem-se todas romanas. Agora vemos os homens viverem como cidadãos de uma única cidade e como membros de uma mesma família. E eles vêm através dos mares, desde os mais longínquos países, a um foro que lhes é comum; as nações estão unidas pelo comércio, pela civilização e pelos casamentos; da mistura dos povos nasceu uma só raça. Este é o significado das vitórias e dos triunfos do Império: *a paz romana preparou o caminho para a vinda de Cristo*".

Roma e Augusto, deuses

Por mais verdadeiros que possam ser tais dados, seria errôneo supor que o triunfo do cristianismo fica assim plenamente explicado. Uma interpretação determinista desse evento histórico, válida num certo sentido e até certo ponto, entra em choque, se a quisermos levar muito longe, com uma evidência não menos flagrante que a das facilidades oferecidas pelo Império Romano: a resistência cada vez mais consciente e dramática que Roma há de opor à Cruz. Ora, esta oposição era inevitável, pois prendia-se aos aspectos espirituais mais profundos da romanidade, ou seja, àquilo que podemos chamar a sua essência histórica. Tudo se passa como se Deus, ao atribuir a Roma o cuidado de preparar o terreno para o Evangelho, tivesse querido ao mesmo tempo que ela oferecesse aos cristãos inúmeras oportunidades de praticarem esses heroísmos e esses sacrifícios sem os quais não se leva a cabo nenhuma grande obra na terra.

Em diversos pontos da Ásia Menor, encontraram-se inscrições, datadas do primeiro reinado imperial, em que se podem ler frases como estas: "A Providência enviou-nos Augusto como Salvador, para pôr fim à guerra e ordenar todas as coisas; o dia do seu nascimento foi para o mundo o começo da Boa-nova". E no Halicarnasso: "A natureza eterna cumulou os homens de benefícios ao conceder-lhes, como bem supremo, César Augusto, pai da pátria, a deusa Roma, e Zeus paternal, Salvador do gênero humano". Estas frases soam de forma estranha a ouvidos cristãos; são características da mentalidade greco-latina, tal como a religião antiga a havia formado, e fazem-nos pressentir em que consistirá o antagonismo entre o paganismo e o cristianismo.

Para um homem dos primeiros séculos, a divindade é acima de tudo o poder supremo que dirige de maneira muitas vezes incompreensível o destino dos seres humanos, e de quem depende a sua felicidade ou infelicidade. É a expressão simbólica do *fatum*, do destino. Nada tem de estranho, pois, que o Império Romano, manifestação concreta desse *fatum* — e que destino feliz, poderoso, maravilhoso não era esse! —, se apresentasse como um fenômeno sobrenatural; por isso, também combina com a psicologia pagã que esta o tenha divinizado.

Assim se cria, no momento em que o Império entra na sua idade de ouro, o culto de *Roma e Augusto*. A expressão "deusa Roma" já era usual há muito tempo, mas — embora representada nos baixos-relevos por uma vigorosa beleza feminina — designava alguma coisa de teórico, de abstrato, para o espírito racional e cheio de senso comum dos velhos latinos. A velha Roma não gostava de divinizar nem os seres nem as coisas da terra; os *manes* dos antepassados, os *gênios* dos homens superiores não eram considerados deuses do alto. Foi do Oriente que chegou, depois da conquista pelas legiões, a corrente que levou para os altares o poder providencial de Roma encarnado naquele que a governava.

Os faraós do Egito tinham habituado o seu povo, havia milhares de anos, a venerar neles a encarnação de Amon-Rá. Entre os persas, o rei era o eleito dos deuses, participava da sua glória e da sua auréola de luz.

Na dinastia dos Atalos, governantes de Pérgamo, os reis possuíam em vida os seus colégios de sacerdotes. Na extremidade do Tauro, onde repousava, Antíoco mandara gravar sobre o seu túmulo estas palavras: "Filho de Deus". O próprio Alexandre Magno não tinha podido ou querido esquivar-se a esta tendência para a divinização dos príncipes: descendente de Heracle, vencedor e herdeiro dos Aquemênidas, reivindicara, à semelhança desses "reis dos reis", as honras divinas. Como discípulo dos filósofos, talvez acreditasse na divindade da alma nos termos em que Platão a estabelecera, ou nesse deus secreto, *daimon* — gênio —, que Demócrito dizia entrever em cada homem. Mas era nele sobretudo que a multidão via o homem providencial, o herói divino, o arquétipo do poder, aquele que mesmo em Atenas era saudado com estas palavras: "Os outros deuses estão longe e não ouvem; é a ti que vemos face a face".

Se pensarmos nos benefícios reais prestados por Augusto, ou na impressão de liberdade que os homens passaram a sentir após um século de tumultos e de guerras, compreenderemos facilmente que o Oriente, acostumado às divinizações, o tenha divinizado de bom grado. Nele pareciam fundir-se o herói grego e o "deus salvador" dos mistérios da Ásia. Mas, mesmo no Ocidente, Virgílio, evocando o fim do século de ferro e a entrada do mundo na idade de ouro, parecia vislumbrar na sua Écloga IV o ser providencial em quem se encarnaria a esperança humana[8]; e Ovídio via no imperador a própria manifestação do poder divino.

Assim se vai estabelecer em todas as panes do Império o culto imperial. Júlio César ainda era vivo, e já lhe tinham prestado honras quase divinas sob o nome de *Juppiter Julius* — fato que o nosso mês de *julho* continua a recordar —, e, depois de morto, foi transferido para a categoria dos deuses do alto. Com Augusto sucede a mesma coisa; se na capital, temendo reações, o astucioso político tinha refreado o entusiasmo dos seus adoradores, já nas províncias, e mesmo na Itália, deixou que lhe consagrassem templos e altares. Depois da sua morte, o Senado reconheceu-o como deus e instituiu em sua honra um colégio de flâmines[9], e ainda hoje o nosso mês de *agosto* nos recorda a sua divinização. O culto imperial não cessará de crescer ao longo dos dois primeiros séculos. Todos os sucessivos senhores do Império o estimularão: uns com moderação e até com certo constrangimento, como Tibério, Cláudio e Vespasiano, que recusarão em vida todos os atos de adoração; outros com complacência, como Calígula, Nero e Domiciano, que contemplarão com gosto as oferendas sacrificiais fumegando em sua honra. Mas todos, mesmo os prudentes Antoninos, estimularão esse culto por verem nele, em última análise, uma forma de lealismo e a expressão visível da dedicação dos súditos ao seu senhor.

E quando falamos em *lealismo*, não pensamos apenas no sentido político e administrativo da palavra. No universo antigo, esse termo assume uma realidade caracteristicamente religiosa. O homem da *polis* grega era cidadão na medida em que tomava parte no culto cívico. Quando a noção de cidade se alargou, foi necessário alargar também a de religião nacional; já Alexandre o compreendera, quando procurara fundir num mesmo culto e numa mesma raça os seus macedônios e os persas vencidos; e o mesmo se passou com os seus sucessores lágidas no Egito, que, da síntese entre a Osíris do Nilo e o Apolo grego, fizeram surgir Serápis. A ideia imperial da cidade universal exigia uma base religiosa e o culto de "Roma e Augusto" foi ao encontro dessa exigência.

Nada seria mais falso, pois, do que ver nesta religião oficial uma grosseira manobra política destinada a dissimular a exploração de um Império por parte da sua capital e a sujeição de sessenta milhões de almas a um homem só. Este culto tem raízes fundas na sincera gratidão das massas. Se a cidade de Roma, para se adornar, avoca a si as riquezas do mundo, e se sucessivamente muitos imperadores consomem fortunas para a tornarem cada vez mais luxuosa, esses fatos não indignam ninguém, porque a *Urbs* é o símbolo visível da ideia que o mundo dominado por Roma mais venera e na qual vislumbra o sentido do seu destino.

E ainda que o Palatino, para alojar o Senhor divino, se cubra de palácios mais ricos do que os templos — palácios cujas ruínas são ainda hoje tão belas entre glicínias e jasmins —, ainda que escritores lisonjeiros entoem os seus panegíricos, ou ainda que se espalhem por toda parte rumores das orgias e escândalos dos imperadores, tudo será tolerado pelos descendentes de Catão, de Cícero e de Bruto, porque o homem providencial encarna o ideal mais elevado da romanidade sob uma forma verdadeiramente mística. Na *apoteose*, cerimônia divinizadora em que o espírito do imperador morto é levado, como se dizia, para o céu dos deuses por uma águia, a alma pagã do mundo pacificado se reconhece a si mesma e se exalta. Ainda nos últimos tempos do Império, às vésperas da catástrofe das invasões bárbaras, o poeta gaulês Rutílio Namanciano invocará sempre Roma, a divina, como última salvaguarda. O culto imperial não desaparecerá senão com o próprio Império que sustentava[10].

Assim se define a razão profunda da oposição que se estabelecerá entre o cristianismo e o Império, a partir do momento em que estes dois adversários se reconhecerem como tais. O culto de "Roma e Augusto" é a contrapartida das facilidades que a expansão do Evangelho viria a encontrar na "majestade da paz romana". Para um universo que usufruía do mais sólido bem-estar material, não seria lógico que esse homem poderoso e inabalável, de quem provinha todo esse bem-estar, parecesse ser "o salvador"? Mas, como é lógico, os cristãos opõem um *non possumus* absoluto a tal concepção. Essa religião identificada com a ordem estabelecida e com a felicidade material não era a de Cristo; essa cidade que lhes apontavam como a sua pátria não era a cidade de Deus. O culto de "Roma e Augusto", para eles, é a idolatria erigida em lei de Estado, a subversão suprema, que consiste em dar a César o que é de Deus.

Portanto, é contra a confusão estabelecida entre o temporal e o espiritual que os cristãos se vão levantar, e é essa a causa essencial da trágica luta que se vai travar entre o Império e a Cruz ao longo dos primeiros séculos. Por mais favoráveis que sejam as circunstâncias que o Evangelho encontre no mundo romano, é só por meio de uma ruptura violenta com esse mundo que o Evangelho poderá cumprir a sua missão. E quando a revolução da Cruz tiver triunfado, o culto imperial desaparecerá de todas as cidades, e o Império, na sua substância, ter-se-á renegado a si mesmo.

Brechas nos costumes

Ao verificarmos, porém, que o conflito entre Roma e a Cruz era inevitável, e ao considerarmos o resultado bastante desconcertante que adveio de tal conflito — isto é, o triunfo do cristianismo —, somos levados a perguntar-nos se não haveria já, na própria estrutura da majestosa sociedade imperial, certas brechas que iriam permitir a infiltração da nova doutrina na sua massa, e provocar ou, em todo o caso, apoiar um processo de dissociação.

Essas brechas existiam, com efeito, e apesar de serem pouco visíveis aos olhos da maioria dos contemporâneos, são perfeitamente discerníveis para a história. É evidente que não se tratava de *decadência*, e seria falsear inteiramente as perspectivas aplicar esse termo à época do Alto Império; mas não há dúvida de que as causas profundas que mais tarde — a partir do século III — hão de arrastar Roma cada vez mais rapidamente para o abismo, se observam desde os tempos da idade de ouro. Até o ano 192, não se pode falar ainda em declínio, mas "a crise já está no homem".

Esta crise, cujos sintomas se irão perfilando e cujos efeitos irão aumentando até a trágica derrocada do século IV, está ligada às próprias condições em que se ergueu essa obra-prima que foi o Império nos seus primeiros tempos. Roma conquistou o mundo; mas o que era Roma? Nos seus começos, um pequeno burgo itálico, o mercado onde se reuniam honestas famílias camponesas, o modesto centro administrativo onde vinham discutir os seus interesses uns homens rudes e simples, presos à rabiça do arado ou ao punho da espada, mas pouco preparados para enfrentar grandes tarefas civilizadoras.

Muito em breve havia de tornar-se enorme a desproporção entre este pequeno núcleo de governantes e a gigantesca massa dos governados, e daí resultou um perigoso desequilíbrio. Um desequilíbrio tanto mais grave quanto, entre os povos vencidos, muitos tinham uma concepção mais rica do mundo e uma civilização mais evoluída do que o dominador. O Oriente exerceu, pois, sobre os romanos uma verdadeira fascinação, e eles se submeteram à sua escola. Tal é o sentido profundo das célebres palavras de Horácio: "A Grécia conquistada conquistou o seu terrível vencedor". Arte grega, pensamento grego, religiões orientais, costumes da Ásia — é uma torrente ininterrupta que, partindo do Oriente, vem desaguar na Itália, carregando consigo o melhor e o pior.

A conquista arrastou, pois, a sociedade romana para uma espécie de atoleiro espiritual. Aquilo que constitui o fundo de uma civilização, as suas profundas razões de viver, o conceito que ela tem de si mesma, o seu centro nervoso — eis o que Roma encontra cada vez menos nas suas próprias fidelidades. À medida que se refinam e se civilizam, os romanos afastam-se cada vez mais da antiga imagem da sua raça, que consideram grosseira e atrasada. A inteligência vem da Grécia. A bela ideia humanista do universalismo romano é uma herança recebida dos filósofos helênicos e dos geniais desígnios de Alexandre. A língua das pessoas cultas é a de Homero e de Aristóteles. Podemos fazer uma ideia do que era esse atoleiro espiritual se imaginarmos o que seria uma França que adotasse o árabe como língua das elites e definisse o seu papel segundo os preceitos do Corão.

No começo do Império, a vitalidade nacional é ainda suficiente para que qualquer contributo vindo de fora não esterilize as possibilidades latinas e para que, pelo contrário, a planta romana, enxertada no tronco grego, produza frutos maravilhosos. Quanto mais se avança no sentido universalista, porém, quanto mais se intensifica o intercâmbio entre todas as províncias do Império, mais a consciência romana é afogada pelo Oriente. Politicamente, o Império tornar-se-á campo de disputa das dinastias asiáticas, antes de o ser dos bárbaros; espiritualmente, estará pronto para aceitar uma outra concepção do mundo, já que a sua desmoronou.

Este fenômeno fez sentir as suas consequências em todos os planos e particularmente no plano moral. Ao conquistar o mundo, Roma viu que lhe começavam a faltar aquelas forças vivas que lhe tinham permitido a conquista. Mas podia ela ter procedido de outra maneira? Não. Eis um exemplo marcante desses insolúveis dilemas em que o destino coloca o homem, sem dúvida para lhe dar a conhecer os seus limites. Para que a consciência latina se conservasse intacta e indomável, teria sido necessário que o romano continuasse a ser aquele homem rude, honesto e fiel que era na origem; mas então teria sido incapaz de governar o seu imenso domínio e, a partir do momento em que quisesse abandonar o plano da força, as suas energias vitais teriam decaído. De século para século, de 100 a.C. a 400 d.C., a sociedade romana dá-nos uma crescente impressão de esgotamento. Os seus costumes ir-se-ão corrompendo, assim como se irão dissolvendo a sua arte e o seu pensamento[11]. E não é este o único exemplo que a história nos oferece da íntima relação que existe entre o refinamento dos ideais de civilização e a desagregação das virtudes originais. Para que, nesta sociedade, se reconciliassem a força e a moral, o heroico e o humano, era necessário que houvesse uma reviravolta total, precisamente aquela que o Evangelho traria consigo.

Tal é o verdadeiro sentido desta "crise moral" que durante muito tempo esteve na moda pintar com as cores mais negras e que importa caracterizar mais razoavelmente. Não foi no mundo gangrenado do Baixo Império que se semeou a semente evangélica, mas numa sociedade ainda muito firme nas suas bases e que, apesar de fendida num ou noutro lugar, não se sentia abalada. Seria também absurdo julgar os costumes romanos pelas críticas acerbas de Juvenal, de Luciano e de Suetônio, ou pelas descrições de Petrônio ou de Apuleio, como o seria apreciar toda a França do século XX pelas comédias satíricas de Bourdet ou de Pagnol, ou pelos romances mundanos de Marcel Proust. A desmoralização à maneira do *Asno de Ouro* ou do *Satiricon* não atinge senão certos elementos das classes ricas, sobretudo nas grandes cidades. Uma casta luxuosa e corrompida pode oferecer modelos pitorescos a escritores talentosos, sem que por isso seja representativa da sua época.

Quando se põem de parte os textos literários em que só se retratam os poderosos, e nos debruçamos sobre documentos mais modestos, tais como epitáfios, *graffiti* e papiros, a vida privada romana do Alto Império oferece muitos exemplos de virtudes sólidas. O amor conjugal, a ternura para com os desamparados, a piedade filial, a afeição fraterna, são sentimentos que vemos louvar em frases comoventes. "Ela fiou a lã e guardou a casa". "Foi boa e formosa, bela, piedosa, recatada, sóbria e casta. Foi compassiva para com todos"—. Assim rezam algumas inscrições tumulares redigidas por maridos agradecidos. Dois esposos quiseram dormir o último sono lado a lado, debaixo deste epitáfio comovedor: "Tínhamos um só coração". Mesmo na alta aristocracia, e até em volta do trono imperial, veem-se imagens admiráveis, que continuarão a resplandecer em plena decadência: esposas heroicas e ternas, filhos respeitosos, almas fiéis, para quem os preceitos da moral não são uma palavra vã.

Mas numa sociedade podem muito bem coexistir elementos perfeitamente sãos e fermentos ativos de desagregação: temos diante dos olhos um exemplo desta natureza. Em Roma, nos primeiros séculos, apesar das virtudes praticadas por muitas pessoas sãs, os sintomas denotam a existência de perigos graves que nada poderá evitar, porque resultam dos vícios estruturais do Império, daquilo que o torna rico e poderoso.

As conquistas fizeram afluir a Roma ouro e escravos. Os despojos de guerra recolhidos no Oriente pelos generais alcançam cifras vertiginosas; o saque ordenado por Pompeu teria rendido setecentos e oitenta e seis milhões de sestércios[12], e a ele seguiram-se muitos outros, acabando Roma por ficar inundada de ouro. Os tributos arrecadados nas províncias do Oriente atingiam anualmente cerca de trezentos milhões de sestércios. De todo este maná, o povo recebia uma parte mínima, sob a forma de presentes aos soldados e de distribuições feitas à plebe; as classes dirigentes ficavam com a parte do leão. E numa época em que, por falta de grandes indústrias, eram muito reduzidas as oportunidades de investimento, o ouro servia apenas para que a plebe se entregasse à doce vida e para que os ricos o esbanjassem em vivendas, alimentos e prazeres. É assim que o metal amarelo, tão perigoso quando não é fruto do trabalho, irá desagregar a sociedade romana.

No Império Romano, há ainda uma outra fartura que vem juntar as suas desastrosas consequências às do ouro: a dos escravos. Durante os dois últimos séculos da República, as guerras puseram nas mãos dos vencedores centenas de milhares de escravos. Não era raro que uma só campanha militar arrebanhasse cento e cinquenta mil de uma só vez, e assim continuará, enquanto durarem as guerras imperiais. É necessário ainda ter em conta a pirataria, o frutuoso negócio do tráfico humano e a reprodução normal dos escravos já transplantados, para podermos fazer uma ideia da imensidão da massa servil e das incríveis proporções que ela atingia na sociedade. Em Roma, no tempo de Augusto, mais de um terço da população era constituída por escravos, e em Alexandria chegava provavelmente a dois terços. Como a quantidade diminui o preço da mercadoria — um escravo corrente valia cerca de cento e cinquenta francos-ouro, e um especializado quinhentos a dois mil —, qualquer pessoa, proprietário, empreiteiro ou artífice que tivesse necessidade de mão-de-obra, preferia lançar mão dos escravos a recorrer a um homem livre. Era mais uma causa de desagregação da sociedade.

Estabelece-se nas grandes cidades, e sobretudo em Roma, uma massa popular mais ou menos ociosa, formada por camponeses desenraizados, trabalhadores autônomos agora privados de trabalho, escravos libertos e estrangeiros cosmopolitas: um terreno excelente para todas as doenças políticas e para todas as forças de desmoralização. O antigo romano, tão sólido no seu trabalho, torna-se o "cliente", o parasita, a quem a "espórtula" remunera uma fidelidade suspeita. Os imperadores têm de contar com esta plebe lamentável e por isso a rodeiam de atenções. Mas um povo não se habitua à mendicidade e à preguiça sem que a sua alma seja atingida. Em breve a covardia e a crueldade andarão de mãos dadas com o vício, e o vício, como diz a sabedoria popular, é a mãe de todos os males. Já não há quem queira combater nas fronteiras, como não há quem queira trabalhar a terra. E assim aquela imensa multidão, para se distrair, irá procurar nos jogos do circo os prazeres que acabam por degradar a sensibilidade humana.

Mas há algo pior ainda do que esse deslizar da sociedade para a inércia mortal; ou, melhor, há ainda outro fenômeno que anda a par deste, proveniente das mesmas causas e sobretudo do enriquecimento excessivo. A sociedade romana foi atingida na fonte viva que alimenta toda a sociedade: a família está abalada e a natalidade decresce. A mãe dos Gracos tivera doze filhos, mas nos começos do século II serão louvados como uma exceção os pais que tenham três. Evita-se o casamento; porventura a *orbitas*, o celibato, não traz ao rico todas as vantagens, assegurando-lhe uma fiel clientela de herdeiros expectantes? E de que poderá o celibato privar o homem, se a escravidão lhe proporciona companheiras mais dóceis que as esposas e que se podem renovar à vontade? O aborto e o abandono de crianças assumem proporções espantosas. Uma inscrição do tempo de Trajano dá-nos a conhecer que, de cento e oitenta e um recém-nascidos, cento e setenta e nove são legítimos, e destes, apenas trinta e cinco são meninas, o que prova suficientemente a facilidade com que as pessoas se desembaraçavam das meninas e dos filhos naturais. Quanto ao divórcio, tornou-se tão corrente que já não lhe procuravam sequer qualquer aparência de justificação: bastava o simples desejo de mudança.

Que se poderia opor a estas forças de desagregação? Os Estados têm-se mostrado sempre incapazes de recolocar a moral nas suas verdadeiras bases, depois de a terem deixado definhar. Os dirigentes romanos não estão inteiramente inconscientes do perigo, mas a sua boa vontade mostra-se irrisória perante o conjunto de circunstâncias que arrastam a sua sociedade para a ruína. O exemplo de Augusto é revelador. Multiplicou as leis de intenção altamente moralizadora com o fim de combater o adultério e o divórcio. Quem as tomou a sério? Nem mesmo os da sua família. Aliás, não tinha sido ele que oficializara a preguiça, fundando a prefeitura da Anona[13], encarregada de alimentar gratuitamente o povo? Periodicamente, veremos os imperadores subsequentes reeditarem essas primeiras medidas, o que prova que foram totalmente ineficazes. Os costumes dissolutos de tantos dos seus senhores, a resignação mais ou menos altaneira com que um Cláudio ou um Marco Aurélio suportam as suas desgraças conjugais, esclarecem a plebe sobre o verdadeiro alcance das medidas legislativas.

Nos começos do século III, ao tomar posse do consulado, Dion Cássio há de encontrar, só em Roma, três mil casos de adultério inscritos no respectivo registro. Pode-se dizer que ainda existe crime, quando ele é universal ou quase universal?

Em todos os tempos e em todos os países, a substituição das tendências naturais do homem pela vontade do Estado é sempre um indício de decadência. Um povo está muito doente quando, para viver honestamente e ter filhos, necessita de prêmios ou de regulamentos. "Chegamos a um ponto — dizia já Tito Lívio — em que já não podemos suportar nem os nossos vícios nem os remédios que os poderiam curar". Quatro séculos mais tarde, São Jerônimo escreverá: "São os nossos vícios que tornam os bárbaros tão fortes". Já não estava nas mãos do imperador ou dos seus juristas restituir à sociedade romana as suas sadias raízes. Tornava-se necessária nada menos que uma mudança radical nos próprios fundamentos da moral e nos seus meios de ação sobre a consciência.

Feridas no corpo social

As mesmas causas profundas de ruína que atuam sobre a vida moral observam-se também na ordem social do mundo romano. Por mais poderosa que seja a impressão de equilíbrio e de estabilidade que esse mundo nos oferece, há nele algo de esclerosado e, em certos pontos, uma secreta ferida. Durante os últimos séculos da Antiguidade, a humanidade sofre, cada vez mais conscientemente, daquele mal que sempre destruiu as civilizações: o desaparecimento dos valores sociais. Na medida em que o cristianismo se apresentar como uma doutrina social, esta crise da sociedade pagã terá para ele uma importância considerável e ajudá-lo-á a abrir caminho.

Aqui, como em toda parte, a chave de todo o mal é o dinheiro arvorado em rei. O rapidíssimo enriquecimento resultante das conquistas arrastará consigo um verdadeiro capitalismo, muito diferente do nosso, porque não assenta sobre qualquer empresa industrial, que crie bens proveitosos para o corpo social, mas sobre o açambarcamento do ouro e das terras. Este capitalismo dos *latifundia*, apesar dos protestos periódicos deste ou daquele espírito mais clarividente, atinge proporções inconcebíveis: metade da província da África pertence apenas a seis homens! Os beneficiários dos grandes espólios de guerra e da exploração das terras[14] são, de uma maneira geral, os mesmos. Formou-se, pois, uma classe riquíssima, muito pouco numerosa, que se encontra ligada de perto ao Estado, mas está separada por um abismo das classes mais baixas da sociedade.

Há assim uma grave desproporção entre uma aristocracia entregue aos prazeres e uma enorme massa popular que, dos benefícios da civilização, mal fica com as migalhas. Os historiadores não nos dizem uma só palavra sobre todos esses cidadãos sem recursos, esses pequenos artesãos, esses desempregados, esses *peregrini* cosmopolitas; as alegrias e as penas dos *humiliores* interessam menos do que os feitos e as gestas dos Césares. Mas nós não podemos perder de vista esses humildes, se quisermos compreender o mecanismo da expansão cristã — todos esses cardadores, pisoeiros, cordoeiros e lojistas de toda a espécie, que vivem amontoados em enormes casas de aluguel, de quatro ou cinco andares, cujos quartos não recebem outra luz que a dos corredores que lhes dão acesso. O único interesse das autoridades por esses homens é que eles se conservem tranquilos. Sob o Império, nem mesmo têm direito de voto[15].

A sociedade romana não está apenas desequilibrada; está e estará cada vez mais fossilizada. Vão longe os tempos republicanos em que cada homem livre tinha a sua oportunidade de fazer carreira no *cursus honorum*. Os patriarcas romanos tentam reagir contra os perigos da desagregação social que notam perfeitamente. Mas como? É já um velho erro dos dirigentes de todos os tempos julgarem que uma sociedade se salva endurecendo as suas hierarquias. A crise demagógica em que a República se afundara no embate das ambições rivais, acabando por destruir a ordem democrática, foi substituída na época de Augusto por uma organização compartimentada, que se apoiava sobre o mais detestável dos princípios: a escala do dinheiro.

No cimo estão os senhores, que devem possuir um milhão de sestércios e a quem se reservam os cargos altos e rendosos; são eles que constituem a *nobilitas* hereditária, graças a um decreto de Augusto que estende até a terceira geração as prerrogativas dos senhores, dos *laticlavos*. Depois vêm os cavaleiros, que devem possuir obrigatoriamente uma fortuna de quatrocentos mil sestércios; são também privilegiados, e os muitos postos oficiais, bem como as inúmeras empresas comerciais que detêm, fazem com que estejam associados ao desenvolvimento do Império; a partir de Cláudio, ficam a constituir uma nobreza de segunda categoria. E em baixo, nada, nada a não ser a plebe, o povo humilde, sem riqueza, sem prerrogativas e sem esperanças.

Este sistema rígido, que já se comparou ao *tchin* do czar Pedro, o Grande, pretende atribuir a cada categoria o seu lugar exato no conjunto. Mas falta-lhe aquilo que impede as sociedades humanas de morrerem de esclerose, isto é, certas correntes igualitárias que permitem que as energias e as ambições legítimas conheçam a luz do dia. Os *homens novos*, muitos dos quais tinham feito a glória da República, já não penetram nas altas esferas do Império senão pela força, quando podem. É certo que se citam ascensões excepcionais de pessoas de condição humilde, mesmo de libertos, que chegaram ao topo, mas as circunstâncias que acompanham essas promoções são geralmente tão estranhas ou tão suspeitas que servem mais de escândalo do que de lição.

Há outra situação pior que a da classe popular nas grandes cidades do Império: a dos escravos. É a chaga aberta no flanco do mundo antigo e que hoje causa o maior espanto ao homem moderno — aliás, sem muita razão, porque certas condições da vida atual da classe proletária poderão certamente escandalizar qualquer historiador que escreva daqui a mil anos. Sendo uma necessidade absoluta para um sistema econômico que carecia de máquinas, a escravidão sustentava o regime e, ao mesmo tempo, trabalhava para desagregá-lo. Já vimos que, pelo baixo custo da mão-de-obra que fornecia, a escravidão tendia a arruinar o trabalho livre. Além disso, pela dependência em que colocava alguns seres humanos com relação a outros, levava à crueldade, à injustiça e, se pensarmos nas condições da escravidão feminina, a outras formas de imoralidade. O Alto Império procurou em vão conciliar os dois aspectos contraditórios: por um lado, a necessidade absoluta que tinha de escravos, e por outro, o sentimento cada vez mais nítido de que essa instituição era viciosa na sua origem.

Não há dúvida de que, quando consideramos uma instituição tão vasta como a escravidão, temos de matizar o nosso juízo de modo a não vermos tudo de cor uniformemente negra. A condição servil variava conforme os casos. Há muitas inscrições que nos deixam entrever relações de sincera afeição e de mútua confiança entre senhores e escravos. Quando Sêneca aconselhava a tratar os escravos como "amigos humildes", e Plínio, o Jovem, se dizia arrasado por causa da grave doença de um dos seus servos, as palavras destes homens deviam encontrar eco em muitos corações. Se os escravos rurais — submetidos a administradores muitas vezes ferozes — e, pior ainda, os escravos das minas têm uma existência horrorosa, os do Estado, "da casa de César", são muito menos dignos de lástima, e os que se ocupam em serviços domésticos são geralmente bem tratados. Em certos casos, valia mais a pena ser escravo de um senhor rico e benévolo do que um simples operário pobre. Além disso, havia sempre a esperança da alforria, pelo pagamento do resgate ou por concessão do senhor; uma vez obtida, esta condição colocava imediatamente o liberto — ou ao menos os seus filhos — em situação idêntica à dos homens livres.

Mas, à parte estas exceções, não resta dúvida de que a vida do escravo era dolorosa. Já o era para aqueles que nasciam numa família de condição servil, mas era-o muito mais para os prisioneiros de guerra e para as vítimas dos piratas, que continuavam a ser vendidos nos mercados. A privação de quase todos os direitos civis e religiosos fazia do escravo menos que um homem: uma ferramenta inanimada, uma coisa — *res* —, conforme a velha expressão jurídica latina. E se, incontestavelmente, houve nos primeiros séculos do Império, sob a influência dos filósofos e, mais tarde, do cristianismo, uma corrente que lutava para que o escravo fosse tratado com mais humanidade, houve também outra corrente — que nunca desaparecerá — que por excesso de confiança ou por orgulho aconselhava sempre a usar de dureza e rigor[16].

O que a escravidão revela de forma bem chocante — coisa que, aliás, se pode observar também em qualquer outra área — é a contradição fundamental do próprio sistema da romanidade. O universalismo que o Império proclama como princípio e o orgulho que daí deriva não englobam todos os homens, mas apenas um grupo de privilegiados. A *cidadania do mundo* exclui do seu seio milhões de seres vivos. Entre o homem livre e o escravo, entre o rico e o pobre, entre o civilizado — isto é, o greco-romano — e o bárbaro, erguem-se altas barreiras. A ideia de que, ao perder-se a liberdade, se perde a natureza humana, ou de que, diminuindo a fortuna, se retrocede na escala dos valores oficiais, consagra uma injustiça imensamente mais profunda e mais fundamental do que aquela que caracteriza a nossa época. A ordem imperial baseia-se numa certa definição das hierarquias humanas, mas essa definição é falsa e brutal nos seus próprios fundamentos.

No entanto, seria errôneo dizer que houve no Império Romano dos primeiros séculos qualquer aspiração revolucionária, no sentido que hoje damos a esta expressão. Não é nos termos da moderna dialética que funciona neste período a "lei de bronze". A massa desfavorecida não reage contra a sua situação por meio da revolta, mas antes pelo ceticismo e pelo cinismo político. De tempos a tempos, essa massa apoia algum ambicioso que, para romper as barreiras que se lhe opõem, apela para o proletariado urbano ou militar. É sob a forma de aventuras autoritárias que se manifesta e se manifestará cada vez mais uma certa aspiração dos humilhados por mudanças. Tal é o sentido das profundas palavras de Tácito a propósito da grave crise de 68-69: "Os segredos do Império foram desvendados". É, com efeito, a primeira vez que se revela aos olhos da história o fato de que, entre a injustiça de uma ordem estabelecida e a injustiça da violência, o que está em jogo é o poder.

Mas a massa servil é pouco afetada por este obscuro despertar da consciência. A sua vontade "revolucionária" não passa de algo esporádico e limitado. Em 71 antes da nossa era, o trácio Espártaco sublevara os seus temíveis bandos e fizera frente às legiões durante dois anos; em 24, segundo Tácito, Roma "tremeu perante uma revolta de escravos rurais". Mas a escravidão é ainda uma peça muito decisiva no sistema para que possa ser questionada. Só virá a esboroar-se mil anos mais tarde, quando as aspirações espirituais e os progressos técnicos, em convergência, impuserem e permitirem a sua supressão. Nos quatro primeiros séculos da nossa era, o que vagamente esperam milhões de seres humanos a quem se recusa o nome de homens é apenas que os ensinem a levantar a cabeça.

A revolução da Cruz

Assim se apresenta, nas suas grandes linhas morais e sociais, o Império Romano dos dois primeiros séculos da nossa era. Quando o considerarmos no fim do século IV, terá mudado por completo de fisionomia. Os alicerces da antiga ordem terão desabado, a sociedade terá encontrado outras bases, e essas bases serão cristãs. Novas pessoas terão empunhado as rédeas abandonadas pelos velhos, já esgotados, e essas pessoas serão cristãos. A concepção do mundo segundo as antigas tradições do paganismo greco-latino terá sido renegada em grande medida, e o que dela restar não poderá sobreviver senão transubstanciado e transfigurado pela concepção do mundo segundo o Evangelho. Mudança dos alicerces da ordem, substituição de uns dirigentes por outros, renovação da *weltanschauung*, da visão do mundo — tais são as três características que definem uma revolução.

Aqui está, aos olhos da história, o fenômeno capital dos quatro primeiros séculos da nossa era, aquilo a que podemos dar com toda a justiça o nome de *revolução da Cruz*. É desnecessário dizer que essa expressão poderia prestar-se a equívocos se não lhe fixássemos os verdadeiros limites. O cristianismo não é em si uma "força revolucionária", no sentido político-social que hoje se dá ao termo. Não é nem uma doutrina social nem uma doutrina política. Não é tampouco uma moral segundo os termos da filosofia antiga, isto é, a sua moral não é um fim em si, mas uma consequência, na vida mortal, de princípios que transcendem essa mesma vida[17]. O cristianismo não é nada mais e nada menos do que a Revelação da Verdade eterna e total, por meio dos ensinamentos, do exemplo, da morte e da ressurreição de Jesus, Deus feito homem. Mas, ao mesmo tempo, simplesmente porque Jesus é "o Caminho, a Verdade e a Vida", faz desabar ao seu contato tudo aquilo que no mundo da época é erro, fingimento e matéria morta. Tal é o significado decisivo da revolução da Cruz.

É uma experiência histórica constante que toda a revolução, para se traduzir em fatos, tem necessidade simultaneamente de três elementos fundamentais: uma *situação* revolucionária, uma *doutrina* revolucionária e um *corpo* de revolucionários. Na idade de ouro do Império, não parecia que as aparências fossem propícias a uma revolução, mas "uma situação revolucionária não é forçosamente uma situação em que a revolução esteja a ponto de rebentar ou de triunfar. Implica apenas que se passem a questionar — de forma mais ou menos explícita — os elementos sociais e morais segundo os quais se está acostumado a viver, que se ultrapassem os antigos valores e se alterem as relações de força que constituem a fisionomia particular de uma sociedade em determinado momento da história"[18]. Era precisamente o caso do Império, nos tempos gloriosos dos Césares, dos Flávios e dos Antoninos; mas, quanto mais se avançar no tempo, mais firmemente se estabelecerá a conexão entre a situação revolucionária e o desejo profundo da revolução.

O cristianismo vai também propor ao mundo antigo a doutrina revolucionária porque, sobre todos os pontos essenciais em que a consciência humana se poderia interrogar e em que a sociedade devia sentir abrirem-se brechas dentro de si, o Evangelho lhe oferecia respostas e soluções válidas. O regresso às energias vitais, que uma transformação profunda e inevitável do seu ser interditava ao romano civilizado, estava assegurado ao cristão pelo "novo nascimento", isto é, pelo Batismo.

Onde as medidas legislativas dos imperadores serão mal-sucedidas nos seus esforços por restabelecer as bases da moral sexual e familiar, mostrar-se-á eficaz o apelo evangélico à pureza, e a crise do casamento e da natalidade será rapidamente resolvida. A moral cristã do trabalho, situando-o sob as perspectivas novas de uma santificação pessoal, destruirá pela raiz a preguiça e a ociosidade de que morre a sociedade antiga[19], ao mesmo tempo que as terríveis palavras de Cristo contra as injustiças da riqueza e contra os abusos de *Mammon* serão suficientes para afastar os cristãos da paixão pelo ouro que é o vírus do mundo pagão. Ao falso universalismo romano, tão limitado no que diz respeito ao número dos seus beneficiários, vai opor-se o verdadeiro universalismo evangélico, para o qual não há "nem gregos nem judeus", nem escravos nem livres, nem ricos nem pobres, mas somente irmãos em Jesus Cristo. Uma sociedade cristalizada nas suas hierarquias e privilégios de casta verá surgir uma outra sociedade absolutamente igualitária, em que o mais humilde dos fiéis poderá, pelas suas virtudes, erguer-se até os mais altos postos da hierarquia episcopal. Quando enfim, pelo processo fatal de todas as sociedades em declínio, o Império envelhecido esmagar cada vez mais a pessoa humana sob o peso de uma estatização opressiva, será o cristianismo que, fundado por inteiro sobre os direitos e deveres da consciência, aparecerá como campeão da liberdade e do homem.

A doutrina cristã é, pois, uma doutrina revolucionária no sentido mais evidente do termo; acrescentemos ainda que é uma doutrina completamente voltada para a ação. Com efeito, havia no mundo antigo outras doutrinas que ofereciam juízos tão lúcidos como os dos cristãos sobre a vida e sobre os homens; está neste caso, por exemplo, o estoicismo, que tanta voga teve entre os melhores espíritos do Alto Império. Mas a lição desses sábios desemboca numa espécie de recusa da vida, de tácita desistência. O que Sêneca deseja é "conservar-se em repouso, entregue a si mesmo", e o que Epiteto aconselha é que "não se tenha necessidade de ninguém e se fuja de qualquer companhia". Do alto do trono imperial, que lhe reclama ação, Marco Aurélio pensa com nostalgia "naquele retiro mais pacífico e livre de cuidados que se encontra no fundo da alma". Como estamos longe da lição incessantemente repetida por Jesus, ao dizer que ninguém salvará a sua alma se não se der aos outros, que a caridade é o ato humano por excelência e que é preciso estar presente no mundo para se estar verdadeiramente presente em si mesmo! Portanto, o cristianismo não somente se manifestava como doutrina revolucionária, mas trazia em si uma incomparável reserva de energia para despertar os homens que pusessem em prática os seus princípios e valores.

Eis agora o terceiro elemento fundamental: o cristianismo possuirá um exército revolucionário, isto é, homens resolvidos a fazer triunfar a sua causa e que não terão na vida outro fim a não ser exclusivamente esse. Sociedade autônoma e completa, quase um Estado dentro do Estado, com o seu sistema de governo, a sua hierarquia, a sua organização e a sua disciplina, a Igreja entra na sociedade antiga segundo uma dialética extraordinariamente eficaz, que lhe permitirá não só utilizar para os seus fins as condições que o Império lhe oferece, como ainda instalar-se no ambiente romano sem jamais se desviar do seu caminho nem deixar-se contaminar na sua alma. Situar-se-á nesse mundo em decomposição sem a ele pertencer de maneira alguma. Para atuar dentro da sociedade, o homem deve ter aceitado um certo desprendimento e uma certa ruptura: assim o ensinara Cristo aos seus discípulos.

Mas Jesus ainda lhes ensinou outra coisa: a moral do heroísmo, aquela que exige que o homem se imole antecipadamente pela causa e não conte com a sua vida para nada. O "exército revolucionário" dos primeiros cristãos será o da imensa multidão dos mártires, nos quais o espírito de sacrifício atingirá tais cumes que muitas vezes a humanidade não os poderá compreender, e que esperarão a morte pela espada do carrasco ou pelas feras para poderem afirmar a sua fé. E o sentido último do seu sacrifício, o sentido propriamente revolucionário, será esse que se condensa numa frase de Carlyle: "O caráter de todo o herói, em qualquer tempo ou lugar, em qualquer situação, é voltar-se para a realidade, apoiar-se nas coisas e não nas aparências das coisas". Nos primeiros séculos da nossa era, a realidade já não é o mundo antigo, de aspecto faustoso mas com as raízes apodrecidas: é o mundo novo que quer nascer e do qual os cristãos serão os arautos.

Tais são os elementos que, no plano histórico e sociológico, definem a revolução da Cruz. Mas é aqui que passa a ser necessário estabelecer limites na comparação com outras revoluções através dos séculos; e, sublinhando uma diferença essencial, fazer ver até que ponto o exame das causas é incapaz de explicar totalmente o triunfo da Igreja, que procede de um mistério incontestável.

Para triunfar, todas as revoluções que a história estuda lançaram mão da violência e da astúcia e, mesmo quando os seus militantes testemunhavam pessoalmente raras virtudes de fraternidade e abnegação, as forças que eles punham em jogo revelavam os mais sombrios impulsos da consciência, o ressentimento e a inveja. "Não se chega a parte alguma sem a grande alavanca do ódio", dizia Proudhon. A revolução da Cruz é a única que, tanto nas suas intenções como nos seus métodos, apela sempre para aquilo que há de mais contrário às tendências do homem, e que nunca utiliza para os seus fins as cumplicidades secretas do instinto e do coração. Amar os inimigos, perdoar as ofensas, humilhar-se, renunciar a si próprio — que outro exemplo se conhece de um mundo que se tenha renovado em nome de tais princípios? Em que outro caso se sabe de uma vitória política alcançada apenas com as armas da verdade e da justiça? O mistério é tão profundo — não é, aliás, o mesmo? — como o do Messias que "vence o mundo" ao dispor-se a morrer numa cruz.

Não será, pois, pelos meios ordinários das revoluções políticas e sociais que o cristianismo irá entrar no mundo. As mudanças na ordem estabelecida, a renovação das elites e a reviravolta nas doutrinas serão meras consequências. E como revolução religiosa que o cristianismo, em última análise, se apresentará — e triunfará.

Conformismo religioso e inquietação mística

Protagonistas de uma fé, portadores de novos dogmas, qual é a situação religiosa que os cristãos irão encontrar no mundo romano? Aquilo que, em última análise, mata as civilizações é o esgotamento da sua seiva religiosa, o desacordo que se estabelece entre as aspirações profundas da alma humana e os condicionalismos em que as sociedades pretendem aprisioná-la. Se a religião romana estivesse solidamente estabelecida sobre as suas bases, se tivesse feito corpo com a própria consciência do Império, poucas possibilidades teria havido de introduzir nesse meio uma nova fé. Mas as brechas tinham-se multiplicado.

Nos dois primeiros séculos, a vida religiosa romana apresenta aspectos muito contraditórios. Considerando apenas o exterior, pode parecer que toda a existência do cidadão estava impregnada de religião. As cerimônias que assinalavam as diversas fases do ano e da vida, as orações que marcavam as diferentes partes do dia, todo esse conjunto de ritos, prescrições e proibições que o costume impunha, eram coisas que o mais cético dos romanos jamais pensaria em pôr de parte. A própria ideia daquilo que hoje se denomina *laicismo* não tem qualquer raiz na alma antiga; é preciso não esquecer nunca que a religião tradicional não passava de uma forma sacra de se pertencer à cidade, isto é, de inserir-se nos fundamentos da sociedade. Os sacerdotes são magistrados, e com toda a naturalidade as grandes personagens que percorrem o *cursus honorum* disputam e usam títulos de caráter sacerdotal, como os de flâmines ou áugures, mesmo que não creiam na realidade religiosa inerente a essas funções.

Que representa esta armadura de crenças como força real? É bastante difícil determiná-lo e, sem dúvida, deve-se distinguir entre os elementos superiores da sociedade e as camadas populares, cujas reações são muito diferentes. Tanto para uns como para outros, porém, a antiga religião deixou de existir em estado puro. Desde há mais de quatro séculos, essa religião perdeu as suas características para absorver as que a Grécia lhe oferecia, e as identificações clássicas permitirão dotar o Panteão romano de uma mitologia que os latinos, pouco imaginativos, seriam incapazes de inventar.

Entre os dirigentes e as pessoas cultas, essas fábulas não encontram crédito algum. Cláudio Pulcro, ao atirar à água os frangos sagrados para os impedir de vaticinar uma desgraça, bem como Marcelo, ao correr com um sorriso as cortinas da sua liteira para não ver os presságios, estão na mesma linha daquela grande dama de que nos fala Plínio, o Jovem, que declarava que Júpiter lhe importava "tanto quanto um macaco". O racionalismo helênico tinha habituado os espíritos cultivados a rejeitar as narrativas incríveis, muitas vezes imorais, da mitologia grega, e Juvenal traduz certamente uma opinião corrente quando escreve: "Nem as crianças acreditam que haja manes, um reino subterrâneo, rãs negras no Estige, e um barqueiro armado de um arpão, que transporta numa só barca milhões de homens".

Em que medida esta incredulidade penetrou nas camadas populares? Parece que os velhos ritos religiosos, aqueles que restavam do mais antigo fundo autóctone, tinham ainda e continuariam a ter por um longo período raízes muito vivas: o culto dos *lares* e dos *penates*, por exemplo, subsistirá até que um decreto de Teodósio o proíba expressamente no século IV, quando o Império se tornar cristão. A *Didascália*, texto cristão do século III, faz com que os cristãos se envergonhem da sua negligência, em comparação com o zelo dos pagãos pelos seus deuses. São numerosas as provas de uma fé real do povo humilde nas divindades estreitamente ligadas ao solo e aos poderes da natureza. Um culto como o da velha divindade Anna Perenna, do Tibre — que, para as classes superiores céticas, não é senão um pretexto para embebedar-se (como acontece entre nós nas festas da passagem de ano) —, inscreve-se para o trabalhador itálico nas mesmas perspectivas que o camponês dos nossos dias adota tão facilmente e em que se combinam a fé verdadeira e a superstição.

Esta amálgama de crença e ceticismo encontra-se perfeitamente retratada no *Octavius*, texto cristão de fins do século II, em que o autor, Minúcio Félix, procura captar o pensamento de um verdadeiro romano: "Já que não sabemos nada do divino nem da Providência, e a Fortuna é incerta, não será preferível, na nossa ignorância da verdade, atermo-nos à educação tradicional, honrar os deuses dos nossos pais, esses deuses que, desde a infância, fomos habituados a olhar com sentimentos de temor e adoração, mais do que com excessiva familiaridade?" Reconhecer a existência de um princípio divino, de um *deus* que, aos olhos de alguns, é o poder panteísta dos estoicos e, para outros, qualquer coisa mais inapreensível ainda, mas que convém honrar por meio de ritos e sob aspectos que pertencem à mais sólida tradição — tal é a atitude geralmente admitida em toda a sociedade imperial.

Foi, de resto, sobre esse sentimento que Augusto baseou a tentativa de restauração religiosa com que quis completar a sua grande obra de reconstrução política. Refazendo os templos, tornando a erguer os altares, restabelecendo as funções dos flâmines de Júpiter, suspensas há setenta e cinco anos, retomando com um fausto extraordinário a celebração dos "jogos seculares", que se propunham comemorar a fundação divina da cidade, Augusto procurou reforçar com tradições veneráveis os alicerces do seu poder. Todos os seus sucessores continuarão a trabalhar em sentido análogo, quer tentando restaurar e rebocar o velho edifício em que Roma crescera, quer procurando rejuvenescê-la mediante elementos novos — todos, porém, em função das suas pretensões absolutistas e da sua própria glorificação.

É evidente que estas práticas oficiais e estes ritos populares não podiam satisfazer de maneira alguma aqueles que buscavam verdadeiramente a Deus e queriam achar um sentido para a vida. E esses eram cada vez mais numerosos. Nada mais falso do que imaginar que, no momento em que o cristianismo vai aparecer, a alma religiosa do Alto Império está mirrada pelo ceticismo, esclerosada pelo formalismo oficial ou degradada pela superstição. Estes elementos de decadência existem (e o último progride a olhos vistos), mas são compensados por uma atividade espiritual frequentemente intensa e por uma profunda aspiração mística que se observa em muitas classes da sociedade.

Ainda neste caso, foi do Leste que proveio esse contributo, como consequência da conquista. Foram os filósofos gregos e os homens cultos do Oriente que semearam a inquietação metafísica no velho romano pragmático, dominado nas suas relações com os deuses por minuciosos cálculos de sacrifícios e de serviços. A Ásia, matriz das religiões, gerou no mundo romano uma vida espiritual superior. Os conservadores resmungões, como Juvenal, clamavam irritados: "O Orontes veio desaguar no Tibre!"; mas a transformação da alma romana já era então um fato. Os mesmos homens que vemos presidir gravemente, como magistrados do Império, a cultos em que já não acreditam, reservam a sua verdadeira fé para divindades vindas da Síria ou do Egito, celebram de alma extasiada os mistérios de Orfeu ou de Dionísio, ou procuram compreender o mundo através dos postulados do pensamento grego. E há ainda outro sinal da profunda brecha que se abre na alma do Império: Roma não começou a ter uma verdadeira vida religiosa, no sentido que damos a este termo, senão no momento em que a sua religião oficial deixou de ter influência sobre as almas.

Os intelectuais voltam-se para a filosofia helênica para ver se nela encontram resposta para os grandes problemas. Quando um homem culto do Alto Império se interroga sobre Deus, fá-lo mais ou menos nestes termos: será Deus o organizador perfeito, a ideia abstrata do Bem, o inteligível em estado puro, como ensina Platão? Será o primeiro motor, o agente necessário, a atividade imutável e perfeita de que fala Aristóteles? Não será simplesmente a fria harmonia com que se contentam os discípulos de Epicuro, a representação da ordem e da beleza, ou, segundo a doutrina estoica, a sabedoria anônima e o princípio panteísta que o mundo parece pressupor? Todas estas correntes de pensamento subsistirão ao longo dos primeiros séculos, sob a forma de neoplatonismo, de renovação aristotélica ou de neo-estoicismo, isto é, perdendo uma parcela maior ou menor da sua fecundidade e da sua pureza nativas; não penetram, porém, senão em meios muito limitados.

Mas sucede de outro modo com os cultos orientais, que já há muito tinham invadido a consciência romana e possuíam adeptos em todos os meios. Em 204 antes da nossa era, em plena Guerra Púnica, a fim de implorar uma ajuda celeste contra Aníbal, Roma mandara vir da Frígia a *Grande Mãe* e, sob a forma da pedra negra de Pessimonte, instalara-a no Palatino. Como, dois anos mais tarde, Cipião vencia o inimigo em Zama, o sucesso granjeou para a deusa o direito de cidadania e, daí por diante, viram-se na cidade cortejos de *galas*, com vestes variegadas e barretes frígios de cor vermelha, que escoltavam o jovem pinheiro Átis, choravam a sua morte com gritos ritmados e lançavam violetas sobre o seu leito.

Depois, no decorrer do século I, foi a vez de o Egito oferecer a Roma os seus deuses e os seus assessores; Ísis, a deusa boa, consoladora, contou logo com milhares de adoradores, sempre pontuais em celebrar as festas da "navegação da dama", em 5 de março, ou em comemorar no outono o drama simbólico em que a "esposa divina" procurava e encontrava de novo, para lhe restituir a vida, o corpo de Osíris despedaçado por Set. E quantas outras destas divindades, em que o Oriente era tão fecundo, não vieram a seguir! A Astarte fenícia, a Afrodite síria, a "dama das feras" da Anatólia, o Adônis morto e ressuscitado de Biblos, o formoso Tamuz, que era invocado de braços levantados...

A maré mística continuará a subir ao longo dos primeiros séculos: Baal de Comagena, Malagbel de Palmira, Dusáris, deus árabe..., não há nenhuma personagem celeste que Roma tenha encontrado no seu caminho e não tenha adotado em maior ou menor medida. Pouco antes da nossa era, vindo dos planaltos da Pérsia e descoberto no Oriente pelos exércitos, Mitra inaugura a sua fulminante carreira, tomando pé na Mesopotâmia e na Capadócia, e depois, muito rapidamente, nas províncias ocidentais. Nero far-se-á iniciar no seu culto por intermédio do rei da Armênia. E, no fim do século II, a formidável vaga mitraítica começará a espraiar-se por todo o

Império e levará milhares de romanos a não alimentar outra esperança fora a que lhes vem do sangue do touro.

Uma vez assentados no Ocidente, todos estes cultos assumem um caráter quase padronizado, que vão buscar a alguns dos seus templos de origem; organizam-se sob a forma de *mistérios*, isto é, em vez de se apresentarem abertos a todos e em plano de igualdade entre si, conforme as leis e os costumes da cidade, fecham-se sobre si mesmos, tornam-se exclusivos e impõem uma iniciação aos seus adeptos. Já na Grécia, ao lado da religião oficial, existiam os mistérios de Elêusis, que tinham adeptos até em Roma, bem como os mistérios de Dionísio-Baco, que certas depravações escabrosas tinham tornado bastante atraentes. A velha tradição de Orfeu, rica em mitos, mergulhava fundo nos arcanos do conhecimento, impregnava muitos destes esoterismos e dava-lhes ressonâncias sublimes.

De todos estes elementos complexos e em constante movimento, que resulta definitivamente? Que representa esta aspiração religiosa com tantos aspectos que nos desnorteiam? E difícil emitir um juízo equitativo: era certamente impura a vaga que revolvia na consciência do Império as esperanças e angústias mais nobres, ao lado das mais abjetas aberrações. Mas interpretar essa corrente mística através dos escândalos das "Bacanais", dos ritos castradores dos *galas*, da prostituição sagrada das servas de Astarte, ou mesmo das danças desvairadas e dos cantos, seria, sem dúvida, falsear as perspectivas. O melhor destas doutrinas que, aliás, tinham sido mais ou menos passadas pelo duplo crivo da crítica grega e do bom senso latino, apresentava elementos de grandeza.

Aspirações a uma religião mais íntima, esforço ascético em busca da pureza moral, procura inquieta de uma união pessoal com o divino, tudo isso era um ideal eminentemente nobre que muitas almas alimentavam com sinceridade.

A propósito dos mistérios de Elêusis, Cícero dissera que "traziam a alegria de viver e permitiam morrer com uma bela esperança", e era isso, de uma maneira geral, o que a maior parte das pessoas procurava numa ou noutra forma de religião oriental. A *salus* já não era concebida na acepção terra-a-terra da antiga Roma, isto é, como um sadio equilíbrio da vida presente, mas como a promessa de uma libertação espiritual e de uma felicidade eterna; e era isso o que o melhor da alma antiga desejava, no momento em que o Evangelho entra em cena.

Facilidades e obstáculos para o Evangelho

Nos primeiros tempos da nossa era, o terreno religioso apresenta-se, pois, sob muitos aspectos, propício para a semeadura da nova fé. Se, materialmente, o Império Romano abriu estradas e fixou o âmbito em que o Evangelho havia de espalhar-se, talvez se possa dizer que, espiritualmente, toda a Antiguidade foi uma gigantesca preparação. A corrente ascendente que, partindo dos cultos primitivos totêmicos e mágicos, fora elevando a alma humana até as proximidades de Deus, o esforço realizado por tantas consciências retas e inteligências geniais para depurar a religião e aprimorar as suas exigências, o desejo cada vez mais vivo de uma participação do ser mortal na eternidade divina, todas essas tentativas e aproximações que, desde Akhenaton até Zoroastro e Platão, absorvem gerações inteiras, dão-nos a impressão tocante de uma pesquisa obstinada, às apalpadelas, e de uma marcha progressiva em direção ao portal das trevas. A voga das religiões asiáticas e dos mistérios não fez senão acrescentar mais um elemento a uma soma enorme de paciências, mas é também um pressentimento de esperança. Voltado para o

Oriente, o mundo parece agora saber confusamente que a luz vai nascer. E, de fato, nasce a luz, "a verdadeira Luz que, vindo ao mundo, ilumina todo o homem" (Jo 1, 9). O apelo multimilenar fora ouvido.

O cristianismo veio trazer uma satisfação decisiva a tudo o que a humanidade vinha desejando havia séculos de forma mais ou menos consciente. E é precisamente porque aparece desde o início como uma síntese de elementos que parecem contraditórios — a própria síntese da vida —, que satisfaz ao mesmo tempo um sem número de esperanças diversas. A que complexo de aspirações desconexas chegara a reflexão religiosa da humanidade?

Conhecer um Deus universal que, para além das imagens do politeísmo, seja a causa essencial e a própria ordem do mundo, um Deus de quem tudo dependa e por quem tudo viva; considerar a imagem divina, não através de abstrações e de sistemas, mas no rosto de um ser que cada um possa amar e em quem possa até reconhecer-se; encontrar formuladas, para as questões fundamentais que se referem ao homem, à vida, à morte, ao destino e ao tempo, respostas perfeitamente claras e positivas — é a estes apelos profundos da alma que o Evangelho responde; e a teologia cristã da Encarnação, da Redenção e da Trindade, desenvolvendo-se pouco a pouco sobre as bases inabaláveis da Revelação, satisfará uma expectativa disseminada desde sempre no coração das sociedades.

Aos discípulos das religiões de mistérios, o cristianismo propõe-lhes coisa melhor do que aquilo que possuíam; ao mesmo tempo, porém, o seu caráter universalista faz com que escapem do perigo do exclusivismo sectário. Aos partidários da razão apresenta-se com a própria lógica da evidência, e às consciências místicas ensina o caminho da alma para o inefável e o meio de se unirem ao divino. Tudo aquilo que, no decorrer dos séculos, representava uma exigência religiosa está agora patente, mas desembaraçado de toda a contaminação impura. Como parecem limitadas as crenças antigas, e risíveis as suas práticas, perante os ensinamentos de Jesus Messias! Porque, em última análise, é a pessoa do Deus vivo, na sua maravilhosa pureza, na sua simplicidade ímpar, que faz de todos esses dados opostos um único feixe espiritual e o revela aos homens pelo seu exemplo, pelos seus ensinamentos, pela sua morte e pela sua ressurreição[20].

Um terreno preparado e uma imensa expectativa, eis o que temos de considerar para compreender a vitória da revolução da Cruz, tanto no plano espiritual como em todos os outros. Mas também neste ponto não devemos ir demasiado longe, no sentido de uma explicação determinista desse êxito. Em primeiro lugar, porque a indubitável preparação religiosa que se observa no mundo antigo não basta para explicar o "fato cristão".

No decurso dos primeiros séculos da nossa era, assistir-se-á a uma vasta tentativa, estritamente humana, de encontrar resposta para todas as perguntas que a alma formulava a si própria, indo buscar nas diversas religiões estes e aqueles elementos para associá-los num todo. E o que se denominará *sincretismo*, fenômeno que terá grande importância no século III. Artificialmente concebido, porém, o sincretismo não vingará, e os seus dogmas não sairão do estreito âmbito das especulações de escola — não se tornarão vida e fé.

"O cristianismo não é um sincretismo, mas uma síntese, uma síntese que jamais se poderá fazer sem a ação de um elemento *absolutamente novo*, de um conhecimento que não é uma *resultante* dos sistemas religiosos anteriores. Essa síntese foi apresentada à inteligência humana vinda de fora, do Alto; foi um fato independente, na sua existência, do pensamento da humanidade, e transcendeu mil vezes a concentração e a projeção que ela poderia ter feito dos seus sonhos confusos sobre um fato puramente humano e reclamado como uma necessidade pelo determinismo histórico. A humanidade não trazia Deus nas suas entranhas; não foi ela que gerou para a divindade Jesus de Nazaré"[21].

Portanto, se na ordem teológica a fermentação religiosa dos primeiros séculos não explica o triunfo do Evangelho, também não se mostra inteiramente favorável à sua difusão num plano mais pragmático. Revigorando o paganismo, as religiões orientais ofereceram ao mundo antigo uma arma espiritual contra o cristianismo, e ele saberá servir-se dela. O esforço da propaganda mitraítica, e depois o do sincretismo, concentrar-se-á em combater o Evangelho no seu próprio terreno. No século IV, quando a balança já se tiver inclinado a favor da Cruz, Juliano, o Apóstata, tentará desesperadamente reunir todas as energias e todos os cultos para fazer frente ao único adversário. Os esforços religiosos realizados pela humanidade não lhe tinham desvendado senão verdades parciais, e o papel das meias verdades é servir, em certo sentido, a verdade completa, mas opondo-lhe ao mesmo tempo a mais insidiosa resistência.

Tanto mais que o cristianismo, pela sua própria natureza, não poderá compor-se com as diversas formas de crença em voga, como o fizeram as outras religiões orientais, nem insinuar-se entre elas para fazer o seu jogo. Quando o *Imperium* viu a sua consciência invadida pelas religiões orientais, a sua reação esteve muito longe de ser uma recusa sistemática. Com muita frequência, foram os próprios poderes oficiais que introduziram em Roma os novos deuses. É verdade que houve algumas resistências: a dos "velhos romanos", firmemente apegados às tradições dos seus ancestrais; a dos moralistas, que olhavam com suspeita os ritos depravados de alguns desses cultos; e por vezes a de alguns políticos, que temiam o desequilíbrio moral que a invasão oriental poderia provocar. Augusto, vencedor de Cleópatra, enxotou, por exemplo, a egípcia Ísis para fora das muralhas da cidade.

Mas semelhantes medidas foram, no seu conjunto, muito raras e, por outro lado, ineficazes. O que Tácito diz dos adivinhos caldeus e outros charlatães, "a quem expulsavam com uma das mãos e seguravam com a outra", poderá dizer-se com mais razão das religiões orientais. Muitos imperadores serão seus adeptos e até seus sacerdotes. Não considerarão essas divindades exóticas, aclimatadas em Roma, senão como outras tantas aliadas, com quem se podem entender para estabelecer politicamente as bases espirituais do poder.

Mas não será possível conduzir-se da mesma forma com o cristianismo, ainda que certos imperadores alimentem essa esperança. O cristianismo recusa-se a ser confundido com os cultos trazidos da Ásia. Mesmo naquilo em que poderia haver traços de semelhança, procura diferenciar-se. O seu Deus destrói os deuses e não se mistura com o bando que os cerca, e isto será suficiente para incitar a consciência romana a uma resistência contra o intruso. Quando os magistrados romanos acusarem os cristãos de impiedade e blasfêmia, terão toda a razão do seu ponto de vista: entre o monoteísmo estrito e o panteísmo, não há qualquer plataforma de entendimento possível. E, quanto mais o panteísmo proliferar, como aconteceu nos primeiros séculos, mais se mostrará substancialmente hostil à religião do Deus único. Na mesma medida em que for favorável à expansão cristã, a fermentação religiosa será também um obstáculo; tornamos a encontrar aqui a lei dialética que exigirá dos cristãos um caudal enorme de sacrifícios e lutas para poderem vencer.

E neste ponto voltamos a observar a mesma oposição fundamental que já tínhamos verificado no plano político: o culto de "Roma e Augusto" chama a si e polariza, sob a aparência de um simples lealismo, boa parte da corrente mística que alimentava a alma do tempo. A idolatria imperial apoia-se numa concepção panteísta do universo: uma vez arruinada esta, aquela desabará fatalmente. Os fiéis de Ísis ou de Mitra podiam ser monarquistas no mesmo sentido em que os "senhores do mundo" entendiam a monarquia, e é por isso que, no fim das contas, o Império lhes será propício. Mas entre o poder baseado no direito divino, tal como ele se ia definindo e reforçando de dinastia em dinastia, e os homens que lhe recusavam essas bases, não havia qualquer termo de conciliação possível. A única conclusão lógica era a oposição.

Nascimento da oposição

A revolução da Cruz começou verdadeiramente no dia em que Jesus pronunciou as famosas palavras: "O meu Reino não é deste mundo", e quando os homens que o seguiam preferiram "o Reino que não é deste mundo" às coisas e ao poder da terra. Pouco importa que César reine em Roma; o verdadeiro Mestre está em outro lugar, lá onde está sentado ao lado do Pai, na eternidade de Deus. A oposição era tão decisiva e tão essencial quanto possível; mas não se manifestou de imediato. É uma evidência histórica: tal como os indivíduos, as sociedades não percebem no começo os germes mortais que nelas hão de proliferar.

Nos seus primeiros tempos, como já vimos, o Império ignora os cristãos; Juliano, o Apóstata, observará o fato com precisão. A vida, a doutrina e o drama de Jesus passaram completamente despercebidos aos contemporâneos. A pregação apostólica não devia suscitar mais interesse em Roma do que suscitaria hoje na Europa ocidental a obscura propaganda de uns agitadores religiosos indígenas em Madagascar ou no Ceilão. Será preciso esperar pelo ano 112 para que um texto oficial — a carta de Plínio, o Jovem, a Trajano — fale dos cristãos, e pelo ano 116 para que Tácito, ao escrever os seus *Anais*, lhes consagre alguns parágrafos.

A princípio, os cristãos, quando se fala deles, são frequentemente confundidos com os membros das comunidades judaicas entre os quais se haviam estabelecido[22] e onde, por vezes, provocavam agitações; e se a polícia de Nero, em Roma, parece tê-los identificado, o mesmo não aconteceu por toda parte. De resto, mesmo quando reconhecidos, de início não são considerados senão como mais uma seita oriental, no mesmo plano dos adoradores de Astarte ou dos mágicos caldeus. O Império, enquanto poder estabelecido, não percebe a diferença que separa os cristãos dos outros iniciados nos mistérios asiáticos, nem compreende a ameaça radical que paira sobre os seus princípios.

Por sua vez, os cristãos não se apercebem melhor da situação. Consideram-se súditos absolutamente fiéis e comportam-se como tais. "Dai a César o que é de César e a Deus o que é de Deus". Este preceito de Cristo fundava doutrinalmente o lealismo cristão, de que há numerosas provas. Vimos que, na *Epístola aos Romanos*, São Paulo ordena expressamente: "Cada qual seja submisso às autoridades constituídas. Porque não há autoridade que não venha de Deus" (Rm 13, 1). E na *Epístola a Timóteo* insiste em que se ore pelos reis e por todos "os que estão constituídos em autoridade, para que possamos viver uma vida calma e tranquila, com toda a piedade e honestidade" (1 Tm 2, 2). São Pedro, escrevendo nos dias seguintes aos da perseguição de Nero, em 64, também aconselha a submissão: manda calar os insensatos que instigam à revolta e quer que se respeite o soberano. Alguns anos mais tarde,

São Clemente Romano redigirá uma nobre oração a favor dos imperadores e daqueles que governam a terra; e serão esses mesmos protestos de obediência e fidelidade que iremos encontrar em toda a literatura apologética, em Aristides e em São Justino, por exemplo, e até no impetuoso Tertuliano, que exclamará: "Nunca houve entre os cristãos um revoltado, um conspirador ou um assassino". Atitude perfeitamente lógica porque, com efeito, não é no plano da ação direta que se situa a oposição do cristianismo ao Império.

Mas, nem por colocar-se acima da política o cristianismo escapará de ter de enfrentar a oposição. Foi a massa popular que, antes das autoridades, ganhou consciência dessa fatalidade, e foram a sua maldade e, nalgumas ocasiões, os interesses sórdidos de uma ou outra negociata que lhe abriram os olhos. O instinto que incita as massas anônimas ao ódio contra os não-conformistas — e especialmente contra os homens do Espírito — desempenhou neste caso, como sempre, o seu papel de polícia. Para que alguns se mostrassem hostis aos cristãos, bastava, sem dúvida, que o comércio de animais destinados aos sacrifícios ou de estatuetas de ídolos fosse afetado pela nova propaganda. A isto se juntavam, como veremos, os mil e um boatos infames sobre sacrifícios humanos ou sobre orgias secretas. Mas o que essa multidão pagã sentia, no fundo da sua consciência, era que a nova doutrina iria exigir dela uma dramática transformação de alto a baixo. Ela odiava na "nova raça" aquilo que a iria suplantar.

Arrastados pela *vox populi*, os poderes públicos veem-se obrigados a entrar em ação. Em muitos casos não o farão, pelo menos nos começos, senão com extrema reserva e verdadeira moderação. Trajano dará a Plínio, seu procônsul na Bitínia, instruções muito prudentes. Durante bastante tempo, os funcionários imperiais adotarão uma atitude de indulgência cética e desdenhosa; e, quando se tratar apenas de termos confusos como "Filho de Deus" ou "Rei Supremo", fingirão não reconhecer os cristãos como culpados de lesa-majestade. Mas, à medida que o Império progredir no sentido do autoritarismo e da centralização absolutista — dir-se-ia totalitarismo —, tornar-se-á cada vez mais consciente do abismo que separa os cristãos do conformismo oficial e reconhecerá neles os seus inimigos. Esta evolução tornar-se-á muito nítida a partir do século II, e poderemos então verificar que os grandes perseguidores dos cristãos serão precisamente os melhores soberanos — aqueles que mais lucidamente compreenderam as exigências da sua missão e as necessidades profundas do regime.

Da mesma maneira, ir-se-á avolumando na Igreja nascente a consciência de uma diferença fundamental: assim como, nos seus primeiros trinta anos, tinha tido que distinguir-se do judaísmo para poder viver a sua própria vida, assim também tinha agora de se considerar à margem do próprio quadro do Império em que se desenvolvia. E consegue-o pondo em prática muito simplesmente o princípio evangélico do "Reino que não é deste mundo". Por volta do ano 110, o autor da *Carta a Diogneto* encontrará esta fórmula admirável para definir a oposição dos cristãos: "Os cristãos habitam a terra, mas como se apenas passassem por ela. Não há qualquer região estrangeira que não seja para eles uma pátria, como não há qualquer pátria que não lhes seja estrangeira". E um pouco mais tarde Tertuliano escreverá mais rudemente: "Para nós, cristãos, nada é tão estrangeiro como a República. Nós não reconhecemos senão uma república — a de todos os homens, o universo".

Assim determinada, esta oposição espiritual levará os cristãos a modificarem toda a sua atitude. Ao lealismo misturar-se-á a esperança, saída do mais profundo da nova consciência, de ver desaparecer o ilusório domínio da terra e de instaurar-se — *hic et nunc* — o Reino de Deus. Assim, no *Apocalipse*, Roma, essa Roma que São Paulo tanto havia respeitado, é descrita como a mulher assentada sobre a Besta, a mãe das prostitutas, a abominação sangrenta que um dia — próximo, como deseja — o mundo verá desaparecer, quando os sete anjos fizerem soar a trombeta. Da mesma forma, no *Apocalipse de Esdras*, texto não canônico, mas que os primeiros cristãos leram muito, profetiza-se a "morte da águia cujas asas horríveis, perversas cabeças e odientas garras deverão desaparecer para que cesse a tirania sobre a terra e o homem volte a encontrar a justiça e a piedade".

É agora que o antagonismo entre Roma e a Cruz se converte em drama. Esporadicamente a princípio, e depois cada vez mais, por método político, o Império vai tentar ferir a nova humanidade que se ergue no seu seio. Começam as perseguições, com o seu longo cortejo de mártires levados aos anfiteatros. Mas, para a moral do heroísmo que era a dos primeiros cristãos, a violência foi sempre impotente para deter a marcha do pensamento. Os fiéis que aceitam a morte para que surja um mundo novo são mais fortes que os perseguidores que recorrem à violência para tentar salvar um mundo condenado. *Sanguis martyrum est semen christianorum*, dirá Tertuliano: o sangue dos mártires é semeadura de cristãos. A oposição de Roma à Cruz trabalhará muito mais para a sementeira cristã a partir do momento em que se tornar sangrenta.

Notas

[1] Cf. cap. I, par. *Herodes Agripa, perseguidor.*

[2] Os primeiros exploradores europeus, a partir do século XIII, encontraram na Índia "cristãos de São Tomé". Existem hoje mais de 3.000.000 desses cristãos, sobretudo no Malabar. Discute-se se se trata de descendentes de uma comunidade apostólica ou, segundo outros, de

um grupo nestoriano formado no Império persa em fins do século V (cf. Herben, *Spiritualité hindoue*, Paris, 1947).

[3] Lembremo-nos de que, no dia de Pentecostes, havia em Jerusalém "partos, medos, elamitas e gente da Mesopotâmia" (cf. At 21, 9), o que parece apoiar a tradição segundo a qual houve um cristianismo muito antigo na Pérsia, como também afirmam as narrativas apócrifas de São Tomé (Cf. a obra de Labout, *Le Christianisme en Perse,* Paris, Gabalda, 1912).

[4] Veleio Patérculo.

[5] A *tábua de Peutinger*, célebre na Idade Média, não é senão a reprodução de uma das numerosas cópias feitas em pergaminho desse plano de Augusto, que um banqueiro de Augsburgo, Peutinger, adquiriu no séc. XV para a sua coleção. Outra cópia, em grego, encontra-se na biblioteca de convento de Vatopedi, no monte Atos.

[6] O comércio marítimo no mundo romano ultrapassou não somente os limites do Império, mas também os da Europa e do Ocidente. Estabeleceram-se, por exemplo, relações permanentes com a Índia: Augusto recebeu embaixadores do Punjab e Cláudio do Ceilão. Todos os anos, em julho, uma frota de 120 navios partia de Berenice, no Mar Vermelho, singrava em direção à Índia servindo-se do mecanismo das monções — que fora descoberto por um marinheiro grego, Hipalos —, e retornava em novembro, carregada de pimenta, diamantes, pérolas e tecidos de algodão. Não provirão destas relações mercantes as tradições relativas à penetração do cristianismo na Índia?

[7] Que o cristianismo tenha sido a princípio uma religião de citadinos e que os meios rurais tenham sido cristianizados mais lentamente, é uma conclusão que se tira da própria linguagem, pois no século IV a palavra *paganus*, que significa aldeão, tomará a acepção corrente de pagão (cf. cap. XV, par. *São Martinho e a conversão das povoações rurais*).

[8] Carcopino, em *Virgile et le mystère de la IV Églogue,* Paris, 1930, observa que o poema é concebido em dois planos simultâneos: por um lado, celebra o nascimento real do filho de um alto personagem; por outro, e através de uma simbologia possivelmente órfica e pitagórica, canta em tom quase profético um futuro desenvolvimento moral da humanidade, "uma mensagem imortal da esperança humana".

[9] O templo de Vienne, na França, foi erigido em honra de Augusto e Lívia, também divinizados após a morte.

[10] É preciso também observar que, na prática, o culto imperial era geralmente assegurado pelos que extraíam maiores benefícios da ordem imperial. Os sacerdotes municipais de "Roma e Augusto" nas províncias eram cidadãos romanos, nobres ou burgueses, ou ainda soldados veteranos.

[11] A diminuição da força criativa é, com efeito, um sintoma muito marcante da esterilização progressiva da sociedade romana. Nem a arte nem a literatura conseguem manter-se sãs numa civilização cuja saúde está abalada. Desde a época de Augusto, pressente-se o declínio. As obras-primas romanas, nascidas da semeadura grega feita em terreno latino, duram pouco tempo. Segue-se a época das cópias, do crescente academicismo. Grandiosa em muitos casos, mas pouco original, a arte imperial vive no início à sombra dos últimos tempos da República, e depois cai no pomposo, no grandiloquente e, em breve, no mau gosto. A literatura mais espalhada no primeiro século não é a de Virgílio ou de Tácito, mas a dos fabricantes de súmulas e de florilégios: um Higino, um Valério Máximo, o Sêneca das *Questões naturais* ou o Plínio, o Velho, da *História Natural.* No século II, o sucesso irá para os neo-sofistas, para os gramáticos, para os lexígrafos, para as compilações cientificas de Ptolomeu e de Nicômaco, para obras que, em si, estão longe de carecer de mérito, mas a que falta o espírito criador. Também neste domínio será imenso o papel do cristianismo: tanto as artes como as letras serão renovadas pelo Evangelho.

[12] O sestércio foi durante muitos séculos a moeda básica do Império Romano. Equivalia a um quarto de um denário, que por sua vez correspondia à paga diária de um operário não especializado.

[13] O hábito de o Estado distribuir alimentos irá estendendo-se cada vez mais. No século III, para uma população de 1.200.000 pessoas, calcula-se que não haveria menos de 100.000 chefes de família que não se valessem da Anona.

[14] Esta é a causa profunda que levará o Império à ruína econômica. O sistema romano apoia-se em grande parte sobre a exploração dos países conquistados. Quanto mais o Império se dilatar, mais rico será e mais gastará; quanto mais gastar, maior necessidade terá de crescer. Enquanto Roma, vitoriosa, anexar e saquear, a sua economia parecerá próspera; mas, no dia em que a expansão cessar, o Império estará virtualmente falido e conhecerá todos os males dos países à beira do abismo: dificuldades financeiras, impostos abusivos e inflação.

[15] A condição dos *humiliores* romanos é, em certo sentido, menos dura que a do proletário dos séculos XVIII e XIX. O trabalho, para aqueles que a ele se entregavam, nada tinha de comum com o nosso trabalho tecnicizado. Não tomava o dia todo e alternava-se com muitos momentos de descanso, como ainda hoje acontece no Oriente. Tampouco era embrutecedor, como era e continua a ser o trabalho nas fábricas. Uma plebe pobre, mas que tinha ainda possibilidades de experimentar a alegria de viver, valia bem mais do que um proletariado embrutecido.

[16] Percebem-se bem as duas correntes num incidente ocorrido no tempo de Nero. Um alto magistrado foi assassinado por um dos seus escravos e o Senado, após longa discussão, decidiu aplicar a todos os servos da casa a velha lei que condenava ao suplício da cruz todos os escravos que não tivessem sabido proteger o seu senhor. Diante dessa sentença terrível, houve tais protestos populares que os 400 condenados tiveram de ser executados sob a guarda do exército.

[17] "Sede perfeitos como vosso Pai celestial é perfeito", disse Jesus, e toda a moral cristã arranca deste simples mandamento.

[18] Observações de Albert Ollivier, antigo redator do jornal *Combat*.

[19] Lembremos aqui a frase de São Paulo: "Quem não trabalha, que não coma" (2 Ts 3, 10). Que condenação para os ociosos de Roma, para os pedinchões de espórtulas! E o fato de que Lênin tenha adotado essa condenação, palavra por palavra, sublinha bem o seu caráter revolucionário.

[20] O judaísmo, que dava à expectativa religiosa do mundo respostas perfeitamente verdadeiras sobre muitos pontos fundamentais, não pôde assumir esse papel decisivo, que viria a ser o do cristianismo, porque o seu monoteísmo abstrato afastava dele muitas almas místicas e o seu legalismo estava longe de possuir o poder de irradiação da doutrina do amor.

[21] Cf. Allo: *L'Évangile em face du Syncrétisme païen*, Paris, 1910.

[22] A confusão com os judeus não era, aliás, muito favorável aos cristãos, porque existia no mundo romano uma corrente hostil a Israel, em sentido inverso ao da benevolência que certos homens públicos demonstravam para com o povo eleito. Marco Aurélio falará dessa "raça tumultuosa e mal-cheirosa", e hão de circular gracejos pesados a respeito dos costumes hebraicos. Cícero, Plutarco, Diodoro da Sicília e Tácito serão um pouco menos implicantes do que os profissionais do antissemitismo, Apolônio de Rodes e Apião. Quanto à massa popular, sempre ávida de falatórios maldosos, bem se pode imaginar o

que diria. Não comem carne de porco? Então é porque adoram um deus-porco, a não ser que o seu ídolo seja um asno, coisa em que muitos acreditavam. (Voltaremos a encontrar esta invencionice entre as calúnias levantadas contra os cristãos). O historiador egípcio Maneton chegou a afirmar que os judeus descendiam de um clã de leprosos, sem dúvida mal curados. E a circuncisão? Que excelente motivo para zombarias despudoradas a respeito dos escorchados! Propala-se também esta história terrível: de sete em sete anos, os judeus apoderam-se de um grego ou de um romano, sacrificam-no segundo um rito próprio e comem-lhe o coração. Desencadeado pela inveja comercial e alimentado por estes imundos absurdos, o ódio contra os judeus terá como resultado verdadeiros *pogroms*, como aquele que, em 38, ensanguentou Alexandria durante um mês. O anticristianismo não será senão um decalque em grande escala do antissemitismo.

IV. A GESTA DO SANGUE: MÁRTIRES DOS PRIMEIROS TEMPOS

Os jardins de Nero

Na noite de 18 ou 19 de julho do ano 64, as trombetas dos vigias retiniram em Roma alertando para o fogo. Era um acidente extremamente banal nessa cidade superpovoada, em que as inúmeras moradias pobres, amontoadas e construídas em madeira, ofereciam uma presa fácil às chamas. Mas desta vez o incêndio tomou proporções que não eram habituais. Rapidamente, sob o céu rubro para onde o vento forte varria a fumarada, o crepitar das chamas cresceu num ronco cavo e ofegante. Era como se o fogo se tivesse estendido por toda parte ao mesmo tempo. Rebentara no bairro popular do Grande Circo, entre mercearias e lojas de panos; e depois, alimentado pelos depósitos de óleo e de outros materiais combustíveis, depressa se alastrou por toda a região que rodeia o Palatino e o Célio. Ao amanhecer, o incêndio era já uma tremenda catástrofe. Deslizando ao longo das ruas estreitas, subindo pelos bairros mais pobres e brotando subitamente sob a forma de enormes braseiros, as chamas pareciam não encontrar nada que pudesse opor-lhes resistência. Os habitantes, expulsos das suas moradias, correndo em bandos ululantes que se chocavam uns contra os outros e redemoinhavam como insetos, procuravam em vão um lugar onde pudessem refugiar-se. Os mortos já não se podiam contar.

O drama durou cerca de cento e cinquenta horas. Durante seis dias e seis noites, as chamas percorreram Roma a seu bel-prazer, e quando se conseguiu detê-las junto do Esquilino, arrasando um bom número de edifícios para cortar-lhes todo o alimento, o espetáculo do que sobrava assemelhava-se a um quadro apocalíptico. Dos catorze bairros em que se dividia a cidade, quatro haviam sido completamente devorados pelas chamas; de outros sete, não restavam senão paredes e alguns grupos de casas enegrecidas e inabitáveis; apenas três regiões podiam ser consideradas relativamente indenes. Flutuava por toda parte o cheiro dos detritos queimados, acompanhado de um calor nauseabundo. Além das casas perdidas, das imensas riquezas destruídas, de tantas obras de arte helênicas e espólios do Oriente sepultados debaixo daquelas ruínas fumegantes, o que os velhos romanos mais deploravam era a perda de todas as recordações notáveis que tinham constituído a herança recebida dos venerados tempos da Loba: o templo da Lua, construído — dizia-se — por Sérvio Túlio; o grande altar e o santuário de Hércules, consagrado pelo arcadiano Evandro; o templo de Júpiter Estátor, edificado pelo próprio Rômulo, e a capela de Vesta, onde se guardavam os Penates municipais. A catástrofe era irreparável; parecia que o destino cego quisera não só aniquilar a cidade, mas desenraizá-la de todo o seu passado.

Qual teria sido a causa do flagelo? A todas as luzes, parecia tratar-se de um mero acidente. Os oito pontos de incêndio simultâneos, que alguns pretendiam ter observado, bem podiam ser — tal a velocidade com que o incêndio se espalhara — simples consequência de um único foco propagado pelo vento. No entanto, entre as hipóteses aceitáveis, não se podia excluir a de que se tivesse tratado de uma operação imperial, oficiosa e um tanto violenta, para limpar a cidade dos seus tugúrios, de modo a permitir uma reconstrução, segundo um plano majestoso ao estilo de Alexandria. Seja como for, o povo, que diante das catástrofes sempre reluta em acusar uma fatalidade abstrata, recusou-se a admitir que uma chama tivesse causado sozinha semelhante desastre. E bem depressa um nome correu de boca em boca.

A atmosfera em Roma estava pesada. O governo de Nero já tinha iniciado aquele período em que, abandonando o caminho relativamente prudente que lhe fora traçado por Sêneca e Burro, seus primeiros conselheiros, o monstro coroado se precipitara no abismo por entre desvarios e ondas de sangue. Havia cinco anos que Agripina fora morta por ordem do filho, a quem entregara o trono mediante um crime. Tigelino começara já a ser todo-poderoso, e muitos altos aristocratas e libertos do imperador tinham sucumbido à sua vigilância. Popeia, arrancada ao seu marido, acabava de substituir Otávia no leito de Nero, e o imperador se desfizera de sua mulher legítima, caluniando-a de forma abjeta antes de mandar matá-la.

Tamanha perversidade indignou a opinião pública, e houve manifestações hostis a Popeia e ao imperador por ocasião do assassínio da ex-imperatriz, filha de Cláudio e descendente de Augusto. O espetáculo daquela cabeça jovem decepada e levada à favorita causara o maior horror, e começaram a correr rumores de que um misterioso flagelo cairia sobre Roma, como castigo pelos crimes de Nero. As línguas supersticiosas apregoavam inúmeros prodígios do mais terrível augúrio: a queda de um raio simultaneamente nos catorze bairros da cidade, mortes surpreendentes, nascimento de uma serpente do ventre de uma mulher, o aparecimento de um cometa cor de sangue. Moralmente responsável por essas manifestações da cólera divina, por que não o seria o imperador também pessoalmente?

Era o que se dizia. Cresceu o boato de que alguém tinha visto os criados do imperador percorrerem com archotes na mão os bairros humildes da cidade. A sua fama de perverso e criminoso justificava o rumor, e as palavras imprudentes que proferia ainda contribuíam para alimentá-lo: "Ninguém conhece tudo aquilo de que é capaz um príncipe", dissera ele certa vez. Noutra ocasião, ao ouvir um ator citando o verso grego de Eurípedes: "Depois que eu morrer, que a terra se torne presa do fogo", acrescentara na mesma língua: "Estando eu vivo!" Outro boato, que Suetônio recolheu, fez subir ao rubro a indignação popular. Dizia-se que, durante o incêndio, Nero se instalara no cimo da torre de Mecenas, em vestes de teatro e de lira na mão, e cantara um poema que compusera sobre a tomada de Troia e o fogo ateado pelos guerreiros de Agamenon[1].

A acusação ganhou corpo. Nero tratou de mostrar-se generoso e caritativo: abriu o Campo de Marte, os monumentos de Agripa e os seus próprios jardins para receber os sinistrados privados de teto; baixou o preço do trigo para uma tabela mínima e o distribuiu fartamente. Ao mesmo tempo, começou a reconstrução da cidade segundo um plano excelente; concedeu indenizações aos proprietários e mobilizou a marinha e o exército para a remoção dos escombros. Na opinião pública, radicara-se cada vez mais a ideia de que fora ele o incendiário, o que lhe causou medo. Ora, este homem sempre tinha sido joguete do medo, mais ainda do que da sua crueldade inata ou da sua semi-demência. Por isso tremera diante de Britânico, a quem fez desaparecer, e também por isso se desfizera da sua mãe, que lhe despertava desconfianças. A cólera do povo após o incêndio revolvia-lhe as entranhas: era necessário proporcionar urgentemente uma distração à plebe.

Foram os cristãos que lhe proporcionaram essa distração. Por que eles e não outros? E muito difícil dizê-lo. Já teriam sido tomadas anteriormente algumas medidas contra a nova seita? É duvidoso. Tácito fala de uma mulher da aristocracia, Pompônia Grecina, que no ano 57, por causa da sua vida austera e de outros indícios, fora acusada de "superstição estrangeira"; seu marido, Aulio Pláucio, em nome do velho direito romano, fora enviado ao tribunal, que aliás o absolveu. Tratava-se de uma cristã? É possível, mas não é certo. Quanto aos motivos precisos da perseguição de 64, também não é fácil apontá-los. Tácito alude ao assunto em termos muito vagos. Acusaram do crime "homens que eram detestados pelas suas infâmias e culpados de nutrir ódio pelo gênero humano". Mas isto não diz de forma alguma que esses homens devessem ser tidos como responsáveis pelo sinistro.

É preciso considerar, no entanto, que para os não iniciados a linguagem cristã tinha algo de estranho e quase provocador, com as suas grandes imagens da cólera divina, da destruição de cidades pecadoras pelo fogo, de conflagrações universais, e com toda essa simbologia apocalíptica cujos temas haviam de ser orquestrados um pouco mais tarde por São João.

Podiam também ter entrado em ação algumas "forças secretas" semeadoras da calúnia. Se observarmos que, nas batidas policiais, os cristãos eram perfeitamente diferenciados dos judeus; se considerarmos os antagonismos que a propaganda a favor de Jesus provocava no seio das sinagogas; e se notarmos as simpatias judaizantes de Popeia e a influência que certos membros do povo eleito exerciam sobre ela, parece razoável conceber uma suspeita nesse sentido[2]. Mas também não é de excluir que as dissensões no seio da própria comunidade romana, entre judeus-cristãos e "paulinistas", por exemplo, tivessem atraído a atenção pública. Do que não há dúvida é de que o pequeno rebanho cristão, desprezado, caluniado pela voz do povo, e de quem além do mais nada havia a temer, era um bode expiatório tentador.

Organizou-se uma *razzia* nos meios cristãos. Os primeiros presos, submetidos a tortura, devem ter deixado escapar algumas informações. As suas relações, as suas condições de vida, os seus propósitos e até os seus silêncios podem ter servido de indícios; a Igreja nascente não tinha ainda preparado os seus para tais acontecimentos. As prisões encheram-se a tal ponto que Tácito nos fala de uma "grande multidão" de cristãos presos — o que nos fornece uma preciosa informação sobre a extensão que a nova fé tinha em Roma já uns trinta anos após a morte de Cristo. Teriam os torturadores conseguido obrigar os mais fracos a confessar que eram incendiários? A acusação de "ódio ao gênero humano" teria servido para incriminá-los de todos os delitos imagináveis? Pouco importava o pretexto jurídico; o que Nero queria não era tanto castigar um suposto crime, mas apaziguar aquela multidão irritada, apontando-lhe culpados e entregando-lhe vítimas. No cérebro espantosamente fértil desse homem, a intenção política e o gosto demencial pelos espetáculos associaram-se numa só ideia atroz. E surgiram as cenas dos jardins vaticanos.

Tudo o que de pior pode inventar a imaginação de um sádico a quem se concedesse uma liberdade sem limites para praticar o mal, tudo foi posto em prática numa atmosfera de pesadelo. Não se limitaram a torturar, decapitar e crucificar as vítimas no circo de Nero, instalado no lugar onde se encontra hoje a Basílica de São Pedro[3]. Organizaram-se caçadas nos jardins imperiais, onde a caça eram cristãos metidos dentro de peles de fera, que os molossos acabavam por dilacerar. Reproduziram-se as mais escabrosas e bárbaras cenas mitológicas, tendo por figurantes cristãos submetidos aos maiores ultrajes. E à noite, ao longo das alamedas que estavam abarrotadas dos mais abjetos basbaques e que Nero percorria vestido de cocheiro, conduzindo o seu carro, acendeu-se uma iluminação feita de elevados archotes besuntados com pez e resina, que eram seres vivos. São Clemente Romano, futuro papa, guardou a lembrança do inesquecível horror dessa noite de 15 de agosto de 64, da qual ele próprio foi testemunha ocular; e Tácito afirma que tal excesso de atrocidade provocou em todas as consciências retas a piedade para com os cristãos.

A perseguição não se limitou, porém, aos espetáculos organizados para divertir a turba da cidade: continuou no tempo e estendeu-se no espaço. Escrevendo, talvez já no dia seguinte ao do drama, às comunidades da Ásia, do Ponto, da Galácia, da Capadócia e da Bitínia, em nome da "Igreja dos eleitos que está em Babilônia" — isto é, em Roma, convertida em capital da dor, como outrora a Babilônia do exílio que está na borda dos rios —, Pedro, príncipe dos apóstolos, alude aos diversos tormentos que contristam estes longínquos irmãos e que deveriam ser para eles o que o fogo é para o metal: uma prova de valor e de resistência (cf. 1 Pe 1, 6-7). Declara-lhes expressamente que, mesmo inocentes de todo o crime, podem acabar por ser "castigados como cristãos" e que esse será o seu verdadeiro título de glória. Não há dúvida, portanto, de que Roma não teve o monopólio dos sacrifícios. E foi depois de ter escrito essa carta que, respondendo à chamada profética do Mestre, o velho apóstolo estendeu as mãos e se deixou levar para o sacrifício (cf. Jo 21, 18); e pouco depois — talvez ao mesmo tempo ou a alguns meses de distância, não se sabe ao certo — caía a golpes de cutelo o outro pilar da jovem Igreja, Paulo, o apóstolo das gentes[4].

Tal foi a primeira cena da longa tragédia do martírio que atingiu inopinadamente um nível de horror que nunca seria ultrapassado, mas que muitas vezes se havia de igualar. Nero podia desaparecer, quatro anos mais tarde, acossado até à morte pelo desgosto e pela cólera unânimes; mas o precedente por ele aberto iria revelar-se de grande eficácia. De reinado em reinado, de dinastia em dinastia, o exemplo dado pelo histrião louco vai ser imitado por homens que, apesar dessas crueldades, nada tinham de monstros. Desde o início, as palavras "cristão" e "vítima destinada aos suplícios"; são simples sinônimos jurídicos. De 64 a 314, não se passará um único dia sem que pese sobre uma alma fiel a ameaça de um fim terrível; contar-se-ão aproximadamente tantos anos sangrentos como anos de calmaria espalhados no meio daqueles. E periodicamente brotará destes duzentos e cinquenta anos de história, como nos jardins da esplanada vaticana, esse grito de amargura e agonia que a fé, desde as primeiras torturas, soube transformar num grito de esperança.

Gesta Martyrum

O relato das perseguições constitui uma das páginas mais grandiosas da história do cristianismo, aquela que, misticamente, liga com o laço mais estreito a experiência da alma cristã à de Jesus, seu modelo. Completando na sua carne o que faltava ainda à paixão de Jesus, no dizer de São Paulo (cf. Cl 1, 24), estes heróis dos primeiros tempos imprimiram na sua crença o selo do sacrifício voluntário, sem o qual nenhuma verdade triunfa neste mundo, e propuseram às futuras gerações modelos que nem as tentativas de mitigá-los nem os exageros piedosos de alguns comentaristas têm conseguido tornar vãos. Ainda hoje, no calendário litúrgico, pelo menos a metade dos santos venerados pertence a este período. E é em virtude de tais exemplos que até os nossos dias o testemunho cristão se renova no sacrifício voluntariamente aceito.

Acerca deste longo período trágico, estamos de modo geral bastante bem informados. Uma vez que as comunidades cristãs consideravam os dramas ocasionados pela morte de tantos dos seus não apenas como calamidades, mas como brilhantes manifestações de fé, comunicavam sempre aos seus irmãos aquilo que se havia passado, mesmo no meio da tormenta. Expediam umas às outras relatórios, muitas vezes minuciosos, dos "combates" que tinham travado e dos "triunfos" que tinham alcançado aqueles que o Divino Mestre designara para a sua messe. Conhecemos muitos desses relatórios imediatos, como por exemplo o da paixão de São Policarpo ou o dos mártires de Lyon. Possuímos também cartas enviadas pelos bispos das comunidades, quando eles próprios se encontravam na prisão, destinados ao sacrifício, a fim de darem instruções aos seus sacerdotes ou diáconos ou exortarem à paciência e à coragem os seus fiéis. Não se pode imaginar um tom mais pungente do que o que envolve, na sua precisão quase administrativa, estes documentos assinados com sangue.

A tradição, porém, nem sempre soube conservar essa herança. É uma característica comum da alma popular o desejo de conhecer os pormenores da vida dos seres que admira, sobretudo se se prestam ao pitoresco, e não se mostrar muito rigorosa sobre a exatidão de uma imagem, contanto que o espírito nela se possa inflamar. Para que uma profunda admiração aureolasse os seus nomes, esses heróis e santos que foram os grandes mártires não tinham necessidade de que os arrancassem à simplicidade sublime em que tinham querido morrer. Mas, se já enquanto vivos tinham sido coroados por um halo de glória, não era natural que se acrescentassem depois mais alguns raios à sua coroa celeste?

Assim, muitas vezes, não é sobre os mártires mais célebres que possuímos os documentos mais irrecusáveis. De algumas grandes figuras cuja existência e sacrifício não oferecem dúvida, os pormenores que conhecemos não estão tão imediatamente ligados ao tempo em que viveram que possamos aceitar tudo sem receio. Uma inscrição encontrada nas catacumbas, e devida ao sábio papa Dâmaso, afirma de maneira precisa a vida e o martírio de Santa Inês; mas a posteridade parece ter sabido bem mais dessa vida, pois nos apresenta a branca imagem da pequena virgem, votada a Cristo desde a mais tenra infância, recusando aos dez anos a mão de um grande personagem, escapando por milagre das chamas da fogueira e — condenada aos treze anos a ser degolada — incitando o carrasco a feri-la. Já a tradição piedosa deixa geralmente intocado o testemunho dado pelos obscuros e longínquos provincianos, pelos pequenos mártires anônimos que pululam durante os três primeiros séculos. Se um modesto comerciante, um oficial subalterno ou um jardineiro for torturado por causa da sua fé, o fato é tão comum que basta a realidade; ainda bem que chegaram até nós, escrupulosamente conservadas, algumas atas relativas a esses julgamentos.

No seu conjunto, as narrativas hagiográficas parecem acentuar os pormenores verdadeiros dos mártires, segundo um esquema dividido em quatro pontos. Pintam com as tintas mais negras as autoridades pagãs, imperadores e magistrados, e, por estarem pouco a par das razões profundas dessa atitude hostil, atribuem-lhes desígnios inconfessáveis. Multiplicam a variedade dos suplícios com uma tendência para o extravagante que não ficamos a saber se se deve à imaginação dos carrascos ou à das vítimas. Insistem sobre prodígios de natureza material que acompanham os suplícios e, antes de conduzirem os mártires ao fim das suas provas, procuram mostrar a sua invulnerabilidade. Por último, quase sempre o drama termina por um desenlace "moral", bem ao estilo que continua a ser do agrado das multidões: umas vezes, o castigo do verdugo; outras, a sua comoção perante o heroísmo da vítima e a sua súbita conversão.

Não podemos falar sem respeito e emoção desta *legenda aurea* dos santos e mártires. Muitas gerações de almas cristãs se exaltaram diante dessas imagens, e os vitrais e esculturas das nossas catedrais as têm conservado intactas até os nossos dias. Inúmeros desses relatos estão na base desta ou daquela tradição piedosa local, desta ou daquela peregrinação, e a contribuição muitas vezes centenária dessas devoções para a piedade cristã enraíza numa verdade humana muitos pormenores que a história hesita em apoiar. Desde há muito, a Igreja tem reagido com uma firme prudência aos excessos deste jorrar de prodígios. Há mais de trezentos anos atrás, os bolandistas, tendo começado na Antuérpia de 1643 a grande publicação dos seus *Acta Sanctorum*, que ainda continua, demonstraram já um espírito científico que lhes valeu muitas críticas acerbas, sem que deixassem por isso de continuar as suas pesquisas com o mesmo ou maior rigor. Não é de maneira nenhuma na fábula que reside a epopeia do martírio; e a beleza de muitos textos primitivos — em que não intervém nenhum maravilhoso fácil e em que o milagre, quando existe, tem todo o seu peso — persuade-nos facilmente da verdade absoluta desses textos. É nessas frases despidas de toda a ênfase, de uma secura muitas vezes impressionante, que se deve procurar a moral do heroísmo segundo a Cruz e o significado cristão da morte[5].

A perseguição: bases jurídicas e clima de horror

Tal como foi levada a cabo por Nero, a perseguição anticristã poderá parecer simplesmente a manifestação de uma loucura sanguinária ou o terrível divertimento de um senhor apavorado perante a cólera dos seus súditos. Semelhante explicação seria absolutamente válida se o drama de 64 tivesse sido o único. Dentro em breve, porém, e já com os próximos imperadores, essa perseguição há de recomeçar, e prolongar-se-á até os princípios do século IV. Ela não é, pois, o mero resultado de um penoso acaso que tenha colocado Nero sobre o trono e ateado fogo nos bairros populares de Roma. E é exatamente por isso que surge uma questão extremamente delicada, sobre a qual ainda não se fez a devida luz: é a questão da justificação legal que podia apresentar para tais medidas um povo tão violentamente apaixonado pelo direito como o povo romano.

Sobre este assunto, havia matéria para discussão até mesmo entre os cristãos. É o que se verifica numa passagem da *Apologética*, escrita por Tertuliano nos fins do século II. Esboçando a história das perseguições desde as origens até o seu tempo, diz aos romanos:

"Consultai os vossos anais e verificareis que Nero foi o primeiro que se serviu do gládio imperial contra a nossa seita. Mais tarde foi feita outra tentativa por Domiciano, que, pela sua crueldade, merece ser considerado um semi-Nero. Quem foram os nossos perseguidores? Foram homens iníquos, ímpios, infames, que vós mesmos sois os primeiros a condenar! Pelo contrário, entre os príncipes que se sucederam no trono sabendo respeitar as leis divinas e humanas, não podeis citar um só que tenha feito guerra aos cristãos! Que devemos, pois, pensar dessas leis que só são postas em vigor contra nós por príncipes ímpios, injustos, infames, cruéis, extravagantes e dementes, mas que Trajano evitou parcialmente, que Vespasiano, o destruidor dos judeus, não mandou aplicar, como também não se atreveram a fazê-lo Adriano, Antônio e Vero?" (*Apol.*, V).

Neste texto nota-se não só uma hábil manobra para lançar a responsabilidade das perseguições sobre imperadores cujos nomes eram detestados, mas também uma argumentação jurídica de muito peso: existem efetivamente leis anticristãs, mas a prova de que essas leis são monstruosas e iníquas reside no fato de que só monstros de iniquidade as puseram em prática.

Mas o mau é que isto é falso. Houve imperadores excelentes, homens que sob muitos aspectos fazem honra à humanidade, que, se não promulgaram novos textos legislativos contra os cristãos, não hesitaram em mandar aplicar os antigos decretos de perseguição; alguns desses reinados que o apologista considera como tempos de euforia foram, na verdade, maculados pelo sangue cristão.

Era necessário, portanto, que houvesse outra coisa, algum instrumento jurídico válido que justificasse o rigor dos poderes públicos contra a nova seita. Ora, nós não possuímos esses textos nem os decretos de perseguição. Trajano, respondendo a Plínio, o Jovem, num célebre rescrito que estudaremos mais adiante, referir-se-á a uma legislação anterior ou pelo menos a uma jurisprudência anticristã. Como Tertuliano assegura expressamente que Nero promulgou uma lei contra os cristãos, o fato parece admissível; mas, neste caso, seria ainda necessário determinar em que argumentação jurídica se fundava o seu decreto.

Os cristãos eram considerados diferentes dos judeus e tidos como dissidentes do judaísmo; por isso, não beneficiavam dos privilégios especiais obtidos por Israel, principalmente o de poderem orar ao seu Deus pelo imperador sem terem de prestar-lhe obediência nos cultos oficiais. Mas isto não explica que devessem ser perseguidos *ipso facto*. Os crimes contra o direito comum, tais como o de atear incêndios e outros de que a maldade e a estupidez do povo os acusavam, poderiam quando muito servir de pretexto para desencadear as perseguições; mas nenhum homem sensato nem jurista algum tomaria a sério tal pretexto. Em que se baseava então o *institutum neronianum* para recusar ao cristianismo os direitos de que gozavam em Roma tantas religiões orientais e para considerar a nova fé como uma *superstitio illicita*?

Para nós, que vemos o desenrolar dos acontecimentos sob a perspectiva dos séculos, é bem manifesto que, desde a sua aparição, a mensagem evangélica se opunha substancialmente às próprias bases do Império. Mas, como sabemos, o certo é que nem o Império nem os cristãos tiveram uma consciência imediata dessa oposição inexorável. É verdade que, segundo as leis romanas, os cristãos incorriam no crime de lesa-majestade e de sacrilégio a partir do momento em que, no seu coração, repudiavam os deuses do Império e, especialmente, fugiam ao culto de "Roma e Augusto". Mas, para haver sacrilégio, é necessário que haja um ato, e não há notícia alguma de que, nos dois primeiros séculos, os cristãos se tivessem lançado a atacar ídolos. Somente no século III é que vamos encontrar textos jurídicos que fundamentam as perseguições contra os cristãos na sua recusa de sacrificar a "Roma e Augusto", isto é, na dupla acusação de sacrilégio e de lesa-majestade. A princípio, portanto, não é sobre essas bases que se apoia a perseguição.

Essa perseguição poderia talvez depender dos simples poderes policiais que possuíam os magistrados romanos, desse direito de *coercitio* que lhes permitia castigar imediatamente, e até com pena de morte, os promotores de desordens públicas. Foi desse direito que usou Pôncio Pilatos quando levaram Jesus à sua presença. Mas os cristãos, por si próprios, não fomentavam qualquer desordem. Não havia súditos mais submissos e mais respeitosos das leis, e se a sua profissão de fé causava alguma agitação pública, o fato era devido às reações da plebe e a manifestações organizadas não por eles, mas contra eles. Por isso os magistrados romanos deviam sentir-se pouco à vontade ao aplicarem o seu direito de *coercitio*, e a prova é que, frequentemente, os funcionários provinciais pedirão instruções ao imperador.

Dir-se-á que a fórmula *christianos esse non licet* — não é permitido haver cristãos — foi admitida como princípio jurídico logo após a perseguição de Nero; mas não se pode apresentar quaisquer bases explícitas para semelhante afirmação. Tudo se passa como se o Império Romano quisesse opor-se à nova fé por uma espécie de instinto de auto-defesa, embora estivesse ainda longe de suspeitar do poder revolucionário do cristianismo. E tudo se passa como se, por outro lado, o cristianismo, embora sem ter plena consciência disso, assumisse o papel para o qual havia sido chamado pelo seu Mestre, isto é, o de ser entre os homens um eterno *sinal de contradição*.

Temos, pois, de considerar a história das perseguições em função da dupla evolução que já indicamos: por um lado, a da consciência política do Império que, no decurso dos três primeiros séculos, vai avançando no sentido de um fortalecimento dos poderes públicos, de um domínio crescente sobre os espíritos e sobre as pessoas, opondo-se cada vez mais aos não-conformistas; por outro, a evolução da consciência cristã que, pela vida em comum, pelo trabalho dos seus pensadores e pelo exemplo dos seus mártires, se sente cada vez mais como antagonista irredutível do Império.

É assim que se pode compreender a grande divisão das perseguições em duas partes. De 64 a 192, serão mais ou menos espontâneas, mais ou menos retardadas ou aceleradas pelos poderes imperiais, mas sempre esporádicas e sem apresentarem nunca um aspecto sistemático. A partir do século III, estabelecer-se-á um novo regime, o das perseguições por editos especiais emanados do próprio governo e aplicáveis a todo o território do Império. Os resultados do segundo método serão incontestavelmente bem mais sangrentos que os do primeiro.

Não se deve, portanto, considerar como histórica a cifra tradicional das dez perseguições, que muitas obras piedosas ainda consignam. O número de dez que, aliás, variou no próprio decurso dos primeiros tempos cristãos, parece ter sido adotado por causa do seu caráter simbólico. Não correspondia esse número às dez pragas do Egito? E a Besta à qual, segundo o *Apocalipse* (cf. Ap 13), seria permitido "fazer guerra aos santos e vencê-los" não havia de ter dez cornos sobre as suas cabeças, sobre esses cornos dez diademas, e sobre esses diademas dez nomes de blasfêmias? Na verdade, não houve dez perseguições sistemáticas, mas apenas quatro ou cinco; por outro lado, se quiséssemos enumerar todas as reações sangrentas dos poderes locais contra a propaganda cristã em todas as províncias do Império, o número seria pelo menos dez ou doze vezes maior.

Resta ainda trazer a lume uma questão que inquieta o espírito moderno. Mesmo que o Império Romano tenha tido razões — mais ou menos lúcidas e mais ou menos instintivas — para empenhar-se na luta contra o cristianismo, isso não explica as características horrorosas que a perseguição tomou desde o início, e que há de conservar mesmo quando não for obra de um louco. É que encontramos aqui um dos sintomas mais claros que anunciam a desagregação moral da sociedade romana e a sua futura decadência. Esta civilização que, sob tantos aspectos, havia elevado tão alto o seu ideal humano e tinha sabido formular-lhe princípios muitas vezes admiráveis, dispôs-se a humilhar o homem e a rebaixar-se a si mesma com espetáculos de uma incrível selvajeria. Perante os relatos das torturas que se praticavam em Roma no tempo do Império, sentimo-nos possuídos do mesmo assombro que causa ao mundo atual a narrativa de certos horrores que este mesmo mundo, infelizmente, vem multiplicando. Hesitamos até em reconhecer, nos responsáveis, homens iguais a nós.

Sempre houvera em Roma um certo gosto pelo sangue ou, ao menos, um certo hábito de acolher com interesse espetáculos mais ou menos sangrentos. Uma religião cujas cerimônias pareciam lembrar verdadeiros açougues certamente não podia criar sensibilidades apuradas[6]. O costume de proceder em público às execuções capitais, que era geral em toda a Antiguidade, arrastava as multidões a espetáculos de uma excitação degradante. Um escravo açoitado até a morte era coisa habitual, e se este ou aquele senhor alimentava as suas moreias com carne humana, o fato não causava qualquer escândalo. A partir dos últimos tempos da República, o gosto pelo sangue que o povo sentia foi sistematicamente aproveitado pelos governantes para o "divertimento" da plebe ou, com mais propriedade de expressão, para o seu embrutecimento. Na célebre fórmula "*panem et circenses*", o segundo termo é tão essencial quanto o primeiro; os jogos, isto é, a desmoralização coletiva, são assunto de que o próprio governo se encarregará.

Não vale a pena insistir sobre este ponto: poderiam ser evocados muitos fatos, e alguns deles de natureza bem penosa. Teríamos de mencionar aqui essas pantomimas em que um criminoso comum, substituindo o ator na cena final, oferecia ao público o espetáculo de uma agonia muitíssimo real, por exemplo como um ridículo Prometeu pregado numa cruz à falta de um rochedo. Teríamos de recordar a responsabilidade de Augusto, quando inventou para o bandido Selouros o suplício — que tão grande carreira havia de fazer — dos leopardos e panteras à solta diante de um homem nu. Teríamos de citar a lei que figura no *Digesto*, segundo a qual se podia trazer qualquer condenado a Roma, a fim de lançá-lo às feras. Seria necessário lembrar aquelas orgias sangrentas a que serviam de palco as arenas, não só na capital, mas em todas as províncias: caçadas à maneira de matadouro, em que as feras eram enviadas às fornadas para a carnificina; combates de gladiadores em que os combatentes, nem todos voluntários, se matavam aos milhares e às dezenas de milhares, incitados ou apupados por um público em frenesi. Para compreendermos esta volúpia de ferocidade a que os romanos darão vazão nas perseguições anticristãs, teremos ainda de pensar nessas "sessões do meio-dia", em que os condenados à morte se deviam executar mutuamente até o último, ou na *venantio matutina*, que não passava de uma refeição das feras com carne humana por alimento. Por muito revoltantes que nos pareçam, estas cenas, de que também os cristãos serão vítimas, eram normais em Roma. E raros, muito raros, eram os assistentes que exteriorizavam a sua desaprovação[7].

É, em última análise, este complexo de intenção política por parte do poder e de baixa lisonja dirigida aos piores instintos da plebe que explica as condições em que se desenrolou a perseguição anticristã e se fixaram as suas atrozes características.

As inquietações e os ódios de Domiciano

A segunda vaga de perseguições que veio ferir a jovem Igreja ainda se deveu essencialmente a uma vontade imperial:

a de Domiciano. Apesar das eminentes qualidades que possuía e que, aliás, eram hereditárias na família dos Flávios, apesar da sua inteligência, do seu amor ao trabalho e do seu sentido das realidades e poder de criação, era de índole antipática e o exercício do poder agravou-lhe os defeitos em vez de os atenuar. Orgulhoso, egoísta e autoritário, transformou a sua tendência para a desconfiança em verdadeira mania, sempre que suspeitava de qualquer resistência à sua vontade; a sua vaidade, um pouco inferior à de Nero unicamente porque se manifestava de forma menos louca, teve como resultado uma crueldade análoga. Chegando ao poder em 81, quando não contava ainda trinta anos, devido à morte prematura de seu irmão Tito, Domiciano não tardou em colocar sob suspeita as mais diversas classes dos seus súditos e, mal aconselhado pelas suas contínuas inquietações, acabou ele mesmo por entrelaçar todo o feixe de violentas oposições que se abateram sobre a sua cabeça em 96 e lhe deram a morte.

Suspeitou da aristocracia romana, aos olhos da qual não passava de um simples arrivista sem quaisquer títulos — era neto de um agiota de província e irmão pouco brilhante de um general vitorioso —, e temia que os epigramas com que essa aristocracia lhe fazia uma pequena guerra ocultassem intenções mais precisas e subversivas. Suspeitou da classe intelectual, dos filósofos como Epiteto e Díon Crisóstomo, que se permitiam defender os direitos do livre pensamento e espalhavam as suas doutrinas em todos os meios. Suspeitou dos judeus que, apesar da destruição da sua cidade por Tito, em 70, e até por essa razão, não cessavam de proliferar em todas as partes do Império; muitos representantes deste povo, como a princesa herodiana Berenice e o historiador Flávio Josefo, tinham chegado mesmo a instalar-se na própria corte dos antecessores de Domiciano. Por último, suspeitou dos cristãos, cuja propaganda, ultrapassando agora os limites dos bairros mais humildes, se infiltrava na aristocracia e contaminava a própria família do imperador.

A perseguição de Domiciano revela-nos um grande fato: nos vinte e sete anos que se seguiram à morte de Nero, a nova fé alargou as suas posições, subiu na escala social até as esferas superiores, e passaram a pertencer à Igreja membros da aristocracia como M. Acílo Glabrião, cônsul no ano 91. Mesmo no seio da *gens flavia*, Cristo deixou cair a sua semente. É muito possível que Tito Flávio Sabino, prefeito da cidade ao tempo de Nero e irmão de Vespasiano, tivesse recebido alguma luz evangélica; e Flávio Clemente, seu filho, primo de Domiciano, bem como sua esposa Flávia Domitila, pertencem já com certeza à "seita", juntamente com os seus dois filhos, que eram os prováveis herdeiros do imperador.

O furor de Domiciano desencadeia-se em 88, quando a aristocracia urdiu contra ele a revolta militar que Saturnino fez explodir no Reno, com o apoio de algumas tribos germânicas, mas que fracassou. A partir daí, feriu implacavelmente todo aquele que fosse suspeito de se opor ao autoritarismo imperial ou que não estivessem "na linha". Julgados por um Senado aterrorizado e servil, todos os membros da nobreza que, de longe ou de perto, estivessem implicados no assunto foram condenados à morte, e alguns mais felizes ao desterro nas ilhas. Chegou depois a vez dos filósofos, alguns dos quais foram executados; outros, como Epiteto e Díon Crisóstomo, foram banidos. Os adivinhos e astrólogos, cuja influência também era grande, tiveram o mesmo destino.

Pensou-se a seguir nos judeus e nos cristãos. Neste ponto, Domiciano pôs em prática uma manobra cujo sentido até hoje não é claro. A partir da destruição de Jerusalém, o Estado romano cobrava "para Júpiter", isto é, em seu proveito, o imposto ritual do didracma, que outrora todo o fiel da santa Torá pagava para o Templo[8]. Mas, na verdade, as administrações de Vespasiano e de Tito não se tinham mostrado muito exigentes a esse respeito. Domiciano ordenou que a iníqua contribuição passasse a ser cobrada com extremo rigor; e deviam pagá-la não somente os judeus circuncisos, mas também todos aqueles que, segundo se pensava, "viviam como os judeus", isto é, os que acreditavam num Deus único; isso incluía os cristãos.

Por que semelhante medida? Nessa época, já não era plausível uma confusão involuntária entre judeus e cristãos. Quereria o imperador provocar protestos e obrigar assim os cristãos a desmascarar-se? Ou tudo não passaria de um grande propósito meramente fiscal? Realmente, englobando os cristãos entre os que estavam sujeitos ao imposto, o Estado romano poderia ter em vista unicamente aumentar a receita, e teria sido apenas a frequência das recusas de pagamento que teria revelado à polícia a extensão já tomada pelo cristianismo e desencadeado a perseguição.

Seja como for, não oferece dúvida alguma a intenção política de Domiciano na sua ação anticristã. Ao ouvir falar do futuro reino de Cristo, teria receado uma conspiração? Os primeiros a serem atingidos pertenciam à aristocracia: o cônsul Acílio Glabrião, cujo jazigo de família, na Via Salária, constitui a mais antiga necrópole cristã; Flávio Clemente, que há muito tempo estava sob suspeita por causa da sua "inércia" no tocante ao culto oficial e que, conforme diz Suetônio, foi condenado à morte "por uma suspeita muito leve"; e sua esposa Domitila, que foi desterrada para a ilha Pandatária e cujo nome designa ainda hoje um dos mais belos setores da Roma subterrânea das catacumbas. A suspeita imperial chegou ao ponto de mandar procurar na Palestina os descendentes daquele que se dissera "rei dos judeus", filhos humildes do apóstolo Judas, e trazê-los a

Roma a fim de os submeter a um interrogatório que, aliás, não levou a nada[9].

Uma vez iniciada, a perseguição ganhou corpo e acabou por atingir todas as classes. Teria a acusação de ateísmo lançada contra Glabrião e Clemente, isto é, de oposição aos deuses oficiais, servido de pretexto para outras acusações oficiais? Teria sido posto em prática o "instituto neroniano"? Não estamos bem informados nem sobre o mecanismo nem sobre os pormenores da perseguição. Desencadeada nos últimos anos do governo de Domiciano, de 92 a 96, deve ter sido muito violenta: o papa Clemente, dirigindo-se em 96 à igreja de Corinto, apresenta como desculpa pela demora da sua resposta "as desgraças e catástrofes" que acabrunhavam a comunidade romana.

Deve-se ter lançado mão de procedimentos muito semelhantes aos de Nero, se nos lembrarmos da tradição que, a propósito das provações de São João, evoca o suplício do caldeirão de azeite. E essa perseguição não feriu apenas Roma, mas todas as províncias, como o prova uma alusão de Plínio, o Jovem, na sua carta a Trajano, e o texto do *Apocalipse*, obra que São João escreveu no próprio coração da tormenta, durante a sua deportação para a ilha de Patmos, ainda sob os efeitos da emoção que o espetáculo dos mártires lhe havia causado.

No momento em que findava o século I, o que a leitura do *Apocalipse* revela, através da orquestração grandiosa dos seus símbolos, é a trágica atmosfera em que o cristianismo se irá desenvolver, sob constantes ameaças e caminhando sobre o seu próprio sangue; é o nexo que começa a estabelecer-se entre a fé cristã e um não-conformismo religioso que podia fazer sombra aos poderes públicos, pois o *Apocalipse* diz que seriam mortos aqueles que não adorassem a Besta e a sua imagem (cf. 13, 15); é, por fim, a rejeição — de que determinados elementos cristãos começam a tomar consciência[10] — dessa Roma que embriaga todo o mundo com o vinho da sua impureza e que embebe as suas vestes no sangue dos fiéis (cf. Ap 17, 2-6 e 18, 24). No espaço de trinta anos, tornam-se já singularmente precisas as posições de Roma e do cristianismo nas suas mútuas relações.

"*Vox populi*"

Um elemento diferente do político vai tornar a situação dos cristãos ainda mais perigosa: é a hostilidade popular, que não procede de qualquer propósito racional, mas que saberá espiar e atacar os cristãos em todos os tempos e em todos os lugares. Essa hostilidade existiria já no tempo de Nero? Parece que sim, se tivermos presente a referência de Tácito a "pessoas odiadas pelas suas infâmias"[11]. Seja como for, a verdade é que, à medida que o cristianismo se desenvolver, o ódio irá crescendo e passará a alimentar-se de um conjunto de falsas acusações, calúnias abjetas e invenções cujo absurdo e horror fariam rir, se não se soubesse que muitas vezes tiveram as mais trágicas consequências.

Que razões profundas teriam determinado esta corrente anticristã? Houve, sem dúvida, muitos fatores que contribuíram para ela: a austeridade com que os fiéis viviam e que demonstravam pela sua conduta; a condenação, ao menos implícita, que assim lançavam sobre as diversões imorais dos seus contemporâneos; o segredo de que rodeavam as suas reuniões, frequentemente noturnas e subterrâneas; o desprezo que o povo sente por tudo o que é humilde e pobre, não avalizado pela fortuna; e, por último, à medida que as perseguições se estendiam, o prazer feroz da denúncia e do assassinato, o sadismo da população. Quando a *vox populi* se faz ouvir — contrariamente ao adágio — nem sempre é a voz de Deus, nem mesmo a da razão e do bom senso.

É provável que os ritos cristãos, muito mal conhecidos e vilmente interpretados, se prestassem aos piores equívocos. O sacrifício eucarístico, com fórmulas como "este é o meu corpo, isto é o meu sangue", podia sugerir algum ato canibalesco. A familiaridade entre os *irmãos* e *irmãs*, assim como o ósculo da paz que se trocava nas assembleias cristãs, podiam fazer pensar em relações ilícitas. A carta na qual a Igreja de Lyon contará o drama dos seus mártires é bem instrutiva a este respeito: escravos pagãos de senhores cristãos, presos pela polícia e submetidos a tortura, caluniaram os seus senhores. "Faríamos repastos dignos de Tiestes e seríamos incestuosos como Édipo. Acusavam-nos de horrores tão monstruosos que não podemos repeti-los nem pensar neles, nem mesmo acreditar que seres humanos alguma vez os tenham cometido".

Essas fábulas odiosas hão de ter longa vida, pois proliferarão durante todo o século II. Por volta do ano 150, Frontão, retórico notável mas não genial, que conta Lúcio Vero e o futuro imperador Marco Aurélio entre os seus discípulos, afirma gravemente que está informado de que os cristãos envolvem uma criança em farinha e obrigam o neófito a varar-lhe o coração e a beber o seu sangue; e que depois a assembleia divide freneticamente entre si o corpo da vítima. A este quadro acrescenta-se o das orgias coletivas e das grandes luxúrias a que se entregariam os componentes da seita detestada, uma vez apagadas as luzes!

Outras zombarias, menos perigosas, mostram ainda quantas confusões mascaravam o cristianismo aos olhos do povo romano. Era voz corrente que os fiéis da nova religião adoravam um deus com cabeça de asno; em 1857, descobriu-se no Palatino um precioso *grafitto*, conservado hoje no museu

Kirchner de Roma, gravado com estilete sobre o estuque de uma casa, e que representa um asno crucificado, com a legenda: "Alexamenos adora o seu deus". Qual seria a origem deste gracejo, que já antes se dirigia contra os judeus e que passou depois a ser empregado também contra os cristãos, acrescentando-lhe o pormenor da cruz? É possível que as pantomimas e as comédias, em que os atores vestiam máscaras ridículas com cabeça de asno, tivessem contribuído para isso. Ou talvez se tivesse feito uma aproximação com o deus Set dos egípcios, que era uma divindade semi-homem, semi-asno; realmente, certos gnósticos identificaram Set com Cristo, um e outro chamados "filho do homem". Pensou-se também no asno da viagem a Belém e no do Domingo de Ramos, assim como se sugeriu uma aproximação com certa passagem escabrosa do *Asno de Ouro*, de Apuleio, em que o animal desempenha o papel de genitor. O poder de invenção do povo não conhece limites e exerce-se com gosto no âmbito do absurdo.

É sabido também que a opinião pública gosta de encontrar bodes expiatórios sempre que sobrevêm uma calamidade. Já Nero o compreendera. Nos meios populares pagãos, tão próximos ainda da consciência primitiva e onde campeia a superstição, o medo e o gosto pela magia inclinam sempre a interpretar tudo o que é nefasto como resultado de um malefício. As cerimônias dessas aves noturnas que eram os cristãos não estariam repletas de encantamentos suspeitos? As bruxarias, como se sabe, são mais eficazes à noite. Capazes de tudo, segundo a opinião pública, os cristãos deviam também ser culpados de tudo. Por isso dirá Tertuliano: "Se o Tibre transborda, se o Nilo não inunda os campos, se o céu está fechado, se sobrevêm uma fome, uma peste, uma guerra, um só grito se levanta: «Os cristãos às feras! A morte os cristãos!»"

É preciso, enfim, tomar em consideração determinados interesses materiais que eram lesados pela propaganda cristã: os dos negociantes de objetos piedosos e de animais para os sacrifícios, que evidentemente procuravam defender-se. Devemos sobretudo pensar nas querelas particulares e nas inconfessáveis invejas que, sob a cor da fidelidade aos deuses e ao abrigo das leis, provocavam muitas e secretas vinganças. É todo este conjunto de sentimentos miseráveis que desencadeia frequentemente a ação anticristâ. Na maior parte dos casos, não é num ato do poder público que reside a origem da perseguição: é no ataque ululante da plebe, excitada pelos charlatães e bedéis dos templos, pelos sacerdotes pagãos menos categorizados e pelos vendedores ambulantes; é no assalto dos mais furiosos aos lugares de culto dos cristãos, aos seus cemitérios e aos depósitos onde guardavam o vinho e o azeite para os seus pobres; é na acusação mais ou menos anônima ou coletiva, que arrastava os suspeitos de "ateísmo" à presença dos magistrados e queria obrigar estes a maltratar os fiéis. É somente depois disso que volta à tona a questão jurídica. Com efeito, será muitas vezes o preconceito popular que desbancará o juízo legal e o varrerá como uma vaga; mas é preciso dizer, em abono dos funcionários romanos, formados no direito, que muitos deles reagirão contra esse frenesi e tentarão preservar um mínimo de legalidade. Foi o caso de Plínio, o Jovem, no tempo de Trajano.

O rescrito de Trajano e a "política cristã" dos Antoninos

Foi no ano 112 que se definiu pela primeira vez a posição jurídica do cristianismo no Império, graças a uma correspondência trocada entre o legado imperial Plínio, o Jovem, e o seu imperador Trajano. A carta do funcionário e o rescrito de Trajano constituem os documentos mais importantes sobre a controvertida questão do sentido e do alcance das perseguições. São também importantes pelas informações que nos dão sobre o desenvolvimento da propaganda evangélica oitenta anos após a morte de Cristo, e porque nos explicam a atitude de toda a dinastia antonina para com os cristãos, esse doloroso paradoxo de quatro soberanos verdadeiramente humanos e nada sanguinários que, durante o seu governo, deixaram correr sangue inocente.

Ambos os protagonistas desta cena pertencem a esse tipo superior da Antiguidade cuja aspiração e princípios Terêncio resumiu no célebre verso: "Sou homem e nada do que é humano me é estranho". Trajano é uma das mais nobres figuras que Roma conheceu no trono imperial; a harmonia dos seus traços, a dignidade das suas atitudes, a sua inteligência multifacetada, o seu amor ao trabalho, a simplicidade dos seus costumes e a afabilidade do seu trato compunham uma personalidade que se pode admirar em qualquer tempo. A sua humanidade revelou-se de inúmeras maneiras: pela política social, fundando obras de assistência e instituindo o socorro às crianças abandonadas; pelas suas decisões sobre matérias de direito penal, mandando limitar a prisão preventiva, suprimir dos processos as denúncias anônimas e julgar de novo todo aquele que, tendo sido condenado sem estar presente, viesse a entregar-se. Foi ele quem pronunciou a célebre fórmula que muitas das justiças modernas não querem reconhecer: "É preferível absolver um criminoso a condenar um inocente". Foi em justa homenagem às suas qualidades que o Senado lhe deu o cognome de *Optimus*. No Baixo Império, o advento de um novo imperador passará a ser saudado com esta fórmula ritual: "Que sejas mais feliz do que Augusto e melhor do que Trajano"; e na

Idade Média, quando a lenda tiver embelezado ainda mais a sua imagem, contar-se-á que — favor único — o santo papa Gregório obteve de Deus que a alma do grande imperador fosse acolhida no céu.

Quanto a Plínio, o Jovem, esse filho da mais amena região da Itália — pois nasceu em Como, nas margens desse lago aprazível —, hauriu na beleza e na doçura da sua terra natal aquele otimismo e aquela visão generosa do mundo que o arrastaram à beneficência e ao amor dos homens. Ao longo de uma carreira extremamente brilhante — e o sucesso incita à bondade —, demonstrou sempre possuir as mais altas qualidades morais. Na sua vida particular aconteceu o mesmo. Vemos pelas suas cartas como se interessava pela sorte dos escravos, libertando-os de bom grado, preocupando-se por eles quando estavam doentes, chorando a morte de um ou outro que a Parca tinha ceifado na flor da idade. Entre aquele imperador que, sobre a coluna "trajana", ostenta ainda hoje o título de "pai da pátria", e o escritor que devia fazer o seu panegírico, há uma completa sintonia de sentimentos e de intenções: nem um nem outro são bestas sequiosas de sangue.

No ano 112, Plínio escreve a Trajano. Faz já um ano que se encontra como legado imperial nas províncias asiáticas do Ponto e da Bitínia, vasta região junto ao Mar Negro, onde tratava de restabelecer a ordem após alguns anos de administração senatorial bastante fraca. A natureza desta missão, a dificuldade das circunstâncias e o caráter de Plínio, um pouco hesitante e escrupuloso, exigem que ele se dirija ao seu superior sempre que se lhe depare qualquer assunto delicado. Foi o que sucedeu na questão dos cristãos.

Quando se encontrava viajando pelo leste das suas províncias, o legado recebeu várias queixas a propósito dos seguidores de Cristo. Nascidas das primeiras semeaduras evangélicas — talvez oriundas do próprio São Paulo —, as comunidades cristãs tinham-se já expandido consideravelmente pela Ásia Menor. O fato modificou a vida social a tal ponto que chegou a inquietar os representantes da antiga ordem. Os templos estão desertos, negligencia-se o culto oficial e o comércio dos animais destinados aos sacrifícios decaiu bastante. Levam ao legado alguns membros da "seita" e ele é obrigado a julgá-los. Mas, como bom jurista, sente-se embaraçado. Os processos instaurados em Roma e na província teriam revelado atos criminosos? Plínio nada sabe a esse respeito, mas não lhe parece que esses cristãos que foram trazidos à sua presença tenham cometido atos repreensíveis. Todavia, conhecendo evidentemente a jurisprudência antiga — o *institutum neronianum* e o que se seguiu —, resolve aplicar estritamente o princípio *não é permitido ser cristão.* Depois de ter feito os próprios acusados confirmarem por três vezes que eram cristãos, castiga-lhes a pertinácia criminosa e manda supliciá-los, à exceção dos cidadãos romanos, que envia a Roma. E de tudo isso presta contas, convicto de ter procedido bem.

Mas o seu embaraço aumentou, porque em pouco tempo o caso assumiu proporções enormes. A opinião pública, excitada pelas primeiras condenações, manifesta-se mais rudemente: chovem denúncias, muitas vezes anônimas, que apontam massas de pretensos cristãos. Trata-se agora de uma multidão de homens, de mulheres e até crianças, de todas as condições e de todas as idades, que são arrastadas para o pretório. Plínio é demasiado humano para mandar toda essa gente para o suplício sem prévio exame. Entrega-se, pois, a um inquérito mais minucioso, cujos resultados torna públicos. Entre os cristãos há muitos que reivindicam abertamente tal título, e para esses a coisa é clara, pois eles mesmos se colocam sob a alçada da lei, segundo a jurisprudência tradicional que o próprio legado já aplicara anteriormente. Mas há o caso dos outros...

Aparece um acusado que os denunciantes afirmam ser cristão. Ele nega, ou então reconhece ter pertencido à "seita" mas estar desligado dela há muito tempo. Posto à prova, adorou a efígie do imperador e os deuses dos templos, e negou Cristo. Pensando nas acusações que se propagam sobre as cerimônias e costumes cristãos, o legado procura saber se esses apóstatas, no tempo em que eram cristãos, teriam cometido algum crime ou delito. Todos o negam, mesmo depois de submetidos a tortura, entre eles duas mulheres escravas que tinham sido diaconisas numa comunidade. Todos proclamam que a sua única falta como cristãos tinha consistido em reunir-se antes da aurora para entoar salmos à glória de Cristo, em jurar que nunca seriam ladrões, assassinos ou adúlteros e em tomar uma refeição em comum — sempre que as autoridades não proibissem as suas reuniões.

Nestas condições, a pergunta que Plínio formula ao imperador resume-se assim: "É o próprio nome de cristão que é punível?" Neste caso, será necessário mandar para a morte não só aqueles que se declaram seguidores dessa doutrina, mas também todos aqueles que se dispõem a renegá-la? E sugere claramente que uma política de clemência, incitando à apostasia, poderia ter muito melhores resultados quanto à paz social e religiosa da província.

A resposta de Trajano a este relatório circunstanciado contrasta, na sua *imperatoria brevitas*, com o documento do funcionário: em três frases, fixa a linha de conduta que o legado deveria seguir no futuro: "Não devem ser procurados; se te forem trazidos e os reconheceres, devem ser punidos; mas aquele que negue ser cristão e o demonstre, por exemplo suplicando aos nossos deuses, mesmo que tenha tido conduta suspeita no passado, deve ser perdoado". Os romanos tiveram sempre o extraordinário dom de exprimir em fórmulas singularmente concisas os seus princípios jurídicos. As duas frases centrais do rescrito de Trajano, completadas pela recomendação de se rejeitarem denúncias anônimas e de se manter a legalidade na acusação e nos processos, definem toda uma atitude jurídica, certamente hostil ao cristianismo, mas que não se pode considerar injusta nem desumana do ponto de vista de Roma.

Os pontos fundamentais podem resumir-se assim: 1. O crime do cristianismo é um delito especial, de caráter excepcional, pois basta que o culpado se arrependa de tê-lo cometido para que seja absolvido, o que jamais podia acontecer com os crimes de roubo ou de homicídio. 2. Está implicitamente reconhecida a inocência dos cristãos quanto às abominações de que os acusam. 3. As autoridades não podem tomar a iniciativa das perseguições, isto é, não devem dar caça aos cristãos. 4. É necessário que haja contra os cristãos uma denúncia regular, segundo o princípio usual da lei antiga. 5. A apostasia, não só passada, mas imediata, isto é, durante o interrogatório, é suficiente para libertar o acusado.

Estas medidas, no seu conjunto, eram politicamente muito hábeis: um chefe de governo, raciocinando como tal e desconhecendo o admirável poder da fé sobre as almas, podia acreditar que semelhantes medidas poriam um freio à expansão da nova doutrina. Humanamente, se abstrairmos das horríveis condições em que o castigo era aplicado aos cristãos confessos — suplício na arena ou trabalhos forçados nas minas —, o rescrito nada tinha de feroz. Historicamente, prova que neste começo do século II o Império não procura destruir de maneira sistemática o cristianismo, pois não reconhece nele um adversário. Mas, em última análise, é um documento bastante ambíguo e equívoco, como observa Tertuliano quando diz ironicamente: "O cristão é punível, não porque seja culpado, mas porque foi descoberto, embora não se devesse procurá-lo". Esta ambiguidade de atitude é a que adotam sempre as sociedades muito velhas e seguras da sua ordem, perante as doutrinas que hão de vibrar-lhes o golpe de morte.

O rescrito de Trajano vai servir de base a toda a política dos seus sucessores em relação aos cristãos. Adriano, de maneira menos clara, confirma-lhe o sentido. A uma consulta de Graniano, procônsul da Ásia que está inquieto com o furor sangrento do povo contra os cristãos, e que se permite duvidar de que seja "justo condenar homens sem outro crime que não o do nome da sua seita", o imperador responde ao sucessor do seu consulente, Minúcio Fundano, com esse misto de ceticismo e de moderação que constitui a base do seu caráter. Sim, deve-se aplicar a lei, mas não se deve ceder facilmente aos falatórios e às calúnias. Calma! Prudência! Parece ler-se entre as linhas deste novo rescrito, tal como as citou Eusébio, a fórmula usual de muitos governantes que receiam mais a opinião pública imediata do que os riscos futuros: "Nada de zelos excessivos!"

Também o "pio" Antonino, tão reverente para com os deuses, não se mostrará de uma hostilidade mais sistemática. Evidentemente, aplicará a jurisprudência anticristã dos seus predecessores; é no seu reinado que tem lugar em Roma o interrogatório do mártir Ptolomeu, cuja brevidade trágica nos foi transmitida por São Justino: "— És cristão? — Sou. — A morte!" Mas nenhuma medida revela que este devoto pagão tivesse o menor desejo de ultrapassar Trajano na repressão. Numa palavra: durante toda a dinastia antonina[12], a perseguição anticristã denota apenas o duplo desejo de manter a ordem e não irritar a opinião pública.

Em consequência desta política, a perseguição assume características particulares em todo o século II. É local e esporádica; nunca geral ou premeditada pelas autoridades. Desencadeia-se por pressão das massas; onde estas se agitam e se revoltam, o poder as acompanha. E a sua feição dependerá, em grande medida, do funcionário que estiver representando a autoridade imperial em cada momento. Veremos magistrados que estenderão a mão aos culpados, contentando-se com que eles queimem o menor grão de incenso no altar dos ídolos para os porem em liberdade, mas encontraremos outros, terrivelmente zelosos, que levarão longe o interrogatório, o inquérito e a tortura. O equilíbrio entre o rigor dos princípios e a intenção moderadora dos imperadores dependerá, em última análise, do acaso e dos acontecimentos.

Na Ásia, dois príncipes da Igreja

No meio da imensa multidão de figuras heroicas que se erguem, ao longo do século II, com a fronte banhada em sangue, hesitamos em destacar uma ou outra, pois todas são igualmente dignas de veneração. Quereríamos enumerá-las exaustivamente: não só aquelas que a glória conservou e que são como marcos miliares nesta dolorosa estrada, mas também as obscuras, as anônimas, que pavimentam com os seus corpos imolados a calçada pela qual Cristo avançou. Todas apresentam, aliás, traços tão constantes, no desejo do sacrifício e na firmeza da alma, que evocar umas é o mesmo que conhecê-las todas: desde o mais santo bispo ao mais humilde escravo, há sempre o mesmo conjunto de virtudes entrelaçadas num só feixe pelo heroísmo, pela fé e pela simplicidade.

Dois homens se impõem logo de início à nossa atenção e são trazidos à plena luz não só pelas condições da sua morte (quase ousaríamos dizer que essas condições são e serão banais durante dois séculos), mas também pelo peso que uma obra intelectual eminente dá aos seus nomes e ainda pelo posto que ocupam na hierarquia: Inácio de Antioquia e Policarpo de Esmirna. Ambos são bispos, chefes de comunidades cristãs, e nesse tempo ser príncipe da Igreja não era coisa que desse muito repouso: o único benefício que daí advinha era o de estarem mais expostos a qualquer ataque. Nestas regiões da Ásia Menor e das ilhas vizinhas, onde o fanatismo religioso causava estragos há muito tempo, onde o culto imperial se firmara solidamente, sobretudo em Pérgamo, e onde a propaganda cristã, como vimos, tinha sido intensa e coroada de êxito, não é de admirar que o ódio anticristão fosse violento. E os dois príncipes da Igreja, Inácio e Policarpo, serão as suas vítimas mais célebres.

É muito curiosa e atraente a fisionomia de *Santo Inácio*, um tipo admirável desses revolucionários da Cruz que não mastigavam as palavras, que olhavam os homens e as coisas de frente e que assumiam os riscos com uma lucidez sem rupturas. Não é sem razão que, pela etimologia, o seu nome faz pensar em fogo — *ignis* —, como já se observava no seu tempo. As suas cartas revelam um homem enérgico e empreendedor, pronto a entrar em combate pela fé e pela justiça; mostram-nos também, pelo estudo que fez da constituição da Igreja, um jurista e um administrador eméritos; e, quando lemos as suas meditações sobre Cristo e sobre a vida espiritual, descobrimos nele um teólogo e um místico notável. A ele pertence a admirável fórmula que depois seria adotada por tantas almas santas: "Realizemos todas as nossas ações com o único pensamento de que Deus habita em nós". Tendo sido testemunha ainda muito próxima da geração apostólica, da qual conheceu vários representantes diretos, é um dos laços vivos que ligam a tradição cristã ao próprio Cristo, por intermédio de São Paulo ou mesmo de São Pedro [13]. Nele vamos encontrar por inteiro toda a santa violência dos primeiros semeadores do Evangelho.

Foi preso no tempo de Trajano, no decorrer das perseguições que assinalaram o começo desse governo e de que possivelmente foi vítima em Roma o papa São Clemente, terceiro sucessor de São Pedro, e certamente São Simeão, em Jerusalém [14]. São pouco conhecidas as condições do seu processo, e não se sabe se a iniciativa do mesmo partiu do povo ou de algum magistrado local. Quanto às circunstâncias do seu martírio, surgem tais contradições entre os diversos relatos que dele se fizeram em Roma e em Antioquia, que não é possível reconstituí-las. Quando muito, pode-se admitir que morreu no ano 170, talvez no Coliseu, então em fase de acabamento, por ocasião dos gigantescos espetáculos dados por Trajano para comemorar a sua vitória sobre os dácios, durante os quais foram chacinados cerca de dez mil gladiadores e onze mil feras. Mas, se nos faltam bastantes dados concretos, o que conhecemos maravilhosamente é a psicologia do santo e a sua alma iluminada. Chegaram até nós as suas cartas, tão numerosas e tão admiráveis que, na Igreja primitiva, serão consideradas quase canônicas e situadas um pouco abaixo das de São Paulo. São um dos monumentos do espírito cristão nestes primeiros tempos.

Condenado em Antioquia, juntamente com os companheiros Rufo e Zózimo, o bispo é enviado a Roma para ali ser lançado aos leões. Conhecendo o destino que o espera, manifesta um fervor e um entusiasmo tais que só uma explicação sobrenatural nos permite compreendê-los. Aos cristãos de Esmirna, escreve: "Debaixo da lâmina do cutelo ou no meio das feras, é sempre junto de Deus que estarei". Cada um dos altos durante a viagem proporciona-lhe uma nova ocasião de propagar a palavra de Cristo. Em Esmirna, põe-se em contato com o bispo Policarpo, que o seguiria mais tarde na senda do sangue. E antes de chegar a Roma, envia à comunidade da cidade uma carta — que Renan considera "uma das joias da literatura cristã primitiva" — em que suplica aos fiéis que não façam nada para libertá-lo, para conseguir o seu perdão ou para evitar que seja supliciado. Perante a sorte mais terrível que se pode imaginar, o único receio deste homem é o de ser poupado ao seu destino. E exclama: "Deixai-me fazer o sacrifício enquanto o altar está preparado. Deixai-me ser presa das feras. É por meio delas que chegarei a Deus. Sou trigo de Deus, e, para que possa ser pão branco de Cristo, é preciso que seja moído pelos dentes dos animais". A *Catena aurea* da nossa Idade Média oferecer-nos-á um símbolo legítimo quando afirmar — interpretando o sobrenome de Teóforo que Inácio usara enquanto vivo — que, ao abrirem o seu coração, encontraram nele o nome de Cristo gravado em letras de ouro.

Meio século depois, quando governava o imperador Antonino Pio, *Policarpo*, que recebera o grande Inácio e depois da sua morte reunira as suas cartas e meditara o seu exemplo, sofreu a mesma sorte. Sobre o seu processo e morte possuímos muitos dados, graças a uma carta que a comunidade de Esmirna enviou aos irmãos da Frígia a pedido destes, para lhes relatar os acontecimentos no momento exato em que se deram. Policarpo já era velho — quase nonagenário —, mas não há idade para se dar testemunho do Espírito e, aos mais fracos, Deus dá sempre forças para o seu combate.

No ano 155, doze cristãos de Esmirna tinham sido presos e julgados. Todos eles, exceto um, deram provas de uma intrepidez admirável, que atingia as raias da temeridade: um deles, em pleno interrogatório, chegou a bater no procônsul, talvez por tê-lo achado demasiado indulgente e ter tido receio de que a sua mansidão provocasse apostasias. A multidão, enfurecida, reclamou sanções mais severas. Ouviu-se em altos berros o nome de Policarpo. Perseguido durante dois dias e finalmente delatado por um dos seus servos, que tinha sido submetido à tortura, acabou por ser preso. A sua calma e a sua dignidade impressionaram os guardas que tinham ido prendê-lo. Há muitas irregularidades no seu processo, conduzido apressadamente mas de forma dramática. Realizava-se na altura uma sessão de jogos a que assistia o procônsul Quadrato. Trazem o bispo montado num jumento e atiram-no à arena. A sua entrada desencadeia nova gritaria. E começa o interrogatório, cuja trágica simplicidade é maravilhosamente retratada pelo texto hagiográfico. De um lado, o magistrado romano, que tem visível consciência de não estar dentro da estrita legalidade; do outro, a multidão prestes a rugir e a amotinar-se; em frente, o santo que não se curva.

— Jura pela sorte de César. Arrepende-te. Grita: "Morte aos ateus!"

Voltado para a multidão, aquela que é verdadeiramente ateia, e fixando-a com o olhar, o ancião estende a mão e diz: "Morram os ateus!" Mas não o diz, evidentemente, com o sentido que o romano pretendia.

O procônsul insiste:

— Torna-te apóstata! Jura e eu te devolvo a liberdade! Insulta a Cristo!

— Há oitenta e seis anos que o sirvo e nunca me fez mal algum. Por que então haveria de blasfemar contra o meu Rei e o meu Salvador?

— Jura pela sorte de César!

— És excessivamente confiante, se esperas convencer-me. Na verdade, eu te declaro: sou cristão.

— Tenho as feras à minha disposição.

— Dá as tuas ordens. Quanto a nós, quando mudamos, não é do melhor para o pior; belo é passar do mal para a justiça.

— Se não te arrependes, e já que desprezas as feras, morrerás numa fogueira.

— Tu me ameaças com um fogo que arde uma hora e depois se apaga. Mas conheces por acaso o fogo da justiça que há de vir? Sabes qual é o castigo que devorará os ímpios? Vamos, não te demores. Resolve como te aprouver.

Logo que o romano mandou o arauto proclamar a sentença, a multidão não se conteve. Saltou as grades do anfiteatro e espalhou-se pela arena. Foi ela que empilhou a lenha para a fogueira, e os judeus da cidade não foram os últimos a levar as suas braçadas. E as chamas elevaram-se altas e brilhantes, em forma de abóbada ou como uma vela enfunada pelo vento, de sorte que o corpo do mártir foi como o ouro e a prata purificados no cadinho[15].

Na Gália: os mártires de Lyon

É na Gália que se desenrola outro episódio do grande drama das perseguições que vamos relatar. Para os cristãos da França, a cena reveste-se de particular importância, porque foi a primeira manifestação que trouxe a lume os princípios do Evangelho no seu país. Mas isto não quer dizer que a propaganda evangélica tivesse esperado pelo penúltimo quartel do século II para invadir a Gália. Sendo parte integrante do Império há duzentos anos, ligada a Roma por um comércio importante, aberta ao Mediterrâneo por grandes portos e atravessada por estradas admiráveis, não se comprende que a terra francesa pudesse ficar fora da semeadura cristã. As tradições que reivindicam, para esta ou aquela comunidade, uma origem gloriosa e cheia de prodígios[16], bem como algumas descobertas arqueológicas recentes[17], permitem pensar que o cristianismo chegou à Gália muito cedo. Uma declaração de

Santo Irineu, dizendo-se obrigado a estudar a rude língua celta para se fazer compreender pelas suas ovelhas, implica que no seu tempo o cristianismo já penetrara naquelas regiões em que o latim não era ainda a língua comum. Nas colônias orientais que ali faziam negócios, depressa se deve ter tido notícia da Boa-nova. Por volta de 150, existiam com certeza numerosos grupos de fiéis e estavam constituídas diversas Igrejas, das quais as mais ativas eram as de Lyon e Vienne. Foram estas as atingidas no ano 177.

Governava então Marco Aurélio. A nobreza da sua alma, a elevação do seu caráter e a sua constante preocupação humanitária e moral faziam dele, já aos olhos dos seus contemporâneos, um dos mais belos tipos que o mundo já conhecera. Mas este estoico, este amigo de Epiteto, foi um perseguidor, um carrasco dos cristãos? Custa admiti-lo, mas não compreenderemos bem a sua atitude se não tivermos em conta a jurisprudência estabelecida desde Trajano, que Marco Aurélio, governante escrupuloso, aplicou estritamente. Desconfiado do cristianismo, cético a respeito de tudo o que considerava fanatismo absurdo, este imperador exigia dos seus magistrados o respeito à lei; dentro dos seus limites, é certo, mas também dentro do rigor estabelecido. Não hesitará em chamar à ordem um funcionário excessivamente zeloso que violará a proibição de "dar caça aos cristãos"; mas sempre que surgir uma denúncia regular e uma queixa na forma devida, ordenará que o processo siga o seu curso legal, e o seu humanismo estoico não irá ao ponto de proibir as abominações do circo, que a época parecia exigir.

Em 163, segundo ano do seu governo, o grande doutor da Igreja, *Justino*, foi acusado na forma da lei pelo seu inimigo, o filósofo Crescente, e condenado à morte e executado com alguns discípulos, também segundo a lei, por se ter recusado a sacrificar aos deuses[18]. Em Lyon, no ano 177, o caso teve características diferentes. Por ocasião da festa que reunia anualmente, em volta do altar de "Roma e Augusto", os delegados das três Gálias — Bélgica, Aquitânia e Céltica — e que coincidia com uma feira muito concorrida, a população, excitada pela expectativa dos jogos e pela tagarelice própria dos grandes ajuntamentos, deteve alguns cristãos, maltratou--os e denunciou-os. Fossem novatas ou pusilânimes, as autoridades civis e militares cederam à pressão e iniciaram o processo. Tomado de escrúpulos, o legado consultou o imperador, que o remeteu para a lei, isto é, para a jurisprudência de Trajano, e a seguir organizou-se o processo normal por delito de crença cristã. Tal como foi consignada por escrito, no dia seguinte ao do acontecimento, esta perseguição constitui uma das páginas mais horrorosas e, ao mesmo tempo, mais sublimes da história do cristianismo nascente.

Presos bastante ao acaso, segundo parece[19], alguns notáveis cristãos foram imediatamente acusados dos crimes imaginários que a voz popular lhes atribuía. Alguns dos seus servos, submetidos a tortura, deram às calúnias uma espécie de aval. Quiseram que uma jovem escrava batizada, Blandina, se prestasse também a essas infâmias, e como ela parecia fraca de corpo e de espírito, os seus senhores não estavam muito tranquilos. No entanto, cheia da força de Deus, respondeu: "Sou cristã, e entre nós não se pratica mal algum". Os verdugos chegaram a revezar-se para arrancar-lhe qualquer confissão, mas foi tudo em vão. E os cristãos, admirados com tão grande força de alma numa menina e com tanta grandeza moral numa simples serva, reconheceram nela a porta-voz do próprio Mestre, "para quem é grande honra aquilo que os homens têm como desprezível e que leva mais em conta o poder do amor do que as vãs aparências". "A serva Blandina — escreverá Renan — mostrou que se tinha consumado uma revolução. A verdadeira emancipação do escravo, a emancipação pelo heroísmo, foi em grande parte obra sua".

Iniciado o processo, a primeira vítima foi Potino, bispo de Lyon, que contava na ocasião noventa anos. Havia já muito tempo que viera da sua Ásia natal e que governava a comunidade lionesa. "De saúde muito débil, mal podia respirar, tão gasto estava o seu corpo. Mas o ardor do Espírito deu-lhe forças, porque ansiava pelo martírio. Levado de rastos ao tribunal, com o corpo alquebrado mas com a alma intacta, prestou um testemunho de fé admirável. O governador perguntou-lhe qual era o Deus dos cristãos. «Sabê-lo-ás quando fores digno disso», respondeu. Foi então arrastado brutalmente e ainda mais maltratado. Encheram-no de pontapés e pancadas, sem qualquer respeito pela sua idade, e os que se encontravam mais afastados atiravam-lhe com tudo o que tinham à mão. Pensavam que assim vingariam os seus deuses. O mártir mal respirava quando por fim o meteram numa prisão, onde veio a falecer dois dias depois".

Modelos desta natureza tornaram-se um exemplo. Houve entre os detidos como que um contágio de heroísmo. Alguns que tinham apostatado, sentindo não só vergonha de si próprios mas também o desprezo dos outros, retornaram à fé e abraçaram de novo o cristianismo. Rumo ao martírio, "os confessores caminhavam com o rosto resplandecente de glória e de beleza. As próprias correntes pareciam um nobre adorno, semelhante às franjas bordadas a ouro no vestido de uma noiva. Espalhavam à sua volta o bom odor de Cristo, de tal forma que muitos perguntavam se não vinham perfumados". Os suplícios que lhes infligiram foram, diz o texto, "de uma variedade da maior beleza, e foi com flores de todas as espécies que eles entreteceram uma coroa e a ofereceram ao Pai". Houve no anfiteatro, sob os olhos ferozes da multidão, as flagelações até a morte, as crucificações e as degolações do costume; não somente as feras tiveram o seu papel, mas inventaram ainda suplícios mais refinados, como a cadeira de ferro que, posta ao rubro, grelhava tão bem a carne que flutuava pelo ar o odor da gordura. São conhecidos os nomes de algumas destas vítimas: Vétio Epagato (São Vito), de família patrícia; Santo, um diácono de Vienne; o neófito Maturo, Atala, um cidadão romano vindo de Pérgamo, e Pôntico, uma criança de quinze anos. No meio do anfiteatro tinham pendurado Blandina de um poste e "vendo-a assim, como crucificada e orando em voz alta, os combatentes de Cristo sentiam-se mais corajosos".

Esgotada a lista das vítimas — umas cinquenta, como se julga —, restou Blandina. As feras, já fartas sem dúvida, olhavam-na com desdém. Ela e seu companheiro Pôntico haviam sido conduzidos várias vezes ao anfiteatro e obrigados a assistir aos suplícios de seus irmãos, na esperança de que abjurassem. Tinham-se mantido fimes. Mas chegou-lhes a vez. Como uma nobre mãe que anima os seus filhos, Blandina encorajava Pôntico nas torturas. Nem o látego nem a grelha lhes foram poupados. Como Blandina continuasse a viver, "meteram-na dentro de uma rede e jogaram-na ao touro. Atirada ao ar diversas vezes pelo animal e quase inanimada", ainda respirava. Por fim degolaram-na. "E os próprios pagãos reconheceram que nunca tinham visto mulher alguma sofrer tanto e tão bem".

Quando tudo terminou, expuseram e insultaram os corpos dos mártires durante seis dias; depois queimaram-nos, reduzindo-os a cinzas, e atiraram estas ao Ródano, para que nada restasse. E como estavam bem a par dos dogmas cristãos e sabiam da esperança que os sustinha, ainda que não soubessem medir o seu alcance espiritual, os adversários diziam ao espalharem as cinzas: "Vejamos se agora o seu Deus os ressuscita".

Em Roma, uma jovem patrícia: Cecília

Mal se tinham extinto as chamas das fogueiras gaulesas, a perseguição reacendeu-se em Roma, nos últimos tempos de Marco Aurélio. Foi desencadeada, sem dúvida, por causas profundas, como o nervosismo e a irritação que se tinham apossado das autoridades e da opinião pública desse governo em face das guerras espinhosas na Bretanha, no Reno, no Danúbio e contra os partos da Armênia, bem como diante das terríveis epidemias e das brechas na fidelidade dos militares. Nessas circunstâncias, os processos contra os cristãos bem podem ter desempenhado mais uma vez o seu papel de útil diversão.

É no decurso destes três anos — 178 a 180 — que podemos situar um dos mais célebres martírios: o de Santa Cecília. É certo que a data tem sido discutida, variando, ao sabor dos biógrafos, do tempo de Marco Aurélio ao de Juliano, o Apóstata, o que representa um lapso igual ao que separa a nossa época da de Luís XIV. Mas o martirológio de Adon de Viena afirma formalmente que Cecília morreu "no tempo dos imperadores Marco Aurélio e Cômodo", e este texto muito tardio, do século V, encontra-se autenticado nesse ponto pela alusão precisa que faz a uma decisão jurídica recente, promulgada em conjunto pelos *imperatores:* provavelmente um rescrito relativo aos martírios de Lyon, assinado ao mesmo tempo por Marco Aurélio e seu filho Cômodo, que havia dez anos fora associado ao Império.

Mas a data não é a questão mais intrincada no caso deste martírio. A *Passio Sanctae Ceciliae*, que nos fornece a trama, é um texto três séculos e meio posterior ao acontecimento, e nele um autor cheio de boa vontade, de conhecimentos teológicos e de talento literário enfeitou, com uma piedade pouco discreta, um fato de uma trágica simplicidade. A crítica identificou muitas influências nesta obra, tais como as de Tertuliano e Santo Agostinho, e bem assim a de numerosas *atas dos mártires* canônicas ou apócrifas. Tal como a lemos, a história de Santa Cecília pode ser citada como o exemplo mais perfeito dessas *Paixões* que os cristãos da Idade Média amavam loucamente e cujo encanto poético não pode ser negado, mesmo que se duvide da sua veracidade. É sob os traços com que a retratou Rafael que evocamos hoje essa moça altiva; e de Pope a Dryden ou de Addison e Ghéon, muitos foram os escritores que a tomaram como heroína, sem deixar, no entanto, de acentuar ainda mais o traço que lhe vinca a fronte.

Cecília pertencia a uma das mais nobres e mais antigas famílias de Roma, essa *gens Caecilia* que, durante os séculos da República, estivera ligada a tudo quanto respirasse glória. Contava entre os seus antepassados os vencedores de Veios e de Cartago, além de matronas que já no tempo dos Tarquínios haviam sido apontados como exemplo, e essa Cecília Metela, esposa do triúnviro Crasso, cujo túmulo na Via Ápia ainda hoje nos impressiona pela sua majestade. Neste meio da mais alta aristocracia, como é que ela foi tocada, "desde a infância", pela graça cristã? É bem possível que o seu Batismo tenha sido obra de alguma ama ou escrava fiel a Cristo. O Evangelho não cessara de progredir nas camadas superiores, desde a história de Domitila. Já no governo de Antonino Pio se relatava o martírio de duas patrícias, Santa Praxedes e Santa Prudenciana, cuja memória é perpetuada em Roma por duas basílicas. No lar de seus pais, algum daqueles belos edifícios construídos após o incêndio de Nero, Cecília foi crescendo no meio da sua fé. "Trazia — assegura o velho texto — um cilício por baixo dos vestidos bordados a ouro, e o Evangelho no coração".

Quando chegou à idade de contrair matrimónio, seus pais destinaram-na a um rapaz jovem e amável chamado

Valeriano, descendente de uma *gens* também muito ilustre, a dos *Valerii*, em que eram inúmeros os feitos heroicos. Possuíam do outro lado do Tibre uma moradia riquíssima, estranhamente situada num bairro modesto, e Cecília fora destinada pelos pais a passar ali os seus dias como uma boa mãe de família. E foi ali que veio a ser martirizada.

Começam aqui a desfilar as maravilhas. No fundo da sua alma, Cecília tinha-se prometido a Deus somente. Mas por que não avisou o noivo, antes do casamento, do voto secreto que fizera? Teve medo de ser traída, ou estava já a cumprir um desígnio da Providência? O antigo narrador preocupa-se pouco com a psicologia. Na noite de núpcias, terminadas as festas de um casamento mundano, Cecília, após ter pedido ao Senhor que "conservasse a sua alma e o seu corpo sem mancha", dirigiu ao esposo um pequeno discurso que começava assim: "Ó doce e amável jovem, eu tenho de confiar-te um mistério, sob a condição de que tu me jures solenemente guardar segredo...". Perante esse rosto amado, subitamente tão ansioso, que podia fazer Valério senão aceder? E ouviu da boca daquela que tanto amava que ela nunca lhe pertenceria.

Quereríamos poder acompanhar em todos os seus pormenores o saboroso latim da *Passio*, e ver desabrochar uma após outra todas as flores desse ramalhete de prodígios, narrados com uma simplicidade e uma sem-cerimônia que nos fazem pensar nas narrativas do *Graal* na versão francesa de Chréstien de Troyes. O autor acredita de tal maneira naquilo que conta, que a sua força de convicção arrasta, na ordem poética, o assentimento do coração. Valério escuta. Ouve a jovem esposa falar de Jesus, da fé cristã, do anjo que vela pela sua pureza e do amor sobrenatural que a espera. Imediatamente — reação de ternura? milagre? — corre ao longo da Via Ápia e vai a um lugar onde lhe disseram que encontraria um sábio ancião pronto a recebê-lo. Cai "como um corpo morto" aos pés de Urbano (bispo de Roma?), que o acolhe com transportes de alegria, e, enquanto o santo varão pronuncia sobre ele as palavras sacramentais, Valério vê em êxtase um ancião nimbado de ouro que lhe apresenta um livro, na primeira página do qual lê estas palavras: "Um só Deus, uma só fé, um só Batismo". A oração de Cecília vencera.

Mas não é ainda bastante este primeiro toque da virgem cristã no címbalo do Paraíso. O irmão de Valério, Tibúrcio, vem visitar o jovem casal e fica admirado ao respirar o maravilhoso odor que os envolve, tanto quanto ao escutar os graves propósitos que lhe comunicam. Dizem-lhe que fizeram uso de um perfume sobrenatural de rosas e de lírios invisíveis, e que as suas palavras têm uma explicação muito simples. Pede que o informem, e recebe da cunhada um pequeno curso de teologia que, se foi notável pelo saber e eloquência, não o foi menos pelo maravilhoso resultado que obteve — a conversão de Tibúrcio. "O anjo de Deus falou pela tua boca!", disse ele a Cecília. E foi lançar-se também aos pés de Urbano.

É agora que começa o drama. Os dois irmãos neófitos alardeiam a sua fé. Constroem nos jardins de suas famílias necrópoles onde repousarão os corpos de numerosos mártires. Organizam cerimônias nas suas casas. Dentro em breve serão denunciados, presos e levados ao prefeito da cidade que, evidentemente, procura livrar do castigo aqueles jovens de alta linhagem. Mas os dois irmãos queriam morrer; esperam apenas o golpe da espada e, para o receberem, desprezarão todos os magistrados do mundo e todos os deuses de Roma. E a sua atitude é tão heroica e a sua fé tão exuberante que o rude soldado incumbido de os levar ao suplício, chamado Máximo, segue-lhes o exemplo e converte-se. Caem os três juntos, os dois patrícios a golpes de cutelo e Máximo a golpes de chicote revestido de chumbo.

Cecília fica só, viúva e virgem, mas mais exaltada ainda na sua fé. Manda recolher os três corpos e deposita-os numa necrópole cristã. Não desfalece. Quando chega a sua vez de ser julgada, proclama bem alto a sua fé e assume as responsabilidades. O texto a que nos reportamos põe na sua boca palavras dignas de Polieuto: "Não renegaremos nunca o santíssimo nome que conhecemos. *Non possumus!* É-nos impossível. Preferimos morrer na liberdade suprema a viver na desgraça e no desamparo. E o que vos tortura, a vós que em vão vos esforçais por obrigar-nos a mentir, é precisamente esta verdade que proclamamos..."

A moça indomável domina o funcionário e zomba do pagão em termos que Corneille há de recordar: "Adorais deuses de pedra ou de madeira?" Era demasiado. Que pereça! Primeiro tentam matá-la por meio do suplício que era costume aplicar às grandes damas condenadas: a asfixia na própria sala de banhos, depois de sobreaquecida. Mas quando os carrascos reabrem o *caldarium* que durante vinte e quatro horas haviam convertido numa estufa sufocante, encontram a mártir num ambiente de agradável frescor, orando e louvando a Deus. O cutelo quebrar-lhe-á a resistência? O executor, perturbado ou pouco destro, erra os três golpes que a lei autorizava, e Cecília jaz prostrada, com o pescoço meio decepado, mas — que milagre! — ainda com forças para reconfortar os seus...

De toda esta história maravilhosa e um pouco mirabolante, a crítica retém o fato da existência de Cecília e o seu martírio. A descoberta, em 1599, debaixo de uma placa assinalada com o seu nome, de um corpo de mulher decapitada; a descoberta em 1905, debaixo da igreja de Santa Cecília no Trastevere, de um *caldarium* e de alguns mármores antigos, um dos quais tem o nome da santa, parecem confirmar o essencial do maravilhoso relato, pelo menos quanto ao seu fim.

O que aparece como válido nesta edificante narrativa é a afirmação dos méritos espirituais da virgindade, da nobreza da mulher que rejeita a felicidade de ser mãe para encontrar, sobrenaturalmente, o direito de dar almas ao seu Deus. É esta mensagem — revolucionária em face da antiga concepção romana da mulher como mero instrumento social da fecundidade patriótica — que se torna necessário ouvir quando, na catacumba que tem o seu nome, nessa terra que herdara de seus avós[20], no fim do outono, Cecília é festejada pela Igreja e sob as abóbadas e mosaicos ressoa o hino *Jesus corona virginum*, o hino das virgens e das mártires[21].

Na África, os humildes mártires de Scili

No entanto, às amplificações literárias da *Passio* de Cecília, temos o direito de preferir um documento que não é de uma época posterior, mas, pelo contrário, foi redigido no momento em que os fatos se produziram, e que, pelo seu caráter quase estenográfico, lembra um relatório oficial, vasado num estilo despojado que o torna mais surpreendente. Trata-se do *Processo dos Mártires de Scili*, tal como se desenrolou em Cartago, no começo do governo de Cômodo, provavelmente no ano 180. Tem-se perguntado se o documento não é simplesmente a transposição do relatório do procônsul sobre o episódio. Seja como for, é um dos textos mais irrecusáveis de todos os martirológios: transpira verdade.

Quando é que o Evangelho chegou à África? Não o sabemos ao certo, como não sabemos quando é que chegou à Gália. Catacumbas encontradas em Susa, a antiga Hadrumeto, e que têm mais de cinco mil túmulos, provam que o cristianismo já era florescente na atual Tunísia desde o tempo dos Antoninos. Cartago, importante centro comercial, deve ter recebido muito cedo os mensageiros da Boa-nova. Por volta do ano 130, o Evangelho já devia permear toda a África do Norte, visto que o drama se desenrolou em Scili, minúsculo burgo da Numídia. Lá foram presos, a fim de serem enviados a Cartago para julgamento, doze fiéis, entre os quais cinco mulheres. Devia tratar-se de pessoas humildes; nada sabemos de nenhuma delas. É necessário citar sem nenhum comentário as duas páginas deste diário, para podermos compreender quanto heroísmo e quanta santidade a fé transmitia então às almas.

"Em Cartago, no segundo consulado de Presens e primeiro de Claudiano, em 16 das calendas de agosto, compareceram à sala de audiências Esperato, Natzalo, Citino, Donata, Secunda e Véstia.

O procônsul Saturnino deu início ao interrogatório:

Saturnino: — Podeis obter o perdão do imperador, nosso senhor, se retornardes aos melhores sentimentos.

Esperato: — Nunca fizemos mal algum nem cometemos qualquer injustiça; não desejamos mal a ninguém e, mesmo quando nos maltratavam, respondemos somente com bênçãos. Somos, pois, súditos fiéis do nosso imperador.

Saturnino: — Está bem. Mas nós temos uma religião que deveis observar. Juramos pela divindade imperial e oramos pela saúde do imperador. Como vedes, é uma religião muito simples.

Esperato: — Escuta-me, por favor, e eu te revelarei um mistério de simplicidade.

Saturnino: — E tu nos explicarás uma religião que insulta a nossa; não te quero ouvir. Jura antes pela divindade do imperador.

Esperato: — Eu não conheço o imperador divinizado deste mundo e prefiro servir a Deus, que ninguém viu nem pode ver com os olhos da carne. E se não sou ladrão, se pago o preço daquilo que compro, é porque conheço o meu Senhor, o Rei dos Reis, o Imperador de todos os povos.

Saturnino (para os outros): — Abandonai essas crenças.

Esperato: — As crenças são más quando incitam ao assassinato e ao perjúrio.

Saturnino (para os outros): — Não partilheis da sua loucura.

Citino: — A ninguém tememos, a não ser ao Senhor, nosso Deus, que está no céu.

Donata: — Respeitamos César como ele merece, e não tememos senão a Deus.

Véstia: — Eu sou cristã.

Secunda: — Eu também sou cristã. E quero continuar a sê-lo.

Saturnino (a Esperato): — Persistes em dizer-te cristão?

Esperato: — Eu sou cristão.

E todos fizeram a mesma declaração.

Saturnino: — Quereis tempo para refletir?

Esperato: — Não se discute uma decisão tão sábia.

Saturnino: — Que há dentro desta caixa?

Esperato: — Os livros santos e as cartas de Paulo, um justo.

Saturnino: — Concedo-vos um prazo de trinta dias. Refleti.

Esperato (repete): — Eu sou cristão.

E todos disseram o mesmo.

Então o procônsul leu a sentença escrita na tábua encerada: Esperato, Natzalo, Citino, Donata, Véstia, Secunda e todos os outros confessaram que vivem segundo as práticas cristãs. Foi-lhes dada oportunidade para regressarem à religião romana. Recusaram com obstinação. Condenamo-los, pois, a perecer sob a espada.

Esperato: — Damos graças a Deus.

Natzalo: — Hoje, mártires, estaremos no céu. Graças a Deus.

O procônsul Saturnino mandou então anunciar pelo arauto: «Mando que conduzam ao suplício Esperato, Natzalo, Citino, Vetúrio, Aquilino, Lactâncio, Januária, Generosa, Véstia, Donata e Secunda».

Todos: — Graças a Deus.

E foi assim que todos receberam juntos a coroa do martírio. E eles estão no Reino com o Pai, o Filho e o Espírito Santo, por todos os séculos dos séculos. Amém"[22].

O martírio, testemunho humano

Ao longo desta narrativa das *Acta Martyrum*, a impressão que se nos impõe ao espírito é a de uma coragem tão sublime que, mesmo considerada apenas no plano humano, coloca estes milhares de sacrificados voluntários na primeira fila dos heróis. Desde o mais célebre até o mais obscuro, todos deram provas, perante a morte, de uma firmeza de ânimo e de uma serenidade que, independentemente da adesão à sua fé, suscitaram muitas vezes a maior admiração. Há aqui um conjunto único de testemunhos prestados pelo homem ao homem sobre aquilo que há nele de melhor e de mais puro.

Não se pode dizer que, para enfrentar o fim horrível a que se sabiam condenadas, estas vítimas tivessem tido forças psíquicas maiores do que as nossas, nem que estivessem obcecadas por qualquer hipnose extática. Uma das características mais pungentes da sua paixão é, pelo contrário, a simplicidade com que os cristãos a ela se referem. Nas prisões em que esperam a sua última saída, conversam, como sabemos, sobre o suplício; perguntam-se sobre o golpe do cutelo, se dói muito e se se sofre muito para morrer; discutem as torturas a que se sabem condenados. Mas superam todo o horror que estas imagens lhes poderiam causar e que a sua imaginação evoca sem mágoa. E muito poucos fraquejam no momento supremo. Encorajando-se mutuamente, trocando entre si o ósculo da paz, mais unidos ainda no sacrifício do que na vida cotidiana, em que certamente existiriam as dissensões e discórdias próprias do ser humano, caminham para o suplício levando no coração a paz que Cristo lhes havia prometido.

Mas, tanto como este heroísmo, é necessário reter o significado que lhe dão. Há muitos modos de ser valente e muitas razões para desafiar a morte; há heróis cujo sacrifício não é senão inconsciência, como acontece com aqueles que, conforme certa moral nietzcheana, procuram por essa via a realização do homem, a sua "superação". Ao sacrificar-se, os cristãos das perseguições têm em vista um fim muito definitivo. Votam toda a sua existência a uma realidade que lhe dará o significado último. São, literalmente, *testemunhas*. E é por isso que, na antiga jurisprudência, em que sempre se tomava pela tortura o depoimento dos mais humildes, dos desprezados, dos escravos, a palavra *mártir* significa, ao mesmo tempo, aquele que dá testemunho e aquele que se submete à tortura para falar.

No entanto, os cristãos não procuram prestar esse testemunho voluntariamente ou, melhor, não provocam a ocasião. Marco Aurélio engana-se quando vê na atitude dos cristãos uma presumida fanfarronada; pelo contrário, muitos textos da Igreja primitiva insistem sobre a inutilidade e até sobre o perigo das atitudes ostensivas. Na *Paixão* de São Policarpo relata-se que apenas um dos cristãos presos se acovardou perante as feras: era exatamente aquele que, por iniciativa própria, se havia apresentado aos juizes e arrastado alguns outros a imitá-lo. "É por isso — diz o texto — que nós censuramos aqueles que se entregam espontaneamente aos tribunais; não é esse o espírito do Evangelho".

Não se trata, pois, de sair em busca de uma vã gloríola, mesmo através do sacrifício mais pleno; mas quando a Providência dispõe que o testemunho seja prestado, é necessário até o fim. Esta é, na sua sabedoria e na sua grandeza, a moral do heroísmo dos mártires. Submeter-se e não procurar vingar-se dos perseguidores; caminhar para o holocausto com amor, como Jesus que, do alto da Cruz, perdoou os seus carrascos; "viver toda a vida e morrer toda a morte", como dirá muito mais tarde um místico: o martírio situa-se no extremo de uma existência inteiramente voltada para o testemunho e é como que o seu coroamento.

Os mártires dão testemunho de Cristo de duas formas: pela palavra e pelo sangue. Podemos citar um grande número de cristãos que aproveitaram a prisão e o processo para gritar bem alto a sua fé e espalhar a verdade. Assim o fizera outrora o primeiro dos mártires, Santo Estêvão, que teve numerosos imitadores. E muitas vezes isso se reduzia a uma simples afirmação, como aquela que soou nos lábios dos mártires africanos: "Eu sou cristão"; ou ainda, no interrogatório prévio para identificação: "Como te chamas?" "Cristão, isso basta".

Outras vezes, é um ato de fé mais explícito, como o de São Justino em Roma, no ano 163: "Nós adoramos o Deus dos cristãos; cremos que Ele é o Deus único, o Criador desde a origem e o ordenador de toda a criatura visível e invisível. E cremos no Senhor Jesus Cristo, filho de Deus, anunciado pelos profetas, enviado para salvar os homens, Messias redentor, mestre de sublimes lições". Ou ainda, sob a aparência de uma defesa segundo a lei, é um verdadeiro curso de apologética e de teologia; assim, diz-se de Apolônio — sábio ancião cristão que foi julgado em Roma por volta do ano 180 — que o seu processo deu lugar a verdadeiras discussões filosóficas no meio de uma assistência de intelectuais e senadores sobre os quais o sábio fez incidir, durante três dias, não só abundância de luz como argumentos de peso.

Quais foram os resultados deste testemunho pela palavra e do testemunho — mais impressionante ainda — pelo sangue derramado? Foram imensos. Há um contágio do heroísmo, que sensibiliza facilmente a alma humana, por pouca nobreza que esta traga em si. Aconteceu muitas vezes que cristãos que assistiam como espectadores a processos instaurados contra os seus irmãos, eram de alguma forma impelidos a trair-se e a gritar, ao serem invadidos pelo fervor da fé desses mártires. Assim, em Lyon, Vétio deixou-se trair pela sua indignação. A emulação do sacrifício projetou muitos acima de si próprios. Que sentimentos não deviam experimentar aqueles que viam morrer na glória celeste os seus amigos, e os filhos que, como o jovem Orígenes, assistiam ao suplício do pai? Às vezes, acontecia que corriam a colocar-se voluntariamente sobre o cavalete. O sangue é o cimento que mais fortemente liga entre si os seguidores de uma causa: foi ele que selou o cristianismo nascente.

Mas o martírio não atuava de forma menos eficaz sobre os espectadores pagãos. É verdade que a maior parte dos que assistem no anfiteatro aos extraordinários espetáculos destes sacrificados não encontram ali senão um modo de satisfazerem as suas paixões inconfessáveis. Mas notam-se também outros sentimentos. No decorrer da paixão de São Policarpo, a atitude de um dos seus companheiros, Germânico, diante das feras, é tão corajosa que a multidão se deixa invadir por uma admiração esportiva e o aclama. Outras vezes, o horror dos sofrimentos é tal que os nervos da assistência se destemperam e ela acaba por sentir-se tomada de compaixão. Assim aconteceu no tempo de Nero e assim acontecerá em Esmirna.

Espíritos retos indignam-se quando veem tratar como criminosos seres humanos a quem nada se pode censurar, e esta reflexão, por vezes, é suficiente para uma conversão. Os próprios magistrados sentem-se afetados e mostram-se, não somente humanos nas suas tentativas para salvar os acusados, mas também inquietos e interessados por essa fé que provoca tamanho heroísmo. E as referências que se encontram nas *Paixões* e *Atas dos Mártires* aos carrascos convertidos pelo exemplo das próprias vítimas são tão numerosas e tão precisas, que não as podemos considerar meramente como exageros literários ou fórmulas de estilo. Podemos ver nelas, mais profundamente, a prova histórica do dogma cristão sobre a reversão dos méritos e o poder redentor do sangue.

"Quando eu era discípulo de Platão — escreve São Justino na sua *Apologia* (11, 12) —, ao ouvir as acusações lançadas contra os cristãos, e vendo-os enfrentar a morte tão intrepidamente, inacessíveis ao medo de tudo aquilo que os homens temem, dizia a mim próprio que era impossível que eles vivessem mal e no amor dos prazeres". É verdadeiramente no sentido mais concreto que temos de entender as palavras de Tertuliano, quando diz que o sangue dos mártires foi a semente do cristianismo. É a lição da história em conformidade com o Evangelho: é preciso perder a vida para salvá-la.

O martírio, ato sacramental

"É preciso perder a vida para salvá-la"... Nesta breve frase, recolhida dos lábios de Cristo, reside a explicação do heroísmo de que os mártires deram provas: a sua experiência e o seu sacrifício não encontram o seu verdadeiro sentido se não forem interpretados em função de uma intenção sobrenatural. É verdade que toda a causa humana pode encontrar os seus fanáticos, que se dispõem a morrer para que essa causa triunfe; mas os mártires não pensam propriamente no triunfo da sua causa, no sentido em que hoje se fala de "causa" a respeito de um partido político ou de uma doutrina filosófica: aquilo para que eles tendem ultrapassou o âmbito das lutas da terra. Testemunhas de Cristo, esses homens são combatentes do reino de Deus.

Assim, o martírio não é apenas um fato político, a consequência lógica de um conflito entre uma doutrina revolucionária e a ordem estabelecida. É um elemento fundamental da Igreja primitiva, um ato sacramental, que se realiza nas almas privilegiadas como um carisma, como "a graça das graças", e cujos efeitos sobrenaturais se projetam sobre toda a comunidade dos filhos de Deus. Fé absoluta em Jesus, esperança total na promessa, caridade levada até o extremo da oblação de si mesmo: as três virtudes teologais efetivam-se no martírio com uma plenitude inigualável.

No sacrifício do sangue, encontra a sua expressão mais perfeita a experiência cristã toda inteira, moral, ascética e mística.

"Que outra coisa é o mártir — escreverá no século IV São Vitrício de Rouen, no seu livro *La Louange des Saints* — senão um imitador de Cristo?" A verdadeira "imitação", aquela que no futuro as gerações dos fiéis se esforçarão por alcançar, foi realizada de uma só vez pelas vítimas da arena. O mártir caminha no seguimento de Jesus, como Jesus tinha predito a Pedro: "Para onde eu vou, não podes seguir-me agora, mas seguir-me-ás mais tarde" (Jo 13, 36). Escrevendo aos fiéis de Magnésia, Santo Inácio de Antioquia diz-lhes:

"Se não estivermos todos preparados, com a ajuda de Jesus Cristo, para correr para a morte e imitar a sua Paixão, a sua vida não estará em nós". E mais tarde, na narrativa da morte de São Policarpo, ler-se-á esta frase: "Nós adoramos Cristo como o Filho de Deus, mas, com toda a justiça, veneramos os mártires como discípulos e imitadores do Senhor". De século para século, esta convicção transmitir-se-á através da Igreja até os nossos dias; imagine-se o que ela deve ter sido como ideia-força nas horas em que o risco do sacrifício era universal. Era em Cristo que se tinha dado aos homens, era na sua divina imagem que cada um ia buscar o seu modelo. Assim — dirá São Gregório Magno — Cristo será verdadeiramente para nós uma hóstia quando, por Ele, nós mesmos nos tivermos transformado em hóstias. E mais uma vez pensamos nas palavras de Santo Inácio, desejando ser trigo moído para se tornar pão branco de Deus.

A imitação do Único Modelo contém em si a sua recompensa. Meio místico por excelência, o martírio é a melhor maneira de unir-se a Jesus. Já na terra, submetidos aos mais intensos sofrimentos, os mártires são ajudados por Ele e fortificados pelo seu poder. É Ele quem inspira aos confessores da fé as respostas fulgurantes e os gritos admiráveis que brotam dos seus lábios. É por intermédio dEle que, muitas vezes, no instante supremo, explodem neles as visões sobrenaturais e o espírito de profecia. Mas, muito mais ainda, é pela morte que se realiza a união com Cristo. A grandiosa certeza que estas almas privilegiadas levam consigo ao enfrentarem todos os suplícios, é que, uma vez libertadas do corpo, conhecerão as felicidades divinas e irão diretas para o céu. São Cipriano escreverá, a respeito do martírio, que "é o Batismo pelo qual, desde a nossa saída do mundo, ficamos unidos a Deus". E por isso que este Batismo de sangue pode suprir o Batismo de água, e um catecúmeno não batizado, se morrer mártir, está *ipso facto* contado entre os membros celestes da Igreja. Comentando a experiência dos mártires, Bossuet dirá que eles são "os únicos adultos a respeito dos quais há a certeza de terem entrado imediatamente na glória, os únicos que não precisam das nossas preces e que, pelo contrário, devem ser contados entre os nossos primeiros intercessores".

Assim, o martírio, que é a mais alta forma da imitação de Cristo e que assegura a união com Ele, é nestes tempos da mais elevada fé o meio por excelência da perfeição e o ideal das almas. "Ninguém tem maior amor do que aquele que dá a vida pelos seus amigos" (Jo 15, 13), disse Jesus; e, por isso, São Policarpo, com toda a propriedade, chama aos mártires "imitadores da verdadeira caridade". O sangue espalhado nos anfiteatros absolve e redime. Reúne todos os méritos que o homem pode adquirir e consagra-os em união com o Deus crucificado. "Quem morre pela fé — dirá São Clemente de Alexandria — realiza a obra de caridade perfeita". Quando se encerrar a época das perseguições, e quando o martírio pela fé, perdendo o seu caráter coletivo, passar a ser via de regra um fato individual, São João Crisóstomo exclamará: "Ouvi dizer aos nossos pais que era outrora, no tempo das perseguições, que se encontravam os verdadeiros cristãos".

Não é, pois, para admirar que na primitiva Igreja os mártires tenham ocupado um lugar reconhecidamente importante. Os "confessores", aqueles que, com risco da própria existência, deram testemunho de Cristo, trazem sobre si, já enquanto vivos, o reflexo da luz eterna. Envolve-os uma graça especial. Do fundo das prisões em que esperam a morte, dirigem-se a seus irmãos que estão em liberdade, e o menor dos seus ensinamentos é recolhido como uma mensagem direta do Senhor. Se lhes é poupado o suplício, as marcas dos golpes e das feridas que o seu corpo apresenta são um testemunho da graça que receberam, e é-lhes reservado um lugar na hierarquia e na administração das comunidades[23]. Consideram-nos, especialmente, como os mediadores indicados para reconciliar com Deus os que se mostraram fracos perante as torturas e apostataram: os *lapsi*. Basta que um "confessor" interceda por eles para que, em virtude da reversão do mérito, sejam absolvidos e reintegrados na sociedade dos cristãos.

E depois da morte, deixarão os mártires de ser intercessores e guias? Como seria isso possível, se agora vivem na eternidade com Cristo, que está sempre presente? E é por essa razão que os invocam com uma ternura cheia de confiança. O corpo do mártir, habitado pelo Senhor, esse corpo que é um membro de Jesus crucificado, torna-se em breve objeto de um culto especial, primeira forma do culto dos santos. A respeito de São Policarpo, que foi queimado, diz a narrativa da sua *Paixão*: "Recolhemos as suas ossadas, mais valiosas do que pedras preciosas, mais estimáveis do que o ouro, e as depositamos em lugar digno delas. É ali que, na medida do possível, nos reuniremos para celebrar, com alegria e com a ajuda do Senhor, o aniversário do dia em que, pelo martírio, Policarpo nasceu para Deus". Assim se estabelecerá o costume de celebrar o banquete eucarístico sobre os corpos dos mártires. O hábito de introduzir relíquias nos altares é, portanto, consequência direta desta antiga prática, e a liturgia romana conserva intacta uma relação fundamental da fé cristã, quando exclama na quinta-feira da terceira semana da Quaresma, por ocasião da festa dos mártires São Cosme e São Damião: "Em memória da preciosa morte dos vossos justos, nós vos oferecemos, Senhor, este sacrifício que foi o princípio de todo o martírio". Não se poderia sublinhar melhor a filiação que, pelo martírio, une a Missa e a Eucaristia ao Sacrifício do Deus vivo.

A epopeia dos mártires não é, pois, um episódio concluído no tempo e definido na história. Situada no próprio coração do cristianismo, é um fato de uma importância única, que se prende aos dados mais essenciais dos dogmas. Nem a alegria cristã perante a morte, nem a certeza da redenção pelo sangue se compreendem inteiramente sem o exemplo destes primeiros cristãos, destes homens como nós, que cantavam durante o suplício e preferiam a fé à vida. Toda a história da Igreja, mesmo quando ela triunfar e este grande capítulo tiver terminado, será enobrecida e como que consagrada por figuras admiráveis como Inácio, Policarpo, Cecília, Blandina e tantas outras, bem como por todas as dos irmãos e irmãs destes que, ainda durante mais de meio século, seguirão os seus passos. A imagem da Igreja perseguidora, que os seus atuais inimigos denunciam, não podemos opor imagem mais nobre e mais verídica do que a da Igreja perseguida.

Há um lugar do mundo em que esta lição do martírio é como uma presença viva: é o Coliseu, o anfiteatro dos Flávios, construído por Vespasiano, cuja imensa oval, bem como as três séries de arcadas e a prodigiosa massa de pedra amarelecida pelo tempo, continuam a viver no próprio coração da Roma moderna, como um laço imutável que liga o presente ao passado. No meio da arena, no preciso lugar em que gerações de cristãos derramaram o seu sangue para que a Palavra de Cristo não fosse vã, ergue-se uma cruz muito simples, protesto mudo contra a barbárie e símbolo de um triunfo eterno. É ali que os peregrinos que vão a Roma encontram, com a emoção mais direta, o exemplo dos seus longínquos irmãos mais velhos. Foi ali que São Bento Labre passou semanas em oração e que uma menina francesa se ajoelhou para beijar o solo, antes de ir enterrar a sua juventude no Carmelo de Lisieux. Flutuam ali sombras invisíveis e consoladoras. Parece que, no meio do silêncio, retine a prece anelante dos mártires anônimos: "Cristo, libertai-me! Eu sofro por vosso nome!" E, ao lembrarmo-nos do papel histórico desempenhado por estes vencidos, por estes esquadrinhadores do Reino de Deus que, com a sua morte, venceram os reinos da terra, acodem-nos à mente as palavras de São Paulo, que são como que o princípio de toda a Igreja primitiva: "Porque, quando me sinto fraco, então é que sou forte" (2 Cor 12, 10).

Notas

[1] O fato é materialmente impossível. Nero não se encontrava em Roma por ocasião do incêndio, mas em Anzio, à beira-mar, a cinquenta quilômetros da Urbe. O que não quer dizer que o histrião não tivesse aproveitado a ocasião para regalar a sua corte com o seu poema, que combinava bem com as circunstâncias. É, em todo o caso, a versão de Tácito.

[2] Flávio Josefo parte dessa hipótese na sua *Vita* (III) e nas *Antiguidades Judaicas* (XVIII, XX), e Tácito também (*Hist.*, I, 22).

[3] O circo, cujos alicerces foram encontrados, ocupava a parte esquerda da Basílica de São Pedro. É o seu obelisco que, trasladado pelo arquiteto Fontana no tempo de Sisto V, se ergue hoje no centro da praça.

[4] A data dos dois suplícios nunca pôde ser estabelecida de forma irrefutável. Segundo Eusébio, devemos situá-la nos anos 67 ou 68, mas certamente o historiador não propõe essa data senão para afirmar uma indicação que dá anteriormente sobre os vinte e cinco anos do pontificado romano de Pedro. Não há dúvida de que o príncipe dos apóstolos não esteve entre as vítimas dos jardins vaticanos; deve ter sofrido o martírio um pouco depois, no mesmo bairro, não longe do circo de Nero (cf. cap. II, *in fine*, e a nota correspondente).

[5] Os "martirológios" são coletâneas de "calendários das festas dos mártires", alguns dos quais remontam a uma venerável antiguidade, como o *calendário liberiano*, começado em 235 e continuado até o papa Libério (352-366). O martirológio mais antigo, chamado *hieronimiano*, foi compilado na Itália no século V e remodelado em Auxerre no século VI. É da versão de Auxerre que derivam todos os manuscritos conhecidos. O atual martirológio romano tem por base uma compilação feita no século IX, em Saint-Germain des Prés, e revista no século XVI por Barônio. É deste martirológio que se extrai a maior parte das narrativas relativas aos mártires que figuram no breviário. O papa Bento XIV (1740-1758) declarou expressamente que a Santa Sé não garantia a sua total exatidão histórica.

[6] Acontecia, às vezes, que os animais dos sacrifícios, se tinham sido mal degolados, escapavam e corriam entre a multidão, salpicando-a com o seu sangue. O incidente, considerado de mau agouro, chegou a ocorrer com o próprio Septímio Severo: duas vacas negras, com o cutelo enterrado na garganta, perseguiram o imperador até o palácio.

[7] Roma desconhecia, tanto nos seus princípios como na prática, os limites que a lei moderna fixa à sua própria severidade. Nem a velhice nem a juventude isentavam do suplício. Otávia

não tinha ainda vinte anos quando Nero a mandou degolar. Quando Tibério se desembaraçou de Sejano e mandou exterminar toda a família do favorito caído em desgraça, a filha deste, que tinha nove anos, foi violentada pelo carrasco antes de ser executada, porque a lei proibia que se supliciassem as virgens. Num ambiente moral desta natureza, ninguém se surpreendia de ver nos anfiteatros mártires que ainda eram crianças.

[8] Cf. cap. I, par. O *fim de Jerusalém.*

[9] Cf. cap. I, par. O *fim de Jerusalém*, *nota 33.*

[10] Nem todos: ainda nesta época, o papa São Clemente declara-se lealista. Cf. cap. III, par. *O nascimento da oposição.*

[11] É preciso ter em conta, porém, que Tácito escrevia por volta do ano 116, isto é, numa época em que há inúmeras provas dessa hostilidade.

[12] É curioso verificar que foi no governo de Cômodo, o último dos Antoninos e um verdadeiro monstro, que o cristianismo sofreu menos. Se houve algumas perseguições, nenhuma delas foi expressiva. E dele se conhece um indulto que concedeu aos cristãos que haviam sido condenados a trabalhos forçados na Sardenha. Obteve do bispo de Roma a lista desses infelizes e mandou um sacerdote romano libertá-los. Este ato deve ser lembrado em desconto dos seus pecados, que não foram poucos!

[13] São João Crisóstomo, no seu *Panegírico de Santo Inácio*, afirma que ele foi designado bispo de Antioquia pelo próprio São Pedro; as *Constituições Apostólicas*, compilação do século IV, partem da base de que o foi por São Paulo.

[14] Cf. cap. I, par. O *fim de Jerusalém.* São Simeão, sucessor de São Tiago à frente da igreja de Jerusalém, tinha conseguido salvar o seu pequeno rebanho por ocasião da conquista da cidade por Tito. Era já de idade avançada quando, no ano 107, foi denunciado como cristão e como descendente de Davi, portanto parente de Jesus. Depois de ser submetido à tortura, foi crucificado.

[15] A parte final do documento relata um prodígio do gênero daqueles que tanto se gostava de associar à descrição do martírio. Como o fogo se mostrasse impotente para destruir o corpo de Policarpo, ordenaram que um carrasco o retalhasse a golpes de espada, mas jorrou tanto sangue que o fogo se extinguiu. Foi necessário acendê-lo novamente, e do corpo do santo restaram apenas as ossadas.

[16] É impossível entrar aqui em pormenores sobre essas tradições, que têm o encanto do regional e do folclórico. A mais célebre é a que relaciona a fundação da Igreja de Marselha com a família de Betânia, Lázaro, Marta e Maria, trazidos miraculosamente até à costa provençal. Regra geral, a característica comum destas tradições é estabelecer um laço de ligação com Cristo por intermédio de personagens que o conheceram: Santo Afrodísio de Béziers seria o hospedeiro que recebeu no Egito a Sagrada Família; Santo Amador de Autun, o servo da Virgem e do Menino; Santo Amador de Cahors seria o pseudônimo de Zaqueu, o bom publicano; São Restituto, de Saint-Paul-Trois-Châteaux, o cego de nascença a quem Jesus deu a vista; São Rufo de Avinhão, o filho de Simão Cireneu; São Marcial de Limoges, a criança que Jesus abençoou. Associam-se ao período apostólico outros missionários e fundadores ilustres. São Trofino de Arles e São Clemente de Viena são considerados discípulos de São Paulo; São Dinis de Paris, um dos convertidos do grande apóstolo; Rennes reivindica São Lucas, e não há membro do grupo dos "setenta e dois" discípulos que não se cite aqui ou acolá na França. Acerca desta questão, que já suscitou muitas controvérsias, cf. o que Duchesne expõe em tese crítica nos *Fastes épiscopaux de l'Ancienne Gaule,* Paris, 1895-1915. Ver também os trabalhos de L. Delisle, em *L'Histoire littéraire de la France*, tomo 24, Paris, 1898; Bellet, *Les origines des églises de France,* Paris, 1898, e a obra de Griffe, *La Gaule chrétienne à 1'époque romaine*, t. I, Paris, 1947.

[17] Principalmente uma inscrição conservada em Marselha e que parece estabelecer como certos dois mártires contemporâneos dos de Lyon.

[18] Sobre a personalidade e a obra de São Justino, cf. cap. VI, par. *Apologistas cristãos.*

[19] Não se confirma, por exemplo, que Santo Irineu, futuro sucessor de São Potino no bispado de Lyon, tenha sido perseguido.

[20] A cripta de Santa Cecília está situada perto da Via Ápia, na região das catacumbas de São Calisto.

[21] Tertuliano e Eusébio referem um episódio contemporâneo — o da *Legio Fulminata,* em 174. A 12ª legião romana, isolada no coração do deserto de Melitene, na Líbia, e ameaçada de morrer de sede, foi salva por uma tempestade inesperada. O fato é historicamente certo. A tradição cristã assevera que esse milagre foi devido às orações dos soldados cristãos, numerosos neste corpo recrutado sobretudo na Síria, levando Marco Aurélio a publicar um rescrito de clemência com os cristãos. Os pagãos, porém, atribuíram o milagre a Júpiter, e não há indícios de que o imperador tenha experimentado nenhuma reviravolta nos últimos tempos do seu reinado.

[22] Tradução de Pierre Hanozin.

[23] Chegou a haver alguns excessos. Houve "confessores" que opuseram a sua autoridade à dos bispos. Nem sempre os mártires que mais tinham sofrido, antes de conseguirem escapar aos carrascos, eram os que se mostravam menos compenetrados dos seus méritos. O homem é sempre homem, mesmo quando envolvido por uma auréola de santidade.

V. A VIDA CRISTÃ NO TEMPO DAS CATACUMBAS

Os cristãos na cidade pagã

Quando consideramos a Igreja dos primeiros séculos, essa cristandade nascente, ameaçada, supliciada, mas que a despeito de todos os obstáculos é impelida por uma vitalidade prodigiosa, acode-nos à mente a comparação evangélica do grão de mostarda, a menor das sementes, mas que dá vida a uma árvore em que as aves do céu gostam de aninhar-se. Como era minúscula essa Igreja no dia em que, sobre uma colina descalvada às portas da cidade, morria o seu Fundador como um agitador vulgar, crucificado entre dois bandidos! Passados menos de dois séculos, está presente em toda parte, certamente ainda não prestes a vencer nem expandindo-se em toda a sua força, mas tendo lançado raízes tão sólidas que já nada as poderá arrancar.

No decurso da segunda metade do século II, são inúmeras as provas da penetração do cristianismo em todas as regiões e em todas as camadas do Império. Vemo-lo não somente na Itália, onde Pompeia e Pozzuoli contavam fiéis antes da catástrofe de 79, que sepultou as duas cidades, mas também em Nápoles, onde há cemitérios cristãos que datam de 150; em Milão, cujos primeiros bispos parecem remontar à mesma época; e em Ravena, cujo fundador, Santo Apolinário, era tido por discípulo de São Pedro. Pela história dos martírios, sabe-se que nessa mesma época a Gália, a

África e a Ásia contam comunidades florescentes; e também as há em Alexandria do Egito, que ficará célebre pelos seus estudos teológicos, bem como na Grécia, particularmente em Atenas, pátria de Dionísio Areopagita, em Corinto e em Gortina, cidade de Creta onde ainda hoje se veem tão belas ruínas cristãs.

Não é apenas no espaço que se deve considerar a sementeira cristã: o grão penetra na terra e deita raízes profundas. A princípio, a palavra evangélica espalha-se sobretudo entre gente humilde, amoladores errantes de facas, tanoeiros, sapateiros ou cardadores de lã, que foram muitas vezes as primeiras testemunhas de Cristo. Essa doutrina reconfortava os homens de condição modesta, todos esses Fortunatos, Acaicos, Urbanos, Hermas, Flégones, Estéfanas e tantos outros, cujos nomes desajeitadamente gravados nos túmulos das catacumbas revelam bem a sua condição inferior. Mas chegou depois a vez das classes ricas, das elites. O testemunho heroico prestado por um Glabrião ou uma Flávia Domitila, em tempos de Domiciano, e de um Vécio de Lyon, em tempos de Marco Aurélio, mostra-nos que a aristocracia já fora vigorosamente atingida pelo Evangelho. No século II, há entre os cristãos senadores como Apolônio, altos magistrados como o cônsul Liberal, e intelectuais como Justino, aptos a falar no Foro. Tertuliano diz a verdade quando assegura que os pagãos se irritavam ao verem entre os fiéis de Cristo "gente de todas as categorias".

É muito difícil chegar a uma ideia precisa da proporção dos cristãos em relação ao conjunto da população romana. Uma passagem frequentemente citada da *Apologética* de Tertuliano — escrito de fins do século II — atribui-lhes uma importância numérica imensa: "Somos de ontem e já enchemos as vossas cidades, as vossas casas, as vossas praças, os vossos municípios, os conselhos, os campos, as tribos, as decúrias, o Palácio, o Senado e o Foro; não vos deixamos senão os vossos templos. Se nos separássemos de vós, ficaríeis aterrorizados com a vossa solidão!" Temos, porém, que descontar nesta passagem a ênfase literária, porque cerca de sessenta anos mais tarde Orígenes dirá que os cristãos ainda são "muito pouco numerosos" entre os milhões de habitantes do Império[1]. No século II, a cristandade é, pois, uma minoria, mas singularmente atuante, e não deixará de crescer até se tornar uma maioria decisiva dois séculos mais tarde.

Esta proliferação dos cristãos cria numerosos problemas de relacionamento entre eles e os pagãos. Uma imagem — muitas vezes considerada explicativa e que se apoia apenas na palavra *catacumbas* — tende a fazer-nos representar estes fiéis dos primeiros tempos como uma espécie de colônia de toupeiras que passassem toda a vida debaixo da terra a fim de se esconderem dos seus adversários, e que só saíam desses refúgios subterrâneos para irem morrer ao sol dos anfiteatros. Se é verdade que muitas vezes as catacumbas serviram de asilos momentâneos à Igreja, e se é verdade, sobretudo, que asseguraram um abrigo permanente ao culto cristão, seria absurdo fazer delas o único ambiente em que decorreria a existência dos cristãos dos primeiros séculos. É numa perspectiva infinitamente mais concreta e mais complexa que temos de considerar a expansão do Evangelho no seio da sociedade pagã.

No mesmo texto da *Apologética* que já referimos, Tertuliano diz claramente: "Nós, os cristãos, não vivemos de costas para o mundo. Frequentamos o Foro, os balneários, as oficinas, as lojas, os mercados, as praças públicas. Somos marinheiros, soldados, agricultores e negociantes". Outro texto do século II, a *Carta a Diogneto*, afirma que "nem pelo vestuário, nem pela moradia, nem pela alimentação, os cristãos se distinguem das outras pessoas". E em Lyon, conforme o relato da própria Igreja lionesa, quando teve início a perseguição do ano 177, a populaça expulsou os cristãos das praças e dos balneários públicos, o que prova que eles frequentavam esses lugares.

Era esta mistura dos fiéis com o resto da sociedade que, na prática, criava tantos problemas, e é esta convivência que se torna necessário tentar reconstituir. São muitos os documentos que nos permitem fazer uma ideia a esse respeito. Quando consideramos, por exemplo, o famoso *grafitto* do Palatino que representa um asno crucificado, e lemos as inscrições que o acompanham, parece-nos estar ouvindo um desses diálogos entre pagãos e seguidores da nova fé. Entre os alunos da escola dos pajens imperiais, sabe-se que Alexamenos é cristão, e um colega troça dele desenhando numa parede a caricatura: "Alexamenos adora o seu deus". E o jovem cristão, corajoso, grava por sua vez a resposta: "Alexamenos fiel".

Diálogos como este deviam travar-se em todas as camadas da sociedade. No seio da populaça, proliferavam os mexericos, as calúnias, as histórias de crimes rituais e de devassidões. Nas classes altas, pronunciavam-se com cara de circunstância palavras como estas que Tertuliano reproduz: "É um homem honesto; só é pena que seja cristão". Ou então: "Como é que fulano, sendo tão inteligente, se converteu ao cristianismo?"

Em muitos casos, o diálogo azedava-se e degenerava em drama. É o que sucedia, por exemplo, nas famílias em que um dos membros se confessava cristão e se comportava como tal. Um pai pagão, cujo filho se fizera seguidor de Cristo, não tinha que deserdar aquele que já não garantiria o culto aos deuses da *gens*? Como é que um marido pagão, cuja esposa se convertia, podia deixá-la sair de casa, à noite, para assistir a essas estranhas cerimônias acerca das quais corriam tantos boatos? Às vezes, armavam-se até casos cômicos, como este que é citado por Tertuliano: um marido muito ciumento, vendo a esposa mudar subitamente de comportamento e descobrindo o motivo dessa transformação, suplica-lhe que volte novamente para os seus amantes, pois prefere isso a sofrer a vergonha de ser o marido de uma cristã!

A dificuldade passa também do plano íntimo para o plano público. Em muitas ocasiões, a vida coletiva, tal como o paganismo a estabelecera, revela-se incompatível com a fidelidade cristã. Se, por exemplo, um comerciante cristão precisa de dinheiro emprestado, o credor exige-lhe o juramento de rotina em nome dos deuses; que fazer? Um artesão, um escultor, um pintor ou um dourador, que trabalha numa oficina onde se executam estatuetas de ídolos, poderá por acaso dedicar-se a esse trabalho? A um professor é oferecido um excelente contrato para ensinar as grandes lendas da mitologia; como sair dessa? Ou trata-se, muito simplesmente, de uma festa oficial (e Zeus bem sabe quantas havia!); vai o cristão assistir aos degradantes espetáculos do circo? Mas se não for, não será essa uma maneira inelutável de se expor a uma denúncia, nesses tempos de perseguição?

Muitas profissões se tornam proibidas para os cristãos por causa da sua imoralidade e da idolatria a que arrastam. Santo Hipólito enumera as de dono de casa pública, escultor ou pintor de ídolos, autor e ator dramático, professor, cocheiro, gladiador, sacerdote ou guarda de templos, juiz e governador — na medida em que eram funções que davam o direito de condenar à morte —, de mágico, adivinho, astrólogo, feiticeiro e intérprete de sonhos. Por aqui se vê como eram numerosos os casos em que se tornava inevitável a ruptura entre o cristão e a sociedade pagã.

Mas essa ruptura existia sempre de fato? Seria um exagero admiti-lo. A natureza humana, mesmo quando envolvida por uma atmosfera de heroísmo, tem as suas fraquezas. Se o cristianismo primitivo teve poucos apóstatas, e se, na maior parte dos casos, os princípios foram salvaguardados, é preciso também admitir que houve cristãos que tentaram tergiversar e fazer um jogo duplo. As necessidades econômicas podiam justificar algumas dessas atitudes ambíguas, como também teria muito peso a preocupação de preservar um punhado de fiéis para a Igreja, não deixando que todos morressem. Mas houve também — e em grande número — heróis e homens impávidos, como aquele escrivão que preferiu despedaçar as tábuas a escrever nelas a condenação de um irmão, ou aqueles soldados que se recusaram a executar uma ordem por julgá-la contrária aos seus princípios[2]. À medida que o cristianismo for penetrando nas classes superiores e esses fiéis se acharem investidos em funções públicas, os problemas surgirão de forma mais aguda.

Temos, pois, de representar a vida dos primeiros cristãos dentro de um conjunto de elementos contraditórios. Por um lado, estão misturados com a sociedade pagã, e todas as suas atitudes têm valor de testemunho; por outro, um pudor elementar obriga-os a adotar certos sinais clandestinos. É muito provável que o sinal da cruz, esboçado rapidamente sobre a fronte, os lábios e o peito[3], ao mesmo tempo que era um gesto litúrgico, fosse também um meio de se darem a conhecer uns aos outros. As inscrições esotéricas sobre as casas, como por exemplo a do peixe[4], deviam ter um sentido análogo ao dos sinais que ainda hoje os ciganos traçam para balizar o seu caminho. É natural pensar que as reuniões cultuais das primeiras igrejas se rodeassem de um certo segredo, simbolizado até hoje pelas catacumbas.

As catacumbas

Se as catacumbas não são o único marco em que devemos imaginar a jovem cristandade, nem por isso deixam de ser o lugar que mais facilmente nos evoca a memória dos nossos predecessores cristãos, desses que semearam o Evangelho no solo profundo da nossa civilização. Elas são o símbolo indestrutível dessa existência perigosa e semi-clandestina que foi a da Igreja nos tempos em que conquistava o mundo, da mesma forma que as suas paredes exprimem ainda hoje, de mil maneiras, as duas grandes virtudes que, no fim das contas, permitiram o seu triunfo: a caridade e a fidelidade. Não é possível a um cristão mergulhar nessas galerias, onde paira um odor de subterrâneo úmido e de cera queimada, sem experimentar a impressão viva de uma presença. Ali estão os milhares de fiéis cujas orações encheram essas profundidades com os seus murmúrios; ali estão sempre, apesar do vazio dos túmulos, aqueles que adormeceram na paz de Cristo.

A palavra que designa estes vastos hipogeus e que tem hoje o poder de um símbolo, provém, na verdade, de um erro de interpretação. O termo já se lia nos velhos "itinerários" medievais que os peregrinos que iam a Roma tinham entre as mãos; mas não designava senão uma pequena parte das nossas "catacumbas" modernas, aquelas que se situavam em volta da antiga basílica de São Sebastião, três quilômetros a sudeste de Roma, na Via Ápia. Era a única "região" que na época se conhecia bem e se venerava. Como estava numa depressão de terreno, chamavam-lhe "perto do vale", isto é, em grego, língua oficial da Igreja primitiva, *katá kumben*. Quando no século XVI nasceu o interesse por outros jazigos do cristianismo antigo, estendeu-se o nome a todo o conjunto.

As catacumbas são cemitérios, gigantescos e prodigiosos cemitérios, onde gerações de cristãos enterraram os seus mortos. Se as de Roma são as mais relevantes, encontramo-las também em Nápoles, na Sicília — principalmente em Siracusa —, na Toscana, na África — onde são célebres as de Hadrumeto —, no Egito e até na Ásia Menor. Em Roma, as mais antigas remontam certamente ao século I: são as "grutas vaticanas", a catacumba de Comodila na Via Óstia, as regiões de Santa Priscila, de Santa Domitila e de Ostriano. E possível que neste último subterrâneo, situado não longe de Santa Inês extra-muros, na via Nomentana, São Pedro tenha doutrinado os fiéis que procuravam a sua palavra. No cemitério de Comodila repousou o corpo de São Paulo. Foi só a partir de 412, quando os arredores da cidade, devastados por Alarico, já não ofereciam segurança alguma, que as catacumbas deixaram de servir de cemitérios. Mas o hábito de visitar esses lugares santos só veio a perder-se na Alta Idade Média, quando toda a campina romana ficou transformada num pântano por causa do rompimento dos aquedutos, e se tornou um deserto infestado de salteadores. Foi quase por um acaso que, em 1578, Bósio reencontrou a *Roma subterrânea* e indicou o caminho para chegar até ela.

O costume dos cemitérios subterrâneos não era novo. Já vinha sendo posto em prática havia milhares de anos no Egito e na Fenícia, e a dois passos de Roma, em todo o país etrusco, podiam-se ver necrópoles cavadas pelo povo misterioso dos tirrenos nos flancos das colinas, desde Viterbo até Volterra. Na própria Itália, os judeus tinham praticado a inumação dos seus mortos em hipogeus, muitos dos quais foram encontrados ao lado de algumas catacumbas cristãs; e também os cavaram os seguidores de Mitra.

Por que motivo os cristãos adotaram este costume, preferindo-o ao hábito, bem mais usual em Roma — e mais econômico —, de queimar os cadáveres, colocar as cinzas em urnas e alinhar as urnas nos *columbaria*, os "pombais"? Seria porque a inumação lhes pareceu mais respeitosa para com um corpo destinado à ressurreição, ou para se conformarem com o uso seguido no enterro de Jesus? Talvez a razão tenha sido, muito simplesmente, que na tradição bíblica, que eles seguiam, nunca se falou em incinerar os mortos.

Os cemitérios mais antigos localizavam-se nas propriedades que os membros da comunidade punham à disposição dos mortos. Assim o fez Flávia Domitila, sobrinha de Vespasiano. A patrícia convertida começou por mandar preparar, no terreno de uma das suas casas de campo, uma sepultura para os membros da sua família que tinham perfilhado a fé cristã; é a "sepultura dos Flávios", cujas deslumbrantes pinturas ornamentais ainda hoje podemos admirar. Depois, imitando com uma nova intenção os ricos que asseguravam um lugar de repouso às cinzas dos seus libertos e dos seus protegidos, mandou cavar, ao lado do túmulo flaviano, galerias funerárias destinadas aos irmãos mais humildes. Assim se multiplicaram imensos campos de repouso ao longo das estradas que partiam da cidade, e fora dos seus muros, segundo a lei. A Via Ápia, onde já se erguiam tantos monumentos funerários pagãos, ficou literalmente escoltada por eles.

À medida que a Igreja crescia, as suas necrópoles expandiam-se e, a partir do século III, tornar-se-ão bens da comunidade, deixando de ser propriedades particulares. Protegidas pela lei romana, que considerava sagrado todo o terreno onde dormissem os mortos, e que aconselhava a gente humilde a agrupar-se em associações para ter sepulturas coletivas, as catacumbas poderão, por mais de trezentos anos e mesmo em tempo de perseguições, erguer na campina romana os seus pórticos de entrada e abrir debaixo do solo as suas galerias; só excepcionalmente, em fins do século III, é que a autoridade proibirá o seu uso.

Assim se desenvolveu esse mundo subterrâneo, essa estranha cidade da noite e da morte, essa cidade da esperança que ainda hoje oferece ao visitante de Roma um espetáculo tão pungente. No tufo granuloso, cuja friabilidade certamente tornava o trabalho mais fácil, mas cujo concrecionamento permitia realizar escavações bastante resistentes e esperar que a ação do ar lhes endurecesse as paredes, os *fossores*, gente da pia corporação da picareta e do enxadão, compuseram as suas galerias com uma paciência só igualada pela sua audácia e ciência. Entrecruzaram-nas, sobrepuseram-nas e organizaram-nas em prodigiosos labirintos. Sobre quilômetros de paredes, estenderam o reboco destinado a receber a decoração policrômica. Quase membros da hierarquia eclesiástica, ou ao menos seus assistentes imediatos, estes coveiros de Deus desempenharam um papel importante na Igreja primitiva. Por volta do ano 217, um administrador-geral dos cemitérios será feito papa — São Calisto I — e terá o seu nome ligado a uma das mais interessantes "regiões" nas catacumbas da cidade.

Quando se entra nesta "Roma subterrânea", fica-se maravilhado com a sua vastidão. Em certos pontos as galerias chegam a ter cinco andares, e a mais profunda situa-se vinte e cinco metros abaixo da superfície. Qual será a extensão desta cidade da sombra? Tem-se falado em 875 quilômetros, ou até em 1.200. Só as escavações do cemitério de Santa Sabina, que foi medido com grande cuidado, deram as seguintes cifras: 16.475 metros quadrados de superfície, 1.603 metros de comprimento e 5.736 túmulos. E não é a mais extensa das catacumbas. É perfeitamente possível que não conheçamos todas as que a piedade cristã abriu no solo de Roma, e que a arqueologia ainda venha a descobrir outras.

A imensidão destes cemitérios, a disposição de certas salas subterrâneas mais vastas e os símbolos sobre as paredes sugerem a ideia de que tenham sido não só locais onde os vivos depositavam os mortos, mas também verdadeiros lugares de culto. Não convém, no entanto, ir muito longe neste sentido. Podemos ter por certo que os cristãos — seguindo neste ponto os pagãos — ali compareciam para comemorar os seus defuntos: a veneração dos corpos santificados dos mártires devia atrair numerosos visitantes e provocar orações recitadas em comum. Mas isto não quer dizer que as catacumbas fossem o lugar habitual do culto cristão. Foi só quando se desencadearam as perseguições que os fiéis preferiram reunir-se nas entranhas da terra cristã a fazê-lo nas casas dos cristãos ou nos edifícios especialmente construídos para esse fim. Quando das violências sistemáticas do século III, chegou mesmo a acontecer que as catacumbas foram transformadas em verdadeiros lugares de refúgio, com cortes nas galerias, saídas falsas e passagens clandestinas para os caminhos vizinhos. É todo este conjunto da vida dos cristãos primitivos, da sua piedade, do seu sentimento comunitário, das suas precauções de gente perseguida e da sua paciente coragem, que subsiste como uma recordação viva nestas necrópoles e torna estes lugares de ausência tão maravilhosamente presentes ao coração.

É ao cair da tarde que se deve ir às catacumbas, quando os montes Albano se esbatem num céu cor de malva e os pinheiros e ciprestes da Via Ápia não são mais que finas silhuetas no horizonte. Um odor de terra aquecida pelo sol, de erva seca e de flores selvagens desliza com o vento que desce da Sabina. As grandes ruínas do aqueduto de Cláudio recortam-se nobremente na planície e o túmulo de Cecília Metela ergue intacta a sua massa, que se avista de longe. Milhares de cristãos puderam experimentar, como nós, a doçura dessas tardes declinantes e desse ar que murmurava lentamente quando iam, em pequenos grupos misteriosos, tomar parte no banquete da meia-noite.

Entramos na galeria e seguimos hesitantes a chama do guia. A atmosfera abafada afeta-nos a garganta e instintivamente falamos mais baixo.

Durante horas inteiras podemos avançar ao longo dos *ambulacros* e roçar os próprios revestimentos dos túmulos nestas galerias que muitas vezes não têm mais de um metro de largura. Podemos observar por horas e horas os compridos nichos cavados no flanco das paredes, esses *loculi*, cada um dos quais abrigou um corpo que esperava a ressurreição. Aproximando uma lâmpada da parede ou da abóbada, distinguimos figuras estranhas que as nossas recordações bíblicas reconhecem: Moisés batendo no rochedo, Daniel na cova dos leões, Jonas escapando das entranhas do monstro ou o Bom Pastor entre dois cordeiros. Depois que os olhos se acostumam, surge uma delicada magia, um entrelaçamento de ramos e frutos, de folhagens e pássaros, que os tons esbatidos do afresco matizam com cores as mais requintadas. E, acima de tudo, o que a consciência cristã descobre na penumbra e na memória são todos esses nomes, desconhecidos ou célebres, a maior parte das vezes muito mal gravados sobre um pedaço de argila ou numa pedra estucada, esses nomes de irmãos longínquos que despertam as nossas melhores fidelidades e que estão acompanhados, como se fosse um refrão, das duas palavras da esperança: *In pace*.

Foi assim que, antes de conquistar a capital do Império, o cristianismo estabeleceu em volta dela, com os seus trabalhos de sapa e com as galerias das catacumbas, um prodigioso meio de sitiá-la.

A entrada no cristianismo

Será possível fazermos uma ideia do que era a vida interior desses cristãos dos primeiros séculos, que são o laço vivo que nos liga aos tempos apostólicos e ao próprio Salvador? Poderemos imaginar hoje o que constituía verdadeiramente para eles, nos seus dados concretos, essa experiência religiosa da qual derivou a nossa?

A resposta não oferece qualquer dúvida. Se certos pontos continuam sujeitos a discussão, pela diferente interpretação que se pode dar a estas ou àquelas atitudes espirituais, o conjunto afigura-se-nos inteiramente claro. Pela imensa quantidade de documentos arqueológicos encontrados nas catacumbas, por numerosos textos, cartas de bispos e santos, tratados, obras místicas etc. — dos quais nos ocuparemos mais adiante[5] —, é possível fixar todos os pontos principais do que foi a fé e a sua prática entre os primeiros cristãos. A sua vida espiritual nos é mais conhecida e com uma precisão infinitamente maior do que a dos pagãos seus contemporâneos.

No entanto, impõe-se uma observação preliminar: apesar de todos os documentos, não é seguro que cheguemos a compreender inteiramente a alma destes primeiros cristãos. As perspectivas estão por demais mudadas para que idênticas fidelidades bastem para suscitar idênticos estados de alma. Hoje estamos muito longe dos tempos da Revelação, e para a maior parte de nós a segunda vinda do Filho do homem, que o Evangelho nos diz ser possível a todo o instante, perde-se num nebuloso futuro.

Para os fiéis dos primeiros tempos, era inteiramente diferente. Por um lado, a realidade histórica da vida de Jesus estava muito próxima; tocavam-na com o dedo; os apóstolos e os discípulos imediatos dos apóstolos haviam-lhes narrado os fatos, e a presença do Espírito Santo, que abrasava ainda as almas como no dia de Pentecostes, transbordava incessantemente em milagres. Por outro lado, grande número de cristãos, talvez a maioria, pensava que o fim do mundo estava próximo, que Cristo ia voltar a aparecer sobre as nuvens do céu e que, em suma, a sua pobre vida mortal não era senão a breve antecâmara de uma eternidade imediata. "Venha a graça e acabe este mundo!", exclama o autor da *Didaquê*. São estas perspectivas que devemos ter presentes ao considerar a vida cristã primitiva; ela se situa entre a primeira e a segunda vinda de Cristo.

Como é que alguém se tornava cristão? Nos países do Ocidente, hoje, a via usual que conduz à Igreja é o Batismo; desde o nascimento, este sacramento coloca a criança numa filiação, numa obediência, e a conversão de adultos, quer sejam muitos ou poucos, é uma exceção. Nos primeiros séculos, as coisas passavam-se de forma inteiramente diferente. A conversão é que era a regra geral. Foi só pouco a pouco, quando às gerações de convertidos começaram a suceder-se as gerações de fiéis, que passou a haver cristãos por direito de nascimento. Ainda no fim do século II, Tertuliano podia escrever: "Os cristãos não nascem; fazem-se"[6].

Infelizmente, é muito difícil reconstituir a evolução psicológica segundo a qual alguém se fazia cristão. Podemos recordar aquela ampla expectativa que descortinávamos nas inquietações da alma antiga. Podemos calcular a força de atração de uma doutrina que conclamava todos os infelizes, os que sofriam e os escravos à liberdade e à plenitude dos filhos de Deus.

Podemos pensar nos argumentos que provavam aos fiéis da Torá que Jesus era na verdade o Messias e que a sua mensagem vinha dar cumprimento à esperança de Israel. Podemos, finalmente, levar em conta os milagres, então numerosos, que contribuíam para provar aos pagãos a verdade da doutrina cristã. Mas tudo isto deixa de fora a motivação mais verdadeira, aquela que pertence aos mistérios da alma, a essas zonas obscuras da consciência em que Deus, no silêncio, atua secretamente.

Mas o que é preciso dizer, porque se trata de um sinal evidente, é que o grande número de conversões que se constatam tem de ser considerado como prova esmagadora do fervor, da dignidade e da santidade da Igreja primitiva. A comunidade cristã atraía as almas porque ousava afirmar a sua fé em todas as circunstâncias, porque a sua vida estava, de uma maneira geral, repassada de caridade e de justiça, e porque a morte heroica de muitos dos seus membros causava admiração. Um convertera-se porque tinha ouvido certo pregador do Evangelho falar em alguma esquina da cidade; outro, por ter convivido com um verdadeiro cristão; outro, por ter assistido a uma cena de martírio. É o poder do exemplo que, em última análise, explica as conversões.

Mesmo chamado por Deus e desejoso de pertencer a Cristo, o convertido não era admitido sem mais nem menos no seio da Igreja. Já ia longe o tempo em que um único discurso pronunciado por um apóstolo bastava para verter a água do Batismo sobre multidões entusiasmadas. À medida que cresce, a cristandade vai-se tornando prudente e impõe aos que a procuram um período de iniciação, de catecumenato, e aquela disciplina de aprendizagem que, lentamente elaborada durante os cento e cinquenta primeiros anos, tomará a partir do fim do século II determinadas características fixas, que se conservarão até a Idade Média.

O *catecúmeno* é, pois, um aprendiz do Evangelho, um candidato ao Batismo. Durante o tempo de noviciado que lhe é imposto, deverá frequentar os cursos organizados pela autoridade eclesiástica, assimilar as verdades da fé cristã e, ao mesmo tempo, provar mediante o seu comportamento que é digno de ser admitido no seio dos fiéis. Esta preparação moral, intelectual e espiritual torna-se cada vez mais intensa à medida que se aproxima a hora em que se pronunciará sobre o postulante o *dignus es intrare*, isto é, até que chegue o tempo da Páscoa, época fixada — desde uma data tão antiga que não a podemos precisar — para ser a ocasião dos ritos batismais[7].

Um texto muito antigo, a *Didaquê* ou *Doutrina dos Apóstolos*, que se costuma datar do período que vai de 70 a 150, dá-nos uma ideia do que se ensinava aos catecúmenos nas primitivas comunidades do Oriente em que esse livrinho foi elaborado. E uma espécie de resumo das obrigações que o candidato tinha de aceitar.

"Há dois caminhos, um da vida e outro da morte. Entre os dois, há uma grande diferença.

"Eis o caminho da vida. Primeiro mandamento: amarás a Deus que te criou, depois amarás o teu próximo como a ti mesmo, e não farás aos outros o que não queres que te façam.

"O segundo mandamento da doutrina é este: não serás adúltero; não macularás rapazes; não cometerás fornicações, nem roubos, nem feitiçarias, nem encarceramentos; não matarás crianças por aborto ou depois do seu nascimento; não desejarás os bens do próximo. Não cometerás perjúrio nem levantarás falsos testemunhos; não murmurarás nem guardarás rancor. Não terás duas maneiras de pensar ou de falar, porque a duplicidade é cilada de morte; a tua palavra não será mentirosa nem vã, mas eficaz. Não serás avarento, nem inclinado à rapina, nem hipócrita, nem cruel, nem orgulhoso, nem alimentarás maus desígnios contra o teu semelhante. Não deves odiar ninguém, mas deves edificar uns e pedir por eles, e, quanto aos outros, amá-los mais do que a tua vida" (*Didaquê*, I, 11).

Lendo este texto, tão simples e tão nobre, ficamos impressionados ao verificar que ele se coloca quase que unicamente no plano moral e que, à parte certas particularidades especialmente exigidas pelos costumes da época (pederastia, aborto), se mantém no plano do Decálogo e da tradição judaica. Deve-se concluir daí que os catecúmenos recebiam apenas instrução moral? De maneira nenhuma. Desde as origens do cristianismo, o que se espera do homem que deseja tornar-se cristão é um ato de fé. Ao eunuco da rainha de Candace, que lhe pedira o Batismo, o diácono Filipe tinha respondido: "Se tu crês de todo o teu coração, isso será possível" (At 8, 36-37). Por isso, os candidatos ao cristianismo aprendiam aquilo que deviam crer. Algumas semanas antes do Batismo, geralmente depois da terceira semana da Quaresma, reuniam-se na presença dos padrinhos, das madrinhas e dos pais, e ouviam explicar o *Pater* e uma espécie de formulário em que se encontrava resumido o essencial da fé: o *Símbolo*. Depois deviam passar por um exame; era o que se chamava "recitar o Símbolo". E no próprio dia do Batismo, o novo cristão tinha de declarar que aceitava todos os preceitos desse texto e comprometer-se a observá-los.

Assim preparado, o candidato era admitido ao *Batismo*. Era o rito decisivo, aquele que faria dele um verdadeiro cristão: rito antigo, fundamental desde os primeiros dias da Igreja[8], rito de João Batista nas margens do Jordão, rito que o próprio Cristo tinha consagrado e transformado ao recebê-lo, rito ao qual as primeiras gerações tinham dado o sentido preciso de um ato de entrega a Jesus. "Sepultados com Ele (Cristo) no Batismo — escrevera São Paulo ao Colossenses —, com Ele também ressuscitastes por vossa fé no poder de Deus, que o ressuscitou dos mortos" (2, 12). E é por isso que o Batismo é conferido na noite de Páscoa: o batizado morre e ressuscita com Cristo.

Como nos dias em que o Precursor o conferia no vau de Betabara, era por meio da água que o Batismo continuava a ser celebrado, como continua a acontecer nos nossos dias. Evocava assim, mesmo aos olhos dos descrentes, todas as tradições notáveis: a das abluções rituais entre os judeus, as *mikweh* que os sacerdotes deviam fazer antes de se aproximarem do Santo dos Santos ou do altar; a das cerimônias que acompanhavam em muitos países a libertação de um escravo, como acontecia na Ásia Menor, quando lhe apagavam uma mancha simbólica na testa, ou na Mesopotâmia, com o "banho de purificação". Mas este rito adquiria nas perspectivas cristãs o seu sentido completo ao fazer-se acompanhar pela profissão de fé a que acabamos de referir-nos.

É ainda na *Didaquê* que podemos ler o cerimonial do Batismo e compreender o seu sentido espiritual. "Batizai em nome do Pai, do Filho e do Espírito Santo. Batizai em água corrente. Se não houver água corrente, batizai em qualquer outra água e, se não puderdes fazê-lo em água fria, fazei-o em água quente. Se não tiverdes nem uma nem outra, vertei três vezes água sobre a cabeça, em nome do Pai, do Filho e do Espírito Santo" (*Didaquê*, VII). É, portanto, absolutamente certo que, de preferência, o rito devia ser celebrado em água corrente, num rio; na sua falta, numa piscina e, na falta desta, derramando água sobre a fronte, como se faz nos nossos dias. Todos os casos estavam previstos com precisão, o que prova o desenvolvimento litúrgico que a Igreja havia atingido já meio século depois da morte de Cristo. Quanto ao ministro do Batismo, embora não esteja especificamente indicado, parece que era um presbítero ou até mesmo um bispo, pelo menos nos começos; Santo Inácio de Antioquia diz com toda a clareza que não era permitido batizar senão na presença de um bispo.

Em breve se estabelecem cerimônias acessórias, cuja memória se conserva nos nossos rituais: bênção da piscina batismal (que por vezes terá a forma de cruz); unções de óleo bento sobre o corpo dos catecúmenos, desses "atletas de Cristo"; renúncia solene aos erros pagãos e às tentações humanas. No tempo de Tertuliano, a velha *imposição das mãos*, que estava já em uso na comunidade originária, a da Palestina, é rematada com uma unção de óleo perfumado sobre a fronte do novo fiel. É a *consignação*, origem da nossa *Confirmação*. Neste momento, o catecúmeno é admitido no seio da Igreja: é cristão de pleno direito.

O *Símbolo dos apóstolos, "regra da fé"*

Que contém a fórmula pela qual o novo batizado proclama a sua pertença a Cristo e à sua Igreja? Para um cristão de hoje, o essencial das verdades a que adere, bem como os dogmas que professa, encontram-se resumidos num e noutro dos dois *Credos* bem conhecidos: o *Símbolo dos Apóstolos* e o *Símbolo Niceno-constantinopolitano*. Os primeiros cristãos possuíam textos inteiramente análogos aos nossos, que deles derivam em linha reta: é um dos pontos mais comoventes da história da Igreja primitiva, e que nos mostra a filiação profunda que a ela liga os cristãos dos nossos dias. Ainda que desenvolvidos e completados, mas sempre semelhantes na substância, os nossos *Credos* não são mais do que esses velhos textos que os batizados dos tempos dos mártires recitavam, essas "regras da fé", como dirá Tertuliano.

Nos dias da Igreja nascente, o ato de fé condensava-se em quatro palavras: "Eu creio em Jesus". Assim o dissera o eunuco da Etiópia ao diácono Filipe: "Eu creio que Jesus Cristo é o Filho de Deus" (At 8, 37). E é bem verdade que crer em Jesus Cristo, Filho de Deus, é o essencial do cristianismo. Durante as primeiras décadas, e sobretudo nas comunidades que estavam em contato com os judeus, insistia-se quase que unicamente sobre o lado cristológico da fé. Perante a descrença de Israel, o que importava afirmar era o Jesus Messias: "Nenhum outro senão Jesus — diz São Paulo —, Jesus crucificado, Jesus ressuscitado" (1 Cor 2, 2). E podemos ler na primeira *Epístola aos Coríntios* um pequeno *Credo*, do gênero daqueles que se recitariam então: "Cristo morreu por nossos pecados, segundo as Escrituras; foi sepultado e ressurgiu ao terceiro dia, segundo as Escrituras; apareceu a Cefas, e em seguida aos doze. Depois apareceu a mais de quinhentos irmãos de uma vez, dos quais a maior parte ainda vive (e alguns já morreram); depois apareceu a Tiago e, em seguida, a todos os apóstolos" (1 Cor 15, 3-7).

No fim do século I, Santo Inácio de Antioquia, escrevendo aos fiéis de Esmirna, resume assim o que eles devem crer: "Ter a firme convicção de que Nosso Senhor é realmente descendente de Davi segundo a carne, Filho de Deus pela vontade e pelo poder divinos, verdadeiramente nascido de uma virgem; que recebeu o batismo das mãos de João para cumprir toda a justiça; que por nós foi realmente atravessado com cravos na sua carne, sob o domínio de Pôncio Pilatos e de Herodes, o tetrarca; que é ao fruto da sua cruz e à sua santa e divina Paixão que nós devemos a vida; e que, pela sua Ressurreição, levantou o estandarte sobre os séculos, a fim de agrupar os seus santos e fiéis — tanto procedentes do judaísmo como da gentilidade — num só e mesmo corpo que é a sua Igreja" *(Esmirna*, I, 12). Em suma: é toda a missão de Cristo, tal como o Evangelho a narra, que se encontra resumida nesta "regra da fé".

Mas muito cedo o formulário dogmático se foi desenvolvendo. Por quê? Muito simplesmente porque, sendo uma realidade viva, o cristianismo obedece à própria lei da vida: qualquer organismo, embora permanecendo fiel a si mesmo, desenvolve as suas células, adapta-se ao meio e reage diante do mundo exterior. Mal apareceu, a fé cristã chocou com a contradição e foi trabalhada pelos fermentos da inteligência. A vida é uma escolha perpétua, uma opção necessária. Para prosseguir de acordo com a sua linha, a Igreja viu-se obrigada a escolher diariamente.

Desse modo, foi levada a projetar mais luz sobre estes ou aqueles pontos do ensinamento do Mestre que um adversário de fora ou um herético pudessem tentar falsear. Evidentemente, não inventava nada: limitava-se a precisar. Muito cedo, por exemplo, põe em relevo a teologia da Trindade, que está incluída no Evangelho, mas que, perante certos erros e certos ataques, foi necessário explicitar. Assim, São Clemente Romano termina uma das suas cartas com este grito de louvor, que é também uma afirmação dogmática: "Viva Deus! Viva o Senhor Jesus Cristo! Viva o Espírito Santo, fé e esperança dos eleitos!" Da mesma forma, Santo Irineu, bispo de Lyon, afirma que "a Igreja, ainda que dispersa pelo mundo inteiro, recebeu dos apóstolos e dos seus discípulos a fé em Deus, Pai todo-poderoso, criador do céu, da terra, do mar e de todas as coisas que neles existem; e em Cristo Jesus, Filho de Deus, encarnado para nossa salvação; e no Espírito Santo, que falou pela voz dos profetas". E na outra extremidade do mundo romano, Orígenes no Egito e Tertuliano na África proclamam fórmulas semelhantes. Na variedade de esforços que anima esta Igreja tão viva, o que nos impressiona é a unidade de princípios e a firmeza com que ela avança nos seus desenvolvimentos.

Muito cedo, ao que parece, todos os dados essenciais da fé foram reunidos num texto único que serviu de base para o aprendizado dos catecúmenos — o *Símbolo dos Apóstolos*. A própria palavra *símbolo*, em grego, sugere a ideia de reunião, de conjunção. Uma tradição, referida por Rufino no século IV, assevera que os próprios apóstolos receberam de Cristo a ordem de compor, antes de se separarem, uma regra de fé destinada a manter a unidade de ensino na Igreja, e que de fato a redigiram, sob a inspiração divina, pondo em comum as luzes de que cada um dispunha. Mais tarde, chegou-se a afirmar que cada um dos doze artigos do texto tinha sido redigido por um apóstolo expressamente designado para isso. A Igreja católica não garante o caráter inspirado desse texto, mas não há dúvida de que, pelo seu conteúdo, pela sua densa concisão e pela sua nobre simplicidade, está evidentemente relacionado com os mais belos escritos desses tempos apostólicos e que nele se inscreve o ensino mais permanente e mais infalível da Igreja.

O *Símbolo dos Apóstolos* foi sem dúvida posto por escrito mais ou menos simultaneamente na maior parte das comunidades cristãs; houve assim uma versão de Jerusalém, uma de Cesareia, uma de Antioquia, uma de Alexandria e uma de Roma, que diferem entre si em alguns detalhes. É da versão romana — não como a lemos em Rufino, mas tal como nos aparece completada no século VI na Gália (razão pela qual se denominava "versão gaulesa") — que proveio o texto atual do *Símbolo dos Apóstolos*[9]. Mas, por confronto com as redações primitivas, conservadas pelos Padres ou encontradas em papiros do Egito, pode-se ter uma ideia precisa do que devia recitar um novo cristão, há dezesseis ou dezessete séculos, ao receber o Batismo. Eis o texto[10]:

Creio em Deus, Pai todo-poderoso,
criador do céu e da terra.
E em Jesus Cristo, seu único Filho, Nosso Senhor: que
foi *concebido pelo poder* do Espírito Santo, nasceu da
Virgem Maria,
padeceu sob Pôncio Pilatos, foi crucificado, *morto* e sepultado;
desceu à mansão dos mortos; ressuscitou ao terceiro dia, subiu aos
céus;
está sentado à direita de *Deus* Pai todo-poderoso,
donde há de vir para julgar os vivos e os mortos.
Creio no Espírito Santo, na
Santa Igreja *Católica, na*
comunhão dos santos, na
remissão dos pecados, na
ressurreição da carne, *na*
vida eterna. Amém!

A Eucaristia, "carne de Nosso Senhor"

Uma vez dentro da Igreja, o batizado passa a participar em toda a vida da comunidade; pertence a Cristo, é membro do seu corpo.

Cristo Jesus! É Ele, com efeito, a figura sublime que resplandece no centro do cristianismo com uma intensidade e um esplendor incomparáveis. É Ele que o fiel dos primeiros tempos tem diante dos olhos na realidade de uma história ainda muito próxima, sem que exista qualquer outra forma de piedade que não esteja estritamente subordinada a essa adoração do Deus vivo[11]. É Ele que pintam nas paredes das catacumbas. É Ele que designam sob cem nomes repletos de sentido, em que se incluem tantas evocações bíblicas: Emanuel; a Estrela do Levante; o segundo Abel; Melquisedec, sacerdote por toda a eternidade; ou Jonas, Jacó ou Josué. É a Ele que louvam, segundo o Evangelho, como o Pescador, a Pedra angular, a Água viva, o Sangue, o Leite, o Fermento que faz crescer a massa ou o Sal que nunca perde o sabor. É a Ele que veneram no centro imutável do tempo, "ontem, hoje e por toda a eternidade", como diz a *Epístola aos Hebreus* (13, 8), e é por isso que todas as orações do dia, todas as festas do ano se distribuem de modo a comemorar a sua vida. É Ele o único modelo, aquele que o último dos fiéis quer imitar na virtude e na caridade, e também o único Intercessor, por cujo intermédio o homem pode esperar comunicar-se com o Inefável, o único Mediador que pode implorar eficazmente ao Todo-Poderoso.

"Glória ao Pai, *pelo* Filho e no Espírito Santo!", diz uma antiga fórmula com que se concluem as orações. E quando, perante os suplícios, os cristãos têm de prestar o testemunho supremo, é para Cristo, sempre para Ele, que elevam a sua alma: "Senhor Jesus, eu inclino a minha cabeça como vítima pelo teu amor. Tu, que permaneces eternamente, e para quem são a glória e a magnificência pelos séculos dos séculos! Amém!" [12].

Por isso, a cerimônia fundamental da vida cristã é essa que reúne numa só manifestação todo o núcleo essencial da mensagem de Jesus, dos seus ensinamentos e da sua Paixão. É a *Eucaristia*, palavra que em grego quer dizer "ação de graças" e que, precisamente por ser considerada como a oração das orações, como um eco da oração pronunciada por Cristo na Última Ceia, bem depressa passa a designar aquilo que hoje entendemos por este termo: o sacrifício que reproduz a oblação do Deus vivo.

Eis-nos perante o mais venerável e o mais antigo dos ritos, aquele que pudemos ver logo nos primeiros dias da

Igreja nascente e que, após dois mil anos, subsiste como o elemento supremo do culto cristão. A forma de celebrá-lo pode ter variado nos pormenores, mas o fundo permanece intacto; e se a liturgia e os ritos se tornaram mais rígidos, um verdadeiro cristão de hoje encontra neles a mesma felicidade e a mesma libertação da alma que encontrava um fiel dos primeiros tempos.

Não há dúvida de que, na origem, a Eucaristia foi uma cerimônia comemorativa, que reproduzia a Última Ceia tomada por Jesus com os seus apóstolos e no decorrer da qual lhes ordenara: "Fazei isto em memória de mim". Nos *Atos dos Apóstolos* (cf. 2, 42 e 20, 11), esta cerimônia é chamada "fração do pão", o que mostra bem que com ela se evocava a última ceia de Cristo. Mas, ao mesmo tempo, não é menos certo que se apresenta carregada de uma realidade espiritual. As palavras de Cristo que precederam imediatamente a ordem de comemoração têm um sentido que não nos permite ver neste "repasto eucarístico"[13] uma simples recordação. "Isto é o meu corpo; este é o meu sangue": são palavras misteriosas que, naquele momento, representavam apenas um esclarecimento ao discurso sobre o Pão da vida, mas que, uma vez explicitadas pelo drama do Calvário e pela Ressurreição, se tornaram para os cristãos um verdadeiro penhor, um dos penhores espirituais que lhes permitiriam desenvolver a sua ação[14].

Este sentido propriamente místico da Eucaristia foi afirmado desde os primeiros tempos. "O cálice de bênção, que consagramos — diz São Paulo —, não é a comunhão do sangue de Cristo? E o pão, que partimos, não é a comunhão do corpo de Cristo?" (1 Cor 10, 16). Nunca os cristãos se desviarão desta convicção. "A Eucaristia — escreve Santo Inácio de Antioquia — é a carne do Nosso Salvador Jesus Cristo, a carne que sofreu pelos nossos pecados, a carne que, na sua bondade, o Pai ressuscitou" *(Esmima,* VII, 1). E São Justino, o grande apologista do século II, mostra perfeitamente o lugar central que ocupa na fé e o seu alcance: "Chamamos a este alimento Eucaristia, e ninguém pode ter parte nele se não acreditar na verdade da nossa doutrina, se não tiver recebido o banho para a remissão dos pecados e a regeneração, e se não viver conforme os preceitos de Cristo. Porque nós não tomamos este alimento como um pão comum e uma bebida comum; mas, assim como Nosso Salvador Jesus Cristo, encarnado por virtude do Verbo de Deus, tomou carne e sangue para nossa salvação, assim o alimento consagrado pela oração de Cristo, esse alimento que deve, por assimilação, nutrir o nosso sangue e a nossa carne, é a carne e o sangue de Jesus encarnado. Eis a nossa doutrina!" (*Apol.*, LXVI).

Este texto mostra admiravelmente o duplo caráter do fato eucarístico. Por um lado, realizando este ato sagrado, o fiel obtém uma participação na vida divina; absorve o penhor da eternidade. Mas, por outro, esta operação não tem para ele qualquer sentido se a sua vida não se renovar por inteiro em função e por virtude desse ato, e se não for consagrada a Deus. A comunhão do corpo de Cristo é simultaneamente o ápice da união mística e o remate do esforço moral do cristão por identificar-se com o modelo dos modelos. Estamos diante de uma afirmação dogmática de uma altura que religião alguma havia atingido e que é suficiente para distinguir radicalmente o cristianismo de todas as outras religiões de mistério e dos cultos orientais.

Com efeito, conheciam-se já diversas doutrinas religiosas que faziam referência a deuses mortos e ressuscitados, e o rito da "manducação do deus" remontava às obscuras tradições totêmicas das raças primitivas. Mas as semelhanças absolutamente exteriores, em que o comparativismo gosta de insistir, em nada comprometem o essencial da intenção espiritual. Além de que os temas relacionados com "deuses ressuscitados" são muitas vezes bastante recentes e interpretados pela crítica moderna com um vocabulário e segundo uma ótica imitados do cristianismo — o que lhes falseia o verdadeiro sentido —, é evidente que a maior parte dás vezes esses mitos se explicam em termos exclusivamente naturalistas.

Átis morre e ressuscita como a vegetação; é um deus-árvore que a primavera reanima. Osíris germina e cresce, e o seu corpo, cortado em catorze pedaços, revive quando as catorze províncias do Egito reverdecem com a água do Nilo. A "manducação" totêmica do deus não passa de um rito mágico, que assegura ao fiel a presença nele de uma força misteriosa, mas que nada tem a ver com o esforço moral e não exige nenhuma purificação do coração. Os deuses do Oriente não desceram à terra por amor dos homens nem colocaram o resgate da alma no primeiro plano dos seus cuidados. Somente a comunhão cristã é o ato sagrado que tem por fim unir o homem à perfeição inefável e absoluta, fazendo-o participar da Paixão de Deus.

É tal a importância da Eucaristia na vida cristã que, desde as origens, assume o lugar central nas cerimônias. Quando se perguntar aos primeiros cristãos em que consiste o essencial do seu culto, sempre mencionarão o repasto sagrado. A *sinaxe* ou reunião litúrgica, descrita diversas vezes nos *Atos dos Apóstolos*, e de que se encontram numerosos exemplos nos primeiros séculos — em Jerusalém, em Antioquia, em Alexandria, em Éfeso, em Roma, na Gália e na África —, referidos por inúmeros textos, é essencialmente a celebração da Eucaristia, a comunhão com o Deus vivo. A liturgia vai rodeá-la pouco a pouco de ritos mais complicados. Inicialmente simples e quase familiar, e sem dúvida muito diferente de comunidade para comunidade, a cerimônia eucarística vai-se ordenando no decurso dos primeiros séculos, fixa-se em regras gerais e passa a ser acompanhada de palavras e símbolos. Como "ação de graças", desdobra-se em preces que vai buscar com frequência ao Antigo Testamento e sobretudo às páginas mais sublimes dos Salmos. Como comemoração de Cristo, Deus feito homem, inclui a leitura de passagens da sua vida, desses textos que, a partir daquele momento, vão constituindo os Evangelhos. E, como cerimônia comunitária que é por essência, pois reúne os fiéis numa única intenção, lança-se por vezes em orações coletivas, numa espécie de aclamações unânimes. E assim se organiza, num duplo mistério de união com Cristo e de comunhão humana, esse conjunto cerimonial em que se leva a cabo e se resume o essencial da tradição e da fé cristãs a que damos o nome de *Missa*.

Uma Missa nos primeiros tempos da Igreja

Os textos dos mais antigos escritores cristãos, as descobertas arqueológicas e as pinturas das catacumbas permitem-nos fazer uma ideia bastante completa do que podia ser a celebração da Missa[15] nos primeiros tempos do cristianismo, nos fins do século II, por exemplo, ou nos princípios do século III.

Antes de mais nada, onde se realiza a reunião? É preciso repeti-lo: as reuniões não têm por marco as catacumbas, a não ser em casos excepcionais, quando se trata de comemorar especialmente um mártir, ou em tempos de perseguição violenta, quando se torna indispensável esconder-se.

Assim, o vestíbulo dos Flávios, bem como estes ou aqueles oratórios do cemitério de Ostriano ou o de Santo Hermes mostram ainda que serviam de lugares de culto. Mas, habitualmente, os cristãos reuniam-se em pleno dia. Um convertido amigo, um desses fiéis ricos que a fé acaba de ganhar para Cristo, põe a sua moradia à disposição da comunidade. Muitas igrejas de Roma guardam ainda a recordação desses proprietários que deram ao Senhor as suas casas: Prisca, Cecília, Pudente, Clemente; aliás, debaixo das fundações das basílicas, encontraram-se muitas vezes os alicerces dessas casas.

As pesquisas de Dura Europos, nas areias do deserto sírio, trouxeram à luz do dia uma dessas casas-templos. A disposição das casas romanas ricas, divididas em partes públicas e partes privadas, prestava-se admiravelmente à instalação do culto dentro das suas paredes: o vestíbulo podia abrigar os catecúmenos, como acolhia os "clientes"; o "pátio" ou *compluvium*, permitia reunir os fiéis; os sacerdotes podiam reunir-se no *tablinum*, essa larga passagem para os aposentos pessoais; e, ao lado, o *triclinium*, sala de jantar com três leitos, adaptava-se perfeitamente ao repasto sagrado.

A instalação em casas particulares, mesmo quando cedidas definitivamente, em breve se tornou insuficiente. Talvez tenha sido a partir dos fins do século I que os cristãos pensaram em edificar a "casa da Igreja", para ali terem salas mais espaçosas, já que a assistência aumentava de ano para ano. Em Roma, no século II, assim como em Edessa, Apaméia, Alexandria e Antioquia, não há dúvida de que havia já aquilo que nós hoje chamamos igrejas. Muito antes de Constantino, houve-as na Síria e na Palestina. Espalhadas por toda parte, deviam ser numerosas, pois em várias ocasiões os imperadores que perseguirem o cristianismo no século III assinarão decretos ordenando a sua destruição.

É no domingo, dia comemorativo da Ressurreição, que substituiu o *Sabbath* para os cristãos, que a missa tem toda a sua solenidade. Na tarde da véspera, houve a devida preparação por meio de preces, salmos e instruções piedosas. E a *vigília*. Quando se anuncia o novo dia, à meia-noite, começa a cerimônia propriamente dita, para acabar *ad lucem*, com o despontar da aurora; as nossas missas de meia-noite conservam ainda a lembrança desta antiga prática[16]. Os irmãos e as irmãs vieram de toda parte; para alguns, não foi muito cômodo comparecerem a esta reunião noturna, como no caso da mulher cristã casada com um pagão, ou no de um escravo a quem o senhor vigia de perto. De qualquer condição que sejam, os assistentes misturam-se em perfeita igualdade, e quando chegam saúdam-se em nome de Cristo, trocando o beijo da paz.

Começa então a missa, que compreende duas grandes partes: uma mais geral, a que os catecúmenos podem assistir, e a outra reservada aos fiéis, em que se realizam o sacrifício e o mistério. A primeira parte, uma espécie de introdução ao sacrifício, vai ser de oração e instrução, pois é necessário preparar os espíritos e os corações para se abrirem ao mistério. Em nome do povo, um diácono ora; é a *rogação* ou *ladainha*. Tal como se lê nas *Constituições Apostólicas*, compilação do século IV, em que se recolheram tradições bem mais antigas, essa súplica dizia assim: "Roguemos todos a Deus pelos catecúmenos, a fim de que Ele, que é bom e ama os homens, escute as suas orações e as acolha com favor. Que Ele lhes revele a Boa-nova do seu Cristo, os ilumine no conhecimento divino e os instrua nos seus mandamentos". Segue-se uma série de pedidos dirigidos ao Senhor: pelos catecúmenos e pelos recém-batizados, pelos doentes e pelos cativos; pelos condenados às minas; pelos mártires que esperam o suplício, e também, conforme o preceito da caridade, por aqueles que os torturam e os enviam à morte. A cada um destes apelos a multidão responde com estas palavras gregas que ainda hoje pronunciamos: *Kyrie eleison!* Senhor, acolhei as nossas súplicas! Em seguida, reunindo de algum modo todas as inquietações e todas as esperanças numa breve e comovente oração, o celebrante pronuncia a *coleta*, a oração de apelo de todos ao Único: "Deus todo-poderoso e eterno, consolação de todos os que estão tristes, força dos trabalhadores, que a súplica de todos os que sofrem chegue até Vós e que, através das suas penas, todos se regozijem com a vossa misericórdia!". E a voz unânime da assistência responde em sinal de assentimento: "Amém!" — Assim seja!

Seguem-se as leituras, em número variável, a fim de familiarizar os cristãos com as tradições e os dogmas. Subindo a um lugar elevado, a um púlpito, que São Cipriano comparará à tribuna onde os magistrados romanos administravam a justiça, um *leitor* faz ouvir diversos textos ordenados segundo o significado da festa que se celebra. Lê páginas do Antigo Testamento, da Lei e dos Profetas; trechos das cartas que os grandes chefes da cristandade tinham escrito no decurso do seu apostolado ou que um ou outro ainda escrevia: Epístolas de São Paulo, de São João, de São Pedro, de Santo Inácio e de São Clemente; ou ainda passagens dos *Atos dos Apóstolos*. As narrativas referentes aos mártires, tal como chegaram até nós e que são tão comoventes, são também lidas desta maneira. Imaginemos o que deviam pensar os fiéis, ao escutarem o relato, tão dramático na sua simplicidade, dos sofrimentos que os seus irmãos acabavam de suportar e aos quais sabiam que podiam estar destinados alguns dos que se encontravam entre eles! Entre as leituras, recitavam-se ou cantavam-se salmos, e de todas as bocas saía o grito de esperança e de fé, o velho grito de Israel: "Aleluia!"

De todas as leituras, a última, a essencial, é a do *Evangelho*, a palavra de Deus. Não é confiada a um simples leitor, mas aos diáconos, e a passagem é escolhida pelo próprio bispo; mais tarde, há de fixar-se esta ou aquela para determinados dias. "O Senhor esteja convosco!". De pé, os fiéis escutam, numa espécie de posição de sentido que já os crentes do Templo observavam em Jerusalém. Concluída a leitura do Evangelho, o bispo comenta-o pessoalmente ou fá-lo comentar por um pregador de sua escolha. É a *homilia*, de que se encontrarão muitos espécimes nos Padres da Igreja, e que é a origem do nosso sermão[17].

A missa dos catecúmenos vai terminar. Voltado para a multidão, com os braços abertos, o sacerdote repete, como faz ainda hoje: "O Senhor esteja convosco! Oremos!", e tem lugar a oração dos fiéis. De pé, também com os braços abertos, na posição tão bela dos orantes e das orantes cujas figuras vemos pintadas nas catacumbas ou esculpidas nos sarcófagos, em silêncio, pedem durante alguns minutos o auxílio dAquele que se vai fazer carne e sangue no pão e no vinho. Uma última *coleta* põe termo a esta meditação profunda: "Senhor, nós vos oferecemos hóstias e preces; acolhei-as pelas almas que vos imploram e por todos aqueles que temos em mente. Que essas almas passem da morte para a vida. Amém". Agora o sacrifício propriamente dito pode começar.

A segunda parte da missa assume um caráter mais augusto. Os catecúmenos, os penitentes e mesmo os pagãos simpatizantes que estiveram presentes até aqui têm de sair. Os diáconos não falam mais e os fiéis calam-se. É o bispo, o próprio pontífice, quem passa a oficiar.

O primeiro gesto é a oferenda. No tempo da primitiva Igreja, compreendia duas partes que, nos nossos dias, parecem tão diferentes uma da outra que ninguém pensa em aproximá-las: o *peditório* e o *ofertório*. De fato, são a mesma coisa. Para se unir ao sacrifício, cada fiel deve fazer uma oferta; dá-se o pão e o vinho que hão de ser consagrados[18];

dão-se também esmolas para os pobres, para as viúvas e para os que são assistidos pela comunidade. Os diáconos separam as esmolas do resto das oferendas e colocam o pão e o vinho sobre o altar. Não há certeza de que, antes do século V, durante esse tempo, se entoasse qualquer salmo ou hino; mas, depois de tudo preparado, o celebrante recita uma oração coletiva em nome de toda a assistência: "Oremos, meus irmãos, para que este sacrifício, meu e vosso, seja favoravelmente acolhido por Deus". Os fiéis respondem *Amém*, e a seguir o sacerdote, pelas orações chamadas *secretas* (reservadas à *plebs secreta*, ao povo escolhido dos fiéis), pede ao Senhor que, em troca desses dons terrenos, conceda ao seu povo os dons do céu e da eternidade.

E agora o momento mais solene de toda a cerimônia; pela vontade do seu representante, Cristo vai estar presente nas espécies eucarísticas. É o *Prefacio* e o *Cânon*; é a *Consagração*. O pontíficie convida os fiéis ao máximo fervor. "Corações ao alto! — Nós os temos no Senhor! — Demos graças a Deus! — Sim, é digno e justo!". E o celebrante continua: "Sim, é verdadeiramente digno e justo que nós vos rendamos graças, ó Senhor, ó Santo, ó Pai todo-poderoso e eterno!". Enumera os benefícios de Deus e lembra os grandes mistérios da Encarnação e da Redenção. Vêm-lhe aos lábios as palavras do Evangelho, numa improvisação mística. E esta súplica, este apelo a Deus sobre a terra termina com o grito três vezes repetido: *Sanctus*, *Sanctus*, *Sanctus*... Com as mãos estendidas sobre o pão e o vinho, como podemos ver numa pintura das catacumbas, o sacerdote repete as palavras pronunciadas por Cristo na Última Ceia. O Espírito Santo desce entre as almas dos fiéis e o sacrifício é aceito pelo Todo-Poderoso.

A última parte da missa é a *comunhão*. O sacerdote parte o pão como o fez Cristo; é a *fração do pão*, que, pela sua importância, muitas vezes dá o nome a toda a missa. Pronuncia-se então uma prece encantadora — a prece da unidade — que a *Didaquê* nos transcreve: "Assim como este pão estava disperso nos seus elementos pelas colinas, e agora se encontra reunido, permiti, Senhor, que a nossa Igreja se reúna de todas as extremidades da terra...". É o instante em que todos os presentes vão tomar parte no repasto sagrado, todos aqueles que são santos e puros, porque os outros devem sair, expulsos por uma fórmula categórica na qual se citam, muito a propósito, as palavras do Evangelho: "Não lanceis aos cães as coisas santas". Os comungantes — e a palavra aqui ganha o seu verdadeiro sentido — trocam entre si o beijo da paz. Cada um se aproxima do pontífice, que já comungou, seguido dos sacerdotes e diáconos. O bispo coloca na mão direita de cada comungante um pedaço de pão, dizendo: *Corpus Christi*. Depois o diácono oferece o cálice que contém o vinho: *Sanguis Christi calix vitae*, e o *Amen* que o fiel murmura não é uma simples fórmula, mas um ato de fé nesse Cristo que está presente nele, a expressão da sua esperança e do seu amor.

Acaba agora a missa. Reza-se uma oração coletiva para agradecer a Deus os seus benefícios. "Nós vos damos graças, Pai Santo, pelo vosso santo nome, que fizestes habitar em nossos corações, pelo conhecimento que nos destes, pela fé e imortalidade que nos revelastes por meio de Jesus...". Responde-lhe um grito de alegria, um imenso *hosanna*. Depois, ajoelhada, a assistência recebe a bênção do bispo e escuta essa "oração sobre o povo" que o reúne uma última vez diante de Deus: "Ide, a Missa está dita!". Já o dia desponta no Oriente. Os fiéis voltam para suas casas com a alma repleta de felicidade. A vida poderá trazer-lhes os seus sofrimentos e os seus perigos, mas eles têm Cristo dentro de si.

Uma vida consagrada pela oração

Não é somente uma vez por semana, por ocasião da cerimônia da Missa, como acontece hoje com muitos cristãos, que o fiel dos primeiros tempos volta o seu pensamento para Deus. "Quer vivamos, quer morramos — dissera São Paulo —, somos do Senhor" (Rm 14, 8), e ainda: "Para mim, o viver é Cristo" (Fl 1, 21). Os batizados traduzem em vida essas afirmações.

No tempo em que vivia — homem entre os homens —, Jesus afirmara muitas vezes a necessidade da oração e, neste aspecto como em todos os outros, dera exemplo aos seus. Pela oração tinha-se preparado para todos os grandes acontecimentos da sua vida; na oração encontrara repouso e força, e através da oração unira-se muitas vezes a seu Pai. Por isso, a oração é para o verdadeiro cristão uma escolta permanente que o acompanha ao longo de toda a vida, ou, por outras palavras, é a existência inteira que, consagrada a Deus, é oração: a vida deve transformar-se numa oração perpétua.

Foi o que formulou Clemente de Alexandria, o grande pensador de fins do século II, em termos tão admiráveis que vale a pena reproduzi-los na íntegra: "Fazemos de toda a nossa vida uma festa, persuadidos de que Deus está presente em toda parte e de todas as maneiras, e de que, quando trabalhamos, O louvamos, e, quando navegamos, Lhe entoamos hinos. A nossa oração é, atrevo-me a dizer, uma conversa com Deus. Mesmo quando nos dirigimos a Ele em silêncio ou mal mexendo os lábios, interiormente estamos a orar. Mesmo depois de terminada a oração vocal, continuamos de cabeça levantada e de braços erguidos ao céu, voltados para o universo espiritual na comoção da nossa alma. Quer passeie, converse ou descanse, quer trabalhe ou leia, o fiel ora: e, sozinho no reduto da sua alma, se medita, invoca o Pai com gemidos inefáveis, e o Pai está próximo daquele que o invoca assim" (*Strom.*, VII, 7).

Voltado para o Oriente — porque o Oriente é Cristo, *Oriens ex alto*, o lugar donde procede a luz que desperta os homens que dormem nas trevas, e também a direção da Jerusalém terrestre —, o fiel ora em muitos momentos do dia. Ergue as mãos num gesto tão antigo como o próprio homem, e junta-as para a súplica; prostra-se por terra ou ajoelha-se para confessar a sua humildade, a sua miséria; e, pelo sinal da Cruz, três vezes repetido — sobre a testa, sobre os lábios e sobre o peito —, assinala-se a si mesmo com o selo do Mestre, enquanto a boca proclama, segundo as circunstâncias, o seu modo particular de pertença a Cristo. "Todas as manhãs e a todas as horas — escreve Aristides por volta do ano 140 —, os cristãos cantam a Deus e o louvam pela sua bondade para com eles. E de modo parecido rendem-lhe graças pelo alimento e pela bebida que Ele lhes dá".

Podem-se mencionar os principais destes tempos de oração? São tão numerosos! Há a oração da alva, que vai do cantar do galo ao nascer do dia, hora em que se celebra a Eucaristia e a que corresponde a oração das vésperas, que acompanha o pôr-do-sol e precede o acender das lâmpadas. Há as orações que acompanham os atos essenciais do dia — o levantar-se, o deitar-se, as refeições, conforme um uso que se conservou até os nossos dias —, e ainda todas as ações pouco ou muito significativas, tais como as visitas, o trabalho, os deslocamentos, etc. Há também o hábito, herdado do judaísmo, de rezar mais solenemente em três momentos particulares — a hora terceira, a sexta e a nona —, que os ofícios dos nossos religiosos e sacerdotes recordam ainda hoje, ao mesmo tempo em que se conserva entre alguns monges o costume muito antigo de os fiéis se levantarem no meio da noite para orar mais uma vez.

Que orações rezam estes fiéis? Estamos muito longe de as conhecer todas e, além disso, não tinham o caráter rígido e estereotipado com que muitos cristãos de hoje se contentam. Certamente o *Pater*, a oração cristã por excelência, era a mais usada. Por outro lado, iam buscar à Escritura Sagrada muitas das suas mais belas páginas, tal como a tradição de Israel as transmitia, e era por meio dos salmos bíblicos que suplicavam ao Todo-Poderoso, como o faz a Igreja nos nossos dias. Mesmo que não as citassem textualmente, os cristãos serviam-se de numerosas fórmulas do povo eleito, das suas alusões e cadências, como fizera a Santíssima Virgem no *Magnificat*; mas renovavam e transformavam essas reminiscências judaicas, introduzindo nelas o pensamento de Cristo, profeticamente presente através dos símbolos do Antigo Testamento e fim supremo de toda a expectativa de Israel[19]. É dentro desses moldes, mais amplos do que os nossos, que temos de considerar a oração antiga, espontânea, improvisada, mas alimentada pelo caudal das referências bíblicas e poderosamente impelida pela fé.

Pouco chegou até nós destas orações primitivas, pelo menos na sua versão mais antiga. Mas as que conhecemos têm um tom pungente, tanto mais que muitas delas nos foram transmitidas pelas *Atas dos Mártires*, e por isso exprimem a fé e a esperança de homens chegados ao ponto culminante da experiência humana perante a morte. Eis, por exemplo, a oração de São Policarpo, momentos antes do seu martírio, em 155:

"Senhor, Deus Todo-Poderoso, Pai de Jesus Cristo, teu Filho bem amado e abençoado, que nos ensinou a conhecer-te, Deus dos anjos, dos poderes de toda a criação e da raça dos justos que vivem na tua presença! Eu te bendigo por me teres julgado digno deste dia e desta hora, digno de tomar parte, com os mártires, no cálice do teu Cristo, a fim de ressuscitar para a vida eterna da alma e do corpo, na incorruptibilidade do Espírito Santo. Possa eu hoje ser admitido à tua presença no meio deles, como uma vítima bem nutrida e apetecível! Tu me concedes agora, ó Deus que não mentes, a sorte que me tinhas feito ver antecipadamente. Deus da verdade! Por esta graça, como por tudo, eu te louvo, eu te bendigo, eu te glorifico, por meio do eterno e celeste Sacerdote Supremo, Jesus Cristo. Por Ele, glória a Ti, com Ele e com o Espírito Santo, agora e pelos séculos dos séculos! Amém!" Este grito de amor que o santo bispo de Esmirna proferia diante do carrasco não era outro senão aquele que, a todas as horas do dia, acorria aos lábios de todos os fiéis.

Para compreendermos o verdadeiro sentido destas orações, é necessário ouvi-las no próprio tom a que acima nos referimos, isto é, pronunciadas com intenções e em atitudes espirituais que não são exatamente as nossas. Para um cristão de hoje, o acento recai, a maior parte das vezes, na eficácia da oração: pedimos a Deus e esperamos ser atendidos (o que não quer dizer que estes apelos tenham sempre intenções pragmáticas e interesseiras). Mas, se os primitivos cristãos conheciam e proclamavam a *eficácia* da oração e dos sacramentos, conheciam melhor do que nós o seu *significado*, a sua intenção simbólica e mística. A seus olhos, orar era conversar com Jesus vivo, como haviam conversado os discípulos de Emaús e como cada um conversaria, no dia de amanhã, com Cristo na glória. Comungar era sentar-se à mesa da Última Ceia, cujos pormenores eram todos familiares, e ao mesmo tempo tomar parte na ceia eterna, que se iria celebrar no dia de amanhã. Esta atitude explicita-se mais nas obras de São Cirilo de Jerusalém, do Pseudo-Dionísio e de Máximo, o Confessor, e ganha uma ressonância admirável, que hoje infelizmente está quase esquecida[20].

A mesma intenção mística explica igualmente que os primeiros cristãos tivessem querido consagrar o tempo. Assinalar com festas e preces o ano, o mês e a semana é fazer passar para a imortalidade aquilo que a nossa vida tem de mais perecível; é, de alguma forma, estabelecer uma relação imediata entre a nossa natureza, ligada ao efêmero, e a ordem sobrenatural da eternidade divina. É preciso consagrar o tempo, como é preciso consagrar a vida, como é preciso dar tudo ao Senhor!

A semana ordena-se então em volta do domingo, dia da Ressurreição, que se torna o seu ponto de partida. Da mesma maneira, retomando a tradição judaica dos jejuns[21], mas deslocando-os para evitar confusões, a quarta e a sexta-feira lembram aos fiéis a necessidade da penitência, e o sábado, conservando alguma coisa do antigo *Sabbath*, é um dia de preparação para a glória do domingo. Pouco a pouco, o ano inteiro é organizado dentro de um ciclo litúrgico que consagra a Deus todos os meses, todas as estações, todos os dias. No começo, parece existir apenas uma grande festa: a da *Páscoa*, para a qual converge o tempo, que culmina com a Ressurreição; mas bem depressa, antes do século IV, outros episódios da vida de Cristo impõem comemorações particulares. Tais são sobretudo o nascimento divino, que será celebrado desde época muito recuada, em datas variáveis; e o *Pentecostes*, a antiga festa judaica tornada cristã, comemorando a descida do Espírito Santo sobre os apóstolos.

Assim, toda a existência do cristão se encontra iluminada. Começou pelo Batismo e pelas suas grandes cerimônias, com as quais se faz a profissão de fé; vai continuar, de um extremo ao outro, balizada pela oração, orientada para Deus, marcada com um símbolo perpétuo que faz dela as primícias da eternidade; e, quando ela acaba, é ainda a oração que acompanha o cristão morto ao limiar das felicidades eternas. O enterro, como todo o resto, é um ato cristão, e torna-se alegria porque a alma atingiu o seu fim. Sobre esse corpo lavado e ataviado, entoam-se ainda as últimas preces, tiradas dos versículos dos Salmos: "Fazei-me ouvir uma palavra de gozo e de alegria, para que exultem os ossos triturados" (Sl 50). "Vós sois o meu asilo, das angústias me preservareis" (Sl 31). "Ainda que eu ande pelo vale da sombra da morte, não temerei mal nenhum, porque vós estais comigo, Senhor" (Sl 22).

A moral e a penitência

Uma vida santificada — este é o ideal cristão. Será necessário acrescentar que se trata de um ideal que pressupõe uma vida moralmente transformada?

O grande chamado de Cristo, aquele que se fez ouvir ao longo de toda a sua mensagem, foi sempre este: "Convertei--vos". Viver no Senhor, seguir o seu exemplo, é o mesmo que levar a cabo uma renovação tão completa quanto possível. É esta a base da moral cristã. Não se trata da doutrina de um filósofo, cujos preceitos possamos ou devamos escutar; trata-se simplesmente de um esforço para nos assemelharmos e identificarmos com Cristo. São Paulo, em muitas passagens das suas epístolas, tinha feito compreender perfeitamente qual o alicerce sobre o qual devia assentar a moral dos batizados: a semelhança com Cristo, a identificação com Cristo. Sede puros, porque os vossos corpos são membros de Cristo (cf. 1 Cor 6, 15). Sede generosos como Cristo, que, sendo rico, se fez pobre por nosso amor, para que fôssemos ricos pela sua pobreza (cf. 2 Cor 8, 9-11). Esquecei-vos de vós mesmos, como Aquele que, sendo Deus, tomou para si a condição de servo (cf. Fl 2, 5-7). Maridos, amai as vossas esposas, como Cristo amou a sua Igreja (cf. Ef 5, 25). Não há nenhum dos princípios da moral que não se encontre transfigurado pela ideia da identificação sobrenatural com Cristo.

Em volta desta noção fundamental, que vamos encontrar em todos os textos da primitiva Igreja, os pensadores cristãos, os primeiros Padres, irão desenvolver os seus ensinamentos de acordo com o temperamento de cada um. Uns ater-se-ão a uma concepção moral muito simples, muito humana, como o autor da *Didaquê*, que se limita a extrair os seus preceitos da Escritura; ou como Hermas, o autor do *Pastor*, que define assim o ideal dos verdadeiros cristãos: "Constantemente simples, felizes, sem azedume no trato mútuo, cheios de compaixão para com todos e repletos de uma candura infantil". Outros, como Santo Inácio de Antioquia, acentuarão o lado místico do esforço moral; e outros ainda, como Clemente, para quem a vida é "um combate espiritual", sublinharão o lado ascético. Não se trata aqui senão de simples matizes; o que conta é o desejo de renovação, que os chefes da Igreja exigem incessantemente dos fiéis; é essa imagem perfeita do homem, encarnada em Jesus, que propõem à meditação dos fiéis.

Vejamos, por exemplo, os problemas do casamento e da vida sexual. É conhecida a gravidade de que esses problemas se revestiam na sociedade romana. O divórcio e o celibato minam os alicerces da família, e a escravidão, pela facilidade com que põe à disposição dos senhores as mulheres, é por toda parte um agente de desmoralização. A condição normal do cristão é ser casado. São Paulo estabelecera já com justeza os princípios do casamento dos fiéis. A Igreja não só não rejeita o casamento, como se opõe tenazmente a todos os hereges que o condenam. "Mostremos, exclama Tertuliano, mostremos a felicidade do casamento, que a Igreja recebe, que a oblação confirma, que a bênção sela, que os anjos reconhecem e que o Pai ratifica". Não foi o próprio Cristo que ordenou aos esposos que fossem "uma só carne" e que nunca se separassem? O divórcio é, pois, inadmissível segundo a ótica cristã, e o celibato só é compreensível se tiver em vista uma realização mais alta, uma união mística com a pureza absoluta[22].

Mas, segundo o cristianismo, o próprio casamento assume um sentido novo e se torna diferente do casamento pagão, embora externamente adote os seus principais usos: os cortejos, as coroas, as manifestações de regozijo. O acordo dos consortes, que os pagãos reconhecem ainda em muitos casos como indispensável — *ubi Gaius, ibi Gaia* —, não é suficiente. A necessidade social de ter filhos, os deveres familiares, cujos princípios foram perfeitamente expostos por Clemente de Alexandria e em nome dos quais os imperadores tinham legislado inutilmente, não constituem as verdadeiras bases da união cristã. É em Deus que os esposos se devem unir, num espírito de amor e de pureza semelhante em tudo àquele que Cristo demonstrou para com a sua Igreja. E Tertuliano evoca esses esposos que "se apoiam mutuamente nas vias do Senhor, que oram juntos, que se aproximam juntos da mesa de Deus e que, juntos, enfrentam as provações". O casamento tornou-se assim, não já uma instituição que as melhores leis podem proteger, mas um sacramento. E no dia em que a sociedade for cristã, encontrará nele um dos alicerces que mais abalados estavam no mundo pagão[23].

A mesma mudança se opera na atitude do homem em relação aos bens deste mundo. Não é que o fiel os deva rejeitar sistematicamente; não se julgue que os membros desta primitiva Igreja eram um povo de monges e de terríveis ascetas. "Lembremo-nos — diz Tertuliano — do grande reconhecimento que devemos a Deus. Não há um único fruto das suas obras que nós recusemos!". O que o cristianismo condena é o abuso, o excesso de afeição que o homem dedica aos bens da terra e que o faz desconhecer o verdadeiro sentido e o valor limitado que têm. Clemente de Alexandria e muitos outros Padres denunciam com rigor o luxo, os vestuários de ricos coloridos, "as sandálias bordadas a ouro, sobre as quais os pregos se enrolam em espiral", a gulodice desmedida dos ricos, as gastronomias requintadas e "a vã habilidade dos doceiros". O ensinamento da Igreja é que se deve fazer uso de tudo aquilo que Deus deu aos homens, mas com gratidão, com medida, sem perder de vista as riquezas celestes que não passam e o alimento celeste que é "o único prazer seguro e puro".

Daqui resulta uma mudança completa de atitude no que se refere ao dinheiro, verdadeiro tirano da sociedade imperial. "Nós, que outrora amávamos o ganho — escreve São Justino —, distribuímos agora tudo o que possuímos". Mas isto não quer dizer, de forma alguma, que se condenem o lucro e a propriedade. Já o *Pastor* de Hermas observa que na Igreja há ricos e pobres. Os Padres, e principalmente Clemente de Alexandria, referem-se a isso muitas vezes, e destes escritos dos primeiros séculos brota uma verdadeira teoria cristã do dinheiro e da propriedade, que se mantém viva na melhor tradição e para a qual a Igreja atual se inclina cada vez mais. A riqueza não é má em si, mas só se justifica pelo destino que se lhe der. Ao rico compete administrar os bens que possui em função do interesse superior da comunidade. Além disso, não deve esquecer que as riquezas da terra são efêmeras e que a única riqueza verdadeira é a do céu, visto que essa jamais passará.

Podemos, pois, dizer que há uma verdadeira economia política implícita na moral cristã, como há também, firmando-a e condicionando-a, uma sociologia, que é a da caridade. É neste ponto que os princípios do Evangelho arrastam para a renovação mais completa uma sociedade dura e rígida, na qual proliferam pesadas injustiças. A caridade, isto é, a lei absoluta do amor que Cristo ensinou, aquela que os grandes apóstolos Pedro, Paulo e João não cessaram de apregoar, é a que transforma as relações entre os homens e a que faz do cristianismo, que nada tem de doutrina social, o mais ativo dos fermentos sociais do mundo antigo. "Porque têm apenas um Pai, Deus — diz Tertuliano —, os fiéis são verdadeiramente irmãos". Estão unidos por um sentimento inteiramente novo, que Santo Inácio de Antioquia chama *ágape*, sentimento tão poderoso que a palavra logo se torna sinônimo de comunidade cristã, de Igreja. A Igreja é a caridade! "Vede como eles se amam!", exclamam os pagãos, com um espanto significativo, ao observarem os cristãos. E São Cipriano irá ao ponto de escrever: "Ser constantemente caridoso equivale ao batismo necessário para receber a misericórdia de Deus"[24]. Para além das categorias sociais e das classes, para além das diferenças de raças e de línguas, o cristão sabe-se unido aos seus irmãos numa realidade que o ultrapassa, e toda a sua vida moral deve estar impregnada desse sentimento de amor que, em cada homem, o faz amar a Cristo.

Mas todos os cristãos são fiéis a este ideal tão elevado? A pergunta acode imediatamente ao espírito quando se sabe o que é o homem e as dificuldades com que todo o princípio elevado choca à hora de ser posto em prática. Mesmo exaltados por uma fé inteiramente jovem e vigorosa, os fiéis continuam a ser homens, e não se pode ver neles um povo unânime de santos. Devemos até sublinhar o fato comovente de que a literatura cristã primitiva nunca procura dissimular os erros que se introduziam na cristandade. Os primeiros cristãos estavam sujeitos a essas tentações que nós conhecemos tão bem, e a elas é preciso acrescentar perigos mais graves ainda, dadas as circunstâncias: o apelo da idolatria do ambiente, e a sedução da apostasia quando as ameaças se tornavam iminentes.

Em breve, a Igreja, pois, teria de enfrentar o problema de saber qual a atitude a tomar para com aqueles seus filhos que, mais ou menos gravemente, traíam a promessa do seu Batismo. No começo, não a vemos muito apressada em usar do poder de perdoar os pecados que Cristo lhe havia dado por intermédio de Pedro. Em muitos casos, era suficiente o Batismo que se conferia aos adultos, e para as faltas mais leves havia os jejuns, as esmolas e as orações. Não se pode saber ao certo em que momento se regulamentou a administração do sacramento da Penitência. No século II, parecem ter-se oposto duas correntes diferentes a esse respeito na Igreja. Uma sustentava que as faltas graves dos cristãos — principalmente os três crimes de idolatria, adultério e homicídio — não podiam ser absolvidas; mesmo que se arrependessem e se confessassem, os culpados não podiam ter nenhuma esperança de reconciliar-se com Deus e com a Igreja. Esta corrente rigorista, a que se filiam grandes espíritos como Tertuliano, Orígenes, Hipólito e outros, não conseguiu impor-se. Os papas — principalmente São Calisto — agiram em sentido contrário; mais fiel ao ensinamento de Cristo, que perdoou a mulher adúltera e prometeu o Paraíso ao ladrão arrependido, a Igreja admite o princípio da Penitência para todos os pecados.

A ideia já se encontra muito explicitamente formulada no *Pastor* de Hermas, por volta do ano 150. No fim do século II, todo o cristão que tivesse cometido uma falta grave era obrigado a oferecer uma reparação à comunidade. Ficava momentaneamente excluído da Igreja e submetido a duras penitências e atos de humilhação, até o dia em que o bispo, pela imposição das mãos, o fazia entrar de novo no número dos fiéis. Havia, portanto, expiação das faltas e perdão solene, num espírito de fraternidade e de misericórdia. É a origem remota e bastante rude do rito a que hoje se chama Confissão. Permitindo ao homem libertar-se de si mesmo e dando-lhe a possibilidade de readquirir as forças necessárias para o combate da vida, o cristianismo institui um meio de renovação moral de capital importância, que nenhuma filosofia nem nenhuma religião haviam estabelecido até então.

As igrejas e a Igreja

Seja qual for o aspecto sob o qual consideremos o cristianismo primitivo, o que sempre nos impressiona é o seu caráter coletivo e social; nele, o homem nunca se encontra só, pois faz parte de um grupo e é um elemento dentro de uma unidade. Assim se manifesta nos fatos o paradoxo sublime da mensagem de Cristo. Se ela se dirige ao homem naquilo que lhe é mais pessoal e íntimo, se lhe fala numa voz que é única para cada um, a verdade é que, ao mesmo tempo, associa entre si todos aqueles que escutam essa voz e solda-os pelo amor mútuo. A promessa de salvação que vem trazer não serve para os egoístas, para os que se desinteressam dos seus irmãos. Ninguém se salva sozinho: cada um é responsável por todos[25].

Tal é o sentido íntimo da palavra que, desde os mais antigos tempos cristãos, designou o agrupamento de homens que nasceu de Cristo: a *Igreja*. Muito rapidamente este termo aprofundou e acentuou o sentido do vocábulo grego *ekklesia*, que significava "assembleia". Já no Antigo Testamento, onde o termo corresponde à palavra hebraica *quahâl*, designava uma coisa bem diferente de uma simples reunião de homens; era "a assembleia do Senhor", a "Igreja do Senhor", como diz o *Deuteronômio* (cf. 23, 1-8), uma entidade sagrada cujos membros se encontravam misteriosamente ligados uns aos outros por uma promessa e pela fidelidade a ela. São Paulo, genial neste ponto como em todos os outros, tinha feito compreender perfeitamente o quádruplo sentido desta palavra, pelas formas de que se serviu para utilizá-la: reunião de fiéis, comunidade dos que creem, a Igreja é sobretudo a prova mística da presença de Cristo na terra e, no céu, a multidão santa daqueles que Ele salvou.

Assim, pois, a assembleia cristã tem consciência de ser diferente dos outros tipos de agrupamentos conhecidos. Não é uma "sinagoga", conforme o modelo judaico, porque as sinagogas agrupam os homens pela sua origem geográfica, pelas suas afinidades ou pela categoria social. Não é um "colégio", uma dessas corporações em que os pagãos se reúnem para prestar auxílio mútuo ou para garantirem funerais dignos. E também finalmente não é uma "seita", como aquelas que as religiões orientais e os cultos de mistérios multiplicaram, e onde não entram senão os iniciados. É uma coisa diferente, uma realidade cujo caráter único os primeiros cristãos compreenderam perfeitamente e cujos elementos a teologia irá precisando cada vez mais.

Em toda parte onde há cristãos, há uma comunidade, uma igreja. Em princípio, existe uma em cada "cidade", isto é, em cada centro administrativo de que depende uma região. No interior de cada cidade, há uma única igreja, ao contrário das sinagogas, que podiam ser numerosas e diferentes num mesmo lugar — em Roma havia treze no século I —; e ao contrário também dos agrupamentos isíacos e mitríacos, que limitavam o número dos seus adeptos e que se dividiam logo que estes atingiam determinada cifra.

Os cristãos dispersos pela região estavam ligados à igreja da cidade, o que explica que Santo Inácio de Antioquia se diga umas vezes bispo de Antioquia e outras bispo da Síria. Cada igreja, em princípio, está organizada de forma que possa viver de maneira independente, o que é indispensável numa época em que uma comunidade pode ser assolada pela perseguição e ficar isolada das outras. Cada uma tem a sua cabeça, o seu clero, os seus membros, a sua organização econômica, as suas obras sociais e até, em grande medida, os seus costumes e a sua liturgia próprios. Mas esta autonomia tem a seu lado um elemento que a equilibra e lhe dá o seu verdadeiro sentido: acima das *igrejas*, há a *Igreja*.

Este é o sentimento profundo de todos os cristãos da primeira era, o sentimento que brilhará ao longo de toda a história e contra o qual não prevalecerão nem as heresias, nem os cismas, nem os piores esfacelamentos. Todos os cristãos, estejam onde estiverem, seja qual for a sua origem, têm a certeza de pertencerem a uma realidade que transcende as diferenças e harmoniza todas as contradições inerentes à natureza humana; a uma realidade inteiramente ligada à vida, mas situada ao mesmo tempo acima das contingências humanas; a uma realidade, enfim, que só encontra uma explicação sobrenatural.

É fácil demonstrar que as três notas que tradicionalmente se reconhecem como fundamentais na Igreja — universalidade, apostolicidade e santidade — não são invenções recentes dos teólogos, mas que, desde as origens mais longínquas, eram tidas pelos cristãos como necessárias.

A Igreja, para eles, é *una*. Por isso, deve obedecer ao anseio de Cristo na sua última oração: "Que todos sejam um, como tu, Pai, em mim e eu em ti" (Jo 17, 21). São numerosos os textos dos primeiros tempos que afirmam este princípio; encontramo-lo nas cartas de São Paulo e nos textos de

São João; a *Didaquê* evoca "esta Igreja, reunida dos quatro cantos da terra"; São Clemente exprime-se exatamente da mesma maneira; e, empregando pela primeira vez um termo que designará no futuro este caráter de unidade aplicado à Igreja, Santo Inácio de Antioquia escreve: "Onde deve estar a coletividade, onde está Jesus Cristo, lá está a Igreja *católica*". Na doutrina como na organização, por vezes através de diferenças aparentes, mas sempre substancialmente mantido e defendido contra as heresias com uma indomável energia, este grande pensamento da *catolicidade*, isto é, da universalidade, conservar-se-á sempre como ideia-força da Igreja até os nossos dias.

Esta coletividade cristã não se define apenas como una, mas reconhece-se também *apostólica*. Mais do que qualquer outra, a palavra deve ser entendida como uma referência à mais próxima realidade histórica, tal como a temos evocado já várias vezes. Consideremos, por exemplo, um Irineu, que foi bispo de Lyon por volta do ano 180. Conheceu diretamente Policarpo de Esmirna, que se relacionava afetuosamente com Inácio, o velho bispo de Antioquia, e este, por seu turno, conheceu certamente o apóstolo João e foi talvez chamado por ele para Cristo. É, portanto, perfeitamente claro o laço que liga estas comunidades cristãs ao Fundador divino. Esta característica é um penhor da autenticidade da sua religião e uma justificação da sua fé. "Cristo vem de Deus — escreve São Clemente Romano —, e os apóstolos vêm de Cristo, e foram os apóstolos que, haurindo no Espírito as primícias, instituíram alguns como bispos". Da mesma maneira, Santo Irineu, estabelecendo os princípios da Igreja, indica como fundamental "a conservação da tradição dos apóstolos pela Igreja".

Finalmente, para os primeiros cristãos, como para os cristãos de sempre, a Igreja é *santa*, e esta é a sua nota mais decisiva e fundamental. É santa porque foi fundada por Cristo, porque é ela que o prolonga sobre a terra, porque é ela a sua Esposa e o seu corpo, porque é a nova Eva do novo Adão, saída do lado trespassado de onde correu o seu sangue. São inumeráveis, nas epístolas, no *Apocalipse*, nos *Apologistas* e nos primeiros Padres, os textos que afirmam esta relação íntima entre a Igreja e Deus encarnado. São Paulo, na primeira *Epístola aos Coríntios*, chegou a chamar "Cristo" à própria Igreja (cf. 12, 12). E Santo Agostinho dirá igualmente: "Cristo prega Cristo; o Ungido prega o Ungido"[26]. Daí que os cristãos, membros de Cristo, devam ser uma sociedade de santos, como o *Pastor* de Hermas afirma expressamente. Por certo, de uma santidade relativa, contra a qual vêm embater os desfalecimentos da natureza humana; mas de uma santidade que retine como um apelo na consciência, e que faz com que um cristão não se considere nunca um homem semelhante aos outros, mas depositário do próprio Deus.

A Igreja é, pois, concebida pelos seus membros segundo notas que são muitas vezes chamadas *teândricas*, isto é, que são ao mesmo tempo divinas e humanas. É esta dualidade na unidade que define "o mistério da Igreja", esse mistério que os seus adversários jamais puderam compreender e que estará na origem de todos os mal-entendidos e de todos os ódios. Por ser humana, ela deve ser uma sociedade que tem a sua organização, os seus métodos e as suas atitudes públicas; mas os seus fins nunca se limitarão ao âmbito da terra. Inserida na história, a ação da Igreja permanecerá, nos seus desígnios, transcendente a toda a história e orientada para o reino de Deus. Tal é, em última análise, o segredo da sua força. Nunca se caracterizaram melhor os seus meios de ação e as suas possibilidades do que com esta afirmação de um grande teólogo: "A Igreja é a encarnação permanente do Filho do homem"[27].

A organização dos quadros

Como sociedade humana, a Igreja, desde que nasceu, teve necessidade de uma organização. Como nos lembramos, o próprio Jesus lançou as bases de uma administração ao instituir, primeiro, os Doze, e depois os Setenta. Há provas da existência de quadros eclesiásticos desde os tempos cristãos mais antigos. No capítulo 11 dos *Atos*, faz-se referência aos "anciãos" ou "presbíteros", e no capítulo 20 aos "vigilantes", "epíscopos" ou "bispos". Ao longo dos primeiros cem anos, as instituições vão-se precisando e unificando, até que começam a apresentar características gerais bem definidas a partir do ano 150.

O princípio basilar é o da autoridade. Mesmo quando o povo elege um chefe, o seu prestígio e o seu poder são absolutos. Não é ele o representante de Cristo e a testemunha do Espírito? A ideia de hierarquia preside, pois, a toda a organização. São Clemente Romano propõe aos cristãos o exemplo do exército, com os seus métodos e a sua disciplina, ou ainda o do corpo humano, em que a função de cada membro se subordina à utilidade coletiva. "Que cada um se submeta aos outros, conforme as graças que recebeu".

No entanto, este princípio não nos permite compreender facilmente o modo como a hierarquia eclesiástica se estabeleceu na Igreja primitiva. Nos textos de São Clemente e na *Didaquê*, mencionam-se apenas duas categorias: os bispos e os diáconos. Cada comunidade parece estar dirigida por um colégio de epíscopos ou de presbíteros (os dois termos parecem ser sinônimos nesta época), sob as ordens dos quais são colocados os diáconos. Segundo Santo Inácio de Antioquia, pelo contrário, há um sistema com três graus: "Que todos — escreve ele —, assim como reverenciam Cristo, reverenciem os diáconos, o bispo, que é a imagem do Pai, e os presbíteros, que são o Senado de Deus, a assembleia dos apóstolos". E parece ter sido este o regime que se impôs naturalmente nas igrejas da Ásia, nos começos do século II.

Talvez seja necessário compreender esta dificuldade em função de dois temas de reflexão que podem ter sido igualmente fundamentais na Igreja primitiva. Como sociedade humana, que desejava ela? Sobretudo ter superiores virtuosos, enérgicos, sábios e generosos. Muitos textos antigos insistem sobre as qualidades morais que devem ter os bispos, os presbíteros e os diáconos; assim o faz, por exemplo, São Paulo na primeira *Epístola a Timóteo*, bem como Santo Inácio de Antioquia e São Policarpo. Mas, como sociedade divina, esposa de Cristo, a Igreja deseja sobretudo ser conduzida por homens que estejam diretamente ligados à tradição apostólica, pelos descendentes daqueles primeiros bispos que São Paulo, São Pedro ou São João haviam instituído. O clero será, pois, composto pelos fiéis mais sábios e mais santos; mas, acima de todos eles, o bispo representará a Deus e será o seu "sinal visível"; as hierarquias da terra são, de algum modo, imagem das hierarquias celestes. Tornamos a encontrar aqui o caráter *teândrico* da Igreja, e a organização que virá a estabelecer-se definitivamente no século II pode muito bem ser a síntese dessas duas aspirações.

Na base, em contato imediato com os fiéis e muito próximos deles, estão os *diáconos*. Intervêm nas cerimônias, mas, pelo menos a princípio, as suas funções não são especificamente sacerdotais; trabalham sobretudo no plano prático, mantêm a ordem durante os repastos cultuais, recolhem as oferendas para a missa, visitam os presos e os doentes e administram as obras de caridade. Entre eles há mulheres, as *diaconisas*, veneradas pela sua idade e pelas suas virtudes. A Igreja contará com grande número de heróis e mártires entre estes humildes auxiliares, e com muitos propagandistas eficazes. Por ocasião de certas perseguições ou das grandes epidemias, são os diáconos e as diaconisas que virão a revelar-se como testemunhas as mais admiráveis.

Mais acima estão os *sacerdotes*, os *presbíteros*, que assumem as funções que nós estamos acostumados a vê-los exercer, mas de uma forma um pouco diferente da nossa. Não é tanto a título individual que eles têm importância na Igreja, mas enquanto agrupamento coletivo. O *presbiterium* é um verdadeiro "Senado de Deus", que ajuda o bispo, aconselha-o, assiste-o no verdadeiro sentido do termo e o substitui em caso de ausência ou morte. Representam a sabedoria, a experiência coletiva da cristandade; paralelamente ao princípio da autoridade, representam um princípio que se pode dizer democrático. Seria falso opô-los aos seus superiores, mas também é verdade que desempenham um papel muito importante.

Acima de todos, dominando toda a comunidade e rodeado de uma veneração imensa, o *bispo* exerce um poder muito grande. À medida que a Igreja se desenvolve e se organiza, as dioceses decalcam a largos traços o sistema imperial das "cidades", e em cada *sede* fixa-se uma dinastia episcopal cuja lista a comunidade guardará piedosamente. Designado, segundo parece, de comum acordo por todos os membros da Igreja local — e mais uma vez se deixa ver aqui o princípio democrático —, o bispo é sagrado com uma solenidade sem igual. Investido de um caráter que o coloca acima de qualquer outro fiel, torna-se o verdadeiro líder, a encarnação do princípio da autoridade, o pastor[28].

As atribuições dos bispos são de quatro espécies. As primeiras e, segundo parece, as mais importantes aos olhos dos cristãos, pois estão intimamente associadas à sua vida sacramental, são as atribuições *litúrgicas*. Assim como em Jerusalém o culto israelita não podia ser celebrado senão pelo

Sumo Sacerdote e pelos levitas (é São Clemente quem faz esta comparação), assim também na Igreja os grandes ritos sacramentais dependem do bispo. Sem ele, não se pode batizar nem administrar a Eucaristia, diz Santo Inácio de Antioquia; e aconselha até que se peça ao bispo que presida ao casamento dos fiéis, "a fim de que tudo o que ele aprova seja aceito por Deus e, desta maneira, se torne absolutamente seguro e válido".

A sua segunda atribuição é *ensinar* a religião. Sucessores diretos dos apóstolos, os bispos desempenham "o ministério dos profetas e dos doutores", como afirma a *Didaquê*. E São Justino, na sua *Apologia*, mostra-nos o bispo comentando o texto sagrado e tirando dele as oportunas lições durante as missas matinais, depois da leitura do Evangelho. Esta ação pedagógica será particularmente decisiva quando surgirem as primeiras disputas internas no campo do pensamento cristão e quando for preciso defender a integridade doutrinal da fé contra as heresias.

Um aspecto mais pragmático do papel dos bispos é o de *administrar* os bens da comunidade. Muitos textos insistem sobre as qualidades que o bispo deve possuir nesse sentido. É ele quem reparte a totalidade das oferendas dos fiéis feitas na missa. É ele quem tem a seu cargo as viúvas e os órfãos, como é ele também quem acolhe e alberga o cristão que esteja de passagem ou o fiel que se tenha visto obrigado a fugir e a ocultar-se. As atribuições de administrador impostas aos bispos modernos têm, portanto, uma origem longínqua.

Finalmente — e esta função de certo modo resume todas as outras —, a última atribuição e a mais essencial é a *vigilância* moral e espiritual que o bispo deve exercer sobre a comunidade *(episcopo* significa vigilante). Cada fiel ocupa o seu modesto lugar; cada presbítero, cada diácono tem a sua missão a cumprir, mas o bispo tem a seu cargo todas as missões e é responsável por tudo. É ele que tem de velar pela disciplina, pelos bons costumes e pela concórdia entre todos os cristãos. Se um dos fiéis fraqueja, se se porta mal ou se afasta da fé, o bispo sentirá essas faltas como feridas no corpo místico. Um bispo da Ásia considerou-se responsável pela alma de um jovem cristão que se fizera salteador. Assim como um pai de família se julga pessoalmente atingido pelas faltas de um filho ou de uma filha, assim o bispo é o responsável, perante Deus e perante os homens, pela comunidade confiada à sua guarda.

É evidente que o sistema episcopal foi um dos elementos fundamentais do cristianismo no período decisivo em que ele conquistou o mundo. Foi a este sistema que deveu a sua firme maleabilidade, a sua solidez doutrinal e a sua eficácia material. Não conhecemos todos esses bispos dos primeiros tempos, que foram verdadeiramente as pedras angulares sobre as quais se edificou a Igreja, mas, entre os que conhecemos, quantos não nos aparecem rodeados de uma auréola de gênio e santidade! Lembremo-nos de um Inácio de Antioquia, de um Policarpo de Esmirna, de um Dionísio de Corinto, de um Irineu de Lyon e, um pouco mais tarde, de um Cipriano de Cartago ou um Hilário de Poitiers, bem como de todos esses grandes bispos que, na transição dramática do final do século IV, nos surgem como verdadeiros silhares da sociedade! Sem este regime e sem homens desta natureza, o cristianismo não teria podido desempenhar o papel que desempenhou.

Apóstolos, profetas e doutores

No fim do século II, está concluída a organização eclesiástica. Os grandes traços que acabamos de descrever existem ainda hoje, e só se foram precisando, sempre no mesmo sentido, ao longo dos séculos. Mas à margem destes quadros oficiais, houve na Igreja primitiva certos elementos de que hoje já não fazemos a menor ideia e cujo papel deve ter sido considerável nesse tempo, mas que se foi enfraquecendo à medida que a sociedade cristã se ia instalando mais solidamente.

Trata-se, uma vez mais, de fatos espirituais que se ligam à dupla ideia de que a vinda do Espírito é um acontecimento ocorrido num passado ainda muito próximo, e de que a segunda vinda de Cristo é iminente. Por isso observam-se no seio das comunidades certas manifestações que hoje nos podem parecer desconcertantes. Por vezes, uma reunião litúrgica é interrompida por um grito brusco, por um hino improvisado, por um discurso ou um fluxo de palavras. No meio da assistência, um homem ou uma mulher sente subitamente o Espírito Santo falar dentro de si com voz irreprimível: produziu-se um "carisma", e o dom da palavra ou "glossolalia" foi concedido por Deus a um simples fiel, às vezes um pobre homem grosseiro e inculto; no meio de um silêncio repassado de temor, a assistência escuta este iluminado.

É com muita dificuldade que podemos imaginar hoje uma missa solene interrompida por essas recitações, essas modulações ou esses discursos mais ou menos apocalípticos. Como os que tinham estado presentes no Pentecostes, estes inspirados falavam, por vezes, línguas que ignoravam no estado normal. Fenômenos estranhos, que Claudel aproximou daqueles que se deram com São Vicente Ferrer e São Francisco Xavier, quando repentinamente começavam a pregar na língua dos povos que pretendiam evangelizar, ou com os grandes extáticos, como Catarina Emerich falando o grego ou o arameu. Seja como for, nestes tempos de grande fé o fato não era considerado pura e simples insânia e, embora a

Igreja se tornasse cada vez mais prudente na matéria, a verdade é que o "dom de línguas" era unanimemente venerado como uma manifestação do Espírito.

É dentro destas perspectivas bastante especiais que se devem considerar três categorias de personagens, cujo caráter sagrado não oferece qualquer dúvida, mas que não pertenciam aos quadros regulares da hierarquia e que agiam segundo um "carisma" particular. Já existiam no tempo de São Paulo, pois são citados na primeira *Epístola aos Coríntios*: "Na Igreja, Deus constituiu primeiramente os apóstolos, em segundo lugar os profetas, em terceiro lugar os doutores" (1 Cor 12, 28). Também são mencionados em muitos outros textos cristãos, como o *Pastor* de Hermas e a *Didaquê*.

Pouco sabemos dos *apóstolos*. Eram homens que tinham recebido a graça de querer espalhar o Evangelho e que, desprezando perigos e fadigas, partiam pelo mundo para proclamar a Boa-nova, exatamente como no tempo em que o fazia São Paulo. Não era ainda imensa a tarefa da evangelização? Não havia espaços gigantescos em que a Cruz não fora ainda implantada? Tratava-se, se assim o quisermos, de missionários, no sentido que podemos dar hoje a essa palavra; mas de missionários sem casa-mãe, sem hierarquia e sem organização. A Igreja acolhia estes itinerantes de Cristo — a *Didaquê* ordena que eles sejam recebidos "como o Senhor" —; mas, sempre prudente, desconfiava daqueles que podiam fazer-se passar por porta-vozes de Cristo a fim de viverem à custa das comunidades de fiéis, e por isso aconselhava que não os albergassem por mais de três dias, e que à partida lhes dessem apenas o pão necessário para chegarem a alguma estalagem, e sobretudo que não lhes dessem dinheiro.

Os *profetas* eram pessoas em quem o Espírito Santo falava, não a título excepcional, no decorrer de um súbito êxtase sem continuidade, mas constantemente. Eram, em certo sentido, os herdeiros diretos dessas surpreendentes personagens que o Antigo Testamento conhecera, os herdeiros do Batista. Por vezes, havia entre eles mulheres, como as quatro filhas do diácono Filipe, de quem os *Atos* nos dizem que eram profetisas. Testemunhas de Deus, porta-vozes inspirados, os profetas eram certamente muito apreciados, muito venerados e considerados como arautos diretos do Verbo. Não dissera o profeta Joel, em tempos recuados, que o dom da profecia seria um dos sinais da época messiânica? Não tinha um profeta cristão, Ágabo, prevenido São Paulo da sua morte próxima? Não havia grandes santos e personagens oficiais que tinham sido investidos deste estranho poder, como sucedeu com Santo Inácio, o grande bispo de Antioquia, que afirma claramente na sua carta aos tralianos ter um conhecimento direto das coisas do céu? E assim circula o profeta ao longo dos primeiros séculos do cristianismo. Todos o acolhem e escutam. A *Didaquê* diz, em termos tão enigmáticos como admiráveis, que é preciso receber a mensagem dos profetas, porque eles agem "em virtude do mistério cósmico da Igreja". Mais uma vez, porém, a Igreja recomenda prudência e quer que estes erráticos inspirados sejam examinados com cuidado antes de lhes concederem crédito, e que sejam avaliados pela sua vida, que deverá ser exemplar. Quando um destes iluminados, como Montano, se orientar num sentido mais que suspeito, ela o condenará; mas, antes da grave crise montanista, não houve oposição entre a hierarquia e os profetas.

Quanto aos *doutores*, são intelectuais que têm como graça especial a missão de estudar e propagar a doutrina. De certa maneira, são como que os sucessores desses escribas e doutores da Lei que, em Israel, dedicavam toda a sua vida e os tesouros da sua ciência a penetrar nos segredos dos textos sagrados; por outro lado, são também herdeiros e rivais dos filósofos gregos, cuja dialética muitos deles dominam perfeitamente, e com os quais discutirão firmemente para a glória de Cristo. O que o judeu Fílon fez em Alexandria — fundando uma escola de filosofia e criando um sistema de sabedoria, uma *didascália*, em que os métodos helênicos eram aplicados aos temas israelitas —, fazem-no por sua vez os doutores cristãos. São Justino pertence a este tipo: é um filósofo helenista, rival dos pensadores de Atenas, que, instalado em Roma e convertido ao cristianismo, põe a serviço da fé os recursos de uma imensa erudição e de uma inteligência experimentada em todas as técnicas do pensamento. O mesmo acontece com Taciano, Orígenes, os sábios cristãos de Alexandria e também com outros personagens mais inquietantes, como o herege Marcião. Com efeito, se o trabalho dos doutores é eminentemente útil, se a *gnose*[29], a "sabedoria", antes de ter enveredado por caminhos estranhos, pôde servir à causa do Evangelho, os perigos nessa matéria são numerosos e graves, e a Igreja, que reserva um lugar aos doutores, que os escuta e de bom grado lhes dá a palavra, sabe também ser prudente; se os utiliza, nem por isso deixa de vigiá-los incessantemente.

A existência destes diversos tipos de homens, todos igualmente dedicados de corpo e alma a Cristo e devorados pelo zelo das almas, dá uma ideia extremamente viva do vigor juvenil da Igreja primitiva. Cada uma destas categorias de servidores de Deus corresponde a uma intenção profunda do cristianismo; cada uma fornece à obra comum um elemento de vida. Os membros da hierarquia são os guardiães dessa obra, os conservadores do depósito sagrado e agentes dos sacramentos, os meios de transmissão desse poder espiritual, dessa força de vida que Cristo legou aos seus. Os apóstolos são os semeadores, os arautos infatigáveis, os pioneiros do futuro que consideram menos a obra feita do que a obra por fazer, menos o terreno sólido do que o país ainda aventuroso onde a nova Luz é esperada nas trevas. Já os profetas têm uma tarefa completamente diferente, uma tarefa apocalíptica e escatológica; conforme a feliz expressão de Daniélou, a sua missão é "impedir que a Igreja se instale no mundo e lembrar-lhe sem cessar que ela é estrangeira e que a sua verdadeira morada é noutra parte". Por último, os doutores, os *didascálicos*, são essencialmente os servidores do Verbo, as testemunhas da luz que veio ao mundo e que todo o fiel tem por dever fazer brilhar. Assim os cristãos encontram nestes diversos aspectos de um mesmo esforço os meios que os exaltem, os apoiem e os satisfaçam. Em todas as ordens, em todas as direções, a Igreja nascente cresce e progride.

Pouco a pouco, estas forças dispersas serão incorporadas no sistema hierárquico. À medida que se desenvolver, a Igreja reforçará a sua disciplina, e os apóstolos, os profetas e os doutores tomarão o seu lugar entre o clero ou as suas funções serão assumidas pelos sacerdotes. No século III, estas manifestações da primitiva efervescência deixam aos poucos de existir com autonomia. A concepção católica passa a absorver e empregar em fins bem determinados todas as energias que, atuando de modo disperso, não teriam sido suficientemente eficazes por ocasião da luta decisiva.

A unidade da Igreja e o primado de Roma

O esforço de organização que a Igreja realizou desde os primeiros séculos viria a suscitar o problema institucional da sua unidade. Esse sentimento de unidade que, como já vimos, era tão profundo na consciência cristã, devia traduzir-se em fatos. Enquanto os apóstolos de Cristo foram vivos, puderam acompanhar pessoalmente as comunidades que tinham criado e, mantendo entre si os laços de amizade, encarnaram e ao mesmo tempo garantiram a fraternidade dos fiéis. Desaparecidos os Doze, essas relações de afeição sobreviveram-lhes. Um dos traços mais comoventes da cristandade nascente é esse intercâmbio constante de visitas, de relações e de cartas entre as igrejas. Amigos escrevem a amigos, irmãos visitam irmãos. Quando uma comunidade tem um belo exemplo de fé a apresentar, informa as outras, como sucede, por exemplo, quando numa delas se dá uma cena heroica de martírio. Quando uma possui textos que mereçam ser meditados, trata logo de difundi-los; assim se divulgaram as compilações de cartas de São Paulo e de Santo Inácio de Antioquia.

Mas essas relações, esses laços de amizade, podiam não ser senão os de uma federação de igrejas[30] que se esforça por conservar intacto o depósito da fé, por praticar a caridade e por manter o sentido espiritual da unidade cristã. Podemos ir mais longe? Podemos admitir que, desde os primeiros tempos, uma dessas comunidades desempenhou um papel preeminente e foi reconhecida pelas outras como investida de uma autoridade especial? Problema infinitamente discutido, como se compreende, visto que põe em causa os fundamentos da Igreja católica atual. Parece, no entanto, que os textos permitem resolvê-lo.

Por volta do ano 95, no fim do governo de Domiciano, ocorreram agitações na igreja de Corinto, a mais importante das comunidades cristãs da Grécia. Em Roma, os fiéis passavam por uma provação cruel, mas, logo que se livrou da perseguição, a igreja da Cidade Eterna enviou à sua irmã helênica uma embaixada de três homens, portadores de uma carta escrita expressamente para os coríntios pelo bispo romano Clemente. Esta carta é um modelo de sabedoria, de prudência, um testemunho magnífico de inteligência e de caridade.

Clemente multiplica os conselhos de bom senso a esta comunidade perturbada, ameaçada de cisão e enervada por intrigas. Fala com uma autoridade impressionante, com toda a clareza, como um homem que quer ser obedecido. Teria sido ele consultado sobre o assunto, o que implicaria que a sua preeminência já era um fato assente? Ou teria agido por autoridade própria, o que significaria que o prestígio da igreja romana e do seu chefe era tal que possibilitava uma iniciativa desse gênero? Em qualquer dos casos, não há o menor sinal de que esta diligência tenha suscitado irritação ou ciúmes em Corinto. Eis um testemunho incontestável de um primado, pelo menos de fato, reconhecido à comunidade de Roma.

Mas há outros. Vejamos em que termos Santo Inácio de Antioquia se dirige à igreja romana: "A igreja que preside no lugar da região dos romanos, digna de Deus, digna de honra, digna de bênção, digna de louvor, digna de ser exaltada, digna na castidade e presidente da fraternidade segundo a lei de Cristo". Serão estas frases hipérboles orientais? Não de todo. O tom não é o mesmo das outras saudações do santo e há duas expressões que merecem ser sublinhadas: *que preside no lugar da região dos romanos*, fórmula que parece dar a entender qualquer coisa de particular e diferente em relação às outras igrejas, que são denominadas apenas com o nome da sua cidade: Igreja de Antioquia, igreja de Trales ou de Esmirna; e *presidente da fraternidade*, em grego, *ágape*, palavra que, como nos lembramos, designa no primitivo cristianismo a própria unidade cristã, isto é, a Igreja.

É em 106 que Inácio escreve essas frases. Cerca de trinta e cinco anos mais tarde, Hermas, o autor do tratado místico de visões estranhas chamado *Pastor*, ao terminar a sua obra, confia ao bispo de Roma o cuidado de transmiti-la a todas as igrejas. Pouco depois, um bispo de Frígia, chamado Abércio, ao redigir antes de morrer o seu próprio epitáfio, conta em termos simbólicos, que nos lembram o *Apocalipse*, que foi a Roma, a chamado do Bom Pastor, para "contemplar uma majestade soberana e ver uma princesa vestida e calçada de ouro", e que ali encontrou "um povo marcado com um selo resplandecente (o Batismo)". E poucos anos mais tarde, por volta de 180, Santo Irineu de Lyon, definindo em face das heresias gnósticas a pureza dos dogmas, cita com frequência a doutrina da igreja de Roma: "De fato, é com esta igreja, por causa da sua alta preeminência, que deve estar de acordo toda a Igreja, isto é, todos os fiéis dispersos pelo universo. É nela que os fiéis de todos os países têm conservado a tradição apostólica".

Parece, portanto, estabelecido que desde os primeiros tempos, ou quando muito a partir do século II, a Igreja inteira reconhece a Roma um primado tanto de doutrina como de supervisão. Completando em 1924 os grandes trabalhos que tinha iniciado em fins do século XIX, o historiador protestante alemão von Harnack faz uma afirmação que, partindo desse cientista, tem um peso incontestável: "Na minha qualidade de historiador protestante, expus com certas reservas, há vinte e dois anos, no meu *Manual da História dos Dogmas*, que *romano* equivalia a católico. Mas, desde então, esta tese foi-se reforçando em mim, e os historiadores protestantes já não ficarão escandalizados se lhes disser que os elementos capitais do catolicismo remontam à idade apostólica [...]. Assim parece fechar-se o anel, assim triunfa o conceito que os católicos formam dessa história".

Resta agora perguntar: por que esse primado? Por que semelhante autoridade? Por que tantos cristãos dos primeiros séculos querem visitar Roma, como Policarpo de Esmirna e Irineu de Lyon, o palestiniano Hegesipo, o samaritano Justino e, mais tarde, Tertuliano de Cartago, Orígenes do Egito e tantos outros? Será apenas o prestígio político da capital do Império que se reflete nas águas cristãs e as ilumina com o seu reflexo? Não; o que veneram em Roma é, como disse Santo Irineu, a *tradição apostólica*.

Esta tradição que liga, como já vimos[31], a fundação da igreja de Roma ao apostolado de São Pedro, o seu engrandecimento à obra de São Paulo e a sua dupla consagração ao sangue dos dois apóstolos derramado ao mesmo tempo; esta tradição mergulha certamente as suas raízes na mais profunda antiguidade cristã. Mais que os palácios majestosos dos imperadores e as riquezas deslumbrantes dos diversos foros, o que os peregrinos de Roma querem ver é "a confissão de Pedro" no Vaticano, a "cátedra de Pedro" na via Nomentana, e os lugares onde se conserva a memória de São Paulo, prisioneiro e mártir. São Clemente, na sua carta, alude claramente aos dois apóstolos como colunas da sua igreja. São estas colunas que sustentam o trono, cada vez mais glorioso, do bispo da Cidade Eterna, a quem, trezentos anos mais tarde, se dará o nome de *papa*.

E, no entanto, como nos parecem esfumados esses primeiros papas, no lusco-fusco desses tempos, dessas catacumbas! A maior parte deles não passam de um nome. A Igreja inscreveu-os a todos no rol dos mártires, porque todos derramaram com certeza o seu sangue ou, de qualquer forma, se entregaram com abnegação à rude e heroica tarefa dos primeiros desbravamentos. Graças a um catálogo conservado por Santo Irineu, podemos reconstituir a lista: São Lino, Santo Anacleto, São Clemente, sem dúvida os três primeiros sucessores de São Pedro no século I, dos quais conhecemos um pouco melhor somente o último; no século II, Santo Evaristo, Santo Alexandre, São Xisto ou Sisto, São Telésforo, quatro gregos certamente, e dos quais apenas o quarto é um pouco conhecido pelo seu martírio no tempo de Adriano; depois São Higino (136-140), São Pio (140--154), Santo Aniceto (cerca de 154-175), que recebeu São Policarpo, São Sóter (175), Santo Eleutério (175-189), que foi amigo de Santo Irineu. A quantos cristãos de hoje estes nomes dizem alguma coisa?

Mas esta obscuridade em que vemos mergulhados os sucessores de São Pedro tem algo de simbólico e significativo. Podemos imaginá-los personalidades poderosas ou simples pastores do rebanho fiel; pouco importa. Não são as suas personalidades que contam, mas o que eles encarnam — essa grande ideia de uma filiação, de uma permanência que é a mesma que hoje dá ao Pontífice de Roma o seu prestígio e a sua autoridade. A partir do século III, o seu poder aumentará. Rodeá-los-á uma veneração cada vez mais unânime. Os seus restos, reunidos numa cripta especial, na via Ápia, serão tão célebres que esse lugar será chamado *o Cemitério*, como se em Roma não houvesse nenhum outro cemitério. De futuro, sejam quais forem as provações que atinjam a Igreja, seja qual for o caráter de cada papa, nada poderá quebrar o laço que, através do príncipe dos apóstolos, liga o bispo de Roma ao Fundador da Igreja, a Jesus.

A terceira raça

Num quadro que retrate a vida cristã primitiva, podemos distinguir, pois, as três características que se seguem: uma organização humana cada vez mais precisa e sólida, uma sociedade cujos alicerces são inteiramente novos e um tipo de homem diferente de todos aqueles que o mundo conhecera. Quando São Paulo, na *Epístola aos Gálatas*, dizia aos cristãos que já não eram "nem gregos nem judeus", que passavam a formar um povo novo, uma realidade histórica diferente de todas as outras, eram precisamente estes três elementos que a sua genial intuição discernia na própria substância da mensagem evangélica; são eles que definem a revolução da Cruz e asseguram o seu triunfo.

Daqui em diante, a partir dos fins do século II, o mundo romano caminha para o seu declínio, e cada vez mais depressa — "como um rio que corre para o abismo que o há de tragar", diz Nietzsche — a civilização da Antiguidade irá precipitar a sua decadência. Todas as forças de destruição que se podiam identificar no Império no tempo do seu esplendor, ainda pouco eficazes nos dois primeiros séculos, vão-se mostrar agora cada vez mais ativas e mais temíveis. Mas, no momento em que a Roma antiga está prestes a ceder o passo, está já em vias de preparação o revezamento. A Roma cristã está a postos.

Através de crises cada vez mais violentas, por um processo de centralização e estatização cada vez mais pesado, o organismo imperial vai-se sentir pouco a pouco atacado de paralisia; os seus quadros administrativos desconjuntam-se e as suas hierarquias deixam de apoiar-se sobre o real. Mas, nessa mesma ocasião, a Igreja torna-se cada vez mais forte, cada vez mais bem organizada.

Da mesma forma, a sociedade romana, corroída por vícios contra os quais se mostram impotentes todos os regulamentos e leis, vai apodrecer sem qualquer reação. A verdadeira decadência começa no início do século II e o Baixo Império oferecer-nos-á um espetáculo cada vez mais degradante dessa decadência. Socialmente desequilibrada, moralmente atingida, a sociedade antiga não traz em si nada que a possa salvar. Mas uma outra sociedade se estabeleceu no seu próprio seio, uma sociedade fundada sobre princípios completamente diferentes e que se desenvolverá dentro dela, acabando por substituí-la.

Em última análise, é o próprio homem que muda: mudam os seus princípios, como muda também o conceito que ele forma de si mesmo, do seu papel sobre a terra e do seu destino. Prepara-se um novo humanismo, isto é, uma nova síntese entre os dados históricos do tempo e os valores permanentes da consciência. E, como acontece sempre com as revoluções espirituais chamadas a transformar profundamente o mundo, esta nova síntese absorve e transfigura os elementos do passado. Da inteligência grega e da ordem romana, integradas na realidade cristã e nela transubstanciadas, nascerá essa entidade admirável que, durante quinze séculos, dará à história o seu perfil, e que a nossa época está em vias de deixar perder-se: o civilizado do Ocidente.

É esta modificação de todos os dados profundos da civilização que é preciso apreender bem, se queremos compreender o futuro do cristianismo. Repetimos: a vida cristã é uma vida transformada; por isso, tudo o que diz respeito à vida se transforma de uma só vez. Assim como há no cristianismo uma moral privada que proíbe o divórcio e os excessos do luxo, uma moral comercial que exige honestidade, há também uma moral social que modifica pela raiz as próprias perspectivas em que se consideram instituições como a escravidão. Haverá um modo de vestir cristão; haverá um ensino cristão e até uma maneira cristã de distrair-se, de divertir-se e de conceber os espetáculos. Haverá ainda uma literatura cristã de excepcional importância, como veremos. É caso de fazer aqui uma alusão que poderá parecer paradoxal: *o mundo vai mudar de bases*.

Nada mais impressionante, neste sentido, que considerar a arte tal como os primeiros cristãos a conceberam e praticaram. A princípio, quando tinham de decorar quilômetros de corredores e de criptas nas catacumbas, ou quando queriam dar sarcófagos condignos a mortos ilustres, tinham de limitar-se a imitar os pagãos. Os seus afrescos são de estilo pompeiano e os seus baixos-relevos reproduzem, traço por traço, os da escultura romana da época. Depois, pouco a pouco, através de imagens ainda pagãs, transparece já uma intenção cristã segundo as leis de um simbolismo comovente. Esse jovem pastor imberbe e agradável, com uma ovelha sobre os ombros, é o Hermes crióforo ou o Bom Pastor? Esse Orfeu que encanta os animais não faz pensar em outra figura, não lembra a imagem de outro porta-voz de verdades consoladoras? Os chefes da Igreja, ocupados, sem dúvida, em outras tarefas, não se interessam ainda a sério por aquilo que lhes parece talvez um simples ornamento. Mas depois, no decurso do século II, compreendem o partido que podem tirar da arte para a educação dos fiéis e fazem dela um aliado na tarefa de instruir e de moralizar.

A partir daí, a revolução cristã penetra na arte e impõe novas formas. Surgem Bons Pastores, Orantes, Virgens-Mães, imagens inesquecíveis, animadas por um delicado fervor, não obstante a rudeza das formas. Confiada a artífices — porque os artistas não bastavam para tarefas tão vastas —, a técnica torna-se necessariamente mais simples e menos hábil; nos seus trabalhos, estes pintores e escultores cristãos apenas têm em vista a glória de Deus e a edificação dos seus irmãos. Mas aí é que está o milagre! É justamente esta preocupação de sobriedade, de submissão ao real e de humildade que vai renovar a consciência criadora. A arte antiga da decadência pode soçobrar no meio da excessiva habilidade, do gratuito, do artificial; mas junto dela, e servindo-se da sua ferramenta, cresce uma arte nova, irradiando um esplendor desconhecido, com um vigor jovem que não demorará muito tempo a aparecer à luz do dia. Desta maneira, tendo em vista exclusivamente, não os poderes deste mundo, mas o reino que não é dele, a vida cristã primitiva realiza verdadeiramente a revolução que era então necessária; prepara com longa antecipação a substituição que será exigida pela história.

Mas aqueles que viveram esta grande aventura tiveram consciência do papel que lhes incumbia? Parece que sim. No princípio do século II, a *Carta a Diogneto*, que é sem dúvida a mais antiga das obras-primas cristãs depois da Escritura, contém esta frase de uma admirável lucidez: "O que a alma é para o corpo, isso são os cristãos para o mundo. Assim como a carne odeia a alma e lhe faz guerra, assim os cristãos estão em permanente conflito com o mundo. Assim como a alma cativa conserva o corpo que a aprisiona, assim fazem os cristãos no mundo". Dupla ação de fermento e de salvaguarda na sociedade em que se desenvolve — tal é o papel que assume a raça cristã, raça nova, laço vivo que liga o passado ao futuro, esse *tertium genus* de que nos falará Santo Agostinho.

Notas

[1] Também é difícil tomar como base de cálculo o número dos mártires, pois os que se podem enumerar a partir dos textos são algumas dezenas: uns cinquenta em Lyon e uma dúzia em Scili. Mas estamos muito longe de possuir documentos sobre todos os casos de martírio, ou mesmo sobre a maioria deles. Por outro lado, era frequente que nem mesmo os próprios cristãos tivessem notícia de tantos heróis obscuros, de todos esses anônimos que as velhas inscrições mencionam com uma simplicidade pungente: "Deste, Deus sabe o nome".

[2] Até o fim do século II, os cristãos não invocam, em princípio, a "objeção de consciência" para se eximirem das suas obrigações militares; houve até muitos cristãos no exército.

[3] Foi certamente assim que os cristãos fizeram a princípio o sinal da cruz. Vários textos aludem a esta tripla marca sobre a fronte, os lábios e o peito, pois as três partes superiores do homem — inteligência, amor e força — ficavam assim sob a proteção da cruz. O sinal da cruz atual impôs-se a partir do século IV, mas não se deixou de preservar a forma antiga em certas ocasiões, como por exemplo na leitura do Evangelho durante a Missa.

[4] A ideia de usar sinais místicos e secretos deve ter nascido nas comunidades da Grécia e da Ásia, à imitação talvez de certos hábitos das seitas e religiões de mistérios. Os principais sinais eram a âncora, o navio, o Bom Pastor, o Cordeiro com um T ou uma Cruz no dorso, e a cruz encimada pela pomba da Arca. Podemos vê-los todos reunidos numa curiosa pedra gravada no museu Kircher. O mais célebre é o peixe, muito usado em toda a cristandade primitiva; vemo-lo reproduzido muitas vezes nos *grafitti* e na decoração. Era uma alusão a

Cristo — que dissera aos seus fiéis que eles seriam "pescadores de homens" —, e fazia pensar nos peixes multiplicados por milagre, juntamente com o pão. Mas, num tempo em que o grego era a língua oficial, esse sinal permitia principalmente um jogo de palavras de caráter esotérico. A palavra *Ichthys,* em grego "peixe", era formada pelas iniciais das cinco palavras que designam Jesus Cristo como Deus, Filho, e Salvador: *Iesous Christos Theou Yios Sôter.* Assim, nas catacumbas, vê-se frequentemente representado um peixe que tem sobre o dorso o cesto dos pães eucarísticos.

[5] Cf. cap. VI.

[6] *Fiunt, non nascuntur christiani.* É uma frase bastante obscura, que se tem interpretado de três maneiras. Para a maioria, aplica-se à quase totalidade das conversões de adultos; para outros, exprime a ideia teológica de que o homem, pecador por nascimento, não se torna cristão senão pelo Batismo. Para outros, finalmente, implica que mesmo as crianças nascidas cristãs necessitam de uma preparação e de uma catequese antes de serem admitidas na Igreja.

[7] É escusado dizer que o perigo de morte, e especialmente a possibilidade de martírio, abreviavam os prazos, e que nesses casos, o catecúmeno podia ser batizado mesmo que a sua preparação fosse insuficiente. Sabe-se também que o sacrifício sangrento substituía o Batismo para aqueles que morriam a serviço de Cristo antes de terem recebido o sacramento.

[8] Cf. cap. I, par. *Uma vida comunitária*; também *JT*, cap. I, par. *A mensagem do Batista.*

[9] Deixamos de lado aqui o *Símbolo de Niceia,* que será estudado no cap. X.

[10] Grifamos as passagens do *Credo* atual que talvez não figurem nos textos mais antigos.

[11] Ao lado da adoração de Cristo, as demais formas da piedade aparecem em segundo plano e a ela se ligam estritamente. Da mesma forma que Jesus é Mediador dos homens junto ao Pai, veneram-se mediadores secundários que permitem à alma aproximar-se mais facilmente do próprio Cristo. É assim que se desenvolve a devoção aos mártires e santos; como dirá São Jerônimo, "a sua fé e as suas obras associam-nos a Cristo"; são como que os porta-vozes privilegiados da humanidade junto dEle.

Dentre estas figuras mediadoras, há uma que se vai destacando pouco a pouco: a de Maria, a quem o anjo chamou "bendita entre as mulheres", e a quem, com uma tocante confiança, os fiéis encarregam de pedir por eles ao seu próprio Filho. Nos começos, porém, Maria ocupa um lugar modesto e pouco se fala dela; não há uma liturgia mariana propriamente dita. Mas a importância dogmática da Virgem Maria encontra-se afirmada desde os primeiros tempos. Os Credos mais antigos declaram, seguindo os Evangelhos, que Jesus nasceu do Espírito Santo e da Virgem Maria. Contra os docetistas, que negam a realidade da Encarnação, a maternidade de Maria prova que a humanidade de Cristo é verdadeira; e contra as heresias que pretenderão negar a divindade de Jesus, o dogma do nascimento virginal sublinha a transcendência dAquele que se fez homem de uma forma diferente daquela pela qual nascem os homens. Já Santo Inácio de Antioquia escrevia, por volta do ano 100: "Fechai os ouvidos a quem vos fale sem confessar que Jesus Cristo, descendente de Davi, nasceu da Virgem Maria"; e, na sua *Epístola aos Efestos,* tem estas palavras profundas: "O príncipe deste mundo ignora a virgindade de Maria, o seu parto e a morte do Senhor, três mistérios retumbantes, realizados no silêncio de Deus".

Este papel dogmático vai ganhando pouco a pouco matizes de ternura e veneração. Os mais belos poemas do *Cântico dos Cânticos* serão escutados como uma descrição das graças de Maria, e o misterioso capítulo XII do *Apocalipse* será compreendido como uma definição do seu papel mediador. Nas paredes das catacumbas, Maria aparecerá pouco a pouco como a Virgem a quem Isaías anuncia o parto miraculoso, a donzela que o anjo visita e a mãe que apresenta o Menino Deus. *Digenitrix*, dirá no século II uma tosca inscrição. Estreitamente ligado ao de Cristo e subordinado a Ele, o culto da *Santíssima Virgem* na Igreja Católica, da *Panagia* nos gregos, tal como se expandirá nos fins do século IV e depois no século V, mergulha portanto as suas raízes nas origens mais remotas da história cristã (Cf. cap. XI, par. *A vida da alma cristã).*

[12] Oração de São Félix, papa e mártir.

[13] O "repasto eucarístico" era, como já vimos, uma verdadeira refeição: a Última Ceia de Cristo coincidiu com o jantar da Páscoa. Em Jerusalém e nas primeiras missões, a Eucaristia não se distinguia dos "ágapes" fraternais. Mas, aos poucos, a diferença acentuou-se. Por quê? São Paulo, na primeira *Epístola aos Coríntios* (cf. 11, 20-21), dá-o a entender sem rodeios. Mesmo nessas ocasiões santas, a natureza humana podia vir à tona, e esses *ágapes* podiam ser um pretexto para se abusar de bebidas. Por isso São Paulo aconselha que não se tome nenhum verdadeiro jantar durante a Eucaristia. "Cada um deve tomar a sua refeição antes de vir para a mesa". Não se pode precisar quando se operou a distinção, mas já era um fato no século II.

[14] Cf. cap. I, par. *Os penhores espirituais.*

[15] A palavra *Missa* parece provir do latim *missa*, equivalente de *missio* no baixo latim dos séculos V a IX e que significa *despedida.* No fim da cerimônia, o diácono dizia, como hoje: *Ite, missa est*, ide, é o fim, é a despedida. Há quem sustente que a palavra vem de *mensa*, repasto, com o sentido de refeição sagrada, e que, no baixo latim, se tornou *messa.* A partir dos fins do século IV (cf. cap. XI, par. *Liturgia e festas*), foi aplicada ao rito inteiro. Encontramo-la no termo *Kermesse,* de origem flamenga ou germânica: é a Missa da igreja, *Kerk-messe*, dia da consagração do edifício ou dia do santo padroeiro. Nos tempos mais antigos do cristianismo, quando o grego era ainda a língua usual dos fiéis, parece que se serviam umas vezes da palavra *Eucaristia,* outras da palavra *eulogía*, que significa bênção. Esta última reduziu-se depois ao sentido de *pão bento* ou qualquer objeto bento, um sentido que ainda hoje conserva na Igreja ortodoxa grega. Enfim, na Igreja primitiva designava-se muitas vezes a Missa com o termo geral de *sacramento;* em Santo Agostinho, "celebrar os sacramentos" significa dizer a Missa, sacramento por excelência. Daí provém o nome "sacramentário", dado aos missais mais antigos.

[16] "Levanta-te na hora em que o galo canta — escreve Santo Hipólito — e reza, porque esta é a hora em que os filhos de Israel renegaram Cristo e em que nós, que cremos pela fé, olhamos cheios de esperança para a aproximação da luz eterna".

[17] O *Credo* só começa a fazer parte da Missa mais tarde. A princípio, era uma profissão de fé que se recitava somente no Batismo e talvez em algumas outras circunstâncias determinadas.

[18] Encontra-se alguma coisa deste antigo uso não somente no *peditório*, tão depreciado, mas ainda no costume de convidar os fiéis a colocarem eles mesmos no cibório a hóstia que será consagrada para a sua comunhão.

[19] É a interpretação simbólica do Antigo Testamento, que quase todos os Padres da Igreja — principalmente os do século II — e os cristãos da Idade Média tanto usaram. Ela explica uma enorme quantidade de alusões que ainda hoje se encontram explícitas no breviário, que a seleção dos Evangelhos e das epístolas de todos os domingos dá a conhecer aos fiéis e que as esculturas das nossas catedrais materializam em obras-primas. Assim, por exemplo, a Ressurreição é simbolizada pela saída do Egito e pela história de Jonas; a circuncisão liga-se à água que jorrou no Horeb; a travessia do Mar Vermelho ou o dilúvio são figuras do Batismo, etc. (cf. cap. VI, par. *Os Padres da Igreja).*

[20] Daniélou, num curso ministrado no *Institut Catholique*, deu a este assunto um bom desenvolvimento. Cf. também as observações de L. Cerfaux: *La communauté apostolique.*

[21] O jejum consistia na abstenção de todo o alimento e de toda a bebida até a hora nona, isto é, até o meio da tarde. O jejum da sexta-feira assinalava a comemoração da morte de Cristo; o da quarta-feira talvez expiasse a traição de Judas. Aos jejuns da semana acrescentaram-se jejuns anuais que precediam a Páscoa; foram fixados em quarenta dias, em memória do jejum que Cristo fez no deserto. Esta é a origem — que data do século I — da nossa quaresma.

Já explicamos, no cap. I, como o jejum cristão substituiu o jejum judaico (Cf. par. *Nós não podemos calar estas coisas!).*

[22] A concepção cristã da virgindade liga-se a esse mesmo ideal. Muito antes da aparição do monaquismo, há na Igreja homens e mulheres que renunciam ao casamento para se entregarem a Deus. Era um costume que já fora posto em prática em Israel pelos nazarenos e pelos essênios. No cristianismo primitivo, as mulheres virgens são mais numerosas que os homens, porque aqueles que queriam consagrar a sua existência ao Senhor faziam-se sacerdotes. Desde os primeiros tempos, como por exemplo em Antioquia na época de Santo Inácio, as virgens formam um grupo à parte, muito venerado na Igreja. São Cipriano denominá-las-á "a coroa da Igreja", e Orígenes exclamará: "Um corpo imaculado, eis a hóstia viva agradável ao Senhor!". É, com efeito, sob o duplo aspecto de uma perfeição no ideal de pureza e de um matrimônio místico com Cristo que temos de conceber esta instituição especificamente cristã. Fala-se da virgindade como um verdadeiro substituto do martírio, abundante em graças; e quando o concílio hispânico de Elvira, por volta do ano 300, declara excomungadas as virgens cristãs que tenham violado os seus votos, não faz senão homologar um uso corrente. É nesta concepção da virgindade, virtude superior e união com Cristo, que devemos ver a origem do celibato dos sacerdotes, que os apóstolos e os primeiros discípulos não tinham posto em prática e que só veio a estabelecer-se lentamente.

[23] A Igreja primitiva mostra-se hostil a um segundo casamento. No entanto, São Paulo tinha dito que as viúvas jovens deviam tornar a casar-se (cf. 1 Tm 5, 14). Mas as segundas núpcias foram criticadas e até proibidas em algumas comunidades. Atenágoras classifica-as como "um adultério decente". Não podemos negar que havia grandeza nesta concepção do casamento, dom em que os esposos se entregam um ao outro uma só vez em Deus e por Ele, e que a própria morte não podia romper, porque a vida eterna era uma certeza. "Por quem fazes a tua oferenda — perguntava-se a um que se casara novamente —, pela tua mulher morta ou pela viva?". Com efeito, a qual delas se juntaria ele, após a ressurreição? Mas este rigorismo não se manteve e a Igreja passou a aceitar essas uniões, possivelmente para evitar abusos.

[24] A caridade institucionalizada deve ter sido organizada muito cedo na Igreja. Se o regime de pôr os bens em comum que se observou em Jerusalém não prevaleceu (aliás, tratava-se de um ato voluntário), já a *Didascália* fala de um dízimo que os fiéis pagavam livremente. Os fundos de socorro a viúvas e órfãos dos mártires foram rapidamente instituídos por toda parte. No Oriente, muito cedo se estabeleceu o costume de oferecer a Deus as primícias das colheitas, e a *Didaquê* refere-se a esse fato. Os dízimos na Idade Média e a nossa "esmola para a Igreja" têm, portanto, fundamentos muitos antigos.

[25] Impressiona verificar que as grandes cartas dos primeiros propagadores do Evangelho raramente são dirigidas a indivíduos, mas a comunidades. É a esta ou àquela igreja que São Paulo escreve, como o farão Santo Inácio, São Policarpo e São Clemente. E, quando uma comunidade for teatro de algum acontecimento importante, como, por exemplo, uma perseguição, será também a outras comunidades que ela enviará a sua mensagem.

[26] Bossuet dirá também: "A Igreja é Jesus Cristo espalhado e comunicado, é Jesus Cristo todo inteiro".

[27] Do teólogo alemão Moehler. 229

[28] Como é que se realizavam as ordenações e as sagrações? Para os diáconos e os presbíteros, a cerimônia que lhes conferia os poderes propriamente religiosos devia ser muito simples e tinha como elemento essencial o velho rito da imposição das mãos. Quanto aos bispos, e a darmos crédito a um ritual de ordenação redigido por Santo Hipólito nos começos do século III, o princípio era o mesmo, mas a cerimônia revestia-se de maior solenidade. "Quando o bispo tiver sido nomeado e aprovado — lê-se na *Tradição Apostólica* —, que todo o povo se reúna com os presbíteros e os diáconos, no dia do Senhor. Que todos os bispos juntos imponham sobre ele as mãos, enquanto os presbíteros e toda a assistência, imóveis, pedem em

silêncio ao Espírito Santo que desça sobre ele. Que, em seguida, um dos bispos tenha a honra de impor-lhe as mãos e ore sobre ele, acompanhado por todos os outros".

[29] A palavra *gnose* sugere geralmente a corrente herética, que será melhor chamar *gnosticismo*. Houve uma "gnose" cristã legítima, assim como houve uma "gnose" judaica, antes de que se extraviasse. Cf. cap. VI, par. *Oportet haereses esse*.

[30] Desde os primeiros tempos, houve, certamente, concílios para estudar os problemas que a Igreja enfrentava, como aquele que os apóstolos haviam realizado em Jerusalém. Mas é possível que no século II esses concílios fossem apenas regionais. Conhecem-se, com efeito, concílios realizados na Ásia, no Ponto, na Gália, em Osroene, em Corinto e em Roma.

[31] Cf. final do cap. II. Quanto ao primado do Pontífice romano em tempos de São Clemente, podemos ainda citar um fato digno de ponderação. No ano 95, o apóstolo São João vivia ainda, e era possivelmente o único sobrevivente das testemunhas de Cristo. É certo que estava preso, mas, quando saiu incólume do azeite fervente, podemos imaginar o prestígio que teria ganho entre as comunidades cristãs. Ora, quando foi de Roma para o desterro de Patmos, qual não terá sido a atenção que despertou ao passar por Corinto, que era caminho obrigatório para os que se dirigiam ao Oriente! No entanto, não foi a ele que se recorreu para resolver as dificuldades religiosas (observação de Delhostal, não publicada).

VI. NAS FONTES DAS LETRAS CRISTÃS

Da palavra viva aos primeiros escritos

Jesus nunca escreveu, tanto quanto sabemos, a não ser uma vez e sobre areia. Não fundou nenhuma academia ou seita filosófica e nunca se preocupou de fixar sobre o papiro as palavras que pronunciava. No entanto, ainda não acabara o primeiro século e já o essencial da sua vida e da sua mensagem existia sob a forma de livros, de livros que leremos sempre.

E o século II não se escoará sem que surja uma verdadeira literatura cristã, que bem se pode equiparar à dos pagãos, fundada unicamente sobre a sua doutrina e destinada a renovar as sementes do Espírito. É este o último aspecto que revela a vitalidade da Igreja nascente. Tanto quanto a sua força de irradiação e de conquista, tanto quanto o seu heroísmo nas provações e o seu gênio organizador, a sua fecundidade intelectual é admirável e os seus efeitos duram até hoje.

Esta literatura cristã não brotará da vontade de alguns homens de talento, desejosos de exprimir-se numa obra. Nascerá da própria vida, das necessidades e das circunstâncias, como um meio e um testemunho de ação. Mais uma vez se impõe aqui a imagem de uma planta, cujas origens são modestas, mas que, adaptando-se ao terreno e estendendo as suas raízes em todas as direções, acaba por tornar-se árvore em virtude de um poder de desenvolvimento orgânico que é, ao mesmo tempo, irresistível e imperiosamente lógico. O grão de mostarda era bem pouca coisa, mas continha em si o Espírito de Deus.

Como teve início esta história das letras cristãs, destinada a uma glória tão grande? Humildemente. Jesus não escreveu, mas falou. E com que arte, com que poder! "Jamais homem algum falou como este homem!...", tinham reconhecido os esbirros do Templo (Jo 7, 46). Muitos se tinham confessado estupefatos ante a sua autoridade. Jesus falava de forma simples, clara, de tal maneira que o mais iletrado podia compreendê-lo. As suas palavras tinham o bom perfume das coisas naturais, da terra trabalhada, da árvore cheia de frutos, da água batida pelo vento, das searas maduras sob o sol de junho. Mas nessas palavras pressentiam-se grandes mistérios, e por vezes brilhavam em seus lábios expressões estranhas, impossíveis de serem analisadas e que atingiam em cheio o coração.

Como falou Jesus? À maneira tradicional da fala judaica, tal como o Oriente no-la conservou. Todos os procedimentos utilizados outrora pelos profetas e que se agruparam sob o qualificativo de "estilo oral"[1] lhe eram familiares e Ele os manejou admiravelmente. Jogos de paralelismo que impõem à memória uma espécie de automatismo; emprego da parábola que golpeia o espírito e concretiza a lição moral; técnica sutil de repetição que faz de algumas palavras-chave uma espécie de grampos para fixar o pensamento — todos estes procedimentos de uma arte ao mesmo tempo popular e requintada, nascida de uma experiência imemorial, Jesus os pôs em prática. Basta-nos ler em voz alta esta passagem do Evangelho para nos apercebermos da força do seu estilo e da sua perfeição rítmica: "Aquele, pois, que ouve estas minhas palavras e as põe em prática é semelhante a um homem prudente, que edificou a sua casa sobre rocha. Caiu a chuva, transbordaram os rios, sopraram os ventos e investiram contra aquela casa, mas ela não caiu, porque estava edificada sobre rocha. Aquele, porém, que ouve as minhas palavras e não as põe em prática é semelhante a um homem insensato, que construiu a sua casa sobre areia. Caiu a chuva, transbordaram os rios, sopraram os ventos e investiram contra aquela casa, e ela caiu, e foi grande a sua ruína" (Mt 7, 24-27).

Foi esta arte admirável da palavra que contribuiu em parte, após a morte de Jesus, para que os seus ensinamentos lhe sobrevivessem. Jesus tinha consciência de que nenhum dos seus discípulos, mesmo aqueles que, como Mateus, não eram iletrados, fixava por escrito o que lhe ouvia. Em Israel, como mais tarde no nascente Islã, como ontem em Madagascar ou entre os índios da América, o verdadeiro meio de transmitir o pensamento é a memória. Os alunos das escolas rabínicas tinham como regra de ouro escutar o mestre e repetir as suas máximas com uma exatidão escrupulosa. "Um bom discípulo — dizia-se então — é semelhante a uma cisterna bem vedada, que não deixa escapar uma só gota de água". A *Mishna* do Talmude e o *Alcorão* serão transmitidos oralmente durante longo tempo, antes de serem passados a escrito. Era precisamente para esta memorização do pensamento que tendia o estilo ritmado, repleto de imagens, de aliterações, de paralelos e de palavras-chave. Repetidores de Cristo, como os alunos dos rabinos o eram de seus mestres, os apóstolos não tiveram dificuldade em transmitir fielmente a sua doutrina.

Imaginemos, portanto, sob o pórtico de Salomão, após a oração da nona, uma reunião de fiéis da nova fé. Há alguns que conheceram Jesus, que o viram e escutaram, e há outros que acabam de converter-se; mas todos têm o desejo veemente de penetrar na sua doutrina e de ouvir falar da sua pessoa.

Levanta-se então um dos apóstolos, talvez Mateus, o antigo publicano. As frases de Cristo estão de tal forma gravadas nele que nenhuma lhe saiu da memória. "Naquele tempo..." E evoca então a colina das bem-aventuranças, naquela tarde de junho em que Jesus ali falara. Acodem-lhe aos lábios as estrofes cadenciadas: "Bem-aventurados os que têm coração pobre, porque deles é o reino dos céus. Bem-aventurados os que choram, porque serão consolados". E ninguém do grupo esquecerá estas palavras.

É assim que temos de imaginar a primeira *catequese*, aquilo que São Paulo chama "a tradição" e que os *Atos* designam como "a via do Senhor". Esta transmissão oral devia ser simples e até simplificadora: não se fazem conferências filosóficas a multidões. Devia, por outro lado, girar em torno de alguns grandes dados doutrinais e de alguns fatos biográficos essenciais; e devia também procurar reunir, na mesma exposição, os elementos da mensagem de Jesus que as ocasiões da sua vida tinham separado. Assim se elaborou pouco a pouco uma espécie de sistema pedagógico. Quanto à biografia de Cristo, impôs-se o hábito de dividi-la em quatro grandes partes, as mesmas que encontramos nos nossos Evangelhos: a preparação para o ministério, a ação na Galileia, o tempo de permanência na Judeia, a Paixão e a Ressurreição. Quanto ao ensino, constituíram-se grandes blocos: o Sermão da Montanha, as parábolas, os conselhos aos discípulos e, por último, os discursos escatológicos sobre o futuro do mundo e o Juízo final.

Este estado de coisas durará entre vinte e trinta anos e, durante todo esse tempo, os cristãos darão a conhecer a sua tradição sem pensar em escrevê-la. A Igreja, comunidade fundada por Jesus, transmitia-lhes a palavra divina e garantia-lhes a sua autenticidade. Lá estava Pedro, testemunha viva e autoridade estabelecida pelo próprio Jesus.

Falava-se, ensinava-se, repetia-se tudo o que se sabia da vida e da mensagem do Divino Mestre. Era a isso que se chamava a "Boa-nova", ao mesmo tempo notícia do dom que Jesus fizera de si mesmo e dos dons divinos que trouxera ao mundo. E de um termo grego que outrora significara "gorjeta ao portador de uma boa nova", mas que desde os tempos helenísticos se aplicava à própria boa notícia, esta propaganda tomou o nome que conservou até os nossos dias — *euangelion*, o *Evangelho*.

Como e por que motivo se transformou em texto escrito esta transmissão oral? Várias razões devem ter concorrido para isso. À medida que o tempo passava e a Igreja se expandia, surgia o perigo de uma transmissão menos correta. Saindo dos meios judaicos para penetrar nos ambientes gregos, a Boa-nova encontrava-se num terreno diferente, onde não existiam os hábitos mnemotécnicos do estilo oral. E como era indispensável que os difusores da fé estivessem em condições de ensinar aos seus ouvintes o essencial da vida e da mensagem de Jesus, nasceu o costume de lhes dar uns pequenos livros, espécie de prontuários que, sem dúvida, foram redigidos em grego nos meios judaicos helenizados de Jerusalém e, depois, de Antioquia, onde eram igualmente faladas as duas línguas, o arameu e o grego. São Lucas, no seu primeiro parágrafo, alude claramente a estes primeiros esboços que precederam o seu *Evangelho*. Sem dúvida incompletos e variáveis na forma, estes livrinhos eram apenas esquemas muito simples, notas ou bosquejos que tinham em vista somente apoiar a expressão oral, que continuava a ser essencial[2].

Esta coexistência do escrito e da palavra devia-se conservar por muito tempo. Sêneca afirma que, muito acima dos livros, está a "palavra viva", e esta será durante muitos anos a opinião dos cristãos. Durante muito tempo, o seu prazer será ouvir falar aqueles que conheceram o Mestre, e depois, quando estes tiverem morrido, ouvir os seus discípulos, ou os discípulos dos seus discípulos. Este amor pela filiação direta, pela transmissão de homem a homem, tem qualquer coisa que comove. Por volta do ano 130, o bispo da Frígia, Papias, confessa também que ao conteúdo dos livros prefere "o que vem da voz viva e perdurável" e, mais tarde, Santo Irineu dirá igualmente que conserva "não sobre o papel, mas no coração" o que São Policarpo lhe tinha ensinado e que este, por sua vez, recebera de São João. Mas então havia já muito tempo que, com receio de deturpações e também por motivos superiores de ensino, a Igreja tinha fixado a Boa-nova num texto definitivo.

Mateus, Marcos e Lucas, os primeiros "evangelistas"

O cristão de hoje que quiser aprender a vida e a doutrina do Mestre recorre a um único livro dividido em quatro partes, ou antes a quatro pequenas obras reunidas num só volume — o *Evangelho*, que contém os *quatro evangelhos*. Mas, por muito pouca curiosidade crítica que esse cristão tenha, logo surgem numerosas interrogações no seu espírito. De quando datam essas narrativas, que são a mais preciosa e quase a única fonte a que podemos recorrer para conhecer Jesus? Por que motivo três desses textos apresentam entre si tais analogias que parecem uma cópia uns dos outros, ao passo que o quarto, sem ser diferente quanto às bases, tem um tom, um estilo e uma intenção visivelmente diferentes? Por que razão, mesmo entre os três primeiros, se observam certas diferenças? São problemas que a exegese investiga incansavelmente há dois mil anos, e para os quais é possível propor hoje uma solução média, geralmente admitida[3].

Tentemos imaginar as condições em que esses livros foram escritos. Cada um dos "evangelistas" tem como único fim relatar fielmente a mensagem de Jesus, e cada um deles se apaga diante do seu modelo e se entrega, dócil, à inspiração divina que o conduz. Não são obras literárias o que esses evangelistas desejam produzir, mas testemunhos; e por isso não dizemos o "Evangelho *de* Mateus, ou *de* Marcos, ou *de* Lucas, ou *de* João", mas "o Evangelho *segundo*..." E este matiz é fundamental.

Contudo, estes homens que escrevem segundo o ditado do Espírito continuam a ser homens; têm o seu temperamento, os seus métodos de pensar, o seu estilo e o seu talento. Por outro lado, é preciso ter em conta os elementos de informação de que dispõem: recordações pessoais, tradição viva, prontuários e testemunhos que puderam colher. Mas há mais. Naquelas comunidades vibrantes, em que a Palavra de Deus é seiva da vida, um texto evangélico em elaboração tem de ser analisado, discutido e confrontado com os outros e, assim, há sempre possibilidade de empréstimos, adições, etc. Por último, à medida que o cristianismo progride, mudam as perspectivas: um livro dirigia-se sobretudo aos meios judaicos de Jerusalém, outro terá em vista os helenistas da *diáspora*; um pensava em ouvintes humildes e simples, ao passo que outro procurará despertar a atenção das pessoas cultas. É todo um conjunto infinitamente complexo de desígnios e de ambientes, de influências recíprocas, de técnicas diversas que se deve ter em mente quando se pensa na origem dos Evangelhos. Estes primeiros textos cristãos ostentam claramente a marca dos homens, dos ambientes e das épocas, isto é, da própria vida que lhes deu origem.

Os três primeiros dos nossos atuais Evangelhos são também, com certeza, os primeiros na data; ninguém discute que João seja posterior a Mateus, a Marcos e a Lucas. E estes três têm entre si tais analogias que foi possível dispô-los em três colunas, fazendo quase coincidir o número dos seus parágrafos, razão por que lhes foi dado o nome de *Sinóticos*, isto é, textos que se podem ler simultaneamente.

Eusébio, o historiador eclesiástico do século IV, estabeleceu uma estatística deveras curiosa mostrando que, se dividirmos os evangelhos em seções correspondentes a uma ideia ou a um evento, muitos desses trechos se repetem de um sinótico para outro. Assim, São Mateus não tem senão 62 seções próprias num total de 335, e São Marcos senão 19 em 233. Há, portanto, razão para perguntar: por que conservar os três evangelhos? Ou antes: como se explicam as incontestáveis diferenças entre esses textos irmãos? É aqui que intervêm os aspectos relacionados com as pessoas, as intenções e a documentação a que já nos referimos.

O primeiro que meteu mãos à obra foi certamente Mateus, o antigo publicano de Cafarnaum, que Jesus arrancou à sua banca de coletor de impostos. Era um judeu impregnado de espírito grego, mas que se conservara profundamente hebreu. Papias, por volta do ano 130, afirma que "Mateus pôs em ordem os ditos do Senhor em arameu", e Santo Irineu, um pouco mais tarde, acrescenta: "Mateus redigiu o *Evangelho* entre os palestinos, na sua própria língua, enquanto Pedro e Paulo pregavam em Roma e fundavam a igreja romana". Estamos, portanto, elucidados. Em torno dos anos 50 a 55, Mateus escreveu o seu livro em pleno meio judaico. Pensa em aramaico e escreve em aramaico. Não foi ele mesmo que se definiu como "um escriba perfeitamente instruído no que se refere ao reino dos céus"? Não foi ele que fez alusões precisas a uma letra do alfabeto hebraico, bem como às astúcias e argúcias farisaicas? Como conhece bem a psicologia e as expectativas dos seus compatriotas, insiste sobre a aproximação do Reino dos Céus e sobre a sua vinda iminente. Por outro lado, como está ainda muito próximo do tempo em que Jesus falava, e como lhe parece que o essencial é o ensino da doutrina e a transmissão da mensagem, constrói o seu livro sobre os grandes discursos de Cristo, os cinco discursos fundamentais, limitando-se a situá-los sobriamente no seu quadro, sem insistir excessivamente nos dados biográficos: é uma testemunha que relata o que ouviu.

Não possuímos este primeiro Evangelho na sua forma original. Eusébio, e depois Clemente e Orígenes, fizeram-se eco de uma tradição segundo a qual Panteno, o fundador da escola cristã de Alexandria no século II, teria ido à Índia e encontrado nas comunidades ali estabelecidas por São Bartolomeu um exemplar deste Evangelho arameu segundo São Mateus; mas tudo isto não passa de uma tradição. É através da versão grega, posterior, que nos apercebemos das características hebraicas do primeiro Evangelho, mas a estes traços originais outros se sobrepuseram, porque, quando foi traduzido, já dois outros Evangelhos terão sido publicados.

Passaram os anos. Pedro está instalado em Roma há muito tempo. Talvez por volta do ano 55, juntou-se a ele um discípulo, judeu helenista, porventura originário de Chipre, mas que vivera em Jerusalém e se chamava João, de sobrenome Marcos. Este Marcos não foi verdadeiramente discípulo de Jesus, porque era então muito novo[4], mas cedo aderiu à nova fé. Modesto, ocupou um lugar de segunda categoria, mas desempenhou admiravelmente, junto de vários dos grandes apóstolos, as funções de secretário e de catequista. Trabalhou com o sábio Barnabé e, durante algum tempo, com São Paulo; com certeza conhecia Pedro desde a adolescência. É um homem do povo, que conhece a língua grega; não maneja superiormente o idioma de Homero, mas é incisivo e realista como costumam sê-lo os simples. Chegado a Roma — talvez depois da morte do seu mestre Barnabé —, põe-se inteiramente a serviço de Pedro. Ouve-o falar e anota os traços salientes da sua catequese; e como o príncipe dos apóstolos é também um homem do povo, mais santo do que instruído, o que Marcos registra não tem muita arte nem muita ordem, mas está repassado de sabor e de fé. E é assim que, a pedido da comunidade romana, cheio de entusiasmo, Marcos põe por escrito entre 55 e 62 o que ouviu de Pedro. Dispõe, além disso, daqueles prontuários a que já nos referimos, principalmente de uma narrativa da paixão de Cristo. Escreve assim uma pequena obra com cerca de cinquenta páginas, bastante desordenada, mas de um vigor impressionante e de um raro frescor de visão.

A origem do segundo Evangelho também nos é narrada por Papias: "Marcos, que tinha sido intérprete de Pedro, escreveu exatamente tudo aquilo de que se lembrava sobre o que o Senhor dissera ou fizera, mas sem ordem. Pedro ministrava o seu ensino conforme as necessidades, sem se preocupar com a ordem, e por isso Marcos não foi culpado, pois se limitava a escrever o que ouvia. Cuidou unicamente de nada omitir e de não dizer senão a verdade". A leitura do texto permite imaginar claramente as circunstâncias em que foi feita a redação. Se Marcos explica que o Jordão é um rio, se traduz à romana as expressões judaicas, se explica os usos rituais de Israel, é porque os seus leitores já não são apenas judeus, mas pagãos que desconheciam a Palestina, pessoas boas, mas pouco instruídas, que tinham necessidade de que lhes pusessem os pingos nos *ii*.

Lucas é muito diferente. Literariamente falando, o seu livro é uma obra-prima, a primeira obra-prima que o cristianismo pode inscrever no rol das obras de alta literatura. A língua é um belo grego cadenciado, harmonioso e de uma grande delicadeza de estilo. Através de todo o texto, adivinha-se o homem sensível, inteligente, artista e muito culto. As discussões teológicas não o preocupam demasiado, pois o que pretende é transmitir a presença viva de Cristo e fazer que o amem. E como o consegue, este evangelista do bom samaritano, da pecadora perdoada, do filho pródigo a quem o Pai abre os braços, este evangelista a quem Dante chamou "o escriba da mansidão"!

Quem era Lucas? Com toda a verossimilhança, "o médico querido" de quem São Paulo nos fala várias vezes nas suas epístolas, o companheiro das grandes viagens do apóstolo das gentes. Santo Irineu afirma formalmente que Lucas pôs por escrito "o evangelho que Paulo pregava". Era um cidadão de Antioquia, a par dos problemas do mundo e da cristandade; e era médico, isto é, um homem de ciência, acostumado a refletir, a trabalhar intelectualmente e a recorrer às fontes. Como, além disso, possuía um grande talento, o resultado do seu trabalho só podia ser aquele que nós hoje conhecemos. Tendo chegado a Roma com Paulo, terá sido para os elementos superiores da comunidade romana que escreveu a sua obra? Ou, como hão de afirmar certas tradições, para a igreja de Corinto, tão querida ao coração do apóstolo? É, sem dúvida, por volta do ano 63 que ele se lança ao trabalho. Por intermédio de Paulo, recolhera muitos dados na Palestina, interrogara muitas testemunhas, talvez mesmo Maria, a Mãe do Senhor, de quem pôde obter os preciosos capítulos sobre a infância de Jesus, e uma certa Joana, mulher de Cusa, intendente de Herodes. Serviu-se certamente do texto de Marcos. E com intenções bem mais históricas do que os outros, conforme um plano refletido, publicou este livro que é talvez aquele que mais nos impressiona.

E é então finalmente que o primeiro Evangelho toma a forma com que hoje o lemos. Do texto arameu de Mateus, que estava muito difundido entre as comunidades primitivas[5], tinham sido feitos os ensaios de tradução fragmentária a que Papias se refere. A Igreja quis fixá-los e organizá-los, e por volta do ano 64 e seguintes tentou-se redigir uma versão completa. Mas, nesse momento, já existiam Marcos e Lucas, e os tradutores, a braços com um trabalho difícil, acharam que lhes seria útil ler atentamente o que havia já em grego, como, por exemplo, o texto de Marcos, e daí resultou que se fizeram certos acréscimos e certas modificações ao primitivo texto arameu. Teria sido o próprio Mateus quem traduziu a sua obra? Seja como for, a Igreja, conservando o seu nome na obra, assegura que nada de substancial foi alterado na passagem do original para a versão. Sendo o último dos sinóticos na sua forma atual, Mateus continua a ser o primeiro quanto ao fundo.

Gestas e textos dos apóstolos

Jesus subira para junto de seu Pai e o Evangelho passava a transmitir-nos o essencial da sua mensagem. Mas isto seria tudo? Seria o suficiente, quando era tão grande a curiosidade por tudo o que dizia respeito ao Senhor, e quando a fome e a sede de verdade eram tão imperiosas nas almas? Havia homens que tinham sobrevivido a Jesus, homens que tinham sido suas testemunhas privilegiadas, seus discípulos, escolhidos por Ele, educados por Ele. Não era, pois, indispensável recolher as suas palavras e anotar as suas gestas — não, certamente, da mesma maneira que as palavras e os atos de Cristo, já que, por muito santos que fossem, continuavam a ser homens —, mas como reflexos, como candelabros dAquele que tinha sido a Luz incriada?

É a fidelidade apostólica, tão fundamental em toda a Igreja antiga, que vai originar um novo capítulo da literatura cristã. "Tenhamos sem cessar diante dos olhos os excelentes apóstolos!" — escreve São Clemente Romano aos coríntios; e já São Paulo, que, sem ser dos Doze, tinha recebido a palavra diretamente do Messias, havia afirmado: "Lendo-me, podereis entender a compreensão que me foi concedida do mistério cristão, que em outras gerações não foi manifestado aos homens da maneira como agora tem sido revelado pelo Espírito aos seus santos apóstolos e profetas" (Ef 3, 4-5). Os *Atos dos Apóstolos* e a compilação das epístolas nasceram desta convicção, partilhada por todas as primeiras gerações cristãs.

O livro dos *Atos dos Apóstolos* (como diz o título grego) é praticamente o único documento que possuímos sobre os primeiros começos do cristianismo; se não existisse, não saberíamos quase nada dos trinta anos em que o grão de mostarda foi lançado à terra. A vida da comunidade de Jerusalém, a evangelização da Judeia e da Samaria, as origens das missões em terras pagãs, a conversão do centurião Cornélio, a maior parte dos pormenores biográficos de São Paulo, a sua conversão, as suas imensas viagens, a sua passagem pela Grécia, a sua chegada à Itália, tudo isto são coisas que conhecemos graças a esse pequeno livro. É uma obra palpitante de vida, sugestiva e, por vezes, pitoresca; os cristãos de hoje leem-na pouco e é uma pena, pois não tem equivalente em toda a literatura cristã.

Segundo uma tradição que remonta aos primeiros escritores eclesiásticos e que, aliás, é confirmada pelo exame interno do texto, o autor é o mesmo que o do terceiro *Evangelho*, isto é, mais que provavelmente, o evangelista Lucas. O princípio das duas obras, a dedicatória ao "excelente Teófilo", a unidade de estilo, de intenção e de doutrina, tudo confirma esta atribuição tradicional. O "médico querido" possivelmente escreveu o livro dos *Atos* ao mesmo tempo que o seu *Evangelho* ou imediatamente a seguir. O fim da obra mostra claramente que foi terminada entre o primeiro e o segundo cativeiro de São Paulo em Roma; devemos estar perto da verdade se pensarmos que foi publicada entre os anos 63 e 64. Encontramos nela o mesmo homem instruído, bem informado e inteligente que vemos no terceiro Evangelho.

Espírito lúcido, capaz de fazer a crítica dos fatos, Lucas teve certamente o cuidado de se documentar bem antes de escrever; interrogou algumas testemunhas diretas dos primeiros tempos, que encontrou em Jerusalém; observou e anotou os fatos e gestos do seu mestre Paulo, e encontramos no seu texto (nos fragmentos em que diz *nós,* que a crítica tanto analisou) as próprias notas que tomou no decurso das suas viagens. Tudo isto concorre para tornar o seu livro singularmente rico, embora evidentemente não seja completo, porque Lucas não é de forma alguma um historiador, mas um propagandista, e o seu verdadeiro fim é pôr em relevo a realização da profecia de Jesus: "Vós sereis minhas testemunhas em Jerusalém, em toda a Judeia e na Samaria, e até os confins do mundo" (At 1, 8). Além disso, Lucas não é muito teólogo. E precisamente por isso, para completar este livro narrativo, a Igreja colocou a seguir um conjunto de outros textos, morais, espirituais e teológicos, entre os quais ocupam o primeiro lugar as epístolas de São Paulo.

Nada melhor do que as epístolas paulinas para sentirmos como a criação de uma literatura cristã foi verdadeiramente obra da própria vida e como o texto se acha ligado à ação. Basta abrirmos qualquer dos treze escritos, que sem sombra de dúvida têm por autor São Paulo, para ouvirmos falar o homem e sentirmos palpitar a vida. Estas cartas foram ditadas por ele mesmo a algum secretário, por ocasião de uma ou outra pausa no meio do seu trabalho. Era ele quem apunha, de próprio punho e letra, a saudação final e a assinatura, para que a sua grossa caligrafia, muito desajeitada devido à falta de vista, afastasse toda a suspeita de falsificação. Foram cartas dirigidas por ele a correspondentes seus conhecidos, discípulos, comunidades e, por vezes, a simples fiéis. Nelas alude a incidentes precisos, a contingências imediatas, de mistura com as mais elevadas considerações sobre a vida da alma, porque nesses tempos de fervor os problemas concretos e as questões espirituais constituíam uma única realidade e uma única matéria de reflexão. E como tudo isso está perto da vida, como foi tomado da vida!, principalmente quando é expresso nesse estilo ardente, irônico e terno, entusiástico e patético, nesse estilo de polemista e de místico que é o estilo de São Paulo.

E é esta mesma vida que os cristãos querem encontrar quando leem ou escutam esses textos. Logo que são recebidas por uma comunidade, as cartas vindas dos apóstolos são recopiadas e enviadas às outras. O próprio São Paulo tinha destinado expressamente algumas delas à publicação e São Pedro alude, como coisa notória (cf. 2 Pe 3, 15-16), à coleção de cartas do seu "caríssimo irmão Paulo", que eram lidas nas igrejas. Há inúmeros testemunhos que provam que as diversas epístolas que nós lemos hoje na nossa missa eram já lidas há dezoito séculos. No processo verbal dos mártires de Scili, na África, quando interrogaram um dos acusados, Esperato, sobre as obras que haviam sido encontradas em seu poder, ouviram-no responder que eram "os livros santos e as epístolas de Paulo, um justo". Laços vivos que ligavam entre si as comunidades, esses textos eram também um meio eminente de desenvolver e de precisar os elementos morais e teológicos cujos princípios Cristo estabelecera.

Esta é a razão pela qual a Igreja, quando fixar o Cânon da Escritura, incluirá nele, a seguir ao Evangelho e aos *Atos*, certo número dessas cartas, cujo valor lhe parecerá primordial, e logo de entrada as de São Paulo, que são as mais importantes.

Escritas no decorrer das suas missões, distribuídas entre os anos 52 e 66 aproximadamente, muito diferentes umas das outras quanto à extensão (algumas são simples bilhetes e outras verdadeiros tratados), quanto ao tom e mesmo quanto ao estilo, essas cartas representam uma fase essencial no desenvolvimento do cristianismo. É certo que nada acrescentam à mensagem de Jesus, mas interpretam-na com uma lucidez maravilhosa e aproximam-na das preocupações humanas. São Paulo prova irrefutavelmente que a doutrina cristã vem satisfazer de forma absoluta a necessidade de redenção e de salvação que sentiam tantas almas daquele tempo. É ainda ele quem indica em que sentido se poderá resolver o debate entre a razão e a fé, que já então se encontrava aberto e que não se concluirá no decorrer dos séculos. Tudo aquilo que mais tarde virá a constituir a teologia e a filosofia cristãs encontra-se já, em germes vigorosos, nas treze epístolas. Não há qualquer problema, nem do seu tempo nem de todos os tempos, que São Paulo não tenha descortinado e ao qual não tenha dado as respostas do seu gênio fulgurante[6].

Em comparação com os textos do grande missionário dos gentios, as outras epístolas parecem um pouco pálidas, mesmo a *Epístola aos Hebreus*, que se situa na linha da sua pregação e que a sua autoridade cobre, mas de que não há certeza de ter saído da sua mão. No entanto, nenhuma delas nos deixa indiferentes ou deixa de trazer uma pedra para o edifício. A *Epístola de São Tiago*, "irmão do Senhor", primeiro bispo de Jerusalém, que São Clemente Romano admirava muito, é preciosa pelos seus ensinamentos morais. As duas *Epístolas de São Pedro*, que os Padres da Igreja terão em grande veneração, serão ao mesmo tempo preciosos documentos sobre a qualidade da fé no tempo em que o velho príncipe dos apóstolos as escreveu e, na sobriedade do seu estilo rústico, sublimes apelos à esperança e à caridade.

A curta *Epístola de São Judas*, irmão de Tiago, um dos Doze, que foi escrita por volta do ano 66, no momento em que Jerusalém via aproximar-se a terrível tempestade profetizada por Jesus, é uma perfeita descrição da pureza de coração que deverão ter os justos quando soar a hora dos últimos tempos. A lista ficará completa com as três cartas que um mesmo nome e uma inspiração inteiramente análoga ligam àquele que, com São Paulo, surge como um dos grandes pilares da inteligência cristã nas suas origens: São João, o quarto evangelista.

A obra de São João

"Nos começos do século II, existia nas comunidades da Ásia Menor um conjunto de cinco escritos, ligados entre si por laços complexos. Eram atribuídos a um autor de nome João, que foi considerado, na tradição eclesiástica ulterior, como filho de Zebedeu e discípulo de Jesus". É assim que o escritor protestante liberal Lietzmann levanta (e parece resolver de uma só penada) o problema muito discutido dos escritos joânicos. Esses textos são: um "apocalipse", um Evangelho e três epístolas, aliás breves, as duas primeiras dirigidas a uma comunidade cujo nome não é indicado, e a terceira a um certo Gaio, grande amigo do autor. Sobre estes escritos surgem duas questões: são todos do mesmo autor? Esse autor é aquele que a Igreja afirma, isto é, o apóstolo de Cristo?

A atribuição de todo esse conjunto a um só homem é hoje mais facilmente aceita do que há cinquenta anos. Ninguém pode negar que há diferenças visíveis entre o *Apocalipse* e o *Evangelho*, e se o segundo é, como pretende a tradição, posterior ao primeiro, não se pode mesmo afirmar que essas diferenças sejam devidas a um progresso no estilo ou à evolução normal da língua. Mas as divergências parecerão menos graves se nos lembrarmos de que não se escreve um livro de visões "apocalípticas" como uma obra de história e de teologia, e se admitirmos, como certos exegetas, a hipótese de um secretário para uma ou para a outra dessas obras. Não há dúvida de que nos cinco textos se encontram expressões caracteristicamente joânicas e uma profunda identidade de atitude espiritual. Os estudos mais recentes sobre a linguagem mostraram, tanto no *Apocalipse* como no prólogo do *Evangelho*, o emprego de uma mesma técnica poética em estrofes e estâncias regulares, marcada com o selo de um mesmo talento. Mas, se atribuirmos os cinco textos a um único autor, teremos de concluir igualmente que esse autor é João, o Apóstolo?

A crítica livre, apoiando-se num texto bastante obscuro de Papias, sustentou que esse autor não seria o apóstolo, mas um certo "João, o Ancião", isto é, "um presbítero" de uma comunidade asiática. A designação de "discípulo" — e não de apóstolo — que o evangelista dá voluntariamente a si próprio, pode servir também de argumento, embora não se veja bem a razão por que um discípulo direto de Cristo não devesse ter apreço por esse título. Mas a Igreja, para justificar a atribuição tradicional, dispõe de razões de maior peso. Logo de entrada, o próprio *Evangelho* afirma claramente que é obra de um apóstolo: do "discípulo que Jesus amava" (cf. Jo 21, 20-24), e vê-se uma confirmação desse fato na modéstia do autor em não nomear João, nem Tiago, seu irmão, nem Zebedeu, seu pai, nem essa Salomé que foi provavelmente a sua mãe, e que os sinóticos indicam ter estado no Calvário na tarde da crucificação e na manhã da Páscoa — o que representa uma assinatura de humildade.

Por outro lado, todos os trabalhos recentes apontam neste escritor uma notável precisão geográfica. Dos quatro evangelistas, este é o topógrafo mais preciso, aquele que melhor nos permite identificar os lugares, porque as suas descrições e as suas alusões são as de um homem que os viu. Por fim, a tradição que atribui os cinco textos a João, o Apóstolo, é extremamente antiga: Policarpo de Esmirna, por volta de 150, Méliton de Sardes, perto do ano 160, Irineu de Lyon, um pouco mais tarde, depois Polícrates de Éfeso, Clemente de Alexandria e o *Cânon de Muratori*, catálogo dos textos santos que data aproximadamente do ano 200, todos afirmam que esse autor é, como diz Santo Irineu, "João, o discípulo do Senhor, aquele que repousou sobre o seu peito". A análise textual revela nele hábitos de pensamento e de estilo semíticos, transportados para o âmbito helênico. E àqueles que se admiram de que um simples pescador galileu tenha podido escrever obras tão sublimes, podemos responder que os grandes rabinos de Israel — um rabi Aquiba, um rabi Meir, um rabi Johanan — não eram também senão operários manuais, sapateiros, cozinheiros ou marceneiros, e que entre a época em que João pescava no lago de Tiberíades e aquela em que escreveu os seus livros transcorreram sessenta anos, ou seja, uma vida inteira de apostolado e de meditação religiosa. Que formação!

Desta maneira, impõe-se ao nosso espírito a tradição que nos aponta, como autor dos cinco textos joânicos, o mais jovem dos apóstolos, o adolescente que vemos ao pé da Cruz, o predileto do Senhor. No fim do primeiro século, vamos encontrá-lo já alquebrado pelos anos, cheio de santidade e de glória, aliando à sua condição de testemunha do Messias a elevada dignidade de um sumo-sacerdote e a violência luminosa de um profeta. Tendo escapado miraculosamente dos suplícios, já libertado do exílio, acaba a sua vida em Éfeso, rodeado do respeito universal[7]. Se não fosse assim, se o autor dos cinco textos não fosse senão um simples "presbítero", como é que a Igreja — que, conforme veremos, se mostrará extremamente severa na seleção dos textos sagrados, que porá de lado impiedosamente muitos outros "apocalipses" — teria admitido estes escritos de um tom tão novo e tão diferente do dos sinóticos?

Mas mesmo esta diferença tem uma explicação. Entre a redação dos três primeiros Evangelhos, bem como das epístolas paulinas, e a dos textos joânicos, decorreram muitos anos: cerca de trinta ou quarenta. O *Apocalipse* data de 92-96 e o quarto *Evangelho* de 96-104. As perspectivas tinham mudado. A vida de Cristo é, nas suas linhas gerais, conhecida de todos os fiéis; quem ainda escrever sobre ela tem de vê-la sob uma nova luz e não se ocupar senão de fatos que possam completar os primeiros relatos. As perseguições tornaram-se um elemento histórico que pesa sobre a alma cristã e a obriga a encarar a vinda do Reino de Deus por entre provações e tormentos terríveis. São Paulo trabalhou em outro plano e o seu pensamento genial marcou profundamente o conhecimento que o cristianismo possui dos ensinamentos do Mestre; identificou problemas e apresentou soluções que ninguém pode desconhecer. Saindo definitivamente do âmbito judaico para se desenvolver em terra helênica, o cristianismo foi encontrar nela correntes de pensamento e formas de vocabulário que não pôde deixar de tomar em consideração: assim, por exemplo, a ideia platônica do *Logos*, do Verbo, desenvolvida anteriormente por Fílon de Alexandria, que encontramos simples e legitimamente realizada na verdade cristã. Depois, revelam-se no próprio interior do cristianismo certas tendências contra as quais será necessário precaver-se. Começa a circular a heresia e já se anunciam os *docetas*, que negam a realidade humana de Cristo; os primeiros *gnósticos*, que vão comprometer essa realidade em nebulosos sistemas de abstração; e os *nicolaítas*, que invocam sem razão a autoridade de um dos primeiros diáconos e que, sob o pretexto de que a carne é desprezível, fomentam a pior imoralidade. São Paulo, no fim da sua vida, tivera mais ou menos presentes estes dados, e é em função de todos eles que, por volta dos anos 90-100, um grande espírito como João concebe a sua obra.

Em torno de 92-96, João encontra-se em Patmos, uma das ilhas das Espórades, entre Naxos e a costa da Anatólia, para onde fora deportado por ordem de Domiciano. Em Roma, tinha sido testemunha e, possivelmente, protagonista do drama das perseguições, e a sua alma sente-se agitada pelo vento negro que sacode a Igreja. Profeta de Deus, testemunha de Cristo, sente necessidade de reagir perante a angústia que lhe oprime o peito; precisa gritar. E reage à maneira dos homens da sua raça: o seu grito é o *Apocalipse*. Como nos parece estranho e misterioso — com o seu turbilhão de imagens, a sua torrente de visões selvagens, o seu bestiário fantástico, os seus símbolos fulgurantes — esse livro que as gerações cristãs nunca deixaram de ler e meditar, na esperança de ali surpreenderem o segredo do seu próprio destino! No entanto, esse livro parecia bem menos bizarro a um homem do primeiro século do que a nós, por pouco que estivesse ao corrente da tradição de Israel durante os últimos seiscentos anos. Desde os livros proféticos de Daniel ou Ezequiel até os escritos contemporâneos, a corrente apocalíptica, como já vimos, não cessara de estar presente na literatura judaica[8]. O *Livro de Henoch*, o *Livro dos jubileus*, o *Testamento dos Doze Patriarcas*, a *Assunção de Moisés* e muitos outros constituíam uma verdadeira biblioteca que podia servir de modelo a João para poder exprimir o grito profundo da alma cristã amargurada, como os apocalipses judaicos tinham exprimido o da alma israelita em cativeiro e humilhada.

Serviu-se, pois, dos mesmos métodos dos seus predecessores. Combinações misteriosas de algarismos e designações esotéricas permitem ter em vista a situação presente, não sendo compreendidas senão por aqueles mesmos a quem se dirige. Como eles, partindo do drama que os envolve e aludindo a ele incessantemente, o seu espírito vai mais longe e atinge perspectivas mais vastas, ou seja, as do drama essencial do homem, da oposição fundamental entre o mundo e a palavra divina, desembocando nas aterradoras imagens dos últimos tempos, para nelas encontrar a promessa de Cristo, a esperança de salvação, a Esperança! Esta é a lição suprema que se extrai de todas as suas exposições grandiosas — a lição de que os cristãos da época mais precisavam. As forças desencadeadas não prevalecerão contra a realeza última do Salvador e, por mais terríveis que sejam os abalos da história, permanecerá intangível uma realidade que lhe servirá de centro até o fim dos tempos: a Palavra de vida, a revelação do Cordeiro.

Alguns anos mais tarde, já em liberdade, João escreve em Éfeso o seu *Evangelho*. As circunstâncias oferecem-lhe outras preocupações e, se o seu propósito é sempre o mesmo — fazer ressoar a mensagem de Cristo —, as necessidades mudaram. Nas comunidades asiáticas que o cercam, pedem-lhe que ponha por escrito as suas recordações, e ele condescende já no último quartel da vida. Aos dados dos três sinóticos, que conhece a fundo, acrescenta as suas fontes pessoais e realiza assim uma obra infinitamente preciosa, metade da qual (106 seções em 232) nada deve às que a precederam. Mas, mais ainda, a sua obra é original pelo acento e pelas ressonâncias. Nesta Ásia do ano 100, há uma viva efervescência de espírito. Os meios helenísticos que se interessam por Cristo querem sobretudo saber em que consistiu a sua revelação, como é que Ele se relacionou com Deus e como comunicou aos homens o conhecimento das coisas inefáveis. Por outro lado, há já na própria Igreja os "não-conformistas", os hereges que negam que Jesus tenha sido o Cristo ou que o Filho de Deus tenha podido encarnar-se. É preciso, pois, responder a essas expectativas e a esses erros. E é por isso que, como dirá Clemente de Alexandria, "vendo que os outros evangelistas não expunham senão os fatos materiais, João, o último de todos, a pedido dos que privavam com ele e divinamente sustentado pelo Espírito Santo, escreveu o Evangelho espiritual".

Assim se explica a originalidade tão surpreendente do quarto Evangelho: as perspectivas já não são as dos sinóticos. Este Evangelho é, juntamente com os textos de São Paulo, o ponto de partida daquilo que se vai converter na filosofia e na teologia cristãs. Trazendo à luz, com extrema arte, elementos que já existiam nos seus predecessores, mas que, destacados, ganham todo o seu relevo, mostra-nos ao mesmo tempo um Cristo muito concreto e altamente metafísico. De cada um dos milagres, o que arranca é o sentido espiritual: a multiplicação dos pães anuncia o pão da vida, a ressurreição de Lázaro promete a cada um a vida eterna. Este Evangelho, em que o homem se encontra de corpo inteiro, apreende todo o real e dirige-o para Deus.

O ponto culminante é o prólogo, onde se formula em termos definitivos a doutrina que é propriamente o contributo de São João, ou seja, a Revelação do Verbo encarnado: "No princípio era o Verbo, e o Verbo estava em Deus e o Verbo era Deus [...] E o Verbo se fez carne e habitou entre nós". Estamos tão habituados a estas frases musicais que o seu mistério se embotou e a sua absoluta originalidade já não é notada pelos cristãos. Mas como devia ser diferente para os ouvintes de João! Os filósofos já tinham esboçado em múltiplas aproximações essa concepção grandiosa do Verbo, do *Logos*, da Palavra que cria, que ordena e revela. Era um termo espalhado por todo o Oriente mediterrâneo banhado pelo mar grego.

Platão tinha-lhe atribuído a origem das ideias; o último livro bíblico vira nele a Sabedoria divina e Fílon, judeu fiel, acabava de reconhecer nele o mundo inteligível, a representação imperfeita de Deus. São João transforma todas essas tentativas em certeza; reúne num só todos esses sentidos do vocábulo. O poder de Deus que São Mateus e São Lucas viram fazer germinar o Filho no seio de uma Virgem, o criador do homem e da terra, o Revelador de Deus que é Deus Ele mesmo — eis tudo aquilo que o quarto evangelista designa sob o nome de Verbo e associa a Cristo. Não sendo já um princípio abstrato, mas um ser pessoal, o Logos é Jesus. Esta concepção estava já implícita na *Epístola aos Colossenses* e na *Epístola aos Hebreus*, mas São João deu-lhe um novo cunho. E assim, cristianizando palavras e fórmulas, fez o que depois dele fariam tantos pensadores cristãos: anexou dados estranhos e determinou-lhes o sentido definitivo.

Esta é a sua originalidade essencial: por meio dele, o Deus teórico dos filósofos é, daqui em diante, o Deus do amor[9].

A Igreja fixa a sua escolha: o Cânon

Com os textos joânicos, fecha-se a lista dos livros que até hoje figuram nas nossas Bíblias e que formam o livro do *Novo Testamento*, isto é, o livro da Nova Aliança[10]. Assim como os textos de Israel recolhidos na Bíblia eram o comentário desenvolvido ao longo dos séculos acerca da Aliança estabelecida entre Javé e o seu povo, da mesma forma estes outros textos são, para os cristãos, o penhor escrito da Nova Aliança que Cristo veio estabelecer entre Deus e os homens e que assinou com o seu sangue.

Em número de vinte e sete, esses textos constituem o *Cânon* da Sagrada Escritura, isto é, a regra, a medida e o modelo. Como foi determinada essa escolha? E por quem? Pela Igreja, que, existindo muito antes de tudo o que se escreveu, tinha, como testemunha de Jesus, o direito de discernir quais as obras literárias fiéis e quais as que não o eram; pela Igreja, no tempo daquelas últimas décadas em que o sopro do Espírito estava ainda muito fresco sobre a fronte dos seus filhos.

A escolha impôs-se ao cristianismo nascente já menos de um século após a morte do Mestre. No extremo fervor desses primeiros tempos, no ingênuo e terno desejo de conhecer o maior número possível de pormenores sobre Jesus, outros escritos tinham surgido ao mesmo tempo que os dos apóstolos, nos quais a imaginação popular se tinha insinuado de forma indiscreta. Além disso, à medida que se iam instaurando certas discussões teológicas, e que se produziam até certos desvios doutrinais, podiam ser postos a circular textos devidos a intérpretes demasiado hábeis, e até a mistificadores, com o fim de favorecer certos desígnios menos retos. Numa palavra: desde os primeiros tempos da Igreja apareceu essa literatura que se chama *apócrifa*, mundo estranho, amálgama de verdades e delírios, aonde a nossa Idade Média irá buscar muitos temas plásticos, onde nem tudo é inaceitável, mas que a Igreja teve a prudência de olhar com desconfiança.

Assim, circulava nas comunidades judaico-cristãs o *Evangelho dos Hebreus*, que Santo Inácio de Antioquia teria conhecido e a que ainda se referem Clemente de Alexandria, Orígenes e Eusébio. Os cristãos do Egito tinham também o seu, muito ascético e já fortemente eivado de gnosticismo.

Houve também o *Evangelho de Pedro*, cheio de pormenores circunstanciados sobre a Paixão, a Crucificação e a Ressurreição de Cristo, mas impregnado de docetismo, isto é, infiel ao dogma da Encarnacão, e que conheceu grande voga em muitos agrupamentos. Ao *Evangelho de Nicodemos* iam-se buscar pormenores sobre o processo de Jesus, sobre os *Atos de Pilatos* e sobre uma estranha, e aliás grandiosa, visão da descida aos infernos. Todo o segundo século foi um desfraldar desta literatura, a que pertencem também os *Evangelhos da infância*, que multiplicarão pormenores fabulosos sobre o nascimento de Jesus e a sua juventude, pormenores de um gosto muitas vezes mais que medíocre. Haverá também quem queira conhecer mais coisas sobre os pais de Jesus, e contar-se-á a *Dormição de Maria*, a sua morte e a sua Assunção[11], bem como a *História de José, o carpinteiro*. Os apóstolos não escaparão a esta curiosidade indiscreta ou tendenciosa, e assim aparecerão os *Atos de Pedro*, os *Atos de Paulo*, de André, de João, de Tomé, de Filipe e de Tadeu, sem falar de muitas epístolas apócrifas e de cinco ou seis apocalipses atribuídos a grandes nomes. Este excesso de imaginação durou até o fim do século IV, mas nessa altura a Igreja já tinha feito a sua escolha havia muito tempo[12].

Em face de toda essa massa de escritos suspeitos, a Igreja designa vinte e sete, a que dá a sua garantia e que declara *inspirados*. Que devemos entender por *inspiração*? É Leão XIII quem no-lo diz na sua encíclica *Providentissimus Deus*: "A inspiração é um impulso sobrenatural pelo qual o Espírito Santo excitou e conduziu os escritores sagrados, e lhes prestou a sua assistência enquanto escreviam, de modo que eles recordassem exatamente, quisessem reproduzir com fidelidade e exprimissem com infalível verdade tudo o que Deus lhes ordenava e só o que lhes ordenava que escrevessem". Mas, nesse caso, por que sinais se poderiam reconhecer e segundo que critérios se poderiam fixar os textos em que o Espírito tinha falado?

A escolha não foi feita de forma rígida, *a priori*, *ex cathedra*; a decisão nasceu da própria vida, com uma serena naturalidade. Houve certamente hesitações, reflexões e talvez discussões. Eusébio conta que Serafim, bispo de Antioquia, ao levarem-lhe o *Evangelho de São Pedro*, que não conhecia, autorizou a princípio a sua leitura, mas depois, examinando-o mais de perto e tendo encontrado nele sinais de docetismo, o proibiu. O *Pastor* de Hermas, livro tão cativante dos começos do século II, passou algum tempo por inspirado, mas depois foi posto de parte nas comunidades ocidentais, embora continuasse durante muito tempo a circular na igreja do Egito. Orígenes considerá-lo-á ainda de inspiração divina.

O que é certo é que a Igreja se mostrou extremamente rigorosa nos métodos que presidiram à sua escolha. Tertuliano conta, por volta do ano 200, que uns trinta anos antes aparecera na província da Ásia um livro dos *Atos de Paulo*, em que se via o apóstolo converter uma jovem pagã chamada Tecla e esta pôr-se logo a pregar admiravelmente o Evangelho. Como o relato parecesse suspeito, procuraram o seu autor, um sacerdote mais cheio de boas intenções do que de prudência, e imediatamente o degradaram. Basta ler os apócrifos e compará-los com os textos canônicos para logo verificar de que lado estão a prudência, a moderação e a sabedoria, e com que tato a escritura canônica fixa e limita os direitos do sobrenatural e do maravilhoso.

Os dois critérios que decidiram da escolha foram essencialmente a catolicidade e a apostolicidade. Um texto era admitido quando o conjunto das comunidades o reconhecia como fiel à verdadeira tradição e à verdadeira mensagem.

À medida que a liturgia se codificava, o hábito de ler páginas de epístolas e Evangelhos, durante a missa, submetia o conteúdo dessas leituras a uma prova pública e, quando a consciência cristã fixava um certo número como trazendo a marca do Espírito, a escolha estava feita. E como nessas comunidades primitivas era fundamental a filiação apostólica, foram retidos os textos que mostravam por meio de testemunhos vivos que provinham diretamente dos discípulos de Jesus.

A propósito desta escolha surgem várias questões. Os vinte e sete textos contêm tudo o que se pode legitimamente saber da vida e da mensagem de Cristo? Todos eles se apresentam sob a mesma forma que lhes deram os seus redatores originais? A sua ordenação é filha do acaso ou obedece a uma intenção?

É possível que o Novo Testamento tenha deixado escapar algumas migalhas do pão da vida — mas apenas migalhas. Encontramos em certos Padres da Igreja, ou mesmo nos apócrifos, algumas palavras de Cristo — *logia* ou *agrapha* — que a Escritura não recolheu, ou diversos pormenores históricos que trazem uma luz de verdade. Assim, lemos em Clemente de Alexandria estas palavras admiráveis, dignas do Divino Mestre: "Viste o teu irmão, viste o teu Deus"; e, do mesmo modo, será em vão que procuraremos no Evangelho qualquer referência à descida de Cristo à mansão dos mortos, que, no entanto, se inscreve no *Credo*, bem como à Assunção da Santíssima Virgem, admitida por uma tradição imemorial.

Por outro lado, o respeito que os cristãos tinham pelos ensinamentos de Jesus incidia mais sobre o conteúdo do que sobre o texto, o que era natural num tempo em que, como já vimos, perdurava ainda o ensino oral. E assim se juntaram aos escritos alguns pequenos fragmentos cuja origem inspirada parecia segura. O famoso episódio da mulher adúltera, por exemplo, uma das joias do *Evangelho de São João*, parece ter sido inserido depois da redação definitiva, talvez pelo próprio apóstolo, ou talvez pela tradição, mas certamente após diversas discussões, tão audacioso parecia ser na sua moral. Alguns manuscritos muito antigos do Novo Testamento, como o *Códice de Bèze* em Cambridge, contêm pequenos suplementos ao texto habitual. Mas, no conjunto, trata-se de bem pouca coisa — pequenas respigas no campo onde o bom grão havia germinado.

Resta saber por que motivo a Igreja quis conservar esses vinte e sete textos diferentes pela ordem que conhecemos, com as suas divergências ocasionais sobre pormenores e com a sua acentuação particular. Parece que teria sido fácil amalgamar todos esses elementos num todo e constituir assim um sistema de doutrina. Quanto aos quatro Evangelhos em particular, não teria sido difícil harmonizá-los de forma que um só texto contasse tudo o que se refere a Jesus. Com efeito, fizeram-se essas tentativas. Entre 150 e 160, Taciano, discípulo de São Justino, compôs com notável habilidade um Evangelho único, o *Diatessaron*, que a igreja síria teve em grande apreço; encontrou-se um fragmento desse Evangelho nas escavações de Dura Europos, na Alta Mesopotâmia. Marcião, o herege, a cuja história nos havemos de referir, trabalhou também num sentido análogo. No entanto, a Igreja nunca quis enveredar por esse caminho, e a sua atitude é uma das mais belas provas da verdade dos vinte e sete textos. Por respeito para com aqueles que os tinham escrito, e com a certeza da sua origem apostólica e da sua inspiração, preferiu justapô-los, com as suas individualidades e as suas diferenças. E o testemunho que esses textos nos dão torna-se assim muito mais impressionante.

No momento em que findou o século II, a escolha estava feita, como se prova por um documento muito valioso: o *Cânon de Muratori*, assim chamado por causa do nome de um bibliotecário da Ambrosiana, que o descobriu e publicou em 1740; o original manuscrito data do século VI ou VII. Este documento não é senão um catálogo, um índice das matérias da Sagrada Escritura, mas não há dúvida de que foi escrito por volta do ano 200, em Roma. Por ele se vê que, nessa época, a igreja romana tinha o mesmo Cânon que têm os cristãos de hoje (com exceção das epístolas de São Tiago e de São Pedro), e que rejeitava nomeadamente o *Pastor*, embora autorizasse a sua leitura, e mais categoricamente diversos escritos com tendências gnósticas. Cerca de cento e cinquenta ou duzentos anos mais tarde, entre 359 e 400, os catálogos do Cânon multiplicam-se, e encontram-se na África, na Frígia, no Egito e em Roma. O Concílio de Cartago, em 397, estabelecerá a lista definitiva, tal como o Concílio de Trento a confirmará no século XVI, em face do protestantismo.

O Novo Testamento estava, pois, definido. Uma vez transformado em livro, o seu êxito não deixará de crescer. Todo aquele que daí por diante quiser estudar o cristianismo terá de recorrer a ele. Os Padres da Igreja e os doutores citarão os "vinte e sete", exatamente como os rabinos de Israel costumavam citar a Bíblia do Antigo Testamento. Esses textos, fixados em rolos de papiro ou em livretos[13], estarão presentes nas bagagens dos missionários de Cristo e entre os objetos usuais das igrejas ou dos lares cristãos. Para os fiéis destes tempos heroicos, estava aí o tesouro vivo, a fonte inesgotável, a súmula dos conhecimentos necessários. Falando do Novo Testamento, diz Tertuliano: "O primeiro artigo da nossa fé é que não existe nada que devamos crer fora dele".

Quem são os Padres da Igreja?

Nada se devia crer fora do que estava escrito nos livros do Novo Testamento, mas seria proibido meditar os seus textos, perscrutá-los e comentá-los? Santo Irineu dirá: "Sucede como com um depósito precioso encerrado num excelente vaso: o Espírito rejuvenesce-o constantemente e comunica a sua juventude ao vaso que o contém". O tempo da Escritura inspirada terminou; começa agora uma literatura propriamente dita, feita por homens, mas, como diz Bossuet, por homens "nutridos com o trigo dos eleitos, repletos daquele espírito primitivo que receberam de mais perto e com mais abundância da própria fonte", homens que foram instruídos pelo exemplo dos apóstolos e que participam diretamente na conquista do mundo pela Cruz. É este vasto conjunto literário, que começa a partir do século II e depois se expande pelos seguintes, que se designará por meio de uma expressão mais célebre do que explícita: os Padres da Igreja.

"Padres da Igreja" é uma expressão que evoca, reunidas nas prateleiras das bibliotecas de conventos e seminários, as majestosas séries de grossos volumes *in quarto* que o abade Migne publicou há cem anos sob o título geral de *Patrologiae cursus completus*: 277 volumes de patrologia latina e 161 de patrologia grega. Mas o erudito colecionador de todos esses textos, ao estabelecer o seu plano gigantesco, limitou-se por um lado aos gregos e latinos, deixando de lado os Padres sírios, coptas e armênios, que contêm também muitas riquezas; e, por outro, deu ao termo um sentido cronológico muito amplo, estendendo-o quanto ao Ocidente até a morte de Inocêncio III (1216), e quanto ao Oriente até o século XV. Só por extensão se pode chamar "Padre da Igreja" a um São Bernardo; os primeiros Padres, aqueles que fundaram o pensamento cristão, são os dos cinco primeiros séculos, até a queda do Império Romano. Só por si eles constituem já um mundo. A sua influência será profunda e fertilizante, quer para o espírito, quer para a alma, e por isso serão estimados tanto pelos católicos como pelos ortodoxos e protestantes. Não há nenhum grande escritor cristão que não recorra a eles de uma forma ou de outra, e se a massa dos simples fiéis os venera mais do que os conhece, é importante assinalar nos nossos dias um retorno a esta fonte poderosa.

O termo *Padre* designava na sua origem os chefes das comunidades, os bispos; foi este o sentido que conservou no caso do primeiro dos bispos, o de Roma, o Papa. Neles residia, como vimos, toda a autoridade, quer doutrinal, quer disciplinar. Mais tarde, o termo passou a aplicar-se sobretudo aos defensores da doutrina, principalmente àqueles que, perante os hereges, lutavam pela fé, mesmo que não tivessem o caráter episcopal. A partir do século V, nos tratados teológicos e nos trabalhos dos concílios, a palavra tem sempre o sentido que nós lhe atribuímos hoje.

Que condições devia preencher um escritor para lhe ser dado esse nome? A resposta não é fácil. Nem todos os autores cristãos que abordaram temas religiosos são chamados Padres; é preciso, em princípio, que a sua ortodoxia seja eminente, que se enquadrem na grande tradição dos primeiros tempos, e que a santidade da sua vida seja a garantia da santidade do seu pensamento. Mas um Tertuliano, um Orígenes e um Eusébio, que satisfazem de maneira desigual essas três condições, também estão inscritos na lista dos Padres da Igreja. A designação depende, pois, mais de uma aprovação geral da Igreja e de um sentimento profundo e unânime da comunidade[14] do que das simples condições citadas.

A matéria de que tratam é imensa; a bem dizer, é tão vasta como o mundo, inesgotável; é o cristianismo inteiro. Há páginas que insistem principalmente sobre a doutrina moral, dão conselhos sobre a forma de nos comportarmos na vida, convidam à penitência e denunciam as faltas e os erros com um vigor a que os nossos tempos já não estão acostumados. Outras há que põem em foco as realidades místicas e incitam sobretudo à união com Deus. Outras ainda elaboram a ciência que se chamará *teologia,* a reflexão sistemática sobre os grandes dados da doutrina e as suas implicações. Uma das contribuições essenciais da literatura patrística é o esforço por precisar na sua formulação os dogmas intangíveis e tornar mais presentes aos homens as grandes verdades reveladas. Foi um triplo esforço que os Padres realizaram num único impulso; as suas obras são ao mesmo tempo morais, místicas e teológicas, todas elas suscitadas pela vida do espírito.

Há duas características que devem ser especialmente sublinhadas: essas obras são *escriturísticas* e *pedagógicas.* Mas estes dois traços prendem-se diretamente com o seu caráter mais essencial, que é o de serem uma literatura viva, profundamente unida à própria existência da Igreja e ao seu desenvolvimento. A ação de um homem ou de uma sociedade não é verdadeiramente fecunda se não encontrar o seu exato equilíbrio entre o passado e o futuro, entre os valores da tradição e as audácias do empreendimento. E foi isto o que, por instinto, os Padres da Igreja souberam fazer.

A literatura que produzem é *escriturística*, pois sabem que as suas raízes não podem encontrar vida senão nas próprias fontes de que Jesus fez correr a água viva. O embasamento de todo o seu edifício, a sua pedra angular é o Evangelho e os outros textos do Novo Testamento. "Ignorar as sagradas letras, dirá São Jerônimo, é ignorar Cristo". O depósito sagrado confiado por Deus aos homens terá de frutificar graças à inteligência humana, e foram os Padres que se dedicaram magnificamente a essa tarefa. Foram eles que analisaram os mais pequenos pormenores da Escritura e procuraram descobrir os seus mais pequenos segredos. Desta maneira, são eles que dão início à ciência da Escritura, à *exegese*. Mais ainda: ao lançarem mão dos livros do Antigo Testamento — que, como afirma inúmeras vezes o Novo, pressupõe e profetiza a vinda de Cristo —, e adaptando ao realismo cristão as concepções de certos pensadores judaicos como Fílon, foram também eles que anexaram a velha Bíblia, trouxeram a lume o seu sentido cristológico e, tanto pela figura como pelo significado, estabeleceram o nexo entre as duas realidades históricas que são o destino de Israel e a vinda de Jesus. Justino, Irineu e Clemente de Alexandria são os criadores desta interpretação pelo símbolo, desta *exegese tipológica* que é um dos misteriosos tesouros do cristianismo e sem a qual toda a arte na nossa Idade Média é rigorosamente incompreensível.

O perigo de um conhecimento profundo do escrito é encerrar o espírito dentro de perspectivas estreitas e esterilizar a capacidade de ação. Foi o que sucedeu aos doutores e escribas nos últimos tempos de Israel. Mas nada de semelhante acontece com os Padres da Igreja. Estes não escrevem por escrever, não analisam os textos por uma mania de intelectuais ou pontilhistas. Escrevem para agir, para estimular. A sua literatura tem um *propósito* — é, por assim dizer, *pedagógica*: procura ensinar a mensagem de Cristo, esclarecer os espíritos e formar as almas. E a arte literária, que entre alguns deles é muito grande, não lhes oferece senão um meio, exatamente como acontecia com esses escritores admiráveis que foram São João e São Paulo. O que eles pensam e o que dizem, conceberam-no na realidade viva das comunidades de que eram membros e onde o poder criador da fé arrastava os corações em direção ao futuro.

É este duplo caráter que explica até hoje a irradiação dessa literatura, ao mesmo tempo austera e fascinante. Nela se manifesta o cristianismo com uma força que inclui todo o passado dos homens e todo o futuro do mundo. "As suas obras, diz ainda Bossuet, geram naqueles que as estudam um fruto eterno".

Os Padres apostólicos

O primeiro grupo destes escritores designa-se geralmente com o nome de *Padres apostólicos*. São os que correspondem às duas primeiras gerações cristãs, e dos seus autores pode-se dizer o que Santo Irineu escreveu de São Clemente: "Tinha ainda a voz dos apóstolos nos ouvidos e os seus exemplos diante dos olhos". Os primeiros — São Clemente, Santo Inácio de Antioquia, São Policarpo e o desconhecido autor da *Epístola de Barnabé* — são certamente contemporâneos dos últimos anos de São João. Se tivermos em conta a duração da vida de um homem, os últimos situam-se entre 170-180, isto é, antes do fim do século II.

Quem são estes primeiros artífices das letras cristãs? Ainda que todos escrevam em grego — num grego nem sempre puro —, pertencem a todas as raças, a todas as nações. Há entre eles romanos como Clemente e Hermas, sírios como Inácio, asiáticos como Policarpo e Papias, e talvez egípcios como os autores da assim chamada *Epístola de Barnabé* e das *Odes de Salomão*. São também de todas as condições; Clemente, Inácio, Policarpo e Papias são bispos, mas Hermas é um simples fiel, talvez de origem servil, um comerciante que fez fortuna. Ao mesmo tempo, certos textos anônimos parecem exprimir o pensamento coletivo de uma comunidade inteira, a própria voz do povo cristão. Considerados à luz do brilho sobrenatural dos escritos inspirados do Cânon, por um lado, e da categoria literária dos seus sucessores, por outro, estes textos dos Padres apostólicos não aparecem uniformemente como obras-primas, mas o seu valor de testemunho é único no que se refere ao tempo em que o Evangelho germinou.

É essa a sua qualidade emérita, pois são documentos insubstituíveis sobre essas longínquas origens que, sem eles, não poderíamos reconstituir.

É por meio deles que adivinhamos toda a primitiva Igreja dos apóstolos e dos mártires. É por intermédio deles que aprendemos as ideias-mestras da doutrina, iluminadas sobrenaturalmente por uma fé admirável: o mistério do Deus único em três Pessoas, o mistério da Encarnação e o mistério da Igreja ao mesmo tempo divina e humana. É ao lê-los que nos apercebemos das preocupações maiores dos fiéis desse tempo, das suas reações perante os problemas que surgiram devido ao crescimento do cristianismo, diante da separação em face de Israel, diante das relações com Roma e da instrução dos convertidos. E — mais ainda — é essa leitura que nos faz ver a qualidade de uma fé que a expectativa do próximo retorno de Cristo elevava até um inexcedível ideal de perfeição.

Temos, em primeiro lugar, cartas de bispos, epístolas escritas por algumas autoridades da Igreja, em ocasiões aliás bem definidas, mas cujo valor apologético as fez ressoar, como acontecera com as cartas de São Paulo, pelo conjunto das comunidades.

A *São Clemente Romano*, que foi o terceiro sucessor de São Pedro (foi papa por volta de 91-100), a tradição atribuiu não só quatro textos "apostólicos", mas ainda escritos mais ou menos fantasiosos, alguns verdadeiros romances: as *Clementinas* e as *Recognições*. A sua glória literária baseia-se na *Epístola aos Coríntios*, escrito autêntico cuja importância quanto à organização eclesiástica e à preeminência da Igreja romana já tivemos ocasião de referir[15]. Obra de sabedoria e de moderação, expressão de um cristianismo profundamente humano e acolhedor, tem no seu conjunto uma tonalidade um pouco sombria, mas nela brilham de vez em quando passagens de cores vivas, como aquela — é a única na antiga literatura cristã — em que o santo bispo exalta a beleza do mundo criado para louvar o Criador, ou essa admirável oração final ao Senhor Todo-Poderoso, "que escolhe entre os povos aqueles que O amam por Jesus".

Santo Inácio é o grande bispo de Antioquia, o coração de fogo, a personalidade heroica cuja caminhada rumo ao sacrifício viria a servir de modelo aos mártires[16]. Eram umas condições bem estranhas para escrever, aquelas em que se encontrava, no ano 107, esse homem condenado à morte e que era conduzido a Roma, com uma escolta de dez soldados, para ali ser devorado pelos leões! Foi, no entanto, ao longo dessa viagem que ele ditou sete cartas, as quais, uma vez recolhidas, percorreram toda a Igreja e tiveram tal êxito que os falsários arianos lhes truncaram o texto e lhes acrescentaram apócrifos. Densas, cheias até estalar, escritas aos solavancos e rugosas quanto ao estilo, nem por isso estas sete epístolas deixam de ser a obra-prima desse tempo e constituem certamente um dos ápices da literatura cristã. Santo Inácio ensina-nos muitas coisas sobre o sentido da Igreja, sobre a sua organização e sobre o sacramento eucarístico, e ao mesmo tempo combate com argumentos poderosos as heresias que começavam a nascer. Mas nada iguala em esplendor a sua *Epístola aos Romanos*, na qual, pondo de parte todas as questões de doutrina, o mártir deixa apenas resplandecer, num sublime desprezo pela morte, a sua fé ardente, o seu desejo do céu e uma consagração tão profunda da sua vida a Cristo, que a única coisa que lhe parece necessária é poder oferecê-la a Ele.

Literariamente menos importante, *São Policarpo* é homem da mesma têmpera e da mesma estatura moral que Santo Inácio, a quem acolheu em Esmirna, por ocasião da sua passagem a caminho de Roma, e de quem recebeu uma carta de agradecimento que continha também sábios conselhos. Quando o grande bispo morreu, Policarpo cuidou de mandar a todas as igrejas o relato do seu martírio. Apenas nos resta dele uma carta em que anuncia o envio próximo desse documento à gente de Filipos, texto bastante banal, mas que contém estas linhas em que se resume toda a fé cristã: "Tenhamos sempre os olhos postos na nossa esperança e no penhor da nossa justiça, isto é, em Jesus Cristo". A glória do seu martírio, em 155, no tempo de Antonino, torná-lo-á célebre; os cristãos de Esmirna comunicarão o evento a todas as comunidades e, mais tarde, o seu antigo aluno, Santo Irineu, contará a sua vida e exaltará as suas lições[17].

Embora os problemas concretos não sejam ignorados por estes eminentes bispos, ocupam, no entanto, um lugar de mais destaque num precioso livrinho denominado *Didaquê* ou *Doutrina dos apóstolos*. Reencontrado em 1873 numa biblioteca de Constantinopla, quando já se julgava perdido, este livro teve tal voga entre os primeiros cristãos que se chegou a considerá-lo inspirado. De autor desconhecido, julga-se que tenha visto a luz do dia nalguma comunidade do Oriente, na Síria, na Palestina ou no Egito. Segundo os críticos, deve-se fixar a data da sua composição entre os anos 70 e 150. É uma espécie de compêndio das obrigações morais, individuais e sociais dos primeiros cristãos, e parece-se com um catecismo e com um manual de liturgia, a que se acrescentam meditações de elevada moral e espiritualidade. Como vimos ao estudar a organização da Igreja primitiva, é necessário recorrer constantemente a esse trabalho, em que encontramos ensinamentos precisos sobre a maneira de administrar o Batismo, sobre os jejuns e orações e sobre o repasto eucarístico. Dá-nos também a conhecer diversos aspectos hoje desaparecidos do cristianismo, como a ação dos "profetas" itinerantes, e é através dele que vemos viver uma comunidade.

O livro abre com um apólogo moral, de tom elevado, que põe em contraste os "dois caminhos" que o homem pode seguir, o da luz e o das trevas, o da vida e o da morte, intimando o cristão a fazer a sua escolha[18]. E conclui com uma espécie de aclamação ao Deus que vem — a Cristo cujo retorno está próximo — tão fervorosa, tão violenta e, sem dúvida, tão profundamente tradicional, que aos lábios dos suplicantes deviam acudir os velhos termos arameus, tal como os apóstolos certamente os pronunciaram na Última Ceia, tal como São Paulo os proferia ainda: "*Marana tha!* Vem, Senhor".

Todos estes escritos apostólicos, seja qual for o seu propósito, estão, pois, repassados da fé mais viva. Há também os que não têm outro objetivo senão apregoar e exaltar a vida espiritual e comentar liricamente o amor de Deus e os problemas da alma. São o ponto de partida da literatura mística cristã. O mais curioso dentre eles é o *Pastor* de Hermas. Trata-se, certamente, de uma obra estranha e, ao primeiro contato, perturbadora, como poderão ser para o leitor moderno a *Divina Comédia* de Dante ou os *Livros Proféticos* de Blake. Reinam nela os símbolos e proliferam as visões, sem que seja possível distinguir com exatidão o que é devido a dons proféticos dignos de crédito e o que é puro artifício literário. O *Cânon de Muratori*, pouco posterior, afirma que o autor, Hermas, era irmão do papa Pio I (140-155), sob cujo pontificado o livro foi composto, e o próprio Hermas afirma que, sendo grego e cristão de origem, vendido ainda muito jovem a uma dama cristã que lhe deu a alforria, escreveu a sua obra depois de grandes provações, tribulações familiares e reveses de fortuna, que o fizeram experimentar profundamente o sentido da expiação.

O tema geral é o de um apelo à penitência, da qual Hermas afirma (contrariamente às teses rigoristas) que ela obtém sempre o perdão de Deus. Este tema, que à primeira vista não parece prestar-se muito a fantasias, é amplamente desenvolvido em *Visões*, *Preceitos* e *Similitudes* ou *Parábolas*. A primeira parte é a mais curiosa. Ao apelo do Anjo da Penitência, "pastor a quem a alma de Hermas foi confiada", o visionário é colocado em face de estranhos espetáculos que respiram significados profundos.

Por cima das águas eleva-se uma grande torre, feita de pedras polidas e brilhantes, ao mesmo tempo que outras pedras são postas de lado e outras ainda são retrabalhadas. A torre é a Igreja, erguida sobre as águas do Batismo; as pedras são os homens, abandonados se são pecadores, trabalhados de novo se se arrependem, e polidos e brilhantes se são santos. E é apenas quando a torre estiver concluída que chegará o fim dos tempos. Os primeiros séculos cristãos entusiasmar-se-ão com estas páginas misteriosas, e embora a Igreja o tenha excluído do Cânon, nada impedirá que o *Pastor* seja, por muito tempo e para muitas almas, pouco mais ou menos o que é para nós a *Imitação de Cristo*.

As *Odes de Salomão* são de caráter bem diferente, mas impressionam mais. O seu mistério provém, por um lado, do silêncio que as sepultou desde o século IV até 1900, ano em que foram descobertas numa versão siríaca, e por outro lado da ignorância em que se está quanto ao nome do seu autor. Admite-se geralmente que é uma obra de meados do século II, nascida numa comunidade cristã de Alexandria impregnada de influências judaicas. O autor coloca ficticiamente a sua obra sob o nome do grande rei-poeta de Israel, e nela afloram sem cessar as reminiscências do Antigo Testamento, principalmente do *Cântico dos Cânticos* e dos *Provérbios*. O menos que se pode dizer é que esta coletânea poética é uma obra-prima da espiritualidade cristã e, se tivesse sido mais conhecida, vê-la-íamos sem dúvida ao lado dos mais belos salmos do Cânon bíblico. Raras vezes em toda a literatura mística o amor de Deus, a sua presença e a sua eficácia encontraram acentos mais belos. "Como o mel corre do favo das abelhas, como o leite corre do seio da mulher, assim a minha esperança flui para ti, ó meu Deus! / Como as cordas falam quando as mãos passeiam sobre a cítara, assim, no meu amor, o meu corpo inteiro fala ao toque do Espírito do Senhor [...] / Abri, abri os vossos corações à alegria do Senhor, e que o amor aflua do vosso coração aos lábios!"... Este livro, que não nomeia expressamente Jesus — por causa da ficção do título —, mas que alude ao "Filho que nós amamos e por quem nos tornamos filhos", é, sem dúvida, o mais profundamente evangélico de todos os escritos deste tempo.

Desta maneira, longe de nós no tempo, estes *Padres apostólicos* não o estão no espírito. As circunstâncias mudaram profundamente. Grande número dos cristãos de hoje esqueceram-se de que vivem ameaçados e ao mesmo tempo destinados a uma conquista permanente do mundo. Já não repetem como na *Didaquê:* "Venha a graça e passe este mundo!" As fórmulas litúrgicas e os costumes da religião já não são os mesmos. E, no entanto, que cristão poderá permanecer insensível a estas fórmulas em que se exprime uma fé e uma esperança que ele reconhece? Jesus está presente no menor destes trechos arcaicos; é o amor por Ele que os anima, e os séculos não prevaleceram contra esse amor.

As exigências do pensamento

Esta primeira literatura cristã apresenta-se, pois, sob um aspecto modesto: os seus fins e os seus meios são limitados. Mas em breve, a partir da segunda metade do século II, começa a expandir-se e a ganhar altura. À medida que a planta cristã cresce, razões de ordem interna condicionam o seu desabrochar progressivo e uma fixação mais profunda das suas raízes, ao mesmo tempo que, com uma flexibilidade e um poder de absorção admiráveis, vai buscar aos elementos exteriores tudo o que possa servir para o seu desenvolvimento.

A princípio, a Igreja não contava com intelectuais. São Paulo escrevia aos Coríntios: "Vede, irmãos, quem foi chamado entre vós; pois não há muitos sábios segundo a carne, nem muitos poderosos, nem muitos nobres" (1 Cor 1, 26). Este predomínio de gente humilde e de poucas letras durará perto de dois séculos, será reconhecido pelos cristãos e tornar-se-á motivo de ironia para os seus adversários. Mas já a partir do reinado de Adriano o cristianismo penetrará nos meios cultos, e no fim do século II são já numerosos os intelectuais que, evidentemente, meditam na sua fé segundo os processos que lhes são familiares e entendem dever defendê-la das críticas no terreno que lhes é também habitual. Assim se esboça uma filosofia cristã.

Para avaliar a força destas exigências do pensamento que o cristianismo vai sofrer, é preciso ter em conta a atividade intelectual que animava a sociedade greco-romana dos primeiros séculos, o seu gosto ou, melhor ainda, a sua paixão pelas ideias. Em páginas muito curiosas, o filósofo Sêneca conta a Lucílio que na sua juventude seguia com frenesi os ensinamentos dos mestres e se submetia com amor às regras de ascetismo que estes lhe aconselhavam. A filosofia estava então na moda. Em muitas escolas, um público numeroso acorria aos cursos, como há anos o público parisiense acorria às aulas de Bergson. É certo que o "esnobismo" contribuía em parte para esta afluência, mas havia também almas sinceras que procuravam nas doutrinas uma resposta para os grandes problemas e um apaziguamento para as suas inquietações. Verificava-se um renascimento peripatético, devido à edição das obras de Aristóteles por Andrônico de Rodes, bem como uma renovação platônica encarnada por Plutarco de Cesareia e Apuleio; esta corrente, além disso, fazia sentir a sua influência sobre o neopitagorismo de um Moderato de Gades ou de um Nicômaco de Gerasa. E havia sobretudo uma expansão do estoicismo, que conta nos dois primeiros séculos com nomes eminentes como o de Sêneca, Epiteto e Marco Aurélio. Desta maneira, os intelectuais cristãos irão encontrar pela frente um corpo de pensamento efetivamente poderoso.

A reação natural dos fiéis cultos é, pois, mostrar que tiveram razão em adotar a fé em Cristo, que a sua religião não é uma superstição bárbara de que tenham de "curar-se", como lhes disse Celso, e que o cristianismo "se sustenta" intelectualmente. É isto o que os levará a dar os primeiros passos no caminho da dialética cristã, um caminho que será trilhado depois por Orígenes, Santo Agostinho e São Tomás. Mas as dificuldades não foram pequenas. Os filósofos profissionais que, nesta época, se ocupavam sobretudo dos problemas morais e gostavam de ser considerados como mestres na direção de almas, viam com certa irritação que as suas funções passavam para as mãos de pregadores que alardeavam princípios novos e doutrinas sem glória. Minúcio Félix, o apologista, diz que a maior parte dos filósofos não se dignava escutar os cristãos e se envergonharia de responder-lhes. Mas isso não correspondia inteiramente à verdade, porque, por ocasião do processo de São Justino, verificou-se entre a numerosa assistência uma grande curiosidade por conhecer a sua pessoa e as suas ideias. O que Minúcio Félix, diz com muito mais exatidão, porém, é que os intelectuais cristãos, embora desprezados e criticados, e desempenhando um papel bastante difícil, se sentiam impelidos por uma força invencível. "Talvez não digamos grandes coisas, mas somos nós que temos a vida!"

O primeiro fim que tinham em vista era, portanto, afirmar a dignidade do pensamento cristão. Ora, haverá melhor meio de opor-se a uma doutrina do que ir buscar ao adversário as suas próprias armas? Os filósofos invocam a razão? Mas não é Cristo a razão encarnada, a suprema sabedoria? E não há nos sistemas gregos elementos que possam ser anexados ao cristianismo? Os intelectuais cristãos em torno do ano 150 já haviam compreendido a necessidade daquilo que a Igreja saberá fazer maravilhosamente no decorrer dos séculos, isto é, segregar o seu mel servindo-se de todas as fontes. Mais do que de Aristóteles, em quem a maior parte das vezes não veem senão "o físico" e até o ateu; mais do que dos estoicos, tão próximos às vezes, pelo seu vocabulário, das palavras evangélicas, é principalmente de Platão que eles se servem, a tal ponto que se pôde falar de um *platonismo* dos Padres da Igreja. Sem deixarem de apontar as lacunas da doutrina platônica, o erro da preexistência da matéria e várias aberrações na sua moral, verão no sábio filósofo um vidente superior, em quem preexiste o eco de certas afirmações cristãs. É segundo os seus métodos que se fará apelo à razão para justificar a existência de Deus, a imortalidade da alma, a distinção entre o bem e o mal, assim como o Juízo final. São Justino inaugurará esta técnica de se aliar à filosofia, que será continuada depois por Orígenes e, mais tarde, por Santo Agostinho.

Aliás, os cristãos foram constrangidos a enveredar por este caminho no plano intelectual porque os pagãos começavam a interessar-se pelo cristianismo e surgiam os primeiros escritos hostis. A princípio, são apenas ferroadas e alusões desdenhosas, como as de Epiteto, para quem os mártires não passam de fanáticos empedernidos. Segue-se Frontão, o preceptor de Marco Aurélio que, sob o pretexto de refutar o cristianismo, amontoa nos seus escritos todos os lugares-comuns e todas as calúnias populares. Em torno de 178, surge enfim o *Discurso verdadeiro* de Celso, o primeiro texto anticristão de importância, e tão sério que setenta anos mais tarde Orígenes se disporá a refutá-lo. Suficientemente informado do cristianismo para dar a impressão de estar bem documentado, Celso utiliza com astúcia certos argumentos que farão carreira. Ridiculariza, não sem espírito, a ideia de uma Revelação feita aos homens: "Havia uma vez uns morcegos que gritavam: Foi a nós que Deus se revelou!". Depois descobre o método comparativo, para afirmar que a Ressurreição nada mais é do que a velha metempsicose, que as grandes narrativas do Antigo Testamento são equivalentes às da mitologia grega e que o *Credo* dos cristãos é uma hábil mistura de elementos estoicos, eleatas, judaicos, persas e egípcios. E, finalmente, critica asperamente, como um absurdo, a ideia de que um Deus tenha podido encarnar-se. É necessário responder a estes panfletos filosóficos, e os cristãos, quer queiram, quer não, veem-se arrastados a uma luta de ideias.

Impunha-se assim uma tríplice tarefa: situar a doutrina cristã no plano em que os filósofos concentravam a sua atenção, anexar-lhe aquilo que pudesse ser aproveitável no pensamento pagão e responder às críticas dos adversários intelectuais. Havia, porém, um homem que tinha precedido os cristãos neste tríplice esforço: o judeu alexandrino Fílon.

Tratava-se de um rabino, de um doutor da Lei, como tinha havido tantos em Israel, conhecedor eminente dos textos e dos menores detalhes da Torá. Mas era um judeu da *diáspora* alexandrina[19], isto é, um judeu criado num ambiente em que o espírito legalista se tornara mais acolhedor.

Pouco se conhece da sua vida; sabe-se apenas que era de família notável — seu irmão Alexandre tinha sido intendente da casa de Antônia, mãe de Cláudio —, que recebera uma educação esmerada e possuía um temperamento que o levava simultaneamente ao pensamento e à ação. O mesmo homem que se tinha inicialmente retirado para o deserto, à maneira essênia, mostrara-se capaz, na velhice, de fazer uma viagem a Roma para protestar junto de Calígula contra as exações dos funcionários. Nascido vinte anos antes da nossa era, e tendo morrido por volta do ano 40, foi contemporâneo de Jesus. Alma de grande fé, "ébrio da sóbria embriaguez", como gostava de dizer, alma sensível à presença de Deus e que só tendia a subir, deixou uma obra imensa de exegese e de filosofia. "O justo — escreveu ele —, quando busca a natureza dos seres, faz a única e admirável descoberta de que tudo é graça. Tudo o que há no mundo, e o próprio mundo inteiro, é benefício e generosidade de Deus".

Tal foi o homem que, assumindo e elevando a uma grande perfeição intenções já espalhadas entre os escolásticos judeus de Alexandria, utilizou conscienciosamente a cultura grega para colocá-la ao serviço da sua fé. Profundamente piedoso, conserva-se fiel a Javé, sem recusar nenhuma das grandes noções tradicionais de Israel tais como a santidade de Deus, a sua misericórdia, a obrigação que o homem tem de arrepender-se e de implorar ao Senhor. Mas, como judeu intelectualmente muito evoluído, entendia que era na ordem interior e individual que se deviam aplicar essas noções, e não no plano nacional e social. Para ele, o Reino de Deus era interior. Desta maneira, pela sua formação, pelo seu meio e pelas suas tendências, era levado a incluir no seu sistema os dados filosóficos que possuía a fundo. O "grande", o "muito santo" Platão foi o mestre a quem se referiu sem cessar, mas apoiou-se também na autoridade de Aristóteles, de Heráclito, dos pitagóricos, de Epicuro e, sobretudo, dos estoicos.

Dois temas do seu pensamento tiveram grande importância e fizeram carreira: o seu método de explicação da Escritura e a doutrina do Logos. Para conciliar o pensamento grego com os textos de Israel, sustentou que, sob a letra da Sagrada Escritura, Deus tinha querido fixar a história espiritual da humanidade, e que, portanto, a Bíblia dava configurações concretas aos princípios formulados pelos gregos em termos abstratos. Assim, para ele, Abraão tinha sido a alma que passara do mundo das ilusões mentirosas (a Caldeia) para o da realidade e da verdade (a Terra Santa); desposa primeiro Agar, que é a cultura humana, para depois desposar Sara, que é a cultura segundo o Espírito. Esta exegese alegórica não estava inteiramente na linha da exegese cristológica, que será a dos Padres; além disso, esvaziando o Antigo Testamento de todo o conteúdo histórico e anulando a sua ascensão para o Messias que nele se descobre, uma tal exegese não deixava de ser perigosa. Mas, transportada para o âmbito cristão, seria fecunda, e sob este ponto de vista os verdadeiros herdeiros de Fílon serão os filósofos cristãos de Alexandria, em especial Clemente[20].

Quanto à sua teoria do Logos, foi uma tentativa análoga, orientada com uma arte que se aproxima do gênio no sentido de conciliar a tradição de Israel com os grandes temas filosóficos sobre a noção de Deus. Certamente, o seu Logos, pensamento de Deus, laço imanente do mundo, arquétipo da Criação, não era ainda o Verbo feito carne que São João anunciaria quarenta anos mais tarde, mas não há dúvida de que o rabi filósofo conseguiu que o pensamento humano transpusesse uma importante barreira; também neste ponto, os cristãos se lembrarão dele.

Além disso, mostrou-lhes de uma outra maneira o caminho a seguir, compondo dois tratados dirigidos aos pagãos para defender os seus compatriotas contra as calúnias e as incompreensões. Fílon, antepassado dos teólogos, exegeta notável, será um dos mestres dos pensadores cristãos do fim do século II e o precursor dos chamados *apologistas cristãos*.

Os apologistas do século II: São Justino

Por volta do ano 120, surge, pois, uma nova forma de literatura cristã: a dos *apologistas*. A catequese por via da autoridade ou baseada no sentimento não é suficiente, e o testemunho apologético dado pelos mártires nos interrogatórios, e mesmo durante os suplícios, precisa ser explicitado. É a esta tarefa indispensável que os apologistas passarão a dedicar-se daqui por diante.

Chegou até nós uma quinzena de nomes, mas houve certamente muitos mais, e de muitos deles não conhecemos senão fragmentos; o que resta desse vasto conjunto, porém, é suficiente para percebermos o seu considerável interesse. Escritores superiores aos Padres apostólicos, por vezes filósofos eméritos, são obrigados, pela própria intenção que os move, a expor o cristianismo em termos compreensíveis para os não-cristãos, a sublinhar os pontos de contato e as diferenças, o que os torna mais facilmente acessíveis. Por outro lado, para responder às calúnias, são obrigados a evocar a dignidade e a santidade da vida cristã, e fazem-no pintando dela um quadro tão belo quanto útil. Foi possível discutir alguns dos termos que utilizaram, pois a sua linguagem teológica ainda não é perfeita, mas é impossível deixar de experimentar, perante o vigor da sua fé e a intrepidez da sua atitude, um profundo sentimento de admiração.

A própria ideia de escrever *Apologias* do cristianismo pode parecer-nos estranha. Não será uma incrível ingenuidade dirigirem-se ao povo que os despreza e os odeia, ao César que os persegue, para tentar ensinar-lhes a verdade? À primeira vista, causa-nos admiração ver Justino pedindo aos imperadores que aprovem oficialmente o seu texto, e Atenágoras multiplicando as suas delicadas lisonjas para com Marco Aurélio e Cômodo. Mas isto só prova que, nessa época, o conflito entre Roma e a Cruz não parecia ainda insolúvel e que os cristãos tinham ainda a esperança de reconciliar a Igreja e o Império. É uma espécie de "política da mão estendida", conduzida com todo o coração e com uma sinceridade total.

Foi na Grécia, pátria das ideias, que nasceu a apologética cristã. No tempo em que reinava o imperador Adriano (117-138), um ateniense chamado *Kodratos* ou *Quadratus* escreveu-lhe uma carta em que expunha a doutrina cristã. Infelizmente, esse texto perdeu-se e apenas conhecemos dele uma frase citada por Eusébio. Muito pouco tempo depois, *Aristides*, que se intitula "filósofo de Atenas", publica uma apologia cujo texto se extraviou, e que só foi reencontrada há cinquenta anos. O seu pensamento desenvolve-se em torno de dois eixos; por um lado, apoiando-se na noção de Deus, mostra que a concepção cristã é bem mais elevada, mais nobre e pura do que a dos bárbaros, gregos e judeus; por outro, evoca o testemunho da vida cristã para provar a beleza da religião de Cristo, insistindo principalmente, com extrema delicadeza, na caridade cristã, expressão do amor de Cristo.

Quanto à *Carta a Diogneto*, pequeno texto anônimo que se julga poder datar do tempo dos Antoninos (por volta do ano 110 e seguintes), é uma verdadeira joia. Obra de um espírito de primeira linha, de uma alma simples e pura, está escrita num estilo brilhante com ressonâncias atenienses. Renan admirava-a. É uma espécie de prolongamento de São Paulo, mas de um São Paulo escritor clássico, decantado e pacificado. Teria sido dirigida a esse Diogneto que educou Marco Aurélio? Não se sabe. Seja como for, algumas das suas considerações sobre a situação do cristão "que está no mundo como se não estivesse", ou sobre as razões que explicam ter Deus tardado tanto a enviar aos homens o Redentor, não têm nada que se lhes compare em toda a literatura cristã; são páginas que bem mereciam ser mais lidas do que são[21].

É no tempo de Antonino (138-161) que aparece o maior e mais célebre dos apologistas — *São Justino*. Como nos comove este homem que durante tanto tempo procurou às apalpadelas o caminho, a verdade e a vida! Como os seus problemas são semelhantes aos nossos! Como bate o seu coração num ritmo que conhecemos tão bem! Neste filósofo de há dezoito séculos, ressoa aos nossos ouvidos uma espécie de eco de Pascal; neste dialético emérito, encontra-se uma vontade de acolhimento e uma abertura de alma que os cristãos de hoje podem tomar por modelo. Através da sua obra, mal ordenada e de estilo bastante discutível, desvenda-se um cristianismo singularmente próximo daquele que nós almejamos.

Nasceu no próprio coração da Palestina, na colônia de Flávia Neápolis, que acabava de ser reedificada no lugar onde existira a antiga Siquém e que hoje se chama Nablus. Filho de colonos abastados, possivelmente de origem latina, desde muito jovem mostrou gosto pela filosofia, mas pela filosofia no sentido que então se lhe dava: não a pesquisa especulativa, mas a busca da sabedoria e da verdade. "Ela é, aos olhos de Deus — haveria de dizer —, um bem muito precioso, pois é ela que conduz a Ele"; e foi ela que desempenhou um papel benéfico ao longo da sua aventura espiritual, nas diversas fases em que esta se desdobrou e que ele mesmo nos aponta.

Confiou-se primeiro a um estoico, mas a doutrina deste pareceu-lhe rudimentar e de uma metafísica falaz. Veio depois um peripatético, que também o desiludiu, ao revelar-lhe pela sua sórdida atitude pessoal que os métodos de Aristóteles não eram suficientes para transformar os homens. Foi então que um platônico lhe fez dar o passo decisivo, levando-o a ver que o único fim verdadeiro da filosofia era o conhecimento de Deus. Retirou-se por algum tempo a uma praia solitária e ali meditou profundamente sobre esta nova verdade. Mas não ficou inteiramente apaziguada a inquietação da sua inteligência, que nele era tão viva. A contemplação das ideias exaltava-lhe o espírito, mas não lhe tocava a alma[22]. Encontrou-se depois em Cesareia da Palestina com um sábio ancião cristão, e este pedagogo, partindo do platonismo do rapaz, apontou-lhe as conclusões a que devia chegar. Mostrou a esta alma de boa vontade que o cristianismo era a verdadeira filosofia, o remate daquelas verdades parciais entrevistas pelos antigos e principalmente por Platão. Operava-se nesse instante o encontro entre a alma platônica e a alma cristã, e justificavam-se assim, antecipadamente, as célebres palavras de Pascal: "Platão, para preparar para o cristianismo".

Uma vez convertido — por volta do ano 130 —, Justino não abandona a filosofia; pelo contrário, quer fazer irradiar o "fogo que se acendera na sua alma". "Se, uma vez iluminados, não derdes testemunho da justiça — dizia —, tereis de prestar contas a Deus". A partir de 150, funda escolas filosóficas cristãs, primeiro em Éfeso e depois em Roma. Instalado "perto das termas de Timóteo, em casa de um certo Martinho", ensina exatamente como os filósofos, mas em conformidade com Cristo. Tem discípulos, um verdadeiro auditório. Fala em reuniões públicas, confunde os pagãos e a sua ação torna-se tão eficaz que os filósofos se inquietam e começam a ter-lhe inveja. Foi uma fase importante para a história do pensamento cristão, que com Justino passou a ser tomado a sério.

Da sua obra, que foi certamente muito mais abundante, possuímos somente três textos importantes: o *Diálogo com Trifão* e as duas *Apologias*. O primeiro é uma resposta aos judeus, aos rabinos aprisionados na Lei e no exclusivismo; as apologias são, por um lado, discursos em que defende os cristãos contra as calúnias, retrata a sua existência exemplar e exalta as suas virtudes, e, por outro, exposições de doutrina em que, retomando o método de Fílon e continuando decididamente a linha de São João, anexa ao cristianismo os procedimentos, o vocabulário e até uma parte da essência das filosofias.

Para Justino, o cristianismo é a única filosofia completa e, mais ainda do que uma filosofia, é uma revelação total, ao mesmo tempo concepção perfeita do mundo e regra de vida, método de conhecimento e método de salvação. Mas significa isso que o esforço realizado pelo pensamento humano há tantos séculos tenha sido vão? De maneira nenhuma. Todo o homem participa da razão, que é "a semente do Verbo divino". E assim "todos os princípios justos que os filósofos descobriram e expressaram foram atingidos graças a uma participação no Verbo que eles esperavam". E este Verbo, este *Logos* que assim iluminou progressivamente a inteligência humana, é o próprio Cristo, tal como se revelou em

Jesus, por meio do qual o pensamento e a vida encontraram o seu significado.

Esta é a grande ideia, marcada com o selo do gênio, que vai fazer desembocar na verdade cristã o platonismo, o filonismo e toda a expectativa das gerações humanas. Desde Santo Agostinho até Miguel de Unamuno, quantos pensadores cristãos abraçarão essa ideia, encarando o cristianismo como um valor permanente do espírito humano, a que a Encarnação deu o seu verdadeiro sentido e o seu alcance! São João tinha fixado as definições de princípio do Verbo feito carne, ao mesmo tempo transcendente, espiritual e pessoal; São Justino reconhece esse princípio no testemunho da inteligência, e faz da teologia do Logos um método universal de pensamento. Instalados na fé, os pensadores cristãos têm agora consciência da razão filosófica que nela está contida; mais tarde, nos combates entre gnose e antignose, presenciaremos um esforço por desenvolver essa razão segundo Cristo e por precisar-lhe os métodos.

A obra de São Justino é, pois, uma obra imensa e que se relaciona com inúmeros problemas. É Justino ainda quem, indo buscar em Fílon o seu método de interpretação da Escritura, orienta definitivamente a exegese para a explicação simbólica dos textos. Ao lado do sentido concreto e histórico, os autores que redigiram a História Sagrada quiseram expressar um sentido sobreposto, simbólico. Fílon já o dissera; mas, enquanto o judeu alexandrino só tinha visto nas personagens e cenas bíblicas os sinais de realidades morais e espirituais, São Justino, bem melhor do que o desconhecido autor da *Epístola de Barnabé*, reconhece essas realidades naquele que as encarnou — Cristo. "Todas as prescrições de Moisés são tipos, símbolos, anúncios do que deve acontecer a Cristo". É, pois, nessa linha que nos acostumaremos a ver no sacrifício de Abraão o anúncio do sacrifício do Calvário, e — como o Evangelho já o havia indicado — em Jonas expelido pelo monstro marinho a imagem da Ressurreição. Comentador profundo da Revelação pela Escritura, mestre da vida espiritual, apologista da virtude cristã em termos inesquecíveis, nada devia faltar à obra de São Justino e, por isso, a selou com o seu próprio sangue.

Ele, que nunca quisera ser sacerdote e se considerava apenas como "um simples membro do rebanho cristão", adquiriu tão grande renome que era tido em Roma como um dos chefes da Igreja. Denunciado por um filósofo pagão, Crescente, a quem derrotara num debate público, foi preso em 163, no tempo de Marco Aurélio, juntamente com seis dos seus alunos. Interrogado pelo prefeito Rústico, mais uma vez expôs a sua fé com um fervor intrépido. Ameaçado com os açoites e o cutelo, respondeu simplesmente com um ato de esperança. E cortaram-lhe a cabeça.

O impulso dado por São Justino ao pensamento cristão não podia parar. No seu rasto, outros apologistas trabalharam durante todo o fim do século I, mas nem todos tiveram a sua inteligência poderosa nem o seu inesgotável poder de comunicação. O seu assíduo aluno *Taciano*[23], espírito brilhante mas paradoxal, uma espécie de polemista da filosofia, praticou mais a apologia do punho erguido do que a da mão estendida; além disso, arrastado pela sua paixão fanática, afundou-se na heresia "eucratista", uma espécie de jansenismo antecipado que pretendia proibir o casamento como pura e simples fornicação. Mas *Atenágoras*, "filósofo de Atenas e cristão", situa-se na linha de São Justino. Bossuet admirava a apologia que ele dirigiu a Marco Aurélio e Cômodo, "imperadores filósofos": a sua *Súplica pelos cristãos*. Nesse texto responde minuciosamente aos três crimes que lhes imputavam: ateísmo, imoralidade e antropofagia.

São Teófilo de Antioquia, letrado pagão, convertido em idade adulta e sagrado bispo, deixou, no meio de uma obra abundante, uma breve apologia em que pela primeira vez é utilizada a palavra "Trindade" para formular a distinção entre o Pai, o Filho e o Espírito Santo, e em que se podem ler estas palavras admiráveis: "Mostrai-me o homem que sois e eu vos mostrarei o Deus que adoro". Milcíades, Apolinário, Méliton de Sardes e Hérmias são apenas nomes para nós, visto que as suas obras se perderam. Esta abundância prova a extraordinária vitalidade que o pensamento cristão adquiriu desde então.

É preciso fazer ainda uma referência especial a uma pequena obra-prima, "a pérola da literatura apologética", segundo Renan: o *Otávio,* de *Minúcio Félix*. Ao passo que todos os apologistas tinham escrito em grego, este pequeno tratado foi, pela primeira vez (entre 175 e 220, sem dúvida), redigido em latim. O autor era um advogado de Roma, espírito culto, cristão de grande fé, mas também um homem de boas maneiras. O seu livro é uma apologia dirigida a pessoas do mundo, uma apologia, como convém nestes casos, acessível e pouco dogmática; é uma introdução fiel à verdade de Cristo. A linguagem é elegante, a arte é consumada e os períodos são clássicos, de modo que temos a impressão de estar lendo Cícero ou Sêneca.

Vindo aos banhos de Óstia, Minúcio Félix fala com dois amigos: Otávio, um cristão como ele, e Cecílio Natalis, um pagão de Cirta (Constantina), ambos de nobre estirpe. Cecílio saúda a estátua de um ídolo, o que causa espanto aos seus amigos. Sentados no cais, travam uma longa discussão. Por que motivo Cecílio é pagão? Porventura acredita ainda nos deuses míticos e nas estátuas de pedra? Não; mas, na ignorância absoluta em que o homem se encontra acerca do sentido do seu destino, julga mais simples ater-se à religião tradicional, instituição nacional benfazeja que mantém a ordem na sociedade. Aliás, os cristãos são irrepreensíveis? Correm muitas histórias sobre a sociedade secreta que formam, ímpia e criminosa. Por que deveria interessar-se por eles? Por que mudar de doutrina? A verdade é a dúvida, como apregoam os sábios da Academia... Otávio responde-lhe. Prova a existência de Deus e mostra a ação da Providência; critica o absurdo do politeísmo que, aliás, os filósofos vêm abandonando; defende os cristãos das acusações abjetas que lhes são feitas pelo povo, e termina com uma descrição tão bela e tão nobre dos costumes cristãos que Cecílio fica quase vencido e pede apenas uma informação suplementar para abraçar a fé. Ao lermos estas páginas vivas, elegantemente fervorosas, parece-nos estar presenciando verdadeiramente o hino de louvor de uma alma entusiasmada, guiada por uma inteligência bem formada, no momento em que é tocada pela palavra de Deus.

"Oportet haereses esse"

A efervescência de ideias que caracteriza os primeiros tempos do cristianismo trazia consigo um perigo. O interesse que existia pelas coisas religiosas podia, no auge de discussões apaixonadas, conduzir a desvios consideráveis. O Oriente mediterrâneo era, já há quatro ou cinco séculos pelo menos, o cadinho em que as doutrinas se fundiam nas sínteses mais estranhas, e não se sabia se a crença cristã, lançada no meio desse turbilhão, poderia resistir sempre e conservar-se intacta. Havia muitos pontos da sua mensagem que se prestavam a tentações e muitos mistérios que incitavam a especulações aberrantes. Estavam neste caso a própria pessoa de Cristo e o mistério da Encarnação; a notícia da sua volta, que podia ser interpretada de modo excessivamente literal, num clima de exaltação e de terror; a sua moral que, encarada por um padrão mais benévolo, parecia ser fácil, mas que, olhada de um ângulo mais exigente, podia levar a um rigorismo excessivo. Havia também as sutis influências das religiões de mistérios, o velho dualismo persa, as especulações herméticas neopitagóricas e egípcias, e tudo isso oferecia o risco de lançar correntes impuras na fonte viva. Por último, havia ainda a questão das relações com as fídelidades judaicas, que se prestavam sempre a discussões. Assim, em última análise, a heresia era tão antiga como o próprio cristianismo, e já São Pedro e São Paulo tinham tido que enfrentá-la. No decorrer do século II, o problema surgiu com toda a gravidade, e três crises de inegável importância perturbaram a consciência fiel.

É próprio das heresias amplificar e selecionar alguns dentre os dados autênticos do dogma, da tradição ou da moral, a ponto de falseá-los completamente. Assim, por exemplo, na Igreja primitiva havia-se espalhado a ideia de que Cristo não tardaria a voltar, e de que logo iriam vê-lo, majestoso e terrível, presidindo ao Juízo final. Esta ideia, associada a alguma lenda judaica que fixava em mil anos o reinado temporal do Messias, e ligada também a uma interpretação tendenciosa do *Apocalipse*, veio a desembocar numa semi-heresia — o *milenarismo* —, que afirmava que Jesus reinaria em pessoa sobre a terra durante mil anos, juntamente com os justos, e que estes gozariam então mil delícias, para depois se realizar o Juízo final. Papias professava mais ou menos esta doutrina, que Nepos, bispo do Egito, defenderá com ardor no século III, mas que o papa Dâmaso repudiará.

Uma concepção semelhante a essa sobre a *parusia* próxima, ou seja, sobre a volta gloriosa de Cristo, misturava-se também, em algumas cabeças exaltadas, com a crença numa manifestação constante do Espírito Santo em certos cristãos favorecidos. O dom de profecia que, como nos devemos lembrar, fora reconhecido pela primitiva Igreja, ia-se tornando cada vez mais raro, e no fim do século II o frígio *Montano* pretendia ser o seu único depositário. Ladeado por duas mulheres visionárias, Maximila e Priscila, tão pouco razoáveis como ele e que haviam abandonado os maridos para o seguirem, lançou-se numa campanha de evangelização frenética através das províncias do Próximo Oriente. O mundo chegava ao fim! O Paráclito anunciado por Jesus ia aparecer na sua glória! Aquilo que no dia de Pentecostes tinha sido apenas esboçado ia tomar o seu sentido definitivo! Glória ao Espírito! Glória a Montano, seu intérprete, sua presença viva, "lira vibrante sob o arco de Deus"!

Esta propaganda alcançou rápido sucesso num Oriente em que o misticismo facilmente se exaltava. A doutrina não era teologicamente fatigante, as austeridades a que obrigava no campo da moral não causavam surpresa numa região em que já se tinha visto os habitantes gauleses castrarem-se para participar nos mistérios frígios. A propaganda fanática, que fazia do martírio uma obrigação a que era necessário aspirar, encontrava eco em muitas almas a quem uma atmosfera de luta e de terror privava de toda a sensatez. A partir de 170, aproximadamente, uma explosão de quase-loucura devastou muitas comunidades da Ásia e depois do próprio Ocidente. Surgiram então comunidades à maneira de Montano.

Mais sutil, mais insidiosa e, no final das contas, muito mais perigosa foi a outra grande heresia do século II: o *gnosticismo*. Se o montanismo era uma aberração do caráter, o gnosticismo foi uma aberração da inteligência, o abuso da pesquisa e da especulação aplicadas aos mistérios de Deus. Não é nada cômodo mergulharmos no universo nebuloso e caótico para onde esta corrente herética nos arrasta. Os numerosos estudos feitos até hoje ainda não esclareceram nem mesmo exploraram completamente as perspectivas deste mundo estranho. Para reconhecermos os seus elementos fundamentais, é preciso distinguir dois aspectos: por um lado, um método de pensamento que é também uma atitude espiritual; por outro, um sistema infinitamente complexo de explicação do mundo, da vida e de Deus. Para o primeiro destes aspectos reservaremos o nome de *gnose*; o segundo é propriamente o *gnosticismo*.

Que é a *gnose?* A palavra, em grego, significa conhecimento. Ora, não é Deus o objeto primordial de todo o conhecimento? A gnose é, portanto, o esforço do homem por apreender o divino, esforço que deve levar a cabo até o fim, lançando mão de tudo aquilo que, dentro de si, tenha o poder de compreender, de pressentir, de desposar espiritualmente e de imaginar. Trata-se, ao mesmo tempo, de uma tentativa para forçar os segredos inefáveis e assim, aderindo a eles, obter a salvação. É o ponto em que a inteligência atinge o êxtase e em que a especulação se mistura intimamente com a fé. A última verdade, aquela que nos salva para sempre, está para além de uma barreira invisível e para além da tela do mundo: é necessário atravessar essa barreira e essa tela.

Assim definida, a gnose, como atitude do espírito, era anterior ao cristianismo. Existira na Índia, na Grécia, no Egito, na Pérsia, e fazia parte dessa vasta corrente que, principalmente desde os tempos helenísticos, impelia a alma humana para o desejo de um conhecimento religioso mais profundo, fruto de uma iluminação interior. Em muitos lugares, a gnose apresentava-se como uma maneira ideal de apreender o divino, uma maneira esotérica transmitida desde épocas imemoriais por uma série de iniciados. Podia-se aplicar a todas as religiões, com a pretensão de dar a cada uma delas um sentido mais profundo. Existira efetivamente uma gnose egípcia, que interpretava segundo esse método a teologia tradicional de Osíris e de Ísis, como tinha havido no país da Samaria uma gnose judaica, ligada à pessoa de Simão, o Mago[24]. Era inteiramente concebível uma gnose cristã perfeitamente ortodoxa, e essa, de fato, já existia desde as origens do cristianismo. São Paulo dissera claramente que havia uma gnose segundo Cristo, mistério de Deus (cf. 1 Cor 2, 7-8); São Clemente Romano e a chamada *Epístola de Barnabé* tinham falado desse "dom da gnose que Deus implanta na alma", que permite compreender melhor o sentido das Escrituras e atingir a perfeição. Mas era preciso que uma fé singularmente forte enraizasse na ortodoxia aqueles que tinham em vista tais propósitos. Havia nessas perspectivas uma grande tentação de considerar a Revelação como uma espécie de graça misteriosa concedida aos homens por meio da inteligência, o que anulava o indispensável papel de Cristo e da Igreja.

O perigo tornou-se manifesto quando a gnose, proliferando como um câncer espiritual e absorvendo elementos vindos um pouco de toda parte — da heresia docetista, do platonismo, do pitagorismo, e também do dualismo iraniano e talvez mesmo do budismo —, tentou amalgamar e refazer os dogmas. Esta vasta corrente religiosa atingiu o cristianismo sobretudo nos começos do século II, e desencadeou no seu seio uma onda perigosa de heresia — a heresia do conhecimento. O *gnosticismo* é esse complexo de elementos cristãos e de especulações heterogêneas que conduz ao mundo das mais aberrantes cogitações.

Não se pode dizer que o seu ponto de partida fosse baixo. O gnosticismo apoiava-se em duas ideias: a da sublime elevação de Deus, ideia tomada dos judeus dos tempos mais próximos, para quem Javé se tornara infinitamente longínquo e misterioso — o Poder, o Grande Silêncio, o Abismo —, e a da miséria infinita do homem e da sua abjeção. Mostrava-se obsessionado por dois problemas, exatamente os mesmos que hoje continuam a prender a atenção das inteligências: o da origem da matéria e da vida, obras tão visivelmente imperfeitas de um Deus que se diz perfeito, e o do mal no homem e no universo. Ainda que os cristãos respondessem: "O mundo foi criado perfeito por Deus e foi a falta do homem que introduziu nele o mal, que é a ruptura essencial da ordem divina", os gnósticos lançavam-se nas mais complexas explicações. Deus, único e perfeito, está absolutamente separado dos seres de carne. Entre Ele e esses seres, há outros seres intermediários, os *éones* que emanam dEle por via de degradação; os primeiros assemelham-se a Deus por terem sido gerados por Ele, mas por sua vez geram outros menos puros, e assim sucessivamente. Cálculos esotéricos de números permitiam dizer quantas classes de *éones* havia, e o conjunto formava o mundo completo, os trezentos e sessenta e cinco graus, o *pleroma*.

No meio da série, um *éon* cometeu uma falta: tentou ultrapassar os limites ontológicos e igualar-se a Deus. Expulso do mundo espiritual, foi obrigado a viver com a sua descendência no universo intermediário, e foi na sua revolta que ele criou o mundo material, obra má e marcada pelo pecado. A este *éon* prevaricador alguns gnósticos chamam *Demiurgo*, e outros o identificam com o Deus criador da Bíblia.

Que acontece ao homem nestas perspectivas? Em si, ele não é integralmente mau, visto que, como suprema emanação do *éon*, contém uma centelha divina, um elemento espiritual cativo na matéria e que aspira a ser libertado. A falta é existir; o mal é a vida. Aqueles que se contentam com existir, os "hílicos" ou "materiais", estão rigorosamente perdidos; aqueles que empreendem pela gnose o caminho da salvação, os "psíquicos", podem avançar rumo à paz divina; aqueles que renunciaram a toda a vida, os "espirituais", iniciados superiores e almas muito elevadas, são os que se salvam.

Mesmo através de um resumo tão breve, vemos até que ponto tais especulações se opunham ao cristianismo. A personagem histórica de Jesus desaparecia e Cristo não era mais do que um membro da hierarquia divina dos *éones*, e a sua carne humana uma espécie de invólucro ilusório da centelha divina. O ideal cristão da redenção do homem inteiro, alma e corpo, pelo sofrimento e morte de Cristo encarnado, e o da realização do reino de Deus, eram substituídos por uma espécie de apelo ao nirvana, pela libertação da alma arrancada às abjeções do mundo material. A moral cristã cedia o lugar a uma outra moral que, umas vezes brutalmente hostil ao corpo, conduzia a asceses excessivas; e outras, pelo desprezo da carne, tornava-se complacente e dava livre curso aos instintos.

A história do gnosticismo é a do desenvolvimento em todas as direções destes esquemas complicados. Deparando-se com a Igreja, a corrente herética insinuou-se nela e ali se instalou[25]. Houve um gnosticismo sírio-cristão com Saturnilo, e depois com Cérdon. Houve um gnosticismo alexandrino, fundado por Basílides, violentamente hostil ao deus dos judeus. E houve sobretudo, em Alexandria e depois em Roma, o gnosticismo de *Valentino*, o mais notável, tentativa impressionante de harmonizar o Evangelho com as mais audaciosas especulações, mas que soçobrou no absurdo e no gratuito. E nem vale a pena mencionar seitas gnósticas mais ou menos charlatanescas, como a dos cainitas, que exaltavam em Caim o herói da antimoral, a dos ofitas, que adoravam a serpente da tentação de Adão e Eva, a dos fanáticos de Judas, que se propuseram elaborar um evangelho atribuído a este, etc. É um rio, é um dilúvio que no século II alaga a Igreja por toda parte, tomando de assalto a Frígia, a Ásia e o Ocidente. Roma, onde Valentino viveu de 135 a 165, conta um bom número de adeptos; podemos ver um grupo deles representado num afresco da catacumba dos Aurelii. Na Gália, Santo Irineu denuncia os estragos da heresia, sobretudo no meio feminino, porque entre os gnósticos as mulheres eram sacerdotisas, e podiam oficiar e profetizar. Devido ao seu vago misticismo, ao seu pessimismo fundamental, ao seu perfume de mistério, que fazia parecer banal e muito estreito o dogma cristão, o gnosticismo tinha todas as condições para atrair os espíritos num mundo desorientado, numa sociedade perturbada e possuída do desejo de libertação, mas que perdera o sentido do fim; era o mesmo que acontecera na Índia, seis séculos antes, no tempo de Buda. A esperança cristã arriscava-se a ser tragada.

Neste universo em turbilhão, temos de considerar à parte um outro herege — *Marcião*. A bem dizer, só parcialmente é que o podemos denominar gnóstico, pois recebeu apenas uma leve tintura de gnose por intermédio do sírio Cérdon. Não é por natureza um especulativo ou um pensador, mas, pelo contrário, um temperamento ardente, uma alma inflamada, de um valor moral insuspeito, um homem enérgico votado à ação e, além disso, um bom organizador. Nascera em Sinope, à beira do Mar Negro, e seu pai, que era bispo, fora obrigado a excomungá-lo, a tal ponto o seu zelo adolescente se mostrara indisciplinado e pouco ortodoxo. Em Esmirna, aonde o levara o seu ofício de armador, o santo velho Policarpo chamava-o "primogênito de Satanás". Chegando a Roma, onde uma esmola de duzentos mil sestércios lhe abriu todas as portas, depressa entrou em conflito com as autoridades eclesiásticas. Em 144, abandonou a Igreja, foi imediatamente excomungado e, depois de lhe ter sido restituído o dinheiro, fundou uma contra-igreja.

O fato que originou a ruptura foi o conjunto de ideias que expôs no seu único livro: as *Antíteses*. Marcião, como os gnósticos, está obcecado pelo problema do mal, e quando o analisa na sua origem, como espírito simplista que era, pergunta-se por que motivo Deus Criador estabeleceu o mal no mundo; por que criou os escorpiões, as serpentes e os crocodilos; por que quis que aquilo que há de mais nobre para o homem — o ato de dar a vida — estivesse associado ao estupro e à imundície. Por outro lado, leu o Antigo Testamento, mas não se deixou sensibilizar pelo impulso espiritual que nele se nota, pela grandeza moral dos profetas, pela fé dos salmistas; não quis admitir, com São Justino, que em tantos fatos fora do comum havia matéria para símbolos; agarrou-se à letra, à brutalidade de um deus justiceiro e estranho, à dureza de uma fé pretensamente divina, à violência e à injustiça que tantas das suas páginas confessam. E das suas observações tirou uma conclusão peremptória: existem dois deuses — um, inferior, desprezível, é o criador, o Demiurgo, e, ao mesmo tempo, o terrível justiceiro da Bíblia; o outro é todo amor, todo bondade, e veio desfazer a obra do primeiro, anular a criação, invalidar as afirmações do Antigo Testamento. Tudo isto é, se assim o quisermos, gnosticismo, mas um gnosticismo simplificado, esquematizado até o extremo, e em que o acento não recai sobre o esforço da inteligência, mas sobre o impulso sentimental. Para ser salvo, é preciso amar o Deus do amor, lançar-se nele, dissolver-se nos seus adoráveis abismos. O resto, os princípios da Lei, os rigores do Deus feroz, são coisas que não contam. Marcião anula ao mesmo tempo a criação inteira e toda a moral do Antigo Testamento, sem perceber que, de um só golpe, volatiliza a carne — isto é, a Encarnação — e a revelação messiânica — isto é, a Redenção. E não compreende que reduziu a nada esse Jesus a quem adora e de quem fala com tão profunda ternura.

Estas doutrinas, de uma teologia bastante medíocre, mas patética, seduziram os espíritos numa época em que o cristianismo não podia escapar às correntes de inquietação e de confusão que circulavam por toda parte. Como bom administrador, Marcião deu solidez à sua igreja. Arrogando-se o direito de escolher entre os textos sagrados, estabeleceu o seu próprio Cânon, rejeitando o que o incomodava e apoiando-se apenas em São Lucas e São Paulo, depois de os expurgar. O progresso da sua seita foi rápido. A partir de 150, São Justino fala dela com preocupação, e nos começos do século seguinte Tertuliano diz que a doutrina marcionita invadiu todo o mundo cristão. As suas comunidades continuaram após a sua morte, em 160, e, instalando-se principalmente no campo, hão de subsistir até o século VI. Terá poucos sucessores importantes, com exceção de Apeles, que abrandará o rigor das suas teses; e uma parte da corrente marcionita irá desaguar no rio maniqueu do século III.

Crise montanista, crise gnóstica, crise marcionita: para podermos avaliar o perigo que estas crises acarretaram para a Igreja, precisamos lembrar-nos de que, nessa época, o cristianismo era como que uma praça sitiada pelo inimigo, em que os hereges, mesmo quando se comportavam apaixonadamente como crentes — indo até o martírio, em que muitos sucumbiram —, eram literalmente rebeldes e traidores. Celso, o grande adversário dos cristãos, tira partido da existência das seitas para atacar a Igreja e zomba dessas discórdias que atentam contra a afirmação da sua unidade divina.

No entanto, ao pensarmos no papel que, em última análise, esses rebeldes desempenharam no desenvolvimento do cristianismo, temos vontade de repetir com São Paulo: *Oportet haereses esse*, convém que haja hereges, para que se possam reconhecer os fiéis (cf. 1 Cor 11, 19). Nem tudo era para pôr de parte nas tentativas que arrastaram as almas para a heresia: nem a veemente esperança de uma vida consagrada pelo espírito, alimentada por Montano; nem a ousada necessidade especulativa dos melhores entre os gnósticos, com o seu desejo de resolver o problema do mal e de sondar o mistério de Deus; nem essa preferência, demasiado exclusiva, dada por Marcião àquilo que, apesar de tudo, constitui o fundo do cristianismo: a religião do coração. A heresia obrigou a Igreja não apenas a "reconhecer os fiéis", mas a abrir um caminho através de tantas selvas. Praticamente, e segundo uma lei dialética que se manifestará bem cedo, principalmente por ocasião da Contra-Reforma e do Concílio de Trento, a ação dos hereges levou a Igreja a decisões firmes e a novos esforços. Marcião, organizando o seu cânon, deve ter contribuído para tornar o da grande Igreja mais sólido e mais necessário, e é por ocasião das grandes controvérsias anti-heréticas que um novo grupo de Padres da Igreja fará progredir as ciências religiosas fundamentais — a exegese e a teologia.

A resposta da Igreja: Santo Irineu

Perante a expansão das heresias, a primeira reação dos cristãos foi de dor. "Meu Deus, exclama tristemente São Policarpo, para que época me reservastes!" Mas o segundo movimento, imediato, foi reagir. Cerrando fileiras, as Igrejas prepararam-se para enfrentar os novos perigos. Cada comunidade se agrupou em torno do seu bispo, que era o legítimo depositário da tradição ortodoxa, e as instituições cristãs se tornaram mais precisas e rigorosas, para que o ácido da heresia não as corroesse. E instalou-se nos meios culturais uma emulação, pois todos pretendiam ver quem seria o que melhor lutaria pela verdade e combateria com mais vigor o flagelo.

Não há escritor do século II que não tenha aludido à heresia e não lhe tenha oposto os seus argumentos. Vários dos apologistas foram, ao mesmo tempo, polemistas anti-heréticos; São Justino compôs uma obra, hoje perdida, que se denominava *Tratado contra todas as heresias*, na qual, conforme diz Santo Irineu, atacava principalmente Marcião; da mesma maneira, São Teófilo de Antioquia e Milcíades lutaram contra os gnósticos, como Apolinário de Hierápolis e Teófilo contra os montanistas. Organizaram-se, assim, verdadeiros batalhões compactos para a luta teológica. Contra Montano, um Apolônio, um Caio e até diversos autores anônimos; contra os gnósticos, um Rodão, discípulo de Taciano, e um Hegesipo, judeu convertido que, de 155 a 175, procedeu a investigações em toda a Igreja, para ver onde estava exatamente a fé. Em fins do século II e princípios do III, Santo Hipólito, grande especialista nestes problemas, numa obra tão monumental que lhe será dado o nome de O *labirinto*, exporá e refutará todas as falsas doutrinas, todas as suas variedades e todas as suas derivações; dez volumes e trinta e duas heresias!

Mas esta luta não transcorreu sem dificuldades. A primeira foi devida ao fato de que, nos seus começos, uma heresia mal se distingue da verdadeira fé; a princípio, julga-se que se trata apenas de diferenças de temperamentos ou matizes, e só mais tarde é que as posições se tornam precisas; nesse meio tempo, o equívoco terá ajudado o mal a progredir. Havia, porém, uma coisa ainda mais grave. Os homens que se lançavam à luta com todo o vigor eram, em substância, espíritos fortes, ardentes, inclinados ao combate; numa palavra, verdadeiros polemistas. E só Deus sabe quanto é penoso manter dentro de normas estritas homens desse gênero! Defendendo vigorosamente a doutrina ortodoxa, alguns dentre eles podiam vibrar-lhe golpes bastante cruéis. Caio, por exemplo, um sacerdote que combatia veementemente o montanismo, para melhor o privar das suas armas, pensou em expurgar, em suprimir dos escritos de São João tudo aquilo que lhe pareceu muito ligado à doutrina do Espírito, isto é, ao Logos; por isso, chamaram *alogia* à sua tendência herética que, aliás, não foi muito bem sucedida. Mais tarde, veremos Santo Hipólito enveredar pelo caminho da secessão, sob o pretexto de que os papas não se mostravam suficientemente enérgicos. E sobretudo é bem conhecido o drama de Tertuliano que, sendo a princípio um defensor emérito da verdadeira fé, exterminador infatigável dos gnósticos e de Marcião, se deixou arrastar por um zelo imoderado e acabou por afundar-se no montanismo[26]. Discernir a verdadeira sabedoria, guardar a medida e a prudência nestas batalhas de ideias não era cômodo; por isso admiramos mais a retidão do caminho que a Igreja soube traçar.

O grande interesse destas controvérsias anti-heréticas é que, nos melhores casos, elas ultrapassaram o quadro da simples polêmica e levaram grandes espíritos a um esforço de construção de doutrina que iria dar ao pensamento cristão as suas bases definitivas. Há um nome que resume este esforço, uma personalidade que domina amplamente todas as outras: *Santo Irineu* de Lyon.

Vemos surgir esta nobre figura em 177, no auge daqueles anos terríveis em que as perseguições devastavam a comunidade das Gálias. Dizimada, abatida, a igreja lionesa tem contudo força suficiente para se ocupar ainda dos interesses superiores de todo o cristianismo. Os fiéis de Lyon ouviram falar da agitação provocada por Montano na Ásia e das medidas tomadas contra ele; preocupam-se com isso e escrevem uma carta ao papa em que lhe pedem que seja restabelecida a paz entre os filhos da Igreja. A carta foi confiada a um portador que eles declaram "muito zeloso pelo testamento de Cristo": Irineu.

Quem era Irineu? Um asiático, mais um dos muitos que viviam na metrópole das Gálias, centro de grande comércio com o Oriente. Nascido em Esmirna por volta do ano 135, tinha tido a sorte, aliás rara naqueles tempos, de receber a fé dos seus pais. A sua juventude foi de grande ardor. Ele mesmo conta que, quando tinha quinze anos, se sentava com os seus companheiros em volta do santo bispo Policarpo e ali ficava ouvindo-o narrar o que o apóstolo João lhe ensinara a respeito de Jesus. Era, portanto, uma testemunha direta da tradição apostólica, um desses fiadores da primeira hora que gostamos de evocar sempre que estudamos as origens da Escritura e a sua transmissão[27]. Além disso, tinha uma ampla cultura grega e estava a par das diversas correntes filosóficas; estudara-as talvez em Roma, e acerca delas discutira longamente com São Justino. Era uma alma reta, profunda, evangélica, um coração generoso e acolhedor, um temperamento dotado de grande ponderação e prudência, exatamente ao contrário de um sectário ou de um polemista faccioso. O seu próprio nome já evocava, pela sua etimologia, a paz e as virtudes; mesmo no maior ardor da refrega contra os gnósticos, jamais esquecerá que o primeiro mandamento de Jesus é o amor[28].

Eleito bispo de Lyon no seu regresso de Roma, Irineu — essa amálgama de asiático, romano e ocidental — é como que uma síntese viva de todo o cristianismo. Embora bispo, mostra-se acima de tudo um homem da Igreja, na linha dos grandes bispos mártires como Clemente, Inácio e Policarpo, que tinha por modelos. Dirige o seu rebanho com uma dedicação incansável, e talvez tenha sido graças a ele que Valence e Besançon se tornaram cristãs. Fala sempre com extrema afeição e delicadeza dos gauleses que o cercam e cuja língua aprendeu. Foi certamente para os seus galo-romanos cristãos que redigiu a *Demonstração da pregação apostólica*, pequena exposição da doutrina cristã destinada ao povo e que é o "primogênito" dos catecismos.

Mas Irineu constata também que o seu rebanho está ameaçado por um animal feroz, pois ouviu falar do perigo gnóstico em Roma e a heresia progride no vale do Ródano. Convém desfraldar a verdade contra as falsas teses, e Irineu mete mãos à obra.

Trabalho de fôlego. O resultado é a *Exposição e refutação da falsa gnose*, obra conhecida geralmente até os nossos dias sob o nome de *Adversus haereses*. São cinco grossos volumes que nos dão por vezes a impressão de terem sido escritos de afogadilho, sem obedecer totalmente a um plano, mas nos quais sobressai — num grego saboroso com influências galo-romanas — a beleza de muitos períodos, a precisão admirável de muitas expressões.

O interesse do empreendimento é duplo: nos dois primeiros volumes, Santo Irineu analisa com precisão (e, em consequência, permite-nos conhecer bem) todas as heresias do seu tempo; diz ele: "Expor os sistemas é vencê-los, assim como arrancar uma fera das selvas e trazê-la para a luz do dia é torná-la inofensiva". Por outro lado, nos últimos três volumes, apresenta a doutrina ortodoxa de tal forma que os erros heréticos não mais serão possíveis. Assim surge um pensamento filosófico e teológico, não tão novo quanto sólido, e que no futuro servirá de base para todo o pensamento cristão.

Como nos devemos lembrar, os apologistas e São Justino tinham querido anexar ao cristianismo esse abrangente ideal da humanidade que a filosofia grega chamava "a razão", pois tinham entrevisto a íntima harmonia que existia entre a razão e a fé. Mas a experiência da gnose veio provar que a razão podia extraviar-se de forma bem estranha, e foi necessário pôr-lhe freios ou parapeitos. E a razão encontrará essas defesas na consideração exata dos princípios cristãos. Em suma, São Justino fizera compreender que a fé incluía a razão; Santo Irineu precisa que a razão se extravia sem a fé.

Qual é o poder que evitará esses extravios? A *Tradição*. Esta é sem dúvida a contribuição essencial de Santo Irineu. É ele quem formula pela primeira vez o que estava implícito ou esboçado — quando muito, verificado pelo sentimento — em São Clemente, Santo Inácio e São Justino, e que vai ser de agora em diante o próprio princípio da Igreja Católica. Os gnósticos reivindicavam para si o direito de conhecer a Deus e os mistérios pelas vias da inteligência humana, mas viu-se a que loucuras chegavam. A inteligência tem necessidade de um guia e é a Tradição quem lho fornece. E o que é a Tradição? Materialmente, não é uma sequência qualquer de pretensos iniciados cujo pensamento não se pode determinar; é a tradição da Igreja, que todos podem conhecer, a dos bispos, cuja lista se pode estabelecer, a de Roma, que desempenha aqui um papel eminente [29]. Espiritualmente, não é um dado fossilizado, que maltrata a inteligência; é um princípio de vida "que o Espírito rejuvenesce sem cessar", que orienta a razão e lhe determina o fim.

Esta base tradicional é a que sustenta toda a obra de Irineu e a torna rica e fecunda em todos os sentidos. Ela é a guardiã da regra da fé e permite resolver todos os grandes problemas, como por exemplo o do conhecimento de Deus e da natureza do homem. Os gnósticos atiram Deus para um abismo tão profundo que Ele se torna inacessível. Santo Irineu responde que, se Deus é com efeito incognoscível pelas forças naturais da razão, o cristianismo assegura-nos que Ele se revelou por essa suprema manifestação de amor que foi a Encarnação e que, por conseguinte, se revela àqueles que o amam. Vai, pois, buscar em Marcião o que havia de correto na sua tese do Deus do amor. Quanto ao homem, à criação, à carne, que os hereges mantêm sob um desprezo total, não foram eles consagrados, redimidos por Cristo, o novo Adão, que *recapitula* em si (conforme um termo predileto de Santo Irineu) a humanidade inteira? "Se a carne não está salva, então Senhor não nos resgatou". Este poder do amor que é o conhecimento supremo será evocado no decorrer dos séculos por todos os grandes místicos e pelo Pascal dos *Pensées sur le coeur.* Concepção do homem total, ao mesmo tempo carne e espírito — "o espiritual é, ele próprio, carnal", dirá Péguy —, eis o ponto de partida de toda a filosofia, de toda a sociologia e de toda a política cristãs.

Há uma outra direção em que a ideia da tradição havia de conduzir Santo Irineu a um progresso essencial, direção em que ele encontrou, ao mesmo tempo, a exegese e a filosofia da história. Em exegese, é escusado dizer que, como daí em diante todos os Padres da Igreja, ele se coloca resolutamente do lado do método do símbolo, da tipologia tão cara a São Justino. Mas enquanto o seu predecessor — embora proclamando, ao contrário de Marcião, a unidade dos dois Testamentos — pensava que Deus tinha dado a Lei aos judeus como um mal menor, para os manter numa certa fidelidade, Santo Irineu sublinha bem mais profundamente a concordância entre as duas partes da Bíblia. A imensidade da Tradição inclui toda a história do povo eleito; Deus educou progressivamente o homem por intermédio de Israel, e os dois Testamentos são dois momentos dessa educação, duas fases complementares da marcha do homem rumo à verdade. É uma ideia grandiosa, em que se encontra incluída toda uma concepção cristã da história: a Igreja, o corpo místico de Jesus, sua testemunha no decorrer dos séculos, tem por missão fazer progredir incessantemente a humanidade para o seu fim supremo, para a realização do Reino de Deus.

Na obra imensa de Santo Irineu, são inumeráveis os dados doutrinais que tiveram uma influência decisiva sobre a evolução do pensamento cristão. De todos os Padres da Igreja, há poucos que nos pareçam tão próximos e tão ligados às nossas preocupações mais imediatas[30].

A missão do pensamento cristão

No momento em que vai terminar o século II, o pensamento cristão está estabelecido sobre bases sólidas, tão sólidas que nada as poderá abalar.

Quatro etapas foram transpostas em tão pouco tempo. A primeira geração, a dos discípulos imediatos, sob as próprias asas do Espírito inspirador, fixou os elementos da mensagem de Cristo, e São João e São Paulo, sem pretenderem construir uma filosofia ou uma teologia, meditaram profundamente, cada um à sua maneira, os grandes dados. A segunda geração, a dos Padres apostólicos, compreendeu e proclamou que era necessário fazer frutificar o capital recebido. Pouco especulativos, mas profundamente espirituais, criaram com as suas exposições uma metafísica básica que originará, mais tarde, a filosofia cristã. Com a terceira geração, e especialmente com São Justino, foi considerável o trabalho de elaboração do pensamento; pela primeira vez alguns cristãos, haurindo nas filosofias pagãs elementos válidos, estabeleceram em princípio que um certo uso da razão e uma certa concepção da natureza podiam servir a fé, abrindo à inteligência cristã perspectivas ilimitadas de pesquisa. Vem, finalmente, o grupo dos anti-hereges, principalmente o grande bispo de Lyon, que reagem às ameaças internas e sobretudo ao gnosticismo, e obrigam a inteligência cristã a perscrutar cada vez mais as verdades sobrenaturais, fazendo assim do cristianismo o mais sólido sistema de pensamento religioso do mundo, ao pé do qual parecerão inconsistentes todas as teologias pagãs.

Tal é a tarefa desta literatura cujos primeiros passos acabamos de seguir. É supérfluo dizer que não se deve exagerar a sua importância e que o pensamento cristão, só por si, não seria suficiente para vencer o mundo. Era necessária, acima de tudo, a força viva, o misterioso poder que fazia germinar e crescer o grão de mostarda semeado pela mão de Jesus. Mas, pelo seu número, pela sua variedade, pela sua riqueza, não serão os intelectuais cristãos uma brilhante manifestação dessa força viva? Se não tivessem existido, o cristianismo seria hoje aquilo que vemos?

A obra dos Padres da Igreja resulta historicamente de uma dupla necessidade. Sem dúvida, o valor de uma doutrina intelectual não é suficiente para conferir-lhe um poder de atração total, suscetível de impregnar as almas até as raízes. "Ninguém acreditou em Sócrates — observou São Justino — até que morreu pelo que ensinava". E foi por razões diferentes das literárias que tantos Padres da Igreja assinaram as suas obras com o próprio sangue: é que estavam repletos do amor de Cristo. Mas teria o cristianismo podido penetrar nas classes dirigentes, nos meios intelectuais, se não tivessem aparecido homens dotados de todas as condições para demonstrar-lhes, na linguagem e no método dessas classes, que a mensagem de Jesus era merecedora de que, por Ele, os homens vivessem e morressem? O seu papel na difusão do ideal cristão é, pois, considerável.

Mas há mais. Para vencer a sociedade antiga, para fazer triunfar a revolução da Cruz, era necessário transformar a concepção do mundo, refazer, com os elementos válidos do passado e com os dados da Revelação, uma síntese intelectual com base na qual a civilização pudesse viver. Já São Paulo, na sua intuição genial, tinha discernido perfeitamente a necessidade de que o mundo ganhasse uma consciência cristã; a sua ação tinha marcado poderosamente o futuro. Os Padres da Igreja tiveram em mira o mesmo desígnio, aplicando os mesmos princípios intangíveis às circunstâncias e aos acontecimentos. "Não existe ação revolucionária sem doutrina revolucionária", exclamou um homem que era especialista em revoluções[31]; sem uma doutrina que a sustentasse, orientasse e explicitasse, a ação dos cristãos não teria tido a eficácia que hoje lhe admiramos. A vitalidade da ação cristã e o heroísmo dos mártires de pouco teriam servido se não se tivesse realizado, simultaneamente, este esforço por pensar o mundo segundo Cristo. Compreenderemos cada vez mais claramente esse fato à medida que a Cruz se espalhar sobre a terra, e se preparar, através do trágico século III, a grande substituição do Império pela Igreja.

Notas

[1] Os trabalhos essenciais sobre este assunto são os de Marcel Jousse, principalmente em *Le Style oral et mnémotechnique chez les verbo-moteurs* (Paris, 1925). Veja-se a nota de Grand-maison a este respeito, no fim do seu *Jésus-Christ.* Já vimos anteriormente que São Paulo utiliza a mesma técnica (cf. cap. II, par. *Uma arte segundo o Espírito*).

[2] Podemos ter uma ideia do que deviam ser estes livrinhos, estes "pré-evangelhos", lendo nos *Atos dos Apóstolos* (cf. 10, 27-43) o pequeno discurso que São Pedro pronunciou diante do centurião Cornélio. Em quinze linhas muito simples, resume o essencial da vida e dos ensinamentos de Jesus, ordenados segundo a divisão quadripartida que indicamos acima.

[3] Para um estudo mais pormenorizado, cf. a introdução a *JT.*

[4] Marcos era filho daquela Maria que, em 44, abrigava os cristãos numa casa situada nos bairros pobres de Jerusalém, num lugar isolado. Tem-se procurado saber se não teria sido no recinto desta propriedade que se efetuou a prisão de Jesus e se Marcos não seria aquele mancebo de quem ele próprio fala (cf. 14, 51), que tentou seguir Jesus e que os guardas quiseram prender, tendo ele fugido, nu, no meio da noite.

[5] O *Evangelho de São Mateus* continuará a ser o mais usado na Igreja antiga. São Justino, em meados do século II, cita-o 170 vezes.

[6] Cf. cap. II, notas 8 e 25.

[7] Cf. cap. III, par. *A semeadura cristã.*

[8] Cf. cap. I, par. O *grito do mensageiro da alegria.*

[9] As três epístolas de São João são contemporâneas do seu Evangelho. A primeira, que é a mais importante, insiste principalmente no messianismo de Jesus e na sua divindade; as outras duas denunciam os erros dos adversários dos dogmas e explicam como é necessário responder-lhes.

[10] A palavra hebraica *berith*, aliança, foi traduzida em grego (pelos Setenta) pela palavra *diatheke*, que significa mais geralmente *documento*, e que tanto se pode aplicar a um tratado como a um testamento. Em latim, *diatheke* foi traduzido (talvez por Tertuliano) por *testamentum*, que limita o sentido do grego e, em relação ao hebreu, o modifica sensivelmente.

[11] Estes textos, não canônicos, são ortodoxos e exprimem uma tradição antiquíssima.

[12] O conjunto destes textos está reunido no *Dictionnaire des Apocryphes*, de Migne. Cf. também a obra *Evangiles de la Vierge*, por Daniel-Rops (Paris, 1948).

[13] Não nos detemos aqui na questão da transmissão material dos textos da Escritura. As primeiras cópias devem ter sido elaboradas sobre rolos de papiro e, depois, em muitos lugares, passaram a ser escritas sobre folhas de papiro reunidas em cadernos. Não possuímos, evidentemente, nenhum desses frágeis documentos; no entanto, encontrou-se no Egito, em 1935, dentro de um túmulo, um minúsculo fragmento que deve datar aproximadamente do ano 130, e que contém uma curta passagem do capítulo 18 de São João. Encontra-se, hoje, na Biblioteca Rylands de Manchester. Mais tarde, as cópias passaram a ser feitas em pergaminho, a "folha de Pérgamo", isto é, em pele de carneiro trabalhada, e assim se organizaram os grandes *códices* que ainda hoje se admiram e dos quais os mais antigos datam do século IV: *Codex Vaticanus* e *Codex Sinaiticus*. Até o advento da imprensa, poderá contar-se uma centena destes códices. É escusado dizer que, sendo copiado à mão, com todos os riscos de faltas involuntárias ou intencionais, o texto podia sofrer violências. Orígenes, no século III, escreve: "Hoje — o fato é evidente — há muitas diferenças nos manuscritos, quer pela negligência de certos copistas, quer pela perversa audácia de alguns que pretenderam corrigir o texto". Cabe à *crítica textual* discernir a verdade entre tantos erros de pormenores, e será a partir do século IV, e especialmente de São Jerônimo, que se desenvolverá um verdadeiro esforço crítico nesse sentido. O que importa notar é que os documentos a que nos podemos reportar, isto é, os primeiros *códices*, datam do século IV; não há mais de trezentos anos entre a redação da Escritura neotestamentária e as cópias conhecidas. Avaliaremos o valor deste fato se pensarmos que, para as obras de Ésquilo, de Sófocles, de Aristófanes e de Tucídides, esse intervalo é de mil e quatrocentos anos, e para Eurípedes de mil e seiscentos. Cf. os livros de Lagrange e Vaganay, citados na bibliografia, e a introdução a *J.T.*

[14] O termo *Doutor da Igreja*, que se associa muitas vezes ao de *Padre*, não é um simples sinônimo. Indica um grau a mais, pois nem todos os Padres são Doutores. Originariamente, a palavra designava, de uma maneira geral (cf. cap. V), todos aqueles que estudavam a mensagem de Cristo. Pouco a pouco, passou a ser reservada para alguns grandes espíritos cuja ciência eminente, rigorosa ortodoxia e exemplar santidade lhes conferiam uma autoridade admitida por todos. A Igreja reconheceu e designou como Doutores um pequeno número de homens muito escolhidos, continuando a usar de igual parcimônia até os nossos dias. A Igreja bizantina venera três Doutores: São Basílio, São Gregório Nazianzeno e São João Crisóstomo. Roma acrescenta-lhes um quarto oriental — Santo Atanásio — e quatro ocidentais: Santo Ambrósio, São Jerônimo, Santo Agostinho e São Gregório Magno. São estes os oito "grandes Doutores" da Igreja.

[15] Cf. cap. V.

[16] Cf. cap. IV, par. *Na Ásia: dois príncipes da Igreja.*

[17] Santo Irineu tinha também em alta estima São Papias, bispo de Hierápolis na Frígia, "discípulo de João e familiar de Policarpo", que escreveu em cinco livros uma *Explicação dos ditos do Senhor,* neles recolheu, segundo parece, muitos pormenores da tradição oral. Infelizmente, esta obra perdeu-se e só a conhecemos por pequenos fragmentos citados por Eusébio e Apolinário.

[18] Este apólogo dos "dois caminhos" parece ter tido grande voga nos primeiros agrupamentos cristãos. Encontramo-lo novamente na *Epístola de Barnabé*, texto alexandrino que data provavelmente do primeiro terço do século II, ficticiamente atribuído ao companheiro de São Paulo. Na base deste simbolismo encontra-se a obrigação de escolher entre a aceitação e a recusa de Cristo. Esta opção evidentemente faz pensar na sorte de Israel, e é por isso que o autor da epístola, um judeu egípcio convertido ao cristianismo, mas cheio dos métodos de pensamento dos rabis, aplica esse apólogo ao drama do povo eleito que recusa Jesus e prefere o caminho das trevas. Trata-se de um documento importante sobre a resistência às influências judaicas nos meios cristãos primitivos, e é também a primeira tentativa de interpretação espiritualizada do Antigo Testamento segundo um simbolismo cristão, ainda que se trate de um simbolismo muitas vezes exagerado. É, enfim, até certo ponto, uma obra mística em que se fala da alma, "templo espiritual construído pelo Senhor", em termos que Santa Teresa de Ávila não desaprovaria.

[19] Sobre as tendências da *diáspora* alexandrina no tempo de Fílon, cf. cap. I, par. *Helenistas e judaizantes.*

[20] A *Epístola de Barnabé* é de origem alexandrina e situa-se inteiramente na linha de Fílon.

[21] Pode-se fazer uma ideia deste texto admirável por esta simples frase: "O cristianismo não é uma invenção terrena, nem tampouco uma amálgama de mistérios humanos. É a verdade, a palavra santa, inabarcável, enviada aos homens pelo próprio Deus, o Todo-Poderoso, o invisível criador do Universo".

[22] Observa-se o mesmo esforço de uma pesquisa inquieta em outro texto mais ou menos contemporâneo, as *Homilias Clementinas*, obra que se costuma relacionar com o papa Clemente. O personagem central anda também à busca da verdade. Vai procurá-la no Egito, junto dos sacerdotes de lá, que lhe ensinam muitas coisas sobre a sobrevivência dos mortos e as possibilidades que há de comunicar-se com eles. Mas tais conhecimentos não lhe parecem suficientes: será necessário o cristianismo. Necessidade de conhecer a Deus, angústia pela vida eterna — não são estas as duas razões profundas da inquietação religiosa, tal como o nosso tempo também a experimenta?

[23] Lembremos que Taciano é o autor do *Diatessaron*, evangelho único proveniente da fusão dos quatro; cf. par. *A Igreja fixa a sua escolha: o Cânon.*

[24] Cf. nota ao cap. I, par. O *trabalho de São Pedro e do diácono Filipe.*

[25] Os gnósticos procuraram inserir na Escritura algumas obras suas, e numerosos apócrifos estão impregnados desta doutrina: o *Livro de Baruch,* os chamados *Atos de São João*, o *Evangelho de São Tomé* e muitos outros, incluído o *Evangelho de Judas.* O gnosticismo subsiste no pensamento e na literatura até os nossos dias. Encontramos manifestações flagrantes disso em Martinez de Paqually (século XVIII) e em William Blake (século XIX), e no esoterismo maçom e rosacruz.

[26] Mesmo Santo Irineu, esse modelo de fé e de sabedoria, tem uma parte da sua obra que a Igreja julgará inquietante, pois defende o milenarismo, tese que foi considerada suspeita embora não tivesse sido condenada. Quanto a Tertuliano, cuja vida decorre entre o fim do século II e o princípio do III, será estudado no cap. VII.

[27] Cf. o primeiro par. deste capítulo.

[28] Um incidente da sua vida revela-nos o seu caráter profundamente bom e pacificador: *a querela pascal*, que surgiu sob o pontificado do papa Vítor (189-198). A Igreja da Ásia Menor tinha o costume de celebrar a Páscoa de acordo com a data judaica tradicional, no 14 de Nisan. Roma celebrava-a no domingo seguinte. Em 155, São Policarpo, em nome dos asiáticos, e o papa Aniceto tinham tentado chegar a um acordo, mas em vão. O papa Vítor quis pôr fim ao problema por um ato de autoridade e mandou reunir concílios em toda a Igreja para que se fixasse a data do domingo. Os asiáticos, por fidelidade aos seus costumes, recusaram, e Vítor excomungou os bispos desobedientes. Quando teve conhecimento disso, Santo Irineu ficou desolado e essa decisão pareceu-lhe exorbitante. Escreveu ao papa em protesto e pediu-lhe que fosse mais moderado. A intervenção pacificadora do santo bispo teve êxito: no princípio do século III, todas as comunidades da Ásia têm a sua Páscoa no domingo depois do 14 de Nisan, como nós a temos ainda hoje (ver *J. T*, índice das *Questões disputadas*, cálculo da data da Páscoa).

[29] Foi por ocasião das suas teses sobre a tradição que Santo Irineu foi levado a afirmar o primado da igreja de Roma, conforme vimos no capítulo anterior (cf. par. *A unidade da Igreja e o primado de Roma*).

[30] Nada se sabe ao certo sobre a sua morte. São Jerônimo diz em 410 que ele teria sido martirizado. Em 197, Lyon foi parcialmente destruída e saqueada, e em 200-202 a comunidade lionense foi vítima de perseguições. Foi possivelmente numa dessas ocasiões que Irineu desapareceu.

[31] Lênin.

VII. Um mundo que nasce, um mundo que vai morrer

O século III, reviravolta decisiva

O fim da dinastia antonina, em 192, marca para a Igreja cristã, bem como para o Império Romano, uma data fundamental. Aquele acontecimento extraordinário a que demos o nome de revolução da Cruz passa por uma nova fase. Entre os dois protagonistas deste drama, está a ponto de produzir-se uma nova relação de forças. Chegou a hora em que o destino vai dizer em que campo estão a vitalidade, a virtude, a verdadeira autoridade, e para que lado se abre o futuro. Ao longo do século III, através ainda de muito sangue e sofrimento, prepara-se nas profundezas da história o triunfo de Cristo, que terá no século IV a sua plena e completa realização.

Vai operar-se, portanto, uma mudança de perspectivas em todos os terrenos, devido a duas causas simultâneas. Depois de cento e cinquenta anos de lutas, a Igreja tem agora plena consciência das suas possibilidades. Os cristãos veem realizar-se a promessa feita por Jesus aos apóstolos: "Coragem! Eu venci o mundo". Se o grão de mostarda pôde germinar e lançar raízes num clima tão hostil, já não se pode duvidar de que venha a transformar-se em árvore.

A Igreja mede a sua força pelo número de fiéis que agrupou, pela solidez da organização que soube criar, e ainda pela riqueza do seu pensamento. O que agora arrasta a alma cristã para a ação já não é, como nos primeiros tempos, um ato de fé sublime, mas quase absurdo nas suas aparências: é a própria lição da experiência. O cristianismo sabe que, daqui para o futuro, tem a seu lado a realidade dos fatos.

A lição não passa desapercebida àqueles que encarnam o poder contrário, os chefes do Estado romano. Durante os dois primeiros séculos, esses homens não tiveram consciência clara do antagonismo que opunha a nova força aos seus interesses e aos seus princípios. Não há dúvida de que combateram os cristãos, mas fizeram-no sem uma visão de conjunto e de modo intermitente. Reconheceram neles não-conformistas que era necessário atrair a uma conciliação, mas não inimigos irredutíveis; não compreenderam que entre uns e outros havia de travar-se uma luta de morte. A partir dos fins do século II, já suspeitam disso. A Igreja é agora um poder que conta. Será necessário, então, fazer um acordo com ela, ou tentar sistematicamente destruí-la? O dilema manteve-se durante cem anos.

Mas, juntamente com o crescimento da Igreja, intervém um outro fator histórico. O Império já não é o mesmo de antes. Os sintomas de declínio que podiam observar-se desde a época de Augusto foram-se acentuando ao longo das três primeiras dinastias. Uma crise profunda prepara-se para abalar os alicerces deste Império que, no tempo de Cristo, se julgava indestrutível. Uma revolução vai precipitar a ordem romana na anarquia, e quando a restabelecerem, perto dos fins do século, assumirá tal feição que as próprias bases da romanidade terão deixado de ser estáveis: sob um mesmo nome, sucederá ao Império de Trajano e de Marco Aurélio uma autocracia despótica de estilo oriental. Em todos os terrenos — e não apenas no político — as forças de destruição se mostrarão cada vez mais eficazes. Nem a arte, nem a moral, nem a literatura, nem a vida social apresentarão os rasgos de vitalidade e de equilíbrio que caracterizam as grandes épocas. A história do século III é, para Roma, a de uma decadência que a velha energia latina procura ainda sustar, mas que nem por isso deixa de caminhar inexoravelmente para o seu fim[1].

Assim, a narrativa deste novo período inscreve-se nas duas faces de um díptico; de um lado, o desabrochar, a expansão, a conquista e o impulso vital contra os quais nada prevalece; do outro, o sintoma múltiplo de uma doença que não se considera mortal, mas para a qual o homem não tem remédio. Há um mundo que nasce e cresce cheio de esperança, e outro que se prepara para morrer. Há de chegar a hora em que se tornará indispensável o revezamento na história, e em que o Império agonizante se colocará sob a guarda da Cruz.

A crise do Império no século III

O drama sangrento que levou Cômodo à morte[2] encerrou ao mesmo tempo o reinado demente do filho de Marco Aurélio e a grande dinastia de que ele fora herdeiro indigno. Mas o assassinato do imperador, em vez de pôr termo à crise, provocou outra de excepcional gravidade.

Durante um ano, o trono foi disputado entre ávidos contendores. O velho e sábio senador Pertinax, elevado ao poder por uma opinião pública quase unânime, aguentou-se penosamente durante oitenta e sete dias; depois disso, a guarda pretoriana, julgando-o muito severo em questões de disciplina, executou-o. A seguir, o poder foi posto literalmente em leilão e arrematado por um velho insignificante, mas bastante endinheirado, que cobriu de ouro os pretorianos. Quando souberam disso, as legiões aquarteladas nas fronteiras, furiosas por não terem sido aquinhoadas, proclamaram, cada uma pelo seu lado, imperadores rebeldes: as da Síria, Pescênio Níger; as da Bretanha, Albino; as do Danúbio, Septímio Severo. Durante longos meses, foi uma verdadeira guerra civil. Foi preciso que a energia brutal do último dos pretendentes, um soldado rude vindo da África, restabelecesse a ordem no Império e fundasse a nova dinastia dos *Severos*.

A violenta crise de 192-193, muito mais violenta do que aquela que se tinha seguido à morte de Nero, revelou o vício profundo do sistema imperial: o de não se apoiar, em última análise, senão sobre a força. Os príncipes mais prudentes, desde Augusto, tinham tido o cuidado de dissimular esta evidência sob as aparências da legalidade, mas agora ela saltava aos olhos de todos. O imperador é todo-poderoso, mas quem é que o designa? O Senado? Já não tem meios para isso. O povo? Há já dois séculos que não tem voto na matéria. Resta unicamente a força bruta, encarnada nos soldados.

Todo o século III, no seu conjunto, vai ser para Roma uma longa ditadura militar, temperada de vez em quando pelo tino político de algum dos Césares ou então perturbada pelas rivalidades dos clãs. São os exércitos que vão fazer e desfazer imperadores. Proclamam ou derrubam um chefe pelos motivos mais variados; o amor ao dinheiro, a inveja, o medo, a repugnância pela disciplina não são os únicos motivos que explicam esses terríveis embates; acontece, umas vezes, que as legiões executam um imperador porque o reconhecem incapaz, e outras entregam o poder a um homem realmente de primeira ordem. Governar no século III é uma missão tão perigosa que muitos candidatos, assustados, se esquivam ao entusiasmo das tropas ou aceitam a designação como quem aceita uma sentença de morte.

Desta maneira, Roma, essa entidade formidável que domina o Ocidente, está de fato nas mãos de um poder cego e descontrolado que, na maior parte dos casos, se deixa levar unicamente pelas suas paixões e baixos interesses. Uma frase resume a moral política desta triste época; foi a que Septímio Severo dirigiu aos seus filhos como supremo conselho: "Enriquecei o soldado e zombai do resto". Ora, este abandono da verdadeira autoridade às mãos da força bruta, esta traição de todos os velhos princípios latinos não podia, evidentemente, terminar senão na subversão radical de tudo o que tinha feito a grandeza e o papel civilizador de Roma.

É que este exército, cada vez mais poderoso e, ao mesmo tempo, cada vez mais anárquico, quase já não é um exército romano; já não é o povo romano. Os habitantes da *Urbs* — como, aliás, os das outras cidades — já não sentem inclinação pelas armas. Apenas alguns oficiais são ainda citadinos. As legiões são recrutadas cada vez menos na Itália e cada vez mais nas províncias mal e recentemente romanizadas. Depois, pouco a pouco, vão incluindo elementos estrangeiros — germanos, sírios e árabes — que são recrutados e fixados nas próprias fronteiras que têm de defender. No fim do século III, já só haverá tropas desta natureza, desconhecedoras das tradições romanas, devotadas a chefes de quem esperam vitórias e saques, verdadeiro joguete dos sediciosos, precursores dos mercenários e dos caudilhos modernos. A passagem do poder para as mãos do exército faz-se acompanhar de uma profunda desagregação do próprio exército, originando-se assim uma revolução de baixo para cima.

Isto não quer dizer que não surjam, vez por outra, individualidades poderosas, capazes de amordaçar Caliban por algum tempo e de se fazer respeitar pela soldadesca. Septímio Severo (193-211) é o primeiro em data e um dos mais notáveis desses guerreiros duros mas úteis. Com ele, ganha forma e afirma-se a necessidade de um Império militar que substitua o Império tradicional decadente. Depois dele, porém, durante um quarto de século, experimentam-se os piores abalos. Seu filho Caracala, assassino do próprio irmão, é morto pelos pretorianos. O usurpador Macrino, apesar dos seus méritos pessoais, não consegue manter-se no poder por mais de quinze meses. A seguir, cai sob a espada Heliogábalo, o sacerdote da pedra negra, natural da Síria, depois de ter escandalizado com as suas orgias, durante quatro anos, uma sociedade difícil de espantar. E quando, finalmente, Alexandre Severo, medindo o perigo em que o exército colocava o Estado, tenta uma reação civil, um retorno supremo às formas tradicionais, as legiões enfurecidas aproveitam-se de uma invasão bárbara para derrubá-lo e matá-lo. Em vinte e quatro anos houve quatro imperadores, todos assassinados pelos seus soldados.

Rebenta então a terrível crise que Septímio Severo, com pulso de ferro, conseguira protelar por quarenta anos. É a época da anarquia militar, em que, durante trinta anos (235-268), o Império parece maduro para o desmembramento. É a hora dos soldados aventureiros, dos *condottieri.* Veem-se no trono figuras estranhas, tais como Maximino, o Trácio, esse filho de godos que mede dois metros e quarenta, bebe todos os dias vinte e cinco litros de vinho, quebra com um pontapé as patas de um cavalo e mal sabe falar latim. Alguns destes efêmeros senhores de Roma não deixam de ter merecimento: Gordiano III, Valeriano e o próprio Galiano, cuja memória foi excessivamente denegrida, fazem o possível para conservar um mínimo de ordem. Todos morrem de morte violenta — ou são mortos em combate ou são assassinados em consequência de um motim ou de uma conspiração. E é tão fraca a autoridade central, apesar da sua brutalidade, que o imenso corpo do Império parece roído pela gangrena; entram em secessão regiões inteiras, que se organizam localmente para ver se conseguem escapar à anarquia. A Gália proclama-se independente e assim permanece durante um quarto de século, e no Oriente o principado árabe de Odenath e de Zenóbia, parcamente latinizado, faz de Palmira uma capital autônoma que já não mantém com Roma senão laços nominais.

Parece agora que tudo se coliga para precipitar o mundo ocidental no terror e no caos. Em meados do século, a região do Mediterrâneo é sacudida por tremores de terra que devastam a Itália e a África e se fazem acompanhar por maremotos, logo seguidos pela peste. Outros perigos desconhecidos se conjuram também para semear o terror. Nas fronteiras, o escudo protetor das legiões, mesmo reforçado por muralhas permanentes, abre brechas por todos os lados. Não é ainda a grande ruptura, a onda torrencial dos bárbaros, mas é já a infiltração, quer pacífica, quer de tempos a tempos brutal; a paz romana está atingida no coração.

E em toda a extensão da fronteira renano-danubiana multiplicam-se as investidas; comprimidos nas longínquas profundezas das planícies pelo frenesi asiático que virá a ser, mais tarde, a invasão dos hunos, os germanos avançam em direção ao Mediterrâneo e, por vezes, abrindo uma brecha, varrem com uma rápida incursão as tranquilas províncias; assim se lançaram os francos através da Gália e da Espanha até a Mauritânia. No Oriente, a nova dinastia dos Sassânidas, que sucedera em 227 aos partos Arsácidas, reivindica em nome do nacionalismo persa e do fanatismo religioso masdeísta todas as terras que outrora, antes de Alexandre Magno, tinham pertencido ao Rei dos Reis. Foi necessário combater não só no Danúbio e no Reno, como também no Eufrates e no Tigre. São batalhas sangrentas, difíceis, arriscadas, que se sucedem umas às outras. Algumas expedições heroicas e concluídas com êxito não garantem que não se veja surgir em plena paz uma incursão devastadora, como a que se deu em Antioquia, onde as flechas dos persas atingiram de improviso os pacatos civis que assistiam tranquilamente a uma representação teatral. Contam-se através de todo o Império episódios verdadeiramente dramáticos, como o de Décio, que caiu ao perseguir através dos pântanos de Dobruja os godos que acabavam de assassinar-lhe o filho; ou o de Valeriano, feito prisioneiro pelos persas, escarnecido e ultrajado pelo rei Sapor.

Compreende-se que uma tempestade terrível como esta provoque consequências violentas na ordem econômica e social. A bem dizer, desde a era das conquistas, Roma acostumara-se a viver acima das suas possibilidades, devorando sucessivamente as riquezas das terras sobre as quais o legionário passava a mão. Detida a conquista, as rendas decrescem; a anarquia faz o resto, e segue-se uma crise econômica como o mundo romano jamais conhecera. A produção dos gêneros alimentícios e das matérias-primas cai rapidamente; as colheitas e os rebanhos, devastados pelos inimigos ou destruídos nas guerras civis, fazem sentir cruelmente a sua falta. Muitas cidades são arrasadas e o comércio fecha as portas. As estradas romanas, orgulho secular do Império, já não são conservadas como no passado. Os salteadores, de quem já ninguém se lembrava havia três séculos, voltam a aparecer, e fala-se muito de um certo Bulas. O mar, novamente infestado de piratas, já não oferece segurança, e um bando de francos pode servir-se de barcos roubados e ir do Mar do Norte até a foz do Reno sem que ninguém o incomode. Que foi feito da amada *pax romana*?

Tudo se desmorona, tudo vai à deriva. A moeda deprecia-se de ano para ano, e embora o Estado lance mão de todos os expedientes que nós hoje bem conhecemos — tais como as manipulações monetárias, a desvalorização da moeda, os empréstimos mais ou menos vantajosos, os impostos excessivos, a vertiginosa emissão de moeda, etc. —, nada consegue deter essa marcha para a ruína. É evidente que o resultado mais claro de todos estes falsos remédios é produzir um aumento do custo de vida e uma intensa especulação. Procura-se tabelar os gêneros de primeira necessidade, mas o mercado negro ri-se dessas medidas e os gêneros são vendidos por um preço oito ou dez vezes superior aos preços oficiais. A gente pobre luta com a miséria e a fome, e o Estado acaba por arruinar-se com a distribuição de gêneros alimentícios, que já não é instrumento político mas estrita necessidade.

É, portanto, bem grave a situação do Império no decurso deste século desastroso. No entanto, Roma ainda não está moribunda; aproxima-se da última fase do seu destino, mas ainda não cedeu completamente às forças da morte. O advento da dinastia ilírica, em 268, vai sustar durante sessenta anos a derrocada final. Nascidos nas províncias do Danúbio, onde unicamente o exército conservava as antigas tradições, certos homens do povo que tinham chegado ao cume da hierarquia militar aplicam-se apaixonadamente a restabelecer a ordem e a unidade. Esses homens protegerão Roma e as suas fronteiras com a maior coragem, e, com uma inteligência política muitas vezes emérita, procurarão encontrar um novo sistema de governo, de forma que o poder não se apoie exclusivamente na força dos punhos. Assim serão Cláudio II, chamado o Gótico devido às suas vitórias na Macedônia; Aureliano, que reconduzirá Palmira e a Gália à antiga fidelidade; e sobretudo Diocleciano, que devolverá ao Império força e serenidade, pelo menos entre 285 e 305. Mas quantas perturbações não se farão sentir ainda nestes tempos de reconstrução! Quantas conspirações, como a que trará a morte a Aureliano! Os imperadores ilíricos poderão dar ao mundo romano, a braços com uma doença incurável, um alívio passageiro, certamente digno de elogios; mas, na primeira ocasião, o processo da morte retomará o seu curso.

Os sintomas da decadência

O estado de fato que as crises políticas revelam de forma brutal manifesta-se em todos os domínios. Se a palavra *decadência* não pode ser aplicada ao Império dos dois primeiros séculos, começa a justificar-se no terceiro. Todas as brechas que o sólido bloco do Império apresentava já nos seus dias de esplendor foram-se alargando e aprofundando. A infecção estendeu-se a muitas partes de um organismo que cada vez reage menos às forças de destruição.

É na ordem social que mais se nota a decadência. Pode-se dizer que, sob este ponto de vista, todo o século III revela o vazio crescente das classes superiores, dessas elites sem as quais qualquer regime depressa vem a cair na mediocridade e na inércia. A queda dos valores aristocráticos tinha começado a fazer-se sentir a partir de Augusto, e fora para salvar esses valores que o imperador tentara reconstruir uma nobreza senatorial, hereditária, fechada[3].

Mas este endurecimento ia contra as leis essenciais das sociedades humanas que, se têm necessidade das elites, necessitam também de renová-las normalmente, através de um fluxo permanente de seiva vital. Os violentos abalos do século III deveram-se em grande escala à arremetida das classes inferiores, que pretendem subir e despedaçam os entraves que lhes querem opor. Como, nesse mesmo período, a alta aristocracia romana, infiel às suas tradições, se demite cada vez mais das suas responsabilidades, preferindo aos cargos públicos as alegrias de um requintado lazer e da riqueza, não será difícil às classes de segunda categoria, particularmente à dos cavaleiros, tomar-lhes o lugar.

Os Severos, saídos da ordem equestre e apoiados por ela, desconjuntam sistematicamente a alta nobreza e substituem--na pouco a pouco por antigos plebeus, vindos da carreira das armas, que são elevados a esmo à condição de cavaleiros e depois de senadores. No fim do século III, o lugar das classes dirigentes é ocupado de fato por uma mistura confusa de elementos sociais (e mesmo étnicos) bastante indiferentes às tradições da antiga Roma, uma classe de arrivistas, interessada sobretudo em consolidar a sua fortuna mediante a aquisição de grandes domínios rurais; criou-se uma verdadeira *pseudo-elite*, aliás provisória e condenada a desaparecer à medida que progredir o funcionalismo burocrático, transformado numa espécie de câncer que tudo invade[4].

Esta crise social está profundamente ligada à evolução dos próprios princípios do Estado. Mas é uma evolução desastrosa. O cidadão romano, na realidade, já não existe[5]. No ano 212, Caracala estende o direito de cidadania aos homens livres agrupados em comunidades urbanas ou aos proprietários de terra, qualquer que seja a sua origem e a sua residência no Império. Mas, numa época de perturbações e de miséria, seria isso um bom presente? A inscrição nas listas de cidadãos significava também a inscrição no registro de novos impostos. Porventura os cidadãos recém-criados adquiriam num abrir e fechar de olhos as tradições e as virtudes da antiga Roma? Cada vez mais, seja qual for o nome com que os designem, não haverá cidadãos, mas súditos submetidos a uma crescente autocracia.

Se o cidadão estava em baixa, a cidade não o estava menos. O regime municipal, que era o fecho da abóbada do Alto Império e permitia ao imenso corpo conservar toda a sua agilidade, dava já sinais de enfraquecimento. As autoridades locais, diante de uma situação financeira cada vez mais grave, esquivam-se às suas responsabilidades; já não se encontram conselheiros municipais e torna-se necessário designá-los *ex officio* e, além disso, torná-los responsáveis pelas receitas fiscais! O sistema quase federalista dos tempos áureos é cada vez mais substituído pela centralização e pelo estatismo, duas doenças características dos regimes em declínio. Para garantir a necessária vigilância, não há outra solução senão nomear curadores imperiais: é o reinado dos burocratas. A partir dos anos 200, multiplicam-se os decretos que isentam de taxas e impostos os funcionários e também os administradores dos domínios do imperador. Quanto mais se avança nesse sentido, mais o Estado intervém em todos os setores; quanto mais precária é a sua autoridade, mais ele procura impô-la por toda parte.

Se ao menos as virtudes públicas e privadas fossem capazes de suprir as crescentes fraquezas do regime! Mas por acaso podem existir ainda virtudes públicas num tempo em que o poder é posto em leilão e em que se podem ver os pretendentes disputar por milhões de sestércios os favores dos pretorianos? O sistema do "quem dá mais?" estende-se desde o palácio imperial até a tenda do mais pequeno centurião. Mais do que nunca, o dinheiro agora é rei, rei de uma realeza absoluta e incoerente, como é costume ver em todas as épocas de desequilíbrio financeiro e de inflação. Batem em retirada os princípios da moral mais elementar. O exemplo vem de cima, da própria corte imperial, onde a vaidade e a ferocidade de um Caracala, certamente patológicas, lembram as loucuras de Nero, ou onde um Heliogábalo alardeia a infâmia dos seus costumes, das suas pálpebras pintadas, dos seus vestidos de mulher e dos seus "bonitões".

Mas, mesmo quando a imoralidade dos poderosos não chega a tais escândalos, não há imperador algum que não dê ao menos exemplo de divórcio e de concubinagem notória. Não há família de destaque que não apresente essas taras, que não esteja carcomida pelos filhos bastardos, nascidos de inumeráveis uniões com amantes escravas cujos frutos são depois legitimados. Toda a atmosfera moral desta época está impregnada de um feminismo de novo estilo, trazido do Oriente com as princesas sírias da família de Septímio Severo: mulheres que desempenham o papel de homens, porque os homens se enfraqueceram.

Deste modo, a sociedade romana dá cada vez mais a impressão de ter esgotado as suas energias vitais e de viver unicamente do impulso adquirido no passado. Uma prova palpável deste esgotamento que se vai acentuando de dia para dia é o exemplo da literatura e das artes. Aquilo que no Alto Império não era senão um sintoma[6], torna-se agora uma evidência. As letras estão em pleno declínio. A própria língua está à deriva: ao lado do latim clássico, cuja correção é defendida somente pelas classes cultas, espalha-se o latim vulgar, que varia conforme as regiões do Império e do qual resultarão as nossas línguas atuais. A literatura latina estiola-se, esteriliza-se na gramática, na retórica, na erudição de segunda categoria e nos comentários; abre-se a época dos fabricantes de dicionários e de compêndios. Quem conhece ainda os nomes de Terêncio Escauro, Suplício Apolinário, Acron, Censorino, Mário Máximo, Plócio Sacerdote? As únicas testemunhas da inteligência no Ocidente — e isso é significativo — são os juristas: o grande Papiniano, os seus discípulos Ulpiano e Paulo, que resumem e atualizam toda a tradição do direito romano, mas que são menos criadores do que herdeiros perfeitos. A literatura grega é mais rica. Díon Cássio escreve a sua *História Romana*, Diógenes Laércio as suas *Vidas dos Filósofos Célebres*, e é nessa literatura que brilha sobretudo a única personalidade verdadeiramente poderosa da época: Plotino, chefe do neoplatonismo. E é de sublinhar esta sobrevivência da atividade criadora no Oriente helenista, tão pouco romano.

A decadência parece menos acentuada na arte, mas não deixa de ser igualmente grave. O encanto maneiroso ou o realismo preciso de algumas obras-primas, como os bustos de Caracala ou Pertinax, não passam de exceções; a maior parte dos retratos oficiais carecem de vigor e revelam-se insípidos; as esculturas mitríacas parecem banais e estereotipadas. A arquitetura, hábil em construir enormes abóbadas e em lançar audaciosas cúpulas, perdeu o sentido das proporções e da medida. Domina o colossal. E a influência oriental introduz por toda parte o excesso da decoração, a ênfase, uma espécie de arte barroca, salpicada aqui e acolá de pormenores agradáveis, mas que no seu conjunto denota falta de senso e de verdadeira grandeza.

Seja qual for o ângulo sob o qual consideremos a sociedade romana, apodera-se do nosso espírito uma sensação de decadência. O diagnóstico do conjunto foi perfeitamente formulado por Guglielmo Ferrero no seu livro sobre a ruína da civilização antiga. "A civilização ocidental estava enfraquecida pela confusão crescente das doutrinas, dos costumes, das classes, das raças e dos povos; por uma espécie de anarquia intelectual e moral que tinha invadido mais ou menos todos os meios; pela mobilidade generalizada de todos os elementos da vida social; por uma espécie de febre universal que sobreexcitava as vontades e as inteligências, tornando-as capazes de esforços muito intensos, mas normalmente curtos e pouco profundos; pela banalização de todas as atividades do espírito e de todos os bens da terra".

São sinais graves, cujo mero enunciado nos faz pensar em outros sinais inteiramente análogos que cada um de nós pode observar: os de uma sociedade que perdeu o sentido da vida, que já não sabe para onde vai, que procura atingir numa fuga desordenada um fim que ela mesma já não sabe definir. Muitos homens deste tempo e desta sociedade hão de sentir fortemente a angústia dessa situação sem saída. Perante um tal amontoado de calamidades e de misérias, de inquietações e de dúvidas, um dos redatores da *História Augusta*, a vasta compilação que nos dá a conhecer esta época, não pode reprimir um doloroso gemido: "Nunca houve menos esperança de salvação".

Como, apesar de tudo, uma sociedade não pode viver sem esperança, o mundo romano do século III tratou de procurá-la. E aqui temos outro sinal bem característico: já não a busca nas suas próprias tradições, como tinha tentado no tempo de Augusto, mas numa direção estranha às suas fidelidades. A situação de falta de apoio espiritual em que Roma se colocou desde o tempo das conquistas[7], firmando o seu comportamento em bases gregas e orientais, torna-se cada vez mais evidente. Agora não se trata já de influências parciais, mas de uma submersão total; já não é uma corrente, mas uma verdadeira inundação. A partir de Septímio Severo, o Oriente instala-se no palácio imperial, na pessoa das princesas sírias que o acompanham desde a época do seu governo na Ásia: Júlia Domna, sua mulher, que vem acompanhada pela irmã Júlia Moesa e pelas sobrinhas Júlia Sêmias, mãe de Heliogábalo, e Júlia Mameia, mãe de Alexandre Severo. Estas mulheres refinadas, superiormente inteligentes mas violentamente apaixonadas pelo misticismo e pelo esoterismo, marcam toda a sua época com um cunho profundo. É graças a elas que o fluxo oriental acaba por afogar finalmente a alma latina.

Bem cedo se verá coisa pior. Não é apenas no plano moral e religioso que se fará sentir essa influência: o próprio sistema de governo vai ser copiado do Oriente. A Pérsia, que é então a mais séria inimiga de Roma, aquela cuja índole mais se opõe às suas tradições, exerce sobre ela uma atração estranha. É um fato que todas as sociedades profundamente deficientes olham com um desassossego doentio os seus piores adversários. Perante o império sassânida, governado com mão de ferro, unido em torno dos temas religiosos masdeus que se vão fixando nesta época, o Império Romano, dilacerado pelas facções, entregue a todas as inquietações, arruinado material e moralmente, sente-se fraco e fascinado pelo exemplo daquela potência. E quando, no fim do século, Diocleciano tomar o poder, irá buscar ao mundo iraniano os seus métodos — incluídas as prosternações diante do imperador como se se tratasse de um deus vivo —, as hierarquias dos funcionários, a corte atulhada de favoritos e de eunucos. Roma estará em vésperas de assinar a sua carta de demissão.

Em busca de uma religião

A agitação febril que se observa em todos os aspectos do mundo romano no século III culmina na religião. É tão decepcionante tudo quanto o homem vê sobre a terra que ele ergue insensivelmente os olhos para o céu.

Mas a resposta que recebe é tão múltipla e tão contraditória que não lhe satisfaz nem a alma nem o espírito. A sua consciência debate-se no meio de enigmas, e é no meio de uma prodigiosa confusão que ela procura encontrar soluções para os problemas eternos de Deus, da natureza, da morte e do destino.

A evolução religiosa que se manifestara no princípio do Império[8] não cessou de acentuar-se. Enquanto as velhas divindades indígenas — itálicas, célticas, ibéricas e outras — continuam a viver graças à fidelidade dos simples, e desde o imperador até o último dos funcionários a Roma oficial mantém o culto das divindades do Estado, o inumerável Panteão asiático despeja uma torrente continuamente renovada de potências sobrenaturais que encontram, todas, os seus adoradores; ao mesmo tempo, todos os ocultismos, todos os esoterismos, mais a magia e a astrologia pululam e se espalham por toda parte. Para podermos fazer uma ideia do que seria essa efervescência que afogava a alma pagã, seria preciso imaginar o que seria a Europa atual se, ao lado de um cristianismo professado como obrigação burocrática, víssemos pulular as seitas bramânicas, budistas, confucionistas e muçulmanas; se víssemos erigirem-se numerosos templos em que se praticasse o espiritismo e a teosofia; se víssemos as pessoas mais cultas orientarem a vida pelo seu horóscopo, e se víssemos ainda, nas ruas de Paris ou de Londres, os lamas tibetanos, os gurus da Índia, os *mullahs* do Islã e os feiticeiros do vudu acotovelarem-se alegremente com padres, monges, pastores e rabinos.

Queremos um exemplo concreto do que era, sob o ponto de vista religioso, um romano dessa época? Consideremos Septímio Severo. Este rude sodado nada tinha de um vão sonhador ou de um espírito indeciso. Como *Pontifex Maximus*, cumpre com cuidado os seus deveres para com a tríade capitolina, restaura os templos dos velhos deuses e celebra com pompa os jogos religiosos tradicionais. Hércules e Baco, protetores de *Leptis Magna*, sua cidade natal da África, não podiam encontrar guardião mais zeloso do que ele. Mas, ao mesmo tempo, inicia-se nos mistérios gregos. Traz para Roma Tanit, a "rainha do céu" de Cartago; é um devoto do Serápis do Egito; reconstrói na Síria os templos de Baal, com a grandiosidade que ainda hoje podemos observar em Baalbek; e acredita com tanta convicção nos astros que manda construir uma torre-observatório à moda babilônica, com sete andares que lembram os sete planetas. Junto dele, sua esposa Júlia Domna, sua cunhada e as sobrinhas, as princesas sírias, são sacerdotisas do Baal de Émeso, iniciadas no neopitagorismo e fanáticas do taumaturgo Apolônio de Tiana. É difícil compreender como uma inteligência humana podia conservar a sua identidade no meio de tanta barafunda.

Podemos classificar as tendências dominantes desse conjunto incoerente de correntes religiosas em quatro grupos principais: a astrologia, o mitraísmo, o neoplatonismo e o sincretismo. Se é verdade, por um lado, que cada um destes grupos corresponde *grosso modo* a determinados elementos da população — o exército é principalmente mitraísta; os intelectuais, neoplatônicos —, por outro, é impossível determinar limites nítidos. Além disso, a confusão que acabamos de assinalar traz consigo as aproximações mais estranhas.

A *astrologia* ocupa, na consciência pagã desta época, um lugar quase inacreditável. Não há talvez um único súdito do Império, com exceção dos cristãos, que não seja seu adepto em maior ou menor medida. Nascera no Oriente, nessa Mesopotâmia onde milhares de anos atrás se havia instaurado o culto das divindades astrais, e por isso aqueles que o praticavam eram chamados, em Roma, *chaldae*, caldeus. Arrastou na sua esteira elementos da ciência grega e do esoterismo egípcio; ligou-se às tradições de Hermes Trismegistos, deus a par dos segredos do mundo, e associou-se de uma forma ou de outra a todos os cultos orientais, no momento em que os velhos métodos da adivinhação pelos frangos sagrados e pelas entranhas das vítimas, tão caros aos romanos, deixaram de merecer crédito.

É a astrologia que satisfaz o desejo supersticioso que a alma antiga alimenta de conhecer o futuro. Exibindo nesses primeiros séculos todas as características de uma ciência exata, seduz as inteligências. A sua metafísica apresenta, aliás, traços de uma certa nobreza: afirma que, entre o mundo e o homem, o *macrocosmos* e o *microcosmos*, há uma relação de simpatia e de semelhança em virtude da qual os acontecimentos da vida estão ligados ao curso dos astros. É por isso que todos querem ter o seu horóscopo, e é por isso que esta visão matemática do mundo suscita adeptos tão fervorosos. Os costumes e a língua deixam-se impregnar tão fortemente de astrologia que os seus vestígios perdurarão até os nossos dias. Não designamos ainda hoje os dias da semana conforme termos astrológicos? E não dizemos de um ser humano que é *marcial*, *jovial* ou *lunático*? Não parecemos reconhecer os dogmas astrológicos, talvez sem o sabermos, quando falamos de uma "boa estrela" ou de um "desastre"?

No século III, a astrologia tem todas as características de uma verdadeira religião. A ideia da "religião de simpatia" tornou-se um sentimento profundo, que leva a alma a comunicar-se, pela contemplação do céu, com o mistério do universo. Os melhores dos sacerdotes-astrólogos juntam aos seus sábios devaneios alguns elementos éticos que foram buscar a outras doutrinas. Mas o fundo de todos estes dogmas é o fatalismo, aliás universalmente proclamado por escritores e por imperadores, e que corresponde perfeitamente ao estado de espírito de uma sociedade em que a vida vai desfalecendo. Já que o mundo terrestre parece absurdo e a desgraça é a sorte que cabe ao homem contemporâneo, só há uma solução: deixar agir o destino, rigoroso como o curso dos planetas, e esperar que, no retorno eterno do "grande ano", volte a aparecer mais tarde — muito mais tarde — a idade de ouro[9].

Se a astrologia se apresenta como uma corrente complexa, polimorfa, que se infiltra por toda parte, o *mitraísmo* tem, no século III, todas as características de uma religião estabelecida. Foi o último dos cultos orientais que se espalharam pelo mundo romano ao longo de seiscentos anos. Viera dos reinos da Ásia Menor, quando as legiões romanas ali tinham o pé e Roma vencera Mitrídates; mas nascera muito mais longe, nos planaltos iranianos, e mergulhava as suas raízes no mais profundo das tradições persas. Mitra, originariamente, parece ter sido uma divindade de segunda categoria no sistema teológico em que Ahura-Masda, o deus justo, combatia o poder maldito de Ahriman. Gênio puro da luz, manifestação do bem perfeito, tomou cada vez mais as características do deus que luta pela verdade e pela justiça. Foi em torno da sua figura que se alinharam finalmente os temas religiosos dualistas, tal como o Zend-Avesta os expôs a seguir à reforma de Zoroastro. Por outro lado, parece que, na sua marcha para o Ocidente, esta religião absorveu um certo número de tradições da Ásia Menor e da Frígia, especialmente aquelas que associavam a diversos ritos o culto e o sacrifício do touro[10].

Foram os legionários que depararam com o mitraísmo e que o espalharam, de acampamento em acampamento, através de todo o Império. Havia uma afinidade profunda entre o espírito militar e o desta religião, que apresentava, a vida como um combate heroico contra as forças do mal e chamava "soldados" a certos dos seus iniciados superiores. Mitra, herói viril e casto, que desprezava os encantos femininos em que se compraziam tantos deuses asiáticos, oferecia um ideal de fervor, de heroísmo, uma espécie de concepção nietzscheana do mundo. Numa sociedade que se sentia doente, esta doutrina vigorosa era como um apelo à juventude e à saúde. O êxito foi extraordinário. No decurso dos dois primeiros séculos, o mitraísmo espalhou-se com uma força incrível, aliás apoiado pelos poderes imperiais, pois o sistema hierárquico dessa doutrina vinha a defender a autoridade.

Apareceram por toda parte capelas mitríacas; Roma contava sessenta e havia-as também em Lyon e em Paris. Multiplicaram-se as confrarias de iniciados, e nelas, reunidos em grutas (símbolo da abóbada do céu original), os místicos veneravam o jovem deus que criara o mundo por meio do sangue do touro decapitado. Uniam-nos certos ritos de iniciação que fazem lembrar a franco-maçonaria. No século III, converte-se numa verdadeira igreja, que se instala entre diversas camadas da sociedade romana.

"Se, ao nascer, o cristianismo tivesse sido detido no seu crescimento por uma doença mortal, o mundo teria sido mitríaco". Esta frase de Renan, frequentemente citada, encerra uma certa verdade. Pela sua moral elevada, por certos elementos da sua metafísica e pela exigência de salvação que proclamava, a religião de Mitra não era uma rival indigna do cristianismo. Faltavam-lhe, porém, os elementos que faziam a grandeza do seu adversário. Não apresentava à adoração um Deus feito homem, muito próximo do coração de cada um; punha o acento no heroísmo e no esforço, mas ignorava a caridade e a misericórdia: religião da vontade, não era uma religião do coração. E como todos os sistemas dualistas, trazia em última análise dentro de si essa opção contra a vida que é tão desanimadora. A alma romana, depois de ter tentado reanimar nela as forças desfalecidas, teve de abandoná-la quando, no meio das violências e das provações, quis retornar à esperança e à paz.

O mitraísmo seduziu os homens dc ação, mas os intelectuais voltaram-se para outra direção, também oriental; toda a luz vem agora do Oriente. Em Alexandria, sob o domínio dos Severos, constituiu-se uma escola de filosofia que ganhou renome em pouco tempo; é conhecida como *neoplatonismo*. O seu fundador, Amônio Saccas, agrupou à sua volta muitos discípulos, mesmo cristãos como Orígenes. Entre esses discípulos, houve um que os ultrapassou a todos: *Plotino*. Dentro em breve, é ele quem assume o primeiro lugar e, morto o mestre, quem o substitui. Trata-se de um homem profundo, austero, de uma inteligência vasta e sutil, e que é ao mesmo tempo um pensador e uma espécie de santo. Mudando-se para Roma, despertou um interesse apaixonado, e imperadores como Galiano assistem às suas aulas. Chega a ser-lhe concedida licença para fundar na Campânia uma cidade de perfeitos, uma "Platonópolis", mas morre antes de poder levar a cabo a empresa. Depois dele, o seu discípulo Porfírio reduz a escrito as suas palestras, como Platão fizera com Sócrates, num conjunto de seis livros que contêm cada um nove tratados, e que se denominam as *Eneadas*.

O neoplatonismo apresenta-se simultaneamente como uma filosofia e uma religião, no sentido amplo do termo; ou, se assim o quisermos, é uma filosofia religiosa. É a doutrina das pessoas inteligentes, dos espíritos superiores. Plotino não rejeita o velho paganismo; pelo contrário, venera os antigos deuses, as lições de Orfeu e de Hermes Trismegistos, os livros das Sibilas; não são estas as formas aproximativas de uma tradição muito venerável? Mas esses elementos díspares e discutíveis são por ele ordenados e rematados, depois de reinterpretá-los à sua maneira. Aquilo que Fílon de Alexandria fizera para o judaísmo, três séculos antes, Plotino fá-lo agora para o paganismo: suscita uma síntese nova entre os dados tradicionais e o pensamento grego e, servindo-se de elementos que vai beber nos estoicos, em Aristóteles e sobretudo em Platão, elabora um sistema em que o paganismo se vai encontrar apoiado e restaurado.

Para ele, o divino tem três planos: o Ser em si, abstrato, indeterminado, origem de tudo, poder inefável que tem nos deuses da mitologia as suas manifestações simbólicas sob uma forma ainda rudimentar; a Inteligência, imagem do Ser em si e sua projeção sobre o plano a que o homem pode chegar pelo conhecimento, molde do qual nascem os seres; e a Alma, emanada da Inteligência como a Inteligência emana do Ser, que anima o mundo da criação e lhe dá o seu sentido. As almas individuais não são mais do que parcelas da alma universal. A alma humana deve, pois, libertar-se da matéria a que está unida, ligar-se por intermédio da Alma universal à Inteligência e por meio desta ao Ser. Desta maneira, torna-se necessário um triplo esforço: pela ascese, vencer a matéria; pela iluminação, atingir a Inteligência; pela contemplação e pelo êxtase — tão raros, aliás, que o próprio Plotino só os alcançou seis vezes —, unir-se a Deus.

Assim, às almas exigentes que o politeísmo banal desiludira, o neoplatonismo oferece um sistema teológico e moral que não se pode considerar medíocre. É evidente que lhe faltam, ou são por ele combatidos, muitos dos grandes elementos cristãos: a Redenção, a Graça, o Amor de Deus; e a própria virtude não passa de um esforço do homem por desembaraçar-se da matéria como elemento estranho. Mas também não há dúvida de que esta doutrina intelectualista e orgulhosa trazia seiva nova ao velho paganismo, revelando-se muito superior às tentativas de restauração oficial dos antigos cultos. Eis por que a sua influência foi sutil e eficaz, e deu a impressão de ter oferecido um pouco de paz às almas inquietas[11].

Astrologia, mitraísmo e neoplatonismo: não podemos considerar mais ou menos desvinculados uns dos outros, ou opostos, estes três diferentes elementos do tormento religioso desta época. Há entre eles inúmeros contatos e contaminações. A tendência mais forte é justamente associar todos esses elementos, fundi-los, não somente entre si, mas com todos os do velho paganismo greco-romano e das religiões orientais: é o *sincretismo*, que constitui uma corrente poderosa ao longo de todo este século III.

Há dois elementos simultâneos que se dão a mão com toda a firmeza. Por um lado, a tendência constante do espírito humano, nas épocas de decadência, para subordinar as doutrinas fixas e estabelecidas a combinações religiosas arbitrárias, em que o rigor dos princípios cede diante de umas comparações falazes; e, por outro lado, uma intenção, perfeitamente clarividente em certos pagãos, de reunir num só feixe os elementos de todas as religiões, a fim de que possam defender-se melhor. A ideia fundamental do sincretismo é que se pode dar uma unidade nova a todos os velhos cultos, apresentando os inumeráveis deuses de todas as nações como representantes de uma divindade suprema, autora do mundo, que ela governa por intermédio desses deuses inferiores. Os imperadores compreendem logo o proveito político que podiam tirar dessa ideia para garantir a unidade dos seus domínios, e a maior parte deles são, no século III, resolutos sincretistas.

Os sinais da tendência sincretista são numerosos. O retrato religioso de Septímio Severo aplica-se à maioria dos seus sucessores. Encontrou-se na termas de Caracala uma coluneta de mármore dedicada simultaneamente a Zeus, Hélios, Serápis e Mitra. Alexandre Severo tinha também, no seu oratório, uma coleção heteróclita de ídolos pertencentes aos mais diversos cultos. Mas a verdadeira intenção sincretista revela-se claramente nos esforços empreendidos por Júlia Domna e, mais tarde, por Aureliano, para impor como religião única, ponto culminante e expressão suprema do paganismo, o culto do Sol, símbolo do poder inefável, ao qual todos os crentes de todos os cultos podiam oferecer as suas devoções.

É a esta corrente sincretista que se prende uma obra que conheceu um sucesso gigantesco no século III: a *Vida de Apolônio de Tiana*. Júlia Domna, que foi a instigadora dessa obra, compreendera que, para estabelecer uma forma nova de religião, era necessário apresentá-la por meio de um homem que se pudesse amar. Lembrou-se então de encarregar ao retórico Filostrato a biografia de um filósofo e taumaturgo do primeiro século, Apolônio, nascido em Tiana, na Capadócia, a respeito do qual pouco se sabia. Bordando com floreios um tema tão vago, Filostrato fez do seu modelo o mensageiro do culto solar sincretista, um asceta vegetariano vestido de linho branco, um iniciado do neopitagorismo, um sábio e um profeta. Atribuiu-lhe milagres, afirmou que falava todas as línguas e traçou dele um retrato moral irretocável. Mas todo esse andaime carecia de bases doutrinais. Do ponto de vista religioso, Filostrato não passava de um espírito medíocre, e a moda depressa pôs de parte Apolônio e o seu insuficiente profeta. E quando, no século seguinte, Juliano, o Apóstata, tentar reconstituir o sincretismo solar, todo o seu esforço desembocará num malogro total.

Assim se apresentava a situação religiosa do mundo romano no século III. Os aspectos que já antes se notavam no paganismo foram-se acentuando. O tormento espiritual, a intranquila busca da verdade tornaram-se mais vivos, mas nem por isso encontravam solução mais satisfatória. Este fato tem algo de pungente, mas, para o futuro do cristianismo, é de grande importância. Todas essas formas religiosas, mesmo quando sustentadas por adversários declarados da Igreja, como é o caso de certos neoplatônicos e sincretistas, abrem-lhe caminho sem o saberem. São elas que impelem os corações sinceros para uma doutrina que é, ao mesmo tempo, a mais espiritual e a mais humana, a mais completa e a mais consoladora. Na imensa crise em que se debate o mundo antigo, o Evangelho não vai demorar a aparecer como a única possibilidade de salvação.

A expansão cristã

Em face desse organismo imperial cujas forças vivas estão num visível declínio, ergue-se o cristianismo com um vigor que não cessa de crescer de dia para dia. Há um contraste pasmoso entre o andar hesitante, às apalpadelas, da velha sociedade romana, e a retidão do caminho por onde a Igreja avança — caminho da vida e da verdade. Tendo saído decididamente da obscuridade que abrigara os seus primeiros esforços, é agora à plena luz do dia que ela enfrenta todos os riscos. Uma ação apostólica incessante, feita pelos meios mais diversos e em todas as direções, que nada nem ninguém ignora ou despreza, faz germinar as raízes cristãs na quase totalidade das partes do Império. Conquista metódica, que sabe aproveitar-se das insuficiências e incertezas do adversário e que, em cada avanço, consolida os êxitos obtidos para se lançar num novo impulso, a expansão cristã surpreende-nos pela sua extensão e poder: nenhuma técnica moderna de propaganda jamais a ultrapassou em eficácia.

Com efeito, quando observamos o mapa do cristianismo no século III, não podemos deixar de ficar estupefatos diante do vasto campo que abrange. Praticamente todo o Império recebeu a semeadura do Evangelho, ainda que em graus diversos. Depois de ter seguido nos primeiros tempos os grandes eixos de intercâmbio do mundo romano, de ter percorrido as estradas, transposto os rios e conquistado os portos, a propaganda cristã abandona agora com denodo os caminhos mais frequentados e aparece nas províncias mais recônditas. Há cristãos em York e em Córdova, como os há no Alto Egito ou entre os povos do Danúbio.

O Oriente, sobretudo o Oriente helenizado, continua a ser o primeiro baluarte da Cruz: a Ásia Menor, as costas gregas, a Trácia, a Macedônia e, no Egito, a região em que Alexandre e os seus herdeiros deixaram a sua marca. Na Palestina, a sua terra natal, a nova doutrina, sob a forma judaico-cristã, não experimenta qualquer expansão, e se a cidade reconstruída sobre as ruínas de Jerusalém — *Aelia Capitolina* — possui uma comunidade de fiéis[12], são as cidades gregas da costa, entre elas Tiro e Beirute, na Síria, que agrupam o maior número de cristãos. Na Síria do Norte, Antioquia continua a desempenhar o papel de metrópole cristã que desempenhava já desde as origens, e o seu bispo detém um poder que os príncipes de Palmira e os reis de Osroene, seus vizinhos, respeitam com veneração. Por volta do ano 200, converte-se Abgar IX, rei de Osreone, e daí em diante a sua capital, Edessa, torna-se um centro de propaganda evangélica muito ativo, de onde partem missionários para a Armênia e para os países dos partos. Toda a Ásia Menor, pelo menos quanto às cidades, é metodicamente evangelizada ao longo do século III. São Paulo tem eméritos descendentes nestas terras. A Bitínia, no dizer de Dionísio de Alexandria, torna-se "o país das comunidades mais populosas"; quer no próprio coração da Capadócia, quer nas montanhas do Ponto, a Cruz está solidamente implantada.

Se a Grécia, depois do magnífico impulso dos primeiros séculos, viu aumentar mais lentamente no século III o número das suas igrejas, o cristianismo irrompeu poderosamente em toda a Ilíria, a vasta região do Danúbio, onde a romanidade tinha raízes tão fundas que é de lá que lhe vêm, no fim do século, os seus imperadores. Mésia, Panônia, Dalmácia,

Récia, não há província que não inscreva o seu nome no rol dos santos e dos mártires.

Na Itália, os progressos são rápidos e constantes, como podemos observar pelo número de sedes episcopais que lá se contam. Por volta do ano 190, há apenas três bispos entre os Alpes e a Sicília: o de Roma, o de Milão e o de Ravena; mas em 251 um concílio reúne em Roma, sob a presidência do papa Cornélio, sessenta bispos da Itália. Em torno da Cidade Eterna, as comunidades proliferam de tal modo que há bispos em Óstia, em Albano e em Tíbura; também Nápoles tem os seus antes do fim do século e, no norte, Verona e Bréscia completam a obra de Milão.

A Gália cristã apresenta uma magnífica atividade no decorrer deste século. Limitada até então à bacia do Ródano, a ação cristã ultrapassa-a e atinge todos os pontos do país. Cessada a crise de 177, o grande bispo de Lyon, Santo Irineu, empreende tenazmente a obra da expansão cristã: é a ele que Autun, Tournus, Chalon-sur-Saône e Besançon devem provavelmente o Batismo. Depois dele, a tarefa prossegue, conduzida não só pela comunidade lionesa, mas por outros elementos de missão. São Gregório de Tours, o bispo historiador do século IV, situa no período dos anos 250 a chegada à Gália dos sete bispos vindos de Roma, cada um dos quais teria fundado uma comunidade que a tradição piedosa das dioceses havia de ligar depois aos discípulos diretos de Cristo[13]: Gaciano em Tours, Trófimo em Arles, Paulo em Narbonne, Saturnino em Toulouse, Dinis em Paris, Austremoine em Clermont e Marcial em Limoges. É também perfeitamente possível que tenham sido enviados missionários de Roma à Gália, e diversas comunidades, principalmente Arles e Toulouse, parecem ter a sua origem em data anterior à indicada por São Gregorio. Seja como for, é no decurso do século III que os bispos se multiplicam na terra gaulesa e que, em vez da única sede de Lyon, passa a haver daí por diante uma dúzia delas.

Verifica-se, pois, uma prodigiosa vitalidade, de que dá provas esta conquista do Império. Não há lugar nenhum em que o legionário ponha o pé e a Cruz não seja implantada. O cristianismo transpõe — fato impressionante — as próprias fronteiras do Império. Há regiões dominadas por inimigos de Roma, como a Mesopotâmia e a Pérsia, que contam com igrejas cristãs. Os portos da Índia e da Etiópia veem passar os pregadores do Evangelho. Os ferozes númidas, que habitam os Altos Planaltos da África; os bretões, que se conservavam independentes do jugo de Roma; até mesmo os germanos e os godos, todos ouviram falar da Boa-nova. É certo que, em muitos casos, se trata apenas de sementes lançadas ao acaso, destinadas a só produzirem fruto muito mais tarde; contudo, as raízes que lançaram à terra são sólidas e já nenhuma força inimiga terá poder para as arrancar.

Mas não é somente no sentido da extensão que devemos considerar esta expansão cristã: temos de vê-la também na profundidade da sua penetração. Esta não é uniforme, mas é geral; nenhum elemento humano lhe escapa. As cidades antecipam-se às povoações rurais, como aconteceu desde o princípio. São sobretudo as populações das cidades as que se convertem, porque as aldeias, de acesso mais difícil e fortemente agarradas às suas velhas superstições, só mais tarde é que recebem o Evangelho. No entanto, no Oriente, já se citam povoações rurais penetradas pelo cristianismo; no Ocidente, onde a tarefa é imensa, Santo Irineu lança-se a ela energicamente e desenvolve um apostolado fulgurante junto dos seus "caros celtas".

No plano social, o cristianismo continua a ser uma religião de gente humilde, se o considerarmos no seu conjunto. Os seus adversários, como Celso, riem-se dele e põem na boca dos fiéis estas palavras que julgam insultuosas: "Se houver em qualquer parte um camponês, um tolo ou um pobre coitado, que venha a nós com toda a confiança". Mas são os próprios cristãos que não fazem qualquer mistério da sua origem modesta. "É a ti que eu me dirijo — escreve Tertuliano —, a ti, alma ingênua, que nada conheces além daquilo que se aprende nas ruas e nas lojas...". Orígenes confessa que os cristãos são ainda, na sua maior parte, humildes artesãos: "tecelões, pisoeiros e sapateiros", recrutados, como dirá no século seguinte São Jerônimo, "no seio da vil multidão".

No entanto, não cessou a penetração nas classes altas, que, como vimos, começara já nos primeiros tempos da Igreja. A alta aristocracia romana, incluída aquela que rodeia o imperador, conta um número cada vez maior de elementos cristãos. Já no tempo de Cômodo havia uma catecúmena, favorita do imperador, cuja fé e caridade valiam mais do que os seus costumes, e que tinha levado o amante a usar de mansidão para com os seus irmãos em Cristo. Entre os agregados da casa dos Severos encontravam-se também numerosos cristãos, como Próculo Torpacião, médico de Septímio Severo, e Évodo, preceptor de Caracala e de Gaeta. Alexandre Severo e sua mãe Júlia Mameia, têm à sua volta muitos fiéis, a tal ponto que a influência cristã se faz sentir nitidamente neste reinado. Ao tempo de Filipe, o Árabe, um dos cônsules em exercício, Emiliano, é também cristão.

Não são, portanto, apenas os humildes que se entregam a Cristo; muitos ricos que desfrutam de elevada posição seguem agora o Mestre: advogados como São Gregório Taumaturgo ou São Cipriano de Cartago, mulheres da sociedade como Santa Perpétua, grandes burgueses da província e "claríssimos" de famílias senatoriais. Assim se constitui uma elite, uma classe dirigente, que escapa aos vícios da alta sociedade pagã e que, pela fraternidade cristã, se mantém em contato com o povo fiel. Este aspecto é de uma importância capital para o futuro, quando for necessário substituir os funcionários romanos demissionários.

Em resumo, temos a impressão de uma imensa fermentação cristã que atua em todos os meios. Cada um na sua esfera e com os recursos de que dispõe — desde o mais sábio dos eruditos até esses pobres servos de cujo zelo apostólico Celso escarnece tão amargamente —, esforça-se por irradiar a luz que traz dentro de si. Será possível exprimir em cifras o resultado desta imensa atividade? Por agora é bem difícil. A gente desta época não nutre pelas estatísticas o respeito supersticioso que lhe dedicam os modernos. É muito raro encontrarmos dados que nos forneçam alguma pista. Em Roma, por exemplo, em meados do século III, uma carta do papa Cornélio diz-nos que há "quarenta e seis presbíteros, sete diáconos, sete subdiáconos, quarenta e dois acólitos, cinquenta e dois exorcistas, leitores e ostiários, e mais de quinhentas viúvas e indigentes", o que permite supor que a comunidade contava entre quarenta e cinquenta mil almas — ainda pouca coisa para uma população de mais de um milhão de habitantes. Cartago e Alexandria deviam ter igrejas de importância parecida. Na Ásia Menor, a densidade cristã era certamente mais forte: eram maioria em muitos lugares, e é possível que, algumas vezes, talvez toda a população fosse cristã. Pela irritação que provoca a sua presença, conforme os múltiplos testemunhos que possuímos, pode-se fazer uma estimativa razoável do número de cristãos nessas regiões.

Umas palavras frequentemente citadas de Tertuliano parecem fazer uma avaliação grandiosa desta expansão cristã: "Se nós quiséssemos agir — escreve ele aos pagãos —, não como vingadores clandestinos, mas como inimigos declarados, faltar-nos-iam efetivos? Somos de ontem e já enchemos o mundo. Estamos hoje em tudo o que é vosso: nas cidades, nas ilhas, nas fortalezas, nos municípios, nos pequenos burgos e mesmo nos campos, nas tribos, nas decúrias, no Senado e no Foro. Só vos deixamos os vossos templos". É necessário, sem dúvida, ter muito em conta nesta apóstrofe a ênfase de um retórico meridional; ao escrever essas linhas, por volta do ano 200, o inflamado polemista antecipava em certa medida a realidade. Mas a ideia que exprimia era, em termos gerais, inteiramente exata. A Igreja, numericamente, socialmente e dentro em breve politicamente, é um poder com que se deve contar.

O desenvolvimento das instituições cristãs

O incremento do número de cristãos obriga, como é natural, a um desenvolvimento das instituições e dos serviços da Igreja. As grandes comunidades do tempo de Septímio Severo ou de Aureliano não se comparam com os pequenos núcleos de cristãos dos tempos primitivos, nem mesmo com as primeiras igrejas de algumas centenas de fiéis. Sob este ponto de vista, o século III é também uma época de transição, em que se prepara a decisiva mudança de plano do século IV.

Seja qual for o ângulo a partir do qual consideremos o cristianismo, esta época marca uma nova fase. A Igreja sente a necessidade de estabilizar os seus costumes e de precisar a sua tradição. Tudo era até então mais ou menos móvel, fluido, como acontece com uma pessoa viva no período da infância; semelhante a um homem que chega à idade adulta, a Igreja agora ganha estatura. É o momento em que se fixa o cânon do Novo Testamento: o famoso fragmento de Muratori mostra que a lista dos textos sagrados já não sofre alterações a partir desta época[14]. É o momento em que a regra da fé se torna definitivamente precisa, formulada nos termos do

Credo, e em que a liturgia, sem ser ainda uniforme em toda a Igreja, se organiza em cada um dos grandes centros segundo os princípios tradicionais. É enfim o momento em que a disciplina eclesiástica, se não é codificada pela própria Igreja, pelo menos é formulada em diversas obras muito veneradas: as principais são a *Didascália dos Doze Apóstolos*, escrita provavelmente na Síria do Norte, e a *Tradição Apostólica*, da autoria de Santo Hipólito, sábio sacerdote de Roma[15]. São os primeiros ensaios conhecidos que se propõem estabelecer um "corpus" de direito eclesiástico, e, comparados com a velha *Didaquê* do século precedente, mostram com toda a clareza os progressos realizados na precisão e na complexidade das instituições.

No plano local, no interior de cada comunidade, a hierarquia eclesiástica desenvolve-se consideravelmente. Há para isso duas razões simultâneas: por um lado, à medida que cresce o número de cristãos, aumenta o trabalho imposto aos clérigos, o que implica um alargamento dos quadros e sua especialização; por outro, a Igreja, que já não se encontra na época das livres efervescências do entusiasmo, faz ingressar num sistema por ela controlado os antigos tipos individualistas de testemunhas do Espírito Santo.

No século III, o clero compreende, em geral, sete classes: bispos, diáconos, subdiáconos, acólitos, leitores, exorcistas e ostiários, sem que seja necessário exagerar a rigidez desta classificação nem recusarmo-nos a admitir que certos homens tenham podido exercer, ao mesmo tempo, várias dessas funções. Abaixo dos bispos, os mais importantes são os diáconos. Geralmente pouco numerosos e reduzidos a maioria das vezes à cifra de sete, que lembrava as origens da instituição [16], são ajudados cada um por seis subdiáconos, que, por sua vez, têm os acólitos como assistentes, pelo menos no Ocidente. Os leitores são os encarregados de ler e de comentar o Evangelho e os outros textos sagrados. Os exorcistas, que constituíam noutro tempo personagens excepcionais que recebiam de Deus o poder de vencer os demônios, fazem agora parte da hierarquia. Aos ostiários, por fim, incumbe a tarefa de proteger as igrejas, de velar pela boa ordem e, sem dúvida, de cuidar da distribuição das esmolas. Há, assim, um conjunto harmonioso de tarefas e funções.

O clero constitui, doravante e definitivamente, a única categoria nitidamente diferenciada entre os fiéis, à parte os catecúmenos, que não são ainda cristãos. Já não se está nos tempos primitivos, em que os clérigos mal se distinguiam do comum do rebanho e, sem deixarem de exercer o seu papel sacerdotal, podiam desempenhar este ou aquele ofício. É a partir do século III que o sacerdócio se torna uma função social.

Para servir o Senhor, será necessário renunciar ao casamento? Não parece que tenha sido uma estrita obrigação em toda a Igreja. A *Didascália*, por exemplo, não indica que os clérigos sejam diferentes dos outros homens nesta matéria. Mas não há dúvida de que existe uma corrente muito forte que impele para o celibato eclesiástico, pelo menos nas ordens superiores. O Concílio espanhol de Elvira, no ano 300, apoiar-se-á numa tradição já antiga quando decretar: "É proibido aos bispos, presbíteros e diáconos, isto é, a todos os clérigos votados ao ministério do altar, manter relações com a esposa e gerar filhos; todo aquele que violar esta proibição será destituído das suas funções". Medida rigorosa, mas que tem uma importância histórica imensa. Perante uma sociedade pagã em que a vida sexual era tão depravada, o celibato eclesiástico tende nada menos do que a estabelecer uma aristocracia moral de primeira ordem.

É igualmente no século III que a Igreja instala sobre bases novas as condições práticas da sua existência. Nos primeiros tempos, os lugares de culto e de sepultamento eram propriedades particulares postas à disposição da comunidade. Nessas circunstâncias, que sucederia, por exemplo, se o herdeiro pagão de um rico cristão se recusasse a permitir que os seus terrenos continuassem a servir para esse fim? Ou se um herege pretendesse que a sua família fosse enterrada ao lado dos verdadeiros fiéis? Por isso, a partir do século II, sob o pontificado de Zeferino, começa a estabelecer-se o costume das propriedades corporativas pertencentes coletivamente à Igreja. E por que meio jurídico se chegou a isso? Não se sabe ao certo[17].

Organizando-se como associações de fato, que o poder considerava ilícitas, mas para com as quais punha em prática, como havemos de ver, uma política complexa e mesmo contraditória, as comunidades cristãs vão-se aproveitar da insegurança das autoridades para aumentar os seus domínios, e pode-se dizer que, quando o século II chegar ao fim, a propriedade coletiva dos bens da Igreja será um fato consumado[18].

Desenvolveu-se, pois, um enorme esforço que levou a consolidar os resultados e a dar ao organismo cristão em pleno crescimento o seu esqueleto e a sua ossatura. Mas o mesmo processo de desenvolvimento teve ainda outro resultado, cuja importância somente virá a manifestar-se mais tarde. Tudo se passa como se, no fundo de uma consciência que o Espírito ilumina, a Igreja pressentisse que viria o dia em que teria de substituir o Império que cada vez mais desfalecia na sua missão e se estivesse preparando para isso.

É assim que o sistema territorial sobre o qual assenta a organização eclesiástica tende para a hierarquização. A princípio, esse sistema fora bastante tênue; cada comunidade tinha à sua frente um bispo, mas os limites da sua autoridade eram extremamente variáveis, e havia igrejas locais muito extensas ao lado de outras minúsculas, quanto à sua circunscrição. Pouco a pouco estabelecem-se demarcações e a hierarquização impõe-se. Os bispos das pequenas comunidades, das pequenas aldeias e vilas, passam a ter um papel mais ou menos secundário; são chamados *coreptscopos*, e a sua autoridade irá decrescendo pouco a pouco. Pelo contrário, certos bispos de grandes centros veem aumentar o seu poder; assumem comandos e beneficiam-se de um primado de fato. Em muitos casos, sob a sua jurisdição, os chefes das comunidades já não são bispos, mas simples presbíteros; é a origem da organização paroquial hierarquizada, que agora se desenvolve de preferência à dos pequenos episcopados múltiplos. E o mais importante é que, muito naturalmente, esta organização episcopal se molda cada vez mais à semelhança dos quadros imperiais. Na maior parte dos casos, a circunscrição eclesiástica identifica-se com a *província* romana; no princípio do século IV, os Concílios de Niceia e de Antioquia hão de afirmar formalmente que o bispo da metrópole provincial tem primazia sobre todos os demais da região.

Esta evolução tende por conseguinte a instalar ao lado da organização imperial uma organização cristã, e ao lado dos altos funcionários de Roma as autoridades cristãs; chegará o dia em que o poder, escapando das débeis mãos daqueles, passará para as mãos destes. Tanto que, numa época em que é notória a decadência das funções públicas, os quadros cristãos se revelam excelentes. Estes bispos — que assumem praticamente toda a responsabilidade pela sua comunidade, e que já não têm a seu lado o colégio presbiteral na forma antiga, porque de fato os sacerdotes se integraram na função paroquial e já não desempenham o primitivo papel de um pequeno senado consultivo —, estes bispos que espiritual, moral e materialmente encarnam a Igreja — *Ecclesia in episcopo*, diz São Cipriano —, suportam com uma firmeza heroica o peso que trazem sobre os ombros.

Tal como o primeiro e o segundo, o século III conta admiráveis figuras episcopais, nas quais a santidade e a ciência andam de mãos dadas com as mais elevadas qualidades administrativas: São Babilas e Demetriano de Antioquia; Firmiliano, bispo de Cesareia na Capadócia; São Dionísio de Alexandria, e ainda São Cipriano de Cartago e muitos dos bispos de Roma são alguns exemplos. Torna-se difícil enumerar todos esses homens de energia e de fé.

Mas há mais. No momento em que o Império é sacudido pelas forças da desagregação, e se veem regiões inteiras entrarem em secessões que duram décadas, a Igreja tende cada vez mais para uma unidade hierárquica e orgânica. Não há aí um esforço sistemático, mas uma tendência profunda para realizar de forma concreta aquela unidade que, espiritualmente, todo o cristão experimenta, e fixá-la em instituições. Um dos meios que se desenvolvem no decurso do século III é o *concílio* ou *sínodo*, que já existia na segunda metade do século II, mas que agora se torna um hábito constante. Sempre que surge uma dificuldade, ou mesmo periodicamente, os bispos e os delegados das comunidades reúnem-se e tomam decisões em conjunto. Não é possível citar todos os concílios que se realizaram no decorrer do século III em Roma, em Antioquia, em Alexandria, em Cartago, na Gália e na Espanha. É certo que se trata apenas de reuniões regionais ou provinciais, pois seria ainda difícil, ou até mesmo perigoso, realizar uma assembleia plenária da cristandade numa época em que o cristianismo continuava ameaçado pelas perseguições; só depois da pacificação de Constantino é que se reunirá o primeiro dos concílios ecumênicos, ou seja o de Niceia. Mas desde já, quando se trata de casos que dizem respeito a toda a Igreja, os sínodos provinciais realizam-se simultaneamente nas dioceses metropolitanas e confrontam depois os seus respectivos trabalhos.

Roma é o símbolo vivo desta unidade que se acentua cada vez mais. A primazia da comunidade romana, já tão vincada no século precedente, torna-se cada vez mais evidente. A Igreja da Cidade Eterna e o seu chefe sentem perfeitamente a preeminência que lhes é assegurada pela mais venerável tradição, mas sentem também a sua responsabilidade perante a cristandade inteira. Por outro lado, são inúmeros os testemunhos provenientes dos quatro cantos do Império que demonstram cada vez mais a veneração dos fiéis por aquela cidade em que Pedro e Paulo derramaram o seu sangue.

O exercício desta autoridade não deixa, no entanto, de sofrer oposições, e chega a acontecer que, nesta ou naquela discussão, um grupo de bispos sustenta, contra a opinião de Roma, as suas ideias particulares. Mas é de notar que estas dificuldades são sempre resolvidas no seio da Igreja fiel por um acordo com a autoridade romana. Assim sucedeu por ocasião do cisma que o rigorista Santo Hipólito desencadeou contra o papa São Calisto, a quem acusava de falta de firmeza; ou quando da discussão bastante áspera que envolveu a Igreja da África e o papado, a propósito do Batismo dos apóstatas; ou ainda a propósito de uma breve crise doutrinal, no pontificado de Dionísio de Roma, quando Dionísio de Alexandria parecia trilhar um caminho perigoso.

Em última análise, é sempre a decisão de Roma que se impõe; o bispo da cidade, quer se trate de questões de fé ou de disciplina, dialoga com uma autoridade cuja índole inspira toda a confiança. Se fosse necessária outra prova desta primazia, bastaria citar as palavras com que Tertuliano, já herege e rebelde, designa o bispo romano no princípio de uma das suas diatribes: "O Soberano Pontífice, também chamado bispo dos bispos...", ou ainda a decisão bastante inesperada do imperador Aureliano que, tendo de resolver uma contenda entre dois pretendentes à sede episcopal de Antioquia, um herege e um católico, decide que o único bom é aquele que "está ligado à comunhão de Roma".

De resto, vários destes papas do século III são personalidades notáveis e projetam mais luz que os seus antecessores dos séculos primeiro e segundo. Depois dos pontífices *Vítor* (189-199) e *Zeferino* (199-217), surge *Calisto* (217-222), antigo escravo, procurador bancário, forçado das minas, governador de um cemitério cristão, que enfrenta a perseguição de Septímio Severo, bem como a heresia e o cisma, e morre vítima de um motim popular desencadeado pelo ódio pagão. Se *Urbano* (222-230), *Ponciano* (230-235) e *Antero* (235-236) só são conhecidos superficialmente, temos de admirar *Fabiano* (236-250), que aproveita um período de trégua religiosa para organizar a sua Igreja, dividindo Roma em sete regiões — uma divisão que se manterá durante séculos —, e que depois é martirizado; e também *Cornélio* (251-253), notável pela sua virtude e mansidão exemplares e pela firme caridade com que lutou contra os cismáticos e hereges de Novaciano. Depois de *Lúcio* (253-254), *Estêvão* (254-257) e *Sisto II* (257-258), segue-se *Dionísio de Roma*, que se revela um grande teólogo e uma alma generosa, primeiro fundador de uma "sociedade católica de socorro", que reuniu os fundos necessários para resgatar os cristãos escravizados pelos godos. Todos, mesmo aqueles cuja ação nos é menos conhecida — *Felix* (270-275), *Eutiquiano* (275-283), *Gaio* (283-296) e *Marcelo* (296-304) —, parecem ter sido almas firmes e santas, numa época em que o Sumo Pontificado era uma tarefa singularmente pesada e perigosa. Quando surgir a paz religiosa, quando os poderes admitirem a Igreja, é para o bispo de Roma, o Papa *Milcíades* (a partir de 311) que os dois adversários, Maxêncio e Constantino, se hão de voltar. No momento em que a Igreja vai ter o seu poder reconhecido, considera-o encarnado num homem, o sucessor de Pedro, o representante de Cristo[19].

Dois grandes centros cristãos

A ESCOLA ALEXANDRINA DE CLEMENTE E DE ORÍGENES

Há um outro plano em que a Igreja manifesta agora de forma brilhante a sua vitalidade: o da inteligência. Perante uma literatura pagã tão insípida e tão medíocre, em que só o oriental Plotino e alguns juristas são dignos de interesse, desenvolve-se uma literatura cristã de uma riqueza e um poder que nunca tinham sido igualados[20]. A história dos Padres da Igreja abre aqui vários dos seus melhores capítulos. É o momento em que se revelam certas personalidades cuja irradiação será enorme e cuja influência perdurará por muito tempo. Os dois grandes centros da inteligência cristã no século III são o Egito e a África, e há quatro nomes que refulgem com um brilho excepcional: Clemente e Orígenes em Alexandria, e Tertuliano e São Cipriano em Cartago.

Já tivemos ocasião de ver o que era Alexandria[21] — essa cidade imensa, uma das maiores do mundo; essa aglomeração em constante crescimento, cujo arruamento em ângulos retos lembra o de Manhattan, em Nova York; esse mercado permanente no cruzamento das estradas da Ásia e da África; essa cosmópole onde vinham borbulhar, em estranhas espumas, todas as ideias, todas as morais, todas as religiões. A inteligência gozava ali de grande estima e dispunha de incomparáveis instrumentos de trabalho; havia, por exemplo, a Biblioteca, o Museu, o Jardim Zoológico, aos quais nenhum Ptolomeu ou funcionário romano deixara de prestar os seus cuidados e a sua proteção. Com esse clima excitante para o espírito, era terra de eleição para todas as tentativas sincretistas, para todos os sistemas temerários e para todas as heresias. Alexandria tornara-se nessa época, mais do que a adormecida Atenas, mais do que Roma ou Antioquia, o cérebro do hemisfério ocidental.

O cristianismo instalara-se em Alexandria havia muito tempo, mas os seus inícios tinham sido obscuros, embora São Jerônimo os faça remontar a São Marcos. Fora pátria do evangelho apócrifo dos egípcios, da chamada *Epístola de Barnabé*, e de um alexandrino de nome Apolo, reconhecido entre os que acompanhavam o apóstolo São Paulo; mais tarde, infelizmente, o Egito cristão dera que falar por causa das heresias gnósticas. No século II, adquirira um brilho mais legítimo. Ao lado das escolas dos filósofos pagãos ou judeus, tais como eram conhecidas desde há séculos, como por exemplo aquela que Plotino dirigia com a autoridade a que já nos referimos, fundara-se uma escola análoga à de São Justino em Roma, uma *didascália* cristã, com o fim de enfrentar as escolas gnósticas de Valentim, Basílides e Carpócrates.

Essa academia nascera modestamente, graças à atividade de um santo mal conhecido, *Panteno* — de quem se sabia ter nascido na Sicília grega e militado no estoicismo antes de se converter ao cristianismo — e que fora depois, durante algum tempo, missionário do Evangelho, tendo chegado até à Índia. Os bispos de Alexandria tinham permitido que a escola se desenvolvesse, mas sem lhe dar a princípio um caráter oficial. Conforme os costumes da época, era ao mesmo tempo universidade e cenáculo: universidade pela multiplicidade das matérias ensinadas, e cenáculo pelo número relativamente reduzido de estudantes agrupados em torno de um mestre quase único, a quem se pedia que, apoiado numa erudição gigantesca, desse àqueles que o escutavam uma formação universal.

Durante cento e cinquenta anos, a escola cristã de Alexandria verá sucederem-se à sua frente homens eminentes, e a grande cidade do Egito revelar-se-á no século III como capital intelectual do cristianismo, bem como do mundo romano. O primeiro desses chefes de escola foi *Clemente*. Era um grego de Atenas, possivelmente de uma família de libertos. Nascido por volta do ano 180, no paganismo, encontrara o cristianismo no limiar da sua juventude e a ele se entregara. Durante anos seguidos, em incessantes viagens da Grécia à Síria e da Palestina ao Egito, procurou assimilar melhor a doutrina de Cristo, ouvindo cristãos sábios. Houve um, enfim, que o satisfez plenamente e o fez fixar-se junto dele. Esse homem foi Panteno, a "abelha da Sicília", de quem Clemente se tornou aluno e depois assistente; em torno do ano 200, sucedeu ao mestre. Ordenado sacerdote, mas dispensado das obrigações paroquiais, consagra-se inteiramente ao ensino cristão. Ao mesmo tempo que fala, vai escrevendo, sempre fecundo e infatigável, embora por vezes caótico e difuso. Quando a perseguição encerra por algum tempo a sua escola, refugia-se na Capadócia, junto de um dos seus antigos alunos, e ali continua os seus trabalhos, até morrer em 216.

Clemente de Alexandria era um homem atraente, de coração grande, espírito de uma cultura gigantesca, inteligência maravilhosamente acolhedora, cujo entusiasmo pela doutrina evangélica não o impedia de abrir-se a tudo. Muitas passagens das suas obras nos comovem profundamente; assim, por exemplo, quando fala da imitação de Jesus Cristo em termos que anunciam os dessa obra-prima da Renascença que foi a *Imitação de Cristo*; ou quando trata da virtude da infância espiritual tão delicadamente como Santa Teresa de Lisieux; ou ainda quando se refere a temas como o das responsabilidades do dinheiro e o da salvação dos ricos, que ainda hoje são problemas candentes. Não conhecemos a totalidade da sua obra, que foi muito vasta. Tal como se nos apresenta, compõe-se de uma trilogia cuja primeira parte, o *Protrético*, é uma apologia bastante análoga às do século II; a segunda, o *Pedagogo*, um tratado de moral e de espiritualidade quotidianas, verdadeiro guia da alma que queira encaminhar-se para Deus; e a terceira, os *Estrômatos*, ou "tapeçarias", um conjunto desconexo, mas iluminado aqui e além por uma luz fulgurante, onde se vê como o cristão pode tender ao mesmo tempo para a ciência inefável e para a suprema perfeição.

A contribuição histórica de Clemente de Alexandria consiste no esforço que ele realizou, mais lucidamente do que qualquer dos pensadores cristãos que o precederam, por instalar o cristianismo na dignidade da inteligência. Seu propósito fundamental é demonstrar que a doutrina cristã não é inferior a ciência profana alguma. Como para isso lhe parecia necessária a prática da filosofia, utiliza-lhe os métodos e anexa-lhe as intenções. "O que eu chamo filosofia — escreve — não é o estoicismo, nem o platonismo, nem o epicurismo, nem o aristotelismo, mas o conjunto do que essas escolas têm dito de acertado no ensino da justiça e da verdade". De acordo com esta perspectiva, inaugura uma nova fase e a sua influência será benéfica. A sua teologia parece ter sido mais criticável. A doutrina do abandono em Deus pode encerrar tendências que até em Fénelon serão olhadas com reservas pela Igreja. E insistindo excessivamente sobre os privilégios espirituais da inteligência que busca a Deus, ou glorificando uma gnose, certamente ortodoxa e submissa à Igreja, mas muito enfatuada, talvez tenha esquecido uma certa humildade da inteligência que é indispensável ao intelectual cristão. Mas, mesmo no meio do seu tatear, Clemente impressiona-nos sempre. Nem tudo era simples nesses tempos de lutas e de conquistas; o terreno que o mestre de Alexandria desbravava com tanto risco era aquele em que iam enraizar-se definitivamente a teologia e a filosofia cristãs[22]. E ninguém contribuiu tanto para isso como Orígenes, o mais eminente dos discípulos de Clemente.

Como é atraente e patética a figura de *Orígenes*! Que alma de fogo e que inteligência ávida! Imaginemos um desses adolescentes do Oriente, que deixam transparecer no rosto e flamejar no olhar a finura do raciocínio, o entusiasmo do coração e a vivacidade espiritual. Tinha apenas dezessete anos em 202, quando a perseguição de Septímio Severo dispersou a Escola de Alexandria, em que ele seguira os cursos de Clemente desde uma idade precoce. A tormenta abate-se sobre a sua própria família, quando o pai, Leônidas, é conduzido ao martírio. Orígenes arde em desejos de acompanhar na morte aquele que, desde o berço, lhe ensinara a fé cristã, e só com muita dificuldade é que os esforços maternos conseguem segurá-lo. Pelo menos, dirige a seu pai diversas cartas inflamadas num santo ardor, aconselhando-o a manter-se firme. "Não cedas, escreve-lhe, nem te deixes enfraquecer por nossa causa".

Assim, aos dezoito anos, e com seis irmãos por educar, torna-se chefe de família e resolve procurar meios de vida. Como já tinha aprendido muito e armazenado inúmeros conhecimentos, para ganhar o pão dos seus, abre uma escola e é bem sucedido. Os alunos afluem em grande número em torno de um mestre que era ainda imberbe. O bispo Demétrio confia-lhe então a instrução dos catecúmenos, e assim, sem contar ainda vinte anos, já desempenha um papel oficial na Igreja. Mas aquele jovem tinha já perscrutado em demasia os princípios da vida intelectual para se contentar agora com essa glória fácil. Precisa aprender mais, progredir, tornar-se igual, como cristão, àqueles mestres pagãos que brilhavam na sua cidade. Amônio Saccas, o filósofo que na mesma ocasião iniciava o jovem Plotino no neoplatonismo, passa a ter entre os seus alunos o pequeno professor de Cristo. Pouco tempo depois, ultrapassando o quadro dos cursos catequéticos, que confia a um assistente, Orígenes encontra-se à frente da escola reconstituída, a que dá um brilho que Clemente poderia invejar. Perante a escola pagã, a escola cristã tem agora o seu prestígio.

É difícil fazermos uma ideia da vida deste homem, da paixão que o anima, da multiplicidade incessantemente eficaz da sua ação. Mas o perigo continua a ameaçar; as perseguições podem recomeçar a qualquer momento e os pagãos vigiam aquele que tinham visto, impávido, acompanhar ao suplício os seus amigos, os seus alunos, e dar-lhes no limiar do anfiteatro o derradeiro ósculo da paz. Que importa o perigo! Lá está Cristo, a quem Orígenes ofereceu antecipadamente o sacrifício da sua vida. Não só o brilho da sua inteligência como também os seus costumes austeros são um exemplo; a ascese que pratica, prenúncio daquela que encontraremos entre os monges do deserto, transporta de fervor grande número de almas. E, como muitos escarnecem dele e dirigem os seus gracejos a esse mestre tão jovem e assediado pelas mais belas estudantes, Orígenes, tomando à letra uma frase do Evangelho, dá uma prova brilhante e excessiva do dom de si que fez à suprema pureza: há alguns — dissera Jesus — que se fazem eunucos pelo reino dos Céus (cf. Mt 19, 12).

Este ardor que se lhe nota na vida moral manifesta-se ainda mais na vida do espírito. Tudo para ele é bom, tudo o apaixona, desde que se trate das coisas eternas. As Sagradas Escrituras atraem-no como base inabalável, e eis que o vemos lançar-se na exegese, comparando, retocando e retificando a versão da Bíblia. O conhecimento de Deus inspira-lhe inúmeros comentários. É teólogo, filósofo, exegeta, moralista, jurista e mesmo poeta lírico. Haverá coisa que não seja? Verdadeiras equipes de estenógrafos e copistas trabalham somente para captar a água desta fonte inexaurível. Fala-se de seis mil obras saídas do seu cérebro; as mais modestas recensões atribuem-lhe oitocentas. Ao mesmo tempo, empreende viagens a Roma, "para conhecer essa venerável igreja", a Cesareia da Palestina, à Síria e à Arábia, onde Júlia Mameia, mãe do futuro Alexandre Severo, o manda chamar para solicitar os seus conselhos. Simultaneamente, mantém uma enorme correspondência e ensina sempre com um vigor e um poder de que dão testemunho os seus muitos alunos. É um homem universal e universalmente conhecido.

Foi esta celebridade que provocou a inveja? Foi o excesso de zelo com que tratava a sua própria pessoa que, chocando com as tradições eclesiásticas do Egito, indispôs a hierarquia? Foi a audácia do seu pensamento, mais borbulhante do que prudente, mais expansivo do que comedido, que fez nascer suspeitas entre as autoridades? Fosse como fosse, o certo é que a ação de Orígenes em Alexandria se encontrou repentinamente suspensa. Bispos amigos, na Palestina, haviam-no ordenado sacerdote; os do Egito tiraram-lhe o uso de ordens e Roma deu-lhes razão. Mudou-se para Cesareia da Palestina e ali continuou a sua obra, fundando uma escola que lhe atraiu clientela e êxitos. Já era então um homem envelhecido, gasto pelas macerações do corpo e pelos trabalhos intelectuais. À sua volta, as perseguições haviam ceifado os seus amigos mais dedicados. Ele mesmo foi preso em torno do ano 250, torturado e submetido ao suplício do cepo. Não o mataram, mas não foi a melhor solução para ele: dois ou três anos depois, veio a falecer em Tiro, onde se refugiara, sempre cheio de Deus, sempre lutando e sempre pobre. Contava então entre sessenta e setenta anos de idade.

A obra de Orígenes, gigantesca pelas suas dimensões, só chegou até nós sob a forma de enormes ruínas. Muitas partes desapareceram; outras são conhecidas apenas através de citações ou comentários bastante discutíveis. E daquilo que resta materialmente, muitos trechos são caducos, mal defendidos contra o tempo por um estilo sem vigor e por um método muitas vezes duvidoso. Os seus tratados poliformes podem dividir-se em quatro grandes grupos. Temos, em primeiro lugar, os trabalhos relativos à Sagrada Escritura, de crítica e de exegese, em que o escriturista entra a pleno vapor na grande corrente simbolista e procura interpretar os dados da Bíblia por métodos alegóricos levados ao extremo. Vêm a seguir os livros teológicos, particularmente o famoso *Dos Princípios*, que constitui a primeira "Súmula" que a Igreja possuiu. Seguem-se os ensaios de moral e de espiritualidade, dos quais se destacam os admiráveis tratados sobre *A Oração* e *A Exortação ao Martírio*. Temos, por fim, uma *Antologia*, a mais completa e mais apropriada que já se fizera, na qual, enfrentando um por um todos os temas anticristãos em voga, Orígenes argumenta vigorosamente *Contra Celso*, o polemista pagão que ventilara esses temas no século anterior.

O próprio Orígenes exprimiu a sua intenção fundamental. Naquela Alexandria, onde gregos, judeus, gnósticos e católicos lutam por impor aos homens o segredo da ciência inefável que todos afirmam possuir, não pode ser suficiente "uma fé não raciocinada e vulgar". São Justino em Roma e Clemente em Alexandria tinham já sentido perfeitamente a necessidade de um esforço intelectual que servisse de base à expansão cristã. Mas, ao passo que até então os pensadores cristãos tinham procurado sobretudo exprimir os dados da sua fé por meio da filosofia grega, Orígenes vai muito mais longe. Solidamente apoiado na Escritura e na tradição da

Igreja, armado dos métodos da filosofia, quer realizar uma verdadeira síntese cristã entre as verdades reveladas e os conhecimentos adquiridos pela inteligência. Pela primeira vez na história, a teologia é concebida como uma ciência religiosa à parte, que se apoia sobre as verdades da fé, mas tira delas conclusões na ordem intelectual, permitindo assim aos que buscam a Deus encontrá-lo por intermédio de Cristo.

Na obra deste grande semeador de ideias, nem tudo se pode considerar indiscutivelmente seguro. Porfírio, o filósofo neoplatônico adversário dos cristãos, dizia que Orígenes "vivia como cristão, mas pensava como grego". Foi muito criticado por isso, e acusaram-no de ter transposto excessivamente o neoplatonismo para o cristianismo, particularmente de ter ensinado a eternidade do mundo espiritual e a preexistência das almas que, escolhendo livremente o caminho do mal, são castigadas encarnando nos corpos. A sua teologia das três Pessoas divinas, em que mais ou menos explicitamente subordina Cristo ao Pai e não dá o devido lugar ao Espírito Santo, deixa muito a desejar. E a sua generosa doutrina de que todos os pecadores, e mesmo os demônios, serão um dia resgatados pelo amor, se é até certo ponto consoladora, não podia ser ortodoxa.

No entanto, enquanto foi vivo, nenhuma condenação recaiu sobre ele. Certos santos incontestáveis, como São Gregório Taumaturgo[23] e Santo Alexandre de Jerusalém, apoiavam-no com todas as suas forças. Os seus sucessores no ensino hão de invocar o seu testemunho[24] e, mais tarde, no Ocidente, Santo Hilário, Santo Ambrósio e mesmo São Jerônimo hão de dever-lhe muito. Serão uns ou outros dos seus fanáticos discípulos que, nas gerações seguintes, isolando e exagerando certos temas do seu pensamento, o comprometerão irremediavelmente. Quando Ário e os seus reivindicarem por antepassado o grande mestre de Alexandria, aquela mesma autoridade que não condenara Orígenes em vida rejeita agora o origenismo. Mas ele conseguiu dar um grande passo em frente, e hoje a Igreja, se não venera este santo homem de Deus nos seus altares, conserva uma profunda admiração pelo pioneiro dos teólogos.

A África de Tertuliano e de São Cipriano

Se Alexandria oferece o exemplo de um grande esforço por conquistar a inteligência para Cristo, já a África cristã apresenta um panorama bem diferente. Enquanto a grande escola egípcia, através das suas altas especulações, procura possuir o conhecimento do mistério de Deus, o que interessa bem mais aos africanos é a vida, é o pensamento orientado para a ação. "Que há de comum — escreve Tertuliano — entre Atenas e Jerusalém, entre a Academia e a Igreja? A nossa doutrina vem de Salomão, que ensinou a procurar a Deus com um coração inteiramente simples. Tanto pior para aqueles que inventaram um cristianismo estoico, platônico e dialético!". Estamos, pois, em face de uma nova atitude de espírito, de uma teologia radicalmente orientada para a eficácia, que procura antes transformar o homem e o mundo do que penetrar em segredos inefáveis. Mas as duas atitudes eram necessárias: chegará o momento em que se há de traçar a *via media*, a meio caminho entre estes dois excessos.

Outra diferença fundamental que separa Cartago de Alexandria é a língua. Enquanto em todas as partes do Império o grego é a língua corrente e constitui o idioma quase oficial da Igreja, na África o rei é o latim. Desde o estabelecimento dos romanos, o latim prevaleceu sobre as línguas indígenas e o grego nunca lhe fez séria concorrência. Os cristãos da África usam o latim tanto na oração como na liturgia; apenas algumas pregações são feitas em púnico ou em berbere. E a literatura africana será exclusivamente latina; excetuando o *Otávio* de Minúcio Félix, o cristianismo nunca se utilizara até então desta língua.

Foi provavelmente da Itália que o cristianismo passou à África. Roma vigiava com cuidado a costa de Cartago e mantinha com ela relações constantes. Desconhecemos as origens das comunidades cristãs africanas; o único fato que se pode estabelecer com precisão data de 180 e refere-se ao processo dos mártires de Scili[25]. Em fins do século II, o cristianismo não somente ocupa a África Proconsular, mas estende-se também à Mauritânia, aos oásis do Saara e ao Marrocos. As suas comunidades são florescentes e, embora não sejamos obrigados a tomar ao pé da letra as palavras de Tertuliano, quando afirma que os cristãos "formam maioria nas cidades", não nos impressiona menos saber que o Concílio africano do ano 240 reuniu noventa bispos.

Aferrado à costa, implantado nas colônias militares que Roma disseminara pelo Maghreb, ligado pelo latim às instituições e aos costumes romanos[26], o cristianismo africano é um cristianismo de colonos e pioneiros, um cristianismo de fronteira, que o temperamento dos habitantes e o clima levam a ardores extremos. Até nos erros inexpiáveis em que se deixa envolver, um Tertuliano pode ser apontado como um representante bastante preciso desse ardor.

Não se pode falar sem simpatia e também sem misericórdia deste "pobre grande homem"[27] que foi *Tertuliano.* Bem quereríamos esquecer as terríveis palavras que, na segunda parte da sua vida, a rebelião e a cólera o fizeram proferir contra a Mãe cujo leite bebera e cujo amor cantara em termos tão magníficos. Este homem tem qualquer coisa de fascinante, um temperamento de fogo e uma alma de metal sonoro. Lançado desde a sua conversão ao assalto de todos os inimigos de Cristo, mostra nas inúmeras batalhas a que se entrega uma audácia que nada pode domar. Nenhum tribuno o ultrapassou na verve, na habilidade dialética, na dureza em morder o adversário, bem como na extensão e na solidez dos conhecimentos que nutriam a sua dialética. Foi um sábio, um jurista, um orador e um profeta, mas o calor do sangue estragou-lhe toda a personalidade. Dessas duas virtudes táticas que a Igreja sempre possuiu em grau eminente — a sagacidade e a paciência — e que lhe permitirão, ao longo dos séculos, seguir com serena firmeza um caminho que evita todos os excessos, Tertuliano não possuía nenhuma. Era um polemista, para dizer tudo: e bem sabemos como costumam acabar as pessoas dessa índole.

Nascido em Cartago no ano 160, filho de um centurião pagão, fizera estudos vastos e sérios; assimilara a essência do direito romano e alcançara grandes êxitos. Tendo-se convertido ao cristianismo aproximadamente aos trinta anos, rompeu do dia para a noite com um passado que ele mesmo confessa ter sido tempestuoso, foi ordenado sacerdote, embora fosse casado, e aparece repentinamente como a personalidade mais destacada da Igreja católica cartaginesa. Durante vinte anos, até o ano 210 mais ou menos, mantém-se na vanguarda das fileiras cristãs. Os pagãos perseguidores, os judeus infiéis, os apóstatas e os hereges — essas "víboras" não têm adversário mais veemente. A imoralidade do tempo enche-lhe a boca de cólera. A Igreja, somente a Igreja, a lei de Cristo, a disciplina eis as únicas coisas que reconhece; não quer saber de mais nada. É um rigorista..., mas o seu rigor vai perdê-lo pouco a pouco.

A violenta corrente que ele próprio desencadeou acabou por afogá-lo. Já não lhe basta vociferar contra os inimigos de Deus, contra os gnósticos, contra Marcião e contra os magistrados romanos; põe-se a criticar — e em que tom! — aqueles dos seus irmãos que não lhe parecem suficientemente severos nem veementes. A Igreja com que sonha é uma Igreja de perfeitos, de santos, de heróis ascetas, uma Igreja "segundo o Espírito", do qual se considera o principal depositário. A heresia de Montano[28] abre-lhe então as suas perspectivas orgulhosas; lança-se nela, aliás não sem reticências, e em breve; um herege mais entre os outros hereges, funda uma seita só para si, a sua pequena igreja rebelde. Desapareceu dentro dela, numa idade avançada, sepultado no esquecimento, como acontece nas areias africanas ao tênue fio de água que se separa das grandes correntes de água viva.

No entanto, se este revoltado não é um Padre da Igreja, não é indigno de ser citado entre os maiores dentre eles. No seu período católico, dotou o cristianismo de grandes obras, escritas num latim vigoroso, colorido, que impressiona e que não se esquece. Algumas das suas teses fundamentais — como, por exemplo, a do testemunho dado a Deus pela "alma naturalmente cristã" —, bem como certas das suas fórmulas — como "onde está a Igreja, aí está o Espírito de Deus", ou ainda "o sangue dos mártires é semente de cristãos" — são verdadeiramente imperecíveis. De São Jerônimo a Bossuet, foram muitos os grandes cristãos que o amaram.

Dos seus trinta e cinco escritos, nenhum é insignificante e vários são notáveis. O mais essencial é o tratado sobre a *Prescrição dos hereges*, no qual, voltando a estudar e desenvolvendo na qualidade de jurista a doutrina da *Tradição*, tão querida a Santo Irineu, grita aos inimigos da verdadeira fé: "Não tendes o direito de tocar neste depósito sagrado! É a Igreja a única que o possui, em virtude de documentos autênticos que remontam aos primeiros depositários! A prescrição, tal como o direito a concebe, joga contra vós!". É um argumento deveras impressionante numa sociedade formada numa sólida tradição jurídica. Por que viria ele próprio a esquecê-lo?

Apologista na melhor linha dos mestres do século II — a sua *Apologética* é uma obra-prima —, o notável africano foi também o fundador da teologia latina, menos especulativa do que a grega, mas solidamente fundada no direito quanto aos princípios. Fez progredir a doutrina em muitos aspectos: o dogma da Trindade, a ideia do mérito do homem e da sua responsabilidade perante Deus e a própria noção dos sacramentos devem-lhe uma precisão que até então não tinham. Faltou apenas a este espírito poderoso o ter penetrado verdadeiramente no sentido das palavras do Evangelho que prometem o reino dos céus aos humildes de coração.

São Cipriano é, sem dúvida, outra espécie de homem, e no entanto há nele certos traços — atenuados, é certo, e mantidos dentro das devidas regras — que nos lembram ser ele da mesma raça do arrebatado polemista que foi seu irmão mais velho: a mesma intrepidez e a mesma firmeza de alma, o mesmo ardor em aferrar-se a posições que achava válidas. Não era em vão que o grande bispo de Cartago dizia diariamente ao seu criado que lhe trouxesse as obras de Tertuliano, acrescentando: "*Da magistrum*, dá-me o Mestre". Dotado de um temperamento igualmente exaltado, Cipriano sabe, porém, manter-se dentro dos limites devidos; tipo perfeito do que deve ser um grande bispo, administrador incomparável, projeta-se pela sua ação muito além da África, e constitui uma alma de admirável grandeza, verdadeiro modelo do líder cristão.

Nascido em 210 na aristocracia romana da África, rico, muito culto, lança-se também na vida como advogado. O encontro com um sacerdote muito santo — Cecílio — atira-o aos pés de Cristo. É ele próprio quem nos conta, em termos patéticos, o que foi a sua conversão e o brusco sobressalto da sua alma quando se viu completamente arrancada ao mundo. "Eu errava nas trevas, às cegas e arrastado de cá para lá pelo mar em fúria; flutuava à deriva, ignorando a minha vida. [...] Mas lavou-me a água regeneradora, iluminou-me a luz vinda de cima e, maravilhosamente, a certeza ocupou dentro de mim o lugar da dúvida". Ordenado sacerdote e dentro em pouco célebre na comunidade da África, foi chamado ao episcopado por eleição quase unânime dos seus irmãos.

Até a morte, revelou-se em todas as circunstâncias como um homem de autoridade e de governo. Soube impor-se sem constranger ninguém, unicamente pela força do seu prestígio. *Papa Cyprianus*, como lhe chamavam em todas as dioceses, tornou-se o primaz, tácita e unanimemente aceito, de todos os bispos africanos. Esta autoridade, em duas ocasiões, pareceu prestes a extraviá-lo, porque foi ele quem liderou as Igrejas africanas quando, na questão dos fiéis que tinham apostatado e da validade do seu Batismo, elas entraram em conflito com Roma. Mas a sabedoria triunfa, e quando entregar ao cutelo do carrasco a sua venerável cabeça[29], em 258, a Igreja o colocará imediatamente sobre os altares, pois não terá tido melhor testemunha do que ele.

Na verdade, não foi a Igreja que ele glorificou com as suas palavras e os seus escritos, especialmente com essa obra-prima que é a *Unidade da Igreja*? É aqui que São Cipriano, em páginas esplêndidas, faz brilhar um amor em que o cristão de todos os tempos pode reconhecer os seus sentimentos: "Não se pode ter a Deus por Pai, se não se tem a Igreja por Mãe". A catolicidade encontra nele o seu primeiro grande teórico. Discutindo vivamente com o bispo de Roma, Cipriano acabou por reconhecer-lhe a primazia e o episcopado. Teórico dos sacramentos, mensageiro infatigável da caridade, é ao mesmo tempo um elevado místico, sempre sensível às harmonias do mundo invisível, que muitas vezes Deus lhe revelou. Não é possível esgotar as riquezas de tal personalidade[30].

Sombras e luzes no quadro da Igreja

Por muito admirável que se apresente esta Igreja do século III, não convém idealizá-la e fechar os olhos às dificuldades que tem de enfrentar. O homem é sempre homem, mesmo quando o Espírito de Deus está muito perto da sua alma; e numa atmosfera conturbada, semeada de inúmeros escolhos, só uma sabedoria sobrenatural pode dirigir com firmeza a barca de Pedro.

As dificuldades são de múltipla natureza: doutrinais, táticas e psicológicas. Se é relativamente fácil manter uma unidade sem fissuras num grupo humano de dimensões reduzidas, a tarefa torna-se bem mais pesada quando se trata de uma vasta entidade, que se estende por um espaço imenso e compreende elementos os mais variados. Por um lado, insinua-se um desacordo mais ou menos nítido entre a fé popular e a teologia erudita; certos fiéis apegam-se a fórmulas simples em que se exprime o amor de Deus, e isso lhes basta; outros, aos milhares, mais "evoluídos", pretendem encontrar no cristianismo as satisfações da elevada especulação que os mistérios pagãos ou a gnose dão aos seus adeptos. Temos, assim, num plano superior, as diferenças de atitude entre Orígenes e Tertuliano e, num plano mais modesto, a oposição sentimental entre a elite cristã e aqueles que são chamados "os simples", os *idiotai*.

Por outro lado, a esta ameaça de brecha na unidade social começa a juntar-se uma outra na unidade espacial da Igreja.

Não passa ainda de um sintoma ínfimo, mas existe. A disputa desencadeada em torno de Orígenes mostra bem que pode surgir uma discussão entre dois grupos de igrejas. As comunidades da África dão outro exemplo inquietante, ao resistirem momentaneamente à autoridade papal; em Comodiano e Arnóbio, começa a manifestar-se um ódio pela Roma pagã que fará triste carreira. E o desenvolvimento das literaturas latinas, siríacas e coptas marca também nesta época o fim da hegemonia litúrgica do grego, que era um poderoso instrumento de unidade.

Surgem tensões análogas ainda num outro plano: agora é a tática da Igreja que está em jogo. Entre a fidelidade legítima e estrita aos princípios e a profunda exigência de perdão que brota do âmago do Evangelho, nem sempre é fácil descobrir a via média. Contrapõem-se aqui as duas tendências da consciência humana. Desde os princípios da Igreja, vemos rigoristas e laxistas defrontarem-se face a face, e o caso de Tertuliano mostra bem até onde pode levar essa oposição. Os maiores problemas que agora se apresentam são estes: quando, em tempos de perseguição, certos fiéis apostatam, devem ser absolvidos e, depois de severa penitência, readmitidos na comunidade? Quando um herege volta ao seio da Igreja, deve-se considerar válido o Batismo que recebera ou, pelo contrário, é necessário rebatizá-lo? Estes problemas hão de agitar a Igreja durante cento e cinquenta anos.

Por último, há também dificuldades doutrinais, como já vimos surgir nos remotos princípios do cristianismo. Realmente, a heresia deve obedecer a um declive natural da inteligência humana obliterada pelo pecado, uma vez que prolifera tão abundantemente! As velhas heresias do século II continuam: o montanismo a que Tertuliano dá o seu inquietante apoio, o gnosticismo em plena desagregação, mas que ainda pulula em círculos fechados. Depois surgem outras, mas de caráter bastante diferente: agora, ao invés de abandonarem a Igreja e de fundarem seitas, os hereges do século III agarram-se a uma pseudo-fidelidade e pretendem permanecer na ortodoxia, mas modificando à sua vontade os dogmas oficiais. Veremos diversos bispos e teólogos extraviarem-se por caminhos insólitos, e nem sempre será cômodo fazê-los reentrar no rebanho ou expulsá-los definitivamente.

Há numerosas heresias, díspares nas suas formulações, mas todas elas girando em torno do problema fundamental das Pessoas divinas e das relações entre elas, o que acarreta frequentes erros sobre a própria realidade de Cristo. Não podemos enumerá-las todas aqui. O *modalismo* sustenta que não há em Deus senão uma única e mesma pessoa (e não três individualizadas), pessoa que é chamada sucessivamente Pai, Filho e Espírito Santo, conforme os "modos" da sua ação; este sistema tomará depois — segundo os tempos, os lugares, os indivíduos e as circunstâncias — os nomes particulares de *monarquianismo*, *patripassianismo* e *sabelianismo*. O *adocionismo*, desenvolvido por um rude curtidor de Bizâncio, Teódoto, pretende que Jesus não é senão um homem que teria sido adotado por Deus. O *subordinacionismo*, corrente herética cujo germe já se descortina em Orígenes, levada ao extremo pelos seus imprudentes discípulos e que virá a desaguar no arianismo, tende a colocar Cristo abaixo do Pai, num lugar secundário. São questões que aparentemente não deviam interessar senão a um reduzido número de teólogos, mas talvez se deva reverenciar os cristãos desse tempo por as terem tomado a sério com tanta violência, visto terem sentido na pele que corriam um risco total.

Para terminar este esboço das dificuldades que a Igreja encontrava no seu próprio seio, é necessário acrescentar que, ainda por cima, surgiam questões pessoais que, a bem dizer, não eram as mais simples de resolver. Houve verdadeiros santos que, levados por um sentimento excessivo das fidelidades que julgavam servir, tomaram atitudes que nos surpreendem. Um homem eminente, Hipólito, Padre da Igreja, sábio e zeloso defensor da fé, ergue-se contra o papa Calisto, que ele acha muito fraco na luta contra a heresia modalista de Sabélio; estende-se em ignóbeis acusações contra o chefe, pretendendo que fora guia de salteadores, e acaba por romper com ele, estabelecendo-se como verdadeiro antipapa. Felizmente para a sua memória, veio a morrer mártir, o que permitiu à Igreja reter apenas os seus méritos e esquecer-lhe os defeitos[31]. Incidentes desta natureza são bastante comuns. Em Cartago, um grupo de sacerdotes dirigidos por Novato revolta-se contra São Cipriano, recusando-se a admitir a validade da sua eleição episcopal. Em Roma, pouco tempo depois, veremos o presbítero Novaciano, partidário de uma impiedosa disciplina penitencial para os apóstatas, insurgir-se contra o papa Cornélio, que julgava condescendente. Afinal, são tudo pequenas misérias cuja importância não devemos exagerar, embora todas elas tenham deixado sequelas no corpo da Igreja.

Há, porém, uma coisa muito grave. Desenvolvendo-se prodigiosamente, a Igreja perde pouco a pouco o seu caráter de minoria heroica. O recrutamento, que a princípio fora muito severo, foi abrindo cada vez mais as portas a qualquer um. Como é que o fermento do Evangelho seria capaz agora de fazer levedar toda essa enorme massa humana? Não iria o "sal da terra" correr o risco de perder o seu sabor? Como se evitaria o contágio do mundo? Como se manteriam em estrita fidelidade ao seu Batismo todos esses homens amassados com terra e com pecado? Nós conhecemos bem esse problema, que subsiste nos nossos dias: a oposição que Berdiaeff virá a formular um dia — "indignidade dos cristãos, dignidade do cristianismo" — existe já nesses tempos longínquos.

A Igreja tem já os seus tíbios, os seus semi-covardes. Já existem cristãos que praticam o empréstimo a juros, proibido pela Bíblia. Mas mais ainda: ouve-se falar de comediantes cristãos, de gladiadores cristãos e até de prostitutas cristãs! Serão vergonhosas exceções? É possível que sim, mas vejamos o quadro que traça São Cipriano da Igreja africana, na ocasião em que se colocou à sua frente.

"Cada um trata de aumentar a sua fortuna. Já não há piedade nos sacerdotes, nem integridade de fé nos ministros de Deus, nem caridade nas obras, nem regra nos costumes. Os homens cortam a barba, ornamento natural do rosto, e as mulheres pintam-se. Corrompe-se a pureza dos olhos, essas obras de Deus. Dão-se aos cabelos cores mentirosas. Para enganar os corações simples, empregam-se a manha e o artifício. Desposam-se infiéis; há membros de Cristo que se prostituem com os pagãos. Não somente se jura a propósito de tudo, mas se perjura. Não se tem, para com os superiores, senão um vaidoso desdém e lança-se contra o próximo o veneno da maledicência. E as comunidades estão divididas pelo ódio mais pertinaz". É natural que se trate de um trecho excessivamente enfático, como se ouve tradicionalmente do alto dos púlpitos — O *tempora! O mores!* —, mas se tudo fosse falso nesse quadro, um homem ponderado como Cipriano não o teria traçado.

Mas não são os simples fiéis os únicos a estar em causa. O bispo de Cartago fala com não menos vigor de alguns dos seus colegas que vivem no luxo e se fazem agentes de negócios, auferindo grandes lucros. Os concílios hão de ocupar-se de certos prelados demasiado dispostos a transigir com o mundo pagão e de certos cristãos de relevo que aceitam situações pouco compatíveis com a sua fé, tais como diretores de escolas filosóficas "laicas" ou até flâmines municipais, isto é, sacerdotes de "Roma e Augusto".

O exemplo mais curioso destes cristãos "desbotados", destes prelados contaminados pelos piores vírus do mundo, é *Paulo de Samosata*, arrivista intrigante, ambicioso sem escrúpulos, que acumulou em Antioquia, por volta do ano 260, as funções de bispo e de cobrador de impostos, vivendo com grande pompa como hóspede, aliado e protegido de Zenóbia, rainha de Palmira; para cúmulo, juntou às suas desordens morais muitas audácias teológicas, chafurdando ruidosamente no modalismo e no adocionismo. Dois concílios não foram demais para pôr termo a essa situação.

Eis algumas sombras que o quadro do cristianismo apresenta no século III, mas não lhes devemos exagerar a importância. A Igreja, embora divina na sua essência, é humana nos seus elementos e, por isso, não podia escapar totalmente às forças de ruptura e desagregação que minavam a sociedade romana. Já é admirável que, no seu conjunto, ela tenha superado essas forças, como é admirável também que acusações apaixonadas como as de São Cipriano exprimam com vigor as mais altas exigências da moral. Se observamos um ou outro prelado pouco digno das suas funções, um ou outro teólogo transviado pelo orgulho da inteligência, e muitos batizados pouco fiéis às suas promessas, nunca poderemos atribuir a esses homens o mesmo peso que à massa imensa desses admiráveis cristãos cuja fé se toca com as mãos em tantos textos e inscrições, e que tantas vezes tiveram no martírio o coroamento de uma vida de oração e de esperança. Perante a sociedade pagã corroída pela decadência, a sociedade cristã, no seu conjunto, está cheia de força e de saúde.

O cristianismo do século III não é nem menos puro nem menos vibrante que o das décadas anteriores. Nota-se nele o mesmo impulso para o único Amor. É ele que impele Clemente, Orígenes, Hipólito e tantos outros ao conhecimento mais profundo das coisas de Deus. É ele que se manifesta na fé popular, tão comovente, em que a curiosidade apaixonada das multidões se nutre com os mais simples pormenores dos Evangelhos, até mesmo dos Apócrifos, cuja voga é imensa neste tempo. É esse amor que ilumina a vida dos simples, segundo os princípios que vimos e que fazem de todos os instantes e de todos os atos os momentos de uma perpétua consagração.

É do século III que nos vêm algumas das orações mais populares do cristianismo, como por exemplo o *Gloria* que, nascido sem dúvida no Oriente e transposto para o latim, dizia na sua forma primitiva pouco mais ou menos o que diz hoje. É ainda deste século que data o cântico da tarde que a Igreja grega ainda hoje repete, o *Phos hilaron*: "Chegados a esta hora em que o Sol se põe e em que aparece o astro noturno, nós te cantamos, ó Jesus Cristo, alegre luz da glória imortal do Pai! Porque em todo o tempo vós sois os únicos dignos, ó Pai, ó Filho, ó Espírito Santo, de serdes cantados por vozes santificadas. O Filho de Deus, és tu que nos dás a vida e é por isso que o mundo te glorificou!"

As inscrições desta época estão repletas de provas de uma fé que a morte não podia anular. Paira uma imensa esperança sobre os mais humildes sarcófagos, em que palavras muito simples afirmam uma confiança absoluta: "Em paz" ou "Dorme em Deus". Em Autun, a célebre inscrição chamada de Pectório, exprime sentimentos parecidos, através de um simbolismo florido: "Ó raça divina do *Ichthys*[32] celeste, recebe com um coração cheio de compunção, entre os mortais, a imortalidade. Rejuvenesce a tua alma nas águas divinas, nas ondas eternas da Sabedoria, porque ela dá as verdadeiras riquezas. Recebe do Salvador dos Santos o alimento doce como mel. Satisfaz a tua fome! Sacia a tua sede! Tu tens o *Ichthys* na palma das tuas mãos".

Além disso, mais ainda que os testemunhos dos textos e das orações, é preciso lembrar, em benefício destes cristãos do século III, o testemunho do sangue. Com efeito, não podemos esquecer que esta Igreja, em que se percebem já certas falhas humanas, é a mesma que enfrenta heroicamente as perseguições e dá ao martírio um número considerável de filhos. A perseguição permanece suspensa sobre a cabeça dos cristãos ao longo de todo o século, não de uma maneira contínua, mas brutal como um furacão e muito mais cruel do que no passado. Quando há uma pausa, quando os carrascos de Roma concedem tréguas, a mola da energia cristã, como é natural e humano, distende-se; mas quando a ameaça reaparece, e quando é necessário que cada um diga de que raça é, são muitos os fiéis que levam o seu testemunho até o extremo absoluto do sacrifício.

É, portanto, à luz do martírio que temos de considerar esta Igreja, pois só esse clarão nos permite medir exatamente o que está na sombra e o que vive na luz. Quantas dessas fissuras, quantas dessas manchas que observamos atrás se nos revelam, desta maneira, singularmente mínimas! Aqueles adversários que vimos oporem-se uns aos outros apaixonadamente, em conflitos de doutrina ou disciplina, são reconciliados pelo martírio. Hipólito, que enfrentara três papas, não morrerá sem incitar os cristãos à submissão ao terceiro — Ponciano —, e os dois corpos, o do bispo e o do papa, reconduzidos da Sardenha pelos fiéis, serão venerados juntos. Na sua velhice, Orígenes, instalado na Palestina, torturado pela causa da fé verdadeira, troca com o bispo Dionísio cartas sobre o martírio, suficientemente reveladoras de que, na prova suprema, não existe nenhum fosso de separação entre Alexandria e Jerusalém. Não é só de Cipriano, mas da Igreja inteira que se pode dizer o que escreveria Santo Agostinho no século seguinte: "Se nesta vinha fecunda houve alguma coisa que tivesse de ser mondada, o Pai celeste encarregou-se de fazê-lo: Ele purificou tudo pela morte".

A Igreja perante o mundo romano

Resta agora ver como se estabeleceram no século III as relações entre as duas potências da época: o Império, que resvala por aquele declive em que as sociedades já não mais se conseguem segurar, e a Igreja, que apesar das dificuldades externas e internas se encontra em pleno desenvolvimento e expansão.

Passou o tempo em que o cristianismo se apresentava como uma miserável seita de inocentes fanáticos que, por um simples capricho, se podia enviar à arena para divertir os espectadores dos circos. Há muitos indícios de que a Igreja é agora levada em consideração. São numerosos os imperadores que manifestam viva curiosidade pela nova doutrina, e mesmo que Alexandre Severo não pensasse em levantar um templo a Cristo, como afirmou o seu biógrafo, muitos dos seus atos provam que conhecia bem os cristãos e os acompanhava com atenção, como sucedeu a propósito da disputa entre a comunidade romana e a corporação dos donos de tavernas, que ele dirimiu em favor dos cristãos. Este mesmo imperador correspondia-se com Júlio Africano, doutor cristão da Palestina, e sua mãe Júlia Mameia, amiga de Orígenes, mereceu que Hipólito lhe dedicasse um tratado sobre a Ressurreição! Filipe, o Árabe, "o muito doce imperador Filipe" como o chama São Dionísio de Alexandria, autoriza oficialmente o papa Fabiano a trasladar da Sardenha o corpo do seu antecessor Ponciano. Aureliano, ao intervir na questão que opunha os católicos de Antioquia ao herege Paulo de Samosata, revela-se perfeitamente a par dos princípios do cristianismo.

E se alguém objetar que se trata de casos excepcionais, de príncipes sentimentalmente indulgentes para com todas as religiões orientais, é necessário responder que em tais atitudes intervinham evidentes considerações políticas. No momento das piores crises, veem-se chefes como Pescênio Níger informar-se, antes de tomar uma decisão, da opinião que os cristãos teriam sobre o assunto. E o próprio caráter de que se revestem as perseguições, oficiais e sistemáticas, no século III tem um valor significativo: proscrevendo formalmente a Igreja, o Império, em certo sentido, prestava homenagem ao seu poder e aguardava o momento de tratar com ela. Um Estado não empreende uma luta metódica contra um inimigo que não valha a pena.

Quanto mais os anos passam, mais se multiplicam os contatos entre a sociedade romana e a sociedade cristã. Durante os longos períodos de tréguas em que a perseguição se detém, o grande público sente-se tranquilo com as disposições das autoridades sobre o cristianismo e verificam-se muitas aproximações. Trava-se um conhecimento mais profundo entre as duas barricadas e perdem crédito as velhas fábulas estúpidas do anticristianismo.

O desenvolvimento destas relações provoca consequências de duas naturezas: um fenômeno incessante de ação e de reação. É, afinal, uma lei constante da história: uma doutrina revolucionária, ao penetrar numa sociedade, obriga-a a deixar-se moldar mais ou menos por ela, a tal ponto que acaba por empapá-la completamente. Sabe-se bem o papel que o socialismo desempenha há um século na sociedade burguesa capitalista, obrigando-a cada vez mais a submeter-se aos seus princípios. Mas, por outro lado, à medida que progride, uma doutrina revolucionária embota a sua ponta, tende a tomar em conta mais os fatos do que os princípios, e procura anexar em proveito próprio numerosos elementos da ordem que se propunha suplantar.

Vimos já, a traços largos, qual foi a influência do mundo romano sobre o cristianismo. Essa influência não foi sempre benéfica e, em certos casos, constituiu uma verdadeira contaminação, pois, misturando-se excessivamente com a sociedade pagã, os cristãos chegaram a esquecer o Reino dos Céus e perderam de vista as suas fidelidades essenciais. No entanto, no plano da organização, preparando os quadros das dioceses e baseando-as na experiência ancestral dos excelentes administradores que eram os romanos, essa influência foi deveras feliz. Mesmo no plano religioso se podem observar as consequências deste contato, e embora não se trate aqui de influência, é preciso notar a tendência da Igreja — já visível e que se irá acentuando — para cristianizar os ritos e os gestos religiosos tradicionais, como por exemplo as datas das festas, a fim de fixar-lhes um sentido novo através dos hábitos antigos[33].

Mas, enquanto a ação do mundo antigo sobre o cristianismo se mantém num plano externo, a do cristianismo sobre a sociedade pagã tem outra profundidade: produz-se simultaneamente por mimetismo e por emulação. No plano religioso, vê-se o paganismo evoluir cada vez mais num sentido que o aproxima do cristianismo e procurar oferecer aos seus adeptos, ao mesmo tempo, uma explicação do universo e uma regra de vida que coloca no além o fim da existência. Certos pagãos chegam a suspeitar que o prodigioso triunfo da fé cristã deriva do fato de ela ter por centro e por foco a pessoa de Cristo, e, em vez de escarnecerem dEle, procuram suscitar-lhe um rival. Daqui provém o romance de Apolônio de Tiana, no qual muitos traços parecem ter sido decalcados do Evangelho. Noutros planos, também, a influência é igualmente acentuada. Não há dúvida de que a propaganda altamente moral e profundamente humana do cristianismo obriga a sociedade romana a uma espécie de exame de consciência. O imperador Alexandre Severo ordena que se grave sobre os edifícios públicos a máxima cristã: "Não faças aos outros o que não quererias que te fizessem", exatamente nos mesmos termos em que a apresentava a *Didaquê*. E há razões para perguntar se as medidas tomadas a partir dos Antoninos em favor dos escravos — especialmente a proibição de o senhor os matar sem julgamento — não são consequência da mudança de atmosfera provocada pela expansão da Boa-nova da caridade.

Há, portanto, em certo sentido, uma indiscutível aproximação entre os dois adversários; no entanto, continuam a ser adversários, e nenhuma influência, nenhuma atração recíproca prevalecerá contra um antagonismo fundamental. A oposição ao cristianismo mudou pouco a pouco de caráter, ou antes aprofundou-se, o que prova ainda que a nova formação inquieta gravemente. O anticristianismo popular continua a existir, tão baixo e tão animal, tão violento e tão injusto como nos nossos dias o antissemitismo. Continuam a propalar-se as mesmas balelas sobre os costumes infames e sacrifícios rituais atribuídos aos cristãos. Continua a haver motins da populaça desenfreada, tanto na Ásia como no Egito, e até em Roma, onde o papa Calisto é vítima de um desses "pogroms" contra os cristãos. Mas há agora algo mais sério.

Perante a nova doutrina, começam a levantar-se homens que compreenderam do que se trata. Estes não se limitam a acusar os cristãos — como fizera Celso no século anterior — "de se separarem dos outros homens, de desprezarem as leis, os costumes e a cultura da sociedade em que vivem". Sabem perfeitamente que teve início uma luta decisiva entre a sociedade antiga, tal como ela fora constituída pela tradição e pela lei, e essa empresa bárbara que lhe ameaça a própria essência.

O tipo destes polemistas anticristãos é *Porfírio*, neoplatônico, discípulo querido de Plotino, cujo *Tratado contra os cristãos*, infelizmente destruído no século IV, compreendia nada menos de quinze tomos. Semita helenizado, alma religiosa, espírito se não muito sólido, pelo menos arguto, que tinha estudado bastante a fundo a Bíblia, Porfírio tenta minar a doutrina cristã em si, a figura de Cristo, "indigna de um sábio", e a fé cristã, que ele considera irracional e absurda, boa apenas para as almas deficientes; e encarniça-se em apontar as "contradições dos Evangelhos", as pretensas oposições entre os discípulos, os excessos de São Paulo e a mediocridade de São Pedro. É uma espécie de Voltaire fecundado por Renan, um fanático, mas um inimigo perigoso[34].

Em que sentido devemos interpretar esta oposição que os defensores da civilização antiga vão acentuar cada vez mais? Não se coloca nunca — ou quase nunca — no plano da legalidade. As instruções de civismo dadas pelos apóstolos continuam a ser observadas, e os cristãos mostram-se, na sua grande maioria, cidadãos fiéis e devotados ao bem público. No entanto, nota-se entre eles uma tendência para o endurecimento. Alguns temperamentos violentos como Tertuliano opõem à romanidade um *non possumus* fanático e pensam em colocar-se à margem dela; outros, sonhadores, na expectativa da Parusia, anelam pelos grandes cataclismos que tragarão o Império iníquo; e há ainda polemistas como Lactâncio, que vociferam contra o poder perseguidor. Começam a ocorrer casos de objeção de consciência ao serviço militar, como acontece com um jovem soldado que exclama: "Não me é permitido trazer ao pescoço o *signum* (espécie de placa de identidade usada no exército romano), porque fui marcado com o sinal de Cristo"; ou com um outro soldado que se recusou a colocar sobre a cabeça a coroa ritual dos sacrifícios em honra do imperador. São casos ainda excepcionais, mas sintomáticos: a oposição profunda entre Roma e a Igreja tende a passar do plano religioso para o plano cívico e político.

Aliás, em geral, não é à romanidade que os cristãos se opõem; eles reconhecem profundamente, nesta época, o serviço que a ordem e a organização romanas prestaram à sua propaganda e sabem muito bem qual foi o contributo de Roma para a civilização. O que rejeitam é a superstição tal como o Império a pratica e erige em norma; é a idolatria do Estado, do "reino deste mundo"; é a profunda imoralidade que os poderes públicos fomentam; é a injustiça da sociedade. "Que Roma se converta, e ser-lhe-emos fiéis!", exclama Tertuliano nos seus momentos de lucidez, quando o furor ainda não o desvairava. É uma atitude de espírito de importância capital, pois prepara, precisamente no momento em que o Império declina, a sua substituição pela cristandade.

É evidente que os poderes públicos não podem admitir de forma alguma semelhante atitude. Não é necessário que os cristãos promovam qualquer revolta: o simples fato de pensarem desse modo é suficiente para que sejam considerados elementos de desagregação que nenhum governo poderá tolerar. Já no século anterior tinha havido certa intenção política na atitude anticristã do poder público, e Celso dizia, resumidamente, aos cristãos: "Deixai de segregar-vos e nós vos toleraremos". Mas que pode fazer um regime perante um grupo de homens que lhe declara: "Ides morrer. A vossa queda é fatal e somos nós que vos sucederemos"? À medida que as autoridades romanas se aperceberem verdadeiramente desta atitude radicalmente revolucionária, terão razão para agir. E ferirão com todo o seu peso, ainda enorme, os doces não-conformistas, nos quais reconhecerão os seus piores inimigos. No entanto, nem sempre essas autoridades se darão conta do alcance da atitude cristã, e haverá momentos de extrema tolerância, exemplos em que a casuística, os usos e as relações pessoais darão lugar a confusões deveras singulares[35].

Como um ancião doente que ora dormita inconsciente ou vagamente inquieto, ignorando as impaciências que o rodeiam, ora se irrita e ainda se mostra terrível, da mesma forma o Império muda a todo o momento de atitude. É isto o que dá às perseguições do século III um caráter tão diferente das precedentes. Mas nem a violência nem a tolerância poderão deter a Igreja no seu caminho de luz, em que a vitória lhe pertence daí por diante.

Notas

[1] É impressionante observar que, no outro extremo do mundo, a China dos Han, cuja ordem secular foi frequentemente comparada à do *Imperium Romanum*, se desmorona na mesma época. O último imperador Han foi deposto em 220. E ainda mais curioso observar que tiveram também grande influência neste fenômeno os elementos religiosos. Foi nesta época que o taoísmo se organizou como religião combativa, hostil à ordem estabelecida, e que o budismo começou a instalar-se na China.

[2] Cf. cap. III, par. *Imperium Romanum*.

[3] Cf. cap. III, par. *Feridas no corpo social*.

[4] É necessário acrescentar que, se no seu conjunto a situação das classes inferiores continuava a ser medíocre, os imperadores do século III, precisamente porque a sua política era demagógica, tendiam a mostrar-se cada vez mais sociais. Mas as perturbações e a insegurança eram tão grandes e os impostos tão pesados que os burgueses e as classes humildes são certamente mais infelizes nesta época do que sob a administração dos Júlios-Cláudios ou dos Antoninos.

[5] Foi nesta época que se modificou o modo de compor o nome das pessoas. O nome romano compunha-se de três elementos: prenome, gentílico e sobrenome, como, por exemplo, Caio Júlio César. O gentílico indicava a filiação à *gens*, à família, e era fundamental; quando um indivíduo de alguma província obtinha o direito de cidadania, ligava-se a uma grande família romana e adotava-lhe o nome. Mas a extensão do direito de cidadania multiplicou os Júlios, Cláudios, Flávios e Aurélios, a tal ponto que o uso do gentílico deixou de caracterizar uma família. Assim, a designação passou a ser feita apenas pelo prenome, que se podia fazer seguir de um sobrenome, combinando livremente os elementos. Os nossos nomes saíram, na sua maioria, desta formação. Mas há aí um notório sintoma de desagregação da sociedade, de atomização. Deixa-se de conhecer o grupo social para conhecer apenas o indivíduo.

[6] Cf. cap. III, par. *Brechas nos costumes*, nota sobre a diminuição da força criadora na arte e na literatura.

[7] Cf. cap. III, par. *Brechas nos costumes.*

[8] Cf. cap. III, par. *Conformismo religioso e inquietação mística.*

[9] Num grau inferior, mas partindo de dados análogos, a magia ocupa também um lugar importante, sobretudo nas classes populares. Em virtude do princípio da simpatia, julga-se ser possível agir sobre as forças que conduzem o homem; é a velha ideia dos primitivos. Os astrólogos caldeus são também magos em maior ou menor medida. Alguns são simplesmente charlatães que vendem talismãs e remédios caseiros e exploram a credulidade popular, ao passo que outros adotam ares de sábios inspirados. O feitiço é considerado uma realidade e um crime. Trata-se de beberagens perigosas — extraídas de plantas maléficas e de cadáveres —, bem como de sacrifícios de crianças, da leitura do futuro nas entranhas dessas vítimas inocentes e da evocação dos mortos. Foi este aspecto aberrante das práticas caldaicas que levou os poderes públicos a usar da maior severidade contra os magos e astrólogos, e a Igreja, por sua vez, sempre se lhes opôs tenazmente. Mais tarde, porém, essas práticas mostrarão que continuam vivas; vamos encontrá-las no século V e em plena era cristã, na Idade Média.

[10] O rito do *taurôbulo* — batismo de sangue que o postulante recebia, colocando-se numa fossa por cima da qual se decapitava um touro cujo sangue o banhava — não parece ser originário da religião de Mitra, mas provir da Frígia. Nestas condições, não se pode garantir que fosse usado universalmente no mitraísmo, sendo provável que fosse praticado apenas por certas seitas de baixa categoria.

[11] Nem tudo era falso no neoplatonismo, e certos pensadores cristãos, como o Pseudo-Dionísio Areopagita, e mesmo Santo Agostinho, leram atentamente Plotino e os demais autores da sua escola. Depois de ter permanecido algum tempo, com Porfírio, em oposição ao cristianismo, o neoplatonismo acabou por nele desaguar.

[12] Cf. cap. I, par. O *fim de Jerusalém.*

[13] Cf. cap. IV, par. *Na Gália: os mártires de Lyon*, nota 16.

[14] Cf. cap. IV, par. O *cânon.*

[15] Uma estátua que representa Santo Hipólito sentado, datada do século III, foi encontrada no "cemitério de Santo Hipólito", na via Tiburtina, e tem no pedestal a lista das suas principais obras, entre as quais se cita a *Tradição Apostólica.*

[16] Cf. cap. I, par. *Os sete diáconos e o martírio de Santo Estêvão.*

[17] O célebre arqueólogo das catacumbas, De Rossi, sustentou que os cristãos se agruparam ao abrigo da lei relativa aos colégios funerários, isto é, às sociedades que as pequenas famílias de Roma formavam para garantir mutuamente um enterro decente. Esta teoria está hoje quase completamente abandonada. Os colégios funerários, pouco numerosos, formados por algumas dúzias de pessoas, não se podiam comparar com as comunidades de milhares de fiéis. Por outro lado, os cristãos execravam esses colégios funerários pagãos, a ponto de terem repreendido um bispo da Espanha por se ter inscrito num deles. Por último, a polícia imperial não era tão estúpida que se deixasse ludibriar com tanta facilidade.

[18] Um incidente curioso prova até que ponto esta posse de bens pela Igreja era do conhecimento público. No tempo de Alexandre Severo, teve lugar uma disputa entre diversos proprietários de tabernas e a Igreja, a propósito de um imóvel. O assunto foi levado ao príncipe, que concedeu a propriedade do imóvel aos cristãos.

[19] Onde se encontrava instalado o papa nessa época? No decorrer dos primeiros séculos, ao que parece, residia nos subúrbios de Roma, talvez como medida de precaução. A primeira

sede deve ter sido na Via Salária, e depois, no século III, na Via Ápia. Foi o imperador Constantino quem instalou o papa em Latrão.

[20] É também no século III que começa a expandir-se a arte cristã. Cada vez mais frequentadas como lugares de reuniões litúrgicas e de culto dos mártires, os vastos domínios subterrâneos não cessam de proliferar. Nesta época, o clero compreendeu já plenamente o interesse que apresentam as decorações murais para a edificação dos fiéis, e por toda parte aparecem figuras que evoluem num sentido mais preciso, mais realista do que no século II. Os orantes e as orantes que ali se veem representados dão-nos a impressão de serem retratos. As influências romanas misturam-se agora outras de origem oriental e judaica, mas esta arte não só conserva como acentua cada vez mais a sua própria originalidade, apoiada na sua austeridade moral, na sua simplicidade e num simbolismo que se vai aperfeiçoando. A escultura dos sarcófagos reveste-se da mesma unidade de inspiração e das mesmas características. Na sua obra sobre *L'Art Chrétien* (Paris, 1928), Bréhier escreveu que, a partir do século III, essa arte conseguiu "construir um verdadeiro sistema de iconografia religiosa". A arte cristã, mal brotou da terra, tem já normas originais e sente-se independente.

[21] Sobre Alexandria, cf. cap. I, par. *Helenistas e judaizantes*. cf. também cap. VI, par. *As exigências do pensamento*; e o que se diz neste capítulo sobre Plotino.

[22] Clemente de Alexandria foi, durante algum tempo, objeto de um culto local e chegou a figurar nos martirológios. Mas o papa Bento XIV, em 1748, riscou-o formalmente do número dos santos, porque não se pôde provar a heroicidade das suas virtudes, porque a Igreja dos primeiros tempos não lhe prestou um culto unânime e ainda porque são discutíveis certos pontos da sua doutrina. No entanto, Fénelon ainda fala de "São Clemente" e admira-o incondicionalmente.

[23] São Gregório Taumaturgo é sem dúvida o mais notável dos discípulos de Orígenes. Nascido na nobreza do Ponto, e tendo vindo para a Universidade de Beirute para estudar direito e viver junto de sua irmã, cujo marido era alto funcionário do governo da Síria, seguiu com ardor os cursos de Orígenes em Cesareia e tornou-se um apaixonado teólogo. Tendo voltado para o seu país, depois de sagrado bispo, desenvolveu um apostolado extraordinário em todo o norte da Ásia Menor até as bordas do Cáucaso, o que lhe valeu ser chamado por São Gregório Niceno, seu panegirista, "Gregório, o Grande". Quando os godos invadiram a região, nos últimos anos do século III, foi Gregório Taumaturgo quem organizou a resistência contra eles, assumindo o papel de líder e substituindo os funcionários de Roma, como tantos bispos o tiveram de fazer um pouco mais tarde.

[24] A Escola de Alexandria durou ainda muito tempo depois da morte de Orígenes. Dois dos seus antigos discípulos, seu assistente Héracles e o seu aluno Dionísio, subiram ao trono episcopal depois de lhe terem sucedido no ensino. Dionísio foi um grande bispo, heroico na perseguição e firme perante o cisma de Novaciano e as fantasias mais ou menos heréticas dos milenaristas; e, se certa vez entrou em discussão com Roma a propósito das suas ideias sobre a Trindade, o papa Dionísio reconduziu-o facilmente ao bom caminho. A tradição origenista mantém-se até o ano 280, com o bispo Máximo e os chefes de escola Teognoto e Piério, mas a partir dessa altura foi vigorosamente atacada pelo bispo São Pedro, que a refutou em diversos livros. Em reação contra os excessos anteriores, o santo bispo foi ao ponto de afirmar que "tudo o que vem da filosofia grega é estranho àqueles que querem viver piedosamente no Senhor". É talvez ir muito longe em marcha à ré; mas não são estas discussões apaixonadas, estes conflitos de ideias, mais uma prova da vitalidade intelectual que se verifica nesta época no seio do cristianismo?

[25] Cf. cap. IV, par. *Os mártires de Scili*.

[26] Talvez resida nesta vinculação excessiva com Roma a explicação profunda da pouca resistência que a África cristã opôs ao islamismo. Desfeitas as instituições romanas, que se apoiavam no cristianismo, este não lhes pôde sobreviver.

[27] Expressão de Brisson, *in: Grandeur et misère de l'Afrique chrétienne.*

[28] Cf. cap. VI, par. *Oportet haereses ease.*

[29] Cf. cap. VIII, par. *Valeriano perseguidor e Cipriano mártir.*

[30] Limitamos aqui aos dois grandes exemplos de Alexandria e da África as recordações da Igreja nesta época, e a verdade é que, se lhes juntarmos Roma, ficaremos com o quadro quase completo. Mas poderíamos citar outros nomes de homens notáveis que viveram sob todos os céus onde o cristianismo se ia enraizando. Assim, na África, temos *Comodiano*, o "mendigo de Cristo", que manifesta alguns traços semelhantes ao *poverello* de Assis. Ainda na África, *Amóbio, o Antigo*, repete no fim do século a luta antipagã de Tertuliano. De Cirta a Tréveris, ao longo de uma ilustre vida de professor, *Lactâncio*, "o Cícero cristão", expõe as instituições cristãs numa linguagem primorosa e numa dialética cerrada. Por toda parte e em quase todas as comunidades, revelam-se homens cujos nomes merecerão para sempre ser lembrados: *São Retício de Autun*, que Santo Agostinho chamava "homem de Deus"; *São Vitorino de Pettau* (na atual Iugoslávia); na Palestina, *Júlio Africano*, parceiro de debates de Orígenes, e cuja *Cronografia* apresenta um quadro sincrônico dos fatos humanos desde o princípio do mundo, baseado na Sagrada Escritura e repleto de ensinamentos preciosos. E em Antioquia vamos encontrar ainda *São Luciano*, ponta de lança de uma escola que tornaremos a encontrar no século seguinte.

[31] Era isto, pelo menos, o que se admitia, até há pouco, mas uma obra recente parece ilibar Santo Hipólito. Trata-se do trabalho de Pierre Nautin, denominado *Hippolyte et Josipe* (Paris, 1947). A rebelião teria sido obra de um certo Josipo, e Santo Hipólito teria sido realmente um sábio Padre da Igreja, autor de muitos tratados contra os hereges, mas de forma alguma adversário do papa.

[32] Este termo grego, que significa *peixe*, é uma espécie de acróstico imaginado para designar secretamente Jesus Cristo, Filho de Deus, Salvador; as iniciais destas cinco palavras formam em grego a palavra *Ichthys*.

[33] É preciso sublinhar aqui quanto é falsa a perspectiva dos historiadores religiosos anticristãos. Em nome das teorias comparativas, há quem pretenda ver *influências* onde, na verdade, houve anexação pela Igreja de simples gestos, com a mudança total do sentido. É absurdo dizer que o cristianismo sofreu a influência dos cultos solares por ter fixado em 25 de dezembro a data do nascimento de Jesus, data essa que era a de uma festa mitríaca; ou que a Páscoa, na primavera, é uma imitação das cerimônias em honra do deus vegetal Átis. Mas essa foi a sabedoria do cristianismo, e esse método é o verdadeiro método dos revolucionários: utilizou para os seus fins, num sentido que ele fixava, os costumes imemoriais dos povos em que penetrava. É o que mais tarde dirá tão bem o papa São Gregório Magno, quando der como senha aos missionários enviados aos países bárbaros: "Batizai os ídolos e os lugares de culto pagão".

[34] Na sua qualidade de pagão, Porfírio é um homem profundamente religioso e constitui um exemplo frisante dessas almas sinceras que, por entre as incertezas e contradições do paganismo, buscam verdadeiramente a luz. Numa bela carta a sua mulher Marcela, exprime a essência da piedade antiga numa linguagem de um acento tão cristão que nos perguntamos se não teria sido educado no cristianismo. Os quatro princípios da vida espiritual, para ele, são: a fé, a verdade, o amor e a esperança. Da sua pena saem frases como esta: "Não há salvação fora da conversão a Deus", ou ainda: "Devemos reconhecer o fundamento da piedade no amor aos homens e no domínio de si mesmo". Há aqui, ou traços de influência cristã, ou a prova dessa evolução profunda que aproximava o paganismo do cristianismo. (A *Carta a Marcela* foi reeditada em 1944 por Festugiére, em *Trois dévots païens).*

É interessante notar que Porfírio, em princípio, atribui o primado a São Pedro, que ele chama "o chefe do coro dos apóstolos" ou ainda "aquele a quem coube o poder de dirigir". Mesmo que seja para concluir que um indivíduo tão mesquinho parece pouco digno de tão alta categoria, a observação bem merece ser sublinhada.

[35] Tal é o caso, como já notamos, dos flâmines, isto é, dos sacerdotes oficiais do culto de "Roma e Augusto", que são cristãos e que, sob esse pretexto, se abstêm de todas as cerimônias litúrgicas pagãs. É levar muito longe a confusão, mais longe do que a tolerância. Tais compromissos são absurdos, tanto do ponto de vista pagão como cristão. Nos cristãos, denotam uma perigosa contaminação pelos prestígios do mundo; nos pagãos, uma indulgência que mais se pode chamar falta de energia.

VIII. A GESTA DO SANGUE: AS GRANDES PERSEGUIÇÕES

Septímio Severo e a nova política anticristã

A perseguição de Septímio Severo abateu-se sobre a Igreja, logo no princípio do século III, como uma tempestade de verão. Havia pelo menos quinze anos que, no seu conjunto, as comunidades cristãs viviam praticamente em paz. O Estado, quase por toda parte, fechava os olhos.

O último dos Antoninos, Cômodo, filho de Marco Aurélio, aquele de quem se disse que "era mais impuro do que Nero e mais feroz do que Domiciano", por uma espécie de paradoxo mostrara-se extremamente indulgente[1]. Influenciado pela sua favorita Márcia, que tinha convicções cristãs, e por alguns palacianos que eram adeptos da nova doutrina, chegara ao ponto de anistiar os cristãos condenados a trabalhos forçados. Ao longo do período agitado que se seguiu à sua morte, nenhum dos seus sucessores tivera tempo ou vontade de empreender qualquer luta séria contra o cristianismo. E assim, aproveitando a bonança, a Igreja pôde tratar as suas feridas e desenvolver as suas forças: o seu trabalho de difusão da doutrina surtia pleno efeito.

Os próprios começos de Septímio Severo foram bastantes calmos. É certo que houve, de tempos a tempos, um ou outro desses movimentos esporádicos de violência que o fanatismo ou a inveja popular desencadeavam, e aos quais, conforme o rescrito de Trajano, as autoridades deviam dar seguimento. Houve cristãos e cristãs que foram denunciados, entregues aos juizes, condenados e mortos. Mas isso não foi obra direta do imperador. Ao contrário, contava-se que, quando um dia a população de Roma se insurgiu contra os cristãos de categoria senatorial, foi o próprio príncipe quem os protegeu. De resto, o marido da asiática Júlia Domna sentia-se moralmente inclinado a respeitar as crenças orientais, e o ambicioso africano que se apossara da romanidade tinha os mesmos adversários que os cristãos — esses "velhos romanos" paralisados pelas tradições, hostis a todos os pensamentos novos e a todos os homens novos. A sua clemência era perfeitamente compreensível; no entanto, terminou subitamente por volta do ano 200. Por quê?

Este homem pequeno e magro, de olhar dominador, este enérgico filho do Mediterrâneo, da raça de um Aníbal e de um Bonaparte, tinha provado à saciedade que pretendia possuir o Império sem qualquer partilha ou controle. Todos os meios lhe pareciam bons para eliminar os seus rivais, quer tivesse de lançar mão da astúcia ou da violência. Terá farejado no cristianismo um rival que crescia de dia para dia? Terá compreendido toda a importância das conquistas públicas da propaganda evangélica, quando esteve no Oriente para preparar a guerra contra os partos? Ou, já melhor informado por aqueles que o rodeavam sobre o sentido dessa invasão espiritual, terá adivinhado o fermento revolucionário que se estava introduzindo no corpo social do Império? Ou ainda terá sido influenciado por alguns dos que o cercavam, como, por exemplo, o grupo dos jurisconsultos como Ulpiano, muito hostil às influências orientais e, portanto, ao cristianismo? Não se sabe ao certo como é que as coisas se passaram; o que se sabe é que mudou bruscamente de política, abandonou a tolerância, retomou e acentuou os métodos de força. "Nós nos multiplicamos quando vós nos ceifais" — acabara Tertuliano de exclamar. E Septímio Severo levou a cabo uma vasta ceifa.

A sua deliberação deve ter sido promulgada entre os anos 200 e 202. Não lhe conhecemos o texto, mas o sentido é claro, pelas alusões que lhe fazem os seus biógrafos. Não revestiu a forma de um decreto sistemático, de um edito geral de proscrição, como mais tarde o farão Décio, Valério e Diocleciano; foi possivelmente um simples rescrito, como o anterior de Trajano, uma ordenança emitida por ocasião de algum incidente administrativo ou de alguma perturbação da ordem pública, como a que acabavam de provocar na Palestina os judeus e os samaritanos, inimigos irreconciliáveis. "Proibiu sob pena grave que alguém se fizesse judeu — escreve o seu biógrafo — e tomou a mesma decisão quanto aos cristãos". Com esta frase bem concisa, ficava definida uma política inteiramente nova.

Que pensar quanto aos judeus? A sua propaganda, que fora tão bem sucedida no tempo de Juvenal e de Horácio, teria ainda algum peso no século III? O imperador Antonino proibira a circuncisão de todo aquele que não fosse de família judaica. Septímio Severo confirmava agora essa proibição, mas não deve ter ido muito longe no seu rigor, pois se pode citar o caso, sucedido pouco depois, de cristãos pusilânimes que se proclamaram adeptos de Moisés para fugirem à perseguição. Septímio Severo visava os convertidos, os que "se faziam" cristãos, e os que os convertiam, isto é, aqueles que "faziam" cristãos. Era, portanto, exatamente o fato da propaganda evangélica que dava origem ao rescrito. A Igreja em si, como instituição, não estava ainda em causa, como viria a estar mais tarde; eram apenas os cristãos como indivíduos que eram atingidos.

Mas, se a medida imperial se mostrasse eficaz, a ação da Igreja seria neutralizada.

Por outro lado — e este é o ponto principal —, o rescrito inaugurava uma nova forma de processo. Até agora, os cristãos não podiam ser levados aos tribunais, a não ser quando denunciados. Trajano dissera formalmente: "Não devem ser procurados". A partir deste momento, porém, são os funcionários que recebem ordem de agir contra os que se convertam e contra aqueles que os convertam. Aderir ou fazer aderir ao cristianismo é um delito novo, de que os magistrados devem tomar conhecimento e que devem averiguar, sem esperar pelas denúncias.

Assim se abre um novo período na história das perseguições que, em vez de estarem entregues ao capricho das multidões, passam agora a ser metódicas. O rigor oficial vem, de certo modo, revezar o ardor privado do ódio anticristão. É uma era nova que começa, a das terríveis violências, das rusgas policiais, dos anfiteatros abarrotados de mártires nos quatro cantos do mundo romano: tempos terríveis, mas relativamente breves, interrompidos por longas pausas em que o poder dormita, em que a Igreja recupera o fôlego, até a hora em que a súbita decisão de algum governante reacende as fogueiras ou solta novamente as feras contra magotes de novas vítimas. E esta luta, umas vezes ofegante, outras refreada, em que os cristãos não opõem ao terror senão o heroísmo e a resignação constantes, ir-se-á exasperando até o dia em que, de malogro em malogro, o poder imperial virá dobrar o joelho diante da Cruz.

Quanto à aplicação do rescrito, não possuímos informações a respeito de todas as províncias. Parece que a perseguição não atingiu o mesmo grau de ferocidade em toda parte, o que é compreensível porque, uma vez que os magistrados tinham agora a iniciativa das investigações, estas dependiam do seu temperamento pessoal, da sua indulgência ou do seu rigor, ou ainda das razões que cada um podia ter para agir com maior ou menor zelo. Se fosse aplicado com estrito rigor de uma ponta a outra do Império, o rescrito teria entravado consideravelmente o avanço do cristianismo, mas a verdade é que, depois da sua publicação, não se observou nenhum afrouxamento na expansão da Igreja, o que parece provar que as perseguições não foram, nem verdadeiramente universais, nem de duração muito longa.

O que se sabe é, no entanto, suficiente para acrescentar numerosas e sangrentas páginas ao mais doloroso capítulo da história cristã e alguns modelos exemplares à galeria das suas mais nobres figuras. Se não se pode situar com precisão neste período qualquer nome de mártir em Roma, sabemos positivamente, por intermédio de Santo Hipólito, que os houve. Conhece-se o caso de um herege perdoado pela coragem de que deu provas, e o arqueólogo das catacumbas, Rossi, verificou que nessa ocasião se fizeram obras no cemitério de Calisto para assegurar saídas ocultas aos cristãos e interditar aos pagãos as escadas de acesso. Em Alexandria, perseguiu-se a escola de Clemente, conduziram-se ao suplício vários dos seus catecúmenos e o mestre foi obrigado a exilar-se[2]; e pôde-se assistir a cenas de horror insuportável, como o martírio de Potamina, uma cristã ainda muito jovem, que foi lançada com a mãe para dentro de uma caldeira de betume inflamado.

Na Ásia Menor, um legado imperial da Capadócia, Herminiano, destacou-se por um zelo perseguidor e violento que resultou, segundo se diz, de ter visto a esposa converter-se ao cristianismo. Na Gália, parece que a perseguição foi também bastante rude; certas tradições atribuem-lhe a morte de Santo Irineu, como também asseguram que Santo Andeol, padroeiro da igreja de Viviers, foi morto na presença do próprio imperador. Tudo leva a crer que, em toda parte onde havia cristãos montanistas, verdadeiros fanáticos, a sua atitude exaltada e quase provocante acabou por exasperar os rigores oficiais, e assim aconteceu nas províncias da Ásia e da África, onde a perseguição, cujo horror Tertuliano denunciou eloquentemente, foi severa apesar de ter sido curta, e fez subir à primeira linha dos mártires uma das mais comoventes figuras de toda esta admirável história: a figura de Perpétua.

Uma jovem mulher cristã

Víbia Perpétua era uma jovem de elevado nascimento, filha de um abastado nobre da cidade de Tuburbo, ao sul de Cartago. Recebera uma educação esmerada e fizera um belo casamento. Nascera-lhe um filho, esperava outro, e a vida sorria-lhe docemente. Um dia, porém, encontrou no seu caminho Aquele que dissera: "Quem não odiar até a sua própria vida, não pode ser meu discípulo" (Lc 14, 26). E a alma indomável que animava aquele corpo jovem fez a sua escolha.

A perseguição apanhou-a nas suas malhas, junto com outros catecúmenos, a maioria também muito jovens e de todas as condições sociais. A patrícia Perpétua encontrou-se presa ao lado dos escravos Revocato e Felicidade, e com eles foi atirada para dentro de uma masmorra. Faziam parte do mesmo grupo dois moços, Saturnino e Secúndulo, aos quais em breve se juntou Saturo, que os guiara a todos na fé cristã e que agora vinha partilhar da sua sorte.

A atmosfera da África era então muito hostil aos cristãos. De vez em quando, rebentavam manifestações em que a multidão desenfreada assediava as autoridades, exigia delas o castigo da seita proscrita e vociferava em coro: "Mais cemitérios! Mais cemitérios para eles!" Quando a ordem de Septímio Severo chegou à África, o homem que se ia encarregar de executá-la era um certo Hilariano, procurador, que exercia interinamente o governo da província por morte do procônsul. A preocupação com a promoção próxima e o desejo de evitar complicações não deviam impelir à mansidão um homem já de per si pouco indulgente.

No outono de 202, depois de terem passado algum tempo num cárcere da província em que Perpétua fora batizada, os cristãos presos encontraram-se reunidos numa prisão de Cartago, à espera de ser julgados. Foram dias terríveis. Nos redutos escuros onde os amontoavam, o calor e o cheiro eram insuportáveis, e Perpétua, habituada a uma vida bem diferente, estava apavorada. A troco de dinheiro, dois diáconos da Igreja conseguiram dos guardas um pouco mais de humanidade para com os prisioneiros. Perpétua foi então autorizada a rever o filho e, dali por diante, "a masmorra pareceu-lhe um palácio".

Mas estes sofrimentos materiais não eram nada. Havia coisas bem piores: a tortura de ver a dor dos pais e dos parentes, especialmente desse velho pai que empreendera uma longa viagem vindo da sua província, que conseguira entrar na prisão e que estava ali a seu lado, suplicando, ameaçando, meio louco de desespero e de amargura; só Deus sabia que força de alma era necessária para resistir-lhe.

Mas Perpétua possuía essa força de alma, e com que plenitude! Essa jovem mulher pertencia à linhagem espiritual dos grandes santos que lhe apontavam o caminho; como a jovem Blandina, não se deixava abater. Dentro da prisão, é ela quem dá o exemplo, quem encoraja os outros e entra numa espécie de emulação mística com o santo catequista Saturo. Deus está presente e sente-se o sopro do Espírito dentro desse calabouço. Por vezes, o êxtase transporta estas almas de eleição, e envolvem-nas visões de grandes imagens em que, à familiaridade — bem natural — com o destino que as espera, se une a indestrutível esperança do Paraíso já próximo.

Umas vezes, Perpétua vê elevar-se até o céu uma escada de grande altura, tão estreita que só dá passagem a uma pessoa de cada vez, e cujos montantes estão cheios de espadas, de ganchos e de lanças. Saturo é o primeiro que sobe, mostrando o caminho, como fizera na terra, e chegando ao cimo grita: "Perpétua, eu te ajudarei, mas toma cuidado com o dragão que está deitado ao pé da escada, para que não te morda". Então aquela jovem heroica empreende a subida, depois de esmagar com o pé o animal imundo. Sobe, sobe. Acha-se agora num imenso jardim cheio de luz. E um homem que ali se encontra sentado, vestido como um pastor e cercado de milhares de ovelhas, levanta a cabeça e olha-a com ternura: "Sê bem-vinda, minha filha". E com a sua mão aproxima-lhe dos lábios uma porção de leite coalhado.

Noutra ocasião, Perpétua avista um dos seus irmãos que morreu muito novo, na ignorância da fé cristã. A visão revela-lhe misteriosamente que, com a sua morte, levará a paz suprema à pobre criança. Outra vez ainda, vê-se na arena, prestes a ser entregue às feras em liberdade, e tem de lutar com um adversário de aspecto repugnante que tenta impedir-lhe a passagem. Quando depois contava estas visões aos companheiros, Saturo por sua vez contava outras que tinha tido e lhes anunciava as alegrias da libertação, com o coro dos anjos prontos a recebê-los, e a morada definitiva que os aguardava num palácio cheio de luz, onde se ouvia sem cessar o louvor ao Deus do amor: "Santo, Santo, Santo é o Senhor!"

Foi nesta atmosfera de exaltação e de esperança que Perpétua e os seus companheiros passaram o inverno.

Aproximava-se a primavera quando o procurador Hilariano os mandou chamar à sua presença. O interrogatório não foi longo. "— Tem pena dos cabelos brancos do teu pai e da juventude do teu filho. Sacrifica! — Não. Não sacrifico. — Es cristã? — Sou cristã!" Era o bastante. Nem as súplicas do pai, que assistia desolado ao interrogatório, nem a ameaça de suplícios espantosos fizeram vergar esta alma de aço. A sentença foi conforme com o que a santa vira no seu êxtase: esperava-a o anfiteatro.

Os últimos dias dos condenados foram assinalados por um episódio extremamente patético. Perpétua chegara ao oitavo mês da gravidez. Quanto mais se aproximava o dia do sacrifício, mais ela se desolava. Como a lei proibia que se levasse à morte uma mulher que estivesse naquele estado, a infeliz temia que adiassem o seu suplício e ficasse assim separada dos seus amigos. Durante três dias, ela e todos os que a acompanhavam imploraram ao Senhor que, na sua providência, resolvesse aquela dificuldade. Na tarde do terceiro dia, sentiu as dores do parto e deu à luz uma menina. Como o parto fosse difícil e as dores grandes, Perpétua gemia, o que deu motivo a que um guarda zombasse: "Se te queixas agora, que farás quando estiveres diante das feras?" E ela teve esta simples e profunda resposta: "Agora sou eu que sofro, mas lá fora, um Outro estará em mim, e Ele sofrerá por mim, e eu sofrerei por Ele".

Nada mais havia a esperar senão o desfecho fatal. Altiva e enérgica até o último momento, Perpétua continuava a ser a jovem de nobre estirpe que resistia aos carcereiros e carrascos, exigindo que todos a respeitassem, bem como aos seus companheiros, a tal ponto que o próprio tribuno não ousava olhá-la de frente. No momento do suplício, quando por escárnio tentaram vesti-los com as túnicas das cerimônias pagãs, indignou-se e protestou tanto que os carrascos desistiram da ideia. "Damos livremente a nossa vida para não aceitar tais coisas. Há um contrato entre nós, e vós não tendes o direito de nos impor essas vestes".

O martírio teve lugar em 7 de março do ano 203, na arena de Cartago. Foi a mesma carnificina brutal a que tantas vezes se assistira naqueles lugares nos últimos cento e cinquenta anos. Revocato e Saturnino foram, respectivamente, presas de um urso e de um leopardo. Saturo, contra quem lançaram um javali, foi apenas arrastado e pisado, e, quando lhe soltaram um urso, foi novamente poupado pela fera e retiraram-no vivo da arena. Quanto às jovens mulheres, Perpétua e Felicidade, quiseram submetê-las a um suplício pouco comum, para mais as insultarem. Tiraram-lhes os vestidos, meteram-nas dentro de uma rede e expuseram-nas assim na arena. Mas a multidão não viu com bons olhos o espetáculo dessas duas frágeis criaturas, uma das quais acabara de dar à luz e estava perdendo o leite. Voltaram a vesti-las e trouxeram-nas de novo para a pista. Uma vaca furiosa, lançada contra elas, derrubou-as, mas não as matou. Perpétua levantou-se, cingiu o vestido que se rasgara, recompôs os cabelos para não parecer triste e abatida e, vendo Felicidade estendida no solo, correu para ela e ajudou-a a levantar-se. A crueldade da assistência deixou-se vencer momentaneamente e mandaram-nas sair pela porta dos vivos.

A morte santa iria esquivar-se à expectativa de Perpétua? Não. Ao cabo de um instante, a multidão, enraivecendo-se, exigiu que trouxessem de novo os mártires que tinham escapado com vida. Saturo reapareceu, e um novo leopardo saltou sobre ele e o cobriu de sangue. Quanto às duas santas, recorreu-se à espada. Encarregaram um gladiador de as degolar. Mas era um novato: atingiu Perpétua no flanco, causando-lhe uma horrível ferida. Foi ela própria que colocou a ponta da espada sobre a garganta e ordenou ao desajeitado que carregasse. E assim morreu esta heroína; não contava ainda vinte e dois anos.

A narrativa de toda esta história tem, nas *Atas dos Mártires*, um extraordinário tom de veracidade. A maior parte foi redigida pela própria Perpétua, na linguagem simples e elegante de uma jovem bem educada. No princípio e no fim, um comentador acrescentou algumas páginas, particularmente a narrativa do suplício. Alguns críticos julgaram reconhecer nessas páginas o estilo de Tertuliano; outros, indo mais longe, pretenderam encontrar em todo o texto traços suspeitos de montanismo, e talvez seja essa a razão por que a narrativa foi posteriormente encurtada e retocada. Que nos importa isso? O que nos parece admirável é o rosto desta jovem indomável, repassado de piedade e ternura, que se revela de uma têmpera tão excepcional. "Vós que fostes testemunhas destes fatos — escreve o redator das *Atas* — lembrar-vos-eis da glória do Senhor, e vós que deles tiverdes conhecimento por esta narrativa estareis em comunhão com os santos mártires e, por intermédio deles, com Jesus Cristo, Nosso Senhor, para quem são toda a honra e toda a glória!"

Incertezas da repressão

A perseguição de Septímio Severo foi violenta, mais vasta e mais organizada que todas as anteriores, mas não foi verdadeiramente geral e sistemática, nem revestiu ainda o caráter de uma luta de morte contra todos os cristãos. Vai transcorrer meio século ou pouco menos antes que o Império se lance no caminho de uma repressão sem piedade, meio século durante o qual a perseguição alternará com a clemência e se notará bem a incerteza profunda que as autoridades romanas experimentavam quanto à atitude a tomar para com a Igreja.

O filho de Septímio Severo, Caracala, deixou na história uma recordação tão detestável quanto a de Nero, Domiciano ou Cômodo: brutal e libertino, arrebatado e cruel, todos os seus biógrafos são unânimes em retratá-lo como um tirano. No entanto, não mostrou para com os cristãos o rigor de seu pai. Seria o sangue do Oriente que lhe corria nas veias ou os conselhos da mãe, Júlia Domna, a razão de tal atitude? Se não revogou o rescrito do seu antecessor, também nada fez para que fosse aplicado. No seu reinado, não houve senão violências ocasionais, determinadas por motivos locais. Assim, em Osroene, os cristãos mais ou menos hereges que rodeavam o semi-gnóstico Bardesano foram inquietados, talvez menos por causa da sua fé do que pela sua ligação com a dinastia de Palmira, que Roma queria subjugar. Na província da África, enquanto o procurador da Mauritânia e o legado da Numídia se mostravam moderados, um certo Escápula, legado imperial, notabilizou-se pelas suas violências anticristãs, pelo menos no princípio do seu governo. Foi a ele que Tertuliano dirigiu uma célebre carta — *Ad Scapulam* —, típica do seu estilo, um protesto veemente que tem quase o tom de um desafio. Teria esse texto impressionado o funcionário? O certo é que a perseguição se acalmou e, até meados do século, a África conheceu uma paz quase ininterrupta[3].

A calma continuou quando, depois de Caracala ter sido apunhalado por um dos seus guardas, e depois do breve interregno dominado pelo prefeito do pretório, Macrino, subiu ao trono o seu jovem sobrinho Heliogábalo. Notável exemplo de psicopatia sexual, totalmente desequilibrado pelas práticas mais escabrosas das religiões sírias, o jovem príncipe estava por demais ocupado em satisfazer os seus vícios e em variar as suas libertinagens para se ocupar seriamente de qualquer política, fosse qual fosse. Além disso, possuído de intenções sincretistas, projetava confusamente agrupar em torno do deus solar, o Baal de Émeso, do qual era sumo-sacerdote, a coorte de todas as divindades. Um dos seus biógrafos afirma que ele queria edificar no Palatino um *Heliogabalum*, onde estariam reunidos os símbolos de todas as religiões, incluídos os da *christiana devotio*. Esta tentativa de absorção teria, sem dúvida, provocado a resistência cristã e, ato contínuo, a repressão imperial. Mas Heliogábalo não teve tempo de levar a cabo os seus desígnios religiosos; em 222, os pretorianos, enojados, desembaraçaram Roma desse desequilibrado.

Seu primo e sucessor, Alexandre Severo, revela um caso bem mais interessante. Fora, em suma, por indiferença ou falta de energia que Caracala e Heliogábalo tinham deixado os cristãos em paz. Terá sido por outros motivos que o novo imperador se mostrou benevolente? "O bom e afetuoso Alexandre Severo", como diz Renan, deixou uma excelente memória na tradição cristã. Bastante indiferente para com as tradições romanas, muito submetido à influência de sua mãe, Júlia Mameia, que se interessava enormemente pelo cristianismo, e ainda por cima rodeado de cristãos na sua corte, sonhava também com um sincretismo, mas benevolente, eclético e que jamais teria sido perseguidor. O homem de quem Eusébio conta que fizera colocar no seu santuário privado a imagem de Cristo ao lado das de Apolônio de Tiana, de Abraão, de Orfeu e dos melhores Césares, era, sem dúvida, em matéria religiosa, um espírito um pouco simplista, mas era tudo menos um malvado. As suas relações com os cristãos foram numerosas e cordiais: Júlio Africano, que se mudara para Roma, trabalhou a pedido do imperador na organização de uma biblioteca. Orígenes era amigo da imperatriz-mãe e Santo Hipólito dedicou-lhe um tratado. Desejando que a escolha dos magistrados passasse a ser ratificada pelo povo, Alexandre Severo citava como exemplo o fato de tal método ser seguido pelos cristãos; e quando, como já vimos, julgou um processo entre a Igreja de Roma e a corporação dos proprietários de tabernas[4], teve estas palavras significativas: "Mais vale que Deus seja adorado de alguma maneira nesses lugares do que presentear com eles os donos de tabernas"[5]. Durante o seu governo, assegura um dos seus biógrafos, "foi tolerado ser cristão"; os fiéis de Cristo, sem serem juridicamente reconhecidos, verificaram que lhes era concedido o direito de "adorar Deus à sua maneira", o que já era um ganho bastante considerável[6].

Era, porém, um ganho frágil e que a Igreja não devia conservar por muito tempo. Precisamente porque Alexandre Severo havia posto em prática essa política, o seu sucessor Maximino deitou-a por terra de um golpe. Sendo o primeiro daqueles imperadores precários cujos governos agitados constituíram o período da *anarquia militar* (235-268), Maximino era um pastor dos Balcãs, um bruto hercúleo que aliava à força física uma astúcia de bárbaro. Instigador da insurreição militar que causara a morte do último dos Severos, conseguiu logo desde a sua chegada condenar a memória do seu predecessor e, como Alexandre tinha sido clemente, optou imediatamente pelo método do terror. A causa da perseguição foi, portanto, mais propriamente política do que religiosa. Eusébio diz expressamente que foi "por ódio àqueles que tinham rodeado Alexandre Severo" que Maximino decidiu atingir os cristãos; o seu edito visou especialmente os chefes da Igreja, e isso mostra que tinha em mente sobretudo desorganizar a sociedade cristã, mais do que aniquilar o cristianismo. Ainda não se chegara, portanto, à época da proscrição geral.

A decisão de Maximino foi coroada de êxito? É duvidoso. No estado de anarquia em que se encontrava o Império, com muitas das suas partes mais ou menos em secessão, a obediência às ordens estava longe de ser estrita. Em algumas províncias, os governadores consideraram o edito como letra morta; noutras, onde os funcionários eram mais zelosos, houve igrejas incendiadas, bispos e sacerdotes mortos, e até simples fiéis martirizados. Em Roma, o papa Ponciano e o seu irredutível adversário Hipólito foram presos e deportados ao mesmo tempo para a Sardenha, onde o sofrimento os reconciliou diante de Deus. No Oriente, na Capadócia e no Ponto, a sanha de um legado imprimiu maior ferocidade à perseguição; aliás, ocorreram por lá outras causas ocasionais, como provocações dos montanistas e tremores de terra, que contribuíram para exacerbar a sensibilidade pública e impeli-la à violência. As sevícias atingiram diversas personalidades cristãs, mas não se chegou ao derramamento de sangue. De resto, a tempestade durou pouco tempo. Maximino, que se vira obrigado a enfrentar muitos ataques germânicos, dácios e sármatas, em breve se encontrou a braços com revoltas nos quatro cantos do Império. Antes de três anos de governo, foi massacrado pela sua guarda — destino que, aliás, já se tornara corrente. Nem os seus sucessores Pupiano e Balbino, que não fizeram mais do que passar pelo trono, nem os Gordianos continuaram a sua política anticristã, e Filipe, o Árabe, foi mais longe e entrou no caminho da reconciliação.

Este Filipe, o Árabe, faz surgir perante a história uma questão curiosa. É verdade que, durante o seu governo, não se tomou qualquer medida contra os fiéis de Cristo, e que esses cinco anos foram um tempo de paz para a Igreja. É também verdade que certos cristãos falavam dele com evidente simpatia, como Dionísio de Alexandria e Orígenes, e que tanto ele como sua mulher chegaram a trocar com este último, o grande doutor de Alexandria, uma correspondência seguida. Poderemos ir mais longe e admitir, segundo uma tradição persistente, que se fizera cristão? Oficialmente, não o podemos dizer, pois vemo-lo celebrar como pagão, a 20 de abril de 248, os jogos que marcaram o milênio da fundação de Roma, e presidir durante três dias e três noites aos gigantescos festejos que nessa ocasião embriagaram a Urbe. Mas não é impossível que tenha aderido secretamente ao cristianismo. A sua região natal, Hausan, na Traconítide — imediações da Palestina —, estava povoada por cristãos e permeada de influências evangélicas. O homem parece ter sido afetuoso — como diz São Dionísio de Alexandria — e caridoso. O crime que lhe assegurou o trono deve ser considerado, certamente, como uma das fatalidades dessa época cruel; aliás, Eusébio e São João Crisóstomo asseguram que o bispo de Antioquia, São Babilas, lhe teria imposto penitência por isso. Sabe-se, em todo o caso, que houve fatos no seu governo que mostram a sua benevolência para com os cristãos, como por exemplo a autorização concedida ao papa Fabiano para trasladar solenemente da Sardenha as relíquias de Ponciano. Escrevendo o seu *Contra Celso* nessa ocasião, Orígenes afirma que os magistrados tinham cessado de perseguir os fiéis e que "num mundo que os odiava, os cristãos viviam em paz".

Seria, porém, prematuro se os cristãos se regozijassem com esse fato e pensassem que o Império estava prestes a entregar-se por inteiro ao cristianismo. O ódio mantinha-se latente, pronto a explodir novamente. Foi o que aconteceu em Alexandria, nos últimos meses do reinado de Filipe. Nesta cidade gigantesca, que sempre se mostrara nervosa e difícil, um agitador cristão muito suspeito, que o bispo São Dionísio chama "mau poeta e adivinho maligno", exasperou a opinião pagã com os seus discursos nas praças públicas. A multidão reagiu com violência. Muitos cristãos foram atacados nas ruas ou em suas casas, feridos e apedrejados. Uma jovem cristã, de nome Apolônia, foi queimada viva, depois de lhe terem rebentado as maxilas. Serapião foi precipitado do alto da sua residência. Seguiu-se uma desenfreada pilhagem nas casas dos cristãos, que terminou com uma luta travada entre os próprios ladrões, e foi tal a algazarra que a polícia teve de intervir para restabelecer a ordem. Tratou-se somente de uma explosão popular, de uma espécie de "pogrom" anticristão, mas o fato traz à tona os sentimentos que permaneciam na consciência pagã em relação aos detentores da nova fé. Quando os imperadores quiserem travar verdadeiramente a luta, poderão ainda sentir-se apoiados por vastas camadas da opinião pública.

Décio, o "velho romano"

Quando chegamos aos meados do século III, estamos no ponto exato em que se vai formular a opção decisiva. Durante os cinquenta anos que se vão seguir, os acontecimentos encarregar-se-ão de pôr fim ao debate entre as formas do passado e as do futuro. Saber-se-á então se o mundo antigo ainda tem vitalidade suficiente para sobreviver ou se deve deixar o lugar ao mundo novo que se desenvolve no seu seio.

A bem dizer, do mundo antigo, das suas realidades mais positivas, pouca coisa sobrevivera aos Antoninos. A partir dos primeiros anos do século III, elaborara-se lentamente uma sociedade nova, no meio da confusão e da desordem, sob o domínio de imperadores fortuitos que, vindos da África, da Ásia ou da Arábia, continuaram orientais ou bárbaros sob o manto de púrpura. Mas o velho espírito romano tinha raízes demasiado profundas para se deixar abater de um só golpe. Um velho, antes de morrer, tem por vezes momentos em que se reanima e cobra energias. E foi Décio quem encarnou essa ressurreição do espírito romano, com as suas virtudes e os seus defeitos.

Nascido de uma família romana instalada no Danúbio, na região de Sírmio, na Panônia inferior — a atual Iugoslávia* —, precursor de Aureliano e de Diocleciano, Décio é o primeiro desses imperadores *ilíricos* cuja coragem e energia sustaram durante meio século os progressos da anarquia. As regiões danubianas do *Illyricum* tinham conservado, mais que as outras províncias, o espírito militar e as virtudes dos velhos romanos. Em permanente vigília por causa da ameaça dos bárbaros, as tropas acantonadas nessas regiões eram de primeira ordem. Dotado de fortuna, oficial guindado a altos postos por méritos próprios, Décio era certamente um homem de valor, corajoso e decidido, cheio de bom senso e de honestidade, e digno descendente desses romanos que ele tanto admirava. À semelhança de Trajano, cujo nome usava, quis ser o guardião das tradições nacionais. Como o seu poder tivesse nascido de um golpe militar, tratou de legalizá-lo pondo-se de acordo com o Senado, e o seu maior desígnio foi acabar com as forças de morte que destruíam o Império e restituir à velha Loba a sua força e o seu prestígio.

Com um príncipe desta natureza, já não havia lugar para soluções de compromisso nem para meias medidas. A religião oficial era parte do sistema político social que Trajano Décio se propunha restabelecer. O culto de "Roma e Augusto" era o laço mais essencial do lealismo. Toda a abstenção tomava a figura de uma traição. E assim se explica o *edito* de 250, o primeiro edito a ter como consequência uma perseguição

---

* Sírmio corresponde, atualmente, à cidade de Sremska Mitrovica, na Sérvia. [N. E.]

absolutamente geral e sistemática — uma lei terrível, diz São Dionísio de Alexandria, "capaz de fazer cair os eleitos", e que tinha em mira, segundo Orígenes, "exterminar por toda parte o próprio nome de Cristo". Esta última expressão não é, aliás, rigorosamente verídica. Décio não visava especialmente os cristãos, mas todos os não-conformistas, todos os suspeitos de independência e de rebelião. Temos provas de que certos pagãos conhecidos como tais — no Egito, por exemplo, uma sacerdotisa do deus crocodilo — foram interrogados com base nas decisões imperiais. Mas foram certamente os cristãos que mais sofreram.

A operação — que hoje conhecemos não pelo texto do edito, que se perdeu, mas por uma grande quantidade de documentos que se completam entre si — foi levada a cabo com estrito rigor. Num dia fixo, em todas as partes do Império, os magistrados deviam verificar a religião de todos aqueles que lhes parecessem duvidosos. A ordem era formal e universal. Os representantes do poder não tinham o menor direito de interpretação ou de iniciativa. Não deviam também esperar pelas denúncias, mas proceder eles mesmos às respectivas investigações. Não são somente os sacerdotes ou os bispos que estão em causa, mas os mais humildes fiéis. E, com efeito, mesmo nas aldeias mais recônditas do Egito, como o demonstram os *papyri*, a ordem foi executada com todo o cuidado.

Depois de lançada a rede — tomando por base, talvez, os registros dos censos, muito bem organizados no Império —, os suspeitos são levados à presença de uma comissão local constituída por notáveis e funcionários. Riscam-se da lista todos aqueles que, por notoriedade pública, não têm nada de suspeito. Os outros são conduzidos ao templo e convidados a sacrificar aos deuses ou, pelo menos, a queimar incenso na frente do altar. Parece que, no caso de não se dissipar a acusação de cristianismo, o acusado era convidado a pronunciar uma fórmula blasfema, na qual renegava Cristo. Celebra-se depois uma refeição, uma espécie de comunhão pagã, em que os suspeitos deviam comer carne das vítimas imoladas e beber vinho consagrado aos ídolos. Para fazer fé, é-lhes entregue um certificado minuciosamente datado e assinado, e bem claro quanto à identidade do portador, que os põe ao abrigo de novas investigações. Foram encontrados muitos destes documentos; todos são iguais, o que prova que a autoridade imperial levou os seus cuidados ao extremo de enviar um modelo a toda parte.

O fim da operação era, portanto, perfeitamente claro. Décio não era por natureza um homem cruel, um carrasco sedento de sangue; colocou-se na posição de Trajano, seu modelo, quando este, respondendo a Plínio, o Jovem[7], lhe fazia compreender nitidamente que a sua intenção não era tanto castigar duramente o crime de ser cristão como levá-los a abjurar. Se houve instruções secretas enviadas aos magistrados sobre a aplicação do edito, devem ter sido mais no sentido de que se empenhassem em conseguir apostasias do que em aplicar suplícios. Por isso se verifica nesta perseguição uma espécie de lentidão premeditada, um emprego calculado e medido de torturas e seduções. Permanecerão durante meses nas prisões pessoas que não pedem senão um veredito imediato e definitivo, e ver-se-ão magistrados insistirem com os culpados usando de uma estranha persistência. "Os juízes afligem-se, diz Orígenes, se os tormentos são suportados com coragem, mas a sua alegria é sem limites quando conseguem dobrar um cristão".

A perseguição recaiu, portanto, sobre todas as regiões do Império ao mesmo tempo e, se não atingiu em toda parte o mesmo grau de horror, foi devido unicamente a fatores ocasionais. Assim sucedeu quando um magistrado mais humano contemporizou e ganhou tempo, na esperança talvez de uma contra-ordem ou de alguma mudança nos altos escalões, ou ainda quando camponeses pagãos do Egito, hostis ao governo de Roma, resolveram com gosto dar guarida aos cristãos fugitivos. Mesmo assim, em poucos meses, foi considerável o número de vítimas e, se houve muitas deserções, houve também muitas novas páginas escritas no grande livro do heroísmo cristão.

Uma das primeiras vítimas foi o papa Fabiano, martirizado em 20 de janeiro de 250; durante vários meses, o perigo foi de tal ordem que não houve a menor oportunidade de lhe dar um sucessor. Foram presos muitos membros do clero romano, bem como grande número de leigos: alguns morreram na prisão, outros foram deportados para as minas ou executados. Entre eles, citam-se uns quantos domésticos da casa imperial e diversos estrangeiros que estavam de passagem por Roma: a rede fora bem lançada. E como a perseguição varreu toda a Itália, deve ter sido nesta ocasião que ocorreu o martírio de Santa Ágata, a virgem siciliana que o governador, fascinado pela sua beleza, tentou fazer abjurar, e que acabou morrendo rolada sobre carvões ardentes.

O Ocidente talvez tenha sido menos atingido pela violência do que a África e o Oriente. É, no entanto, à perseguição de Décio que as mais respeitáveis tradições ligam o martírio de São Dinis — bispo de Paris, que teria sido decapitado no lugar que ainda hoje tem o seu nome, juntamente com os seus companheiros Rústico e Eleutério —, assim como o martírio de São Saturnino em Toulouse, que foi amarrado a um touro furioso e precipitado com o animal do alto do Capitólio. Na Espanha, o caso de dois bispos apóstatas[8], pela veemente indignação que provocou, mostra que nem todos os cristãos da Península fizeram tão pobre figura como esses dois chefes indignos.

Na África, a tormenta encontrou uma Igreja em muito má situação, amolecida pela paz, corroída em maior ou menor medida por discórdias e heresias, sem que Cipriano tivesse conseguido reanimá-la. Houve, a princípio, muitas deserções. O grande bispo julgou que ainda não tinha chegado a sua hora e que não era o momento de prestar o seu testemunho de sangue; escondeu-se em algum canto retirado e de lá se dirigia às comunidades ameaçadas. O fim do santo mostra suficientemente — apesar do que alguns disseram — que não se tratava de covardia, mas de prudência. No seu rebanho, houve muitos prisioneiros e deportados, e outros que sofreram a pena capital. Sete anos mais tarde, no tempo de Valeriano, esta Igreja da África terá ocasião de mostrar o seu valor.

No Egito, a perseguição tomou uma forma sádica, que permite pensar que as autoridades quiseram dar vazão aos piores instintos da populaça. Os mártires foram numerosos; muitos foram queimados vivos, outros supliciados com uma variedade de torturas dignas de Nero, e os basbaques de Alexandria puderam regozijar-se com o espetáculo de mulheres decapitadas. Dois incidentes menos sombrios assinalaram este episódio doloroso: o do bispo São Dionísio que, preso pelos soldados romanos foi libertado à força, na estrada, por um bando de camponeses; e o de um certo Paulo, jovem cristão de vinte e três anos que, tendo-se escondido no deserto da Tebaida para fugir às investigações judiciais, se encontrou tão bem na gruta onde se refugiara que ali permaneceu até a morte, aos cento e treze anos, criando assim uma nova maneira de dedicar a vida ao Senhor e inventando o monaquismo.

Todo o resto do Oriente foi igualmente atingido pela perseguição, e de forma severa. É então, sem dúvida, que morre em Creta o bispo Cirilo, de Gortina; e que, em Esmirna, um simples sacerdote, Piônio, desmentindo um bispo indigno, dá um admirável exemplo de força e de serena coragem. Na Palestina, Orígenes é preso e torturado, apesar de velho, e resiste a todos os tormentos. Na Armênia romana, um jovem audacioso, transgredindo as ordens da Igreja que proibia toda a provocação, rasgou o edito imperial em pleno dia, na praça pública de Melitene, e foi preso e executado logo a seguir. Chamava-se Poliúto.

Mas, por brutal que tenha podido ser, a perseguição não durou muito. A partir do fim do ano 250, começou a dar sinais de cansaço. Na primavera, o perigo já devia ser menor, pois Cipriano pôde reunir um concílio em Cartago e o novo papa Cornélio pôde instalar-se em Roma. Houve a seguir um novo mas breve período de violências, provavelmente devido à exasperação causada na opinião pública por uma terrível epidemia de peste e ao desejo das autoridades de proporcionar uma diversão. Mas não foi muito longe; somente o papa foi exilado para Civita Vecchia, onde morreu de doença. Décio acabava de cair num combate, como soldado que era. Valeriano não se mostrou no começo tão rígido como ele. E a calma retornou à Igreja.

No total, quais foram os resultados desta perseguição? Certamente, houve cristãos em número bastante considerável que cederam perante o terror e apostataram. Mas não foram a maioria, muito pelo contrário. Muitos apenas se esconderam e outros, por benevolência ou em troca de dinheiro, conseguiram um falso certificado de sacrifício aos ídolos. Talvez tenha sido a ineficácia dos inquéritos que logo conduziu a que estes fossem postos de parte. Se a Igreja se viu atingida, foi sobretudo pela crise que derivou do problema delicado dos apóstatas e da sua reintegração na comunidade fiel. Em resumo: não foi o que Décio esperava. Pelo contrário: depurada pelo sofrimento, melhor amparada pelos seus chefes, a Igreja saiu da prova mais forte do que entrara. Mais uma vez a perseguição trabalhou a favor do triunfo de Cristo; o mundo antigo já não tinha forças para deter na sua marcha a revolução da Cruz.

Os cristãos no terror

É conveniente determo-nos aqui por um breve tempo, a fim de tentarmos experimentar a própria realidade das perseguições tal como a experimentaram os cristãos de há dezesseis séculos.

Falamos das perseguições como de uma decisão da política romana, de um evento histórico que serviu, mais do que entravou, a causa de Cristo. Contemplamos, erguidas sobre a areia dos anfiteatros, as admiráveis figuras dos heróis cristãos que os martirológios legaram à nossa veneração.

Mas, passados já tantos anos desde que a Igreja triunfou do Império de Roma, e quando já não há tanto heroísmo em proclamar-se cristão, podemos ainda sentir com exatidão o que experimentaram os cristãos do século III, no tempo em que pendiam sobre as suas cabeças, a ameaçá-las, as grandes repressões, e cada um deles podia ser chamado em qualquer instante a testemunhar a sua fé com o próprio sangue?

A perspectiva era agora diferente da dos dois primeiros séculos, quando a perseguição dependia da boa ou má vontade dos vizinhos e tinha um caráter episódico. Naquela altura, certas regiões em que o paganismo era pouco fanático e onde os cristãos conviviam pacificamente com os idólatras, tinham eles podido ignorar todas as crises. Certos funcionários, mais humanos do que outros, conseguiam esquivar-se à necessidade de castigar aqueles que lhes eram denunciados como ímpios. Todos os cristãos sabiam que corriam perigo, mas não era um perigo sempre presente, lancinante, rigoroso e implacável como um decreto do poder supremo. O caso, porém, é bem diferente no século III, quando a perseguição resulta de uma lei do Estado e em qualquer instante o colossal aparelho da máquina romana pode ser posto em movimento para esmagar os fiéis, deixando a cada um poucas possibilidades de escapar.

Temos de sentir bem este acréscimo de peso do terror para podermos compreender devidamente certas atitudes dessa época — e também certas deserções. É certo que a ameaça não era experimentada continuamente por todos os cristãos do Império, pois, como vimos, havia períodos de calmaria durante os quais, por uma inclinação da natureza humana, o esquecimento não tardava a instalar-se na consciência e cada um podia julgar-se em paz. Mas essa tranquilidade era provisória, e, no fundo, todos o sabiam. Bastava que mudasse o imperador — e mudava tantas vezes nesse tempo! — para que a política oficial sofresse uma reviravolta. Toda a cristandade é agora como uma vasta organização semi-clandestina que trabalha à sombra de um poder inimigo; acontece de vez em quando que o rigor do adversário se atenua e todos se beneficiam da sua negligência, mas ai daquele que se fie dessas aparências! Há sempre na retaguarda a dura silhueta dos esbirros do Império, prontos a seviciar e a golpear sem piedade.

Certos fatos muito conhecidos dos nossos contemporâneos permitem-nos compreender melhor o que acontece a uma alma sob o peso de semelhante terror, que grandeza ela pode atingir e também a que perigos se encontra exposta. A realidade do sofrimento físico, o medo que se apodera das entranhas são experiências essencialmente incomunicáveis, e quem nunca passou por elas jamais poderá dizer como reagiria. Basta um momento de desfalecimento nervoso para que um herói se transforme num covarde; e, ao contrário, basta um impulso momentâneo, um sobressalto brusco que leve a exceder-se, para que um medíocre se revele um valente. E são talvez os desfalecimentos de alguns que, tornando mais humildemente humano o testemunho de toda esta cristandade dolorosa, nos fazem admirar ainda mais a grandeza daqueles que, na prova suprema, puderam ir até o fim.

Temos ainda que destacar uma característica que completa este esboço psicológico: a sobriedade com que os cristãos relatam os seus sofrimentos. Ao passo que o cinema e a imprensa atuais sublinham, com uma complacência muitas vezes mórbida, o realismo e o horror, os cristãos descrevem as suas torturas com uma impressionante discrição. Pode-se dizer que a iconografia destes tempos não nos deixou documentos que evoquem cenas de martírio[9]. Nas narrativas dos martirológios, mesmo quando se mencionam pormenores mais circunstanciais sobre os suplícios infligidos aos fiéis, nunca os narradores insistem sobre as suas reações físicas, sobre o que experimentavam nas torturas: ao contrário, é numa linguagem severa e quase que friamente estereotipada que nos mostram os mártires dominando o sofrimento e enfrentando a morte. Apenas aqui e acolá parecem escapar-lhes da pena algumas pinceladas mais coloridas, as quais nos fazem sentir que esses heróis continuam a ser homens. Assim acontece quando nos dizem, por exemplo, que este ou aquele mártir sentia horror pelos ursos, porque matam com uma lentidão feroz, e por isso preferia ser dilacerado pelas garras de um leopardo...

Para além das frases demasiado simples e demasiado calmas das *Paixões*, é preciso tentar descobrir a perseguição, a realidade humana da perseguição. Temos de imaginar a brutalidade das "batidas" policiais, os bairros de cristãos cercados pelos milicianos, as prisões brutais, os uivos da multidão contra aqueles que são levados através das ruas, ou até, por vezes, como diz a narrativa de uma cena ocorrida em 259 em Cartago, "a amotinação do povo que chega até ao assassinato e à caça raivosa aos cristãos". É preciso imaginar essas prisões antigas — lembremo-nos do martírio de Santa Perpétua — que as nossas não chegam a igualar em abjeção, apesar de todos os seus esforços. "Nunca saberíamos descrever os dias e as noites que ali passamos!" — diz a mesma *Paixão* africana. "Não há palavras que exprimam os tormentos da prisão. Não receamos exagerar o horror dessa masmorra". Escuridão, falta de ar e de espaço, odor fétido, maus tratos dos guardas, comida insuficiente e infecta, acorrentamento com ferros excessivamente pesados — tudo o que de pior as masmorras contemporâneas conseguem oferecer aos nossos olhos, é preciso atribuí-lo a essas prisões do século III, mas num grau ainda muito mais opressivo e degradante.

Passados os meses, geralmente longos, de prisão preventiva, pronuncia-se a sentença e segue-se a pena. E o horror atinge então o cúmulo. A pena pode ser de duas espécies: os trabalhos forçados ou a morte. No século III, especialmente durante a perseguição de Décio, parece que grande número de cristãos não eram condenados à morte imediata, mas aos trabalhos forçados, o que não era melhor. A pena cumpria-se nas minas — minas de metais ou de sal. Era tão terrível que o direito romano a equiparava à "pena capital". *Ad metalla!* Aquele sobre quem ela recaía tinha uma possibilidade em dez de sobreviver, e muitos cristãos preferiam o combate supremo na arena dos anfiteatros a esse sepultamento debaixo da terra e a essa agonia de torturas sem fim.

Conduzidos às minas em longas caravanas, avançando a pé, como rebanhos, ao longo das estradas da África, os condenados eram marcados com um ferro em brasa e acorrentados dois a dois com cadeias farpadas que muitas vezes não lhes permitiam conservar-se completamente erguidos; depois eram empurrados para a sombria abertura que, no sopé da montanha, engolia sem descanso a carne viva. A partir desse momento, uma vez mergulhados nas sombras que se fechavam sobre eles, era a vida exclusivamente subterrânea, o trabalho ininterrupto e o fim de toda a esperança. Misturados com toda a espécie de condenados — escravos, rebeldes, criminosos, ladrões e presos políticos —, numa confusão de todos os sexos e de todas as idades, estes "mineiros de Cristo" sofriam durante anos um calvário quotidiano. Não podemos imaginar o que seria a existência, nessas criptas asfixiantes, para os infelizes amontoados como animais, comendo, dormindo e fazendo as suas necessidades numa promiscuidade repelente, com a agravante de terem a certeza de que nunca sairiam vivos daquele inferno: daqueles poços abjetos, apenas saíam cadáveres[10].

Quanto à condenação à morte, que punha fim a tantos processos contra os cristãos, e às diversas maneiras como era aplicada, devemos abstermos de enumerar as formas horríveis em que se levou a cabo, imitando assim a reserva dos narradores das *Paixões*. Não houve, certamente, nenhum meio imaginável de torturar seres humanos que não tivesse sido experimentado nos cristãos. Ao citarmos trechos das narrativas dos martírios, soubemos já o suficiente para que se torne inútil qualquer comentário. Digamos apenas que a decapitação pura e simples era considerada uma medida de clemência: "Serei humano — dizia às vezes o magistrado de Roma —, condeno-te apenas a que te cortem a cabeça".

Era tudo isto, era esta imagem de um horror multiforme que os cristãos tinham na sua frente, quando soava repentinamente a hora da perseguição. Poderiam esquecer a realidade dessas provas durante os anos em que os poderes públicos cediam à indulgência, mas o que não podiam era ignorar essa realidade, tanto mais que os costumes da época permitiam conhecê-la de perto. A humanidade não inventara ainda as cercas de arame farpado e eletrificado, ao abrigo das quais o horror se rodeia de silêncio; e, por altos que fossem os muros das prisões, sabe-se por muitos testemunhos que os presos recebiam visitas dos parentes. Mesmo no fundo das galerias das minas, não era raro entrarem visitantes, e por isso os sacerdotes tinham a coragem de levar o viático eucarístico aos "mineiros de Cristo". Quanto às execuções capitais, o afrontoso costume de transformá-las em espetáculo fazia que todo o cristão soubesse, por experiência direta, o que significava realmente "ser lançado às feras"... Nenhum daqueles que, um dia, podiam ser chamados a dar o seu testemunho, devia ignorar o que isso significava, até nos seus pormenores mais horríveis.

Fraqueza humana

Poderá surpreender-nos que, nestas condições, alguns não fossem capazes de resistir a essa maré de terror que se despenhava sobre eles no instante em que rebentava a perseguição? Contrariamente ao que se dera nos dois primeiros séculos, em que os casos de apostasia sob a ameaça dos suplícios tinham sido raríssimos, no século III, e particularmente por ocasião da perseguição de Décio, parecem ter sido muito numerosos. A Igreja já não era agora uma minoria intrépida, composta por membros muito escolhidos, que avançavam lado a lado com um fervor e uma intrepidez contagiosas; agora contava no seu seio todos aqueles que iam aparecendo, e a verdade é que, desse modo, a virtude não crescera proporcionalmente ao número dos adeptos. Além disso, esses períodos de interrupção nas perseguições não ajudavam em nada a coragem dos fiéis; durante os tempos de calma, a mola distendia-se e, quando subitamente era preciso voltar a entrar em luta, muitos se sentiam faltos de energia.

A principal razão da apostasia foi, sem dúvida, o medo. É uma fraqueza tão natural que seria farisaico atirar-lhe a primeira pedra. O fato de um indivíduo desmaiar à simples evocação de uma fera esfomeada, que se precipita de um salto sobre uma carne palpitante, é absolutamente normal e humildemente humano. O que deve ser considerado anormal e superior ao próprio homem é o heroísmo dos que sabem dominar tais imagens, prestes a tornar-se uma realidade para eles. Quem é que recuava? Conforme os testemunhos que temos, parece que eram sobretudo os ricos, os bem instalados, aqueles a quem a vida tinha concedido todo o conforto e que não estavam dispostos a sacrificá-lo. E também os impulsivos, os exagerados, esse gênero de homens que se veem em todas as causas perigosas: sempre inclinados à audácia quando se trata unicamente de palavras, muito fortes para empurrar os outros para a morte, mas covardes perante a prova; e também os intransigentes, sempre dispostos a todas as transigências.

Mas não foi apenas o medo a causa das apostasias. Alguns, mesmo altamente situados, deixaram-se talvez dominar pela ilusão de que podiam preservar as suas próprias vidas, e com elas o futuro das suas comunidades, à custa de uma traição que afirmavam ser apenas aparente. O duplo jogo pôde parecer a alguns uma verdadeira necessidade. Assim se poderia explicar a atitude de dois bispos espanhóis, Basílides de León e Marcial de Mérida, um dos quais comprou aos magistrados um certificado de sacrifício e o outro assinou uma declaração de apostasia. O santo papa Estêvão deve ter interpretado nesse sentido os seus gestos, pois os manteve nas suas sedes, contrariamente ao que reclamavam muitos dos seus fiéis[11]. E talvez por isso não se deva considerar simplesmente abjeta a determinação daquele bispo de Esmirna, chamado Euctêmon, que animava um dos seus sacerdotes, o heroico Piônio, a apostatar, provavelmente na esperança de conservar na sua Igreja um dos seus melhores presbíteros. Mas tudo isso era uma ilusão, pois não eram os que usavam de subterfúgios, os que trapaceavam ou jogavam com a restrição mental, não eram esses os que melhor serviam a causa de Cristo: eram-no, sim, as almas simples e retas, os corações impávidos que não fraquejavam diante da prova.

São Cipriano, o grande bispo de Cartago, deixou-nos um relato, tão preciso quanto doloroso, destes fatos penosos. Refere-os à perseguição de Décio: "Espalhou-se o terror entre todos os fiéis, e alguns dos mais considerados desertaram imediatamente. Uns, investidos em cargos públicos, foram levados à apostasia por uma espécie de necessidade da sua função; outros foram impelidos a ela por parentes ou amigos e, quando os chamaram pelo nome, sacrificaram aos falsos deuses. Víamo-los chegar desfigurados e pálidos; e embora parecessem estar dispostos a não sacrificar, a sua resolução era tão vacilante que mais pareciam vítimas prestes a serem imoladas. Outros apresentavam-se descaradamente diante dos altares idolátricos e juravam em voz alta que nunca tinham sido cristãos. Quanto à multidão dos fiéis, seguia estes exemplos ou tratava de fugir..."

É um quadro penoso, que se deve ter gravado tão cruelmente na memória do santo bispo que torna a referir-se a ele várias vezes no decurso da sua vida, evocando como um pesadelo essas horas espantosas em que as massas cristãs desvairadas e desnorteadas vergavam sob a tempestade, e em que muitos fiéis, sem serem procurados, se apresentavam espontaneamente diante dos ídolos; havia outros que incitavam à apostasia os seus irmãos e parentes, e chegava mesmo a haver pais que depunham sobre os altares pagãos os seus bebês batizados.

Entre estes apóstatas, entre estes *lapsi*, temos que distinguir três categorias: os *sacrificati*, que tinham concordado realmente em sacrificar aos deuses; os *thurificati*, que apenas haviam queimado incenso diante das imagens divinas, principalmente a do imperador, com o que certos magistrados se davam por satisfeitos; e, por último, os astuciosos que, por dinheiro ou pelas suas relações, conseguiam que os seus nomes fossem riscados das listas de suspeitos ou obtinham certificados falsos — *libelli* — de terem sacrificado, donde provinha o nome de *libellatici* que lhes era dado. Todos, evidentemente, ficavam *ipso facto* excluídos da Igreja; mas a Mãe não voltaria a usar de misericórdia para com estes filhos renegados? Era uma questão que vinha sendo adiada há muito tempo, mas que as circunstâncias tornavam premente. Foi necessário encontrar uma solução, logo que a calma voltou a reinar.

Era possível condenar sem apelo essas pobres criaturas cujos nervos não tinham sido suficientemente sólidos para enfrentarem os mais horríveis suplícios? O próprio São Cipriano desculpava aqueles que simplesmente tinham cedido ao medo. Com efeito, estes eram sem dúvida menos perigosos para o futuro da Igreja do que certos falsos confessores da fé, certos profissionais do martírio que, desde que tivessem recebido alguns maus tratos, se sentiam autorizados a exibi-los a toda a hierarquia e a viver num frutuoso ócio.

Mesmo durante a perseguição, estabeleceu-se o costume de que os autênticos confessores da fé, os mártires que estivessem em vésperas de ser conduzidos ao suplício, ou aqueles que por um acaso tivessem escapado, intercedessem em favor dos seus irmãos mais fracos e os presenteassem com uma espécie de certificado que, absolvendo-os, os reintegrava na comunidade. Embora fosse uma prática comovente, era também perigosa, pois tornava a apostasia muito barata. Por iniciativa de São Cipriano, a Igreja, no concílio de 251, reunido em Roma pelo papa Cornélio, estabeleceu o termo médio entre o rigor excessivo e as indulgências perigosas: os *lapsi* que se arrependessem sinceramente da sua traição seriam submetidos a rudes penitências canônicas, após as quais lhes seria dada a absolvição. Misericórdia para com todo o pecador: não fora este o verdadeiro princípio do Mestre, sempre pronto a perdoar qualquer fraqueza humana?

Almas de heróis

É bem verdade que, tomada em conjunto, a coletividade cristã resgatava amplamente pelo seu heroísmo as deserções de alguns dos seus. Mais ainda que os dois primeiros séculos, o terceiro legou-nos um número considerável de relatos de mártires, de *Paixões*, muitas das quais nos dão uma impressão de palpitante veracidade que força a nossa admiração. Os fiéis de hoje conhecem muito pouco essas joias da coroa cristã. Mesmo as que a tradição agigantou inutilmente, mesmo as que estão mais contaminadas por uma imaginação piedosa, têm um toque que as faz serem escutadas com a maior emoção.

Descobrimos vítimas das grandes perseguições em todos os países, em todas as classes sociais, em todas as idades e condições. Não há nenhuma das velhas dioceses da Europa, da Ásia Menor ou da África que não as possa enumerar. Entre elas, encontraremos bispos, como o firme e sereno Carpo de Pérgamo, ou esse grande Frutuoso, que a Espanha venera; sacerdotes, inúmeros sacerdotes, como Piônio, cuja figura havemos de evocar; e ainda incontáveis simples fiéis, oriundos muitas vezes das classes mais modestas — um pequeno comerciante como Máximo, que morreu em Éfeso; um jardineiro como Cônon; um oficial das tropas da Palestina como Marino; e, é claro, um grande número de mulheres, porque as mulheres testemunharam sempre, ao longo de todas estas provas, uma firmeza extraordinária. Podemos ainda acrescentar que os cismas e os antagonismos que agora se observam na Igreja não afetam a unidade do heroísmo. Entre os mártires, as *Atas* apontam por vezes a presença de um marcionita ou de um montanista, cuja heresia desencaminha o espírito, mas não amolece o caráter; é também como testemunha de Cristo que morre o perigoso cismático Novaciano[12].

Entre tantas figuras admiráveis, uma das mais impressionantes, apesar de menos conhecidas, é a do sacerdote Piônio, que morreu mártir em Esmirna no ano 250. A narrativa da sua paixão é uma das mais belas e das mais completas que chegaram até nós: constituída por um fragmento certamente autobiográfico e por duas atas das audiências completadas por um comentador honesto e talentoso, é, à parte a sua força emotiva, uma peça literária de grande valor. Com que admirável relevo nos é apresentada a fisionomia do mártir! Chegamos a distinguir bem esse pároco de uma grande cidade, conhecido por toda a gente, amado pela sua eloquência persuasiva, pelas suas réplicas sempre certeiras, pela sua serena firmeza e pela sua bondade. Esse homem encarna perfeitamente o líder cristão desta época, simples e sólido, apoiado sobre a certeza de estar na verdade e na vida, com os olhos apaixonadamente voltados para o futuro!

Estamos na época da perseguição de Décio, e Esmirna, grande porto asiático, é duramente atingida. A comunidade cristã, que se orgulha da memória do santo bispo Policarpo, é muito numerosa e está na mira dos poderes públicos. Terá sido um sinal do céu o fato de a tempestade se ter abatido sobre a igreja de Esmirna no dia do aniversário do bem-aventurado mártir? Piônio é preso com um dos seus colegas sacerdotes e um grupo de fiéis. Vem-lhe imediatamente à cabeça uma ideia: dar cabalmente o seu testemunho. Para provar aos curiosos, que o veem passar escoltado por soldados, que nem ele nem os seus companheiros estão sendo conduzidos a algum templo pagão para o sacrifício da apostasia, passa uma corda em torno do pescoço e faz o mesmo com os seus irmãos. Conduzem-no à presença do comandante do templo, encarregado de investigar as opiniões religiosas dos suspeitos, e dir-se-ia logo que é ele o investigador. Toma a palavra e dirige-se à multidão. Estamos num país grego, onde se apreciam os que falam bem. Aos que o insultam, responde com uma serena energia; aos gregos, cita-lhes Homero, que considera um sacrilégio escarnecer daqueles que vão morrer; e aos judeus impenetráveis, aponta-lhes Salomão e Moisés; mostra a todos a iniquidade das medidas que golpeiam o cristianismo e profetiza-lhes os próximos castigos. Mostra-se tão humano, tão firme e tão tocante, que a multidão exclama: "Piônio, tu és um homem corajoso! És honesto e bom! Es digno de viver! Sacrifica! Não sejas teimoso! A vida é doce, Piônio, e a luz é bela!" E o herói responde com estas simples palavras de grande fé: "Sim, eu sei que a vida é doce, mas nós sonhamos com a verdadeira luz!" Simples na sua intrepidez, nada o pode desviar da sua linha.

Como o pagão que o interroga se mostra hesitante, repete-se e tergiversa, Piônio encerra a questão: "A ordem que tens é de convencer ou castigar. Nunca me poderás convencer; portanto, castiga!" E assim é ele mesmo que se condena à morte; é ele mesmo que, durante os dias de prisão que antecedem o suplício, escolhe a mais infecta das masmorras, porque ali ao menos poderá orar à vontade; é ele mesmo que, por fim, se coloca sobre o cavalete da prisão onde as garras de ferro com que o prendem lhe dilaceram a carne. Nada há que o dissuada, nem mesmo a mensagem que lhe faz chegar o bispo — demasiado fraco ou demasiado hábil — aconselhando-o a imitar o seu povo e sacrificar aos ídolos. E quando, condenado a ser queimado vivo, é levado ao meio do estádio, é ainda ele mesmo, o mártir, que se despe, se encosta ao poste, indica aos verdugos que o atem e no momento em que as chamas o vão envolver, pronuncia estas últimas palavras com toda a alma: "Tenho pressa de morrer para acordar mais cedo na ressurreição".

São homens desta têmpera que representam a verdadeira elite cristã, aquela que durante estes anos de provas, conduziu uma imensa coorte de fiéis para a vitória definitiva. Já nos primeiros tempos, a fé e a esperança encontravam expressões análogas nos lábios dos mártires. Agora, porém, há a acrescentar uma espécie de certeza, não só transcendente mas perfeitamente racional, de que a decisão está próxima e de que os cristãos têm o domínio da situação. É um matiz que se percebe na *Paixão* de Piônio, bem como na de muitos outros, e que se observará também na *Paixão* de São Cipriano.

Mas se os tempos mudaram, se a convicção de estarem chegando ao termo do caminho podia ajudar os heróis de Cristo nas suas provas, não é menos certo que a verdadeira base da sua coragem era a mesma que, desde os primeiros tempos, havia sustentado um Santo Estêvão, um São Pedro, um Santo Inácio, um São Policarpo: a fé em Jesus, Deus feito homem, Messias do amor. Era essa mesma fé sublime que agora se exprimia, de forma tão comovente, tanto nas inscrições das catacumbas como nos pobres desenhos que os "mineiros de Cristo" traçavam nas paredes da sua prisão subterrânea, a mesma fé que alimentava estes forçados moribundos com a certeza da alegria eterna: "Tu viverás... tu viverás em Cristo... Tu viverás eternamente...", ou simplesmente por uma única palavra muitas vezes repetida: "Vida... Vida... Vida". Era a mesma fé que dominava a alma dessas mães cristãs que, tendo visto morrer sob os seus olhos os próprios filhos, exclamavam, como se diz na *Paixão* de São Montano da África: "Glória! Glória! Ninguém teve um martírio tão belo!"

É esta fé que, atingindo alturas que o homem raras vezes alcança, exalta esses corações privilegiados, nas prisões onde esperam a sua última hora, em êxtases ou em manifestações proféticas, tais como os vimos relatados na *Paixão* de Perpétua, nas de Mariano e de Tiago em Lambésis, nas de Montano e seus companheiros, nas de Carpo e de Agatônico, e nas de tantos outros; para todos eles, abrem-se os céus, a esperança é uma visão certa e aparece-lhes a glória de Deus. Dizia a verdade o redator da *Paixão* de Mariano, quando comentava nestes termos o exemplo dos mártires: "Que pensais de tudo isto, pagãos? Julgais ainda que os padecimentos da prisão fazem sofrer verdadeiramente os cristãos e que as trevas de uma masmorra são suficientes para atemorizar aqueles a quem espera a felicidade das luzes eternas? Uma alma alimentada pela esperança da graça próxima, e que vive já no céu pelo espírito, nem sequer nota os suplícios que vós lhe infligis. Os nossos irmãos consagrados a Deus têm, dia e noite, um ponto de apoio: Cristo"

Valeriano perseguidor e Cipriano mártir

À perseguição de Décio seguiu-se um período de calmaria. Embora tivesse sido um dos lugares-tenentes do falecido imperador, Valeriano não era do mesmo tipo; mais do que com o "velho romano", parecia-se com os príncipes dos começos do século, que tinham recebido múltiplas influências do Oriente. Sua nora, Salonina, esposa de seu filho mais velho Galiano, era uma daquelas mulheres perseguidas pela inquietação religiosa, como muitas outras que já tinham estado no trono ou nas suas proximidades. Há mesmo indícios de que se teria convertido, como sugerem as medalhas que a representam com a inscrição tipicamente cristã: *Augusta in pace;* seja como for, o certo é que simpatizava com o cristianismo. A corte estava a tal ponto cheia de fiéis, que o bom santo Dionísio de Alexandria chegou a escrever, talvez com um pouco de ênfase: "O palácio imperial assemelha-se a uma igreja!"

Mas, ao cabo de três anos de reinado, tudo mudou completamente. Por quê? Nunca se conseguiu saber ao certo, e, tanto nesta época como nos tempos que se lhe seguiram, houve muitos que se admiraram de que o "bom e doce" ancião Valeriano se tivesse convertido num perseguidor. As supostas razões desta transformação são bem significativas. As coisas iam de mal a pior. Francos, alamanos e germanos de todas as espécies mordiam duramente o *limes* renano-danubiano; a ameaça dos godos chegava até o Mar Egeu; os berberes revoltavam-se na África e os persas do rei Sapor invadiam o Oriente romano até Antioquia. A opinião pública inquietava-se e a velha astúcia típica dos Estados em crise soprava aos ouvidos do imperador que era urgente encontrar algum derivativo. Um dos seus conselheiros, Macriano, fanático dos cultos secretos do Oriente, e juntamente com ele todo um lote de mágicos do Egito, convenceram o velho de que as desgraças que perseguiam o Império eram devidas à sua tolerância para com uma religião ímpia, e de que eles, peritos em sortilégios, se encontravam impossibilitados de conjurar os destinos hostis porque os cristãos, temíveis mágicos negros, neutralizavam os seus poderes. Além disso, Macriano, que era ministro das Finanças, fez saber ao imperador que a Igreja era rica e que os confiscos seriam muito oportunos, pois a crise financeira — mal endêmico do Império no século III — exigia uma solução rápida.

É necessário sublinhar o caráter ocasional e miserável desta nova perseguição. Décio, visando diretamente a religião cristã, mostrara-se cruel, mas tivera em mira um fim mais elevado: a restauração da grandeza romana pelo restabelecimento da unidade religiosa. Era, certamente, uma ilusão, porque o paganismo estava por demais anêmico para poder irrigar com o seu sangue todo o velho corpo do Império — mas não deixava de ser uma política. A atitude de Valeriano, porém, pondo-se bruscamente a perseguir aqueles que na véspera eram seus protegidos, dominado por um medo supersticioso e pela voracidade financeira, revela a profunda incerteza que tomará conta do Império daqui para o futuro, a incerteza própria dos regimes que se encontram em pleno processo de decadência, que andam de expediente em expediente e que se contradizem sem o menor recato.

No mês de agosto de 257 é promulgado um edito imperial contra a Igreja. Não visava a religião cristã, mas sim a sociedade cristã, que pela primeira vez era considerada "associação ilícita". Os líderes, principalmente os bispos, deviam ser intimados a sacrificar aos deuses do Império; além disso, proibia-se o culto público e interditava-se a visita aos cemitérios cristãos. Em conclusão: o poder público dizia aos cristãos: "Como simples particulares, podeis acreditar no que quiserdes, mas, como cidadãos, deveis submeter-vos às obrigações do culto oficial e não podeis constituir uma espécie de Estado dentro do Estado".

Nada mais era do que ignorar o antagonismo fundamental que opunha a concepção cristã à do Estado romano. A questão não se colocava, pois, no plano religioso; a prova é que, aos bispos que se recusavam a sacrificar, os magistrados limitavam-se a infligir-lhes a pena especificamente política do direito romano: o exílio. É este o castigo que atinge São Cipriano na África e São Dionísio em Alexandria. E reserva-se toda a severidade da lei aos rebeldes que tentem fazer reviver a associação cristã considerada ilegal. De acordo com o direito que equiparava as associações ilícitas a bandos de salteadores, esses deviam cair sob os golpes de castigos horríveis — a morte ou os trabalhos forçados.

O edito teve como resultado uma primeira vaga de atrocidades. Muitos cristãos — sacerdotes e leigos — foram deportados para as minas. Os cemitérios cristãos foram guardados pela polícia e aqueles que teimavam em reunir-se ali foram duramente castigados. Um acólito, preso no momento em que ia entrar na catacumba de São Calisto, foi imediatamente executado. Um grupo de fiéis que se introduzira por passagens secretas numa cripta da Via Salária, tendo sido surpreendido pelos soldados, foi enterrado vivo.

Mas em breve se verificou que essas medidas eram pouco eficazes. O exílio não era coisa para assustar homens que estavam acostumados a enfrentar perigos bem maiores. Afastados dos seus rebanhos, os grandes bispos mantinham-se em estreito contato com eles por uma correspondência regular, e, nos lugares em que se encontravam, iam evangelizando novas populações. Quanto às medidas contra as comunidades cristãs, como é que podiam ser eficazes se tantos grandes senhores, nobres e ricos, lhes concediam a sua poderosa proteção e abriam aos fiéis os seus cemitérios particulares em substituição daqueles que a polícia confiscava? Era preciso, portanto, procurar alguma outra coisa para atingir este adversário muito difícil de dominar; os governos medíocres sempre têm de fazer tentativas diversas para obter algum resultado.

Em 258, publicou-se um novo edito que reforçou a severidade do primeiro. Os bispos e sacerdotes que se recusassem a sacrificar a "Roma e Augusto" seriam executados. As pessoas de alta posição social que abraçassem o cristianismo perderiam as suas dignidades e, se persistissem, seriam mortas e os seus bens confiscados imediatamente — pena que muito agradava ao ministro das Finanças. Quanto aos cristãos da casa imperial e dos serviços públicos, estavam não só sujeitos à pena de confisco, mas, depois de rebaixados à mais ínfima categoria dos escravos, seriam acorrentados e enviados para as minas.

A tormenta era, pois, tão séria como a dos tempos de Décio, tanto mais que o direito de confiscar a favor do Tesouro os bens dos cristãos dava a muitos altos funcionários um zelo que estava longe de ser desinteressado, e porque, naturalmente, as violências populares, reprimidas havia vários anos, tinham agora livre curso; desatavam-se assim todos os rancores subterrâneos entre vizinhos de bairro ou de casa.

Mas, perante a prova que mais uma vez a atingia, a Igreja soube reagir infinitamente melhor do que oito anos antes. Neste intervalo, os seus chefes tinham sabido retomar-lhe as rédeas, e principalmente Cipriano tinha conseguido trazer de volta a disciplina às comunidades da África. Houve casos de apostasia: maridos que conduziam à força as esposas ao altar da idolatria, viúvas cristãs que se apressavam a desposar um pagão e atiravam pela janela os seus votos de viuvez perpétua, e até um bispo que fugiu levando consigo a caixa da comunidade; mas, no conjunto, foram casos raros e o comportamento da Igreja mostrou-se em toda parte exemplar. O exemplo, aliás, foi-lhe dado abundantemente pelos seus chefes: nenhuma perseguição viu perecerem tantos dos seus bispos e altos dignitários.

O primeiro foi o papa Sisto II em Roma. Como as suas riquezas, já importantes, estavam ao alcance da voracidade do fisco, a Igreja romana foi a primeira a ser atingida, logo nos começos de agosto de 258. Surpreendido com o seu clero num recinto do cemitério de Pretextato, o papa foi decapitado lá mesmo, na cadeira episcopal em que se achava sentado. Pouco depois, o diácono Lourenço, que era o encarregado da caixa da comunidade, foi torturado e morto, para o obrigarem a dizer onde tinha escondido o dinheiro; conta a tradição que o colocaram sobre uma grelha e o fizeram assar a fogo brando. Seguiram-se outros mártires, como um sacerdote chamado Hipólito (que não se deve confundir com o doutor do mesmo nome, como fez Prudêncio), e ainda Rufina e Secunda, jovens mulheres da alta aristocracia, filhas do *claríssimo* senador Astério. Foi nesta época, sem dúvida, que se trasladaram secretamente os corpos de São Pedro e de São Paulo, retirados o primeiro do cemitério do Vaticano e o segundo da cripta de Lucina, na Via Óstia[13], e depositados na *Via Appia ad catacumbas*, onde deviam estar mais seguros.

O furor da perseguição estendeu-se rapidamente a todas as outras províncias. Nas Gálias, grande número de comunidades cristãs em plena expansão foram também atingidas, e é neste período conturbado que as tradições situam os martírios de São Vitorino em Puy de Dome, de São Privado em Javols, de São Pátroclo em Troyes e de São Pôncio em Cimiez.

Na Espanha, o bispo de Tarragona, São Frutuoso, foi levado à presença do governador, tendo-se travado entre os dois um diálogo tão terrível quanto conciso: "— És bispo? — Sou. — Eras". E Frutuoso foi levado sem mais delongas à fogueira. Na Ásia, Eusébio cita três cristãos de Cesareia — Malco, Alexandre e Prisco — que se apresentaram voluntariamente aos magistrados. Na Lícia, morreram pela fé Paregório e o asceta Leão, e na Capadócia um pequeno mártir — São Cirilo —, que era ainda uma criança. Temos a impressão de que não houve nenhuma comunidade cristã que tivesse ficado a salvo das violências oficiais.

As comunidades da África foram particularmente assoladas. Nesta terra de sol duro, as paixões populares permaneciam vivas, e desde o começo da perseguição houve cenas bárbaras, em que as autoridades deixavam que a multidão desse largas à sua crueldade. Foram muitos os apedrejamentos e mortes pelo fogo, tanto nas ruas de Cartago como nas aldeias mais obscuras. Numerosos cristãos, absolutamente inofensivos, foram arrancados de suas casas — o que era ir mais longe do que as ordens do imperador — e, depois de terem os pés e as mãos amarrados, foram atirados sobre molhos de lenha embebidos em óleo, a que algum vadio ululante ateava fogo. Um presbítero recém-casado viu ser queimada assim a sua esposa, e ele mesmo, depois de rudemente espancado, ficou estendido e dado por morto. Em Cartago, foram decapitados os clérigos Lúcio e Montano; em Lambésis, pereceram Mariano e Tiago, e em Útica — afirma Prudêncio — cerca de trezentos fiéis, tendo à frente o bispo Quadrato, teriam sido atirados a um depósito de cal viva, donde provém o nome de *Massa candida*, massa branca, que lhes ficou para sempre. Inúmeros bispos, exilados no ano anterior, foram trazidos novamente à presença dos magistrados e condenados desta vez à pena capital. O mais notável de todos foi o chefe da África cristã, *Cipriano*, um dos Padres da Igreja.

Por ocasião da perseguição de Décio, o grande bispo tinha julgado necessário afastar-se para escapar às investigações policiais, pois a sua Igreja tinha muita necessidade dele, da sua autoridade e da sua força, e nessas condições ele não se tinha permitido o direito de morrer. Desta vez, tendo-se exilado, em 257, nas suas terras de Curuba, foi arrancado do seu retiro no ano seguinte e reconduzido a Cartago, não sem as devidas atenções, por dois oficiais do estado-maior do procônsul. Este último, chamado Galério Máximo, sentia-se muito constrangido por ter de ferir um homem daquela categoria, uma personagem senatorial, e hesitou visivelmente. Foi o próprio Cipriano quem o livrou de apuros, pois tinha decidido que era chegada a hora em que a Igreja precisava do seu testemunho supremo; foi direto ao fim. "— Sabes, disse o magistrado, que os mui santos imperadores ordenaram que sacrificasses. — Sim, respondeu o bispo, mas não o farei. — Tem cuidado! Pensa!" E o magistrado ia talvez continuar nesse tom semi-ameaçador, semi-conciliador, mais aborrecido do que feroz, quando o mártir lhe cortou a palavra: "— Faz então o que te ordenaram; num assunto tão simples, não há necessidade de deliberação". O pagão inclinou-se e, "contrariado", como se diz no processo que possuímos, escreveu nas tábuas enceradas: "Ordenamos que Tácio Cipriano seja decapitado". "— Graças sejam dadas a Deus!", respondeu o cristão com toda a simplicidade.

A execução teve lugar uns dias mais tarde (258), no campo de Séxtio, um pequeno vale tranquilo, ladeado por montes silvestres, que era utilizado para o jogo da péla. O mártir chegou acompanhado por uma imensa multidão que as autoridades não ousaram dispersar. "Queremos morrer com ele! Nós somos Tácio Cipriano!", gritavam inúmeras vozes. Os próprios pagãos, impressionados com a atitude do bispo, sereno e radiante, murmurando orações, não se atreviam a proferir qualquer grito hostil contra ele. Chegado ao lugar designado, despiu o manto de burel e ajoelhou-se, prostrando-se por terra. Depois, tirou a dalmática, entregou-a aos diáconos e, revestido apenas da túnica, esperou de pé o carrasco. Quando o oficial encarregado de decepar a augusta cabeça se aproximou, Cipriano saudou-o e ordenou aos assistentes que lhe entregassem vinte e cinco peças de ouro pelo seu trabalho. A seguir, ajoelhou-se, pôs ele mesmo a venda sobre os olhos, pediu a um diácono e a um subdiácono que lhe amarrassem as mãos e, como um homem que se abaixa para beber, entregou o pescoço à espada do verdugo. Os fiéis tinham estendido na sua frente toalhas e lençóis para que a areia não fizesse desaparecer sangue tão precioso.

À noite, quando as trevas caíram, os cristãos foram buscar o corpo daquele que tinha sido o seu condutor. Ao clarão de círios e de archotes, e por entre o cântico dos hinos, transportaram o corpo para um cemitério particular, na estrada de Mapala, perto das Termas, sem que o procônsul — que certamente tinha conhecimento dessa manifestação — tentasse opor-lhes qualquer obstáculo. A cristandade da África honrava assim o seu pai, aquele que ainda hoje continua a venerar. Foi um exemplo extraordinariamente significativo, uma lição exemplar: perante um poder incerto, pouco seguro dos seus princípios e hesitante sobre os meios a empregar, foi o bispo de Cristo que encarnou a autoridade, a decisão lúcida e a vontade firme de conduzir o seu destino para além da vida. Entre Valeriano e Cipriano, a opção da história está feita. O verdadeiro condutor de homens é o mártir.

Sinais precursores da paz

Pouco tempo depois, parece que o destino se pronunciou e quis vingar tanto sangue inocente. A perseguição estava no auge quando se teve conhecimento dos avanços realizados no Oriente pelo rei Sapor e os seus persas, e Valeriano viu-se obrigado a partir apressadamente para lá. Dizimado pela peste e esgotado pelas marchas através do deserto da Síria, o exército romano em breve se reconheceu incapaz de continuar a luta. O imperador tentou negociar com o adversário, mas Sapor apoderou-se dele à traição, durante uma entrevista, e não o largou mais. Os baixos-relevos persas de Nach-rustem el Schapur representam ainda a cena em que se desmoronou o orgulho romano: Valeriano, de joelhos, implorando ao vencedor. Os escritores cristãos apontam este triste fim como um justo castigo e, de geração em geração, repetir-se-á a história do imperador carrasco morto na escravidão, e cuja pele, empalhada e tingida de vermelho, serviu de macabro ornamento num templo persa.

Seja como for, a morte de Valeriano foi o ponto de partida de uma completa mudança na vida da Igreja e na atitude do Estado para com ela. O imperador Galiano, filho do anterior, e que foi tão caluniado pelos historiadores de Roma, mereceu ser louvado pelos cristãos devido à sua clemência e ao seu desejo de lhes fazer justiça. Talvez tenha sido por isso que o imperador Juliano, no seu livro *O banquete dos Césares*, riscou o seu nome da lista dos príncipes dignos de Roma. Foram muitas as razões que impeliram Galiano a mostrar-se benevolente para com os cristãos: a influência de sua mulher Salonina; o ódio que nutria contra Macriano, o antigo ministro de seu pai, que se mudara para o Oriente e organizara uma revolta contra ele, e que tinha sido o principal instigador das medidas de perseguição; por fim — e talvez principalmente —, porque, num momento em que o Império atravessava uma crise interna terrível e em que parecia que as forças de ruptura iam vencer definitivamente a sua resistência, não desejava desunir elementos que se conservavam fiéis nem indispor-se com os nobres e com os altos funcionários que simpatizavam com os cristãos.

Pouco tempo depois de subir ao poder, em 260, publicou um edito ordenando que fossem arquivados os processos instaurados com base na acusação de cristianismo. Depois, instado pelos bispos que, evidentemente, conheciam os seus sentimentos, ordenou que se restituíssem à Igreja os seus bens e os cemitérios confiscados. Possuímos vários desses rescritos de restituição, sobretudo o que foi dirigido a Dionísio de Alexandria e à igreja do Egito.

Tanto o edito como os rescritos são atos importantes na história cristã. Já não era implicitamente e de forma precária que a Igreja obtinha licença de viver; já não eram tréguas, era a paz. Sem ir tão longe como irá mais tarde Constantino, quando proclamar o cristianismo *religio licita*, Galiano reconhece-lhe e garante-lhe o direito de propriedade. Alguns indícios deixam mesmo entrever que certos cristãos particulares foram indenizados pelas perdas sofridas durante a perseguição. Começam a entrever-se, pois, alguns sinais precursores da paz definitiva que Constantino virá a estabelecer meio século mais tarde.

No entanto, tratava-se apenas de sinais e, mesmo assim, sem nenhum efeito em muitos pontos do Império. Para impor uma política coerente, teria sido preciso que Galiano detivesse uma autoridade incontestável na totalidade das províncias, mas ele estava bem longe disso. Minado pela anarquia, o mundo romano estalava por todos os lados. A Gália e as regiões circunvizinhas, sob o domínio de rudes punhos militares, escapavam à ação de Roma; o mesmo acontecia com Palmira, onde a rainha Zenóbia fazia a sua política pessoal, e o Egito, que se tornou presa de Macriano. Galiano tentou inutilmente restabelecer a unidade dos seus vastos Estados e caiu quando ainda tentava sufocar uma revolta. Balançando no meio de todas estas autoridades em conflito, os cristãos foram aqui e ali vítimas de violências locais; Macriano, principalmente, distinguiu-se por uma perseguição que atingiu o Egito e a Palestina. Foi nesta ocasião que se deu o episódio do jovem "aspirante" Marino que, estando prestes a ser promovido a centurião, foi denunciado por um rival como rebelde para com as leis antigas, recusou-se a sacrificar e foi decapitado.

Desta maneira, proclamada oficialmente e, no entanto, discutida em certos pontos do Império, a paz da Igreja devia durar até o fim do século. Houve ainda derramamento de sangue cristão em certos lugares, mas também, e por razões políticas, correu muito sangue pagão nestes tempos violentos.

No tempo de Cláudio II, denominado Gótico por causa da luta heroica contra os godos que foi a única preocupação do seu reinado, houve provavelmente violências anticristãs, sobretudo na Itália, devidas ao fanatismo popular ou a medidas locais de magistrados pagãos. Quanto a *Aureliano* — essa nobre figura do último quartel de século, esse rude e honesto soldado do Danúbio que durante cinco anos (270-275) tentou deter o declínio da grandeza romana e neutralizar o assalto dos bárbaros, esse formidável construtor que dotou Roma de uma muralha de vinte quilômetros que ainda hoje nos lembra a da China —, teremos o direito de incluí-lo no número dos perseguidores, como fizeram Lactâncio, Santo Agostinho e Orósio? É de duvidar.

No começo do seu governo, chegou a mostrar mais do que clemência para com Igreja[14]. Adorador devoto do deus Sol, ao qual dedicou um corpo de sacerdotes escolhidos entre a alta nobreza, Aureliano teve certamente a ideia de que um culto que reunisse todas as forças religiosas do Império pudesse ser um poderoso fator de unidade. Foi uma tentativa que faz lembrar, excetuando-se o delírio sexual, a de Heliogábalo, e que anuncia a de Juliano, mas com menos intenções filosóficas. Terá ele compreendido que a religião cristã estava excluída desse sincretismo? Que os fiéis de Jesus Cristo nunca adorariam esse "deus vivo" em que ele se auto-constituíra, esse Aureliano-Hércules que os seus aduladores veneravam? Faltam-nos provas das perseguições que *Atas* muito posteriores e muito discutíveis lhe atribuem, e é provavelmente Eusébio quem tem razão ao escrever que Aureliano, instado vivamente a aniquilar o cristianismo, não assinara ainda qualquer edito contra a Igreja, quando uma pequena revolta militar lhe tirou a vida.

O preço do sangue

Assim, pois, no momento em que se vai encerrar o século III, as relações da Igreja com o Império parecem estabelecidas sobre bases novas e o futuro do cristianismo parece claro. Ao mesmo tempo que os cristãos atingem cargos elevados, ocupam magistraturas provinciais ou até administram províncias, em muitos lugares essa segurança material manifesta-se por certos sinais externos, especialmente pela construção de espaçosas basílicas, em substituição das modestas igrejas que tinham abrigado obscuramente as primeiras comunidades. Teria soado a hora da vitória definitiva? Ainda não; e os papas sabem-no bem porque, pressentindo a precariedade da paz religiosa, conservam prudentemente os lugares de culto afastados do núcleo da capital e consagram esses tempos de calma à ampliação das catacumbas, lugares históricos, mas também — quem sabe? — últimos refúgios no dia de amanhã.

Mas, sem dúvida alguma, na luta entre a ordem estabelecida do Império e a revolução da Cruz, eram os cristãos que estavam prestes a vencer. Todas as grandes perseguições haviam malogrado. Décio não conseguira reconduzir a fé ao conformismo oficial, da mesma forma que Valeriano não conseguira desconjuntar a sociedade cristã. Nem a política totalitária do Estado nem o audacioso sincretismo puderam conquistar esse inexpugnável bloco que era a Igreja cristã. E mesmo que observemos a mudança de atitude que oferece a grande massa cristã entre a perseguição de 250 e a de 258, somos levados a pensar que os golpes sangrentos infligidos pelo poder público foram úteis à Igreja, pois exaltaram o sentimento heroico da sua missão e mantiveram nela a força espiritual de que ainda havia de ter necessidade, algumas décadas mais tarde, para a luta final e para o supremo embate.

Isto equivale a dizer que, neste conflito que por duzentos e cinquenta anos opôs a cristandade ao mundo antigo, os verdadeiros vencedores foram os mártires. E o século III fê-lo sentir muito melhor do que os anteriores, pois a luta se tornou, não já ocasional, mas sistemática, e aos olhos da história cada um dos dois adversários conhecia perfeitamente o porquê e o como dessa luta. Se tudo o que constituía a atividade cristã contribuiu para preparar a vitória da Cruz — zelo dos propagadores, caridade dos fiéis, virtudes dos santos, esforço doutrinal dos Padres e Doutores —, o elemento principal foi, em última análise, o heroísmo. Pensando nas "explicações" que os filósofos davam para os rápidos progressos da Igreja, por eles atribuídos à fraternidade entre os fiéis, um cristão desse tempo poderia dizer para consigo: "Isso não vale nada. Os pagãos fazem a mesma coisa. Não são os nossos pobres que garantirão o triunfo da Igreja: são as almas intrépidas, os corpos indomáveis desses homens que deixam que os torturem e lhes arranquem a vida, para afirmar que Cristo ressuscitou dentre os mortos e que o seu reino é a única realidade". Foram os mártires que pagaram o triunfo do Evangelho — ao preço do seu sangue.

Não é fácil determinar o número dos que assinaram assim o testemunho da sua fé. Tentou-se calculá-lo tomando por base a população do Império nessa época (entre 80 e 100 milhões de habitantes), mas não se sabe ao certo qual era a proporção entre os cristãos e a população, que aliás variava muito conforme as províncias e era muito mais elevada no Oriente do que no Ocidente. Além disso, não se conhece a percentagem dos apóstatas, dos astuciosos ou daqueles que conseguiam escapar à polícia romana ou ainda acalmá-la ou comprá-la. Conforme certas *Paixões*, ficamos com a impressão de que os carrascos não conseguiam dar vazão ao trabalho durante dias seguidos, e que liquidavam mártires às fornadas. Assim deve ter acontecido em Lambésis e em Cirta, como se deduz das páginas tão claras e sóbrias da *Paixão* de Tiago e Mariano. Em Útica, o drama da *Massa candida* parece ter atingido toda a comunidade cristã, morta de uma só vez, com o clero à frente. Mas em Cartago, vemos Cipriano ser acompanhado no seu suplício e depois à sua última morada por uma multidão de fiéis que as autoridades não incomodaram. Há, portanto, muita diversidade de casos a ponderar, que tornam impossível qualquer estatística. Apenas podemos concluir que, no decurso das perseguições do século III, foi elevada a cifra dos mártires, mais elevada do que nas épocas anteriores; e também que, como antes, o número de heróis conhecidos e identificados não deve ser nada em comparação com a imensa massa dos anônimos, daqueles "cujo nome é conhecido unicamente por Deus".

Mas, se qualquer enumeração dos mártires é ilusória, já o papel que desempenharam oferece-nos contornos nítidos e admiráveis; é um papel simultaneamente histórico e místico, perfeitamente diferenciado. É um papel histórico porque, ao aceitarem morrer em massa pela sua fé, os heróis cristãos colocaram os poderes estabelecidos perante a dificuldade invencível em que se veem todos os governos perseguidores, quando encontram pela frente homens dispostos a morrer: a maré de sangue que provocam sobe-lhes à garganta, e chega um momento em que, por mais ferozes que sejam, não podem prosseguir. Foi exatamente isso o que compreendeu Tertuliano quando, ao ser anunciada a perseguição, escrevia ao procônsul para mostrar-lhe o que seria uma proscrição de todos os cristãos em Cartago:

"Que farás tu de tantos milhares de pessoas, de tantos homens e mulheres, de todas as idades e de todas as condições sociais que se te ofereçam? Quantas fogueiras e quantos gládios te serão necessários? E que terá de sofrer a cidade de Cartago? Deverás dizimá-la? Entre os condenados, cada um há de reconhecer parentes, amigos, homens da sua condição, matronas da sua classe e, talvez, amigos teus ou amigos dos teus amigos. Poupa-te a ti, já que não nos poupas a nós; se não te poupas a ti, poupa Cartago!".

Não há a menor dúvida — prova-o muitas vezes a sua atitude ambígua — de que numerosos altos magistrados de Roma, no momento de obedecerem às leis de perseguição, deviam fazer reflexões parecidas. Algumas linhas adiante, na sua *Apologética*, Tertuliano diz ainda:

"Tu não destruirás a nossa seita! Toma nota disto: aqueles que julgam abatê-la, fortificam-na. À vista de tanta coragem, o público inquieta-se e morre da vontade de saber de que se trata. E, quando um homem reconheceu a verdade, passa a ser dos nossos!".

Desta maneira, o grande polemista punha admiravelmente o acento no valor apologético do martírio e no poder de atração que jorrava do exemplo contagioso do heroísmo cristão. Repete-se agora o que vimos acontecer nos dois primeiros séculos: ao morrerem, muitos mártires atraem numerosos espectadores para a causa que servem tão heroicamente.

Quando, em 250, o bispo Carpo e os seus companheiros são queimados no anfiteatro de Pérgamo, a sua atitude é tão admirável que uma mulher da assistência, Agatoniceia, se levanta subitamente, grita a sua fé e é imediatamente atirada à mesma fogueira. Quando a jovem e forte Perpétua espera a morte na prisão, o sub-oficial da guarda, Pudente, vendo-a tão heroica, fica perturbado até o fundo da alma e recebe no meio da arena, como uma promessa e um penhor, o anel que Saturo acabava de banhar no seu próprio sangue. São numerosos os casos em que os velhos textos das *Atas* mostram as multidões pagãs aflitas pelo espetáculo das torturas que os cristãos sofrem com tanta alegria, prestes a indignar-se e obscuramente irritadas na sua consciência. No fundo dessas almas embrutecidas pelo gosto da violência, a vista dos mártires desperta a lembrança da justiça e constitui um apelo para virtudes bem esquecidas.

Observa-se aqui um sintoma: o mundo romano começa a ter problemas de consciência, o que é um sinal decisivo dos regimes que caminham para a morte. A psicologia do homem antigo, perseguido pelo temor de poderes terríveis, de Nêmesis e Fúrias, impelia certamente aqueles que refletiam a recear que tanto sangue espalhado viesse a cair sobre a cabeça dos responsáveis. Os cristãos, por outro lado, nessa época e pela voz de polemistas como Tertuliano, não hesitam em predizer a recaída vingadora desse sangue inocente. E citam Virgílio Saturnino que, tendo inaugurado na África a perseguição de Décio, perdeu a vista; e esse Herminiano, na Capadócia, que se mostrara outrora particularmente feroz para vingar a conversão da sua mulher, e que, prestes a morrer, corroído pela gangrena, reconsiderou e morreu — diz Tertuliano — "quase cristão"; ou ainda esse outro perseguidor, Cecílio de Bizâncio, que na sua agonia balbuciou que morria pela mão do Deus dos cristãos. Este sentimento de culpabilidade e de fraqueza que o heroísmo dos mártires grava na alma pagã é o que, no fim das contas, a levará à demissão.

Assim, de todas as maneiras, os mártires vão desagregando o poderio romano, apenas com a sua paciência e a sua serena vontade de sacrifício — de uma forma bastante análoga à da *não-violência* de Gandhi perante o poder inglês no Império das índias. Mas não é preciso dizer que, ao mesmo tempo — e muito mais ainda —, a sua oblação teve, para os seus irmãos em Cristo, um valor de exemplo cuja importância não se pode medir. O heroísmo é contagioso, como o sabem muito bem todos aqueles que fizeram uma guerra e comandaram homens num combate. Desde os primeiros instantes em que o Estado romano começou a perseguir o cristianismo, pôs-lhe nas mãos um formidável meio de propaganda. Quanto mais as perseguições se tornavam públicas e gerais, mais o Estado trabalhava para a sementeira através do sangue de que nos fala Tertuliano.

Para os cristãos, não se tratava apenas de se mostrarem capazes de enfrentar o perigo, numa emulação que envolveria bastante orgulho e considerações humanas. Tratava-se de muito mais. Desde os primeiros tempos da Igreja, como nos devemos lembrar, os mártires não foram simplesmente heróis cujo exemplo se admirava, mas sobretudo os medianeiros em quem se confiava, e cuja ação sobrenatural prosseguia no seio da eternidade. No século III, esta afirmação corresponde a um sentimento unanimemente difundido. Assim, Orígenes, incitando o seu amigo Ambrósio a confessar a fé, escreve-lhe que, após a morte, ele poderá pedir pelos seus de um modo mais eficaz do que durante a vida. Em Alexandria, a pequena mártir Potamiana diz com doçura ao soldado Sasílides — que a conduz ao suplício e que foi para ela o mais humano possível — que depois de morta intercederá por ele junto do

Senhor e que virá buscá-lo para fazer dele um santo. Cipriano, escrevendo a cristãos que iam sofrer o martírio, suplica-lhes que não se esqueçam dele quando entrarem na glória. O que os heróis cristãos afirmam, portanto, é a certeza de uma vitória que ultrapassa as da terra, e o culto da sua memória, das suas relíquias, dos seus túmulos, que se desenvolve extraordinariamente no século III antes de florescer logo após a paz de Constantino, reuniu na comunhão dos santos a Igreja sofredora e combatente da terra e a Igreja do céu, cujo triunfo traz consigo o penhor da vitória definitiva[15].

Tu vincis inter martyres, diz um hino ambrosiano que a Igreja católica ainda hoje canta nas laudes dos mártires: por entre as provas, Cristo vencia.

Notas

[1] Cf. cap. IV, nota ao par. O *rescrito de Trajano e a política cristã dos Antoninos*. Paradoxo aparente, pois Cômodo mostrou-se mais fraco para com os cristãos por ser pouco cumpridor dos seus deveres de imperador.

[2] Cf. cap. VII, par. *A Escola Alexandrina de Clemente e Orígenes*.

[3] Sabe-se que Caracala estendeu o direito de cidadania a todas as províncias. Esta decisão pode ter modificado indiretamente a situação legal dos cristãos; com efeito, aqueles dentre eles que já antes eram cidadãos, tinham podido, como acontecera com São Paulo, recorrer ao imperador de qualquer decisão tomada por um governador. Agora que todos eram cidadãos, este direito de apelação ficava anulado, ainda que, até então, muitos poucos cristãos tivessem feito uso dele.

[4] Cf. cap. VII, par. *A Igreja perante o mundo romano*, nota 19.

[5] Reconhecia-se, pois, implicitamente o direito de a Igreja demandar em justiça.

[6] No governo de Alexandre Severo, houve muito poucas violências anticristãs provocadas por movimentos populares. Citemos, no entanto, uns amotinados de Roma que, a 14 de outubro de 222, atacaram o papa Calisto em sua casa, e, depois de o precipitarem de uma janela, o apedrejaram e o atiraram num poço.

[7] Cf. cap. IV, par. O *rescrito de Trajano*.

[8] Cf. adiante o par. *Fraqueza humana*.

[9] Conhecem-se alguns raros objetos e obras de arte que podem passar por representações dos martírios, como, por exemplo, uma estatueta que representa uma mulher nua amarrada

sobre um touro e uma outra arrastada por um animal furioso; mas em nenhum desses casos se pode ter a certeza de que se trata de uma iconografia cristã e não de uma alusão a qualquer fábula pagã, como a de Dirceu. Nos seus extensos trabalhos sobre a arte cristã primitiva, Wilpert não pôde consagrar nenhum capítulo especial à representação do martírio. E podemos acrescentar que a própria Cruz só aparece na iconografia cristã a partir do ano 220 (túmulo do *viale Manzoni* em Roma) e mesmo assim menos como recordação do instrumento de suplício do que como sinal de uma invencível esperança. (Cf. *Mélanges offerts à Mgr. Bullie).*

[10] A evocação da vida dos cristãos nas minas foi feita por Louis Bertrand, no romance *Sanguis Martyrum* (Paris, 1918).

[11] Os espanhóis conseguiram que o assunto fosse levado em 254 a um concílio africano, que depôs os dois bispos. Mas, como veremos, a África era então a pátria da severidade.

[12] O cisma de Novaciano, que conturbou a Igreja no século III, foi provocado pela questão dos *lapsi.* Sacerdote romano de grande notoriedade e de um mérito indiscutível, Novaciano não perdoava a Cornélio que tivesse sido eleito papa em seu lugar. Como Cornélio defendia a tese da indulgência nas condições que acabamos de expor, Novaciano tornou-se campeão da intransigência. Depois de muitas discussões, o Concílio de Roma expulsou-o do seio da Igreja, e Novaciano fundou uma contra-igreja que encontrou adeptos principalmente na África, país de ardores excessivos, e mesmo na Gália e na Ásia Menor. Morreu mártir durante a perseguição de Valeriano e a sua seita sobreviveu-lhe até princípios de século IV (cf. adiante o cap. X, par. O *cisma herético de Donato).*

[13] Cf. cap. II, par. O *testemunho do sangue.*

[14] Vimos no capítulo anterior que Aureliano tinha acedido a arbitrar uma questão entre a Igreja e o herege Paulo de Samosata, e que tinha decidido a favor dos cristãos católicos "que estavam em comunhão com Roma". Esta decisão surpreendente pode explicar-se, ao mesmo tempo, por uma certa simpatia para com a verdadeira Igreja e pela hostilidade contra Paulo, um dos conselheiros de Zenóbia, a rainha de Palmira que Aureliano tinha interese em abater. Cf. o cap. VII, par. *Desenvolvimento das instituições cristãs* e, sobre Paulo de Samosata, o par. *Sombras e luzes no quadro da Igreja.*

[15] O culto dos mártires, que teve início no mundo antigo, desempenhou importante papel histórico nos séculos seguintes. No campo e nos pequenos burgos onde havia grande apego às tradições do paganismo local, a veneração dos mártires veio oferecer uma satisfação instintiva às almas de boa vontade, que ficariam perplexas se lhes fosse apresentado um céu subitamente vazio de figuras familiares, onde elas não encontrassem presenças santamente humanas. A Igreja esteve, por isso, em condições de absorver e de consagrar, numa aspiração para o divino que ia ao encontro dos sentimentos de determinado solo ou lugar, aquilo que essas tradições seculares ofereciam de válido. Primeiro passo para o culto dos santos, que desabrochará no século IV, o culto dos mártires permitiu à nova religião substituir suavemente as religiões locais.

IX. A luta final e a Cruz sobre o mundo

Diocleciano e o "Baixo Império"

Nas deliciosas margens do Adriático, onde se penduram requintados jardins e pomares junto às falésias dálmatas, existe uma pequena cidade, de aspecto singular e encanto bizarro, que os sérvios chamam Split e que os gregos designam ainda pelo seu antigo nome veneziano de Spalato.

Quando desembarcamos no seu estreito cais, ficamos estupefatos com o volume de construções que se erguem na nossa frente. Enormes muralhas, irmãs gêmeas das de Bizâncio ou de Roma, cingem os contornos da cidade; esguias colunas, da altura de uma casa de dois andares, continuam a sustentar, com os seus capitéis floridos em estilo coríntio, umas arcadas de um desenho perfeito, atrás das quais se veem numerosas fachadas com as suas lojas, janelas e varandas. É um palácio e é uma cidade, tudo misturado, associado e fundido, numa invasão que a princípio surpreende ou numa absorção das soberbas ruínas pelos casebres e edifícios. E tudo isso nos permite contemplar, na sua quase totalidade, um dos mais impressionantes exemplos da arte romana dos últimos tempos.

A duas léguas da sua cidade natal, Salona, por volta do fim do século III, um imperador que era ainda uma das últimas testemunhas da grandeza latina mandara construir à beira-mar esta prodigiosa vivenda, que media 216 metros de comprimento por 175 de profundidade. O recinto era flanqueado por dezesseis torres, e penetrava-se nele por quatro portas, a principal das quais — a Porta de Ouro, que conduzia a Salona — mostra ainda a massa poderosa das suas defesas. Este vasto retângulo era inteiramente ocupado pelo palácio e pelos seus pórticos, jardins suspensos sobre o mar, alamedas de ciprestes e fontes. No centro do conjunto, um monumento maciço sustentava, por meio de dois andares de colunas de granito vermelho, uma cúpula de uma audácia extrema: o mausoléu onde o imperador decidira fazer repousar o seu corpo. Tudo aquilo era poderoso, colossal, mais oriental do que romano, admirável pela sua decoração e pela exuberância do seu luxo. Era, enfim, o digno quadro onde podia vir abrigar os seus sonhos melancólicos o último dos grandes imperadores que a Roma pagã conheceu — *Diocleciano* (284-305).

É aqui que começa um novo — e o último — capítulo da história latina, que se costuma chamar o *Baixo Império*. Para falar com propriedade, a expressão não tem senão um sentido cronológico, mas é fácil interpretá-la pejorativamente, e assim se tem feito. Não há dúvida de que o Baixo Império é uma época de decadência, e não é possível contemplar sem tristeza e sem horror as convulsões que, em dois séculos, arrastaram para a ruína total o antigo poder dos filhos da Loba. E, no entanto, seria injusto votar ao desprezo esses tempos difíceis que, aliás, são em tantos pontos análogos aos nossos. Alguns homens tentaram fazer face ao destino, reconstruir a ossatura do velho Império e sustar o assalto dos bárbaros; Diocleciano, como mais tarde Constantino e Teodósio, são três imperadores que a história nos permite admirar.

Diocleciano era um homem grande, de nobre estatura e aspecto vigoroso. A sua impassibilidade dissimulava um temperamento violento, cheio de contradições. Homem do povo, do baixo povo — alguns afirmam que era filho de um liberto —, nascera nas escarpadas costas da Dalmácia, a dois passos do lugar onde mandaria erigir a sua faustosa residência; assim, este montanhês tinha tanto de bárbaro como de romano. "Regrado nos seus costumes, paciente nas suas empresas, sem prazer e sem ilusões, descrente das virtudes e indiferente a qualquer assomo de gratidão", assim o pintou Chateaubriand, e assim era na realidade. Os cristãos maltrataram a memória do seu último e pior perseguidor, mas os desígnios que ele se propunha não tinham nada de medíocre, e a energia com que procurou realizá-los é digna de admiração, se tivermos em conta que era um homem sem fé e sem grande esperança, que se deixou levar apenas por um elevado sentimento dos seus deveres de homem de estado.

Quando tomou o poder — depois de um assassinato, conforme o uso do tempo —, a situação do Império era mais do que incerta. Os persas, que se tinham acalmado temporariamente, estavam prestes a pegar novamente em armas; os alamanos e os burgúndios sitiavam as fortalezas renanas; os barcos dos saxões e dos francos infestavam as margens da Mancha; por toda parte a administração romana dava sinais de falta de vitalidade e de impotência, e em muitas províncias verificava-se uma espécie de desagregação espontânea da ordem, que se traduzia na brusca investida sobre as cidades de umas massas enfurecidas e frenéticas: na Gália, a revolta dos *bagaudes*, os "vagabundos", camponeses arruinados, devedores insolventes, escravos fugitivos, todos reunidos para grandes rapinas e massacres; na Mauritânia e ao sul da Tunísia, as sublevações cabilas. E a todos estes terríveis sintomas de desagregação vinha juntar-se a já tradicional ameaça de pretendentes ao trono que, na Bretanha e no Egito, se faziam proclamar imperadores pelas suas legiões.

Diocleciano soube compreender com clareza toda a situação, e resolveu agir. Antes de mais, era necessário dar uma base sólida à obra dos seus predecessores, os imperadores ilíricos, e tornar impossível o retorno àquela terrível crise de anarquia que durante trinta anos ameaçara fazer soçobrar o Império. Ocorreu-lhe que os territórios confiados à sua guarda eram excessivamente vastos para as forças de um só homem, e que seriam indispensáveis vários chefes para manter a ordem e defender as fronteiras. Ao mesmo tempo, esta partilha de autoridade podia servir para resolver de uma maneira definitiva a sempre delicada questão das sucessões. Dois anos depois de assumir o poder, em 286, associou a si um colega, Maximiano, um panônio inculto, soldado aventureiro de pelo hirsuto e feições obstinadas, mas dotado de uma energia feroz e que mantinha pelo seu amigo um indefectível respeito. Maximiano adotou o sobrenome de Hércules, enquanto Diocleciano reservou para si o de Júpiter, o que marcava bem as distâncias. O Império foi dividido em duas partes, ficando Diocleciano com o Oriente e Maximiano com o Ocidente. Estava criada a *diarquia*. O sistema foi completado em 293 com a criação de dois novos imperadores que, como os primeiros, exerciam o poder em regiões distintas, ocupando no entanto uma categoria inferior. Diocleciano e Maximiano detinham o título de *Augustus*, ao passo que os outros dois eram somente *Césares*. E assim nasceu a *tetrarquia*.

O sistema era engenhoso e podia dar excelentes resultados. Os dois Césares eram os herdeiros dos dois Augustos e deviam — em princípio... — suceder-lhes sem qualquer contestação. Conforme o pacto tetrárquico, o imenso Império foi dividido em quatro zonas, confiadas a cada um deles. Tréveris, Milão, Sírmio e Nicomédia foram as novas capitais, todas elas próximas das fronteiras ameaçadas.

E as escolhas de Diocleciano foram excelentes. Junto de si, pois se sabia melhor administrador do que estratega, manteve Galério, um soldado rude cujo aspecto — no dizer de Lactâncio — "era suficiente para causar medo"; e junto de Maximiano, homem de textura grosseira, colocou um fino oficial, Constâncio Cloro, que aliava à experiência militar uma ampla cultura, e que assim podia completá-lo. Uma rede de alianças de família e de adoções selou o sistema que mantinha o princípio de uma só autoridade em quatro pessoas, e cuja unidade era assegurada pelo prestígio incontestável de que gozava o primeiro dos Augustos[1].

Estabelecida nestas bases, a tetrarquia empreendeu uma vasta tarefa de salvaguarda e organização. Enquanto os burgúndios, os alamanos e outros teutões eram repelidos desordenadamente para além do Reno, e os persas do rei Narsés eram obrigados a ceder províncias situadas à esquerda do Tigre, destinadas a formar um escudo protetor em torno das planícies mesopotâmicas; enquanto a Bretanha, o Egito e a Cabila regressavam à ordem, e os *bagaudes* eram exterminados em Saint-Maur junto do Marne, realizava-se um imenso esforço para restabelecer o Império em bases sólidas.

A administração foi organizada de forma estritamente centralizada. O instrumento de ação do governo foi o antigo "Conselho do Príncipe", que existia desde Augusto, mas reforçado, remodelado e dotado de uma competência universal no que se referia à justiça e à administração, agora com o nome de "Consistório sagrado"; e Diocleciano fê-lo trabalhar a pleno vapor. O exército, aumentado, depurado e reforçado quanto à cavalaria, passou a ter como oficiais apenas soldados de carreira e deixou de estar vinculado à política; o poder militar e o poder civil eram agora coisas claramente distintas. Na administração local, a grande reforma foi a das províncias, novamente demarcadas e algumas delas fracionadas, mas ao mesmo tempo agrupadas em quadros novos: as *doze dioceses*. Quanto às finanças, objeto constante das preocupações imperiais, foram melhoradas com um novo cadastramento, um novo cálculo da receita tributária e uma reforma das moedas para melhorar a cunhagem; mas a verdade obriga a dizer que, quando Diocleciano tentou acabar com o alto custo de vida, recorrendo ao tabelamento mediante o *Edito do máximo*, de 301, não obteve — como é costume — senão resultados irrisórios, e a alta dos preços continuou.

Todo este esforço, porém, não deixa de ser grandioso. Estes imperadores da tetrarquia, que não publicaram menos de mil e duzentas leis, todas elas cheias de equidade; que multiplicaram os grandes trabalhos; que favoreceram as escolas, desenvolvendo a de Beirute e restabelecendo as de Autun e de Bordéus, bem merecem ser contados entre as grandes figuras romanas. Mas, a bem dizer, podemos falar ainda de Roma e das suas tradições?

Não. É um outro regime que se instaura; é o último arremate daquelas tendências que tinha sido possível discernir desde os princípios do Império e que agora triunfam definitivamente. Os senhores de Roma tomam como modelo os soberanos do Oriente: os antigos faraós do Egito, cujo absolutismo não tinha limites, e os reis sassânidas, que tão bem tinham sabido organizar o Império persa em proveito próprio. O que Diocleciano, os seus colegas e depois os seus sucessores impõem ao mundo romano é o velho sistema egípcio-helênico, que o país do Nilo, província pessoal do Príncipe, conservava havia dois milênios. Desenvolvimento da hierarquia oficial, regime de tributos em espécie e em trabalho gratuito obrigatório, estatutos rígidos para as corporações de ofícios hereditários, obrigatoriedade de o cultivador ficar preso à sua terra e de o artista e o comerciante continuarem na mesma profissão — tal é o colete de ferro, enfim, em que o Alto Império começara a encerrar o mundo e que Diocleciano afivela. Tratava-se, em última análise, de funcionalismo e papelada, um conjunto de remédios a que sempre têm recorrido os regimes em declínio.

E eis que, no cume de todo este edifício grandioso, ainda que frágil, se ergue uma imagem nova, mais grandiosa ainda, realização derradeira das tendências e dos desejos antigos. Por cima de toda essa imensa multidão de vassalos, ergue-se o imperador-deus, o déspota oriental, o senhor todo-poderoso, cujo absolutismo reveste um caráter metafísico. Os imperadores da tetrarquia realizam lucidamente aquilo que haviam sonhado os mais loucos dos seus predecessores, como Calígula e Domiciano no século I, Cômodo no século II e Heliogábalo no III: fazem-se deuses em vida. Todo o espaço em que se movem é declarado sagrado: *sacrum palatium*, *sacrum cubiculum*. O seu título oficial é *dominus et deus* e a sua fronte adorna-se com o diadema místico, copiado dos sassânidas, símbolo do sol e da eternidade. O público só os vê vestidos à maneira de ídolos, com pesados tecidos bordados que caem em pregas resplandecentes, cintos de ouro, mãos e tornozelos cintilando com finas pedrarias. E todo aquele que lhes fale tem de cumprir o rito da *adoratio*, da *proschynesis*, prostrando-se profundamente e beijando uma das abas do manto imperial.

A mais terrível das perseguições

Entre semelhante regime, desde o instante em que ganhou forma, e um cristianismo cada vez mais consciente dos seus princípios e da sua força, o conflito era inevitável. E, com efeito, eclodiu com as mais terríveis características.

Mas não imediatamente. Quando Diocleciano organizou a tetrarquia, havia mais de trinta anos que os cristãos viviam em paz. As suas reuniões realizavam-se à vista de toda a gente; podiam-se apontar as suas igrejas e dizer quem eram os seus bispos. Por toda parte, nos altos postos, muitos magistrados municipais e funcionários do Império eram publicamente conhecidos como cristãos. Mesmo na corte, eram numerosos. Prisca, mulher de Diocleciano, e sua filha Valéria, esposa de Galério, mantinham estreitas relações com os cristãos e dizia-se correntemente que o César Constâncio Cloro estava em vésperas de converter-se — o que, aliás, era exagerado. Percebia-se por muitos indícios que chegara o ponto em que todo o paganismo estava prestes a desmoronar-se, minado pela nova doutrina. E durante dez anos, Diocleciano, que não podia desconhecer este estado de coisas, nada fez para modificá-lo.

São bastante obscuras as causas da perseguição que rebentou no ano 295. Nada anunciava que o grande reformador, tão preocupado com salvaguardar a unidade do Império, enveredasse por esse caminho. Não era ele um Nero nem um Domiciano, e não havia nenhuma razão para que o considerassem desconfiado e cruel. Estava também longe de ser um fanático religioso ou o devoto de um novo culto, como o fora Aureliano e, mais tarde, havia de sê-lo Juliano.

As circunstâncias, por outro lado, não justificavam a perseguição, já que tudo corria bem no mundo romano. Os inimigos eram dizimados nas fronteiras e, assim, não havia necessidade de apontar ao povo maus cidadãos e inimigos dos deuses, no propósito de oferecer-lhe vítimas expiatórias, como sucedera nos tempos de Décio e de Valeriano. Chegou-se a perguntar se a crise não teria sido provocada pela introdução do rito da *adoratio* no cerimonial da corte, caso em que os cristãos, recusando-se a observar esse rito, teriam eles mesmos atraído a tempestade sobre as suas cabeças. Mas isto é apenas uma hipótese, não confirmada por qualquer episódio. Falou-se também da influência exercida pelos intelectuais anticristãos, que travavam nessa época uma luta violenta contra a nova doutrina. Entre eles contavam-se principalmente Porfírio, o filósofo neoplatônico que, do seu retiro da Sicília, disparava pesados dardos nos seus *Discursos contra os cristãos*, e os seus discípulos Hiérocles, o terrível governador da Bitínia, e o erudito Cornélio Labeo. Mas estes polemistas já eram lidos pelos imperadores e pelos que os rodeavam muito antes de que tivesse estalado a violência; por muito cáusticos que fossem, esses textos não explicam uma mudança tão brusca.

A verdade é que, à medida que progredia no caminho da organização pública e centralizadora, o sistema tetrárquico podia suportar cada vez menos qualquer espécie de não-conformismo[2]. A oposição entre o cristianismo e este regime de coação oficial resultava da própria natureza dos dois adversários: já então a Igreja, em face do totalitarismo, assumia uma atitude de recusa e de resistência. Diocleciano acabou por compreender que os cristãos nunca colaborariam nos seus esforços e que se conservariam, substancialmente, na oposição.

Houve um homem que se encarregou de abrir-lhe os olhos a essa evidência: foi o seu César Galério. O historiador cristão Lactâncio, que frequentou a casa imperial e que, portanto, devia estar informado, afirma com todas as letras que Galério foi o responsável pela perseguição. Aquele rude dácio, que começara a vida como vaqueiro nas planícies do Danúbio, onde hoje se ergue a capital Sófia, se não tinha todos os vícios de que os cristãos o acusaram, não era certamente uma "mocinha". A influência de sua mãe, uma pitonisa do campo, as suas convicções sinceramente pagãs, e talvez o desejo de pregar uma peça à facção filo-cristã de Constâncio Cloro e do seu filho Constantino, foram fatores que determinaram a sua atitude. Lactâncio evoca de forma dramática a cena em que Galério, fortalecido pelo prestígio de numerosas vitórias, começa a exercer forte pressão sobre um Diocleciano já velho, desiludido e desejoso de abdicar, para obter dele as medidas de repressão contra os cristãos.

Galério era um bárbaro a quem não faltava astúcia, e soube fazer as coisas por partes. Como chefe do exército, começou por dar a entender que se tornava necessária uma depuração. Parece que tinha havido alguns casos de insubordinação por parte dos cristãos. Em Teveste, na Numídia, o recruta Maximiliano, um jovem exaltado, recusara-se a cumprir os seus deveres militares invocando a objeção de consciência; em Tânger, o centurião Marcelo, no meio de um banquete solene em comemoração do aniversário do imperador, lançara por terra o cinturão e insultara os ídolos. Ambos foram executados, mas esses casos não deviam ser os únicos. Decidiu-se, portanto, que os militares cristãos fossem intimados a sacrificar aos deuses, se quisessem conservar os seus postos; se não o fizessem, seriam degradados ignominiosamente e expulsos do exército. Muitos cristãos tiveram de abandonar as fileiras e, em alguns lugares, o excesso de zelo originou diversos martírios. No entanto, nada disso foi tão terrível; Galério permanecia à espera de coisa melhor.

A verdade é que os acontecimentos o ajudaram — e sabemos que não é difícil ajudar os acontecimentos, quando estes demoram. Diocleciano hesitava em desencadear a perseguição geral; falava em reunir um conselho de altas personalidades e em interrogar os seus funcionários. Mas, em 302, quando os arúspices — adivinhos imperiais — de Antioquia consultavam as entranhas das vítimas e não achavam quaisquer indícios do futuro, o seu chefe, um tal Tângis, declarou que a presença dos cristãos na escolta bloqueava os poderes divinos, e que, fazendo o sinal da cruz, esses homens tinham conseguido frustrar todos os vaticínios.

Impressionado, Diocleciano acabou por ceder, e os conselhos reunidos pronunciaram-se pela solução da força. Consultado o oráculo de Apolo em Mileto, teve uma resposta tão estranha como a exclamação do arúspice de Antioquia: "Certos homens espalhados pela terra impedem-me de prever o futuro". Estavam lançadas as sortes. Preparou-se um edito ordenando que cessassem as assembleias cristãs, que fossem demolidas as igrejas e destruídos os livros sagrados, e que todos os cristãos que desempenhassem funções públicas fossem obrigados a abjurar. Já na véspera do dia em que o edito devia ser promulgado (24 de fevereiro de 303), a polícia de Nicomédia, num excesso de zelo, saqueava a igreja da capital e prendia fogo aos livros litúrgicos.

Este primeiro edito, de per si, não era sanguinário. Diocleciano, visivelmente, não se decidia a golpear com toda a força. Mesmo quando um cristão desesperado rasgou o edito em plena praça de Nicomédia, o que lhe valeu ser imediatamente entregue às chamas, o imperador não reagiu especialmente ao incidente. Era preciso mais. Pouco depois, porém, por duas vezes se ateou fogo às imediações do palácio imperial, sem que se descobrisse o modo; mas hoje sabemos muito bem como são cômodos os incêndios, quando alguém pretende desembaraçar-se dos seus adversários. Galério abandonou a capital, gritando que não queria ser queimado vivo e insinuando que não teria dificuldade alguma para encontrar os responsáveis.

Desvairado, Diocleciano julgou-se rodeado de traidores. Exigiu que a mulher e a filha abjurassem expressamente, mandou prender o seu camareiro-mor, o cristão Doroteu, assim como o bispo Antima e grande quantidade de sacerdotes e fiéis, que pereceram no meio das mais horríveis torturas. Três editos sucessivos acentuaram passo a passo o rigor das medidas, e pôs-se novamente em vigor a ordem de Décio pela qual todos os cristãos eram obrigados a sacrificar. Desencadeava-se a perseguição sangrenta através do Império.

Foi espantosa esta última — e a pior — das grandes perseguições. A igreja do Egito adotará mais tarde o costume de considerar o governo de Diocleciano como o início de uma nova era cristã — a era dos mártires. A prova durou cerca de dez anos. O Ocidente foi pouco atingido, porque Constâncio Cloro, senhor de uma grande parte dos territórios e simpatizante das ideias cristãs, reduziu ao mínimo a repressão na Gália e na Bretanha, onde apenas algumas igrejas foram devastadas por simples formalidade. Mas quase por toda parte não foram apenas derrubados muros: correu sangue em abundância.

Seria bem doloroso enumerar todas as crueldades que se puseram em prática e as suas vítimas. Nenhuma perseguição nos deixou tantas narrativas impressionantes de martírios, cujos pormenores a tradição nos conservou. O nível de horror varia, como sempre, segundo o temperamento dos magistrados locais; uns, como Basso na Tessália, retardavam e atenuavam o mais possível as atrocidades; outros, como esse Hiérocles do Baixo Egito, de quem Chateaubriand pintou um retrato horrível, levavam ao requinte as torturas e inventavam algumas dignas de verdugos chineses. No conjunto, já não é a multidão pagã que reclama, como outrora, a perseguição: é o rigor oficial que se aplica, administrativo, automático, a maior parte das vezes inacessível a qualquer sentimento. É o Estado — "o mais frio de todos os monstros frios", no dizer de Nietzsche — que fere sem piedade.

Entre tantas figuras admiráveis, há algumas que a piedade cristã cercou de uma glória particular e que bem merecem ser citadas. É na Itália São Sebastião, tribuno de uma coorte pretoriana, cujo suplício oferecerá à arte da Renascença o pretexto para nos legar um belo corpo transpassado de setas encarniçadas. É Santa Inês, a doce pequena mártir, condenada ao encerramento num lupanar por se ter recusado a desposar um pagão, e que foi miraculosamente ocultada pela sua longa cabeleira e defendida pelos anjos, sendo por fim decapitada. É em Roma o papa Marcelino; em Siracusa, na Sicília, é Santa Lúcia, cujo sangue ainda hoje é mostrado em Nápoles; e muitos, muitos outros...

As províncias do Oriente, comandadas por Galério, foram as mais duramente atingidas: "Na Arábia — conta Eusébio —, matava-se a machadadas; na Capadócia, cortavam-se as pernas; na Mesopotâmia, alguns foram pendurados pelos pés, e acendiam-se em baixo fogueiras cujo fumo os asfixiava; algumas vezes cortavam o nariz, as orelhas ou a língua. No Ponto, cravavam espinhos debaixo das unhas ou lançavam chumbo derretido sobre as partes mais sensíveis". Na Frígia, assim como na Palestina, foram chacinadas cidades inteiras de cristãos. O Egito, que já no tempo de Décio tinha mostrado um sadismo particular, excedeu sem dúvida todos esses horrores, dando à crueldade requintes que não nos atrevemos a transcrever e acrescentando a tudo isso a infâmia. Felizes as cristãs que tiveram a sorte de morrer amarradas nuas a um poste! Muitas outras tiveram de sofrer até às fezes o suplício de que a virgem Inês foi poupada.

Assim, no extremo da decadência, quando os valores morais perderam todo o prestígio, vemos uma sociedade, um regime, embriagar-se com o prazer sádico da tortura; e o começo do século IV não renuncia ao privilégio desses espetáculos.

A mão do carrasco treme

A perseguição atingia o seu clímax quando ocorreu no Império um acontecimento que deixou muita gente estupefata. Em novembro de 303, Diocleciano celebrava em Roma as suas *Vicennalia*, os seus vinte anos de governo, e também o "triunfo" com que o Senado o tinha galardoado em 287. Seis meses mais tarde, Maximiano presidia aos tradicionais "jogos seculares" com que se comemorava todo o passado glorioso da raça latina. Preparavam-se já as *Vicennalia* do segundo Augusto, previstas para 1º de março de 305. Ora, foi exatamente nesse dia que se produziu um lance verdadeiramente teatral. O Império soube que os seus dois senhores haviam abdicado simultaneamente, um em Nicomédia e o outro em Milão, promovendo os dois Césares, Galério e Constâncio Cloro, à categoria de Augustos, e que se tinham retirado para domínios longínquos.

São pouco claras as razões que levaram Diocleciano a tomar uma tal decisão, pois foi ele, sem dúvida, quem a tomou, limitando-se Maximiano a aceitá-la com pesar. Os grandes atos pelos quais homens no auge do poder dele se apeiam voluntariamente e sem qualquer acontecimento que os obrigue a isso, ficam sempre envoltos em mistério. No caso de um Carlos V, ainda podemos invocar a sua fé cristã, a humildade e o desejo de se preparar para a morte. Mas, quanto a Diocleciano? Porventura este sexagenário, prematuramente gasto pelas fadigas, sentia-se incapaz de assumir as responsabilidades que seu elevado sentido do dever lhe impunha? Queria ele ver como a sua obra funcionaria depois da sua retirada? Ou devemos pensar que este homem, que sentira sempre um grande desprezo pelos outros, julgou ter feito o suficiente e se demitiu muito naturalmente? Retirou-se, pois, para o éden da Dalmácia e ali passava os dias vendo as ondas verdes do Adriático embaterem contra as escarpas de Spalato. E quando a anarquia reapareceu no Império e um emissário de Roma lhe foi pedir que voltasse a empunhar as rédeas do governo, Diocleciano, sem lhe responder, levou-o aos seus jardins e disse-lhe com um sorriso de ironia: "Olha como estão viçosas as minhas couves!"[3].

Este fato político trouxe para a Igreja uma feliz consequência. Tendo ficado senhor de todo o Ocidente o tolerante Constâncio Cloro, a perseguição parou nos países onde começara, como por exemplo na Espanha. O novo César destas regiões, Flávio Severo, embora bastante duro, preferiu mostrar-se conciliador. "As regiões situadas para além da Ilíria, escreve Eusébio, isto é, a Itália inteira, a Sicília, a Gália e todos os países do Ocidente, a Espanha, a Mauritânia e a África, depois de terem sofrido o furor da guerra durante os primeiros anos da perseguição, prontamente obtiveram da graça divina o benefício da paz". Paz total? Paz definitiva? A Igreja, na sua sabedoria, tinha dúvidas em admiti-lo, e foi talvez por prudência que, durante quatro anos, a cristandade romana não deu sucessor ao papa Marcelino.

O Oriente, porém, depois de entrever um tênue luar de esperança, viu novamente desencadear-se a procela. Logo que chegou aos seus estados, o novo César Maximino Daia aconselhou os seus funcionários, segundo se diz, a empregar mais a doçura do que a brutalidade para atrair os cristãos ao culto oficial. Os resultados dessa mansidão, como era de esperar, foram irrisórios, e esse homem brutal, ébrio e supersticioso, enraiveceu-se e voltou apressadamente aos métodos do seu tio e superior Galério. "Então, continua Eusébio, viu-se o mundo romano dividido em duas partes. Todos os irmãos que viviam numa delas gozavam dos benefícios da paz; os que viviam na outra estavam submetidos a inúmeras provas". Publicou-se a seguir o edito de 306, que obrigava todos os súditos a fazerem sacrifícios públicos aos deuses, e percorreram-se as ruas, uma por uma, chamando cada um dos moradores pelo seu nome, para que ninguém pudesse escapar[4]. Foi nessa ocasião que o Egito passou por um dos seus maiores sofrimentos. Como os funcionários e magistrados não ignoravam o nível moral dos seus superiores Galério e Maximino Daia, aproveitaram-se disso e a perseguição tornou-se o meio de satisfazerem os seus vícios e ambições. Viu-se então o que jamais se tinha visto: cristãos suicidarem-se para fugir à desonra.

Entretanto, o sistema tetrárquico abria fendas por todos os lados. Diocleciano, que havia trabalhado tanto para unificar, centralizar e estatizar a vida do Império, preparara ao mesmo tempo, com a multiplicação das capitais e das cortes, a vitória das forças centrífugas que em pouco tempo haviam de esfacelá-lo. Enquanto se manteve no poder, como a massa poderosa de uma muralha, as naus dos outros imperadores conservaram-se amarradas ao seu plano; mas, depois do seu afastamento, havia numerosas razões para que cada um dos seus sucessores começasse a navegar por conta própria. Galério detestava Constâncio Cloro, por ser este mais velho do que ele, porque o nome dele passava sempre à frente do seu nos atos oficiais, e sobretudo porque o considerava de uma espécie diferente da sua; Maximiano continuava no seu retiro da Lucânia, remoendo o desgosto pela retirada que lhe fora imposta; por último, como o sistema tetrárquico estabelecia que cabia ao Augusto designar o respectivo César, os herdeiros naturais facilmente se encontravam afastados do trono. Era o que acontecia com Maxêncio, filho de Maximiano, e Constantino, filho de Constâncio. Estes dois jovens impetuosos não se resignavam a permanecer à margem, e os seus rancores, ora aliados, ora rivais, não tardariam a manifestar-se.

Do seu retiro do Adriático, Diocleciano esperava talvez contemplar o espetáculo harmonioso do perfeito funcionamento da maquinaria que tinha montado: fronteiras seguras, administração bem dirigida, finanças equilibradas e a ordem reinando por toda parte. Mas a verdade é que, antes de morrer em 315 ou 316, só pôde presenciar o reaparecimento exato de todas aquelas misérias que procurara sanar a todo o custo. Surgiu novamente a doença da sucessão, que fora sempre a do Império. Durante nove anos, travaram-se lutas civis tão violentas como as da anarquia militar no século anterior. As legiões voltaram a fazer ou a executar imperadores com a maior facilidade[5]. Em certo momento, houve nada menos que seis Augustos simultaneamente, todos pretendendo ser os únicos, cada um deles evidentemente dotado do seu exército. Muitas províncias conheceram de novo as amarguras e as ruínas da passagem de tropas e das batalhas. E mesmo quando aparecer o vencedor — Constantino —, serão necessários dez anos para que ele se imponha. De 305 a 324, o mundo romano não soube o que era a paz.

Esta decomposição do Império colocou o cristianismo numa situação ao mesmo tempo complexa e precária. A Igreja encontrava-se balançando sobre as vagas dessa tempestade, e em muitos casos a sua sorte esteve ligada ao destino deste ou daquele pretendente. Bastava que um dos Augustos fosse indulgente para com ela, para que, no caso de ser derrubado, o seu sucessor fizesse marcha-à-ré e a perseguisse. No meio de todas estas perturbações, a Igreja continuava, pois, a sofrer terríveis provações aqui e além; no entanto, observa-se um fato importante, cada vez mais nítido: uma espécie de hesitação na violência anticristã, proveniente, com certeza, de se reconhecer a força política que a Igreja agora representa, e de alguns dos adversários políticos desejarem fazer dela uma aliada.

Enquanto em Roma Maxêncio, homem folgazão e cético, permite tranquilamente que os cristãos reorganizem as suas paróquias, abram novos cemitérios e elejam o papa Marcelo; enquanto as províncias do Danúbio, governadas por Licínio, contam poucos mártires, as infelizes cristandades do Oriente, entregues a Maximino Daia, continuam a sofrer o seu calvário. É agora que cai na Palestina São Pânfilo, sábio sacerdote e doutor, amigo do historiador Eusébio. E agora que no Egito, juntamente com muitos jovens de ambos os sexos, morre o bispo Fíleas, aparentado com as mais nobres famílias do país, bem como um oficial das tropas romanas, Filoromo, que, acusado de ser cristão, foi decapitado por ordem do prefeito.

Mas a sorte dos que não morriam era pior, pois as cristãs continuavam a ser entregues à prostituição e os homens eram mandados para as pedreiras de Tebas e para as minas da Palestina e de Chipre, onde os viam chegar como enormes rebanhos — hediondos forçados marcados pelo fogo, privados de um olho ou estropiados por qualquer amputação. Maximino foi tão longe no seu fanatismo que a sua ferocidade se tornou absurda: chegou a ordenar que se regassem com água lustral pagã todas as mercadorias expostas nas lojas ou nos mercados, e que ninguém pudesse entrar nas termas sem primeiro ter queimado incenso aos deuses.

Estavam as coisas neste pé quando um episódio dramático veio mostrar quanta fraqueza se dissimulava por trás de todas essas violências. Galério, o velho militarão, o Augusto de quem dependia o Oriente, e que certamente fora o autor de toda essa crise e o responsável por todos os horrores perpetrados por Maximino — esse Galério capitulou bruscamente. Lactâncio, no livro vingador em que evoca *A morte dos perseguidores*, reproduziu minuciosamente todo o drama. Atacado de uma doença horrível — alguma lepra oriental, acompanhada de hemorragias, gangrena e pulular de vermes nas chagas —, o imperador, depois de perder a esperança nos seus curandeiros e adivinhos, chegou a admitir que o seu mal era um castigo e quis reconciliar-se com o Deus dos cristãos. Por outro lado, tudo se desmoronava à sua volta: a ordem e a paz estavam em ruínas. Nestas condições, valia ainda a pena, em nome do princípio de uma irrisória unidade, continuar a espalhar tanto sangue? Assinou um edito em 30 de abril de 311 — que Licínio e Constantino rubricaram — pondo fim à perseguição. Lactâncio leu-o nas muralhas de Nicomédia. É um edito estranho, em que o imperador, mal-humorado, começa por censurar aos cristãos a sua "teimosia" em desprezar as instituições religiosas de Roma, mas acaba por reconhecer o malogro das medidas de violência e conclui dando-lhes a liberdade de existência. Era a mais estrondosa vitória que o heroísmo dos mártires tinha alcançado; a mão do carrasco tremera perante a sua coragem e deixava cair a espada.

O edito foi promulgado na maior parte do Império, mesmo no Ocidente, onde não era de muita utilidade, pois Constantino nunca organizara qualquer perseguição; e também na Itália, onde Maxêncio, que os outros imperadores consideravam um intruso, não quis ficar atrás e resolveu acatá-lo. Restava Maximino Daia, César de Galério, que não podia ter o edito do seu superior por letra morta, mas reduziu ao mínimo a sua aplicação, limitando-se a simples ordens verbais: mandou abrir as prisões, deixando sair os que haviam confessado a sua fé. Mas fê-lo de má vontade e na disposição de prendê-los novamente. A partir do fim de 311, esse fanático tratou de tirar aos cristãos o pouco que lhes tinha concedido, chegando a proibir sobretudo, sob diversos pretextos, as assembleias cristãs. E quando Galério acabou de morrer, Maximino Daia, senhor de todo o Oriente, reativou a perseguição com uma alegria feroz.

Foi o último ato desta grande e longa tragédia, que se fez acompanhar de novas variantes. Impelido por um ódio bárbaro, Maximino procurou atingir os cristãos não só nas suas pessoas, mas também na sua fé. Por meio de cartazes, conferências, panfletos e até cursos nas escolas, encorajou uma campanha polêmica que tinha em vista minar a doutrina cristã. Mandou afixar nas paredes pretensas confissões arrancadas a adeptos de Cristo sobre os seus costumes infames e fez difundir não só a velha biografia de Apolônio de Tiana por Filóstrato — que no século anterior alguns tinham querido opor ao Evangelho —, mas também um libelo sacrílego, um apócrifo proveniente não se sabe de que seita herética e denominado *Atos de Pilatos*, verdadeira paródia dos textos sagrados, cheio de erros materiais, em que, "Pilatos", sob o pretexto de contar os acontecimentos do processo de Jesus, desnatura completamente a sua pessoa e a sua mensagem[6].

Ao mesmo tempo que desenvolvia esta campanha, Maximino, como era de esperar, perseguia principalmente os chefes da Igreja. Metódio, bispo de Patara; Pedro, o último dos grandes doutores de Alexandria; o bispo Silvano de Émeso; e o exegeta Luciano de Antioquia foram outras tantas vítimas destes novos rigores. Com muita frequência o imperador se fazia convidar pelas municipalidades a abrir oficialmente uma campanha contra o cristianismo — astúcia propagandística bem conhecida e bastante grosseira, que prova sobretudo que a perseguição não era muito popular, se era preciso estimulá-la por tais meios. Com efeito, Maximino começava a recuar. A caridade mostrada pelos cristãos durante uma peste e uma fome comoveu a opinião pública. Começava-se a sentir o cansaço de tantas violências e de tanto sangue derramado por nada. Além disso, a tentativa, feita pelo fanático, de aplicar os mesmos métodos na Armênia cristã degenerara numa catástrofe.

Mais um carrasco começava a deixar cair o braço, quando a intervenção de Constantino pôs termo, finalmente, a esse estado de coisas.

As últimas testemunhas

Se a perseguição desencadeada em 303 foi a mais violenta de quantas a Igreja sofreu durante dois séculos e meio, foi também uma das mais abundantes em figuras admiráveis, em exemplos sobre-humanos de força de alma e de intrepidez. Não quer isto dizer que não tenha havido fraquezas e até traições; e a grande crise do cisma donatista, mostrando como continuava a ser grave a velha questão do perdão dos apóstatas, prova que era elevado o número de traições. "Sacrificai — diz um magistrado instrutor, segundo narra uma *Paixão* —, pois bem sabeis que toda a África faz o mesmo!". É certamente um exagero, uma astúcia de interrogatório, mas não deixa de ser sintomático que um historiador cristão tenha registrado essas palavras.

Mas, se neste quadro trágico os casos de deserção constituem um fundo sombrio, servem também para que se distingam melhor, em plena luz, os muitos rostos heroicos. A intrépida segurança que, desde os primeiros tempos, desde Santo Estêvão, tantas testemunhas de Cristo haviam patenteado, vamos nós encontrá-la nos últimos mártires, arraigada em seus corações com a mesma solidez. E talvez mais, se é possível, que nos seus predecessores, pois os indícios que já pudemos colher no decurso do século III, ao lermos as *Atas* dos suplícios, dão-nos a impressão de que os cristãos sentem a vitória cada vez mais próxima e têm consciência de representarem a suprema vaga cujo assalto fará ruir a fortaleza pagã.

Podemos abrir ao acaso textos recolhidos nas "Paixões", ou em Eusébio e Lactâncio, que não deixaremos de encontrar abundantes provas do heroísmo, da generosidade e da comovente simplicidade destes mártires.

Mesmo nos primeiros tempos da perseguição, quando o edito imperial não obrigava à apostasia, foram numerosos aqueles e aquelas que arriscaram a sua vida simplesmente para impedir o que lhes parecia o pior dos sacrilégios: a destruição dos livros sagrados. É o bispo africano Félix que, intimado a entregar os exemplares que tinha em seu poder, responde: "Prefiro ser queimado a deixar queimar as divinas Escrituras". E a jovem Santa Irene, em Salônica, cujas duas irmãs já tinham sido martirizadas, e que declara igualmente: "Nós preferimos ser queimadas vivas ou sofrer tudo o que quiserem a entregar os livros". Tinham esses livros guardados num esconderijo da sua casa, tristes por não os poderem ler há tanto tempo, mas cheias da fé e da esperança que neles tinham haurido; e essa fé e essa esperança eram tão firmes que nem a morte dos seus corpos nem a destruição de todos os exemplares podiam prevalecer contra elas. Por isso afirma soberanamente o diácono Hermes de Heracleia: "Juiz, se as tuas impiedosas pesquisas fossem coroadas de êxito, se conseguisses apoderar-te de todos os nossos Livros Santos, e em todo o universo não restasse um traço escrito da nossa santa tradição, fica sabendo que os nossos filhos, fiéis à memória de seus pais e animados pelo zelo da sua própria salvação, bem depressa teriam refeito volumes em maior número e ensinariam com muito mais ardor o respeito e o temor do Senhor!"

Quando a perseguição se torna mais apertada, quando se trata de que cada fiel se pronuncie mediante um *sim* ou um *não*, é então que surge diante de nós uma imensa galeria de figuras intrépidas, cuja coragem percorre toda a escala do heroísmo, desde a tranquilidade sorridente até a exaltação fanática de certos jovens cristãos. Eis um fragmento do interrogatório de Agapa, Quiônia e Irene, as três irmãs, e de outras cristãs de Salônica que as acompanhavam na prova. "— Tu, Agapa: que dizes? — Creio no Deus vivo e não abandonarei o caminho da verdade. — E tu, Irene? Por que desobedeces ao imperador? — Por temor de Deus. — E tu, Quiônia, que dizes tu? — Creio no Deus vivo. Não cometi qualquer impiedade. — E tu, Cássia? — Quero salvar a minha alma. — Então não queres sacrificar? — Não. — E tu, Filipa? — A mesma coisa. — Que queres dizer com 'a mesma coisa'? — Que prefiro morrer a comer vítimas oferecidas aos ídolos". E o interrogatório continua assim ao longo de três páginas e, de uma ponta a outra, ressalta sempre a mesma resolução fria e lúcida; percebe-se que o magistrado dá contra uma muralha de aço.

Vejamos em Sírmio, no Danúbio, o caso de um bispo muito jovem. Belo, dotado de todos os predicados, tendo pela frente uma carreira brilhante, Irineu é feliz na vida. Casado, pai de vários filhos (lembremo-nos de que o celibato não era ainda obrigatório), conhece o valor e a doçura da vida. Quando é preso, seus pais e filhos pedem-lhe que apostate e a multidão grita-lhe: "Tem piedade da tua juventude!". Nada o demove. Enquanto o torturam no cavalete, o governador repete-lhe: "Sacrifica! Sacrifica!". E no meio de um horrível sofrimento, o jovem príncipe da Igreja tem forças para responder com superior ironia: "Sacrificar? Mas estou sacrificando ao Deus que é o meu e a quem tudo sacrifiquei!"

Na Palestina, em Cesareia, há casos idênticos passados com jovens. Afianos e Edésios, dois ricos estudantes da universidade de Beirute, conheciam a fundo as Sagradas Escrituras. Tendo voltado a casa dos pais, fazem propaganda do cristianismo com a audácia dos seus vinte anos. Um dia, quando o governador romano ia proceder a um sacrifício, Afianos aproxima-se dele, agarra-lhe a mão, impede-o de derramar o vinho das libações rituais e diz-lhe com voz calma: "Não é permitido sacrificar a ídolos sem vida..." Presos, torturados com requintes atrozes (envolveram-lhes os pés com pesos embebidos em azeite e puseram-lhes fogo), os dois jovens resistem a todos os suplícios com uma espécie de prazer esportivo. Para acabar com eles, foi preciso lançá-los ao mar, ao que Eusébio acrescenta que imediatamente o Mediterrâneo, num movimento brusco de marés, restituiu os seus corpos.

Poderíamos multiplicar facilmente os exemplos e citar muitos outros nomes mais notórios, mas não mais significativos. Já falamos de Sebastião, Pânfilo, Fíleas, Luciano, Inês e muitos outros. É à perseguição de Diocleciano que estão ligados os nomes dos três mártires que figuram no cânon da missa (oração eucarística I): Cosme e Damião, médicos de origem árabe martirizados na Palestina, e Crisógono, que morreu em Aquileia; como também um grande número daqueles que se chamam os "catorze santos auxiliares" e que são célebres na Igreja católica pela eficácia da sua intercessão: São Jorge, que se julga ser o cristão que rasgou o edito de Nicomédia e cuja intrepidez o tornou padroeiro dos soldados; São Brás, bispo da Armênia; Santo Erasmo, eremita no Líbano, martirizado na Campânia, e por quem São Bento virá a ter uma grande devoção; São Pantaleão, que os médicos veneram como padroeiro secundário, depois de São Lucas; e, para limitar aqui um rol em que nem todas as atribuições nem todos os pormenores são evidentemente artigos de fé, duas santas célebres: Santa Margarida de Antioquia, cujo nome será aclimatado no Ocidente pelos cruzados, e Santa Catarina, jovem estudante de Alexandria que, segundo se conta, foi mandada dilacerar por rodas providas de espadas, tendo sido transportada depois de morta pelos anjos para o Sinai, onde se ergue hoje o convento que tem o seu nome.

Contra a força de ânimo de tantos heróis, mostrou-se inútil o esforço dos poderes constituídos. Os magistrados de Roma inventaram uma multiplicidade inaudita de suplícios, renovaram sem cessar os meios de tortura e de matança, mas de nada adiantou. Mais uma vez a violência teve de se confessar vencida. Chegaram a empregar-se meios absurdos, tais como abrir a boca dos cristãos e introduzir-lhes pela goela abaixo a carne dos sacrifícios e o vinho das libações, mas isso só serviu para provocar o desgosto das multidões e a sua simpatia pelos cristãos. Como já se vira no século III, e depois se verificou em grau mais elevado durante a perseguição de Diocleciano, havia já um certo cansaço e desânimo em face de tais métodos, e os ambientes pagãos deixam-no perceber claramente. No Egito, foram os pagãos que muitas vezes ocultaram os cristãos fugitivos, felizes de poderem pregar uma partida à polícia.

Acontecia com frequência que os meios empregados pelos funcionários de Roma produziam o efeito exatamente contrário ao desejado. Quando, em Egeia de Cilícia, uma cristã que estava sendo torturada completamente nua e de maneira ignóbil, gritou para o governador: "Tratando-me assim, estás desonrando a tua mãe e a tua esposa, porque nós, mulheres, somos todas solidárias no nosso sexo" —, não houve mulher alguma da assistência que não recebesse essas palavras como um ferro em brasa a descer-lhe até o mais fundo da consciência.

Vários episódios desta perseguição assumiram proporções de lenda, o que não quer dizer que não tenham um fundo de verdade. Uma é a paixão de São Gens, a patética história de um histrião acostumado a representar peças burlescas, que teve a ideia de pôr em cena, no teatro imperial, uma dessas farsas à custa do cristianismo; nela, macaqueava os ritos sagrados dos cristãos, vestia a túnica branca dos neófitos e fazia-se batizar em meio a grandes gargalhadas e trejeitos. Pouco a pouco, porém, começa a sentir-se interessado pela religião que ridicularizava, até que um dia, tocado pelo apelo do Deus do amor, se fez batizar realmente, proclamou a sua fé cristã e morreu torturado sobre o palco, pela última vez e pela boa causa.

Quanto ao célebre episódio da Legião de Tebas, de São Maurício e dos seus companheiros e soldados, se é natural que as narrativas do século VII o tenham amplificado, o seu fundo histórico é muito verossímil. Uma legião recrutada principalmente no Egito e acampada no alto Ródano, em Valais, recebe ordem de ir executar cristãos da Gália. Como essa legião é na sua maioria composta por cristãos, perante o apelo dos seus chefes Maurício, Exupério e Cândido, recusa-se a obedecer. Dizimada por duas vezes, persevera na sua rebelião e é, por fim, totalmente aniquilada. Se pensarmos nos muitos exemplos conhecidos de magistrados romanos que não executavam ou executavam tibiamente as ordens de perseguição, de oficiais e soldados abertamente cristãos — como Filoromo no Egito, Maximiano, Marcelo e Júlio na África, ou ainda como esses "quarenta soldados mártires" que morreram na Armênia, expostos nus em pleno inverno dentro de um lago gelado, e dos quais possuímos a última carta coletiva —, se pensarmos em todos esses exemplos, a atitude da legião tebana não tem nada de inadmissível.

Mas esses fatos tinham o valor de sinais. Os imperadores já não se sentem com forças para enfrentar o cristianismo, e o mundo pagão já não se atreve a travar a luta final contra Cristo. Contava-se em Roma, que, no fim de um suplício de cristãos, os raios se tinham desencadeado subitamente com tal violência que o anfiteatro do Vaticano se fendera e as estátuas jaziam despedaçadas. Ouviu-se então do meio da multidão — a tal ponto tinha a consciência intranquila! — uma voz que gritou: "Os deuses se foram..." É certamente um conto, pois o povo gosta do maravilhoso. Mas estava próximo o tempo em que uma batalha muito singular, travada a uma légua da colina do Vaticano, iria converter em realidade esta fábula profética.

"Com este sinal vencerás"

O homem que, em 312, ia mudar de um golpe os destinos do Império e o curso da história era um jovem príncipe de trinta e dois anos, por quem a Fortuna — ou a Providência — parecia ter sempre velado. Filho daquele Constâncio Cloro que, como César e depois como Augusto do Ocidente, sempre dera provas nos seus Estados, não só de firmeza, mas até de clemência, nascera em Naísso (Nis), na atual Sérvia, por volta do ano 280.

Pelo lado paterno, estava ligado a uma nobre família romana da Ilíria, com a qual era aparentado o imperador Cláudio II, o Gótico. Sua mãe, que o cristianismo viria a rodear de veneração e de glória, era Helena, mulher de condição bastante modesta — criada de estalagem, diziam as más línguas, ou filha de um hoteleiro da Ásia Menor, diziam outros — que, seja como for, Constâncio não desposara legalmente. Educado na corte de Nicomédia, sob os próprios olhos de Diocleciano, isto é, em parte como pajem e em parte como refém, Constantino entrou aos quinze anos para o exército e aos dezoito era já "tribuno de primeira fila" — pouco mais ou menos general de brigada — e tornara-se conhecido por uma coragem física indefectível.

Quando Diocleciano se retirou, Galério achou prudente conservar junto de si um rapaz tão lançado, tão corajoso, por quem os soldados nutriam uma louca admiração. Conta-se mesmo que, mais tarde, o velho Augusto sanguinário tentara ver se a sorte o livrava desse possível rival: aproveitando-se da sua bravura um pouco orgulhosa, lançara-o em estranhas aventuras, desafiando-o uma vez a combater um leão (sic!) e outra um sármata gigantesco; mas o jovem príncipe arrostara incólume todos os perigos. Suficientemente esperto para farejar as ciladas que lhe armavam — e receando talvez alguma maquinação definitiva —, Constantino não esperava senão uma ocasião propícia para afastar-se de Galério. Como seu pai Constâncio o tivesse reclamado oficialmente, porque estava muito doente e tinha necessidade de um adjunto na expedição à Inglaterra que preparava contra os pictos, o jovem príncipe arrancou do Augusto licença para se ausentar e abalou imediatamente pela estrada de Bolonha do Mar, tendo o cuidado, para maior segurança, de ir mutilando os cavalos de posta em cada etapa, para que, quando Galério reconsiderasse e se lançasse no seu encalço, não tivesse meios de o alcançar.

Muito alto e forte, de tez morena, espáduas largas e nuca espessa, Constantino era desses homens cujo aspecto físico já obriga a respeitá-los. Entregue às ocupações impostas pela sua categoria, mantinha habitualmente um ar de gravidade serena, a que uma real gentileza e uma ironia natural emprestavam um matiz de afabilidade levemente zombeteira. Todas as suas estátuas o apresentam majestoso, sério, de fronte austera, a boca ávida e com qualquer coisa de pueril e de inocente nos olhos muito abertos. Inteligente, mas de cultura medíocre, estropiava o grego e respeitava as letras, embora não as praticasse.

Do ponto de vista moral, era dotado de uma natureza complexa, cujas contradições são significativas: modelo de uma vontade férrea que bruscamente desfalece, cede por vezes ao desânimo e passa a aceitar todas as influências; homem generoso, amigo da clemência, muitas vezes explode em violências sanguinárias e se mostra de uma terrível crueldade, misto de humildade sincera e de um orgulho que nenhum louvor poderá apaziguar. Por todos os traços que nele se notam é, literalmente, um bárbaro, não no sentido moral e pejorativo da palavra, mas no sentido psicológico, um homem de transição, instável, ligado a tradições e princípios que não compreende, mais instintivo do que político, mais supersticioso do que racional, um homem inteiramente voltado para o futuro.

Quando Constâncio Cloro morreu em York durante a campanha britânica, em 306, as legiões proclamaram-no Augusto, sem que Galério tivesse sido consultado; este limitou-se a conceder ao jovem a dignidade de César, com o que Constantino se conformou provisoriamente. As brilhantes vitórias alcançadas sobre os alamanos e os francos, a construção de uma ponte sobre o Reno, em Colônia, a captura dos reis germanos Ascárcio e Raguese, que foram lançados às feras, acabaram por garantir-lhe a dedicação das suas tropas.

Torna-se então um poder, o único poder do Ocidente. Por isso, quando no ano seguinte Maxêncio, filho de Maximiano, invejoso desses louros e ressentido por se ter visto preterido em favor de Maximino Daia, dá um golpe de estado em Roma, proclama-se Augusto e coloca no poder, junto de si, o seu velho pai, é para Constantino que se voltam os dois novos senhores da Itália, pretendendo pregar entre os três uma peça aos senhores do Oriente. Constantino desposa Fausta, a sedutora filha de Maximiano que conhecera em Nicomédia e que o tinha presenteado com um capacete de ouro por ocasião da sua aventurosa partida. Mas, nestes tempos conturbados, os entendimentos políticos são frágeis. Passam-se alguns meses e Maximiano tenta liquidar o genro. Fausta, avisada, finge entrar na conspiração e previne o marido, que vigia o sogro, apanha-o em flagrante[7] e arranja as coisas para que o encontrem enforcado numa prisão. Como na mesma ocasião — 311 — Galério dava a alma ao Criador, a situação ficava relativamente clara: no Oriente, Maximino Daia e Licínio, herdeiros de Galério; em Roma, Maxêncio. Mas duas cabeças no Ocidente, Constantino e Maxêncio, estavam de acordo em pensar que uma delas sobrava.

Muito naturalmente, o Augusto de Roma declarou-se o único soberano legítimo, o único descendente dos grandes imperadores, cujos palácios ocupava. Além disso, não é verdade que se parecia com eles sob muitos aspectos, já que reparava estradas, empreendia grandes trabalhos e multiplicava faustosamente os espetáculos populares? Era um tipo curioso este homem baixo, moreno, com o cabelo cortado à escovinha, de um temperamento desiludido e cético, indulgente para com os cristãos mas restaurador dos ídolos, e que pouco se importava com o ofício das armas, mesmo nesses dias de grande violência.

Na primavera de 312, depois de ter firmado a fronteira do Reno e de ter concluído um acordo com Licínio, a quem deu sua irmã Constança em casamento, Constantino entrou em campanha. Levava consigo menos de 40.000 homens, mas todos gauleses, germanos e bretões; no seu entender, eram suficientes para dispersar os cem mil soldados da corte ou mercenários da África que Maxêncio tinha reunido às pressas.

Ao passo que o Augusto de Roma não se atrevia a sair da cidade, porque um oráculo lhe anunciara que morreria se transpusesse as muralhas, Constantino dirigia pessoalmente uma campanha verdadeiramente napoleônica.

Atravessou os Alpes sem qualquer entrave junto ao monte Genebra; tomou Susa à força e, depois de repelir um ataque de cavalaria pesada no Pó, Turim, Milão, Verona e Módena abriram-lhe sucessivamente as portas. Em Roma, onde a princípio haviam zombado do audacioso que vinha combater tão longe das suas bases, o terror começou a alastrar-se. Foi discutido em conselho se se deveria esperar o inimigo por trás das poderosas muralhas construídas outrora por Aureliano ou se seria preferível ir ao encontro dele, desbaratá-lo em campo raso e libertar depois os portos que a sua frota acabava de bloquear. Contra a vontade de Maxêncio, que pensava no oráculo, optou-se pela segunda solução. Não tinham os Livros Sibilinos anunciado que "o inimigo dos romanos devia morrer"?

A 27 de outubro de 312, avançando pela Via Flamínia, Constantino pôde avistar Roma de longe. A cidade da Loba — que ele nunca visitara, pois sempre vivera no Oriente ou nas Gálias —, com as suas muralhas coroadas de ameias, os seus monumentos que brilhavam ao sol, os aquedutos gigantescos que para ela convergiam através da campina, era agora a parada que ele apostava naquele jogo do seu destino. No dia seguinte, 28 de outubro, ao raiar da manhã, o exército de Maxêncio atravessou o Tibre pela ponte de Mílvio e por outra ponte de barcas que se formara para duplicá-la. As forças de Roma avançaram, pararam no desfiladeiro das *Saxa Rubra* — as "Rochas Vermelhas", hoje Primaporta —, recuaram ao serem perseguidas e foram compelidas a travar batalha de costas contra o rio, numa posição deplorável. Logo no primeiro embate, os italianos e os cartagineses bateram em retirada ante a pressão dos soldados nórdicos; apenas alguns grupos de pretorianos se deixaram matar. Constantino, a cavalo, dirigia o ataque à frente dos seus gauleses. Maxêncio, posto em fuga, foi apanhado no turbilhão dos soldados em debandada, caiu na água devido ao desmoronamento da ponte das barcas e afogou-se. Encontraram no dia seguinte o seu cadáver boiando no rio; cortaram-lhe a cabeça e passearam-na pela cidade, espetada na ponta de uma lança.

Esta vitória decisiva continha um sentido infinitamente mais sério do que o de um simples ajuste de contas entre dois ambiciosos. Com efeito, ocorreu no decorrer da batalha um acontecimento de importância histórica excepcional: Constantino aderiu ao cristianismo. Até então tinha sido pagão, um pagão tolerante, propenso talvez a incluir o Evangelho numa concepção sincretista do mundo, ou talvez atormentado como seu pai pela inquietação e pelo desejo de converter-se. Três anos antes, invocava ainda o *Sol Invictus* e afirmava ter tido uma aparição de Apolo. No dia seguinte ao da vitória, torna-se um cristão convicto; não são só os historiadores cristãos que o afirmam; o fato depreende-se também dos panegíricos e inscrições oficiais. Deu-se uma reviravolta provocada por um evento cujo caráter estranho viria a favorecer o aparecimento de muitas lendas, mas de cuja realidade não podemos duvidar.

Os quatro documentos oficiais sobre o episódio são os seguintes: sobre o arco do triunfo, erigido em 313 para comemorar a sua vitória, lê-se uma inscrição na qual Constantino proclama que venceu "por uma inspiração da divindade"; semelhante fórmula podia ser aceita tanto por cristãos como por pagãos. Redigindo no mesmo ano o livro IX da *História Eclesiástica*, Eusébio declara formalmente que, na sua luta contra Maxêncio, Constantino "invocou Cristo e a Ele deveu a vitória"; mas não entra em detalhes. É por Lactâncio, que escrevia em torno de 318, e pela *Vida de Constantino* do mesmo Eusébio, que data de quinze ou vinte anos mais tarde, que se conhecem os célebres pormenores.

Uma noite — diz Lactâncio —, pouco antes da batalha, Constantino teve um êxtase durante o qual recebeu de Cristo a ordem de colocar sobre o escudo das suas tropas um sinal formado pelas duas letras *CH* e *R* ligadas; é este, com efeito, o monograma que se encontra nas moedas e inscrições constantinianas. Quanto a Eusébio, informado — segundo diz — pelo seu herói imperial, que no fim da vida lhe teria contado todos os pormenores do episódio, eis a sua versão: momentos antes de entrar em luta com Maxêncio, Constantino apelou para o Deus dos cristãos e então, em pleno dia, viu no céu, para os lados do poente, uma cruz luminosa com estas palavras em grego: "Com este sinal vencerás". Na noite seguinte, Cristo apareceu-lhe e mostrou-lhe a Cruz, convidando-o a mandar fazer uma insígnia que a representasse. Essa insígnia é o *Labarum*, estandarte em forma de cruz que, a partir daí, acompanhou sempre os exércitos de Constantino.

Tanto quanto se têm discutido as circunstâncias deste episódio, têm-se discutido incansavelmente as razões psicológicas da "conversão" de Constantino. Alguns viram nela apenas um ato político que, medindo o poder do cristianismo, se propunha atraí-lo para o jogo do imperador. Outros, indo mais longe, suspeitaram da sinceridade do gesto de Constantino e, bascando-se no fato de não se ter batizado senão vinte e cinco anos mais tarde, consideram a sua conversão como manobra de uma ambição astuciosa, e, quanto à história das visões, veem nela apenas uma fantasia romanesca. No entanto, pelo que se conhece deste homem, o fato nada tem de inverossímil.

Perseguido, como a maior parte dos seus contemporâneos, pela obsessão do sobrenatural, sabendo que o seu adversário recorria aos oráculos pagãos e persuadido de que, segundo as afirmações de Lactâncio, os inimigos de Jesus tinham todos um fim trágico, Constantino pode perfeitamente ter-se sentido arrastado a implorar a Cristo, como o viria a fazer Clóvis na véspera da batalha de Tolbiac. Uma vez vencedor, cumpriu a sua promessa e encetou uma política cristã. Seja como for, a sua determinação foi providencial, no sentido mais histórico da palavra. Não haverão de exagerar o alcance do seu gesto os artistas cristãos que, sobre os sarcófagos do século IV — evocando a vitória de Ponte Mílvio e Maxêncio tragado pelas águas juntamente com as suas tropas —, hão de representar Constantino sob os traços de um novo Moisés. A história acabava de dar uma reviravolta decisiva.

O Edito de Milão de 313

No dia seguinte ao da sua vitória, 29 de outubro de 312, Constantino entrou triunfante em Roma. Foi muito bem recebido; as classes altas detestavam Maxêncio, que as sobrecarregava de impostos, e o povo, como sempre, aderiu facilmente ao vencedor. Este mostrou-se moderado, mantendo nos seus lugares a maior parte dos funcionários, proibindo sob pena de morte a delação, limitando-se a licenciar as tropas pretorianas e a mandar matar um filho de Maxêncio e alguns dos seus amigos e fiéis, o que, para aquele tempo, era verdadeiramente o mínimo. A reparação, à sua custa, dos aquedutos romanos em mau estado tornou-o muito popular. Quanto à questão religiosa, não encontrou dificuldade. Com a evidente preocupação de não contrariar os seus súditos pagãos, aceitou sem hesitar as honras "divinas" que a bajulação tradicional lhe quis prestar, permitindo que lhe fosse dedicado um templo e lhe erigissem uma estátua dourada[8]. Estava-se ainda — e estar-se-ia até o fim do reinado — numa época de transição.

Mas, se Constantino não quis ferir as suscetibilidades pagãs, nem por isso deixou de manifestar os sentimentos que experimentava para com o cristianismo. Mandou cunhar imediatamente nas moedas o medalhão CH-R, e o *Labarum*[9] continuou a flutuar por cima dos seus exércitos. Maximino Daia recebeu uma carta em tom cominatório, em que era convidado a suspender sem mais delongas a perseguição aos cristãos. O procônsul da África recebeu outra, com a ordem de devolver à Igreja os bens confiscados. Parece que, já nesse inverno de 312-313, o tesouro público contribuiu para a reconstrução dos edifícios de culto e que o papa Milcíades obteve da imperatriz Fausta o suntuoso palácio de Latrão, onde pouco depois reuniria um concílio. Mas em breve viriam a ser tomadas medidas mais categóricas.

Em fins de janeiro de 313, Constantino deixou Roma e encontrou-se em Milão com o seu colega do Oriente, Licínio, que acabava de desposar sua irmã Constança. As cerimônias das núpcias imperiais desenrolaram-se paralelamente às conversações entre os dois novos cunhados, em que se debateram os pontos fundamentais das suas políticas e, em especial, da política para com o cristianismo. As entrevistas duraram possivelmente dois meses; já nos primeiros dias de abril, Licínio teve de tornar a partir em guerra contra o terceiro colega dos dois, Maximino Daia. É, portanto, de fevereiro ou março de 313 que devemos datar os textos que iriam mudar tão decisivamente o curso da história e que um costume já muito antigo designa pelo nome de *Edito de Milão*.

A expressão não deve ser tomada ao pé da letra. Não chegou até nós qualquer texto, assinado e promulgado em Milão, que fixe as bases da política cristã. O que conhecemos são apenas algumas cartas de Constantino e outras de Licínio, as primeiras mencionadas por Eusébio e as segundas por Lactâncio, que transmitem, acompanhadas de comentários, um certo número de cláusulas. Tem-se perguntado se o Edito de Milão não teria sido um simples "protocolo" assinado pelos dois Augustos após as suas entrevistas, com o fim de passar a limpo as decisões que tinham tomado em comum.

A discussão é bastante inútil. A despeito de algumas diferenças de expressão, os elementos fundamentais dessas decisões encontram-se em todos os textos e o seu sentido é perfeitamente claro. Quando entrou como vencedor em Nicomédia, em 13 de junho de 313, Licínio mandou fixar um rescrito que impunha as cláusulas desses textos. "Enquanto estávamos felizmente reunidos em Milão, Constantino-Augusto e eu, Licínio-Augusto, e tratávamos em conjunto dos grandes interesses do Estado..." Em Milão, não houve nenhum edito formalmente rubricado, mas pôs-se em execução a nova política definida pelos senhores das duas partes do mundo; é daí que data o que tem sido perfeitamente designado sob o nome de *paz constantiniana*[10].

As decisões de fevereiro-março de 313 dividiam-se em duas grandes partes: na primeira, os imperadores assentavam um princípio para o futuro e, na segunda, liquidavam o passado. "Procurando solicitamente tudo o que interessava ao bem público", consideravam que "entre as muitas coisas úteis ou, para melhor dizer, antes de todas as outras coisas, importava estabelecer as regras relativas ao culto e ao respeito da Divindade". (Observe-se a propositada imprecisão da fórmula: tanto podia ser subscrita por Licínio, que era um pagão, como por um cristão).

Estas regras reduziam-se praticamente a uma só: "A liberdade de religião não pode ser tolhida e é necessário permitir, quanto às coisas divinas, que cada um obedeça às moções da sua consciência". A seguir, aplica-se o princípio aos cristãos, que eram os únicos súditos de Roma perseguidos nos últimos tempos. Os imperadores declaram categoricamente: "Nós queremos que todo aquele que queira seguir a religião cristã possa fazê-lo sem qualquer receio de ser incomodado. Os cristãos têm plena liberdade para seguirem a sua religião". Não se podia ser mais solene: é uma declaração absoluta de tolerância. Mas não poderia ela inquietar os pagãos, que teriam medo de represálias? Os Augustos precisam: "O que concedemos aos cristãos é igualmente concedido a todos os outros. Cada um tem o direito de escolher e praticar o culto que preferir, sem ser lesado na sua honra e nas suas convicções. Depende disso a tranquilidade do nosso tempo".

A segunda parte já não é de ordem doutrinal, mas prática. A Igreja, agora reconhecida, tem o direito de ser ajudada a reconstruir as suas ruínas: o culto, agora lícito, deve ter condições para poder ser praticado. As decisões imperiais distinguem duas espécies de construções cristãs: as igrejas, "lugares de assembleias", e as propriedades coletivas, certamente os cemitérios e outras. "Sem indenização, sem reclamação de preço, sem demora e sem processo", tudo será restituído aos fiéis, e o Estado se encarregará de indenizar terceiros que tenham adquirido de boa fé esses bens. O edito de Galério, em 311, e a decisão de Maxêncio na mesma ocasião, haviam já estabelecido regras muito aproximadas, mas por razões de oportunismo político ou de interesse pessoal do imperador. Mais importantes eram estas prescrições de 313, pois associavam o princípio das reparações legítimas ao da liberdade espiritual. Era o início de uma nova ordem.

Não se pode avaliar a importância de tal acontecimento. Sob o ponto de vista histórico, nenhum lhe poderá ser comparado, depois da morte de Jesus, quanto à sua importância para o desenvolvimento do cristianismo. Neste momento preciso, viam-se recompensados os esforços heroicos dos apóstolos e dos mártires: a revolução da Cruz triunfava. E o evento assumia um significado ainda maior porque não partia de um príncipe enfraquecido como Galiano no século anterior, de um moribundo aterrorizado como Galério, ou de um cético indeciso como Maxêncio, mas de um imperador no auge da glória, capaz de quebrar todas as resistências e que agora se inclinava livremente diante do Deus novo.

A revolução da Cruz triunfava mesmo antes do que o permitiam supor os termos das decisões de Milão. A história obedece a imperativos lógicos, e há tomadas de posição que configuram o futuro muito mais do que as simples aparências o fazem prever. Pela simples razão de terem estabelecido estes princípios, Constantino e seu cunhado constituiam-se a partir daí como defensores do cristianismo; por isso, quando Licínio repeliu um ataque de Maximino Daia e o venceu duramente[11], levando-o ao suicídio na primavera de 313, mandou imediatamente anular nos seus novos Estados todas as medidas de perseguição, tornando-se assim um fiador da paz de Cristo. Num regime tão subordinado ao Estado, tão centralizado e tão autoritário, em que a personalidade do imperador irradiava um brilho tão vivo, o simples fato de que o príncipe se mostrasse benevolente para com os cristãos bastava para que a balança pendesse para o lado deles[12].

Em princípio, portanto, as decisões de Milão estabeleciam a igualdade entre o cristianismo e o paganismo. A religião de Cristo tornava-se uma religião "lícita", juntamente com muitas outras, como por exemplo a de Mitra ou a dos deuses egípcios. Mas o resultado era muito mais importante.

A corrente geral de opinião e o conformismo das massas, que se haviam oposto à expansão cristã, vão agora trabalhar a seu favor. Não tinham os imperadores reconhecido oficialmente que se haviam enganado todos os que tinham tentado destruir o cristianismo? Não era evidente que o Deus dos cristãos era mais forte do que as velhas divindades pagãs, pois fizera triunfar o seu amigo? Em vez de atribuir à impiedade dos cristãos as desgraças que ocorriam, como se tinha feito tantas vezes no passado, não seria necessário ir buscar as verdadeiras causas desses males à recusa que Roma opusera durante tanto tempo à nova fé? O próprio Constantino não devia estar longe de pensar assim, e, se nalguns meios tradicionais e intelectuais se considerava a mudança em curso como um espantoso retrocesso, o conjunto do povo, simplista e supersticioso, depressa se convenceria de que a vitória de Cristo estava inscrita no segredo do destino.

Não se caminhará, pois, para um regime de "liberdade das consciências", em que paganismo e cristianismo, aceitando-se mutuamente, lutariam com armas iguais sobre o terreno das almas, mas sim para um rápido declínio das velhas formas pagãs e o triunfo definitivo do Evangelho.

A própria noção de "liberdade das consciências" não tinha qualquer raiz na alma antiga. O paganismo poderá levar mais de dois séculos a desaparecer e conhecerá ainda momentos de vigoroso rejuvenescimento, como no tempo de Juliano, mas nem por isso deixou de ser mortalmente atingido em 313.

A consciência de Constantino

Constantino dispôs de um quarto de século para aplicar os princípios que estabelecera em Milão (313-337) e, com efeito, o seu governo contribuiu tão poderosamente para consolidar as posições adquiridas pela Igreja que os ulteriores ataques do paganismo já não poderão abalá-la. Mas quer isto dizer que temos de encarar estes vinte e quatro anos, sem reservas e sem reticências, como o reinado de um cristão? A realidade dos fatos é menos simples, e não podemos tomar ao pé da letra os historiadores cristãos Eusébio, Sócrates, Sozomeno, Teodoreto e Orósio, ou mesmo São Jerônimo, que tendem a representar Constantino como um cavaleiro de Cristo rachando ídolos, derrubando templos e estabelecendo sobre a terra o Reino de Deus.

O homem é um ser complexo. Não se pode negar que Constantino manteve para com o cristianismo uma atitude de reverência e afeição sincera que, nos últimos tempos da sua vida, se converteu em verdadeira fé. "Tenho um completo respeito pela regular e legítima Igreja católica", escreveu ele em 315; e vinte anos mais tarde: "Professo a mais santa das religiões e ninguém pode duvidar de que sou um fiel servidor de Deus". A partir de 317, o *Labarum* com o monograma de Cristo torna-se obrigatório em todos os exércitos. Cunham-se, quase por toda parte, moedas que incluem o monograma CH-R; as da oficina de Tarragona trazem até a marca da Cruz. São frequentes as decisões administrativas que favorecem os cristãos, tais como isenção de taxas municipais para os seus sacerdotes, proibição de os judeus apedrejarem aqueles dentre os seus que se quisessem converter, autorização para testar em favor da Igreja, jurisdição civil outorgada às vezes aos próprios bispos, e muitas outras concessões que poderíamos citar.

Mas, em sentido contrário, podem-se evocar muitos fatos que parecem manter uma situação equívoca e provar que Constantino não tinha rompido todas as amarras com o paganismo. Se não celebrou em 313 os jogos seculares — o que fez o historiador Zózimo dizer que essa omissão foi a causa da perda do Império —, conservou o título de *divino* e a dignidade de *Sumo Pontífice*, que todos os seus predecessores tinham ostentado, embora seja também verdade que nunca exerceu as funções litúrgicas do pontificado pagão e se fazia representar por um *Promagister.* Por ocasião da sua entrada em Roma, mandou restaurar alguns templos e autorizou até a nomeação de um colégio de sacerdotes para o culto dos seus antepassados, a *Gens Flavia.* Em 319, ao promulgar editos sobre a arte divinatória, não proibiu os arúspices, limitando-se a restringir as suas atividades e a proscrever as operações de magia. Em 335, uma lei na África confirmava os privilégios dos flâmines e dos sacerdotes municipais. E — coisa estranha —, quando fez de Bizâncio a sua cidade, a cidade da sua vontade e da sua fé, deixou que lá se restaurassem ou edificassem templos pagãos a Ceres, a Reia e aos Tíquios, gênios tutelares das cidades. Como estes, poderíamos ainda evocar muitos outros exemplos que parecem estabelecer uma flagrante contradição.

Que razões podem explicar esta atitude ambígua? Antes de mais nada, com certeza, a necessidade política. Num Estado em que o cristianismo estava bem longe de contar a maioria dos cidadãos entre os seus fiéis, teria sido muito difícil para Constantino desfazer de um só golpe uma situação que já vinha de há mais de dois séculos. Por muito poderoso que fosse, era-lhe necessário usar de prudência e contemporizar. Chegou-se a escrever que "os cristãos compreendiam a imensa vantagem que lhes adviria se Constantino tivesse ido até o coração do paganismo para asfixiá-lo com mais segurança"[13]. Ora, isto é atribuir-lhes um maquiavelismo bem negro; é mais provável que eles simplesmente compreendessem as dificuldades que o seu protetor encontrava, e que a ambiguidade relativa da sua atitude e a propositada imprecisão de certas fórmulas lhe fossem desculpadas pelos serviços que lhes prestava.

Mas há talvez outro gênero de observações a fazer, que são de caráter mais tocante. Este homem, que nós adivinhamos constantemente torturado e perseguido por temores supersticiosos, querendo o bem mesmo quando praticava o mal, perturbado no fundo mais secreto do seu ser por hereditariedades contraditórias, não poderá, sem exagero, ser considerado como exemplo de um desses combatentes das lutas interiores em que cada um de nós pode reconhecer os seus próprios movimentos? Nesta época, está sempre presente a preocupação pela vontade divina, qualquer que seja a forma sob a qual ela se exprima. Pagãos ou cristãos, quase todos os homens têm o sentimento de viverem sob o domínio — a proteção ou a ameaça — de potências invisíveis. Em muitas das suas cartas, Constantino exprime o temor de irritar o "Senhor Supremo".

Ele, o visionário insone, que, durante noites e noites passadas em claro, rumina os seus receios, ele que tantas vezes foi visto meditando diante do mar ou dos vastos panoramas das planícies, extremamente sensível a essa impressão metafísica que dão as perspectivas da terra — esse homem é talvez o protagonista de um drama interior que a sua política mal permite entrever. Tendo optado por Cristo, em 312, num movimento súbito e quase involuntário, não seria somente depois, através de muitos obstáculos e incertezas[14], que teria traçado o seu caminho para a luz definitiva? O seu Batismo *in articulo mortis* teria assim o sentido de um verdadeiro e comovente fecho de abóbada.

É provável, pois, que tenha havido na consciência de Constantino uma evolução no seu caminho para Deus. Quanto mais tempo passava, mais ele se comportava como cristão e até com uma espécie de ostentação, que se explica talvez pelo desejo de propaganda. No palácio imperial em Constantinopla, será colocado perto da porta de entrada um quadro que mostra o imperador em oração, com os olhos postos no céu. Um outro, disposto no interior, representá-lo-á atravessando um dragão com o ferro do *Labarum*. Mandou construir um oratório particular, onde gostava de passar longo tempo em oração, diante do único ornamento que esse grande amigo do fausto tinha querido colocar: uma simples cruz. Na capela imperial, vê-lo-ão muitas vezes dirigir as cerimônias "como um hierofante", e comporá uma oração que os seus soldados terão ordens de aprender. Nas suas visitas oficiais às províncias, distribuirá geralmente medalhas de ouro e de prata com alusões cristãs. Escreverá uma carta ao seu rival iraniano, o rei Sapor II, convidando-o a converter-se ao cristianismo. E quando sentir aproximar-se o seu fim, mandará edificar uma basílica com doze sarcófagos de pórfiro em comemoração dos santos apóstolos, e um décimo terceiro reservado para ele.

Um autor anônimo desta época caracterizou maravilhosamente a complexidade dessa personalidade, qualificando-a com estes três epítetos: *praestantissimus*, *pupilus*, *latro*. O primeiro corresponde perfeitamente ao soberano prestigioso, ao poderoso restaurador do Império, ao construtor de Constantinopla, ao homem que, envergando pesados tecidos cravejados de pedrarias e um cintilante diadema, resplandecia com um orgulho sobre-humano. O segundo designa com precisão o "espírito de infância" que ele conservou apesar de tudo, e em nome do qual muito se lhe deve perdoar, esse espírito de infância que o fazia tantas vezes tratar os bispos e os padres com um respeito filial e repetir frequentemente que sabia estar "entre mãos mais poderosas do que ele". Mas, na sua marcha para Deus, havia igualmente o terceiro epíteto, o *latro*, o bandido, o aventureiro, o bárbaro que se metia de permeio; e este epíteto também se manifestava com frequência.

Tal é, portanto, o último traço de um esboço psicológico desta personalidade tão atraente: a sua terrível violência e a sua propensão para derramar sangue com uma facilidade extraordinária. Como é natural, para compreendermos este homem até nos seus piores defeitos, temos de tentar situá-lo na sua época, quando a vida humana tinha um valor muito relativo, e compará-lo com os seus contemporâneos — um Galério ou um Maximino Daia —, ao pé dos quais ele parece bem pouco culpado. No entanto, como é que pode ser digno de que lhe silenciem as violências um homem que mandou lançar às feras os chefes germanos vencidos, que torturou até a morte seis mil prisioneiros suevos e que foi o assassino do seu cunhado Licínio, do seu próprio filho Crispo e de sua esposa Fausta?

Já em 314, logo após o seu primeiro triunfo, Constantino entrara em conflito com Licínio; derrotou-o, tirou-lhe a Ilíria, a Grécia e a Macedônia e repeliu-o quase totalmente para a Ásia. E de ano para ano, as relações entre os dois cunhados foram-se azedando. A verdade é que um dos dois sobrava. Quanto mais o Augusto do Ocidente se mostrava cristão, tanto mais o do Oriente, cético por temperamento, se portava como anticristão. Uma regulamentação propositadamente minuciosa e irritante, que pretendia proibir aos cristãos as reuniões de homens e mulheres, e aos bispos que saíssem de suas dioceses e se reunissem em sínodos, provocou certas resistências, a que Licínio respondeu com uma perseguição em regra. De novo se viram execuções capitais no Oriente. Por isso, quando, em 324, a propósito de um incidente de fronteiras, Constantino decidiu liquidar o cunhado, pôde armar-se em campeão da fé e em defensor da liberdade das consciências. Vencido perto de Andrinopla, depois de postas a pique as suas trezentas galeras à entrada dos Dardanelos, Licínio foi obrigado a capitular. Constança obteve de seu irmão o perdão do marido; foi, porém, uma graça muito provisória, porque, sob o pretexto de que o banido, refugiado em Tessalônica, conspirava contra ele, Constantino mandou-o estrangular seis meses depois. Os autores cristãos da época esforçaram-se por justificar o crime; São Jerônimo, mais prudente, relata-o sem comentários.

A política — mesmo a "política cristã" — podia explicar que o grande imperador se tivesse desembaraçado de um rival, de um rebelde contra as leis de Cristo que comprometia a sua obra. Mas como se poderá desculpar o duplo drama palaciano que se seguiu a esta primeira tragédia? Nenhum historiador conseguiu até hoje penetrar nas verdadeiras razões desse drama. Tendo chegado a Roma em julho de 326, Constantino foi bastante mal recebido. A cidade censurava-o por lhe ter dado uma rival triunfante e, por outro lado, os seus modos de "Rei dos Reis" prestavam-se a pesados gracejos. Ocorreram incidentes bastante graves, que exasperaram o Augusto.

Terá sido a propósito desses incidentes que Fausta, a imperatriz, excitou a cólera do príncipe contra Crispo, filho de um primeiro casamento de Constantino, jovem César cheio de ardor, vencedor da batalha naval dos Dardanelos? Terá ela insinuado que o herdeiro do trono era muito popular em Roma, procurando assim preparar o lugar para os seus próprios filhos? A crônica escandalosa fez correr que as verdadeiras razões do drama eram de uma ordem mais íntima e que entre a "beleza perigosa" da diva e a juventude de Crispo existiam relações escabrosas, um misto de atração e despeito. Terá a mulher de Putifar acusado injustamente José? O certo é que pouco depois Crispo foi preso, encerrado na fortaleza de Pola e executado.

A notícia provocou um reboliço enorme em todo o Império, e foi terrível a cólera da velha imperatriz Helena, que logo veio recriminar o filho pelo assassinato do mais querido dos seus netos. Transtornado, despedaçado, tremendo de remorsos e angústia, Constantino não encontrou outra saída senão um novo crime. Uma manhã, no momento em que Fausta ia tomar banho, os guardas invadiram a sala, atiraram-na para dentro da piscina e, dilacerando-lhe com as espadas a carne nua, mantiveram-na no fundo da água fumegante, que em breve se tingiu de sangue. Razão de Estado? Motivos de disciplina moral? Estariam errados os pagãos que escarneciam deste Augusto cristão de mãos ensanguentadas? A mensagem de Jesus não tinha verdadeiramente trazido a paz a esta alma de boa vontadePra , mas dominada pelo medo e pela violência.

Santa Helena e a sua peregrinação

A horrível tragédia em que Constantino se converteu no carrasco dos seus foi imediatamente posta em relação com o crescimento da influência cristã, que se tornava nele cada vez mais manifesta. Certos pagãos contaram que um egípcio cristão, que morava na Espanha, teria vindo procurá-lo no meio da sua maior prostração, e lhe teria dito que Aquele que pode absolver todas as faltas se compadeceria dos seus remorsos. E foi então que ocorreu um dos episódios mais comoventes do reino, aquele que múltiplas tradições rodeiam dos mais extraordinários e maravilhosos pormenores: a viagem da imperatriz Helena à Terra Santa e "a invenção"[15] da Santa Cruz.

Todas as aparências são as de uma expiação. Muito pouco depois de Fausta ter sido assassinada, a velha Augusta embarcou, com certeza em Nápoles, para a primeira peregrinação feita por um grande da terra. Julgaria ela não estar isenta de responsabilidade na decisão assassina? Quereria implorar para si e para o filho a suprema misericórdia nos próprios lugares onde Deus se fizera carne? Sendo já certamente cristã — embora não se possa dizer há quanto tempo —, Helena era ainda aquela mulher enérgica que nem os azares da fortuna nem as duras provações tinham conseguido abater e que dera a seu filho o melhor da força que trazia no seio. Tinha então 78 anos.

A tradição sobre a situação dos Lugares Santos estava já então perfeitamente definida. No panegírico de Luciano de Antioquia, martirizado durante o reinado de Maximino Daia, faz-se menção do Gólgota e da gruta que serviu de túmulo a Jesus. Os judeus do tempo, interpretando de outro modo o termo geográfico "Monte do Crânio" ou "Calvário", que designava a colina descalvada de calcário onde Cristo morrera, contavam que esse lugar era assim designado porque lá fora posto um dia o crânio de Adão! Nesse mesmo lugar — acaso ou profanação premeditada —, quando se reconstruíra a *Aelia Capitolina* no tempo de Adriano, os romanos tinham rasgado uma esplanada com um bosque sagrado e um templo dedicado a Afrodite. Mário, bispo de Jerusalém, tinha já tido ocasião de falar a Constantino desses lugares veneráveis e estimulara-o a encetar ali as devidas pesquisas.

Com base na narrativa feita por Eusébio, surgiu uma tradição, que a nossa Idade Média gostará de repetir, segundo a qual a descoberta dos Lugares Santos está ligada à viagem de Helena a Jerusalém. Quando desembarcou, mandou reunir uma comissão de sacerdotes e arqueólogos para estabelecer o ponto exato em que se devia proceder às escavações. Um documento guardado por uma família judia permitiu determinar a topografia da cidade antes da sua destruição, no século I. Começaram os trabalhos. No lugar presumido erguiam-se agora casas, muralhas e templos. Que os arrasassem! Todo o trabalho de escavações foi feito por um verdadeiro exército de operários, porque o dinheiro não contava. Helena era riquíssima e Constantino, por sua vez, abriu um crédito ilimitado para esse fim e, além disso — pormenor sintomático —, destinou às pesquisas em curso todos os bens da infeliz Fausta.

Depois de algumas semanas de trabalho e de muita terra removida, apareceram finalmente a corcova do Calvário e a gruta do Sepulcro. A comoção foi imensa! Fora sobre aquela rocha desnudada que se tinham erguido as cruzes! Continuou-se a escavar em volta para isolar a mais preciosa parcela de terra de todo o orbe. E, subitamente, no meio do espanto geral, num fosso mal preenchido ou, segundo outros, numa cisterna, apareceram três cruzes! A coincidência era tão grande que correu imediatamente de boca em boca a palavra milagre. O bispo Macário invocou Deus e suplicou-lhe que esclarecesse os seus. "Dai-nos a conhecer, Senhor, de forma evidente, qual destas três cruzes serviu para a vossa glória!" Trouxeram uma mulher moribunda e tocaram-na com a madeira das cruzes; ao terceiro toque, a mulher levantou-se e andou. O Senhor acabava de responder.

Quando Constantino recebeu a notícia, escreveu ao bispo de Jerusalém uma carta alvoroçada: "Não há palavras com que possamos celebrar este milagre. Está além de toda a admiração o fato de que o monumento sagrado da Paixão do nosso Deus tenha podido permanecer escondido debaixo da terra durante tantos anos, para resplandecer no próprio momento em que se afunda o inimigo do gênero humano. A razão desfalece: o divino ultrapassa o humano".

E ordenou imediatamente que se construísse sem demora um conjunto de monumentos dignos de tal maravilha e que, nessa construção, se utilizassem apenas os mais nobres materiais e os acessórios mais ricos. Que se limitassem a indicar-lhe de que mármores e colunas havia necessidade: ele mesmo os procuraria.

A peregrina Sílvia Etéria, que visitou em 393 os Lugares Santos e nos deixou um livro de viagens, descreveu os monumentos que Constantino mandou construir e a cujas primeiras pedras Helena pôde sem dúvida presidir. Esses monumentos eram três: uma igreja em honra da Paixão, outra em honra da Cruz e outra ainda, no lugar do túmulo, em honra da Ressurreição. A atual basílica do Santo Sepulcro, erigida pelos cruzados, ocupa esses três espaços[16].

Quanto à própria Cruz, Helena dividiu-a em três partes: uma para Roma, outra para Constantinopla e a terceira para Jerusalém; mas o fervor dos cristãos por essas relíquias era tão grande que logo se espalharam numerosos pedaços pelos quatro cantos do mundo. São Cirilo de Jerusalém, escrevendo em 347, isto é, uns vinte anos depois da "invenção" e somente doze após a dedicação das igrejas (335), atesta claramente a existência do culto da Cruz, a sua descoberta no tempo de Constantino e a dispersão dos seus fragmentos. "Todo o universo — diz ele — está cheio de fragmentos da madeira da Cruz". Com efeito, encontrou-se na Argélia uma inscrição datada de 359 que menciona um pedaço do *lignus crucis* (sic). Se não podemos fixar historicamente o papel da imperatriz Helena na sensacional descoberta, o essencial do fato é admitido no fim do século IV por espíritos tão criteriosos como Santo Ambrósio, São João Crisóstomo, São Paulino de Nola, Sulpício Severo e Rufino. E a Igreja, ao canonizar Helena, associou definitivamente o seu nome à "Invenção da Santa Cruz"[17].

Cumprida a sua tarefa — e também a sua expiação[18] —, a velha imperatriz regressou e foi ter com o filho em Constantinopla, onde morreu, pouco tempo depois, quando contava oitenta anos. Constantino soube honrar a sua memória. Ordenou que lhe fosse erigida uma estátua gigantesca, que a sua cidade natal de Drepane passasse a ter o seu nome e que a própria província fosse, de futuro, denominada "Helenopontus". O palácio Sessoriano, em Roma, onde a Augusta costumava residir, a dois passos do palácio de Latrão que havia sido dado ao papa, foi transformado numa basílica e abrigou, com a querida relíquia da Cruz, o sarcófago de pórfiro onde foi depositado o corpo da imperatriz: chama-se atualmente basílica da Santa Cruz de Jerusalém, e desde então passou a ser em Roma o símbolo, a imagem tangível dessa outra basílica que cobria o túmulo de Jesus na Cidade Santa. E é desde então que data o hábito de associar às principais igrejas romanas a memória dos principais lugares da vida do Senhor. Santa Maria Maior evoca Belém; Santa Cruz, o Sepulcro; e Santa Anastácia, a Ressurreição[19]. São as "estações" de que fala a liturgia da Igreja católica, e cujo comovente simbolismo liga assim a oração dos cristãos de hoje a muito antigos preitos de fidelidade.

Uma "política cristã"

Se Constantino, como homem, se revelou um cristão bastante imperfeito, dilacerado entre a sua fé e as suas tentações, há no entanto um fato que permanece incontestável: como imperador, apesar dos seus desatinos, teve o sentido do seu papel autenticamente cristão. Pouco importa que tenha obedecido a intenções políticas ou se tenha deixado impelir por um sentimento mais profundo, ou melhor, que os dois elementos — astúcia e convicção — se tenham misturado na sua maneira de proceder. São os resultados que importam; e os resultados do seu governo são nada menos que a síntese nova entre os dados da religião evangélica e os elementos fundamentais do Império, bem como a instauração de uma "política cristã", com todos os obstáculos e perigos que isso podia comportar. A julgar pelos seus atos, mais ainda do que pelas suas palavras, Constantino era bem o homem que se considerava investido pela Providência numa missão, que se sentia responsável pela salvação do mundo e que, se não ousava declarar-se divino como os seus predecessores, podia convencer-se facilmente de que era o representante de Deus na terra, o longínquo antepassado de Carlos Magno ou mesmo de São Luís.

Resumindo os feitos do seu protagonista, o panegirista do grande imperador — o escritor cristão Eusébio de Cesareia — interpretava assim os acontecimentos do seu reino: "Um só Deus foi reconhecido pela humanidade inteira, ao mesmo tempo que se levantou e prosperou um poder único e universal — o Império Romano. O ódio inexpiável foi desde então banido dentre os povos e, com o conhecimento do Deus único, da única via de salvação, espalhou-se entre os homens a doutrina cristã. Muito embora, durante esse período, um único soberano estivesse investido numa autoridade sem limites, reinava no mundo uma paz absoluta. E assim, por vontade expressa de Deus, brotaram juntamente, para felicidade dos homens, duas fontes de bem-aventurança e de bem-estar: o Império Romano e a doutrina cristã do amor". Há, sem dúvida, nestas frases laudatórias, muito do exagero que é habitual em propagandas oficiais, mas muita coisa está longe de ser falsa. Não há dúvida de que o quarto de século durante o qual Constantino dominou o mundo marca o primeiro passo para a cristianização geral da humanidade.

São inumeráveis os exemplos que provam a influência direta dos princípios cristãos sobre as decisões legislativas. Vimos já os privilégios concedidos à Igreja e ao seu clero. O domingo, que já não era o dia do Sol mas o da Ressurreição, passou a ser de descanso obrigatório e foi colocado na mesma categoria das tradicionais *feriae* pagãs. Foram publicados dois editos particularmente comoventes pelas suas intenções; o primeiro suprimia o suplício da cruz e o segundo proibia que os criminosos fossem marcados no rosto com ferro em brasa, porque — dizia o texto — "a face do homem é feita à semelhança da beleza divina". A política social do reino mostra também as mudanças que o cristianismo começa a operar: reorganização da família e diminuição do poder outrora absoluto do *pater;* assistência do Estado às crianças abandonadas; melhoria da sorte dos escravos, cuja igualdade moral é reconhecida[20] e cuja alforria é facilitada, sendo além disso proibido separá-los da esposa e filhos.

Quanto à moral, todas as leis promulgadas mostram a grande preocupação do imperador em atacar as forças que desagregavam a sociedade: medidas contra o adultério, contra a manutenção de concubinas por parte de homens casados, contra o rapto de donzelas e contra a sua prostituição pelos tutores. E, como fato excepcional num conjunto de medidas que revelam um sentido humano muito elevado, apenas as leis relativas aos costumes são acompanhadas de sanções terríveis, que fazem lembrar a ferocidade das XII Tábuas. Constantino mantém para os adúlteros, para os subornadores e para os proxenetas os suplícios que suprimira para os ladrões e bandidos. A ama que seja cúmplice no rapto de uma donzela sofrerá a pena de lhe encherem a boca de chumbo derretido, e o estuprador de uma virgem será queimado vivo. Mesmo que os efeitos dessas políticas nos pareçam excessivos ou singulares, não poderemos negar que houve em Constantino um elevado desejo de ser, como diriam mais tarde os reis da França, "o bom justiceiro", a autoridade para quem se pode apelar de qualquer iniquidade e que se esforça por pôr em prática os melhores princípios — aqueles que o cristianismo lhe tinha ditado.

Não devemos certamente exagerar a eficácia imediata de semelhantes medidas: as decisões legislativas não bastam para mudar uma sociedade. Em muitos pontos, a ação de Constantino viria a revelar-se nula[21], mas a mera afirmação solene de certas regras morais já é um fato de enorme importância. Além disso, o reino vai começar a assistir a uma transformação às claras dos hábitos da sociedade e a uma penetração da vida cristã nos costumes. A partir de agora, e durante uma centena de anos, os usos impostos pelo paganismo irão pouco a pouco cedendo o lugar aos do cristianismo. O Império pagão irá converter-se no Império cristão e a sociedade pagã numa sociedade cristã. Assim, o domingo e as grandes festas litúrgicas — Páscoa, Natal, Pentecostes — irão sobrepujar as férias pagãs. Mudará a fisionomia das cidades, porque por toda parte se erguerão igrejas cristãs de vastas dimensões, as famosas *basílicas constantinianas*, imitadas da antiga arquitetura romana, mas votadas ao culto do verdadeiro Deus. Nos cruzamentos das ruas, as divindades pagãs familiares e os velhos deuses da cidade desaparecerão para dar lugar aos oratórios dos santos. A arte cristã, saindo das catacumbas, expandir-se-á à luz do dia. O próprio vocabulário quotidiano será inundado de palavras cristãs, e os nomes próprios serão cada vez mais nomes de santos e de mártires.

Pelo simples fato da sua conversão, Constantino deu o impulso inicial à grande transformação da sociedade antiga. Mas é preciso ir mais longe e avaliar até que ponto a sua política, tendo em mira reorganizar o mundo romano, esteve associada aos elementos cristãos, e também até que ponto pretendeu ele influir no futuro. Tratou-se, da sua parte, de uma intuição de gênio, de uma revelação sobrenatural ou, de certa maneira, de uma demissão? Tudo se passou como se tivesse reconhecido que somente o cristianismo, em pleno vigor, podia injetar o indispensável elemento de renovação no Império decrépito e abalado. Numa intenção autenticamente revolucionária, quis absorver e integrar no sistema do Império a revolução da Cruz. Procedendo assim, traía Roma? Houve quem dissesse que sim[22]. Mas as tradições e os princípios que tinham feito o poder de Roma estavam caducos, e a história dos quatro últimos séculos tinha provado abundantemente que ninguém restituiria a esses princípios e tradições a sua primitiva vitalidade. "O maior ato do paganismo — escreveu o historiador alemão Droysen — foi consentir na sua própria dissolução". O gênio de Constantino foi compreender que esta dissolução já estava feita e que era necessário encarar as coisas por outro ângulo.

Além disso, não encontrava ele, nos próprios princípios da Igreja, elementos particularmente úteis para a reconstrução que ambicionava? Duas grandes ideias dominam a política que tem em mente: a ideia da unidade e a ideia da ordem. Muitas vezes repetiu que desejava "pôr os homens de acordo, reuni-los todos num sentimento de fraternidade, despertar toda a terra para a unidade". Onde poderia ele encontrar este princípio de unidade mais solidamente estabelecido do que no cristianismo, nessa Igreja cujos Padres haviam repetido que a unidade era "a sua perfeição", que por entre a divisão dos corpos, a sua alma era una, e que até nas instituições manifestava tão firmemente o seu princípio? E quanto à ordem, única coisa que podia pôr um dique às forças da anarquia, não encontrava o imperador a sua expressão na hierarquia da Igreja, nessa disciplina firme e humana que ela sabia manter? Para "restituir o seu antigo vigor a todo o corpo do Império que lhe parecia ferido de um grande mal", como ele próprio escreveu, o cristianismo surgia-lhe como o único aliado possível. Não são apenas causas episódicas e pessoais, mas razões profundamente amadurecidas, que fazem da política de Constantino uma política cristã.

O cristianismo está, pois, intimamente associado à imensa obra de reconstrução do Estado levada a cabo pelo grande imperador. Agradecida ao seu protetor, a Igreja aceita daí em diante os costumes estabelecidos pelo protocolo imperial; não se opõe às genuflexões rituais diante dele e dir-se-ia até que quase o inclui na sua hierarquia, entre os seus chefes designados por Deus. Os inúmeros funcionários cristãos, a quem foi dado um lugar privilegiado, sentem-se solidários com o bem público e não negarão a sua colaboração para a defesa do Império e da sociedade. O "Palácio imperial", esse governo centralizado, hierarquizado, que Constantino organiza, é realmente um palácio cristão, onde se veem muitos sacerdotes e bispos, onde se procura pôr em prática os princípios evangélicos, uma espécie de Arca que atravessará os futuros dilúvios e que, como notou Fustel de Coulanges, os bárbaros e Carlos Magno hão de adotar. A nova nobreza dos *nobilíssimos*, *ilustres*, *perfeitíssimos* e *claríssimos*, Constantino propõe-se dar (não sem ilusões) uma base de lealismo e de virtude[23]. O direito fica impregnado de princípios evangélicos: o código torna-se essa "legislação de ouro", de intenções incontestavelmente generosas, que Teodósio II, em 438, mandará fixar definitivamente. E até nas fronteiras, onde instala bárbaros para as defender, Constantino liga intimamente a sua obra ao cristianismo, porque estimula entre esses bárbaros uma ação apostólica destinada a convertê-los.

Assim se elabora um regime que, não sendo já o antigo regime imperial romano, traz em si a promessa de imensos desdobramentos; "Constantino gerou, verdadeiramente, a Idade Média"[24]. Esta conclusão, que é de Chateaubriand, mostra-se profundamente justa; a sua obra não foi uma tentativa de salvar o passado; foi, conscientemente ou não, uma opção sobre o futuro. Esta política cristã anuncia aquela que se há de expandir lentamente no tempo de Carlos Magno, do Sacro Império germânico e das grandes tentativas teocráticas; é ela que suscita verdadeiramente a Idade Média, até nas suas piores inquietações e perigos.

O *"bispo do exterior"*

Uma política desta natureza não estava livre de consideráveis perigos. Tem-se falado muito das vantagens que a Igreja obteve da sua aliança com o poder, mas houve também desvantagens, e elas devem ser analisadas.

Nada mais arriscado e difícil para um partido — para uma Igreja — do que a súbita passagem da situação de minoria para a de instituição oficial.

É a hora em que as revoluções se renegam e se traem, e as igrejas veem afluir as multidões convertidas à pressa, os espertos e os tíbios. A fé, que o heroísmo e o sacrifício já não exaltam, aburguesa-se. Foi esta curva perigosa que o cristianismo teve de dobrar no tempo de Constantino.

Mas há outra coisa bem pior. Enquanto a perseguição, mesmo adormecida, continuava a ser uma possibilidade, as relações entre a Igreja e o Estado encontravam-se estabelecidas em termos que não permitiam que um pesasse sobre o outro. A partir do dia em que a violência ficou excluída do horizonte cristão, surgiram problemas mais complexos. Muitos indícios mostram que, até nas intenções mais sinceras da sua política, Constantino nunca perdeu de vista o cuidado primordial dos interesses do Estado.

Se concede muitos favores ao clero, toma também medidas para que as vocações eclesiásticas não despovoem os quadros municipais e burocráticos.

Se luta — como havemos de ver — contra os hereges e os cismáticos, é menos por força de certezas teológicas bem alicerçadas (neste domínio, revela-se bastante primário) do que para salvar os dois grandes dados políticos que considera fundamentais: a unidade e a ordem pública. Nunca teve a menor intenção de submeter a Igreja ao Estado, e de modo algum se pode acusá-lo de "cesaropapismo", como alguns pretenderam. Mas, com as melhores intenções do mundo, chegou a colocar a Igreja numa situação que a expunha a pesadas consequências.

"Dai a César o que é de César e a Deus o que é de Deus". O preceito de Cristo, que separa absolutamente os dois domínios, é a suprema sabedoria. Mas que irá acontecer quando a autoridade constituída pretender ser o representante de Deus sobre a terra? É um problema que, a partir deste momento, e durante toda a Idade Média, e até mesmo nos nossos dias em algumas regiões, os cristãos terão de enfrentar e para o qual não hão de encontrar, a maior parte das vezes, senão soluções aproximativas e frequentemente dolorosas. Para um Luís IX da França que, santo até sobre o trono, põe em prática uma política autenticamente cristã, quantas aparências e quantos rostos falsos! Quantos regimes não podemos nós contar que mais pretendem servir-se de Cristo do que servi-lo! Tertuliano, o fogoso africano, dissera numa das suas eternas polêmicas: "Não é possível ser César e cristão ao mesmo tempo". No plano em que César é um homem, a afirmação é certamente inadmissível; mas no plano em que César é César?

Dirigindo-se um dia aos bispos reunidos num concílio, Constantino proferiu estas palavras reveladoras: "Vós sois bispos do interior da Igreja, mas eu sou bispo do exterior". Queria sem dúvida dizer com isso que se considerava responsável pelo cuidado religioso das populações ainda não cristãs, em relação às quais se sentia investido na missão de ser o portador do Evangelho. Mas isso implicava também que se considerava representante legítimo de Deus, um pouco à margem da hierarquia, mas certamente habilitado a intervir em assuntos religiosos. O bispo "do exterior" tenderá, pois, a fazer teologia para os "do interior". Inicia-se assim a confusão entre os poderes de César e os poderes de Deus. O futuro provará como é penoso sair dessa situação.

O perigo mais essencial que se desenha procede, pois, da contaminação que se opera entre o cristianismo e o Estado. Sobretudo no Oriente — e será essa a característica fundamental do que se chamará "a civilização bizantina" —, a Igreja ortodoxa e a cultura helênica vão fundir-se com o Estado numa só realidade[25]. Não só com o Estado, mas com o estatismo.

Ao longo dos três primeiros séculos, vimos o Império Romano tender para a centralização, para a domesticação ou, para empregarmos um termo dos nossos dias, para o totalitarismo. A partir de Diocleciano, já não se trata de uma tendência; trata-se de um fato. Apoiado num funcionalismo gigantesco — essa vacilante muleta dos governos doentes —, o Império absorve todas as forças dos indivíduos, requisita-os asperamente para o seu uso, limita singularmente o espaço deixado à liberdade. Aceitando associar-se a semelhante política, não se arriscava a Igreja a abandonar esse papel que havia sido anteriormente o seu — um papel que ela voltará a encontrar plenamente nos tempos modernos — de ser a defensora incomovível da pessoa humana e dos seus direitos perante as exigências do poder?

Todo o resto, todas as outras espécies de perigos que se possam enumerar, reduzem-se a esta causa profunda, a esse monstro moral, a esse abismo de contradições que é o estatismo cristão. Recém-vitoriosa, em condições de usar da força em vez de sofrer-lhe os rigores, a Igreja vai tentar servir-se dela, o que não nos deve surpreender porque é o que há de mais humano: sociedade santa nos seus princípios e nos seus fins, a Igreja nem por isso deixa de ser formada por homens.

Na segunda metade do reinado de Constantino, notam-se já medidas nitidamente antipagãs: interdição do oráculo de Apolo, que incitara Diocleciano a reiniciar a perseguição; supressão — justificada, sem dúvida — de certos cultos orientais em que a moral era fortemente ofendida; execução de um tal Sopatros, que passava por mágico de grande poder; e destruição dos livros de Porfírio, o polemista anticristão. E há um fato ainda mais grave: por ocasião da grande crise desencadeada no seu seio pela heresia ariana, é a própria Igreja — ou pelo menos alguns dos seus representantes — que leva o "braço secular" a intervir. Embora tenha sido forçada a isso por necessidades imperiosas, como havemos de ver, a Igreja não tem motivo para se gloriar sem reservas da forma como agiu.

O recurso à força terá graves consequências. Cerca de cinquenta anos depois de Constantino, será muito doloroso ver um cristianismo todo-poderoso tornar-se, por sua vez, intolerante e perseguidor, dar batida aos pagãos, equiparar a heresia e o cisma ao crime e obrigar o Estado a castigá-los. Ainda por cima, a força de expansão do cristianismo mudará agora de caráter e, em certa medida, descerá de nível. Em vez do entusiasmo individual, do contato direto de homem para homem, que foi o que fez triunfar os primeiros apóstolos, procurar-se-á sobretudo no século V batizar os chefes bárbaros, para que estes imponham imediatamente aos seus vassalos, em bloco, a sua fé recém-adquirida.

Se ao menos o Estado se limitasse a desempenhar o papel de braço secular e a Igreja a utilizar os funcionários do Estado! Mas, para o César feito cristão, é grande a tentação de se imiscuir nos assuntos religiosos e fazer prevalecer a sua influência. Com a melhor boa fé do mundo, sem dúvida! Mas nem por isso o resultado será menos inquietante. Cheio de deferência para com os bispos, Constantino bem declara que respeita a liberdade interna da Igreja, que não procura senão facilitar as suas assembleias e executar as suas decisões, mas a verdade é que o seu ingênuo intervencionismo se manifesta sem cessar; quando estudarmos a questão ariana, teremos provas muito estranhas desse fato.

Terá a Igreja percebido imediatamente o perigo? De modo unânime, não. Por reconhecimento para com o seu protetor, ou por motivos de ordem menos elevada, houve certamente prelados que se mostraram inclinados a fazer o jogo do imperador. Assim, em agosto de 314, num concílio reunido em Arles, decidiu-se não somente que daí em diante seria permitido a um cristão ser funcionário imperial, mas também que seria excomungado todo o soldado cristão que se furtasse ao compromisso dos seus deveres militares; o que era, simplesmente, confundir o domínio de César com o de Deus. Felizmente, houve quem não tardasse a pressentir a ameaça e se opusesse aos excessos da influência oficial. A partir dos sucessores de Constantino, essa resistência será manifesta. E assim se armará o conflito entre a Igreja e os poderes temporais, um conflito ora latente, ora dramático, que dominará a história da Idade Média. As lutas entre o Sacerdócio e o Império têm aqui a sua origem.

Ao resumir esta evolução dos fatos, Renan conclui com uma frase muito pessimista: "O cristianismo soçobrou na sua vitória". A afirmação é falsa; peca por exagero. Mas não podemos deixar de subscrever as palavras de um historiador católico[26]: recém-libertada da opressão, a Igreja ia conhecer "uma prova talvez mais terrível ainda do que a hostilidade: a proteção tão facilmente onerosa do Estado".

A "nova Roma"

Há um outro aspecto da obra de Constantino que influiu no futuro do cristianismo e ocasionou consequências bem diferentes daquelas que se poderiam prever.

Em 11 de maio de 330, deu-se início no Império a uma sequência de festas gigantescas que, segundo se dizia, deviam durar quarenta dias. Tinham por marco uma cidade dos países gregos, situada numa das mais belas paisagens que existem sobre a terra, e que uma vontade poderosa fizera surgir subitamente em todo o seu esplendor. Seis anos antes, em 8 de novembro de 324, a cidade fora "dedicada" segundo os ritos antigos, mas dentro de um espírito novo. Os numerosos espectadores daquelas cerimônias não conseguiam compreender como é que brotara em tão pouco tempo da terra um tão grande esplendor e como é que a cerimônia da "dedicação" pudera encontrar uma cidade nova, resplandecente de ouro e mármore, eriçada de palácios, povoada por mil estátuas e protegida pelas mais fortes muralhas do mundo.

Houve pela manhã uma grande quantidade de missas cantadas nas basílicas e, de tarde, assistiu-se no circo aos mais prodigiosos divertimentos. Por toda parte, nas ruas, nas praças, sob os pórticos, fervilhavam soldados vestidos de gala e com as clâmides polícromas lançadas sobre as couraças.

Quando a procissão se pôs em marcha, ao canto do *Kyrie eleison* e acompanhada pelo clarão de milhares de círios, viu-se avançar uma estátua dourada vestida com um luxo inconcebível, que se dizia ter sido a de Apolo Musageta e que agora se convertera no símbolo do senhor que acabava de inventar aquela cidade. Trazia na cabeça uma coroa cujos raios eram feitos com os cravos da Santa Cruz.

Que razões teriam levado Constantino a criar uma capital? A questão tem sido muito discutida. Razões estratégicas? Suficientemente afastada do Danúbio para estar ao abrigo de qualquer ataque imprevisto, e suficientemente próxima para poder dar uma resposta fulminante às intrusões dos sármatas e dos godos, a nova cidade seria também um baluarte contra a ameaça persa, num momento em que Sapor II unificara todas as forças da grande dinastia sassânida por meio de uma reforma religiosa e se preparava para prosseguir a luta sem tréguas que o Islã, bem mais tarde, haveria de continuar[27]. Razões econômicas? Roma declinava e perdia toda a sua importância comercial; estavam, pois, chamados a fazer fortuna os grandes cruzeiros das rotas orientais, principalmente o da via marítima Norte-Sul e o da via terrestre Leste-Oeste — os Dardanelos. Razões políticas? Se Constantino tinha dado a Roma numerosos edifícios faustosos, nem por isso chegara a amar esta cidade zombeteira, irritadiça, que ele sabia ser-lhe pouco fiel e que — podia haver também motivos psicológicos — lhe trazia à mente as cáusticas recordações dos seus pecados. Todas estas causas podem ter influído, mas não foram certamente decisivas.

Acima de tudo, é preciso ver nesta fundação mais um ato da política cristã do grande imperador. Abandonar Roma, instalar noutra parte uma capital que não seria senão dele, nascida das suas obras e do seu querer, era facilitar a cristianização do mundo, escapar à resistência das velhas tradições pagãs, opor à cidade de Rômulo e Remo, à filha da Loba, uma cidade fundada segundo um novo desígnio. Terá este propósito derivado de um raciocínio perfeitamente lúcido e amadurecido da mente de Constantino? Com certeza que não; foi antes o resultado de uma dessas iluminações bruscas, dessas intuições fulminantes que este místico impulsivo experimentava tantas vezes. Foi algumas semanas depois da sua vitória sobre Licínio que decidiu dar uma rival a Roma. Conta-se que teria visto, em sonhos, uma águia parar o seu vôo e deixar cair uma pedra sobre o pequeno burgo de Bizâncio, e ele mesmo se referiu a uma ordem misteriosa que lhe teria sido dada por Deus para edificar uma cidade e escolher aquele lugar. E quando, ao traçar-lhe os limites com o ferro da sua lança, ouviu os cortesãos dizerem que as dimensões pareciam exageradas, respondeu: "Não me deterei enquanto não se detiver Aquele que está diante de mim".

O lugar que o Céu designara ao seu servidor era, na verdade, excepcional. Nunca nos cansaremos de admirá-lo. É preciso ter chegado a ele por mar, ao nascer de uma alvorada ainda cheia de sombras, e ter visto surgir por entre as brumas as grandes massas de Santa Sofia, as muralhas avermelhadas e os palácios de um verde acinzentado; é preciso ter considerado a misteriosa convergência das três línguas de terra que parecem apontar para este ponto líquido onde o coração do mundo palpitou por tanto tempo; é preciso ter sonhado ante o simples enunciado de palavras cheias de esplendor como Corno de Ouro, Mármara, Bósforo, Gálata, para que toda a glória de Constantino se torne presente e surja aos nossos olhos, sempre viva, a imagem mais surpreendente da sua grandeza. Nesse lugar, os gregos haviam fundado mil anos antes uma colônia marítima que prosperara modestamente. Cidade dedicada à lua, votada ao comércio dos cereais e à pesca do atum, Bizâncio conhecera o seu momento de glória quando, estimulando a Hélade a salvá-la do cerco de Filipe da Macedônia, Demóstenes escrevera a sua obra-prima, o *Discurso da Coroa*[28]. Contudo, estava longe de ser uma grande cidade quando Constantino resolveu instalar-se nela.

Tudo foi feito com a prontidão com que um déspota pode realizar os seus sonhos. Apenas se conservou o centro da antiga cidade. Durante seis anos, sem perder um só dia, lançaram-se à obra verdadeiros exércitos de operários e nela trabalharam quarenta mil godos prisioneiros em regime de trabalhos forçados. A preço de ouro, mandaram-se vir especialistas em alvenaria dos quatro cantos do mundo. Constantino escrevia pessoalmente aos empreiteiros e dizia-lhes: "Mandai-me dizer que terminastes as obras; não que as começastes". Os prefeitos das províncias receberam ordens de escolher arquitetos jovens e mandá-los para as obras. Arrebanharam-se estátuas na Grécia, na Ásia Menor, na África e nas ilhas. Despojaram-se os templos das mais belas colunas de mármore verde e de pórfiro, e o mesmo aconteceu com o próprio oráculo de Delfos. Foi uma improvisação gigantesca, a súbita projeção sobre pedra e tijolo de uma espécie de vertigem onírica, com tudo o que podia ter de frágil o resultado de uma pressa tão espantosa.

Depois, quando as muralhas ficaram concluídas, o imperador pôs-se a recrutar habitantes. Por meio de alforrias, da libertação de cativos e com promessas feitas aos traficantes das costas do Mediterrâneo, em breve conseguiu uma multidão, sofrivelmente mista, que abarrotou de alimentos e de espetáculos. A seguir, convenceu os nobres, os ricos e os senadores a virem instalar-se junto dele. Conta-se que doze diplomatas romanos, que regressavam de uma embaixada na Pérsia após dezesseis meses de ausência, foram chamados ao Palácio. — Quando regressais a Roma?, perguntou-lhes o imperador. — Não estaremos lá antes de dois meses. — Estais enganados! Digo-vos que esta mesma noite estareis em casa. E, com grande espanto, os embaixadores foram levados pelos oficiais às ordens a residências completamente novas, copiadas exatamente, até o detalhe, daquelas que ocupavam nas margens do Tibre.

Podemos avaliar por meio de testemunhas o que era esta cidade no tempo em que Constantino a inaugurou. Como em todos os grandes aglomerados do Oriente, notava-se ali o estranho contraste entre os bairros superpovoados, com vielas estreitas e imundas, e as esplanadas rodeadas de pórticos e ornadas de estátuas e fontes. Havia duas grandes artérias que se cortavam em ângulo reto, e no cruzamento erguia-se o "miliário", o marco de ouro que servia de ponto de partida para o cálculo das distâncias nas vias do Oriente. O porto, muito aumentado, ladeado por cais de pedra, via chegar aos seus numerosos molhes as enormes frotas do Egito, da Pérsia, da Itália e até da Índia. Entre os monumentos, havia três que superavam todos os outros em medidas e em luxo: Santa Sofia, o Palácio e o Hipódromo; eram as residências dos três poderes que iam partilhar dos destinos da nova cidade: Deus, o imperador e a plebe.

Desta Bizâncio constantiniana não resta grande coisa. Nada podemos ver senão ínfimos vestígios no museu, salas atapetadas de mosaicos, numerosas colunas de granito e de pórfiro, terraços e jardins que desciam até o mar. Do hipódromo gigantesco — com perto de 400 metros de comprimento —, rodeado de bancadas, não se vê hoje senão um pedaço da "coluna serpentina", tirada ao Apolo délfico. Quanto a Santa Sofia — a das cúpulas aéreas, dos mosaicos com fundo de ouro e das massas prodigiosas —, já não é nada da basílica que Constantino ergueu à suprema Sabedoria e que, em dois séculos, havia de arder duas vezes.

No entanto, a quem quiser avaliar o que deve ter sido a capital dos anos 330, oferecem-se três recordações que pesam muito na imaginação. A primeira é a linha de muralhas — esse "vestígio colossal do passado", no dizer de Loti — que, desde o Corno de Ouro até o mar de Mármara, da porta de Eyub até o castelo das Sete Torres, numa extensão de sete quilômetros, alonga as suas massas sinistras, as suas pedras em ruínas, as suas torres de defesa redondas, quadradas ou pentagonais, e as suas portas, despojadas agora dos antigos batentes revestidos de aço. A segunda é o aqueduto, que ainda hoje se vê correr através dos campos, numa extensão de léguas e léguas, sempre intacto, com os seus grandes arcos desenhados por uma vegetação exuberante, e cuja água, correndo para a cidade, vai alimentar a indestrutível floresta. E a terceira testemunha deste passado é o conjunto das cisternas gigantescas, construídas ao mesmo tempo que Santa Sofia, com centenas de colunas sobrepostas em dois andares, com cúpulas quase invisíveis na penumbra, com águas tão espraiadas que se pode andar por elas de barco, e das quais a moderna cidade de Istambul continua a servir-se.

Uma despesa tão desmedida como esta prova suficientemente que Constantino encarava toda essa construção como uma obra primordial; em certo sentido, como o coroamento da sua carreira. Roma já não estaria em Roma; passaria a estar em Bizâncio. Além disso — outro sinal do céu! —, quando se acabou de traçar os limites da nova cidade, não se verificou que também tinha sete colinas? Rômulo estava igualado. Aliás, o nome que lhe deram nos atos oficiais não ocultava a intenção do imperador: *a nova Roma*. Mas a voz popular, sabendo muito bem que um só homem havia querido e ordenado tudo, deu à cidade o nome do seu fundador — *Constantinópolis* —, que era o que viria a prevalecer.

A nova Roma teve todas as prerrogativas de uma capital e em breve suplantou em muitos pontos a antiga. Teve, como ela, o seu senado, os seus conselhos, os seus catorze bairros, a sua casa da moeda e a sua universidade. O governo fixou lá a sua residência, ao passo que, no tempo da tetrarquia, os lugares onde residiam os Augustos e os Césares, incluindo Milão e Nicomédia, tinham sido apenas capitais estratégicas. Daqui para o futuro, erguer-se-á diante de Roma uma rival a que o capricho do imperador dará todas as oportunidades. Estava estabelecido um fato de importância excepcional.

Podemos perguntar-nos: quando aquele que se julgava iluminado pelo próprio Deus desfilava, triunfante, ao longo das novas praças da sua cidade, pressentiria por acaso as prodigiosas consequências do seu gesto? Uma vez criada Constantinopla e erigida em capital, o Império dividia-se definitivamente em duas partes inscritas nas incertezas do futuro. E, dentro em breve, tragado e absorvido pela alma helênica, o elemento latino que o imperador tinha transferido para a sua obra dissolvia-se, transformava-se e perdia muito rapidamente todo o contato com Roma. É a futura civilização bizantina que se plasma; é a grande herança que se desenvolve ao longo de onze séculos, através de mil vicissitudes e admiráveis sobressaltos, enquanto o Ocidente, abandonado a si mesmo, se desmorona sob as investidas dos germanos e dos hunos. Mas é também a única oportunidade oferecida à Igreja — que preferiu ficar em Roma — de salvaguardar a sua autonomia perante as proteções suspeitas do poder. "Alguma mão oculta — disse Joseph de Maistre — expulsava os imperadores da Cidade Eterna para dá-la ao chefe da Igreja universal". Constantinopla, fundada em glória, é o futuro cisma grego, mas é também a consagração do poder pontifício. Constantino não previa tudo isso.

O Batismo da morte, 337

No seu imenso palácio, Constantino mandara construir, isolada dos imensos salões oficiais, uma ala lateral com pórticos que davam diretamente para o mar. Gostava de retirar-se para lá a fim de meditar ao cair da tarde, vendo o sol pôr-se por trás daquele declive onde hoje se estendem os jardins do Serralho, enquanto ao longe brilhavam ainda, num derradeiro clarão, as falésias da costa asiática. Foi ali — nesse lugar que lhe tornava tão intensamente presentes a sua glória e a realização dos seus sonhos, nessa cidade que ele não abandonou, por assim dizer, desde o ano 330 —, foi ali que ele viu aproximar-se a morte.

Deve ter sido em 330 que recebeu o aviso misterioso que todo o ser vivo recebe em certo momento da sua existência, como uma ameaça indefinível, uma certeza contra a qual nada se pode. E foi então que tomou uma decisão estranha, que não deixa de evocar a de Diocleciano quando resolveu retirar-se. Depois de ter trabalhado tanto, contra todos e contra tudo, para fundar a unidade do Império, acabou por dividi-lo. Voltou a um regime análogo ao da tetrarquia, mas menos estritamente hierarquizado e ainda mais fracionado. Quis associar o novo regime ao príncipe herdeiro, ao passo que o de Diocleciano fora fundado sobre a eleição e, como vimos, havia falido por isso mesmo. O poder de direito divino que ele detinha seria legado aos filhos do seu sangue, e a "segunda dinastia flaviana"[29] aliaria assim as vantagens do sistema tetrárquico às da hereditariedade.

Seu filho mais velho, Constantino, recebeu o Ocidente, a Gália, a Espanha e a Bretanha; o segundo, Constâncio, recebeu o Oriente, a Ásia, a Síria e o Egito; o mais novo recebeu a parte intermediária, a Ilíria, a Itália e a África. Além disso, dois dos seus sobrinhos, que possuíam já valor e posição no Império, obtiveram altos lugares: Dalmácio ficou com a Trácia, a Macedônia e a Grécia, e Anibaliano com o Ponto e a Armênia, recebendo o título de "rei dos reis", remota herança de Mitrídatis. Os casamentos de família que se celebraram entre sua filha Constantina e Anibaliano e entre seu filho Constâncio e uma sobrinha sua, asseguraram ainda mais aos olhos do imperador a solidez do sistema ou, pelo menos, deram-lhe a ilusão de solidez. Esperava talvez ver a obra desses cinco adolescentes para depois fixar a sua escolha definitiva. Um homem que se sente alquebrado, mas se recusa a admiti-lo, cai em contradições desta natureza. Constantino não tinha mais do que cinquenta e três anos.

Pouco depois da decisão da partilha, tomou outra resolução significativa. Quis que fosse abençoado solenemente, na sua presença, o mausoléu de pórfiro — o décimo terceiro — que mandara edificar na igreja dos Santos Apóstolos. Nesses mesmos termos se contará também a história mais ou menos lendária de outro imperador, Carlos V, que mandou celebrar as suas exéquias enquanto vivo. Durante a cerimônia, um pregador iniciou o respectivo panegírico fúnebre; mas Constantino, levantando-se, ordenou-lhe que parasse com todas aquelas vãs palavras e se limitasse a orar pelo repouso da sua alma.

Parecia, pois, perseguido pela ideia da morte e mais preocupado com ela do que com qualquer outra coisa. No entanto, a obediência aos seus deveres em relação ao Estado era tão forte nele que a brusca manifestação do perigo persa o encontrou pronto para o combate. Sapor II, que se dissera seu amigo e mantivera com ele uma correspondência teológica, tentou retomar de Roma as províncias do outro lado do Tigre, outrora reconquistadas a Narsés por Diocleciano. Constantino deixou a sua querida cidade e partiu para o leste a fim de se juntar a Constâncio, que já se encontrava lá com um exército. Não teve necessidade de avançar até a Mesopotâmia; não se sentindo preparado para sofrer o embate das legiões, Sapor não insistiu e entrou em negociações. Constantino não quis exercer qualquer represália sobre o seu antigo amigo e aceitou uma reconciliação. Nessa ocasião estava ele mais interessado em celebrar devotamente a Páscoa na sua cidade natal e no meio de um povo cristão do que em usar a espada. E já o minava a doença.

O mal tornou-se patente a partir dessa festa da Páscoa de 337. O que é que tinha? Não se sabe. Pensou-se numa daquelas febres recorrentes do gênero da "febre de Malta", que a Antiguidade não sabia curar, e houve também certos boatos tendenciosos, com pouco fundamento, de que alguns dos seus parentes teriam tentado envenená-lo. Foi tomar os banhos de Helenópolis — a cidade que tinha o nome de sua mãe — e sobretudo ajoelhar-se junto do túmulo de Luciano de Antioquia, o doutor mártir que tanto venerava. O mal agravou-se em pouco tempo. Não pôde — ou não quis — voltar para Constantinopla e fez-se transportar para a sua casa de campo — muito modesta — de Ancira, perto de Nicomédia. O confessor de sua irmã, o bispo Eusébio, não saía de junto dele.

Foi então que teve o gesto que muitos se admiravam de que não tivesse tido bem antes. Já de cama, desenganado, pediu o Batismo. Teria querido que o levassem até as margens do Jordão, para receber a mesma água que Jesus recebera, mas já era demasiado tarde. Administraram-lhe o Batismo no leito de morte, o Batismo *in extremis*, que era chamado "o Batismo dos clínicos".

Por que esperou tanto tempo para entrar completamente no seio da Igreja, ele que tantas vezes havia proclamado a sua afeição filial para com ela e a sua fé absoluta? Há muitas razões que permitem explicar esta atitude. Razões políticas:

chefe de um império em que mais da metade da população ainda se encontrava no paganismo, não teria querido dar a impressão de que tomava partido definitivamente contra um grande número dos seus súditos; nas vésperas da sua morte, confirmava por um edito os privilégios dos sumo-pontífices das províncias, mantendo assim o culto imperial. Razões religiosas: para este homem de alma inquieta, a quem a palavra de Deus não tinha trazido a paz, o Batismo no instante supremo pôde ter parecido a garantia absoluta de ser definitivamente absolvido e de passar diretamente da terra para o céu. O caso era bastante frequente na Igreja desta época: uns trinta anos mais tarde, São Gregório Nazianzeno fulminará ainda esse costume. A consciência deste cristão, deste cristão a meias, nunca tinha sido límpida. Ao menos, realizou de forma edificante o gesto supremo da sua adesão a Cristo.

Ordenou que lhe tirassem as vestes imperiais de púrpura e lhe vestissem a alba dos neófitos. Teve ainda forças para pronunciar algumas palavras: "Eis que chegou o dia de que eu tinha sede há tanto tempo; chegou a hora da salvação que eu esperava de Deus..." E quando o bispo Eusébio de Nicomédia[30] lhe administrou o sacramento, murmurou: "Neste dia sou verdadeiramente feliz; vejo a luz divina..." Morreu no dia de Pentecostes, 22 de maio, ao meio-dia.

O seu corpo, embalsamado e colocado num ataúde de ouro, foi transportado para Bizâncio e, durante dias e dias, permaneceu exposto sobre um catafalco, na maior sala do palácio, com o diadema e o manto imperial sobre o féretro, e ladeado por mil círios que o cercavam de um nimbo glorioso. Os dignitários e sacerdotes prolongaram a *adoratio* e as orações enquanto o César Constâncio não chegava da Mesopotâmia, para presidir pessoalmente às exéquias. Levaram o cadáver para a igreja dos Santos Apóstolos, onde a sua guarda pessoal, com capacetes e couraças de ouro, o velou durante um mês. Assim o luxo e a pompa do protocolo tomaram novamente conta daquele que quisera morrer como cristão.

Homem do destino, figura excepcional neste período em que a história mudava de bases, Constantino fez brilhar, sobre a antiga grandeza de Roma, a beleza faustosa e frágil dos crepúsculos e dos outonos. Mas, para a Igreja, foi o mensageiro das alvoradas decisivas. Foi por isso que ela lhe perdoou os seus erros e os seus crimes e, na sequência dos tempos, sempre prezou o seu nome[31].

Notas

[1] Os requerimentos ao imperador deviam ser redigidos aos quatro personagens ao mesmo tempo. É esta uma das origens do uso do plural nos documentos de etiqueta, e depois nos de cortesia, que se observa em muitas das nossas línguas modernas.

[2] A perseguição estendeu-se também aos judeus e a intelectuais alheios ao cristianismo.

[3] Daqui a expressão proverbial "plantar couves" como sinônimo de retirar-se, de aposentar-se.

[4] No ano 306, deu-se também o curioso episódio dos "Quatro Santos coroados", artistas escultores que foram requisitados pelo próprio Diocleciano para trabalhar num Esculápio destinado ao seu palácio; recusaram-se a fazê-lo e foram martirizados na presença do ex-imperador.

[5] Em Roma, a multidão apedrejou e derrubou as estátuas de Diocleciano. *Sic transit gloria mundi...*

[6] Nesta luta contra o cristianismo, Maximino Daia teve também uma ideia curiosa que seria aproveitada por Juliano, o Apóstata: ir buscar ao sistema hierárquico da Igreja o modelo de um clero pagão. Ao mesmo tempo, ressuscitou a velha teoria sincretista, tentando fazer do Júpiter solar de Antioquia um deus superior e dotando-o de um clero, de uma associação de mistérios e até de um oráculo, cujas primeiras palavras — como era de prever — seriam pedir ao imperador que destruísse os cristãos.

[7] Em condições muito pitorescas, Maximiano, para maior segurança, tinha resolvido agir por si próprio e assassinar o genro na cama. Mas, prevenido por Fausta, Constantino mandou um eunuco deitar-se em seu lugar e ficou com os seus guardas numa sala ao lado. Quando o sogro assassino corria para fora do aposento, empunhando ainda o gládio manchado com o sangue do infeliz eunuco e gritando: "Fausta, o tirano morreu!", encontrou na sua frente o "tirano" e os seus homens que, sem demora, se apoderaram dele. Cenas como esta são características dos costumes da época e permitem-nos compreender as desconfianças e as violências desses senhores do mundo que se sentiam permanentemente ameaçados.

[8] Foi então que a cidade de Cirta, na África, passou a chamar-se Constantina. Arles, na Gália, também adotou esse nome.

[9] Discute-se a origem da palavra. Há quem sustente que é de proveniência gaulesa, o que é admissível, já que foi da Gália que partiu a ofensiva contra Maxêncio, e os gauleses eram muito numerosos no exército de Constantino. A forma era a de um T maiúsculo, com o estandarte fixado na barra superior.

[10] P. Batiffol.

[11] Lactâncio conta que Licínio deveu a sua principal vitória à intervenção de um anjo, que lhe teria ditado uma oração que devia ensinar aos seus soldados. Esta oração, citada no texto, está redigida em termos tão vagos que podia ter sido pronunciada tanto por um pagão como por um cristão.

[12] Da mesma maneira, quando Licínio entrar em conflito com seu cunhado, campeão incontestável de Cristo, voltará a perseguir os cristãos (cf. par. *A consciência de Constantino).*

[13] Ferdinand Lot.

[14] Para nos apercebermos das incertezas que o comum dos homens podia então experimentar, vem ao caso citar o fato de que Lactâncio, um escritor cristão fanático, continuava a crer no poder divinatório dos livros sibilinos. Nem tudo era simples no desenraizamento que separava a alma dessas velhas tradições pagãs que só estariam totalmente mortas ao fim de vários séculos.

[15] Segundo a etimologia latina, esta palavra significa "descoberta".

[16] Cf. *JT,* caps. XI-XII, e o plano da basílica do Santo Sepulcro.

[17] A tradição atribui também a Helena e Constantino muitas basílicas construídas na Palestina em lugares dignos de veneração. Em Belém, onde Orígenes havia visitado a gruta da Natividade, os cristãos já tinham construído a partir do século III uma capela octogonal. Helena mandou levantar nesse lugar uma basílica, cujos alicerces foram encontrados em escavações recentes. Na colina da Ascensão, no Monte das Oliveiras, Constantino mandou começar a edificar a basílica chamada da Eléona. Também foram objeto de veneração os grandes lugares do Antigo Testamento; assim Mambra, perto de Hebron, onde o Deus único falara ao seu servo Abraão (cf. PB, cap. I: *A Aliança*), viu erguer-se também, em substituição de um templo pagão, uma suntuosa basílica que o célebre "peregrino de Bordéus" visitará cheio de admiração (cf. cap. XI, par. *As primeiras peregrinações*).

[18] Venera-se na igreja romana da Santa Cruz de Jerusalém uma placa de madeira que tem uma tríplice inscrição em caracteres hebraicos, gregos e latinos, e que se designa como *título da Cruz*, isto é, um fragmento da inscrição que Pilatos mandou colocar sobre a cabeça de Jesus. O papa Lúcio II, no século XII, autenticou essa placa com o seu selo e colocou-a num cofre de chumbo. Lê-se ainda ali a palavra "Nazarenus". A peregrina Sílvia Etéria declarou tê-la visto em Jerusalém no ano 393.

[19] Os trabalhos de Cabrol sobre as origens da liturgia provaram que o ciclo litúrgico romano se formou no século IV, em associação simbólica com os Lugares Santos.

[20] Chegou-se mesmo a perguntar se Constantino não teria pensado em suprimir totalmente a escravidão. Talvez tenha recuado perante as necessidades econômicas: falta absoluta de mão--de-obra e receio de jogar na rua uma massa enorme de desempregados. Santo Agostinho, no fim do século, reconhecerá ainda que a instituição servil é um fato contra o qual nada se pode fazer. Seria preciso esperar uns seiscentos anos para que o progresso técnico e a evolução moral acabassem por ter razão.

[21] Assim, tentou suprimir os espetáculos sangrentos ou obscenos nas representações circenses; a julgar pelo que se verá a seguir, porém, parece não ter sido bem sucedido.

[22] A. Piganiol.

[23] Chegou a exigir que a sua milícia palatina e aqueles que o rodeavam observassem a castidade no exercício das suas funções.

[24] Outro aspecto através do qual Constantino prepara a Idade Média é o desejo que tinha — um desejo que os seus predecessores já haviam manifestado e que os seus sucessores viriam a sistematizar — de prender o camponês à sua terra, o artista à sua arte e o funcionário à sua função. Era o único meio ao alcance de um Estado deficiente para impedir a vida instável de um povo que a ela era arrastado pelo receio dos impostos, pela pouca segurança que ofereciam as terras e por uma profunda desagregação das coletividades. É a origem da servidão, que a civilização cristã da Idade Média conservará sem discutir.

[25] No Ocidente menos, por causa da influência dos papas.

[26] Jacques Zeiller.

[27] A importância deste fato foi devidamente sublinhada por René Grousset na sua notável *Histoire du Levant*, tomo I (Paris, 1947). "Enquanto Constantino convocava o Concílio de Niceia (335), Chapur II (Sapor II) reunia por sua vez um sínodo nacional que fixou definitivamente o texto da 'bíblia zoroastriana', o *Avesta*. A antiga luta entre o helenismo e o gênio do Oriente assumiu a partir daí um caráter religioso. Foi, dos dois lados, uma guerra santa. Nesse sentido, o Islã viria apenas a agravar uma situação que já existia desde o século IV".

[28] Durante esse cerco, os bizantinos foram salvos de um ataque macedônio por um misterioso raio de lua que lhes permitiu ver os preparativos dos assaltantes. Em reconhecimento, a cidade inscreveu nas suas moedas uma lua crescente, que os turcos conservarão como emblema.

[29] Os descendentes de Constantino são chamados "segundos Flávios", para distingui-los dos Flávios de Vespasiano. As duas dinastias tinham em comum o nome gentílico Flávio.

[30] É preciso não confundi-lo com o historiador Eusébio de Cesareia. Veja-se o capítulo seguinte.

[31] A lenda não demorou a apossar-se da sua figura. Atribuir-lhe-ão proezas mais surpreendentes que as reais ou ainda maravilhosos atos de fé. Contar-se-á por exemplo que, tendo ido orar junto do túmulo de São Pedro em Roma e lembrando-se subitamente dos seus pecados, recebeu de Deus o dom de lágrimas, a tal ponto que as suas vestes ficaram tão molhadas que se podiam torcer. Acrescenta a lenda que, com essa água do arrependimento, se encheram doze bacias.

X. O GRANDE ASSALTO DA INTELIGÊNCIA

Lutas teológicas e dramas temporais

No decorrer do século IV, depois de reconhecida nos seus direitos por Constantino, a Igreja triunfa; mas, ao mesmo tempo, corre perigo de morte. Tal é o paradoxo que nos apresenta esta época estranha, cheia de contradições e incertezas, em que a história prepara uma das suas mutações mais decisivas. No preciso momento em que Constantino colocava a Cruz sobre a cúpula do mundo, surgia uma crise que iria abalar terrivelmente o cristianismo, dividindo por algum tempo a Igreja em duas, intranquilizando muitas consciências e originando tomadas de posição que seriam de extrema importância para o futuro.

Por mais longe que remontemos na história do cristianismo, encontraremos sempre heresias e cismas. Quer se tratasse de interpretações errôneas dos dogmas e dos dados da Revelação, quer de tendências morais aberrantes ou ainda de cisões provocadas por personalidades fortes mas perdidas no seu orgulho, a verdade é que foram numerosos, muito numerosos, esses despedaçamentos, alguns dos quais deixaram cruéis cicatrizes no corpo da Esposa de Cristo.

Vimos já, no século II, Montano lançar os seus fanáticos em práticas em que a fé e a violência se misturavam numa exaltação apocalíptica. Assistimos, principalmente no Oriente, a uma proliferação delirante de teorias que, esvaziando os dogmas e a história do seu conteúdo, mas conservando o respectivo vocabulário, podiam ter sepultado o firme e são realismo evangélico debaixo de camadas de especulações estéreis: tal foi o gnosticismo, com as suas múltiplas variedades. Vimos Marcião extrair do gnosticismo e da velha teoria dualista iraniana uma doutrina à qual a sua poderosa personalidade imprimiu uma grande força de expansão, e que foi como que um remoto esboço de protestantismo dualista[1].

Todas essas tendências deixaram vestígios em uma ou outra zona do mundo cristão. E, no século III, a estas causas de mal-estar vieram juntar-se outras, devidas a particularismos regionais, à ação de homens quase-grandes, como Tertuliano, e a exigências morais respeitáveis mas excessivas, como aquelas que transviaram Novaciano[2]. O cristianismo, que é essencialmente religião de homens livres e exige menos a submissão a ritos do que a adesão profunda da consciência, está, mais do que qualquer outra doutrina, exposto a sofrer a ação de forças centrífugas. Retoma eternamente o papel que havia sido o do seu Mestre: ser um sinal de contradição entre os homens.

A época que se inaugura nos dias de Constantino, e que se há de prolongar por mais de cem anos, vai assistir ao germinar de uma abundante dezena de heresias acerca dos mais variados pontos do dogma. Algumas datavam já do século III, mas iam tomar agora um notável desenvolvimento. A sua enumeração já não desperta qualquer eco na memória cristã; à exceção dos especialistas, já não sabemos sequer os nomes dos *pneumatômacos*, que negavam a divindade do Espírito Santo, nem desses curiosos *apolinaristas* que, partidários de uma divisão tripartida da natureza humana, sustentavam que Cristo era homem pelo corpo e pela alma sensível, mas Deus pelo Espírito e unicamente por Ele; nem tampouco os nomes de muitos outros.

No entanto, em torno dessas questões de teologia que hoje até temos dificuldade em enunciar com exatidão, travaram-se lutas em que os homens se lançaram com uma impetuosidade e um heroísmo que chegaram ao ponto de fazê-los enfrentar a morte, e que de qualquer maneira testemunham o ardor da fé nesses tempos. Três dessas dissidências viriam a ter uma importância capital na história do cristianismo: o cisma herético de Donato, o arianismo e a insidiosa corrente maniqueísta.

As crises heréticas do século IV vão ser infinitamente mais graves do que as dos tempos anteriores, e as suas características já não serão as de outrora. Há várias razões para isso. Tendo crescido extraordinariamente, a população cristã oferece, como é natural, um campo muito mais vasto aos promotores de desordens. Os dissidentes, sentindo-se mais fortes, reunir-se-ão em verdadeiras *anti-igrejas*; aquilo que Montano, Marcião ou Tertuliano não haviam feito senão modestamente, assume agora proporções ameaçadoras. Entre a Grande Igreja, católica, apostólica e romana, e as igrejas heréticas, como a de Ário, vai travar-se uma verdadeira luta de morte.

A este novo aspecto das lutas teológicas acrescenta-se outro que a evolução da história impõe. E no momento em que é reconhecida por Constantino, no momento em que estabelece com o poder laços ao mesmo tempo sutis e poderosos, que a Igreja terá de vencer a maior dificuldade da sua história até então. Trata-se de um conflito tão extraordinário que houve quem falasse de "milagre"[3]. A Igreja está muito mal preparada contra os que se revoltam contra a sua disciplina, exatamente porque o cristianismo é uma religião de homens livres. As suas armas são espirituais, como a excomunhão, e certamente são terríveis para os cristãos fiéis. Mas que acontece quando os não-conformistas recusam a própria autoridade espiritual em nome da qual essas penas são impostas?

Que irá acontecer se o excomungado fundar uma igreja contra a Igreja? As exigências mais imediatas de todas as sociedades humanas vão, portanto, impor-se a essa sociedade igualmente humana que é a Igreja divina. O cardeal de Retz viria a exprimi-lo em termos concisos e lapidares: "As leis desarmadas caem no desprezo".

Assim, em virtude de uma lógica imperiosa, os chefes da Igreja veem-se constrangidos a recorrer ao "braço secular". Nada é mais significativo do que o incidente que se produziu por volta de 270 com o bispo de Antioquia, Paulo de Samosata, prelado de costumes suspeitos e de doutrinas perigosas, que um concílio excomungara e cujo desterro a Igreja conseguiu queixando-se dele ao imperador pagão Aureliano[4]. Quando Constantino tiver abraçado a causa cristã, será extremamente tentador recorrer ao seu poder para esmagar pela força as cisões que ameaçarem a Igreja. Aliás, não haverá sequer necessidade de apelar para ele, porque o imperador, perseguido pela ideia da unidade, não poderá tolerar que a Igreja fique dividida contra si própria e estará sempre inclinado a restabelecer, por meio de grandes medidas sumárias, uma unidade pelo menos formal. Acontece apenas que, com isso, surgirá um novo perigo, cuja extrema gravidade os reinados posteriores hão de mostrar. Por maior que seja a boa vontade do imperador, poderá haver confiança na sua solidez doutrinal? Que acontecerá se ele se enganar e optar pela heresia? Um déspota que se julgue teólogo é um protetor deveras temível.

O cisma herético de Donato

Constantino acabava de se impor a Roma batendo Maxêncio junto de Ponte Mílvio, e era ainda um cristão muito em germe quando foi chamado a intervir num assunto em que a unidade da Igreja se achava comprometida: o cisma herético de Donato. É uma história bem curiosa a desta cisão religiosa, em que se invocam sem cessar os mais altos princípios, mas em que prolifera o escândalo, em que personalidades igualmente notáveis se defrontam com uma violência que o sol esquenta e em que a revolução social se mistura com o cisma e com a heresia. Durante um século, toda a África cristã será dilacerada por esse conflito[5].

O ponto de partida desta agitação, como sempre, era nobre. Tratava-se, mais uma vez, da atitude a tomar para com os poltrões e os fracos, os *lapsi*, aqueles que tinham fugido por ocasião das últimas e terríveis perseguições ou tinham entregado os Livros Sagrados à polícia. Havia mais de cinquenta anos que essas questões agitavam a Igreja. Ainda recentemente, em Roma, a atitude rigorista tomada pelo padre Novaciano contra o papa Marcelino (290-304) tinha provocado perturbações que continuariam durante os breves pontificados de Marcelo (308-309) e de Eusébio (309), e que só a energia do papa Milcíades (eleito em 311) conseguiria apaziguar. No Egito, as misericordiosas medidas tomadas pelo bispo São Pedro de Alexandria suscitaram protestos por parte de um bispo do Alto Nilo, Melécio, tendo-se originado até um cisma que se havia de arrastar durante cinquenta anos. Na África, o conflito fora bem pior, e quando em 313 Constantino foi chamado a intervir, os cristãos da Numídia estavam à beira de uma guerra religiosa.

Por ocasião da perseguição de Diocleciano, as comunidades africanas não tinham dado provas de um heroísmo muito exemplar. A Igreja da Numídia, em particular, conhecera bastantes semi-apostasias. Em Cirta (a futura Constantina) tinham sido entregues aos pagãos os vasos sagrados e os livros litúrgicos. Mas, uma vez passado o perigo, cada um lançou sobre as próprias fraquezas um véu de discrição, reservando as suas forças para criticar os outros e denunciá-los a seu bel-prazer. A atmosfera estava contaminada por esse miasma de delações. Constituiu-se um forte partido contra Mensúrio, primaz de Cartago, que era habitualmente chamado *traditor*, sem que o seu colega Segundo, da Numídia, se sentisse incomodado com isso, antes pelo contrário. Quando o honesto Mensúrio viu a necessidade de se defender — lembrando que o próprio São Cipriano tinha pensado, em certo período, que não devia expor-se e que a Igreja sempre tinha censurado os exagerados, os vaidosos e os temerários —, logo o partido contrário apregoou aos quatro ventos que, se ele tentava justificar-se dessa maneira, era porque devia sentir-se muito culpado.

As coisas foram-se azedando cada vez mais à medida que, afastando-se a perseguição, passou a ser de bom tom que cada um se vangloriasse de uma resistência heroica. O primaz de Cartago, que era um homem sábio e cheio de prudência, teve imediatamente contra si todos os exaltados e vaidosos que, por terem passado quinze dias presos, julgavam poder servir de exemplo aos seus párocos e bispos. Pôs-se em circulação um manifesto que, visando a pessoa que todos sabiam, terminava com estas palavras: "Todo aquele que acompanhar os *traditores* não partilhará conosco do Reino dos Céus".

Estavam as coisas neste pé quando Mensúrio morreu durante uma viagem a Roma, no ano 311, e lhe sucedeu o diácono Ceciliano, seu colaborador. Foi eleito pela maioria dos fiéis e consagrado por três bispos, mas era odiado pelo partido dos violentos. Recriminavam-no por ter sido homem da confiança do falecido bispo e por ter feito executar as suas ordens de forma excessivamente rigorosa. Lançaram-se contra ele as piores calúnias, particularmente a acusação de ter deixado propositadamente morrer de fome alguns cristãos que estavam presos. Uma das pessoas que estavam à testa dos ataques era uma mulher semi-louca, Lucila, espanhola estabelecida em Cirta; o bispo dera-lhe um basta, não só pela sua devoção deveras extravagante, mas sobretudo pela mania que tinha de beijar ostensivamente, antes de se aproximar da Sagrada Mesa, um pedaço de osso humano que trazia sempre consigo e que afirmava ser a tíbia de um mártir desconhecido. Logo que Ceciliano foi eleito, ocorreu um belo escândalo: duas personalidades eminentes da sua igreja foram por ele acusadas de terem dilapidado os objetos preciosos que Mensúrio, ao partir para Roma, lhes tinha confiado, sem que elas soubessem que antes se tinha confeccionado um inventário desses objetos. A cólera da devota e o furor dos dois infiéis depositários aliaram-se imediatamente, e a ambição dos diversos candidatos batidos na eleição episcopal acabou de compor o grupo dos descontentes.

A princípio, tudo não passava de questões pessoais, de intrigas e rivalidades próprias de agrupamentos humanos e de que a Igreja não podia estar isenta. O grupo dos adversários de Ceciliano contestou a validade da sua eleição e, por iniciativa própria decidiu reunir em Cirta um concílio para discuti-la, oferecendo a presidência da assembleia ao primaz da Numídia, Segundo, que de maneira nenhuma se aborreceu com a gentileza. O concílio desenrolou-se em condições que poderíamos considerar cômicas, se não fossem as graves consequências que dele advieram. A verificação de poderes depressa se converteu num lavar de roupa suja, em que um acusava outro de ter sido um covarde e um terceiro chamava um quarto de assassino. Foi preciso que Segundo se apressasse a dizer: "Tomai os vossos lugares; Deus vos conhece".

Depois destas significativas premissas, adivinha-se a conclusão: o pseudo-concílio depôs Ceciliano e resolveu nomear um substituto para o cargo. Como que por acaso, o eleito foi um tal Majorino, que andava sempre na companhia da famosa Lucila, a qual por sua vez estivera rodopiando pelos corredores da assembleia; não admira, pois, que se viesse a saber mais tarde que o dinheiro da devota não tinha sido estranho àquela nomeação.

Surgia, portanto, um verdadeiro cisma, que tinha uma gravidade muito particular por partir da África, daquela África do terrível Tertuliano, e mesmo de São Cipriano[6], que sempre tinha sido minada por forças separatistas, mais ou menos anti-romanas; e um cisma chamado a ter uma notável repercussão devido à ação de um homem bastante extraordinário de nome *Donato*.

Este númida apaixonado, apto ao mesmo tempo para a doutrina, para a ação e para o governo, tinha a alma de um profeta, o temperamento de um lutador e o espírito de um condutor de homens. Movido por uma ambição sem limites, acalentou certamente a ideia de opor à Igreja universal uma Igreja africana que fosse autônoma e que ele cuidaria de dirigir. Polemista mordaz, orador vigoroso e escritor de categoria, já exercia um notável ascendente sobre o bando dos intransigentes. No "concílio" de Cirta, teve a astúcia de não se pôr em primeira fila, deixando correr sem ele a operação contra Ceciliano, mas manobrando Majorino e a sua Lucila. Depois, desaparecido o testa-de-ferro, em breve o substituiu à frente de um estado-maior de ambiciosos sem escrúpulos, em que os bispos infiéis eram umas simples marionetes.

Mas Donato era suficientemente inteligente para compreender que este cisma, alimentado pela ambição e pela intriga, carecia sobremaneira de bases doutrinais, e aplicou-se em dar-lhas. E assim a heresia veio rapidamente juntar os seus erros teóricos aos erros práticos da insubordinação. O ponto de partida de todo o banzé foi o debate sobre a intransigência e a indulgência para com os pecadores, e foi daí que Donato extraiu uma nova teologia da Igreja.

Tanto ele como os seus discípulos passaram a afirmar que a Igreja é — antes de tudo e exclusivamente — a sociedade dos justos e nada mais. Confundindo o seu corpo e a sua alma, a Igreja da terra e a do céu, e rejeitando a grande lição de misericórdia que sai eternamente dos lábios do Senhor, declararam que os pecadores deixavam de ser cristãos. "Para o pecado, nenhuma misericórdia" — essa foi a máxima que elaboraram, verdadeiramente surpreendente porque, entre eles, havia muitos que encontrariam grande dificuldade para não serem excluídos. Sustentaram que todos os *lapsi* e *traditores* deviam ser rebatizados, mas o Batismo não seria válido se fosse administrado por um sacerdote considerado faltoso aos seus deveres. Este pretenso rigor, se tivesse prevalecido, teria provocado uma espécie de depuração geral nas comunidades cristãs, com o resultado habitual neste gênero de operações partidárias — a desconfiança e o ódio gerais, o desmembramento dos quadros, o império da arbitrariedade e da simulação. E foi o que em breve aconteceu nas fileiras donatistas.

Em 313, o cisma estava consumado e a heresia ganhava altura. Constantino resolveu intervir. Tendo instalado o seu poder na África, viu-se obrigado a escolher entre Ceciliano e os seus adversários, e optou por Ceciliano. O procônsul recebeu ordens de apoiar o bispo legítimo. Ao saberem disso, os donatistas mandaram um requerimento a Roma, suplicando ao imperador que dirimisse a questão. Cristão de fresca data e pouco conhecedor de teologia, Constantino saiu do seu embaraço convidando o papa Milcíades a resolver o assunto, sem demora e "conforme o direito". Reuniu-se um concílio em Roma, em 2 de outubro de 313, formado por quinze bispos italianos, três bispos das Gálias, dez bispos africanos partidários de Ceciliano e dez partidários de Donato. A acusação, muito mal defendida pelos cismáticos, depressa caiu pela base e o próprio Donato se viu numa situação deplorável. Ceciliano foi confirmado por unanimidade. O negócio parecia arrumado, visto que a Igreja se tinha pronunciado. Mais ainda: no ano seguinte, reuniu-se em Arles um segundo concílio, no qual foi de novo validada a eleição de Ceciliano e condenada expressamente a prática do "rebatismo". Nestas condições, mais uma vez parecia que tudo estava terminado. Mas Donato não se deixou desarmar.

É agora que se nota pela primeira vez a necessidade que a Igreja iria ter do braço secular. Como a Numídia cismática continuasse com os seus ataques, protestos e gritarias, a Igreja viu-se obrigada a chamar a atenção de Constantino. Este, na verdade, não sabia que resolução tomar. A sua única ideia era pacificar, reconciliar, estabelecer a unidade dentro desse cristianismo de que se havia tornado paladino. Em dado momento, convocou Ceciliano e Donato ao seu quartel-general de Brescia, mandou guardá-los à vista, interrogou-os, mas nada conseguiu. Mais adiante, mandou à África dois inquiridores, dois bispos respeitáveis, com a missão de restabelecerem a unidade, mas os emissários apenas puderam verificar a oposição irreconciliável dos cismáticos. Por fim, o imperador tomou uma decisão: em novembro de 316, deu ordens aos seus funcionários para que apoiassem Ceciliano, "homem de uma perfeita inocência". Vendo isso, os donatistas gritaram por toda parte que Constantino fora enganado e que a sua ordem não tinha validade. Desesperado e com a paciência esgotada, o imperador resolveu empregar a força. Era a primeira vez na história que se ia desembainhar a espada em nome de Cristo.

A verdade é que Constantino, além do desejo de defender a verdadeira Igreja, tinha outros motivos para proceder assim. A agitação provocada pelos donatistas coincidia com outra de caráter bem diferente. Certos elementos anárquicos, semelhantes àqueles que haviam sido conhecidos na Gália sob o nome de *bagaudes*[1], vinham provocando agitações nas montanhas; eram escravos fugitivos, indígenas revoltados, devedores insolventes e salteadores de estrada. O mesmo havia de ocorrer séculos mais tarde, quando às perturbações religiosas desencadeadas na Alemanha por Lutero se juntassem as agitações sociais. As fazendas começaram a ser saqueadas, os viajantes espoliados, os credores atacados e obrigados a rasgar documentos de dívida passados pelos devedores. Chamavam a estes gatunos *circumcelliones* ou vagabundos. Eram efetivamente uns aliados bem estranhos para cristãos que se gabavam de encarnar todas as virtudes!

Inquieto com a feição que tomava a questão donatista, Constantino começou a golpear com dureza. As basílicas tomadas pelos cismáticos foram restituídas à força, e não sem alguma pancadaria. Os soldados encarregados de manter a ordem tinham a mão pesada, a tal ponto que um bispo donatista e alguns dos seus foram assassinados, o que deu lugar a que a seita gritasse bem alto que só ela tinha mártires. Mas a luta contra os dissidentes confirmava a experiência anterior da luta do Império contra os fiéis: a força não triunfa sobre a resistência do espírito, mesmo quando este se extravia. E a igreja de Donato continuou.

Em 321, no momento em que ia travar a luta decisiva com o seu cunhado e rival Licínio, Constantino tentou restabelecer a paz na África. Convidou os bispos católicos a "não responder às injúrias dos seus adversários" e aconselhou-os a "não tomar nas mãos a vingança que só a Deus pertence". Foi publicado um edito de tolerância que permitia aos cismáticos continuarem a existir, e este é o primeiro exemplo de uma certa fraqueza, ou antes incoerência, de que Constantino muitas vezes dará provas nos assuntos embrulhados em que foi chamado a intervir.

Nesta altura, o donatismo estava já constituído como verdadeira contra-Igreja, com os seus bispos e comunidades, com uma organização decalcada sobre a da Igreja católica. Altaneira, desprezando os seus adversários, rejeitando qualquer contato com os católicos — declarando-se sempre mais católica do que eles —, esta seita sentia-se apoiada pelos sentimentos de inveja que certos prelados nutriam por Roma, pela obscura tendência separatista das populações númidas e pela exaltação e violência que a terra africana imprimia nos seus filhos. Teria Constantino percebido que havia ali um conjunto de fatores excessivamente preponderantes para que os pudesse dominar? Seja como for, a verdade é que não insistiu; o donatismo sobreviveu-lhe.

Devia durar até os começos do século V. Perseguida em 347, no tempo do imperador Constante, filho e segundo sucessor de Constantino, a seita tentará resistir pela força, mas sofrerá uma verdadeira derrota, tendo a registrar a morte de um bispo. Tolerada e estimulada por Juliano, o Apóstata, que descobrirá nela uma excelente maneira de pregar uma partida à Igreja, renascerá em 362, e teremos então ocasião de ver bispos donatistas bandearem-se para o assalto a basílicas católicas e comportarem-se abominavelmente. Encontraremos destes agitadores em todos os incidentes fomentados pelos cabilas contra as autoridades romanas, e em Roma ler-se-ão panfletos de Macrobio contra os papas e imperadores, acusando-os de não aderirem às teses de "Donato, o Grande". Será somente por volta do ano 400 que, apesar dos esforços dos sucessores de Donato — principalmente do habilíssimo Parmeniano — para manter unida a sua seita, o cisma se decomporá por si próprio, minado pelos escândalos[8] e prestes a soçobrar definitivamente sob os golpes desse eminente campeão da unidade católica que surgirá no fim do século: Santo Agostinho.

Esta crise que dilacerou tão duramente a África cristã serviu, em todo o caso, para mostrar como a Igreja católica se conservava sólida e eficiente perante o erro. Foi a muito custo que o cisma pôde sair da sua terra natal; não conseguiu pôr o pé na Gália nem na Ásia, e apenas em Roma teve alguma expressão. Contra as tendências excessivas que teriam lançado o cristianismo no fanatismo, traído a verdadeira mensagem do Evangelho e refreado singularmente a sua expansão, a Igreja, como sempre, escolheu o caminho da moderação, da clemência e da verdadeira caridade. Por ocasião das grandes discussões doutrinárias desencadeadas por Donato e pelo seu filho espiritual Parmeniano, a inteligência cristã precisou numerosos pontos do dogma, graças sobretudo a *Santo Optato de Milevo*, campeão da catolicidade e da unidade, teólogo dos sacramentos, precursor de Santo Agostinho e eminente anunciador das teses do grande doutor de Hipona. Seria para admirar que, das numerosas misérias desta igreja da África, tivessem saído somente elementos de valor. É necessário ver também, nas perturbações que ali enfraqueceram o cristianismo, uma das causas profundas da pouca resistência que mais tarde a fé virá a oferecer à ação do Islã.

Ário contra Jesus

O donatismo era fundamentalmente uma rebelião, uma cisão que se tinha mais ou menos tingido de heresia, mas que, doutrinariamente, não punha em causa o essencial. Muito diferente foi o *arianismo*, a mais terrível heresia que a Igreja teve de enfrentar no decorrer dos séculos, porque abalou as próprias bases da fé, falseou o sentido mais profundo da mensagem evangélica e atacou o próprio mistério de Cristo.

Conduzido com uma amplidão e uma agilidade extraordinárias, propagado por homens que eram, na sua maioria, tudo menos uns medíocres, o arianismo vai desenrolar os episódios da sua confusa história numa atmosfera febril, com um furor que hoje nos custa compreender que se tenha devido a uma violenta paixão pela verdade teológica. Durante mais de cem anos, travar-se-á na alma humana uma batalha delirante, em que se discutirá acerca de pontas de alfinetes e em que surgirão, a propósito e fora de propósito, as mais altas questões relativas à divindade, no meio do ódio e de duelos sem piedade. Foi este o estranho drama a que Chateaubriand chamou "o grande assalto da inteligência"; mas, se esse drama nos parece hoje bastante alheio à nossa psicologia, não será talvez porque a nossa época, de fé mais tíbia e de temperamento mais frouxo, já não sente com a mesma acuidade as exigências do conhecimento de Deus?

O homem que originou toda esta tragédia e que deu nome à heresia — *Ário* — tinha em si uma mistura inextrincável de qualidades e defeitos, fundidos no cadinho desse orgulho que encontramos sempre nos grandes hereges. Nada nele era insignificante: nem a inteligência, nem o caráter, nem a violência, nem a ambição. O seu belo rosto macilento, o seu ar de austeridade modesta, a severidade serena e vibrante das suas palavras, tudo parecia feito para seduzir, e por isso eram muitas as jovens apaixonadas que o rodeavam. Sábio e dotado do dom da dialética como só o podia ter um oriental imbuído de espírito grego, era — segundo se diz — virtuoso, duro para consigo mesmo, dado a penitências e asceses, aureolado de dignidade e quase de santidade. Num Lutero que, mal largou o hábito, cedeu ao calor do sangue e se casou, as razões da sua rebelião podiam não parecer muito teológicas, mas, quanto a Ário, nada se podia dizer contra ele no plano moral; e não era menos perigoso por isso.

Por volta do ano 321, quando rebentou a crise, era já um velho; devia ter perto de sessenta anos. De origem líbia, mudara-se ainda jovem para essa Alexandria onde a paixão das ideias desde há séculos atormentava os espíritos e fazia proliferar as doutrinas, e ali se fartara de todos os alimentos atraentes e suspeitos que o gnosticismo, o neoplatonismo, o origenismo e muitas outras teorias tinham deixado ao alcance de toda a gente. Talvez se tivesse dirigido também a Antioquia para ouvir Luciano, célebre doutor[9] cujo ensino era fortemente eivado de subordinacionismo[10], e que veio a ser colocado nos altares mais pelo heroísmo da sua morte do que pela ortodoxia das suas teses. Ordenado diácono bastante tarde, em 308, e sacerdote dois anos depois, Ário estava em 313 encarregado da igreja de Baucalis, um dos bairros de Alexandria, mas a sua auréola e o seu prestígio ultrapassavam de longe os de um simples pároco.

Logo correu no grande porto do Egito o boato de que o presbítero de Baucalis, maravilhoso pregador, atraía as multidões e expunha concepções novas em matéria de dogma. Na realidade, não é que fossem novas, mas apresentavam-se sistematizadas por um dialético eminente, erigidas em corpo de doutrina e difundidas por um homem que tinha o dom da publicidade. As virgens e gente moça que se comprimiam a seus pés disseminavam por toda parte pequenas perguntas insidiosas: "Uma mulher pode ter um filho antes de tê-lo dado à luz?", e disso tiravam conclusões estranhas. As coisas chegaram a tal ponto que o bispo de Alexandria começou a inquietar-se.

Tratava-se do bispo Alexandre, homem firme, corajoso e de grande virtude; Ário, que sonhava com sentar-se na cadeira episcopal, não nutria muita simpatia por ele. Em 321, tornou-se tão evidente que a igreja de Baucalis era um foco de erros que Alexandre, talvez por insistência de um grupo de fiéis, resolveu intervir. Com lealdade, "preferindo evitar a força e usar de persuasão", convidou os dois partidos, Ário e os seus adversários, a explicar-se perante um sínodo em que uma centena de bispos do Egito e da Líbia emitiria a sua opinião.

Em que consistia o sistema de Ário, tal como iria estabelecer as bases da *heresia ariana*? Como todas as heresias, partia de uma ideia justa: a da grandeza sublime e inefável de Deus. Único, não gerado, Deus é "Aquele que é", como já dizia o Antigo Testamento, o Ser absoluto, o Poder e a Eternidade absolutos. Até aqui tudo estava certo. Mas Ário acrescentava: "Deus é incomunicável, porque, se se pudesse comunicar, teríamos de considerá-lo um ser composto, suscetível de divisões e mudanças", dedução que só a imprecisão dos termos tornava aceitável. Ora, continuava Ário, se Ele fosse composto, mutável e divisível, seria mais ou menos corporal; mas isso não pode ser, donde se conclui que é sem dúvida incomunicável e que, fora dEle, tudo é criatura, *incluído Cristo*, o Verbo de Deus. Aqui está o ponto exato em que se situa o erro: Jesus, o Cristo, o Filho, não é Deus como o Pai; não é seu igual nem é da mesma natureza que Ele. Entre Deus e Cristo abre-se um abismo, o abismo que separa o finito do infinito.

Como se vê, Ário ataca a própria divindade de Jesus Cristo. Não é que não lhe reconheça certos atributos divinos; vê nele o Verbo, o Logos, agente da Criação, e afirma que Ele foi tirado do nada por Deus antes de todos os séculos, antes de que o tempo existisse. Mas, ainda que fosse uma criatura excepcional, nem por isso deixou de ser criatura, sujeita a cair no erro e a mudar. No entanto, Ário venera Jesus; vê nesta criatura única a encarnação da própria Sabedoria incriada, o exemplo admirável de um homem que se elevou ao cume da perfeição pelo livre esforço da sua vontade e que mereceu ser, verdadeiramente, o que cada homem poderia ser — o Filho de Deus. Jesus, o Cristo, não é Deus em si, por essência; tornou-se Deus pelo seu heroísmo, pela sua santidade, pelos seus méritos, sendo tudo isso a prova de uma escolha única, de uma predileção de Deus.

Nunca, em dois mil anos de história, se há de conhecer heresia tão fundamental. Se Cristo não é Deus, todo o cristianismo desaba e se esvazia da sua substância. Já não há Encarnação nem Redenção. Mas era precisamente isso o que tornava temível o poder da doutrina herética. Anulando o mistério da Encarnação, essa heresia tornava o cristianismo mais acessível aos pagãos, que se sentiam estupefatos perante a ideia de um Deus feito homem, mas que, pensando nos heróis divinizados da tradição antiga, podiam compreender perfeitamente que um homem se tornasse Deus pelos seus méritos. Por outro lado, houvera na própria Igreja teólogos que tinham sustentado que o Pai e o Filho não eram senão uma única e a mesma pessoa; era a heresia sabeliana[11], que fora condenada mas continuava bastante viva como tendência. Ora, as teses de Ário, distinguindo nitidamente as duas Pessoas divinas, podiam passar como úteis reações a essa teoria. Por fim, a empresa herética tinha a ajudá-la a extraordinária habilidade de Ário para jogar com o sentido de certas palavras da Escritura, como por exemplo a afirmação "Deus me criou", que se encontra no livro dos *Provérbios* e que os arianos entendiam como profética em relação ao Messias, ou ainda a passagem do *Evangelho segundo São João* em que Jesus confessa: "O Pai é maior do que eu". Este filosofismo cristão, este deísmo hipócrita tinha em si com que seduzir — e, efetivamente, exerceu uma sedução extraordinária.

Ário apresentou-se no sínodo reunido em Alexandria com tranquila audácia. Sabia-se apoiado. Em diversos partidos do cristianismo, havia homens que pensavam como ele ou quase como ele. Alguns antigos alunos de Luciano de Antioquia tinham orientado os ensinamentos do seu mestre num sentido que era muito próximo do daquele a que chegava o teorizador de Baucalis. Citava-se, entre estes arianos em potência, o bispo de Cesareia, o historiador Eusébio, apesar de ser um homem que se conservava numa certa reserva e não deixava ver nitidamente as suas posições. Mas Ário sabia ter um amigo fiel sobretudo na pessoa de um outro Eusébio, o bispo de Nicomédia, personagem perigosa e de ambição desmedida[12] que, residindo perto da capital oriental do Império, estava em condições de agir sobre o imperador. Mas, se Ário — "esse homem de ferro", como mais tarde escreverá Constantino — era resoluto na luta, teria de cruzar ferros com uma outra lâmina de aço: *Atanásio*, um pequeno diácono de vinte anos, secretário do bispo Alexandre, cuja aparência débil ocultava uma alma indomável e que iria ser o maior adversário que o erro encontraria pela frente.

O sínodo decorreu num clima cheio de exaltação. Excetuados dois ou três, todos os bispos presentes estavam do lado de Alexandre, isto é, da ortodoxia, e contra Ário. Houve momentos dramáticos, como quando o heresiarca, arrastado pela sua lógica, afirmou que Cristo era uma criatura e, portanto, teria podido errar e pecar, e a assembleia soltou um grito de horror. Ário foi condenado e com ele alguns clérigos de Alexandria, de Mareótis e da Cirenaica, que tinham aderido às suas teses. Recebeu ordem formal de submeter-se ou demitir-se. Durante algumas semanas, tentou ainda conservar o lugar de presbítero, mas logo verificou que, para travar a batalha, precisava sair do Egito. E partiu.

Daí por diante, o que fora uma simples agitação local, semelhante às que a Igreja tinha conhecido e às várias outras que o Egito sofria naquela mesma época, iria tornar-se um vasto movimento em contínua expansão por todo o Oriente, esse solo fértil para todo o tipo de religiões estranhas, de teorias aberrantes e de inesgotáveis especulações sobre os mistérios divinos. Ao passo que os cristãos do Ocidente, menos dados à diversão intelectual, se preocupavam mais com viver o cristianismo e integrá-lo no real do que com comentá-lo, o desmedido gosto oriental pelas palavras abriu às teses arianas um campo ilimitado.

Instalado a princípio em Cesareia da Palestina, onde o bispo lhe deu proteção, Ário, muito habilmente, entrou em contato com todos aqueles que, de perto ou de longe, em maior ou menor grau, podiam ser da sua opinião. Eusébio de Nicomédia recebeu dele um relato do que se passara em Alexandria e um pedido de proteção. Sob o pretexto de que Ário tinha sido perseguido pelo seu bispo, o ambicioso Eusébio, encantado de desempenhar um papel de certo brilho, chamou-o para junto de si. Quando soube disso, Alexandre dirigiu uma carta aos seus principais colegas, pondo as coisas em pratos limpos e acusando formalmente de intriga o prelado de Nicomédia. A questão egípcia convertia-se assim num duelo de bispos, numa luta entre facções que ameaçava a unidade da igreja oriental tão gravemente como o conflito donatista ameaçara a da igreja africana.

No decurso do inverno de 323-324, não havia uma pessoa instruída no Oriente cristão que ignorasse estar iminente uma crise que prometia ser muito grave. Os bispos escreviam uns aos outros, quer a favor de Ário, quer contra ele. Alexandre recebia censuras de Eusébio de Cesareia. O próprio heresiarca, para baralhar as cartas, fazia circular um "símbolo" em que, resumindo as suas teses, as envolvia habilmente em tantas expressões de duplo sentido, frases equívocas e figuras de linguagem, que muitas pessoas bem intencionadas podiam ser induzidas em erro. Ao mesmo tempo, compunha uma importante obra, metade em prosa, metade em verso, ao que parece com incontestável talento — a *Talia* ou O *Banquete* —, na qual afirmava que as suas doutrinas eram as dos "verdadeiros filhos de Deus", daqueles "a quem o Espírito Santo inspira". Nos meios intelectuais, esse grosso tratado foi muito lido. Quanto ao bom povo cristão, que a propaganda ariana cuidava muito de não esquecer, repetiam-se refrões de cânticos que o próprio Ário compusera e nos quais, sob a piedosa suavidade de palavras edificantes, se escondiam erros abomináveis.

Foi então que Constantino interveio:

O Concílio de Niceia em 325

No outono de 324, Constantino venceu definitivamente seu cunhado Licínio e ficou senhor do Oriente, como já o era do Ocidente. Porém, ao entrar em Nicomédia, mais como mensageiro de Cristo do que como senhor, viu com horror que pesava sobre a Igreja uma ameaça de divisão bem pior do que aquela que ele pensava ter evitado na África. Apavorado, cheio de desespero, perdeu o sono e meditou sobre o assunto durante longas noites passadas em claro.

Quando se tratava de matéria religiosa, este grande político raciocinava como um gendarme, aliás como um gendarme cheio de boas intenções.

Em todas as discussões teológicas que fossem sutis e decisivas, apenas via uma coisa: o perigo que ameaçava a cristandade e que lhe cabia a ele afastar a qualquer preço. Custava-lhe admitir que se discutisse tão ferozmente sobre palavras que lhe pareciam tanto mais insignificantes quanto maior era a sua ignorância sobre o assunto. Posto ao corrente da propaganda ariana, não desperdiçou uma oportunidade tão excelente de intervir numa questão em que o seu querido cristianismo estava em crise e escreveu imediatamente uma longa, veemente e patética carta aos dois adversários — o bispo e o sacerdote rebelde —, que se encontravam ambos em Alexandria naquele momento.

Essa carta, bastante curiosa, revela-nos bem a sua psicologia religiosa. Se tinha razão para censurar aos alexandrinos, tomados em conjunto, o seu excessivo amor pelos "exercícios do espírito", que levam sempre a discussões ociosas, também se liam na carta saída da pena imperial frases como estas: "Refletindo sobre a origem da vossa divisão, vejo que a causa é insignificante e não é suficiente para pôr as almas em tanto alvoroço [...]. Há questões em que é tão inútil perguntar como responder. Quantas pessoas há que compreendam uma matéria tão difícil e possam ter sobre ela uma opinião? [...] No fundo, pensais o mesmo e podeis facilmente chegar à mesma comunhão de ideias. — Permanecei unidos! Voltai à vossa mútua caridade! — Porque, decididamente, não se trata entre vós de um ponto essencial da fé: no culto de Deus, ninguém pensa em introduzir um novo dogma".

Esta boa vontade era deveras comovente, mas o seu simplismo era igualmente absurdo. Pôr de acordo aqueles que afirmam a divindade de Jesus e aqueles que a negam é o mesmo que conciliar os contrários. Mas Constantino parecia estar convencido, nessa altura, de que a sua onipotência acabaria por consegui-lo. Mandou entregar a carta por um enviado extraordinário, investido de amplos poderes de investigação e execução, que era um dos seus conselheiros eclesiásticos, o espanhol Ósio de Córdova. Este homem estava longe de ser um ingênuo ou um tolo. Era bispo, um grande bispo, já com perto de setenta anos, mas tão vigoroso que viria a morrer mais que centenário, um confessor da fé que trazia na sua carne as marcas gloriosas do martírio e, sem sombra de dúvida, um verdadeiro homem de Deus. Grave, sábio, firme em questões de disciplina, porém pouco propenso a discussões estéreis, este provinciano cheio de rugas talvez não estivesse talhado para compreender os sutis doutores de Alexandria, mas quem sabe se isso não seria melhor...

Não foi necessário muito tempo para que Ósio formasse uma opinião. Depois de se ter posto em contato com o episcopado egípcio e de ter assistido a um pequeno concílio regional, não ocultou que tomava partido por Alexandre contra Ário. Quando peceberam isso, os partidários do padre rebelde sublevaram-se na cidade e chegaram até a destruir algumas estátuas do imperador. Na mesma ocasião, um concílio provincial reunido em Antioquia para eleger um novo bispo terminava em tumulto, porque, tendo-se discutido a questão de Ário, três ou quatro prelados, entre os quais Eusébio de Cesareia, tinham defendido descaradamente o herege. Era preciso pôr fim a tudo aquilo.

Enquanto Ósio regressava a Nicomédia, seguido pouco depois por Alexandre e mais tarde por Ário; enquanto o imperador mandava ao Egito dois oficiais do palácio encarregados de restabelecer a ordem e reprimir os arianos amotinados; enquanto, enfim, os partidários do rebelde eram obrigados a pagar duas vezes o imposto normal de capitação, Constantino decidia resolver de uma vez por todas essa aborrecida história. Bastante convencido, como sempre, de que conseguiria arranjar tudo, pensou em julgar pessoalmente o caso, pois, como escreveu candidamente ao "homem de ferro", Ário, "ele saberia sondar o fundo do coração". Mais prudentes, os seus conselheiros eclesiásticos, principalmente

Ósio e os prelados de Antioquia, aconselharam-no a reunir uma assembleia plenária, presidida por ele, para julgar o assunto a fundo.

Como se sabe, havia já muito tempo[13] que a Igreja conhecia a instituição conciliar. Não se tinha realizado o primeiro concílio em Jerusalém[14], no ano 49, quando São Paulo e os apóstolos tinham examinado juntos a questão judaica? Na Igreja primitiva, sempre que houvera necessidade de fixar pontos graves de disciplina, tinham-se celebrado reuniões regionais, e na África, assim como na Itália, essas reuniões efetuavam-se regularmente, a fim de manter os laços entre os chefes da cristandade. No Oriente eram mais intermitentes, mas tinha-se visto celebrar um grande número delas em Alexandria, em Antioquia e mesmo em Ancira — atual Ankara —, em plena Ásia Menor. Estava lançada a ideia de um concílio que reunisse toda a cristandade, que materializasse a unidade da Igreja numa reunião gigantesca. Constantino perfilhou-a com alegria; para um Império unido, uma Igreja unida: esse era o seu lema. O universo, o *oecumene*, como se dizia em grego, tinha um único chefe, que era ele; o concílio que restituiria a unidade à Igreja seria universal — *ecumênico*. Assim foi decidido o primeiro "concílio ecumênico".

A reunião foi preparada durante o inverno de 324-325. O lugar em que se pensou inicialmente foi Ancira, mas julgou-se que a longínqua cidade continental seria de difícil acesso e que, para uma sessão de primavera, o clima dos altos planaltos da Ásia Menor seria excessivamente agreste. Escolheu-se, portanto, Niceia, cidade da Bitínia próxima do mar Propôntide, vizinha de Nicomédia e daquela Bizâncio que começava a transformar-se em capital, e onde o mês de maio era muito agradável. O primeiro concílio ecumênico seria, portanto, o *Concílio de Niceia*.

Constantino fez as convocações diretamente. Convidou pessoalmente cada um dos bispos, por meio de cartas repassadas do mais tocante respeito, no dizer de Eusébio. Quem foi convocado? Quem apareceu? Sempre cheio de entusiasmo, Eusébio afirma que "a flor dos ministros de Deus chegou de toda a Europa, da Líbia e da Ásia" e que "uma só casa de orações, como que dilatada pelo poder divino, reuniu sírios, cilicianos, fenícios, árabes, palestinos, gente do Egito, da Tebaida, da Líbia, da Mesopotâmia", e que se contavam também o bispo da Pérsia, macedônios, trácios, aqueus, epirotas, e até que "os mais distantes vieram da Espanha, como, por exemplo, um muito ilustre".

Através de toda esta ênfase, adivinha-se a verdade: o Oriente estava muito mais abundantemente representado do que o Ocidente; embora o imperador se tivesse responsabilizado pelas despesas de viagem de qualquer bispo que quisesse vir, os bispos latinos eram pouco numerosos. Obviamente estava lá Ósio, o "muito ilustre", bem como Ceciliano de Cartago, um bispo calabrês, um de Die, na Gália, e um da Panônia. Era esta, mais ou menos, a representação do Ocidente. Quanto ao bispo da cidade imperial, o papa Silvestre, não tendo podido comparecer "em razão da sua idade avançada", fez-se representar por dois prelados da sua igreja, Vito e Vicente.

Quantos eram esses delegados de toda a cristandade? Eusébio de Cesareia fala de duzentos e cinquenta, e acrescenta que eram acompanhados de tantos sacerdotes, diáconos e acólitos que era impossível contá-los. Santo Atanásio menciona outra cifra: trezentos e dezoito, um número que se tornou tradicional. Seja como for, era uma assembleia considerável pelo número e sobretudo pela qualidade dos seus membros. Destacavam-se homens célebres, cujos nomes a voz do povo cristão tornara muito conhecidos, como os taumaturgos Espiridião e Tiago de Nísibis que, segundo se dizia, haviam ressuscitado mortos; os confessores da fé Potamão de Héracles e Pafúncio da Tebaida, que tinham sofrido o vazamento de um olho no tempo do perseguidor Maximino, ou ainda Paulo de Neocesareia, que trazia nas mãos as cicatrizes dos ferros em brasa que Licínio lhe mandara aplicar. Constantino podia contemplar com orgulho esta assembleia única de santos, reunida por sua iniciativa.

A sessão de abertura teve lugar em 20 de maio de 325, evidentemente com discursos. Precisamos imaginar o estado de feliz exaltação em que se encontravam todos estes homens, o contato tão comovente entre irmãos que nunca se tinham visto, a prodigiosa reviravolta da situação que fazia dos supliciados da véspera os triunfadores de hoje. Dez anos atrás, a maior parte deles — e alguns, apenas um ano antes: os dos territórios de Licínio — tinham vida de proscritos e uma perpétua ameaça pairava sobre as suas cabeças; agora deparavam com o fausto dos palácios, a majestade das cerimônias, a guarda de honra que lhes apresentava armas. Compreende-se bem que tenham sido imensos a emoção e o reconhecimento. Um bispo disse-o ao imperador e este respondeu fazendo votos para que, "por meio da união íntima das almas", fosse dada ao mundo "a concórdia, árbitro pacífico e lei de todos".

Aconteceu com este voto o mesmo que acontece com todos os que se emitem na abertura dos congressos. Logo que se entrou em questões verdadeiramente graves, verificou-se que havia duas tendências que se defrontavam, e que elas eram irreconciliáveis. Ário, se não estava no concílio, pelo menos movimentava-se pelos corredores e orientava com conselhos hábeis e táticos o grupo dos seus partidários. Tinha a apoiá-lo na assembleia uma boa quinzena de bispos, entre os quais sobressaía Eusébio de Nicomédia, que estava em vias de reconciliar-se com Constantino. Houve toda uma série de manobras sutis. Ário preparou e fez pronunciar por um dos seus amigos um discurso em que, acentuando com ênfase o que nas suas teses se opunha vitoriosamente às heresias outrora condenadas, deslizava sutilmente sobre pontos contestáveis dessas teses, envolvendo-os num vocabulário propositadamente vago. Um grupo de bispos tentou compor as coisas empregando, para definir Cristo, apenas termos usados na Escritura.

Não se poderia dizer, por exemplo, que o Verbo é "de Deus", que é "Filho de Deus", que é "a força e a imagem do Pai"? A isto os arianos responderam com ironia que subscreviam de boa vontade essas fórmulas, tanto mais que podiam ser entendidas no sentido que eles lhes davam. Eusébio de Cesareia, por seu lado, tentou salvar Ário, submetendo a aprovação um "símbolo" que deixasse uma porta aberta aos equívocos, mas não teve quem o acompanhasse.

A verdade é que todas essas discussões eram vãs. Os partidários mais ou menos declarados de Ário bem podiam lançar mão de todos os recursos da dialética, que tinham contra eles o mais profundo sentimento cristão. Para além de todas as argúcias, havia um ponto que se impunha ao próprio espírito do cristianismo, um ponto que o diácono Atanásio pusera em foco desde a sua juventude, e que era um dado fundamental e uma pedra angular: a Redenção. Ora, a Redenção não terá sentido se não for o próprio Deus quem se tenha feito homem, se Cristo não for ao mesmo tempo verdadeiro Deus e verdadeiro homem. "O Verbo se fez carne e habitou entre nós": esta afirmação de São João pressupõe que o Logos é plenamente Deus e não um homem divinizado à maneira pagã. O Filho não é uma criatura; existiu sempre e sempre se conservou ao lado de seu Pai, unido a Ele, distinto mas inseparável; foi sempre infalível e perfeito. Foi isto o que o Concílio exprimiu ao afirmar que o Filho é *consubstancial* ao Pai.

Ário foi, portanto, condenado. Quando deram a conhecer ao Concílio alguns fragmentos da sua *Talia*, os erros mostraram-se tão patentes que uma onda de indignação sacudiu todos aqueles homens fervorosos. Uma maioria esmagadora afirmou que o Filho era verdadeiramente Deus, *consubstancial* ao Pai. Apenas cinco bispos se recusaram a subscrever a declaração, mas como o imperador declarasse que empregaria a força para obrigar a aceitá-la, três deles submeteram-se e somente dois preferiram partir com Ário para o exílio, nas montanhas da Ilíria.

Alguns, mais maldosos — entre outros, os Eusébios — pensaram que podiam fazer sobreviver as suas doutrinas com uma insignificante mudança de grafia. Substituíram a palavra *homooúsios,* que quer dizer "da mesma substância", pela palavra *homoioúsios*, que significa "de uma substância semelhante"[15]. Entre as duas palavras não há diferença senão de um *iota*, mas essa diferença, mínima na aparência, era fundamental, e temos de avaliar bem a importância da jogada. Entre *homooúsios* e *homoioúsios*, havia um abismo: de um lado, a identidade com Deus; do outro, a simples semelhança ou não-dissemelhança. O gênio sutil dos gregos aprendera perfeitamente a diferença, e os Padres ortodoxos orientais terão precisamente a missão histórica de afirmar a identidade, a despeito de todas as seduções, tentações e argúcias. Esta astúcia ortográfica havia ainda de ter consequências muito graves.

O caso ariano parecia, no entanto, resolvido. Depois de se ter hesitado alguns dias sobre a necessidade de promulgar um novo "Símbolo", que precisasse o velho *Símbolo dos Apóstolos* usado na Igreja primitiva[16] — alguns diziam que isso era inútil, que não se devia levar muito longe a tentativa de fixar os termos dos mistérios e que mais valia conservar as fórmulas do passado —, decidiu-se por fim proceder a uma nova redação.

Decorrera já um mês desde a abertura do Concílio e já se tinha trabalhado bastante[17]. Como o encerramento coincidia com o aniversário da sua subida ao poder, Constantino ofereceu a todos os prelados um grande banquete, durante o qual — empunhando a taça no meio de uma emoção que se justificava pela felicidade do homem de fé sincera, pelo menos tanto quanto pela influência do vinho de Quios — fez um longo discurso para exaltar os resultados do Concílio e para convidar cada um a manter a paz à sua volta e evitar toda a inveja e discórdia, aproveitando a ocasião para sublinhar incidentalmente o seu papel de "bispo do exterior", como ele próprio declarou. Depois, munidos de cartas do imperador para as suas ovelhas, cumulados de presentes, os delegados partiram. "Deus quis, disse Constantino, que o brilho da verdade prevalecesse sobre dissentimentos, cismas, perturbações e venenos mortais da discórdia". E estava convencido disso.

O Símbolo de Niceia

O texto adotado pelo Concílio para fixar o dogma católico perante Ário e os seus sequazes permaneceu na Igreja como elemento fundamental até os nossos dias. Estava estabelecida uma nova "regra de fé", não substancialmente diferente da que haviam seguido os primeiros cristãos, do velho "Símbolo dos Apóstolos", mas mais explícita e redigida de tal forma que não pudesse dar lugar a erro. Esse texto é o *Símbolo de Niceia.*

O nosso texto moderno não difere em substância do texto primitivo tal como Eusébio, Santo Atanásio, Teodoreto, Sócrates e Gelásio o reproduziram em grego nos séculos IV e V, e como Santo Hilário de Poitiers o traduziu para o latim. Em 451, o Concílio de Calcedônia quis estabelecer a redação oficial, mas — possivelmente por erro do copista — omitiram-se algumas palavras que a Igreja restabeleceu segundo a forma mais antiga. Tal como se apresentava à saída da assembleia de Niceia, o *Símbolo* dizia[18]:

"*Nós cremos* em um só Deus,
Pai todo-poderoso, criador [do céu e da terra],
de todas as coisas visíveis e invisíveis;
E em um só Senhor, Jesus Cristo, Filho [Unigênito] de Deus,
gerado monôgeno do Pai, *isto é, da essência do Pai*,
Deus de Deus, luz da luz, Deus verdadeiro
de Deus verdadeiro, gerado, não criado, consubstancial ao Pai,
Por quem todas as coisas foram feitas, *tanto o que existe no céu*
como na terra,
Que, por nós homens e por nossa salvação, desceu [dos céus],
encarnou [pelo Espírito Santo no seio da Virgem Maria] e se fez homem,
[Também por nós foi crucificado,] padeceu [sob Pôncio Pilatos, e foi sepultado].
Ressuscitou ao terceiro dia [conforme as Escrituras], subiu aos céus
[onde está sentado à direita do Pai, e]
Donde há de vir [na sua glória] para julgar os vivos e os mortos

[E o seu reino não terá fim].
E cremos no Espírito Santo[19]".

Comparado com o velho Símbolo dos Apóstolos, este texto tem qualquer coisa de menos unido, de menos simples e, sob certos aspectos, de menos comovente. É o texto de uma Igreja mais amadurecida, que já sentiu o dogma ameaçado e que toma as suas precauções. O lugar considerável dado a Cristo nestas definições, em que cada palavra tem o seu peso, prova suficientemente que era ali que estava situado o essencial do drama. O Símbolo de Niceia não trouxe qualquer inovação. Tudo o que proclamou em fórmulas teológicas encontrava-se já implícito ou explícito no Evangelho: somente precisou e fixou definições que já não se poderiam questionar.

Quando chegou o momento de promulgar o texto, que todos os prelados do Concílio tiveram de aceitar publicamente, julgou-se conveniente tomar uma precaução suplementar e foi-lhe acrescentada uma fórmula de anátema: "Quanto àqueles que dizem: 'Houve um tempo em que Ele não existia', e ainda: 'Antes de ser gerado não existia'; ou ainda 'Ele foi feito do que não existia ou de uma outra hipóstase ou *ousia*'; ou enfim: 'O Filho de Deus é criado, alterável, mutável', a Igreja católica os anatematiza".

Estas precisões punitivas pouco dizem aos cristãos de hoje, que, na sua quase unanimidade, não pensam de maneira alguma em pôr em causa a divindade de Cristo; poderão parecer-lhes o tipo exato dessas fórmulas "bizantinas" cuja inutilidade frívola se tornou proverbial. Mas — repetimo-lo — tinham uma importância capital. O mérito dos teólogos do século IV foi terem compreendido isso mesmo e terem procurado e encontrado, para fazer frente aos seus adversários, fórmulas suficientemente precisas para salvaguardar a divindade de Cristo, que é a essência de todo o cristianismo. Cada pequena parcela de uma frase tinha em mira afastar uma ameaça de heresia. Cada palavra estava carregada de significado. Quando as lemos, compreendemos bem até que ponto deve ter sido violenta e patética a discussão sobre o "*consubstancial*" nas sessões do Concílio; mas compreendemos também que, embora se tentasse tornar a expressão destas fórmulas tão exata quanto possível, ficasse ainda aberto um campo para interpretações perigosas[20].

A ortodoxia

Não foi preciso muito tempo para percebê-lo. Tão logo os membros do Concílio de Niceia se dispersaram, três dentre eles, entre os quais Eusébio de Nicomédia, retiraram as suas assinaturas[21]. O caso estava prestes a surgir de novo. Um número bastante considerável de teólogos orientais, mesmo daqueles que eram perfeitamente ortodoxos, não estava longe de pensar que o famoso termo *consubstancial* exagerava as relações entre o Pai e o Filho e colocava em posição vantajosa os modalistas e outros sabelianos, que não queriam ver no Filho senão uma manifestação, uma "modalidade" do Pai, e não uma Pessoa distinta.

Por outro lado, muito habilmente, os arianos, cujos recursos táticos eram inesgotáveis, pensavam em virar contra os seus adversários um argumento que lhes havia sido oposto a eles. Tinham acusado a sua doutrina de reduzir mais ou menos o cristianismo a um filosofismo em que Jesus era o chefe da escola: homem, homem divino sem dúvida; mas não tinha Platão muitas vezes sido classificado como "divino"? Servindo-se das mesmas armas, diziam eles por sua vez: não é verdade que as definições do Concílio de Niceia não exprimem, afinal, senão uma teoria filosófica? Lê-se na Sagrada Escritura a palavra *consubstancial*. Cristo alguma vez se qualificou assim? Com argumentos dialéticos desta natureza — e o espírito oriental era hábil em forjar inúmeros procedimentos desses —, a discussão não podia considerar-se concluída, mesmo estando de permeio uma decisão conciliar. Juntemos a isto rivalidades pessoais, ódios provocados pelo encontro, face a face, dos principais adversários em Niceia, rivalidades de clãs, "eusebianos" contra ortodoxos, e compreenderemos que aqueles anos, que deveriam ter sido para a Igreja uma época de grande paz religiosa, tenham sido na realidade um tempo terrível de discórdias.

A pior desgraça foi que o único homem que podia ter sido o esteio firme da ordem ortodoxa, o imperador Constantino, se revelou quase logo a seguir aquilo que era na realidade: uma alma dividida, um caráter exageradamente sensível às influências e que a maior boa vontade do mundo podia arrastar para os mais desastrosos equívocos. Se em questões de política e de moral era capaz de uma firmeza que ia até ao crime — vimos o que sucedeu com Licínio, Crispo e Fausta —, quando penetrava no terreno religioso, onde certamente se sentia pouco senhor de si, tornava-se presa dos mais estranhos complexos. Acossava-o o desejo da verdade, mas nem sempre sabia muito bem onde é que ela se encontrava. Qualquer bispo o dominava, particularmente esse Eusébio de Nicomédia, prelado político, sumamente hábil em lisonjear o orgulho do seu senhor fingindo considerá-lo um árbitro em questões de teologia. Por outro lado, a irmã do imperador, Constança, era ariana, e Constantino, desejoso de se fazer perdoar pela triste necessidade política que o obrigara a torná-la viúva, rodeava-a da maior afeição. Além disso, a velha imperatriz-mãe, Helena, aconselhava o filho a venerar esse São Luciano de Antioquia cujos ensinamentos estavam na origem da heresia. Balançando entre influências contrárias, inquieto e em breve furioso por ver ressurgir a questão da unidade cristã, Constantino chegou a suspeitar tanto dos adversários como dos defensores da ortodoxia, visto que as discussões entre uns e outros perturbavam a ordem do Império e a paz das suas noites.

Os doze anos que separam o Concílio de Niceia da morte de Constantino foram, pois, assinalados por uma série de marchas e contra-marchas que dificilmente se compreendem, e por um emaranhado de intrigas que só causavam mal-estar. Constantino começou por enfurecer-se contra Eusébio de Nicomédia que, em surdina, estimulava os arianos no Egito, e o prelado intriguista foi mandado para a Gália. Mas regressa pouco tempo depois e, já mais prudente, evita atacar de frente os que eram fiéis ao imperador e inicia um ataque pelos flancos.

Os principais bispos defensores da ortodoxia são, um após outro, insultados, caluniados e desacreditados: Eustáquio de Antioquia, sorrateiramente minado por Eusébio de Cesareia, é deposto sob pretexto de sabelianismo; Marcelo de Ancira, acusado de ter dito claramente num livro o que todos deviam pensar a respeito dos dois Eusébios, é igualmente varrido. O grupo herético ataca em seguida o mais eminente dos defensores da verdadeira fé, Atanásio, que, ainda jovem, acabava de substituir o bispo Alexandre, que falecera na sede episcopal de Alexandria; depois de peripécias inauditas, de uma campanha de opiniões completamente louca e de um concílio regional realizado em Tiro, no qual, segundo uma testemunha, os "hereges se portaram como feras", Constantino, cedendo a diversas influências, exila Atanásio para Tréveris.

Os arianos triunfam? Assim parece. O Concílio transferido para Jerusalém anistia Ário. O heresiarca volta para Alexandria, mas o seu regresso provoca distúrbios. Sabendo disso, o augusto gendarme irrita-se, vocifera contra o bando ariano, ordena que sejam todos punidos e que se queimem os seus escritos. Depois acalma-se, chama Ário a Constantinopla e, seduzido por ele, pretende obrigar o muito ortodoxo bispo da capital a admitir o herege à comunhão. Ário, que não abjurou nenhum dos seus erros, mais do que nunca "homem de ferro", estava nas vésperas do seu triunfo definitivo quando morreu — e a sua morte pareceu a todos os espíritos o golpe de misericórdia vibrado por um anjo; encontraram-no num lugar solitário, banhado no seu próprio sangue, com as vísceras fora do ventre devido à ruptura de uma hérnia. Estavam as coisas neste pé — o Egito agitado, reclamando Atanásio; os prefeitos do imperador ferindo todos os grupos indistintamente; e as almas sinceras perguntando onde é que estava o verdadeiro caminho —, quando Constantino entregou ao Criador a sua alma genial e pueril. Morreu santamente, como vimos, mas rodeado de uma cambada arianófila e batizado pelo suspeito Eusébio de Nicomédia.

Há qualquer coisa de trágico no destino deste cristão que, incontestavelmente, não teve em mira senão a glória de Deus e a paz da Igreja, e que, por orgulho, por incompetência e por fraqueza, acabou por comprometer os resultados do grande ato de 325 e entregou o cristianismo às discórdias das facções. Não foi preciso esperar muito tempo para que se manifestasse o perigo dos "amigos" excessivamente poderosos. Morto Constantino, a intrusão do poder civil na vida da Igreja estará cada vez mais na ordem do dia; é difícil descrever até que ponto essa intromissão seria desastrosa.

Este é o único fato fundamental que se depreende das lutas prodigiosamente confusas que irão continuar quase até o fim do século. Durante cinquenta anos, o "grande assalto da inteligência" lançará vaga sobre vaga contra a fortaleza da ortodoxia. Caracterizando maravilhosamente bem a marcha incoerente e muitas vezes absurda destas lutas, o historiador cristão Sócrates dirá: "Tudo isso se assemelhava a combates no meio da noite". Um homem de hoje tem dificuldade em adentrar nas inverossímeis complicações destas disputas, em que o nó da discussão era o famoso *iota*. Mas é injusto tachar desdenhosamente essas querelas de "bizantinices" e medir pela mesma bitola os adversários dos dois campos. Os católicos, os defensores da fé ortodoxa, eram obrigados a responder aos hereges no mesmo plano em que se travava a discussão. Através destas lutas confusas, foi bom que se tivesse discernido e preservado o essencial.

O que estas desordens iriam também trazer a lume era o perigo que a associação entre o poder e a Igreja faz correr a esta última, um perigo que surgiu no próprio dia da vitória de Ponte Mílvio. Todos os sucessores de Constantino — mesmo Juliano, o Apóstata, que dizia ser um cético — serão maníacos da teologia, legisladores religiosos improvisados, sempre prontos a pôr a serviço dos dogmas que defendem os meios de coerção do seu Estado. Um deles, Constâncio, exclamará um dia: "Em matéria de fé, a lei sou eu!" — uma fórmula que viria a fazer carreira. É fácil imaginar até onde pode levar o autoritarismo quando se mistura com o fanatismo religioso; basta que esteja no poder um ariano resoluto, como Valente, para que a perseguição recomece e se assista à opressão de cristãos por outros cristãos, de ortodoxos por hereges, e se desencadeie a primeira guerra religiosa. Menos de um século depois dos últimos mártires, a Igreja de Cristo ver-se-á nessa situação.

Bem gostaríamos de desconhecer esta crise dolorosa, cheia de episódios dramáticos, em que se defrontaram os temperamentos mais impetuosos e em que se assistiu a tristes conluios entre a polícia e o episcopado infiel. Os esbirros lançam-se sobre o santo prelado Atanásio, brutalizam-no de forma odiosa e atiram com ele para uma masmorra, como se fosse um bandido. Um dos imperadores, perante a resistência do papa, que não está inclinado a aceitar uma proposta de tendência ariana, grita-lhe: "Assina! Assina imediatamente, ou vais já para o exílio!". A crápula misturar-se-á assustadoramente com a heresia e certas igrejas do Egito, anexadas por arianos anormais, serão teatro de cenas tão escandalosas que ficaríamos corados se as referíssemos. Nem mesmo faltará o lado cômico nesta história sombria. Para zombarem das decisões do grande Concílio de Niceia, os hereges resolvem reunir um outro, em outra Niceia, um miserável povoado perto de Andrinopla, da mesma forma que os traficantes recorrem a falsos certificados de origem.

E que acontecerá com o dogma durante uma tal prova? Será atacado de todas as maneiras, não somente de frente, pelos partidários fanáticos de um arianismo resoluto, mas por uma legião inteira de semi-arianos, pseudo-arianos, semi--ortodoxos, todos eles astutos manipuladores do famoso *iota*. E os seus defensores terão de bater em retirada, com as muralhas sorrateiramente minadas. O antagonismo latente que começa a manifestar-se entre o Oriente e o Ocidente acentuará as razões da discórdia; no Concílio de Sárdica, em 343, todos os bispos orientais se separarão brutalmente dos do Ocidente e partirão lançando anátemas contra o papa Júlio. As discussões sobre palavras — menos sobre palavras do que sobre letras e vírgulas — cairão numa incrível futilidade[22]. Os ortodoxos afirmarão: "Cristo não é uma criatura", e logo os não-ortodoxos acrescentarão algumas palavras venenosas: "uma criatura como as outras". *Anomeanos*, *homeousianos* e *homeanos* divertem-se imenso com tais discussões.

Só por milagre a fé não se afunda definitivamente no meio destes raciocínios em que a letra predomina sobre o espírito, e em que voltarão a aparecer os piores defeitos que se censuram aos fariseus e aos doutores judaicos da Lei. E será mais admirável ainda que o dogma possa triunfar das armadilhas estendidas pelo imperador Constâncio, que terão como resultado a rejeição da palavra *consubstancial* no Concílio de Rímini, em 359. Chegará um momento em que, repelidos os grandes defensores da fé e ocupadas as sedes episcopais por suspeitos e traidores, e parecendo que o próprio papa Libério vai ceder à corrente do erro[23], se poderá pensar que a heresia consagrará o seu triunfo.

Mas isso não acontecerá. O arianismo desconjuntar-se-á no momento em que estiver prestes a vencer. A partir de 361, data em que morre Constâncio, produzir-se-á a reação. E essa reação avançará velozmente para o Ocidente, onde a nomeação de Santo Ambrósio como bispo de Milão porá termo ao terror ariano. No Oriente, as coisas não irão tão depressa, visto que o imperador Valente, herege, protegerá os rebeldes. Quando o papa Dâmaso fizer declarações doutrinárias, em 377, encerrando definitivamente a questão ariana, o Oriente submeter-se-á no seu conjunto; pouco depois, um novo soldado, Teodósio (379), retomando com mais firmeza a obra de Constantino, imporá definitivamente a doutrina de Niceia no Concílio de Constantinopla (381).

Grandes defensores do dogma: Santo Atanásio e Santo Hilário

Se a Igreja pôde sobreviver a semelhante prova, e se conseguiu sair dela não somente intacta, mas até fortalecida, esse fato se deveu a uma plêiade de homens eminentes que ela teve a felicidade de encontrar ao seu lado. Bem mais do que as miseráveis querelas em que a heresia se ia desagregando, merecem a nossa atenção essas figuras inteiramente votadas a Deus, apaixonadamente fiéis à verdadeira fé, firmes como rochas em posições que nem a intriga, nem as ameaças, nem o exílio, nem a prisão puderam abalar. Entre elas, há duas que se situam na primeira fila: Santo Atanásio e Santo Hilário de Poitiers.

Atanásio é, na verdade, uma personalidade grandiosa e terrível, um santo que domina toda a história religiosa do Egito — e quase da cristandade inteira — durante estes anos conturbados. Dotado de uma inteligência extraordinariamente penetrante, acostumado a todas as sutilezas do espírito oriental, mas sabendo desmascarar as falsas aparências e evitar as armadilhas graças a um bom senso positivo que não o deixava cair em qualquer logro, tinha um caráter de maravilhosa têmpera, do mesmo aço com que Deus fizera os seus apóstolos e os seus mártires, ao mesmo tempo maleável e forte, reto nas suas intenções e hábil nas suas manobras. De alma profundamente religiosa, encarnava o tipo desses grandes místicos para quem a ação é o efeito e o prolongamento da oração e que, no meio das piores lutas, nunca se esquecem de que pertencem a Deus. Chegou-se a dizer que lhe faltava equilíbrio, que se tornava odioso pelo seu fanatismo e que estava sempre pronto a provocar à sua volta a violência e a discussão, mas semelhante afirmação não passa de uma calúnia dos seus adversários. Sem dúvida, não se podiam esperar delicadezas num tempo em que se punha em tela de juízo tudo quanto a alma cristã acalentava e em que a Igreja travava uma batalha de vida ou morte. Se se citam muitas vezes as palavras de Santo Epifânio: "Ele persuadia, exortava, mas, se lhe resistiam, usava de violência", é necessário que nos lembremos também destas outras palavras, tão repassadas de verdadeira caridade cristã, escritas pelo próprio Santo Atanásio: “O que é próprio da religião não é obrigar, mas convencer”.

Vimo-lo, quando era ainda um simples diácono, mostrar-se zeloso entre aqueles que rodeavam o bispo Alexandre e exercer já uma profunda influência. Encontramo-lo depois no Concílio de Niceia, trabalhando nos bastidores, agindo secretamente, mas de uma maneira tão decisiva que — dizem as testemunhas — choveram sobre ele as inimizades. Em 328, quando morre o velho prelado que tinha sido o seu guia, a voz popular arrasta-o para a sede episcopal. “É um homem firme! É uma fortaleza, um verdadeiro cristão, um asceta, um verdadeiro bispo!” Pensa em recusar um cargo cujo peso já calculava antecipadamente, mas cede a uma exigência que reconhece ser sobrenatural. Tinha trinta anos quando foi sagrado bispo, e continuará a sê-lo até à morte, isto é, durante outros quarenta e cinco.

Que episcopado! Terá havido outro tão agitado em toda a história do cristianismo? As dificuldades começaram no dia seguinte ao da sagração. Todos aqueles que ele tinha combatido enquanto fora conselheiro de Alexandre unem-se agora contra o jovem bispo: os cismáticos melecianos e os arianos impenitentes. Na corte imperial, todos os partidários de Eusébio veem com maus olhos como prospera no Egito o poder da ortodoxia, e em diversas dioceses há bispos que julgam que a sede episcopal de Alexandria se está tornando incômoda.

Estes rancores culminam no escandaloso Concílio de Tiro, em 335, no qual os eusebianos e os melecianos estenderam as suas armadilhas a Atanásio. Mas as acusações viram-se contra eles e os afundam no ridículo. Acusam-no de ter mandado matar um cismático, e este aparece vivo no momento preciso; acusam-no depois de impudicícia e incontinência, mas a meretriz comprada que apresentam não o reconhece e, mais ainda, engana-se e aponta para outro bispo denunciando-o como culpado de manter relações com ela. A decisão, porém, tinha sido tomada antecipadamente, e Atanásio é deposto. Corre a Constantinopla, menos para defender a sua causa junto do imperador do que para denunciar as intrigas arianas; mas, pouco informado sobre os métodos da corte, é considerado por Constantino como um agitador, bom apenas para perturbar a unidade, e recebe ordem de partir para Tréveris. É o primeiro exílio, a que se seguirão outros quatro.

Aquilo que Atanásio ousou dizer a Constantino, heroica e obstinadamente, há de repeti-lo aos filhos deste. Sem nunca se cansar, há de estigmatizar o erro e a heresia, sejam quais forem as novas formas que assumam e as metamorfoses por que passem. Chamado do exílio em 337, atacado de novo e obrigado a refugiar-se em Roma, enquanto um herege se empoleira na sua sede, luta sempre, de concílio em concílio, com uma energia terrível. Para ele, não há dificuldades nem preocupações. "São nuvens que passam", dizia sorrindo. Instalado na Gália, na Itália do Norte ou no Reno, continua a ser o porta-voz de Deus que sempre foi, e aproveita o novo exílio para tornar conhecida no Ocidente a instituição monacal que o Egito acabava de ver nascer. Em 346, pôde finalmente voltar a Alexandria e, durante dez anos, desfrutou de uma certa calma, o que lhe permitiu estabelecer um vasto relacionamento com mais de quatrocentos bispos fiéis ao dogma de Niceia e escrever as suas obras doutrinais mais importantes.

No pior momento da confusão ariana, os seus inimigos atacam-no mais uma vez. O próprio papa Libério, ameaçado, parece hesitar, e o imperador Constâncio impõe pela força aos Concílios de Arles (353) e de Milão (355) uma nova condenação de Atanásio. Mais uma vez o santo foge e esconde-se no deserto, justamente a tempo de ali recolher o último suspiro do seu velho amigo Antão, o grande eremita da Tebaida. Durante seis anos, acossado pelos esbirros do imperador, continua a dirigir de longe a sua igreja, tornando-se assim "o patriarca invisível". Os seus escritos polêmicos, em que o arianismo e seus sub-produtos são atacados sem piedade, circulam por toda parte. Quando Constâncio morreu, pôde finalmente regressar a Alexandria e o concílio que ali reuniu (362) marca o seu triunfo; encontram-se lá todos os confessores da fé, que proclamam a sua adesão irredutível ao dogma de Niceia, ao Filho igual ao Pai. Apesar de dois outros curtos exílios, continuou a desempenhar até a última hora este papel de baluarte da verdade. Quando morreu, em 373, era certamente o homem mais célebre, a autoridade mais notável de toda a Igreja.

Desta vida tão profundamente empenhada na ação, seria vão reter apenas o lado movimentado e pitoresco. Padre da Igreja, Santo Atanásio encontrou maneira de, através de uma existência tão agitada, legar-nos uma imensa obra literária, não só polêmica, destinada a pulverizar a heresia, mas também dogmática, como os discursos *Contra os gregos* e sobre a *Encarnação do Verbo*, e exegética, como a *Exposição e comentário dos Salmos*, ou ainda moral, como o admirável tratado *Da virgindade*, ou mesmo histórica, como a sua *Vida de Santo Antão*, primeiro tratado sobre a existência monástica. Uma atividade tão prodigiosa deixa-nos espantados e enche-nos de admiração.

Mas, quando a julgamos dentro das perspectivas da história, desperta-nos uma admiração muito maior a intuição genial que Santo Atanásio teve dos verdadeiros problemas suscitados pelas realidades que estavam em jogo. No meio do turbilhão ou do caos das discussões, ele viu perfeitamente que dois fatos eram primordiais.

Recusando-se a ser um teólogo especulativo, um fabricante de sistemas como havia tantos, aferra-se à realidade da Encarnação e define o dogma com clareza. "Nem análise requintada nem terminologia erudita, afirma d'Alès, mas uma explanação ampla e popular, tornando acessível a todos a revelação da Trindade". O seu raciocínio é muito simples: Cristo veio para nos salvar, para que nos tornássemos "como Deus"; como é que nos divinizaria, se Ele mesmo não fosse Deus? "Quem não possui alguma coisa senão por reflexo ou por empréstimo, nada pode dar aos outros". Se Cristo nos dá a divindade, é porque Ele a tem. Quem não compreenderia semelhante linguagem? Em resumo: aquilo que os teólogos muito sutis cercavam de brumas e de abstrações, Santo Atanásio, homem de um punhado de ideias simples, constantemente repetidas e plenamente vividas, mostra-o como o pão de cada dia de todo o cristão. O dogma da Encarnação, base da Redenção, bem como a certeza do Pai igual ao Filho, já não são definições ou frios enunciados: são realidades vivas e cálidas da alma. "O Verbo se fez homem para nos tornar divinos", repete ele sem cessar. É desta afirmação que o cristianismo viverá de século em século e é dela que se tem nutrido até os nossos dias.

A outra intuição de Santo Atanásio não foi menos decisiva. Percebeu perfeitamente o perigo que representava para a Igreja a intervenção indiscreta dos seus novos protetores. E opôs-se a ela com todas as suas forças. Antes de todos esses grandes chefes cristãos que, no decorrer dos tempos, hão de resistir à influência do poder público, é ele quem ousará afirmar, perante os todo-poderosos Césares de Bizâncio, a independência do cristianismo. "Não é permitido — gritou ele no Concílio de Milão — misturar o poder imperial com o governo da Igreja". E acrescentou depois, na sua linguagem rude, que submeter-se ao poder seria proceder como os "eunucos". Tal atitude viria a ser decisiva e havia de ser imitada. O futuro se encarregaria de lhe dar razão.

Assim era Atanásio, eminente defensor da fé e da liberdade em Cristo. Com toda a justiça, a Igreja soube prestar-lhe homenagem. Foi o primeiro dos bispos não martirizados elevado aos altares e é um dos seus "grandes doutores".

Quanto a *Santo Hilário de Poitiers*, é costume dizer que foi "o Atanásio do Ocidente". E uma afirmação que caracteriza bem o seu papel, mas sobretudo uma forma de sublinhar que as bases do seu pensamento são as mesmas do grande doutor de Alexandria. Como ele, o santo da Gália é movido por um amor ardente, apaixonado, para com Cristo feito homem, o Verbo encarnado. No seu livro fundamental, *Da Trindade*, faz uso de termos tão comoventes que chegamos a distinguir, com sete séculos de antecipação, as ideias mestras de um São Bernardo. É esta realidade viva de Cristo, alicerce da verdadeira fé, que ele também se empenhou em defender e pela qual também sofreu sem se abalar a provação, a injúria e o exílio.

A sua vida, no entanto, nem de longe foi tão movimentada como a do egípcio. Em primeiro lugar, porque o seu caráter era menos abrupto, menos polêmico: nas suas relações com os semi-hereges, tentou muitas vezes reconduzi-los suavemente ao seio da Igreja, ao invés de combatê-los; em segundo lugar, porque o Ocidente era infinitamente menos agitado por questões e paixões teológicas do que o febril Oriente. No entanto, a sua vida decorreu de tal forma que este homem de grande fé pôde prestar a Deus o seu testemunho com uma intrepidez que quase igualou a do seu êmulo.

Nasceu em 315, em Poitiers, de uma família rica e possivelmente pagã, que lhe deu uma sólida cultura civil. Quando era ainda um adolescente — é ele mesmo quem o conta —, encontrou, entre as vorazes leituras que fazem as delícias da adolescência, um exemplar do Evangelho segundo São João. O prólogo alvoroçou-o. Como rapaz habituado às coisas do espírito, moeu e remoeu durante muito tempo aquela pequena e famosa frase: "O Verbo se fez carne e habitou entre nós". Foi o meio de que Deus se serviu para ganhar esta alma. Uns anos mais tarde, já casado e com uma filha, Hilário batizou-se e pouco depois pedia para receber as ordens sagradas. Em 354 é já bispo da sua cidade natal, a tal ponto o seu caráter, a sua fé e a sua inteligência se tinham imposto nos meios cristãos.

Estava-se então no mais aceso das batalhas arianas e a heresia parecia prestes a triunfar. Hilário está na primeira linha de ataque. Em 355, provoca em Paris a reunião de um sínodo em que o arianismo é rejeitado. O defensor da seita na Gália, um tal Saturnino de Arles, riposta com um contra-sínodo que se realiza em Béziers. Hilário, que comparece e se levanta contra o erro com toda a sua estatura moral, atrai sobre si a cólera do César arianófilo Constâncio, e é expedido para a outra extremidade do Império (a polícia, como se vê, era fiel aos seus métodos), fixando residência na Frígia. Proveitosa estadia! Enquanto dirige a sua diocese por meio de cartas, estuda a fundo a teologia oriental, que o Ocidente conhece pouco, e o seu livro sobre a Trindade reflete felizmente esse estudo. É nesta ocasião que tenta reconduzir ao catolicismo os *homeousianos*, que são os mais moderados dos hereges arianos.

O seu prestígio em todo o Oriente cristão torna-se tão grande que o imperador julga conveniente reenviá-lo para a Gália; é uma medida de clemência que, no entanto, de forma alguma impede Hilário de disparar contra o amigo dos hereges um terrível panfleto que correrá à socapa por toda parte. Tendo regressado a Poitiers, retoma a luta: em Paris, onde o Concílio de 360 serve de prelúdio à obra do Concílio de Alexandria que Santo Atanásio iria reunir; e na Itália, onde todos os arianos têm tal medo do seu regresso que se unem para expulsá-lo. Ao mesmo tempo, procura difundir na Gália o ideal monástico; multiplica as visitas a igrejas e escreve tratados dogmáticos, comentários sobre o Livro de Jó, sobre os Salmos, sobre São Mateus, bem como o *Tratado dos mistérios*, em que estuda as figuras proféticas do Antigo Testamento. Desenvolveu, como Santo Atanásio, uma atividade gigantesca.

Quando morreu, toda a Gália o considerou santo e numerosas povoações passaram a ter o seu nome. São Martinho considerar-se-á seu discípulo. E sempre se repetirão, nos conventos e nas igrejas, os belos hinos que ele compôs à moda do Oriente[24].

As sequelas do arianismo

Defendida por homens desse porte, a ortodoxia acabou por triunfar. E triunfou porque o arianismo atingia frontalmente a verdade profunda do cristianismo e as aspirações mais íntimas da alma fiel, que não se conformava com ver Jesus colocado num simples plano humano. Posta de lado como religião de Estado, a heresia sobreviverá muito modestamente, durante um ou dois séculos, na Alta Itália, na Ilíria e nas províncias do Danúbio, para depois se perder nas areias. E a corrente intelectual nascida do sacerdote de Alexandria não passará de tênue veio subterrâneo, bom apenas para alimentar, de tempos em tempos, alguma tese crítica hostil a Cristo e para reaparecer, nos nossos dias, em certos setores do protestantismo liberal ou nas estepes áridas de um Guignebert. Mas, se esta grave doença terminou por uma cura completa, não é menos verdade que deixou duas sequelas, ambas muito importantes para o futuro.

No decorrer do conflito, uma parte do episcopado, especialmente certos elementos políticos, tinha concordado em aceitar o imperador como chefe religioso. Bizâncio, capital política, tendia assim a tornar-se também a capital religiosa, de onde partiam as ordens e de onde dimanava a verdade. O Concílio de Constantinopla, em 381, decretaria que "o bispo de Constantinopla tem o primado de honra depois do bispo de Roma, porque Constantinopla é a nova Roma". Isto queria dizer, em termos claros, que Bizâncio não reconhecia a Roma senão uma precedência, um simples privilégio de antiguidade; e, além disso, que esta antiguidade era reconhecida à Cidade Eterna, não porque ela fosse a sede de Pedro, mas porque fora a dos primeiros Césares.

Ora, estas concepções eram bastante inquietantes. Ao tornar-se de fato a capital do Império, pretenderia Bizâncio assumir também o papel de capital religiosa? Roma, que se mantivera tão firme ao lado de Niceia, que contava tantos papas notáveis, nunca se sujeitaria a semelhante esbulho. Existia portanto, pelo menos virtualmente, um antagonismo que os fatos se encarregariam de mostrar. No século V, veremos Bizâncio aumentar de importância quando o "sínodo permanente", com sede junto do imperador, se arvorar em teólogo supremo, canonista infalível, conselho superior das dignidades e promoções eclesiásticas. É o bizantinismo que nasce da crise ariana, com a sua pretensão de situar o patriarca de Constantinopla no mesmo nível do papa, e o imperador acima de todas as hierarquias religiosas. Prepara-se a partir de agora o cisma grego do século IX, que já estava em germe desde a fundação de Constantinopla.

A outra consequência da crise ariana não devia esperar quinhentos anos para se manifestar: *a conversão dos bárbaros ao cristianismo herético.* Todos esses povos estabelecidos ao longo da fronteira que ia do Mar Negro às embocaduras do Reno — godos de todas as variedades, ostrogodos e visigodos, alanos, gépidas e suevos, francos e alamanos da Germânia, lombardos e burgúndios — mantinham numerosas relações com o Império, principalmente por intermédio dos seus irmãos e primos, que já se haviam fixado em massa em muitas províncias. Entre os germanos já havia conversões ao cristianismo desde o século III. Os godos da Rússia do Sul tinham já igrejas nos começos do século IV, visto que um bispo da Gótia tomara parte no Concílio de Niceia. No Danúbio, o cristianismo estendera-se graças aos prisioneiros que regressavam ao seu país.

A Igreja começava, pois, a penetrar nessas regiões bárbaras, bem como a ganhar as tribos instaladas no Império, quando apareceu *Úlfilas.* Nascido por volta do ano 311, entre os godos cristianizados, tendo sangue romano e germano nas veias, era um homem de grande inteligência, espírito preciso e aberto, e imbuído das três culturas — grega, latina e germana. Leitor da sua igreja, enviado em missão ao Concílio de Antioquia de 341, foi ali apanhado nas malhas sutis de Eusébio de Nicomédia, que fez dele um bispo — um bispo ariano. Quando regressou, levava consigo os germes heréticos.

Tendo organizado um alfabeto novo, traduziu para o gótico os livros santos e dedicou-lhes imensos comentários. Fundou-se, portanto, uma igreja nacional dos godos sob a sua direção. Compreendendo perfeitamente o que podia convir à mentalidade simplista dos bárbaros, aplicou-se a esquematizar o cristianismo, eliminando-lhe toda a dogmática complicada e acentuando tudo quanto pudesse ser fonte de energia e força. Um clero pouco culto, mas de fé robusta, presidia a cerimônias noturnas, ao ar livre, sob o clarão de tochas. A hierarquia das três Pessoas divinas surgiu aos olhos destes excelentes guerreiros como um prolongamento celeste das hierarquias militares. E o triunfo deste cristianismo tão particular foi fulminante entre todos os bárbaros.

Duas consequências hão de derivar desta conversão dos bárbaros ao arianismo. Quando o Império se tornar inteiramente católico, no tempo de Teodósio, a diferença de religião entre ele e os seus súditos germanos, domiciliados nas suas fronteiras, determinará um profundo antagonismo. Um Império que se tivesse conservado ariano teria talvez podido absorver os godos arianos; um Império católico teria incorporado a si godos que continuassem católicos; mas, entre um Império católico e germanos arianos, a oposição religiosa vem juntar os seus motivos de ódio àqueles que já por si resultam dos apetites elementares. Porém, ao mesmo tempo, quando se derem as grandes invasões, quando visigodos, burgúndios, ostrogodos, lombardos e vândalos se instalarem no Império, será a Igreja católica que encarnará a resistência a estes novos senhores, a estes invasores instalados em terras latinas e cujo pseudocristianismo os levará a isolar-se no orgulho e no desprezo pelos vencidos. E chegará um dia em que, apoiando com todas as suas forças uma outra horda germana — que passará do paganismo para a verdadeira fé —, a Igreja se servirá de Clóvis e dos seus francos para abater as altivas realezas arianas. E então Vouillé* completará Niceia.

O maniqueísmo, peste vinda do Oriente

O arianismo saíra do cristianismo: era um filho rebelde, sem dúvida, mas era filho. Se os seus dogmas eram errôneos,

---

* Batalha travada em 507 entre o rei franco Clóvis, cristão, e os visigodos arianos chefiados por Alarico II, que assegurou o predomínio franco no Ocidente. (N. do T.)

havia nele certos atos de fidelidade e certos princípios que um cristão fiel não podia condenar. Contudo, na mesma ocasião em que a heresia ariana lançava sobre a ortodoxia o seu "grande assalto", desencadeava-se contra esta um outro ataque igualmente terrível, mas de uma natureza e direção inteiramente diferentes. Desta vez, não se tratava de um calamitoso desvio da verdade evangélica, e a palavra heresia não poderia, na verdade, ser-lhe aplicada. A ofensiva vinha de fora, da Ásia, mas tão bem dirigida que encontrou cumplicidades nas profundezas da alma, lá onde se agitam as forças tenebrosas que já tinham feito surgir tantas heresias indiscutíveis.

Manes, o seu autor, vivera no século III. Nascera na Pérsia por volta do ano 215, naquele império sassânida que, tendo-se estendido desde as imediações da Síria até às da Índia, desempenhava o papel de uma encruzilhada de ideias e de civilização. Notavelmente dotado, em certo sentido até genial, expressando-se tão bem em sírio como em pélvi e dominando mais ou menos todas as línguas do Império persa, Manes mostrara desde a juventude um enorme apetite por alimentos espirituais. Seu pai, segundo parece, pertencia à seita judaico-cristã dos helxassaítas[25], que professavam, no meio de uma confusão generalizada entre os dogmas mais estranhos, uma espécie de dualismo em que o fogo era o símbolo da condenação e a água o da salvação. Quando contava vinte e quatro anos — dizem os seus adeptos —, recebeu de Deus revelações especiais e afirmava ter sido encarregado de dar aos homens a religião definitiva, aquela que ultrapassaria e suplantaria todas as outras, unindo-as todas num único conhecimento inefável. Empreendeu então viagens imensas e visitou a Índia, a China, o Turquestão, o Tibete, escutando em toda parte o ensino religioso dos sábios e sugando-lhes o mel.

A sua doutrina constituía, portanto, um sincretismo infinitamente mais vasto e mais sutil que todos aqueles que o mundo greco-romano tinha ensaiado. Podiam-se encontrar nela elementos cristãos, na maior parte heréticos, provenientes do cristianismo judaico da sua juventude e das influências marcionitas que se faziam sentir na Mesopotâmia; uma forte dose de gnosticismo, do gnosticismo sírio-cristão de Saturnino e de Cerdão, pelo qual se aproximava da filosofia grega[26]; e, extraída do budismo, ou antes da tradição pan-indiana, a doutrina da transmigração das almas e um sentido da natureza que ornava as suas teorias com uma poesia por vezes singular[27]. E tudo isso tinha como infra-estrutura o antigo dogma dualista iraniano, tal como Zoroastro o apresentara mil anos antes — o dogma da oposição entre o "deus do bem" e o "deus do mal", entre Hormuz e Ahriman.

Este conjunto, à primeira vista heteróclito, tinha sido harmonizado e exposto por um talento de primeira ordem, altamente dotado para a síntese. Existia uma espécie de bíblia maniqueia, cujos elementos principais eram o *Châpurhaghân* (tratado do rei Chapur ou Sapor), o *evangelho*, o *tesouro*, os *preceitos* e o *livro do fundamento*, que Santo Agostinho viria a refutar. Manes, que era tão excelente pintor como escritor e calígrafo, esmerava-se na apresentação dos seus textos, enriquecendo-os com essas iluminuras deliciosas que a arte persa nos legou "a fim de que — dizia ele — completassem assim o ensino entre pessoas instruídas e o suprissem entre as outras". Este homem compreendia as vantagens das ilustrações. Os discípulos, trabalhando às ordens dele, multiplicavam igualmente os exemplares das suas obras, e muitos tradutores as vertiam para o grego, o latim, o chinês, o turco e o árabe, adaptando habilmente as teses do mestre às exigências locais do apostolado.

Tal como a podemos reconstituir por fragmentos que chegaram até nós e por refutações como as de Santo Agostinho, a doutrina de Manes era essencialmente uma tentativa de penetrar nos mistérios metafísicos em que a razão humana descobre insondáveis oposições. O que os maniqueus pretendiam elucidar era a coexistência do bem e do mal, do eterno e do transitório, do perfeito e do imperfeito, do espírito e da matéria, o velho enigma contra o qual o homem se choca desde que começou a refletir.

Sob este aspecto, a sua intenção era vizinha à do gnosticismo. E a resposta simplista que tinha sido a de numerosos hereges — de um Marcião, por exemplo —, afirmando a existência de dois deuses inimigos, encontrava-se apoiada na venerável teologia do Irã.

Desde toda a eternidade há, portanto, duas divindades, dois princípios decididamente adversos. Quer lhes chamemos bem e mal, luz e trevas ou Deus e diabo, estamos sempre formulando o mesmo antagonismo. A história do mundo resume-se na luta terrível desencadeada pelo deus do mal, pelo poder das trevas, para invadir o reino da claridade. O lugar deste combate é a criação inteira; esta não é mais do que uma inextrincável mistura de bem e de mal, de luz e de trevas, num conflito perpétuo. O próprio homem é divino e luminoso pela alma, mas pelo corpo é opaco e inclinado ao mal. A história de Adão e Eva é um episódio da luta entre o bem e o mal, pois o homem tem o desejo de obedecer a Deus, enquanto a mulher impura encarna a tentação. Toda esta dogmática é acompanhada de uma mitologia incoerente, em que desfilam "filhas das trevas", germes seminais caídos dos abismos celestes, abortos rastejando pelas entranhas da terra, e se arma um aparato científico que bem podia causar sensação no seu tempo, uma mistura de astrologia e esoterismo, isto é, espiritismo, e em que o panteísmo hindu não deixava de ter a sua parte.

A moral maniqueísta é a consequência lógica das afirmações dos seus princípios. Todas as religiões anteriores, por não terem discernido a dualidade dos princípios, não tinham podido fixar regras absolutas de conduta e assim, o homem debatia-se entre o bem e o mal. Com Manes, tudo se simplifica. Como diziam já os antigos sacerdotes da Pérsia, é preciso ajudar o bem contra o mal, isto é, repelir tudo o que seja material diabólico, e evitar ofender a parte luminosa, divina, que está no mundo. O cânon moral resume-se no preceito dos três "selos" que o homem virtuoso deve apor sobre a mão, os lábios e o seio; pelo selo da mão, será impedido de ferir a vida, de matar, de guerrear; pelo selo da boca, será obrigado a dizer a verdade e a nunca comer carne nem alimentos impuros[28]; e pelo selo do seio, tornará impossível a obra da carne, que cria a matéria e prolonga a existência da vida corrupta. Quando todo o universo tiver obedecido à lei dos três selos, quando, de existência em existência, os homens se tiverem tornado puros, o deus do bem e da luz triunfará, e chegará então o fim do mundo, no meio de uma prodigiosa incandescência.

A primeira vista, parece bem difícil que Cristo pudesse encontrar o seu lugar no meio de todo este conjunto. No entanto, Manes conseguiu integrá-lo no seu sistema e proclamava-o Deus. Via nele um mensageiro da luz, uma força divina enviada pelo poder perfeito para travar o combate contra o mal. Esta luz encarnara-se pela primeira vez no homem primitivo, Adão; pela segunda, em Jesus; e manifestar-se-ia pela última no grande julgamento do fim do mundo. Nem é preciso dizer que, se os maniqueus admiravam os ensinamentos de Jesus, impregnados de luz, não viam na sua encarnação, na sua vida e na sua morte senão aparências enganadoras, e rejeitavam três quartos do Evangelho, bem como todo o Antigo Testamento, onde Javé lhes parecia um deus tenebroso.

Como é natural, a moral maniqueísta, com as exigências extremas que estabelecia, não tinha a pretensão de arregimentar todos os homens. A lei do tríplice selo não era posta em prática senão pelos "puros", casta superior, seita ascética que, pelo seu modo de vida, não deixava de lembrar os essênios. Quanto ao resto dos fiéis, os "ouvintes", beneficiavam de tolerâncias que podiam ir muito longe: depois de se declarar má em si a vida carnal, que importância teria que o homem comum, irremediavelmente submetido a ela, avançasse mais ou menos no pecado?

Por último, Manes tivera a habilidade de dar a todo este conjunto doutrinário um quadro institucional muito sólido, copiado do cristianismo. A exemplo de Jesus, tinha tido doze apóstolos, cujos sucessores, os "mestres", deviam dirigir a igreja maniqueia, comandando os "setenta e dois bispos" e toda a hierarquia de padres e diáconos. Do cristianismo, o maniqueísmo conservava dois sacramentos — o Batismo e a Eucaristia —, que, aliás, não sabemos como eram administrados; tinha ainda um terceiro, que se assemelhava à Penitência e à Unção dos enfermos, e que era uma espécie de perdão dos pecados na hora da morte. Quanto aos ritos, eram extremamente simples e reduziam-se a orações, cantos litúrgicos e cerimônias ao ar livre, principalmente uma festa na primavera que, depois da morte de Manes, foi consagrada ao aniversário do seu falecimento.

O êxito desta religião foi enorme, por várias razões. Em primeiro lugar, não há dúvida de que a sua metafísica vinha dar certas satisfações ao espírito humano, pois o velho dualismo constituía um sistema simplista, mas de uma lógica impressionante. Por outro lado, nos meios cristãos, recolhia a herança, não somente do gnosticismo, cuja influência tinha sido tão profunda durante o século II, mas também de um grande número de heresias, como por exemplo o marcionismo, o montanismo — com as suas terríveis exigências morais — e o docetismo, que se recusava a ver na Encarnação mais do que um simulacro. Manes, na sua tentativa sincretista, tinha sido hábil, tão hábil que os seus dogmas se espalharam nas duas direções, tanto para leste como para oeste, na direção da Ásia como do Mediterrâneo. Tinha apontado alto; pensara certamente em criar uma religião universalista, que fosse o traço de união entre o cristianismo e o zoroastrismo, entre o mundo romano e o persa — um laço espiritual entre "as duas metades do cérebro humano", como Kipling chama ao Oriente e ao Ocidente. A tentativa era grandiosa, mas não foi bem sucedida.

Mesmo na Pérsia, seu país de origem, o maniqueísmo logo foi combatido. O rei Sapor II, que — segundo parece — a princípio tinha protegido o profeta, mudou de opinião, sem dúvida por pressão do clero zoroastriano, que se sentia ferido por muitos dos dogmas de Manes e se encontrava em vias de ser suplantado pelo novo clero. Depois da morte de Sapor, Manes foi preso e julgado como herege; não se sabe ao certo se morreu na prisão ou se, como quer a tradição, foi crucificado e esfolado, para que a sua pele servisse de adorno num templo iraniano (270).

O maniqueísmo penetrou no Império Romano a partir de meados do século III, e logo alcançou adeptos entre os intelectuais ansiosos, sempre em busca de respostas e de fórmulas, aos quais as suas aparências científicas seduziam, e entre as mulheres orientalizantes, sempre à procura de alimento para as suas imaginações sensíveis. Em 290, as seitas maniqueias deviam ser já importantes em Roma, visto que Diocleciano se enfureceu contra elas, fulminou os seus "abomináveis escritos" e mandou queimar os chefes das respectivas comunidades. É impressionante verificar que, em todos os países onde se manifestou, a corrente maniqueísta em breve obrigou os poderes públicos a tomar posição contra ela. Com efeito, à parte certos exemplos de elevadas virtudes que nele se puderam observar, o maniqueísmo surgia como uma espécie de anarquismo espiritual, próprio para desagregar os mais sólidos princípios da ética e da vida. Como poderia uma sociedade acomodar-se a uma doutrina que, colocando a moral num nível tão alto de exigências, acabava por abandonar o comum dos mortais a todas as paixões e que, definindo o pecado como um elemento exterior ao homem, ligado à matéria, justificava em última análise a irresponsabilidade? Como poderia essa sociedade sobreviver ao triunfo de dogmas que proclamavam igualmente abomináveis o ato de matar e o ato de procriar? O maniqueísmo era, no fim das contas, uma doença infecciosa da consciência, uma peste que impelia a uma opção contra a carne e que tornava impossível toda a vida.

O maniqueísmo encontrou por toda parte obstáculos terríveis à sua expansão; por toda parte foi recusado e perseguido como heresia. A Índia, depois de algumas tentativas de penetração, desembaraçou-se dele. Foi igualmente expulso da China. Os turcos uígures, estabelecidos na Mongólia, fizeram dele uma verdadeira religião de Estado, fortemente impregnada de magia, mas quando os quirguizes se apoderaram do país, no século IX, estes severos muçulmanos eliminaram o dualismo maniqueísta, que apenas sobreviveu em regiões afastadas, no Turfã por exemplo, onde se descobriram traduções mongólicas dos seus escritos.

A Igreja viu-se a braços com este novo perigo a partir do último quartel do século III e a ameaça tornou-se séria no século IV. Os "bispos" e profetas maniqueus tinham uma atividade e um zelo que quase se podiam comparar aos dos missionários cristãos. Servindo-se de termos equívocos, os propagandistas da doutrina podiam apresentar-se como cristãos de um tipo particular, que traziam complementos preciosos à antiga mensagem evangélica. Osroene, a Síria, a Palestina, o Egito e depois a África e a Gália receberam a visita desses propagandistas, e o papa Milcíades indignou-se quando encontrou maniqueus em Roma. No mesmo período, assinala-se a sua presença na Ásia Menor e na Capadócia. Atacado por filósofos pagãos como Plotino, Porfírio e outros, o maniqueísmo foi refutado também por pensadores cristãos como Santo Efrém, São Cirilo de Jerusalém e Santo Epifânio de Chipre. Mas era preciso que o seu prestígio intelectual fosse grande para que um homem da têmpera de Santo Agostinho fosse seu adepto durante nove anos, antes de se transformar no mais enérgico dos seus adversários. Por volta do ano 370, havia em plena África cristã grupos muito prósperos de maniqueus, que tinham como chefe o hábil e eloquente "bispo" Fausto de Milevo e que se apresentavam como uma seita cristã e faziam uma intensa propaganda. Foi contra eles que o jovem pensador de Hipona empreendeu a sua primeira grande luta; e foi ele quem muito contribuiu para lhes quebrar o ímpeto.

Perseguido por Constantino e pelos seus sucessores, o maniqueísmo não opôs ao catolicismo a mesma resistência que o arianismo, pois nunca teve qualquer apoio dos elementos do poder público. Mas, ao ser perseguida, a doutrina mergulhou em estranhas profundezas e ali ficou, como uma doença microbiana que espera em alguma parte do organismo o momento de se declarar novamente. No século V, o papa São Leão lançará um grito de alarme contra esta invasão sorrateira. No século VII, a Armênia contará alguns envergonhados maniqueus sob o nome de paulicianos, e um pouco mais tarde chamar-lhes-ão bogomilos, na Trácia. Na Idade

Média, segundo Raimundo Sacconi, que foi “bispo cátaro” antes de ser dominicano e inquisidor, contavam-se dez igrejas maniqueístas no Oriente, que os imperadores de Bizâncio combatiam em vão. E sabe-se que foi contra o ressurgimento do maniqueísmo na França meridional, sob o nome de cátaros (puros), que se organizou a cruzada dos albigenses (1209-1249), como luta contra uma terrível doença. Ainda hoje é possível encontrar, em certos aspectos da alma moderna, alguns traços da velha tentação dualista, dessa doença insidiosa vinda do Oriente.

As lições de uma crise

A Igreja conseguiu sair vitoriosa dessa longa e múltipla crise do século IV. O donatismo estava prestes a desagregar-se, o arianismo tinha esgotado o seu veneno e, se o maniqueísmo subsistia, a sua ameaça não era tão premente que pusesse em causa a existência da Igreja.

A que deveu o catolicismo, o cristianismo fiel, a sua superioridade? Ao apoio do poder, como pretendem muitos historiadores? Não unicamente, porque, se não podemos desconhecer a ação decisiva de Constantino nas grandes resoluções tomadas em Niceia, não devemos também esquecer que, no tempo dos seus sucessores, a Igreja se encontrou só perante o poder quase inteiramente conquistado pela heresia e cuja ação foi desastrosa para a fé. As verdadeiras razões da vitória são mais profundas e, se as observarmos bem, descortinaremos melhor os elementos fundamentais dessa grande instituição nascida de Jesus.

O que fez triunfar a Igreja foram as suas qualidades essenciais, a sua sabedoria, o seu sentido de moderação e de justo equilíbrio, a sua simplicidade perante os mais altos mistérios e o são realismo que ela nunca pôs de parte. Em face do donatismo, cujas exigências excessivas teriam feito da religião um fanatismo e de cada fiel um adepto da "revolução permanente", a Igreja defende, sem muita nem pouca indulgência, uma posição que leva em conta perfeitamente as fraquezas do homem e a necessidade do perdão. Em face do arianismo e das suas especulações intelectuais, a Igreja está do lado da simplicidade e do bom senso, e exprime a intenção mais profunda da revelação cristã, que é reconhecer Deus, o Verbo encarnado, em Jesus, o Salvador. Em face do maniqueísmo, é ela que defende a carne, miserável e gloriosa, da criatura; os seus princípios são os únicos que tornam possível a vida, a moral e a sociedade. Estas características, que se revelaram tão claramente no decurso destes dias de provação, nunca a Igreja deixou de os testemunhar através dos tempos.

Uma outra razão do seu triunfo provém ainda da própria instituição da Igreja, da sua profunda unidade. O caráter permanente das heresias — a sua maldição histórica — é desagregarem-se em seitas; mal abandona a nau que resiste a todas as tormentas, o espírito humano vê-se sacudido por todas as vagas e sente-se dividido contra si mesmo. No tempo de Santo Agostinho, o partido de Donato estava fragmentado numa porção de pequenos pedaços e o grande cisma africano afundar-se-á por decomposição espontânea. A história do arianismo é a do tumulto entre seitas rivais, as dos *anomeanos*, *homeanos* e *homeousianos*, como já tivemos ocasião de ver, todas elas ferozmente apegadas às suas pequenas profissões de fé heréticas e odiando-se umas às outras tanto quanto odiavam em bloco a Igreja. E o próprio maniqueísmo, precisamente porque era sobretudo uma corrente insidiosa e multiforme, manifestou-se num considerável número de variedades, de grupos, de comunidades plenamente apegadas ao dualismo ou semi-heréticas, como esses euquetas da região de Edessa, que afirmavam a união pessoal de Satanás com o pecador e de Deus com o justo, e cujas cerimônias, dignas dos dervixes, se reduziam a vociferantes exorcismos. Perante este pulular de seitas, como é impressionante a unidade da Igreja! Longe de abalá-la, todas essas vagas à volta não fizeram mais do que fortalecê-la.

Este revigoramento observa-se sobretudo de duas maneiras. As grandes querelas doutrinárias do século IV tiveram uma importância enorme para o desenvolvimento intelectual do cristianismo e a definição dos dogmas. *Oportet haereses esse!* Convém que haja hereges! Os Padres da Igreja, querendo defender a fé, foram levados a desenvolver um esforço imenso para chegarem a uma visão mais exata das verdades dogmáticas e para tornarem mais precisas as relações entre elas. Por isso, os séculos IV e V são a época mais bela da literatura cristã, os grandes séculos patrísticos. No momento que aqui nos interessa, formulam-se duas afirmações fundamentais: a de que o Filho é consubstanciai ao Pai (Niceia, 325), e a de que o Espírito Santo é Deus, *cum Patre et Filio adorandum* (Constantinopla, 381). É toda uma plêiade completa de espíritos de primeira ordem, tanto no Ocidente como no Oriente, que se dedicam ao estudo profundo, especulativo e racional das verdades da Revelação, e estabelecem a teologia cristã nas suas características gloriosas.

Enfim, a par deste fortalecimento espiritual, verifica-se ainda outro: o da autoridade da sede de São Pedro e do seu sucessor, o papa. À medida que Constantinopla se empenha nas suas pretensões de capital religiosa, à medida também que a influência dos imperadores se torna mais indiscreta no domínio da fé, tudo aquilo que, na Igreja, se recusa a uma submissão total ao "cesaropapismo" bizantino, volta-se para a sede de São Pedro. Aparentemente diminuída pelo prodigioso desenvolvimento de Bizâncio, Roma ergue-se cada vez mais como a sede mais segura da autoridade religiosa[29].

Desta maneira, a crise tão grande que a Igreja sofreu no século IV, aparece-nos, não como um sinal de enfraquecimento, mas como um sintoma rico de esperança: uma crise de crescimento no instante em que, no limiar da vitória, tomava ela a sua conformação definitiva e ia assumir um papel decisivo na história da civilização.

Notas

[1] Acerca de Montano, do gnosticismo e de Marcião, cf. cap. VI, par. *Oportet haereses esse.*

[2] Sobre as crises do século III, cf. cap. VII, *Sombras e luzes no quadro da lgreja*; sobre Novaciano, cf. nota 12 do cap. VII.

[3] O historiador protestante alemão Adolf von Harnack, na sua obra *Précis de l'histoire des dogmes*, tradução francesa de 1893.

[4] Cf. cap. VIII, n. 14.

[5] Conhecemos minuciosamente a história do cisma de Donato, não só por Eusébio de Cesareia, mas também pela obra em sete livros publicada em torno do ano 300 por Santo Optato, bispo de Milevo na Numídia. A obra relata os fatos, refuta as doutrinas e, com um cuidado de precisão raro naquele tempo, acrescenta em anexo os principais documentos oficiais sobre a questão, como por exemplo o processo da eleição de Ceciliano. Indicaremos a seguir a importância dogmática desse trabalho.

[6] Cf. cap. VII, par. *A África de Tertuliano e de São Cipriano*, e também *Sombras e luzes no quadro da Igreja.*

[7] Cf. cap. IX, par. *Diocleciano e o Baixo Império.*

[8] Desde o princípio, o donatismo ofereceu um solo fértil para o escândalo. Em 320, um diácono de Cirta, então já Constantina, desavindo com o seu bispo, revelou todas as combinações do famoso "concílio" em que Ceciliano foi tão maltratado, e provou que vários dos votos episcopais conquistados por Majorino haviam sido comprados mediante bom dinheiro pela devota Lucila. O fim do donatismo será evocado noutro volume, a propósito do século V.

[9] Trata-se de São Luciano de Antioquia, cuja memória era venerada por Constantino. Cf. cap. IX, par. *O Batismo da morte*, 337, e cap. VII, nota 31.

[10] Erro que consistia em subordinar na natureza divina o Filho e o Espírito Santo ao Pai. Cf. cap. VII, par. *Sombras e luzes no quadro da Igreja.*

[11] Heresia desenvolvida sobretudo no século III sob diversos nomes e com diversas variantes. E uma forma do *modalismo*, que não vê nas Pessoas divinas senão "modos" de ação de um só Deus, e não seres reais, individualizados. O nome de *sabelianismo* vem do padre Sabélio,

que o lançou ruidosamente em Roma, no tempo dos papas Calisto e Zeferino (cf. cap. VII, par. *Sombras e luzes no quadro da Igreja*).

[12] Bispo de Beirute, na Síria, Eusébio tinha conseguido ser transferido para a sé de Nicomédia, bem mais importante, onde se tornou confidente de Constança, irmã de Constantino e mulher de Licínio. Passou por uma situação difícil após a derrota deste, mas conseguiu habilmente recuperar as boas graças de Constantino e exerceu quase ininterruptamente a sua influência sobre ele, acabando por batizá-lo no leito de morte.

[13] Cf. cap. V, par. *A unidade da Igreja e o primado de Roma.*

[14] Cf. cap. II, par. *Problemas do passado.*

[15] Entre as duas palavras não há senão um *i*, um *iota*, de diferença. Alguns sustentaram que é daqui que provém a expressão proverbial "não mudar um *iota*", mas a expressão pode vir também do *Evangelho segundo São Mateus*, 5, 18.

[16] Cf. cap. V, par. O *Símbolo dos Apóstolos, "regra da fé"*.

[17] O Concílio tratou ainda de outras questões menos graves. A data da Páscoa foi fixada definitivamente no domingo que se segue ao dia 14 da Lua de Nisan (março); cf. nota 28 do cap. VI. Pôs-se fim ao cisma egípcio de Melécio, devido à reconciliação dos seus antigos partidários com a Igreja, e foram derrotados os últimos partidários de Paulo de Samosata e de Novaciano.

[18] Grifamos as palavras que não são idênticas ao texto atual e colocamos entre colchetes aquelas que foram acrescentadas posteriormente.

[18] O primeiro *Símbolo de Niceia* limitava-se, quanto ao Espírito Santo, a esta simples afirmação de fé. Mas, no fim do século IV, como diversas correntes heréticas tivessem atacado a divindade da terceira Pessoa da Trindade, a Igreja viu-se na necessidade de proclamá-la mais explicitamente, e foi redigido o versículo que lhe diz respeito no nosso texto atual. Completou-se também o texto com afirmações de fé que se referem à Igreja, ao Batismo, à absolvição dos pecados, à ressurreição dos mortos e à vida eterna, que são afirmações com as quais se encerra o nosso *Credo*. Uma tradição não de todo unânime pretende que estas precisões foram obra do *Concílio de Constantinopla*, em 381. Em qualquer caso, é certo que foi neste último Concílio que elas foram elaboradas, se não formuladas, e é por isso que se designa vulgarmente o nosso texto atual com o nome de *Símbolo niceno-constantinopolitano*. Cf. cap. XII, par. *Teodósio*.

[20] As dificuldades aumentavam em vista da obrigação que havia de traduzir para o latim os termos gregos, dada a falta de precisão que acompanha qualquer tradução. Por exemplo, em latim, *essentia* e *substantia* são pouco mais ou menos palavras sinônimas; em grego, *hipóstase* e *ousia* não o são tanto. Por outro lado, utilizou-se *essentia* para traduzir *hipóstase*, quando, em grego, a palavra designa mais os caracteres próprios de cada Pessoa divina do que a própria essência da divindade.

[21] Por meio de cartas de uma insolência espantosa. É de admirar que Constantino tivesse tolerado esse tom.

[22] Temos como exemplo este fragmento do *Símbolo da Dedicação*, votado em 341, no Concílio de Antioquia: "Cristo é Filho único do Pai — nascido do Pai antes de todos os séculos, Deus de Deus, inteiro do inteiro, único do único, perfeito do perfeito, rei de rei, Senhor de Senhor, Verbo vivo, Sabedoria viva, Luz verdadeira, caminho, verdade, Ressurreição, pastor, porto, sem mudança nem transformação, imagem em nenhum ponto diferente da divindade, da substância, do poder e da glória de Deus". Seriam necessárias tantas palavras para crer em Jesus, Deus vivo?

[23] Correrá o boato de que o velho Ósio de Córdova, o heroico protagonista do dogma de Niceia, tinha cedido à heresia. Mas o documento em que se faz essa afirmação parece ser falso e forjado pelos arianos.

[24] Citamos particularmente, como grandes defensores da fé ortodoxa, dois santos de primeira grandeza — Santo Atanásio e Santo Hilário — porque as suas personalidades têm o valor de um símbolo. Mas, por um dever de equidade absoluta, teríamos de citar ainda muitos outros. Assim, temos no Oriente Santo Alexandre, que foi o bispo de Atanásio e de quem possuímos duas epístolas, uma das quais é uma refutação em regra do arianismo; Santo Eustáquio de Antioquia, que foi um dos mais corajosos adversários e depois vítima de Eusébio de Nicomédia; Marcelo de Ancira, que teve o mesmo destino, e ainda Santo Efrém, cristão da Mesopotâmia, grande contemplativo e místico, pensador poderoso que deu início à literatura síria. No Ocidente, além de Ósio de Córdova, cuja importância já vimos, temos Lúcifer de Cagliari, violento, veemente e ardoroso combatente da ortodoxia; Vitorino, retórico africano, que tentou opor ao arianismo argumentos filosóficos mais ou menos platonizantes; e São Zenão, bispo de Verona, que ainda hoje é ali venerado. Se a heresia teve personalidades variadas, a ortodoxia teve-as ainda mais; a Igreja combateu em todas as frentes e de todas as maneiras.

[25] Chamados também alexeítas. Cf. cap. I, par. O *fim de Jerusalém.*

[26] Sobre Marcião e sobre os gnósticos, cf. par. *Lutas teológicas e dramas temporais.*

[27] "As flores — dizia Manes — nascem quando a semente dos anjos toca a terra. São gotas da luz divina espalhadas entre nós. Quanto mais a flor for brilhante e mais polposo o fruto, mais rica é neles a substância divina original".

[28] Mesmo alguns vegetais eram considerados impuros, como por exemplo o figo, por causa da sua forma reputada obscena.

[29] Cf. cap. XI, par. O *reconhecimento definitivo do primado romano.*

XI. A IGREJA NO LIMIAR DA VITÓRIA

Onde está implantada a Cruz

Tinham-se passado três séculos desde que, antes de voltar para junto de seu Pai, Jesus ordenara aos seus discípulos: "Ide e evangelizai todos os povos". Após tantos sofrimentos, esforços e heroísmos, o cristianismo chegava agora ao limiar da vitória. E foi no decorrer do século IV que o transpôs. À exceção de dois breves períodos, todos os sucessores de Constantino lhe dão o seu apoio e a situação modifica-se por completo. Em vez de ser um proscrito, mais ou menos clandestino, mostra-se agora à luz do dia e sem qualquer risco. É nas suas velas que sopra o vento da história, e mesmo entre os pagãos o seu triunfo é considerado um fato consumado.

Como se apresenta a Igreja nestes anos de viragem em que verdadeiramente "o mundo muda de bases"? As perspectivas já não são, como é óbvio, as dos tempos das catacumbas, em que a ameaça da espada pendia sobre a cabeça dos fiéis. Os resultados obtidos são vastos e consolidados, e muitos outros terrenos são ocupados. É o pleno desabrochar, ao sol da primavera, do botão que fora germinando lentamente.

A ação apostólica tornou-se muito mais fácil e as conversões multiplicam-se. Como sempre acontece — não sem algumas consequências menos agradáveis —, a causa que triunfa vê afluir os adeptos. Muitas crianças nascem cristãs, quer em famílias já cristãs, quer em lares mistos, onde se torna habitual que o esposo cristão mande batizar os filhos e as filhas. Este crescimento realiza-se com uma facilidade espantosa, e o fracasso da tentativa paganizante de Juliano, o Apóstata, bem como a medíocre resistência à conquista evangélica são provas do vigor com que a Igreja se instala no mundo romano.

Com efeito, é ainda no universo da Loba que o cristianismo mais continua a desenvolver-se, e basta-nos considerar a própria Urbe para avaliar essa penetração. As igrejas multiplicam-se e são cada vez mais luxuosas. O papa Júlio constrói duas basílicas: Santa Maria do Trastevere e os Santos Apóstolos; Libério manda erigir Santa Maria Maior, e Dâmaso, na sua casa natal, cria o título de São Lourenço *in Damaso*. No Palatino, nas dependências do Palácio imperial, aparece a Capela de São Cesário, e muito perto de lá, ao lado do Circo, a de Santa Anastácia. É também desta época que datam as partes antigas de São Clemente; a basílica de São Paulo é ampliada, e realizam-se obras na de São Pedro. Muitas ruínas veneráveis conservam ainda hoje a recordação desse extraordinário surto das casas de Deus.

Persiste o acentuado desequilíbrio que existia entre o Oriente e o Ocidente — o primeiro estava muito mais impregnado de cristianismo do que o segundo[1] —, mas vai-se atenuando. Não há província alguma que, de agora em diante, não receba a mensagem evangélica: a Cruz está implantada em todo o *Imperium*. Mas a densidade da penetração varia: extremamente forte no Egito e na Ásia Menor, muito considerável na Itália e na África, tendendo a aumentar nas Gálias e na Espanha. Mas é preciso mencionar um fato que, até certo ponto, refreia essa penetração. Quando perseguida, a Igreja tinha-se beneficiado do apoio das aspirações populares que resistiam à expansão romana; uma vez aliada ao poder, já não pode contar com essas forças e, mesmo onde o Evangelho já tinha penetrado com êxito, intervêm agora secretas reações políticas que se manifestam por meio de cismas e heresias, como sucedeu com o cisma de Donato, tão profundamente ligado às tendências separatistas dos africanos. Mas isso não é senão um contratempo mínimo, incapaz de deter a poderosa vaga que arrasta para Cristo uma civilização inteira.

Será possível propor uma cifra para o total de cristãos que há agora no Império? Mesmo numa época como esta, em que a administração burocrática multiplicava os controles, não temos meios para responder a essa pergunta. Se os cristãos são a imensa maioria em certas regiões, especialmente nas províncias da Ásia, da Bitínia ou da Capadócia, não passam de fracas minorias nas regiões rurais isoladas da Gália, da Itália do Norte e da Espanha. Em meados do século IV, podemos admitir que constituem aproximadamente um terço da população; se o Império tem cerca de cem milhões de habitantes, uns trinta mais ou menos deviam ser cristãos.

Mas não é só no âmbito romano que se nota esta atividade prolífera. Como sabemos, os mensageiros de Cristo tinham transposto havia muito as fronteiras do Império, e o Evangelho fizera-se ouvir em inúmeros lugares que as legiões não dominavam. Além da expansão do cristianismo entre os godos, sob a forma da heresia ariana, como já tivemos ocasião de ver[2], têm lugar agora três grandes aventuras missionárias que são como que tentáculos projetados pela Igreja para além dos limites romanos: a Armênia, a Pérsia e, com a Etiópia, a Arábia. Partindo das três grandes metrópoles orientais — Antioquia, Cesareia da Capadócia e Alexandria —, cada uma das quais possuía o seu setor dedicado às missões, os mensageiros do Evangelho tinham já atingido essas longínquas regiões a partir de fins do século II e no decurso do século III. No século IV, os resultados serão tão flagrantes como curiosos.

A Armênia, que precedeu Roma na conversão oficial, foi batizada por volta do ano 300, quando Gregório, "o Iluminador", ganhou para a fé o rei Tirídates; de um só golpe os templos pagãos foram convertidos em igrejas e o clero dos ídolos ordenado clero cristão. Foi uma conversão rápida e superficial. Apesar dos esforços dos missionários sírios e capadócios, a Igreja armênia manter-se-á atrasada, além de perturbada pelas rivalidades entre os *catholikoi*, poderosos prelados cristãos hereditários, e os soberanos civis do país. É no fim do século IV que entrará nos seus verdadeiros destinos cristãos, depois de passar por uma reforma rigorosa.

Na Pérsia, a dinastia real permaneceu presa à religião masdeísta, e o cristianismo, que ali se infiltrara havia mais de cinquenta anos, não teve qualquer proteção oficial. Antes pelo contrário, os dois primeiros Sapor, considerando que os cristãos "participavam dos sentimentos do seu inimigo César", trataram-nos como rebeldes. Houve uma dolorosa perseguição, durante a qual sucumbiram milhares de mártires (o historiador Sozomenos fala de dezesseis mil) e que só veio a terminar no fim do século IV, quando se assinou a paz com Roma. Em 410, quarenta bispos hão de comparecer a um concílio persa, e a partir daí, separada de Cesareia, sua metrópole espiritual, a Igreja do Irã prosperará até o advento do Islã.

Desta maneira, o coração da Ásia estava já tocado pela Boa-nova. E, por mais imprecisas que sejam as nossas informações a esse respeito, pode-se afirmar com certeza que existiam já comunidades cristãs na Índia e nas ilhas próximas. Floresciam também duas igrejas nas imediações do Mar Vermelho, as da Arábia e da Etiópia. Essas regiões, onde sobrevivia um fundo de paganismo semita, tinham sofrido influências judaicas no tempo de Cristo, mas muito cedo chegaram lá os missionários cristãos. Conta-se que a conversão de Abissínia teve a sua origem num episódio muito comovente: duas crianças cristãs, únicas sobreviventes de uma caravana trucidada, foram levadas para a corte e ali falaram com tal ardor da sua fé que o rei quis fazer-se cristão. Um destes jovens missionários, Frumêncio, veio a ser sagrado bispo por Santo Atanásio e voltou para a Abissínia por volta do ano 350, fundando uma igreja cujas veneráveis tradições são um dos laços mais diretos que se podem apontar entre o cristianismo de hoje e o dos tempos primitivos. Quanto à Arábia, evangelizada por missionários de Alexandria e da Etiópia, teve alguns bispos cristãos e impregnou-se suficientemente de tradições evangélicas para que Maomé fosse buscar nelas muito da sua inspiração.

São Martinho e a conversão das populações rurais

A expansão do cristianismo caminha paralelamente à sua penetração. Todas as classes são, evidentemente, atingidas pelo seu trabalho de irradiação, mas nem todas reagem da mesma forma. No seu conjunto, como já vimos que acontecia desde os princípios, a Igreja, no século IV, continua a ser um agrupamento de pessoas modestas — artesãos, escravos libertos, comerciantes, gente da classe média —, e conserva um caráter urbano predominante. Há dois elementos que continuam refratários e que o serão ainda por muito tempo: a aristocracia e os camponeses.

É verdade que podemos apontar muitos cristãos nas classes altas; houve-os sempre, desde os tempos em que as matronas patrícias convertidas punham à disposição das comunidades clandestinas as suas vivendas e os seus cemitérios familiares.

O século III viu aumentar sensivelmente essa representação, e a aristocracia conta com muitas mulheres santas, como uma Marcela ou uma Paula. Por outro lado, o oportunismo político característico das pessoas de posição elevada devia arrastar para o Batismo muitos aristocratas de posses. Tanto razões boas como medíocres explicam a afirmação do poeta Prudêncio, quando diz que nesta época "um número infinito de famílias nobres se voltou para o selo de Cristo" e que a muito custo "um punhado se deixou ficar sobre a rocha Tarpeia". Mas continua a haver numerosos espíritos que se recusam a aceitar a nova doutrina: fidelidade melancólica às tradições romanas, apego a essa mitologia sem a qual toda a cultura parece impossível, desprezo de casta por essa súcia de vendedores ambulantes, desdém dos gozadores por uma moral excessiva — eis os principais fatores que determinam a atitude de um Juliano, o Apóstata, e que se poderá observar ainda pelo menos por mais duzentos anos.

No campo, a resistência não se baseia em razões intelectuais, mas provém de causas instintivas. O atraso dos homens do campo com relação aos citadinos, que se verificara no século III[3], está longe de ter desaparecido no século IV. É nesta época que se impõe o costume de empregar a palavra *paganus*[4] — *camponês* — para designar os infiéis, "os pagãos", e já em 370 encontramos esse termo num decreto oficial. As formas religiosas imemoriais, ligadas à terra, os antigos ritos naturalistas, as superstições e os mitos tinham tido sempre raízes profundas no campo, e as formas oficiais do culto do Império tinham tido que adaptar-se a isso. O cristianismo, apesar do seu vigor, não poderá penetrar do dia para a noite nestes baluartes de resistência, e hão de passar numerosos séculos antes de que os possa vencer.

Mas, por rude que pareça uma tarefa, a Igreja não hesita em empreendê-la. Veem-se nesta época inúmeros missionários entregues ao trabalho de espalhar a palavra de Deus entre os camponeses. Na Dácia, Nicetas de Remesiana converte os bessos, aparentados com os trácios e tão selvagens como eles; na Itália do Norte, Vigílio, bispo de Trento, não contente com ter evangelizado a planície, envia missionários aos rudes vales alpestres, uma tarefa tão árdua que alguns serão martirizados; na Gália, Vitrício de Rouen empenha-se em converter os povos nômades das planícies flamengas. E há ainda um nome que resume e ilumina esta ingrata história da sementeira evangélica entre as gentes do campo: *São Martinho de Tours.*

A Igreja da Gália, que se desenvolvera extraordinariamente no século III[5], deu no século IV um verdadeiro salto para a frente. No momento da paz de Constantino, conta com trinta bispos, e cinquenta anos mais tarde contará com sessenta. O Oeste e o Nordeste veem surgir muitas sés chamadas a desempenhar um grande papel: Agen, Saintes, Périgueux, Poitiers, Nantes, Angers, por um lado, e por outro Estrasburgo, Besançon, Verdun, Amiens e Cambrai. O cristianismo gaulês prolonga-se pelos bispados de Basileia, Worms, Spira, Mainz e mesmo Valais. Nos Alpes franceses, por volta do ano 365, Embrun torna-se bispado e funda-se a sé de Grenoble. Pouco agitados por querelas doutrinárias e contando com chefes de valor, como Retício de Autun, Foebade de Agen e sobretudo Hilário de Poitiers, os cristãos gauleses levam, segundo a expressão de Camille Jullien, uma "vida honesta, pacífica e banal", mas esta tranquilidade e esta modéstia escondem uma imensa vontade de apostolado.

É a esta Gália já fortemente cristianizada que chega, por volta de 338, um soldado de vinte anos, chamado Martinho. Filho de um oficial pagão, nascera na Panônia, atual Hungria. Tendo-se convertido durante a infância, por influências que não saberíamos determinar, Martinho já aos catorze anos pensava consagrar-se a Deus, mas seu pai o fez alistar-se. A vida dos acampamentos não prejudicou o seu ideal, antes o estimulou. Prova-o um episódio que as imagens viriam a tornar, mais que ilustre, proverbial. Um dia, em Amiens, onde se encontrava com o seu regimento, apareceu-lhe um mendigo que tiritava sob o vento áspero, e Martinho, fiel à caridade de Cristo, cortou a sua clâmide e deu metade ao infeliz. Na noite seguinte, apareceu-lhe Jesus, trazendo o pedaço de capa que o jovem catecúmeno dera por amor. Batizado e licenciado a seu pedido, Martinho ia seguir agora o seu verdadeiro caminho e obedecer à sua vocação.

A sua grande sorte foi ter por mestre a grande luminária da Igreja gaulesa, "o Atanásio do Ocidente". Na companhia de Santo Hilário de Poitiers, progrediu rapidamente na santidade. Modesto, recusando-se a receber o diaconado, de que não se julgava digno, começava a trabalhar junto do grande bispo quando se sentiu assaltado por um remorso de consciência. Tinha ele o direito de deixar entregues ao paganismo seus pais e amigos da Panônia? Voltou para o Danúbio, onde converteu a mãe, mas teve que deixar o país às pressas. Depois de uma permanência na Itália, onde a sua ortodoxia intransigente o indispôs com os arianos, refugiou-se numa ilha lígure, para se dedicar à vida de eremita, que começava a ser praticada no Ocidente. Quando Hilário regressou do exílio, Martinho juntou-se a ele na Gália e empreendeu essa grande obra das fundações monásticas que, como havemos de ver, constitui um dos aspectos mais notáveis de toda a sua imensa atividade.

Santo Hilário morre, e a multidão de Tours reclama Martinho, que tem já a reputação de santo, de apóstolo e de homem que operava curas maravilhosas. Martinho pretende esquivar-se a essa honra, e é só por meio de astúcia que as suas futuras ovelhas conseguem trazê-lo para

Tours, debaixo de uma boa escolta; no entanto, os prelados, franzindo o sobrolho, perguntam — como diz Sulpício Severo — se se poderá fazer um bispo "de um homem de compleição tão fraca, tão mal vestido e tão mal penteado". Foi, na verdade, um episcopado deveras singular. Levando na sua vida privada a existência de um monge, instalado a quatro quilômetros de Tours, nesse Marmoutier que fundara, nem por isso Martinho deixa de conservar perante o povo a dignidade e a solenidade de um grande chefe eclesiástico.

É então que empreende a evangelização das povoações rurais. Com uma bagagem modesta, montado num jumento ou numa mula, vai de aldeia em aldeia chamando para Cristo todos os miseráveis e todos os abandonados. As estradas da Touraine e de Berry veem-no passar espargindo a semente, e é graças a ele que Amboise, Langeais, Tournon, Clion e Livroux se convertem em paróquias. Evangeliza Auvergne e o Saintonge; tanto prega na região parisiense como no vale do Ródano. Substitui por toda parte os templos pagãos por igrejas e oratórios. A fama multiplica o rumor dos seus milagres e muitos bispos o chamam para confiar-lhe verdadeiras missões no campo. Quando morreu em Candes, em 397, durante uma das suas viagens, a sua popularidade era imensa. Mais de quatro mil igrejas paroquianas o invocam ainda hoje como seu padroeiro, e quatrocentos e oitenta e cinco burgos ou aldeias têm o seu nome. A Igreja reconhecerá nele o primeiro dos grandes confessores do Ocidente. No tempo dos Merovíngios — e depois no dos primeiros Capetos — a capa vermelha de São Martinho[6] será levada à frente dos exércitos e será sobre ela que, em tempo de paz, se prestarão os juramentos solenes. São Gregório de Tours, seu sucessor, chama-o "patrono especial do mundo". Seja como for, é uma bela e significativa figura dos combates que a Igreja tinha ainda de travar no momento em que o seu triunfo estava a caminho.

Uma organização de futuro

A par do crescimento do povo cristão, tanto em extensão como em profundidade, o grande fato do século IV é a constituição definitiva de uma organização eclesiástica, tão lógica como a do Estado. Fragmentado em cultos heteróclitos, o paganismo nunca tinha conseguido constituir uma força organizada; o cristianismo, em virtude dos próprios princípios que recebera do seu Mestre, forma uma única Igreja. Assim se estabelece uma autoridade religiosa, uma administração eclesiástica distinta da administração civil, e se nos últimos dias do Império os imperadores ainda mantêm através das suas pessoas um laço entre as duas instituições, a prova da história não tardará a romper esse laço e a fazer oscilar a balança a favor dos homens de Deus.

Esta preocupação de organização, que já se havia manifestado no século III, torna-se evidente no século IV[7]. O Concílio de Niceia, em 325, estabelece os princípios fundamentais da hierarquia, e depois, de concílio em concílio, a engrenagem vai-se aperfeiçoando, confirmam-se usos antigos e introduzem-se regras que a necessidade aconselha.

O clero conserva e perfila os traços que tinha já no século anterior. Nitidamente distinto dos fiéis, constitui uma categoria social à parte. Gozando de uma situação jurídica nova, que a piedade dos imperadores lhes concede, os sacerdotes já não necessitam de exercer um ofício, e aliás não teriam tempo para isso: a liberalidade dos fiéis permite-lhes viver, e o poder público isentou-os do imposto de capitação. Não têm ainda a obrigação do celibato, embora o papa Dâmaso o recomende e o Concílio de Roma, em 386, formule votos nesse sentido. Aparecem regulamentos em que se fixa a idade mínima necessária para exercer os cargos eclesiásticos: trinta anos para o de diácono, trinta e cinco para o de presbítero e quarenta para o de bispo. Começa-se já a pensar na educação dos futuros sacerdotes, e esse foi um dos fins visados por São Martinho em Marmoutier.

Os presbíteros conservam muito pouco da sua antiga função de assistentes do bispo; a hierarquização está mais acentuada. O desenvolvimento das comunidades levou a dividi-las, e cada comunidade elementar tem um sacerdote que a dirige; daí procedem as nossas paróquias. Em Alexandria, há um grande número de paróquias, e Ário foi pároco de uma delas. Em Roma, podemos seguir de perto esta fragmentação hierárquica; em meados do século III, o papa Fabiano dividiu a cidade em sete setores para fins de administração material, e confiou a um diácono o cuidado de velar por cada um; no século IV, o clero tem a seu cargo as necessidades espirituais destes agrupamentos, e assim se encontra erigida a paróquia, designada pelo seu "título presbiteral"[8] e posta sob a proteção de um santo. É a base da nova organização cristã.

Como o nosso clero moderno, o do século IV desempenha todas as funções, tanto litúrgicas como sacramentais e até administrativas. Existe apenas uma categoria à parte, a dos pregadores e missionários, que conta personalidades eminentes e até celebridades imortais, como São João Crisóstomo. Mas há, além disso, sacerdotes especialmente encarregados dos pecadores e que possuem para isso uma delegação particular do bispo; continuam a chamar-se *exorcistas*, como outrora, mas são mais conhecidos por *penitenciários*. Mais importante e, até certo ponto, mais inquietante é a situação dos *diáconos*. Ocupam um lugar de relevo na Igreja, principalmente por serem pouco numerosos — apenas sete[9], por fidelidade à tradição, ao passo que os sacerdotes podem ser muitos mais. Há, portanto, certa tendência para considerá-los como uma elite. A sua tarefa é apenas administrativa e é precisamente isso o que os torna tão poderosos, visto que os bens coletivos pertencentes à Igreja — imóveis, terras, capitais tendem a tornar-se imensos, e são os diáconos que movimentam os fundos e dirigem um quadro expressivo de subdiáconos, acólitos e leigos. São eles ainda que comandam os serviços de caridade, o que lhes assegura certas clientelas. Têm por superior o arquidiácono, que é a segunda personalidade depois do bispo e quem o substitui com frequência. O Concílio de Niceia ver-se-á na necessidade de recordar aos diáconos "que se devem manter nos limites das suas atribuições, lembrando-se de que são servidores dos bispos e estão abaixo dos presbíteros". Compreende-se que os sacerdotes tenham procurado absorver estes elementos bastante incômodos.

O chefe de todo o clero é e continua a ser o *bispo*, e o seu papel continua a ser o que sempre foi: fundamental. O bispo tem a plena responsabilidade — material e espiritual — da comunidade. Tudo parte dele e tudo vem terminar nele. A partir do momento em que o imperador se mostrou tão deferente para com eles, os bispos tornam-se personagens poderosos, tão poderosos que certos prelados de elevada posição se fazem notar pelo seu amor ao luxo. Há outros, no entanto, que vivem na ascese, como Martinho de Tours, João Crisóstomo e Gregório Nazianzeno.

Como são eleitos os bispos? A designação vinda de cima, como hoje é regra, não existe. O clero e o povo, que eram soberanos nas eleições dos primeiros tempos, não têm agora, ordinariamente, senão um papel modesto. O sistema é antes o da cooptação; são os bispos da província — num mínimo de três — que escolhem o titular para uma sede que vagou.

No entanto, pode acontecer que alguma personalidade seja tão evidentemente superior que a voz popular a reclame à frente da sua Igreja e que os eleitores episcopais se inclinem perante esse desejo, como aconteceu com Santo Ambrósio, em Milão, no ano 373. Geralmente, aliás, antes de se designar um bispo, sonda-se a opinião pública e procura-se aquele que a consciência cristã considera mais digno — sistema excelente que, em face dos administradores impostos pelo imperador, escolhia pastores cuja autoridade era reconhecida pelo povo[10]. Escolhidos com frequência entre as classes instruídas e dirigentes, e depois, quando o monaquismo assumiu grande importância, nos conventos, estes bispos revelam, via de regra, virtudes dignas dos seus antecessores.

Os bispos são aquilo que sempre foram desde as mais longínquas eras: as pedras com que se constrói a Igreja. A norma, agora solidamente estabelecida, é que a sua autoridade esteja ligada a um território, o da *cidade,* com as suas vilas e campos. O antigo sistema, decalcado no de Roma, continua, pois, em vigor. As sedes vão sendo criadas à medida que novas cidades se vão cristianizando. O bispo da cidade tem agora uma autoridade tão firme e o seu campo de ação é tão vasto que desaparecem os *corepíscopos*, bispos das aldeias, que ainda existiam no século III; apenas subsistem na África, no Egito e na Gália, mas, nesta última região, como simples "auxiliares" do bispo da cidade.

Em resumo, neste plano não aparece nada de verdadeiramente novo. Nos planos superiores, porém, nota-se uma evolução de extrema importância. A hierarquia aperfeiçoa-se. Já no século III aparecem, acima dos simples bispos, os *metropolitas*, cujo campo de ação coincide, a traços largos, com o da *província* romana. O Concílio de Niceia consagra o princípio desta organização, que o Oriente passará para o Ocidente. No interior de uma província há, portanto, unidade de comando ou, pelo menos, uma estreita solidariedade. É o que revela o sistema de designação dos bispos, e os concílios regionais esforçam-se por apertar esses laços. Como o número de províncias era de 120 no fim do século IV, haverá também 120 metropolitas. Observa-se, portanto, uma vontade consciente de aproveitar a estrutura administrativa do Império e de situar-se exatamente dentro dos seus quadros — fato de grande importância para o futuro.

Mas, neste sentido, pretende-se ir ainda mais longe. Como Diocleciano instituiu uma nova peça para agrupar as províncias — a *diocese*, dirigida pelo *vicarius* —, a Igreja imitou-o. No Oriente começa por haver quatro dioceses, e posteriormente cinco: haverá, pois, quatro e depois cinco "dioceses" religiosas. Em cada uma das partes do mundo romano, reconhece-se a autoridade superior de uma Igreja: Antioquia para a Síria e regiões vizinhas, Éfeso para a Ásia, Alexandria para o Egito, Cesareia para a Pérsia, Heracleia ou Constantinopla para a Grécia (menos o Ilírico, administrado por Roma). O sistema passará para a África, mas não penetrará na Gália, nem na Espanha, nem na Itália, onde o papel do bispo de Roma é bem diferente. A organização eclesiástica adapta-se, assim, aos quadros do Império. É uma necessidade que virá a revelar-se útil. Mas é também uma fonte de particularismos e até de rivalidades; quando esta instituição, no século V, der origem aos *patriarcas*, não o fará sem certos perigos.

Variedade e unidade na Igreja

A organização hierárquica e regional da Igreja no século IV revela um dado fundamental: a individualização das diferentes igrejas, fato que se torna cada vez mais flagrante. Nos primeiros tempos, não se tem a impressão de que haja diferença entre as comunidades dispersadas através do Império; ainda no século II, a pequena igreja lionesa, agrupada em volta de Santo Irineu, assemelha-se como uma irmã às da Itália ou da Ásia Menor. Mas os anos passaram, a massa cristã tornou-se enorme, e entram em jogo as influências dos diversos temperamentos, das tradições locais, das ações pessoais e até da política, e tudo isso concorre para dar a cada um dos grandes grupos umas características particulares. A fé é sem dúvida a mesma por toda parte, e os grandes debates dogmáticos suscitados pelo arianismo mostram bem como é intenso o desejo de total unidade dogmática; mas isso não impede uma variedade muito característica no comportamento moral e espiritual.

Há, antes de mais nada, a diferença psicológica entre Oriente e Ocidente. Este é calmo, pouco intelectual, mais preocupado com a moral do que com a metafísica; aquele é mais especulativo, apaixonado pelas discussões de ideias, devorado pela curiosidade do divino. Durante a batalha do arianismo, esta oposição surgiu à tona claramente. A África, que se encontra no meio, participa das duas maneiras de ser, não sem certas divisões internas que a violência do temperamento exaspera. Além disso, no seio destes conjuntos, manifestam-se variantes, e até mais do que variantes; cada uma das grandes "dioceses" e cada um dos futuros "patriarcados" possui as suas particularidades originais.

No Oriente, há três centros perfeitamente distintos: Antioquia, Alexandria e Constantinopla. Os três ostentam títulos de glória, tanto no passado como no presente. *Antioquia*, a antiquíssima igreja apostólica, a cidade onde São Paulo se preparara para a ação, a comunidade que inscrevera no elenco dos méritos o nome de Inácio e de tantos outros santos, merece ser chamada por São Jerônimo "a metrópole de todo o Oriente". Efetivamente, nota-se o seu predomínio ao menos nominal sobre a Mesopotâmia, o reino de Osroene, a Arábia, a Fenícia, a Cilícia, a Síria e a Palestina, ainda que nesta última região o bispo de Jerusalém reivindique os direitos que lhe confere a glória de administrar os Lugares Santos. No decurso do século IV, estabelece-se o costume de o metropolita de Antioquia consagrar os bispos das regiões que estão sob a sua influência. Menos propensa a extremos do que a de Alexandria, nem por isso a sede de Antioquia deixa de ser sacudida pelas discussões de ideias: é o lugar das semi-heresias, dos pequenos cismas, das sutilezas. Mas é também um grande centro de estudos teológicos, onde no fim do século ressoará a voz de ouro de São João Crisóstomo.

Alexandria, a gloriosa capital helenista, constitui sempre um grande centro de pensamento. A sua *Didascália* foi, no século III, o foco mais ardente da inteligência cristã. É a terra da gnose, de Orígenes e de Clemente, mas foi também o centro da reação nos dias difíceis da ameaça ariana e a sua força encarnou-se numa alma genial e santa — a de Atanásio. A fé é aqui tão vigorosa quanto agitada. Na sede metropolita alternam-se defensores da ortodoxia e hereges declarados, e a multidão apoia com tanto mais vigor os "atanásios" quanto mais os seus rivais são favorecidos pela política. Governando o Egito, a Líbia e a Pentápole, direito que o Concílio de Niceia lhe reconheceu, o bispo de Alexandria impõe à centena de bispos que dirige uma disciplina cujo absolutismo, segundo se pôde afirmar[11], se inspirou no dos Faraós. Extremamente rico, pois administra as pompas fúnebres do Egito, o comércio do nitrato, do sal e do papiro, o "papa" de Alexandria nutre profunda desconfiança pelas atividades do seu colega da capital do Oriente, que por sinal lhe retribui na mesma moeda.

A súbita ascensão de *Constantinopla* não deixa de preocupar. Depois de fundada por Constantino a "nova Roma", o fervor frequentemente indiscreto dos imperadores trabalha a favor das prerrogativas da nova metrópole. Continuará o bispo da capital a subordinar-se ao metropolita de Heracleia, já que em teoria é seu sufragâneo? Em 381, é reconhecido o primado de honra de Bizâncio, e a este acrescenta-se ainda, na prática, a preeminência administrativa. Novamente fiel à ortodoxia, Bizâncio torna-se um centro religioso muito ativo, ilustrado por personalidades de primeira grandeza: São Basílio faz os seus estudos nesta cidade e São Gregorio Nazianzeno desenvolve aqui as suas pregações. A sua frente estarão grandes bispos como São João Crisóstomo; mas, encontrando-se muito perto do poder e muito associada aos seus faustos — como também aos seus métodos —, em breve a igreja de Constantinopla experimentará alguns desvios perigosos.

Na África, nessa África cristã que não conta menos de quinhentos bispos, a grande metrópole é *Cartago*. Depois do século III, depois de São Cipriano, os governantes desta igreja "carregam o peso de todas as igrejas do país", como diz um deles. No século IV, a sua autoridade é quase tão absoluta como a do seu colega do Egito. Mas o seu papel na Igreja universal é menos significativo: dilacerada pelo cisma de Donato, que dura um século inteiro, a África ocupa-se sobretudo dos seus próprios interesses. A Igreja católica é aqui menos vigorosa que o seu adversário. Corroem-na os cismas ligados a detalhes, e o maniqueísmo infectou o seu território. Todas estas lutas desenrolam-se numa atmosfera inflamada, mas afinal contribuirão para estimular o fervor da fé, cujo grande despertar, no princípio do século V, será obra de Santo Agostinho.

No Ocidente, se a igreja da *Espanha* tem em geral uma vida bastante obscura, sem grande organização hierárquica, já se distinguem nela as características dessa indômita ortodoxia e do rigor moral que serão a sua feição secular, e que então já se encarnam nas poderosas figuras de Ósio de Córdova e de Gregório de Elvira. A da *Gália* é melhor conhecida, e revela uma grande vitalidade, com a sua centena de bispos, a autoridade intelectual de Santo Hilário e a atividade missionária de São Martinho. Embora a administração imperial seja ali muito sólida, também não ostenta uma organização eclesiástica rigorosa à maneira do Oriente. Não há ainda "primaz das Gálias", e se nas duas dioceses leigas de Vienne e Lyon já encontramos metropolitas provinciais, por outro lado não existem "patriarcas". No Sul, entre Marselha, Aix e Arles, a autoridade hesita. Nas margens do Canal da Mancha, Rouen exerce uma notável preeminência, porque São Vitrício é um administrador de primeira ordem. Respeita-se a obra espiritual de Santo Hilário, bem com os belos empreendimentos de São Martinho; mas, por mais venerados que sejam como personalidades, nem um nem outro são reconhecidos como superiores hierárquicos. O cristianismo gaulês, de fé simples e viva, de costumes severos, está ainda muito próximo das tradições dos tempos primitivos.

Por fim, a *Itália* cristã constitui um caso à parte. *Roma* é a sua metrópole, conforme o afirmou formalmente o Concílio de Niceia. O metropolita de Roma tem autoridade sobre cerca de uma centena de bispos da Itália central e meridional, incluídas as ilhas. Embora agitado por todas as vagas das tempestades doutrinais, o cristianismo romano mostra-se estável, sólido, prudente e moderado. Fazendo face à Cidade Eterna, porém, desenvolve-se na Itália do Norte um novo centro, Milão, que será dentro em breve capital imperial, cabeça de uma diocese, poderosa guarnição onde o exército, no seu conjunto, é cristão, onde a fé tem qualquer coisa de militar e onde existe um cristianismo capaz de enfrentar os próprios imperadores, sobretudo quando o bispo se chamar

Ambrósio. Mas esta divisão não terá consequências sérias, porque aos olhos dos cristãos, mesmo milaneses, o bispo de Roma é mais que um simples bispo e a sua autoridade ultrapassa o âmbito italiano.

O enorme interesse desta variedade é dar-nos a conhecer como a fé, na sua flexibilidade, se adaptava às características locais das populações e estava em vias de realizar a síntese histórica de que haviam de sair as nações cristãs. Mas não se deve esconder que entre estes núcleos individualizados podem manifestar-se antagonismos mais ou menos conscientes: entre Alexandria e Bizâncio, entre a África e Roma. Assim como a unidade do Império havia favorecido a expansão do cristianismo, na mesma medida a sua fragmentação contribuiu para os particularismos. Mesmo a reconstituição da unidade política por Teodósio, aliás efêmera, não poderá impedir esta evolução, que em breve se há de manifestar na oposição entre Roma e Constantinopla, de desfecho tão dramático.

No século IV, o cisma ainda não passa de uma longínqua ameaça. Entre as diversas partes da Igreja, de um extremo ao outro do mundo, as relações são de uma frequência surpreendente e de uma real fraternidade. Todos os cristãos influentes mantêm correspondência entre si; São Jerônimo e São João Crisóstomo têm amigos por toda parte. Logo depois de publicadas, as grandes obras teológicas ou espirituais são difundidas, traduzidas e comentadas na cristandade inteira. Há verdadeiros "êxitos de livraria", como, por exemplo, a *Vida de Santo Antão*, de Santo Atanásio, e os *Homens ilustres*, de São Jerônimo. São numerosos os correios que, ao longo das estradas romanas, transportam mensagens piedosas ou consultas dogmáticas, estabelecendo assim os laços vivos de um humanismo cristão entre as comunidades fiéis.

A grande instituição dos *Concílios ecumênicos*, cujo tipo foi estabelecido em Niceia, constitui outra prova do propósito de unidade. Não há nenhuma dessas assembleias, então bastante numerosas, em que não se pronunciem palavras comovedoras sobre a fraternidade de todas as igrejas e o seu comum desejo de conservar uma plena harmonia para além das suas variedades. Mas nem por isso deixa de existir uma surda ameaça de ruptura, ou antes o sentimento de que o centro de gravidade do cristianismo é arrastado para Constantinopla pelas ambições do imperador, ao que se opõe a autoridade crescente daquele bispo cuja sede pode reivindicar o mais incontestável dos primados, ou seja, o Papa de Roma.

O reconhecimento definitivo do primado romano

É verdadeiramente no século IV que o bispo de Roma passa a ser definitivamente identificado com essas características essenciais que o nome de papa pressupõe para nós. Como se sabe[12], o primado não traz qualquer inovação relativamente às antigas tradições da Igreja, e os polemistas que fizeram coro com Voltaire no seu *Essai sur les moeurs* e que pretenderam ter sido unicamente a vontade de Constantino que fez o papado, desconhecem os dados mais elementares da história cristã nas suas origens.

Se é verdade que Constantino e Maxêncio cumularam o papa Milcíades de atenções, na ocasião em que disputavam o poder, e se é verdade também que, depois da vitória de Ponte Mílvio, o vencedor o rodeou de respeito e lhe doou o palácio de Latrão, não é menos verdade que o reinado do poderoso déspota marcou um nítido eclipse da Sé romana, ocupada pelo velho e fraco Silvestre (314-335) e depois pelo efêmero Marcos (335-336). Não foram os imperadores que fizeram o primado de Roma: foi o poder de uma tradição venerável que, nesses tempos em que muitos aspectos do cristianismo se iam precisando, tendeu a concretizar-se em instituição.

A doutrina da Sé apostólica exprime-se, pois, de maneira muito mais nítida do que no século anterior, e são os próprios papas que formulam essa doutrina, como era seu direito e dever. Proclamam-se sucessores de São Pedro e reivindicam os seus privilégios. É uma atitude que devemos sublinhar porque são eles os únicos a tomá-la, quando outros bispos — como o de Antioquia —, que aparentemente também teriam razão para tomá-la, não o fazem. Mesmo os adversários dos papas, mesmo aqueles que recusam a sua autoridade, nunca põem em dúvida os privilégios do bispo romano e a sua ligação direta com o primado de Pedro. É indiscutível que existe em todos os papas a consciência profunda de uma autoridade universal. Para verificar a grandeza dessa autoridade, é preciso ler uma carta como a que foi escrita em 340 por Júlio I aos bispos orientais, a fim de defender Santo Atanásio. O papa não se julga obrigado pelas decisões do escandaloso Concílio de Tiro e estabelece, como princípio, o direito que tem de julgar até o próprio bispo de Antioquia ou o de Alexandria; é a voz do príncipe dos apóstolos que fala pela sua boca: "Escrevem-nos em primeiro lugar, exclama ele, e é aqui que se faz justiça".

Bem mais que uma preeminência de honra, há aqui uma verdadeira autoridade — o equivalente, no plano religioso, à *auctoritas* soberana que outrora pertencera ao senado republicano, que depois fora reconhecida a Augusto e que era própria daquele que falava em nome da capital do mundo. Os Padres da Igreja referem-se a ela como uma evidência tradicional. Santo Atanásio não se limita a defender as doutrinas romanas: declara que "a sentença do papa Dionísio" deve ser recebida como definitiva e irreformável. Santo Hilário de Poitiers exclama categoricamente na sua luta contra a heresia: "Recorram à cabeça, isto é, à Sé de Roma!" Mais tarde, São João Crisóstomo e Santo Ambrósio coincidem nas mesmas afirmações de submissão à palavra soberana do Romano Pontífice. O primeiro declara que a adesão ao sucessor de Pedro é o único princípio de coesão na fé, e o segundo exclama: "Quem não estiver com Pedro não terá parte na herança de Pedro. Onde está Pedro, aí está a Igreja!" As afirmações desta natureza são tão numerosas que, no seu livro *Du Pape*, Joseph de Maistre pôde enumerar três páginas de ladainhas pontificais: "Prefeito da Casa de Deus; Guarda da Vinha do Senhor; Suprema Sede Apostólica; Laço de Unidade; Pai dos Pais"; são inúmeras as expressões em que se manifesta uma submissão repleta de respeito e afeição.

Esta autoridade do Papa situa-se em dois planos: o da fé e o da disciplina. Defensores da fé, os pontífices romanos intervêm na batalha do arianismo enviando emissários ao Oriente e concedendo proteção aos combatentes da ortodoxia; se a sua ação não é muito eficaz, é porque neste ponto têm de enfrentar o poder imperial e as influências intriguistas da corte bizantina. Mas nem por isso a sua autoridade doutrinal é menos reconhecida, como prova o veredito pronunciado pelo papa Dâmaso, em 377, condenando por autoridade própria as teorias aventureiras dos apolinaristas[13]. Esse veredito seria confirmado sem a menor dificuldade por dois concílios.

Do ponto de vista da disciplina, é impressionante verificar que um grande número de eclesiásticos, quando se veem em dificuldades com os seus superiores e até com os concílios, se voltam para a sede romana. Assim aconteceu com as vítimas dos arianos, Atanásio, Paulo de Constantinopla e Marcelo de Ancira; assim acontecerá, nos começos do século seguinte, com São João Crisóstomo. Um evento significativo é também a decisão do *Concílio de Sádica*, em 343, que, ao estabelecer normas disciplinares, concede um lugar de primeiro plano "ao sucessor do muito santo apóstolo Pedro" e resolve que todo o bispo condenado por um concílio pode apelar para o Papa, o qual tem o direito absoluto de anular a condenação. "Parecerá excelente e conveniente que os bispos relatem os assuntos das suas províncias ao chefe da Igreja, isto é, à sede do apóstolo Pedro". É uma decisão da maior relevância. Pouco importa que muitos prelados orientais resistam e que, na prática, a autoridade pontifícia só se exerça sem dificuldade no Ocidente; o que tinha sido até então um costume baseado na tradição, adquire agora consistência jurídica.

Há, portanto, um considerável conjunto de fatos que estabelecem a autoridade do Papa e que se vão acentuando no decorrer do século IV. Enquanto Roma, como capital, é eclipsada por Constantinopla, o Papa continua a ser uma autoridade indiscutida. E é neste período que, sob o papa *Sirício*, começam a aparecer as primeiras *Decretais* (entre 384 e 393), cartas pontifícias que têm um alcance geral em matéria de fé, costumes e disciplina[14]. Rodeado de uma verdadeira *Cúria pontifícia*, competente para estudar todos os assuntos, o Papa é a única figura de proa num Ocidente em que se vai acelerando a decadência[15].

Esta evolução para o primado do Papa é tanto mais surpreendente quanto, na aparência, nada parece favorecê-la. O modo como é designado, que não difere em nada do de qualquer outro bispo, e que está muito longe de mobilizar toda a Igreja ou mesmo um conclave de cardeais, mostra que o Papa não é senão o bispo de Roma; é, portanto, a grandeza da própria cátedra de São Pedro, dessa cátedra que não tem "nem manchas nem ferrugem", que eleva o seu titular acima de todos, mesmo que esse titular não seja nem muito notável nem muito empreendedor.

Devemos reconhecer que nenhum destes papas do século IV se nos mostra como um homem realmente excepcional, e nenhum se pode comparar ao que seria, no século seguinte, o genial São Leão Magno. Além disso, todos eles, em maior ou menor escala, se veem a braços com grandes dificuldades; Marcelo (308-309), Eusébio (309-311), e mesmo Milcíades (311-314), Silvestre (314-335) e Marcos (335-336) são figuras bastante apagadas; Júlio I (337-352), enérgico, consciente das necessidades do seu cargo, conseguiu recolocar o papado em lugar de destaque, mas não foi suficientemente forte para se impor às hordas heréticas. Sucedeu-lhe Libério (352-366), um santo homem, um diácono cheio de suavidade que de início não opôs ao *cesaropapismo* de Constâncio senão uma frágil resistência passiva, e depois vacilou mais ou menos sob os golpes que o levaram ao exílio; derrotado pela heresia, encontrou-se finalmente perante o antipapa Félix, que o déspota pusera em seu lugar, e só foi reconduzido à sede episcopal graças à vontade do povo romano.

Dâmaso (366-384) é uma inteligência vigorosa, um teólogo sólido, um poeta místico, um exegeta sempre amistoso para com São Jerônimo e os seus trabalhos, um arqueólogo que mandou restaurar as catacumbas; um grande papa, sob muitos aspectos. E tem um elevado sentido do papel que devia desempenhar a entidade que ele foi o primeiro a chamar "Sede Apostólica". No entanto, se exerceu uma real influência sobre Teodósio, a sua ação foi entravada por muitas dificuldades; ora foi acusado de crimes de morte pelo judeu convertido Isaac, ora teve de entrar em luta com o antipapa Ursino, ora foi difamado pelo donatista Macróbio ou pelo eunuco Pascásio, e, no final das contas, a sua autoridade encontrou-se muito restringida. Quanto ao último, Sirício (384-399), se foi um bom administrador e homem de pensamento firme, é muito possível que tenha sido eclipsado pelo seu vizinho de Milão, o bispo Santo Ambrósio.

Assim como não foram os imperadores, também não foram os papas que, como se tem dito, "fizeram nascer o papado no século IV". Quando contestados, limitaram-se a proclamar o primado de Roma com uma admirável energia. Mas a força que os anima provém das mais antigas fidelidades cristãs: é a palavra do próprio Cristo que os sustenta.

A vida da alma cristã

Quer se trate de afirmações dogmáticas, da organização administrativa ou do primado da Sede apostólica, o que impressiona na história da Igreja é a continuidade de intenções que nela se manifesta. Este traço há de permanecer até os nossos dias. O cristianismo nunca apresenta inovações: desenvolve, confirma, aprofunda e precisa, mas não pode modificar o essencial das suas notas características, já que esse essencial não é outra coisa senão o próprio dado da Revelação.

Por isso, a vida espiritual cristã obedece no século IV às mesmas leis a que sempre obedeceu. O fim a que o fiel aspira é sempre uma existência centrada em Deus. Ideal ou realidade? A natureza humana tem as suas falhas, mas não é menos certo que, nestes dias em que a fé já não é assinalada com sangue, há inúmeros exemplos de almas cujo fervor é enorme, desde os mais brilhantes Padres da Igreja até os mais humildes fiéis cuja fé pode estar atestada somente por uma simples inscrição tumular.

A vida da alma demonstra agora uma certa tendência para se interiorizar, para se libertar das fórmulas. À oração vocal, acrescenta-se em maior medida a oração mental, "em que a alma daquele que ora é invadida pela luz", segundo o admirável livro que teve uma grande difusão neste tempo — o tratado *Da oração*, de Orígenes[16].

A vida sacramental que, desde os princípios, irriga a alma cristã, demonstra um desenvolvimento considerável. Não é somente aos domingos que os fiéis desejam comungar; na igreja de Cesareia, já existe o costume de receber a Eucaristia quatro vezes por semana: no domingo, na quarta-feira, na sexta e no sábado. São Basílio louva a prática da comunhão diária. São muitos os Padres — como Santo Ambrósio no seu tratado sobre *Os Mistérios* — que insistem na regeneração moral por meio dos sacramentos e afirmam com energia o dogma da presença real. Assim escreve o grande bispo de Milão: "O mais excelente de tudo é o pão dos anjos, a carne de Cristo, que é o corpo de Vida [...]. Antes da bênção e das palavras sagradas, havia outra substância; depois da consagração, é o Corpo de Cristo".

A fé está fortemente enraizada na Escritura. O século IV marca o princípio do período áureo da patrística; ora, todos os Padres da Igreja se referem sem cessar, com uma erudição prodigiosa, aos textos do Antigo e do Novo Testamento. E o seu êxito é prova de que há um vasto público capaz de compreender as suas referências, um público mais amplo do que nos nossos dias. Evidentemente, não devemos imaginar que todos os fiéis sejam encarniçados leitores da Bíblia, e São João Crisóstomo queixa-se de que muitos deles não sabem dizer o número das epístolas de São Paulo e os nomes dos seus destinatários; mas o fato de ele se indignar por isso já é um bom sinal, pois nos nossos dias ninguém se mostra surpreendido com essa ignorância. Lê-se, portanto, a Escritura, e procura-se apreender o seu sentido; pelo método da alegoria, que a partir de agora se torna absolutamente usual, reconhece-se no Antigo Testamento o anúncio do Novo[17];

certas passagens, como o Pai Nosso, são comentadas por dezenas e talvez centenas de inteligências; o laço que liga a fé viva às mais veneráveis tradições nunca foi tão forte como nesta época.

Esse laço poderia ser outro que não o próprio Cristo? Vemos desenvolverem-se as devoções que o exaltam. Os arianos negam a sua divindade? Em resposta, uma corrente imensa arrasta as almas a prostrar-se aos seus pés e traz à plena luz tudo o que diz respeito ao mistério da Encarnação. A peregrinação de Santa Helena em busca dos Lugares Santos tem o valor de um sinal. Uma vez descoberta, a verdadeira Cruz torna-se objeto de culto. A Sexta-feira Santa torna-se um dia de festa trágica, "a verdadeira festa da Crucificação", como diz a *Viagem de Etéria*. As horas do ofício divino, praticadas há muito tempo, são agora associadas aos momentos da Paixão; reza-se à terceira, à sexta e à nona horas, porque essas horas recordam a sentença de Pilatos, a crucificação e o último suspiro, e Santo Atanásio aconselha os fiéis a levantarem-se no meio da noite, porque "é o momento em que Jesus saiu do túmulo". O nome de Jesus é invocado constantemente, "porque — diz Orígenes — acalma a aflição das almas, expulsa os demônios, impõe doçura e comedimento, caridade e honestidade". — "Que a lembrança de Jesus seja em ti ininterrupta como a respiração", exclama um eremita; e encontramos em inúmeros textos, utilizada como jaculatória, a pequena frase suplicante que tantos infelizes têm dirigido ao Mestre: "Senhor Jesus Cristo, Filho de Deus, tende piedade de nós!"

O culto dos santos, que vimos surgir no momento em que a Igreja teve os seus primeiros mártires, não deixou de crescer. Homens que deram ao homem os mais altos exemplos não serão também os melhores guias e mediadores? "Temos o costume — escreve Eusébio, o historiador — de nos reunirmos sobre os seus túmulos, de fazer ali as nossas orações e de honrar assim as suas almas bem-aventuradas". Aos mártires, acrescentam-se aqueles que sofreram pela sua fé, confessores e ascetas, virgens que se consagraram a Deus. Começam a escrever-se hagiografias; Atanásio, narrando a *Vida de Santo Antão*, e Sulpício Severo a de São Martinho, abrem caminho. Estabelece-se o costume de dar às crianças, por ocasião do Batismo, o nome de um santo ou de uma santa. Para satisfazer a legítima curiosidade dos fiéis, que querem conhecer as feições dos santos, multiplicam-se nos afrescos das catacumbas retratos mais ou menos exatos dessas nobres personagens, e chega-se mesmo a inventar imagens piedosas que se oferecem aos amigos ou se enviam por correspondência[18].

Entre estas santas figuras, há uma que tende a ocupar, definitivamente, um lugar de primeiro plano — a figura de *Maria*, mãe de Cristo. É sobretudo neste ponto que se deve sublinhar bem o laço de continuidade e frisar que não se trata de qualquer inovação. Respondendo a um adversário que atacava a "Mariolatria" católica, escrevia o cardeal Newman em 1865: "Admito plenamente que a devoção à Santa Virgem se tenha intensificado entre os católicos no decorrer dos séculos, mas não admito que a doutrina que lhe diz respeito tenha recebido qualquer acréscimo. Creio que, em essência, permaneceu una desde as origens".

Se é impossível provar que, no decurso dos três primeiros séculos, a Santíssima Virgem foi objeto de honras litúrgicas, encontram-se nesse período inúmeras afirmações da sua maternidade divina e múltiplas provas de uma terna veneração. Aquilo que São Justino, Santo Irineu, Clemente de Alexandria e tantos outros tinham dito, a alma cristã do século IV tem-no agora como verdade evidente: que Maria, mãe de Deus feito homem, ocupa entre as criaturas um lugar à parte. No século III, tinha-se começado a falar dela como modelo de todas as virtudes; no século IV, São Cirilo de Jerusalém e Santo Ambrósio emulam-se em desenvolver o tema. A piedosa curiosidade dos fiéis julga curtas demais as passagens dos Evangelhos canônicos em que Maria aparece em cena, e embora a Igreja suspeite dos "apócrifos", a verdade é que muitos desses textos que dizem respeito à Virgem alcançam grande difusão. Estão neste caso, entre outros, o *Protoevangelho de Tiago*, já na época com mais de cem anos, em que se fala dos pais de Nossa Senhora e da sua infância; e o *Livro da Dormição*, em que se põem por escrito elementos muito antigos da tradição sobre a sua morte e Assunção. Ao escrever no século IV a vida de São Gregório, o Taumaturgo (que morreu em 270), Gregório Niceno conta a aparição da Santíssima Virgem com que foi agraciado o piedoso bispo de Neocesareia. Na mesma época, Santo Efrém da Síria, o místico mesopotâmico retirado em Edessa, escreve gigantescos poemas (três milhões de versos!) em honra de Maria, "nossa padroeira e nossa mediadora, refúgio e protetora dos homens, Santíssima Senhora, Mãe de Deus, Rainha do Mundo depois da Trindade". Se ainda não há verdadeiro culto à Virgem, se as igrejas colocadas sob a sua proteção são ainda pouco numerosas, se no Oriente aparecem timidamente as primeiras festas em honra da sua "Dormição", nem por isso é menos verdade que o essencial da sua dogmática está estabelecido. Instrumento da Encarnação, eminente medianeira do homem junto de seu Filho, Maria é como uma pedra preciosa no seio da piedade cristã: basta que um Nestório a ataque, para que logo surja um concerto de vozes a defendê-la; e já no século V o culto de Maria ganha o seu pleno resplendor[19].

Se o princípio de continuidade se nos mostra de forma tão surpreendente na vida espiritual, é escusado dizer que se revela ainda mais imperioso na vida moral. Desde que Jesus falou, não há duas formas de comportamento para um cristão. Por isso, os conselhos morais dados pelos santos — e que são numerosos, pois começa já a estabelecer-se o costume da direção espiritual — em nada diferem dos que se haviam escutado anteriormente nem daqueles que um cristão dos nossos dias medita com proveito. Um monge de fins do século IV, São Nilo, escrevia a um dos seus dirigidos: "Sê simples em tudo, na tua existência, no teu vestuário, nas tuas palavras, nos teus gestos, nas tuas relações com o próximo. Procura a moderação e despreza a riqueza. Sê bom e afável para com os teus irmãos, sem rancor para com os que te ofendem, humano e compassivo com os humildes. Vela por aqueles que lutam com a dor, com as penas e com a provação. Não desprezes absolutamente ninguém. Sê amável, alegre, honesto e efusivo para com todos". Devemos reconhecer que são fórmulas perfeitas e princípios de todos os tempos.

Mas é preciso sublinhar a firmeza com que a Igreja procurou preservar de excessos este equilíbrio da vida moral. Enquanto as seitas heréticas ou cismáticas deformam, por excesso ou por defeito, os princípios do Evangelho, a grande Igreja Católica e Romana observa sem claudicar a *via media*. Muitos exemplos provam esta prudente maneira de agir. Lembremo-nos do caso de *Prisciliano*, nobre espanhol de indiscutível virtude, que promoveu uma espécie de jansenismo antecipado, com terríveis regras de ascese, que a Igreja não tardou a condenar. Da mesma forma, ela rejeita os fanáticos que, sob o pretexto da castidade, desprezam o casamento, ou aqueles que, em nome da pobreza, lançam sobre os ricos um anátema que nem sempre está isento de segundas intenções, ou ainda aqueles que incitam os escravos à revolta contra o seu senhor. Ao mesmo tempo, afasta também um "feminismo" de que algumas seitas davam exemplo, e é por isso que o *concílio de Laodiceia* proclama a célebre regra, sempre em vigor, segundo a qual "a mulher não deve aproximar-se do altar". O cristianismo, porque tinha operado uma verdadeira revolução, teve sempre horror a tendências anarquizantes; se tivesse fraquejado perante tais tendências, o seu papel histórico nunca teria sido aquele que foi.

Duas manifestações de piedade

Há dois traços que introduzem agora no quadro da Igreja uma nota pitoresca: as *grandes peregrinações* e o *culto das relíquias.*

Qual o motivo das peregrinações, dessas viagens a lugares iluminados por uma grande recordação? Incita a fazê-las uma razão de fé que São Jerônimo explica maravilhosamente: "Assim como compreendemos melhor os historiadores gregos depois de termos visto Atenas, e compreendemos melhor o terceiro livro de Virgílio depois de termos viajado de Trôade à Sicília e percorrido as margens do Tibre, assim também compreendemos melhor a Escritura depois de termos verificado o que ainda possa existir dos lugares e das cidades antigas, e de termos reconhecido os idiomas locais". Desde as origens, os cristãos tinham feito viagens dessa natureza; agora que já não há qualquer risco, as peregrinações multiplicam-se extraordinariamente.

No Ocidente, o grande destino das peregrinações era Roma. Já no século II os viajantes tinham querido fazer longas e perigosas caminhadas para irem ajoelhar-se junto dos túmulos em que repousavam Pedro e Paulo, "esses troféus da Igreja", como dizia deles o presbítero Gaio. No século III em plena perseguição, alguns orientais — Abdão, Sennen, Áudifax e Ábaco — haviam enfrentado todos os perigos para realizarem essa viagem; mas, tendo sido apanhados pela polícia, morreram mártires. No século IV as peregrinações a Roma passam a ser um verdadeiro costume; São Paulino de Nola declara que foi lá com muita frequência — quase todos os anos —, sobretudo por ocasião "da festa solene dos Santos Apóstolos". Livres de empecilhos, as catacumbas tornam-se um grande centro de devoção, são restauradas e ornamentadas com novos afrescos. O papa Dâmaso compõe, para muitos túmulos de mártires, pequenas inscrições em verso, cuja prosódia talvez seja um tanto fraca, mas que são excelentes para se fixar a historicidade dos santos ali sepultados.

Não é menos viva a corrente que arrasta os viajantes para o Oriente. Os Lugares Santos, purificados por Santa Helena dos ultrajes idólatras e adornados com prestigiosas basílicas, atraem inúmeros peregrinos. Agora que a Bíblia é já bem conhecida, todos querem ver não somente as terras onde Jesus viveu, mas também os lugares célebres que se relacionam com a memória de Moisés, de Abraão ou de um santo homem como Jó. São Jerônimo, que terminou os seus dias na Terra Santa, evocou liricamente a beleza destas peregrinações, nas quais, como assegura, só o amor de Deus abrasa as almas, com a doçura fraternal e a humildade. "Podemos ver aqui — exclama — os primeiros personagens do mundo. Todo aquele que brilha nas Gálias apressa-se a vir aqui. Lá do fundo do Oceano, o bretão corre a visitar a cidade cuja história leu na Sagrada Escritura. E da mesma maneira os armênios e os persas, a gente da Índia, da Etiópia e do Egito..." Os peregrinos do século IV são, pois, extremamente numerosos, como no-lo confirmam Melânio, Rufino, Cassiano, Paládio e muitos outros. Mas o documento mais curioso é a narrativa deixada por uma peregrina. Chamava-se *Etéria* e era jovem, nobre, ardente e tão curiosa quanto piedosa. Visitou durante vários meses a Terra Santa e as suas paragens, esteve no Sinai, no monte Nebo, na terra de Jó e até no Eufrates, "que corre com mais força do que o Ródano"; maravilhou-se com as belas cerimônias de Jerusalém, e expressou a emoção da sua alma com uma tocante simplicidade.

O culto das relíquias está ligado, nas suas origens, às peregrinações. Todos querem trazer uma recordação dos lugares que visitam, como fazem hoje os turistas. A verdadeira Cruz, por exemplo, mal foi descoberta, serviu para com ela se confeccionarem muitas "recordações" veneradas. São João Crisóstomo afirma que todos aqueles que conseguiam um fragmento "o incrustam em ouro e o trazem ao pescoço". São Gregório Niceno julga que o objeto mais precioso de toda a sua herança é um pequeno anel de ferro onde está engastado um pedaço do Lenho. Já Constantino mandara meter na armação da sua coroa um dos cravos da Crucificação.

As recordações tangíveis da Paixão são em número limitado, mas não o são as das infindas paixões de mártires. Não é verdade que os restos mortais dos gloriosos combatentes de Cristo, os objetos que eles tocaram, conservam uma eficácia sobrenatural, uma *virtus?* E assim se estabelece o culto das *relíquias* dos santos, e a palavra relíquia, que na época clássica significava apenas os "despojos de um morto", toma no século IV o sentido religioso que hoje continuamos a dar-lhe. São muitos os sentimentos que provocam esta devoção: a terna fidelidade que o coração humano guarda para com os seus desaparecidos e a ideia, velha como o mundo, de que uma sociedade tem necessidade de uma proteção do céu, de um fiador sobrenatural dos seus destinos.

Assim, já nos primeiros tempos se haviam notado certos sinais precursores deste culto. Os fiéis de Esmirna tinham recolhido as ossadas do seu bispo Policarpo, martirizado em 155, e cem anos mais tarde (258), quando São Cipriano for decapitado na África, os fiéis estenderão panos sobre o solo para que fiquem embebidos no sangue do mártir. No século IV, a devoção pelas relíquias torna-se um hábito quase unânime. Se a Igreja africana censura a pouco razoável Lucila por beijar o osso de um mártir antes de comungar, é unicamente porque este pretenso mártir não fora reconhecido como tal[20]. Mas há numerosos textos que mostram a generalidade deste culto. A descoberta dos corpos de mártires, a "invenção", como se dizia, isto é, o achado de túmulos e ossadas de santos, era tido por um sinal inequívoco de favor divino.

Este culto, que manifesta um sentimento tão tocante de fidelidade, não está isento de perigos. Compreendemos bem os pagãos do tipo de Jâmblico, que se mostram indignados contra o costume oriental de cortar os corpos dos santos para multiplicar os objetos providos do seu caráter eficaz! O sacerdote gaulês Vigilâncio, que vê nisso uma espécie de transposição do paganismo, não deixa de ter certa razão. São Jerônimo será obrigado a precisar que as relíquias dos santos não devem ser "adoradas", mas simplesmente "honradas como testemunhos dAquele que é o único que deve ser adorado". Há aqui um declive perigoso pelo qual a piedade cristã virá a deslizar na época dos bárbaros. E imaginamos sem dificuldade os frutuosos negócios — Santo Agostinho há de apontá-los — de que as preciosas relíquias poderão ser objeto junto de um público muito mais desejoso de satisfazer a sua devoção do que de verificar a autenticidade dessas recordações.

Três perigos

Os abusos relacionados com o culto das relíquias são o prenúncio dos três perigos que ameaçam a piedade cristã nesta época: a superstição, a intolerância e a tibieza. No momento em que o cristianismo triunfa, esses perigos instalam-se no seu horizonte e é contra eles que, a partir de agora e sem cessar, a fé terá de lutar.

A crescente massa de recém-convertidos traz consigo uma torrente de superstições que se lançam no seio da verdadeira crença. Ontem usavam-se amuletos; hoje usam-se relíquias. Ontem acreditava-se nos dias fastos e nefastos; ter-se-á hoje de admitir em bloco que todos os dias são igualmente abençoados pelo Senhor? Ontem havia talismãs e fórmulas contra a má sorte, contra as serpentes e muitas outras ameaças; deve-se prescindir de tudo isso depois de recebido o Batismo?[21] São João Crisóstomo censura os pais que, a fim de escolherem um nome para o filho, acendem várias velas, cada qual com um nome diferente, e adotam o da vela que ardeu mais tempo, porque isso é um sinal de longevidade. "De que serve — exclama ele — pôr sobre a criança uma campainha, braceletes ou um fio escarlate, quando bastaria pô-la sob a proteção da Cruz?"

São contaminações quase inevitáveis; mas, por mais graves que sejam, pois degradam a verdadeira piedade, não o são tanto como o perigo do orgulho e da violência que começam a manifestar-se agora, e que as terríveis lutas dogmáticas do século IV tornam singularmente pesados. No limiar da sua vitória, a Igreja encontra um mal de que sempre terá que defender-se: a intolerância, que é a própria negação da lei de Cristo, da lei do amor. É indispensável, sem dúvida, defender a verdade, e há princípios em que não se pode transigir; mas, ao mesmo tempo, é necessário permanecer fiel à caridade, e entre estas duas exigências não se encontra facilmente o ponto de equilíbrio. Parece não haver dúvida de que nesta época, em que passa de perseguido a vencedor, o cristianismo conheceu, entre alguns dos seus, a tentação da violência, de uma violência que nem sempre se justificava pelo simples amor à verdade. "Não há animais ferozes tão hostis aos homens como alguns sinistros indivíduos entre os cristãos". Estas palavras do historiador Amiano Marcelino poderiam parecer uma calúnia pagã se não encontrássemos afirmações semelhantes em Santo Agostinho e São Jerônimo. Infelizmente, o desfecho do caso Prisciliano confirma esses juízos; o prelado espanhol, cujas doutrinas teológicas se haviam afastado do bom caminho, é perseguido pertinazmente por dois bispos que o odeiam, acusado perante o imperador de exercer a magia e finalmente executado com quatro dos seus partidários. É de duvidar que a fé tenha saído vitoriosa deste primeiro ato público de intolerância.

Simultaneamente, a fé sofre entre o povo uma espécie de lenta perda de forças. Tínhamos visto como no século III[22] as longas pausas entre as perseguições terminavam por afrouxar a mola da energia cristã. O desaparecimento do perigo e a entrada em massa de convertidos na Igreja provocam as mesmas consequências, mas de forma cada vez mais séria. O sal da terra torna-se insípido: é a tentação humana por excelência, aquela que os cristãos de todos os tempos têm conhecido com muita frequencia. Como dirá Péguy, a alma fiel começa a ser uma alma "habituada": "Ir à igreja, diz São João Crisóstomo, é muitas vezes uma questão de hábito". As assembleias de oração passam a ser reuniões profanas, onde pessoas de vida escandalosa vão tratar dos seus assuntos. "Outrora, as casas eram igrejas; agora as igrejas parecem casas vulgares". Com a sua pena acerada, São Jerônimo traça o retrato de certos bispos "cuja grande preocupação é andarem bem vestidos, perfumados, frisados, calçados com sapatos de couro macio e que se assemelham mais a galãs do que a clérigos". E denuncia ainda o gosto pela intriga frutuosa, as heranças habilmente conseguidas, os magníficos palácios e as elegantes vestimentas. Devemos admirar-nos com estas observações? Tais desvios não têm nada de surpreendente:

por muito que nos aflijam, temos de reconhecer que resultam da própria natureza humana, desse substrato que toda a santidade do mundo e o sangue vertido pelo Senhor não podem preservar do pecado. No momento em que o cristianismo acaba de converter o mundo, começa a sentir a necessidade de converter os cristãos.

Por outro lado, se o conhecimento dos homens nos leva a não estranhar desmedidamente estes fatos, leva-nos também a não exagerar-lhes a importância. Em primeiro lugar não há dúvida de que convém ter em conta a tentação profissional dos pregadores e moralistas de cátedra: a de acentuarem, no quadro dos seus contemporâneos, os traços menos lisonjeiros. Vimos que já dos escritos de São Cipriano podíamos concluir que os próprios cristãos do tempo dos mártires cediam a semelhantes tentações.

A verdadeira face da Igreja não nos é apresentada pelos supersticiosos, pelos intolerantes ou pelos tíbios, mas por essas inumeráveis almas que se mostram, nesta época, tão sólidas na fé como caridosas nas suas atitudes e exigentes para consigo mesmas. Aos cristãos muito tentados pelos bens do mundo opõem-se esses prelados que vivem como verdadeiros ascetas, um Gregório Nazianzeno, um Martinho de Tours, um João Crisóstomo, cujos bens, como dizia este último, "pertencem todos aos pobres". Contra os bispos desregrados que contribuem para o sangrento desenlace do caso Prisciliano, notemos o protesto doloroso e indignado de São Martinho e de Santo Ambrósio, e a violenta corrente de toda a Igreja que obrigará um dos responsáveis pelo drama a demitir-se do seu cargo.

E se há cristãos muito tíbios, é preciso também — e muito mais — pensar nos missionários que levam a fé e a verdade às terras pagãs ou às regiões supersticiosas; nos peregrinos que, à custa de mil esforços, viajam em direção ao túmulo de Cristo; nos organizadores da caridade cristã, cujo esforço admirável veremos mais adiante, e também nesses promotores da nova manifestação da vitalidade cristã que são os monges.

Uma força nova: o monaquismo

A instituição que vai tomar o nome de *monaquismo*[23] e conhecer no século IV um desenvolvimento extraordinário, é certamente a criação mais original da história da espiritualidade cristã. Teria essa instituição antecedentes, como se tem sustentado? Evocam-se, a este propósito, os solitários do budismo, as comunidades de druidas na Bretanha, os terapeutas de que fala Fílon, os ascetas neoplatônicos, os pretensos "enclausurados" do Serapeu de Mênfis; além disso, no tempo de Jesus, havia na Judeia uma espécie de conventos de eremitas, submetidos a regras muito severas e que se denominavam essênios[24]. Mas as semelhanças entre estas diversas formas de piedade e a instituição monástica supõem influências? A tendência natural do homem, de procurar na penitência um meio de atingir a perfeição, exprime-se forçosamente de maneiras análogas.

É dentro das perspectivas especificamente cristãs que se deve considerar o nascimento do monaquismo. O que vai incitar homens e mulheres a afastar-se do mundo é a palavra de Cristo, quando convida os fiéis a deixar tudo a fim de segui-lo e a mortificar a carne para alcançarem a vida eterna. As circunstâncias podem favorecer a realização deste desejo. Numa época em que as pessoas se sentem no ar e que é agitada por todas as paixões, cresce cada vez mais a necessidade de uma vida recolhida, de solidão. Entre os cristãos mais exigentes, o espetáculo de uma Igreja que, como já vimos, sofre a influência degradante do mundo, pode gerar a ideia de que o mundo é intrinsecamente mau e de que o único meio de salvar-se é abandoná-lo. Também não é impossível que, social e historicamente, o monaquismo deva ser considerado como protesto do ser humano, cada vez mais esmagado por instituições inumanas. No Egito, o termo *anacoreta*, que viria a tornar-se sinônimo de monge, designava a princípio o camponês que fugia da sua aldeia para não pagar os impostos. A nova instituição vai utilizar para fins cristãos esses fatores psicológicos, e a Igreja vai pôr ordem nesse conjunto de tendências anárquicas.

De resto, podem encontrar-se no seu próprio seio as origens da corrente monaquista. Não tinha havido, desde os primeiros tempos, ascetas e virgens que renunciavam às felicidades do mundo para se dedicarem a Deus? Aludem a isso Santo Inácio de Antioquia, o *Pastor* de Hermas e muitos outros textos do século II. No entanto, é difícil precisar através das narrativas mais ou menos estilizadas como e em que data o desejo de uma existência santificada levou ao isolamento total e à reclusão. Simples acasos podem ter dado ocasião a isso; assim, em meados do século III, um jovem cristão egípcio, de nome Paulo, fugindo à perseguição de Décio, retirou-se para o deserto da Tebaida e, tendo tomado gosto por essa vida austera, ali permaneceu até a morte[25]. Aliás, é no Egito que surgem as principais formas típicas da instituição monástica. É lá que vivem os *Padres do deserto* que são os seus precursores — Santo Antão, fundador dos eremitas, e São Pacômio, criador dos conventos.

Quanto a *Santo Antão,* o que dele chegou até nós de mais notável são, sem dúvida, as suas tentações. O eco profano do seu prestígio ressoa nas sarabandas diabólicas pintadas por Grunewald, Jerônimo Bosch, os dois Brueghel e Callot, assim como nos pouco pitorescos diálogos alinhados interminavelmente por Flaubert. Na *Vida* que Santo Atanásio escreveu poucos meses depois da morte do seu modelo, estas cenas escabrosas ocupam bastante espaço. Não se poupa ao leitor qualquer forma animal que o adversário tivesse tomado para atormentar o santo — áspide, onagro, gigante volátil, hipocentauro, dragão —, nem os cataclismos que desencadeou para tentá-lo, nem as avalanches de argumentos que instilava no seu espírito para torná-lo herege, nem mesmo os perigos mais insidiosos, como as imagens com que "lhe afagava os sentidos". Mas, sem tomar ao pé da letra tantas narrativas estranhas, basta que leiamos essas páginas para nelas descobrirmos uma penetração psicológica admirável quanto à ação do mal na alma humana. E o caso de Santo Antão está longe de ser o único a provar que o deserto, sendo o lugar extremo da tensão espiritual, não permite outra escolha a não ser entre dois absolutos: Deus ou o seu inimigo.

Antão partiu para o deserto por volta de 270, quando tinha apenas vinte anos. Era um jovem burguês do país de Mênfis, que a Providência fizera nascer numa família de posses. Tendo ouvido ler o famoso episódio evangélico do jovem rico, foi tocado até o fundo da sua alma pela pequena frase de Cristo: "Se queres ser perfeito, vai, vende tudo o que tens, dá-o aos pobres, e terás um tesouro no céu. Depois, vem e segue-me" (Mt 19, 21). Vendeu imediatamente os seus trezentos acres de terra, abandonou o dinheiro e, colocando-se sob a autoridade de um santo ancião, entregou-se a uma vida de ascese e de trabalho. E progressivamente cresceu na alma do santo a exigência de solidão. Instalado a princípio nos arredores da sua vila natal, num sepulcro vazio, embrenhou-se pouco depois no deserto de areia e foi habitar num velho forte desmantelado, onde as serpentes fugiram à sua aproximação. Viveu ali durante vinte anos, sem abandonar o seu refúgio senão para ir às prisões de Alexandria e às minas, a fim de animar os confessores perseguidos por Maximino. A sua reputação transpôs as areias e os êmulos agrupavam-se à sua volta. Passa a ser o diretor espiritual de uma multidão de eremitas. Mas onde está agora a sua querida solidão? Volta a partir, caminha durante três dias e três noites no coração selvagem da alta Tebaida, e encontra um minúsculo oásis vazio, Quolzum, onde se instala acompanhado apenas por dois fiéis. E ali ficará durante quarenta anos, morrendo em 356 aos cento e cinco anos de idade.

A forma de vida monástica fundada por Antão é, portanto, a do solitário que rompe com os seus semelhantes e quer prosseguir o seu diálogo com Deus face a face. Aplicados com maior ou menor rigor, os princípios de Santo Antão definem diversas variedades de solitários: anacoretas dos túmulos, reclusos encerrados voluntariamente em redutos, eremitas que se instalam nas proximidades das cidades para poderem ser consultados. Depois de um período de grande êxito, esta forma de monaquismo entra em declínio; a partir da Idade Média, está pouco difundida no cristianismo ocidental, mas no Monte Atos e na Etiópia encontram-se reclusos que passam a vida inteira em solidão absoluta, como verdadeiros prisioneiros de Deus.

Em breve, porém, começou-se a perceber que muitos candidatos à perfeição não podiam suportar os perigos do isolamento absoluto, e que era possível, salvaguardando o essencial do desejo de solidão, procurar o apoio de outros, numa mútua caridade. Não seria esta uma fórmula excelente: um grupo de monges que ocupassem cada um uma cela, mas que se reunissem para celebrar os ofícios? Assim nasceram os *cenobitas* e os primeiros conventos.

Pagão convertido e levado para o ascetismo pelo anacoreta Palêmon, *São Pacômio* é o fundador deste novo regime cujo êxito se tornou imenso. Agrupa os seus primeiros discípulos numa aldeia abandonada. Cada um deles tem uma pequena casa. Um recinto murado, interdito aos profanos e sobretudo às mulheres, isola do mundo a comunidade. Todos têm de trabalhar e a maior parte ocupa-se na fabricação de esteiras de vime[26].

Uma regra estrita ordena a vida e o tempo. A penitência é moderada, mas cada um pode torná-la mais severa, desde que não incomode os outros e consulte um superior. Paralelamente ao esforço físico, há um trabalho intelectual, por meio de frequentes conferências em que se explica aos monges a Sagrada Escritura. A oração em comum ou em particular é regulada de forma a poder elevar a alma sem cansar ninguém. Esta regra, caracterizada por um eminente conhecimento do homem, viria a exercer uma influência considerável, sobretudo no Oriente.

Enquanto foi vivo, Pacômio pôde medir o alcance da sua instituição. Surgiram em todo o Egito nove comunidades, filhas da sua primeira fundação. Sua irmã Maria fundou dois conventos de mulheres. No fim do século, a sua congregação não contará menos de sete mil monges — cifra enorme, talvez excessiva, porque num convento com oitocentos ou mil monges, que resta da solidão e como se pode assegurar a cada um a direção espiritual conveniente?

As razões psicológicas são insuficientes para explicar esta avalanche de almas cheias de fervor em busca de formas heroicas de existência. Temos de ver neste fenômeno, possivelmente, uma espécie de sucedâneo do sacrifício pelo martírio a que muitos cristãos se sentiam inclinados no mais íntimo do seu coração. Sob a dupla forma de anacoretismo e cenobitismo, o monaquismo saído do Egito espalha-se com uma rapidez prodigiosa.

A princípio, no Oriente. Os desertos são invadidos pelos monges — já o demônio se queixara disso a Santo Antão:

tinham-lhe tomado os seus domínios! — A Nitria vê proliferar os discípulos de Amum e Pafnúcio, e o Alto Egito os de Xenudi. Atraídos pelas maravilhas que se contavam dos santos solitários, os visitantes acorrem de toda parte. Na Palestina, Santo Hilarião e São Caritão balizam com conventos e eremitérios os grandes lugares da Escritura; é na Palestina que se começa a dar aos mosteiros o nome de *Lavra* ou *Laura*, que queria dizer *rua*, porque as celas se alinhavam ao longo de uma rua central. A santa montanha do Sinai vê instalarem-se nos seus desfiladeiros colônias de monges. Na Mesopotâmia, Eugênio, antigo pescador de pérolas e discípulo de Pacômio, estabelece-se sobre a montanha de Nísibis, onde Santo Efrém se refugiará mais tarde. Veem-se monges pastores que, nos confins da Arábia e da Síria, oram a Deus na solidão das estepes, por entre o vaguear dos rebanhos. Toda a Ásia Menor é invadida pelo monaquismo e Constantinopla erige conventos dentro da própria cidade.

As mulheres não ficam atrás nesta santa emulação. A consagração da virgindade ao Senhor foi um dos fatos importantes da Igreja primitiva, e nessa consagração distinguiram-se as mulheres. Ajudada por Rufino, a patrícia Melânia, a Velha, cria em Jerusalém uma congregação que em breve será desenvolvida pela sua neta Melânia, a Nova, a qual, tendo distribuído entre os pobres a sua imensa fortuna, irá para a Terra Santa a fim de ali viver e morrer em Deus.

Esta história dos começos do monaquismo tem figuras tão admiráveis que se torna difícil fazer uma escolha. Certos fatos que se contam a esse propósito deixam-nos profundamente admirados. Lembremo-nos dos estilitas, na Síria, que tiveram como modelo São Simão e que, não contentes com fazer-se amarrar com cadeias ou flagelar-se até o sangue, subiam a uma coluna (*stylos*, em grego) para escapar a todo o contato humano; Simão ficou trinta anos assim! Que diremos ainda desse Talileu que permaneceu dez anos agachado dentro de um tonel suspenso de um pórtico? Excessos de zelo individuais... Outros excessos podiam ser mais censuráveis, como os de Xenudi que, para obrigar os seus monges a cumprir a regra, chegava a torturá-los; ou os de Eustáquio, que obrigava os maridos a abandonar as esposas e as mulheres a vestir-se de homens por ódio ao seu sexo, uma prática que um concílio condenou.

De todo o monaquismo oriental, a maior figura, aquela que devia exercer a influência mais profunda, é sem dúvida *São Basílio* (330-379). Chefe da escola espiritual da Capadócia, a cuja importância na expansão do pensamento cristão ainda nos havemos de referir, pertencia a uma família profundamente cristã. Neto de um mártir, filho de grandes burgueses que tinham abandonado tudo para escapar à perseguição de Diocleciano, irmão de uma fundadora de conventos e de dois santos, São Gregório Niceno e São Pedro Sebaste, é simultaneamente um homem de ação, um grande pensador, um administrador emérito e um homem de fé fervoroso que sabe conservar-se plenamente humano. Estabelecendo-se como monge, com alguns amigos, na região de Neocesareia do Ponto, adotou nas suas linhas gerais a regra de Pacômio, mas modificou-a. A sua reforma procurava limitar o número de monges em cada mosteiro, para que o superior pudesse dirigi-los de modo adequado; ao mesmo tempo, espiritualmente, insiste muito nas virtudes da humildade, da paciência e da caridade, que se deviam desenvolver na vida conventual. Foi ele também que teve a ideia de criar escolas anexas aos mosteiros, uma ideia que veio a ter um êxito que se revelaria decisivo para o futuro da civilização cristã. A sua regra ficou como base do monaquismo oriental, assim como a sua liturgia serviu de base à das igrejas ortodoxas. Um escritor bizantino do século XII qualificou-o como "o maior dos Padres, o mestre do universo asceta".

Partindo do Oriente, o monaquismo chega logo após ao Ocidente. Foi, sem dúvida, Santo Atanásio, grande amigo de Santo Antão, quem o deu a conhecer na Itália, por ocasião da sua permanência em Roma. Em meados do século IV, na Cidade Eterna, um grupo de patrícias — Marcela, Asela, Paula e Fabíola — reúne-se no Aventino para viver na oração e na penitência, tendo São Jerônimo como diretor. Nas duas extremidades da Península, Eusébio de Verceil e Paulino de Nola semeiam comunidades que em breve se tornam extremamente numerosas. A África vê-as surgir também, mesmo antes de que Santo Agostinho se ocupe delas.

Na Gália, o fundador do monaquismo foi aquele a quem já nos referimos como o grande mensageiro do Evangelho nos meios rurais — São Martinho. Instalado a princípio na ilha mediterrânea de Galinária, ocupa-se, desde que voltou do exílio em 360 e se juntou ao seu mestre Santo Hilário, em fundar comunidades com uma característica nova. Ao passo que até então os monges no Oriente não eram presbíteros, São Martinho estabelece monges que são ao mesmo tempo clérigos. Assim nasce *Liguge,* o primeiro mosteiro da Gália. Mais tarde, quando for bispo, o santo quererá continuar a observar a vida conventual, e mandará erigir Marmoutier nas proximidades de Tours. Quando morreu, dois mil monges assistiram ao seu funeral, e o monaquismo na França conservou-se fiel ao seu espírito durante muito tempo.

Pouco depois, germinam os conventos nas costas do Mediterrâneo: monges de Lérins, inspirados por Santo Honorato, e monges de São Vítor de Marselha, de Apt ou de Arles. A todos eles, *Cassiano*, um dos primeiros grandes místicos, fornece os elementos da espiritualidade monástica do Oriente, transpostos em termos ocidentais. As suas *Instituições* serão um dos fundamentos das congregações francesas até São Bento.

Como foi acolhido pelo conjunto dos cristãos o aparecimento desta força? De modo geral, com extrema simpatia. Na verdade, o grande público cristão, que durante três séculos tinha alimentado a alma com os relatos dos martírios, sente-se feliz de encontrar novamente um clima de heroísmo nos testemunhos que lhe são referidos sobre estes novos "atletas" de Cristo. Prolifera uma literatura gigantesca: *História dos monges*, *História laustaca* (dedicada a Lauso, camarista do Palácio imperial), *Vidas de solitários e de monges*, como muitas que São Jerônimo escreveu. Embora nem sempre se possa garantir a credibilidade nos pormenores, o fundo dessas narrativas não deixa de ser autêntico. Mas o bom público cristão maravilha-se ao ler que o santo eremita Helino atravessou um grande rio montado alegremente num crocodilo, que o anacoreta Amun, ao deixar a sua cela, confia a guarda a dois pitões domesticados, ou que Paulo de Tebas, perdido no deserto, foi conduzido ao retiro de Antão por um amável "hipocentauro"!

Mas surgem também resistências à poderosa corrente do monaquismo. Pouco importa que pagãos cultos e pessoas de hábitos requintados tenham criticado violentamente o modo de vida monástico, "pior que o dos porcos"; ou que, mesmo entre os cristãos, não se tenha ocultado que, no meio dessas enormes massas de monges, alguns conventos são pouco edificantes. O que é mais interessante é que, em determinados meios, e até entre certos bispos, existe certa desconfiança quanto a maneiras de viver que parecem excessivas ou que, pela sua austeridade, constituem talvez uma crítica contra um cristianismo acomodado. Observam-se violentas reações antimonásticas em Milão e em Cartago.

Os bispos — com razão — procuram colocar sob seu controle essas comunidades de fiéis, certamente fervorosas, mas por vezes um pouco inquietantes.

O monaquismo, porém, é útil até mesmo nas reações que provoca. Vigilâncio exclama: "Se todos se enclausurassem, quem cuidaria do serviço divino? Quem converteria a gente do mundo? Quem manteria os pecadores no caminho da virtude?" E a sua voz encontra eco em muitas almas.

Muitos sacerdotes — e mesmo monges, como o solitário Pafnúcio — afirmam com energia que a perfeição não é de forma alguma apanágio dos monges, que há um esforço de união com Deus que pode ser realizado na vida ordinária e que "agradar ao Senhor no segredo da alma" é tão importante como entregar-se a dolorosas penitências.

Assim, no desenvolvimento do cristianismo, a instituição do monaquismo marca uma fase importante. É em grande parte aos escritos dos Padres do deserto, e sobretudo a Santo Antão, que se deve o hábito do "exame de consciência", cujos méritos serão enaltecidos por Santo Agostinho. São os solitários e os monges que inauguram a direção espiritual das almas, e é dos mosteiros que parte, como uma onda protetora sobre o mundo, a magnífica ideia da reversão dos méritos: a oração dos enclausurados reverte em benefício da cristandade inteira. "Bem-aventurado — exclama São Macário, cenobita do Egito —, bem-aventurado o monge que considera como próprios, com alegria, o progresso e a salvação de todos os homens". Numa hora em que já não há mártires que possam remir a miséria humana, os monges substituem-nos com as suas orações; e Huysmans define-os com uma expressão tão exata como pitoresca, quando os chama "pára-raios de Deus".

Além disso, no plano da história, os conventos hão de desempenhar um papel não menos capital. São eles que fornecerão, em grande número, esses bispos incomparáveis que serão os baluartes da Igreja e da sociedade, quando surgir o perigo bárbaro. E são eles também que, nas suas escolas e nas suas celas de copistas, salvaguardarão a civilização no meio das piores tormentas. É a esses homens e a essas mulheres, reunidos providencialmente numa instituição nova, que se deverá a sobrevivência da cultura e a ininterrupta continuidade do ofício divino.

Liturgia e festas

A expansão do cristianismo na paz e a exaltação do fervor, de que dá provas inequívocas o aparecimento do monaquismo, não podiam deixar de influir na liturgia, meio que o homem tem ao seu dispor para se unir a Deus e para manifestar publicamente a sua fé. Por isso, o século IV é o primeiro grande século litúrgico, em que a ordenação das cerimônias se torna mais precisa, o seu desenrolar mais majestoso, e se fixam as festas e o costume de louvar o Senhor por meio de cantos alternados.

Ao mesmo tempo que se aperfeiçoa, a liturgia singulariza-se conforme as regiões, como consequência do fenômeno em virtude do qual, como já vimos, as grandes formações eclesiásticas tendem para o particularismo. Num momento em que a liturgia tende a estabilizar-se, passam a distinguir-se quatro grandes variedades: a liturgia de Antioquia, com a sua variante de Jerusalém; a de Alexandria, que penetrará na Etiópia; a "galicana", usada nas Gálias, na Itália do Norte, na Bretanha e na Espanha; e finalmente a romana. As diferenças atenuar-se-ão mais tarde e, sob a dupla influência de São Basílio, por um lado, e dos papas dos séculos V e VI, por outro, tenderão a reduzir-se a duas grandes espécies — a do Oriente e a do Ocidente.

Sejam quais forem as diferenças de pormenor ou de acento, os elementos essenciais da liturgia são os mesmos por toda parte. A cerimônia principal continua a ser a Missa[27], tal como foi fixada nas suas linhas fundamentais desde o tempo das catacumbas, adicionando-se alguns elementos que lhe deram a sua feição atual. E neste momento que se começa a dar no Ocidente o nome de *Missa* ao santo sacrifício; um texto de Santo Ambrósio emprega a palavra com o sentido que nós lhe damos hoje. Ainda que a única verdadeira Missa continue a ser a Missa cantada do domingo, oficiada pelo bispo ou pelo seu representante, generaliza-se o costume das missas mais simples, celebradas em dias de semana, para satisfazer a devoção de pequenos grupos de almas piedosas ou para comemorar um santo ou mártir; é delas que derivam as nossas missas rezadas.

Quanto à sua estrutura, e na medida em que é possível fixar esta ou aquela data, parece ter sido no século IV que o *Intróito* se tornou de uso corrente, à medida que se acentuava o caráter solene da Missa; que se introduz por toda parte o *Kyrie*, cujas palavras conservam a lembrança da sua origem grega; que o *Gloria in excelsis*, em uso nos mosteiros da Palestina, penetra em todas as igrejas, e que finalmente o *Credo*, outrora uma breve afirmação de fé, passa a ser recitado nos termos majestosos do Símbolo de Niceia. Se exceptuarmos a *Elevação* e o *Agnus Dei*, que só serão introduzidos mais tarde, esta Missa do século IV é a irmã mais velha da nossa, embora com uma diferença aparentemente chamativa: ainda que a própria igreja esteja adornada com estofamentos preciosos e ricas tapeçarias, os celebrantes nem sempre têm vestes litúrgicas próprias para as cerimônias da festa: introduzir-se-ão em Bizâncio.

As diferenças estão apenas nos pormenores. Assim, por exemplo, o bispo celebra do seu sitiai, por trás do altar, voltado para o povo, como se tornou a fazer nos nossos dias. Só mais tarde, quando as igrejas livremente construídas estiverem de ordinário orientadas para leste, é que o celebrante, para consagrar voltado para Jerusalém, voltará as costas ao povo.

Quanto aos fiéis, não têm nada onde possam sentar-se: estão de pé ou de joelhos. O Concílio de Niceia ordenou que se conservassem de pé aos domingos e durante todo o tempo pascal; como os ofícios eram muito longos — e os sermões e homilias os prolongavam ainda mais —, esse esforço não deixava de ter os seus méritos, e Santo Agostinho pedirá desculpas por ter de impô-lo aos seus ouvintes.

A Missa é o ponto culminante da semana litúrgica, mas cada dia do cristão é santificado pela oração. Desde os começos do cristianismo, viu-se surgir o costume — tomado do judaísmo e cristianizado, fazendo-o coincidir com os momentos da Paixão — de determinar certos tempos em que se pedia aos fiéis que orassem mais especialmente. Primitivamente, estas "horas" eram três: a terceira, a sexta e a nona. O costume da vigília, como preparação para o sacrifício, veio acrescentar outras no meio da noite. Quando surge o monaquismo, adota normalmente e completa estas veneráveis devoções; à terceira, à sexta e à nona, as mais antigas, e às noturnas — laudes e vésperas —, que enquadram o dia e a noite, acrescentam-se a oração do nascer do sol, a prima, e a de completas, criada talvez por São Basílio, que num só ato de gratidão resume o dia e implora a proteção divina para a noite. As grandes linhas do ofício divino, tais como as observamos ainda hoje nos mosteiros, estão, portanto, fixadas; a cada uma destas horas correspondem recitações ou cantos de salmos, em número variável de cinco a nove, e até de dezoito a trinta e dois.

A liturgia não assinala e consagra apenas o dia, mas também o ano. Este é marcado por grandes festas, todas elas em relação direta com a vida de Cristo. A *Páscoa*, a mais antiga, continua a ser a principal de todas; e uma prova da sua importância são as discussões que, por vezes, agitaram a Igreja[28]. A preparação para essa festa é feita por meio de um jejum cuja origem remonta aos tempos mais antigos. O Concílio de Niceia alude aos quarenta dias da Quaresma como um hábito, e parece que em muitas comunidades se estabeleceu o costume de tornar o jejum mais rigoroso durante a Semana Santa e especialmente na Sexta-feira Santa. O regozijo que a Igreja manifesta desde a manhã da Páscoa, dia da Ressurreição, prolonga-se até o dia de *Pentecostes*, que evoca a descida do Espírito Santo sobre os apóstolos. No Oriente, esta festa da terceira Pessoa da Trindade costuma ter um brilho excepcional. A comemoração do nascimento de Jesus tem também uma origem remota; já Clemente de Alexandria e Santo Hipólito se referem a ela, embora a data e mesmo o significado dessa comemoração variem conforme as regiões. No Ocidente — à falta de uma data indiscutível —, prefere-se o dia 25 de dezembro (data escolhida, talvez, para cristianizar e suprimir a festa pagã mitríaca do *Sol invictus*); no Oriente, partindo de outros cálculos, talvez em função do cômputo pascal, adota-se de preferência a data de 6 de janeiro[29]. E, enquanto os orientais insistem na "manifestação" de Cristo, os ocidentais consideram de preferência o próprio nascimento e a adoração dos pastores. A peregrina Etéria, ao visitar Belém em 395, assistiu ali a uma tríplice Missa no dia 6 de janeiro. Mas parece que já nessa época toda a Igreja tinha adotado as duas festas — o nosso *Natal* e a nossa *Epifania*. Começam também a inscrever-se no calendário cristão outros grandes momentos litúrgicos que nós hoje continuamos a celebrar: a *Ascensão*, por exemplo, fixada para o quadragésimo dia depois da Páscoa e dez dias antes do Pentecostes, e a *Invenção da Santa Cruz*, que lembra a descoberta do Santo Lenho pela imperatriz Helena e que em Jerusalém se celebra com uma semana inteira de solenidades.

Desta maneira, grande número dos traços que caracterizam a Igreja atual, vamos já encontrá-los nessa Igreja do século IV que, no limiar da vitória, se instalava nas suas tradições. O mais curioso e talvez o mais impregnado de poesia é o aparecimento, nessa época, de um costume que foi tão grato ao coração dos fiéis: o do canto alternado. Cantar em honra do Senhor era um hábito muito antigo, que mergulhava as suas raízes no próprio coração do Antigo Testamento. Nos primeiros tempos cristãos, um solista cantava o salmo e o coro limitava-se a responder o *Amém* ou o *Aleluia* das invocações israelitas ou uma breve réplica; o *Gloria Patri et Filio et Spiritui Sancto,* por exemplo, foi generalizado como um antídoto contra o arianismo. Era o que se chamava a *salmodia responsorial.* No século IV, dois sírios, Diodoro e Flaviano, tiveram a ideia de dividir os fiéis em dois coros que se revezavam nos versículos dos textos.

A inovação foi bem sucedida; São Basílio e São João Crisóstomo aceitaram-na, mas foi sobretudo Santo Ambrósio que mais contribuiu para o seu êxito. É interessante conhecer as circunstâncias em que este hábito se estabeleceu em Milão. Em conflito com os poderes imperiais, o bispo ocupava a sua basílica rodeado de uma enorme multidão, bloqueada dentro do edifício pelos soldados. Para manter o fôlego e ao mesmo tempo acalmar essa massa humana, o bispo mandou cantar a missa em coros alternados. A partir daí, a *salmodia antifônica* iria espalhar-se por toda parte.

Em princípio, este método exclui todo o auxílio de instrumentos musicais, embora no Oriente os utilizem por vezes, acompanhados até de coreografia. Não havendo já necessidade de solistas, começa-se a dar-lhes uma compensação, autorizando-os a cantar melodias mais complicadas e mais ricas — uma inovação que não é aprovada por todos. Quanto à letra, provém essencialmente dos salmos bíblicos, mas também se cantam muitos hinos compostos por inspiração individual. Ainda hoje cantamos vários da autoria de Santo Ambrósio, como o *Veni Redemptor omnium* e o *Aeterne rerum conditor.* A majestade e a beleza dadas às cerimônias pelo novo canto dos hinos e salmos foi evocada, melhor do que por ninguém, pelo grande bispo milanês, ao afirmar num sermão célebre que "as vozes de toda a multidão — homens, mulheres e crianças — se assemelham pelo seu fluxo e refluxo a um rumor como o do mar, quando as ondas se entrechocam e quebram".

A arte cristã em plena luz do dia

Desta rápida expansão do cristianismo, desta exploração de vitalidade que faz pulular os monges e ecoarem os coros dos fiéis nos atos litúrgicos, resta-nos evocar os seus dois testemunhos mais expressivos: a brilhante manifestação da arte cristã e a realização das promessas que a literatura cristã havia feito desde os primeiros tempos.

Ao contrário do que se tem dito muitas vezes, não foi a conversão de Constantino que marcou o começo da arte cristã. Se é verdade que, nos dias em que estava proscrita e era perseguida, a Igreja não tinha senão uma arte modesta e limitada pela sua situação de clandestinidade[30], não podemos deixar de considerar pouco equitativo o juízo de Leclercq: "Durante o período que precedeu o triunfo da Igreja, o cristianismo inspirou artesãos, mas não possuiu um único artista". Na sua imperícia e na sua rusticidade, seria tão desprovida de engenho essa arte das catacumbas, cujas lições não foram esquecidas por um Rouault?

Já no século III a arte cristã tomara forma, ao libertar-se das influências pagãs; favorecida pelas longas pausas que se abriam na perseguição, começara a sair das obscuridades subterrânas e, conforme diz Eusébio, "cada cidade fizera surgir do chão vastos edifícios". O que a conversão de Constantino provocou foi a proliferação dessa arte, a sua efetivação e o cunho que ela vai imprimir na própria vida. Enquanto os objetos familiares se cristianizam — são numerosas, por exemplo, as lâmpadas de azeite que ostentam símbolos cristãos —, erigem-se numerosas igrejas, multiplicam-se os sarcófagos com ornamentos evangélicos e os mosaicos cristãos cobrem já muitas paredes. Nota-se um impulso que nada poderá deter.

A igreja, edifício do culto — tal como Constantino e Helena, e depois os seus sucessores, a mandaram construir — é essencialmente a *basílica*, isto é, a antiga sala de reunião dos romanos, que se destinava a muitos fins, sobretudo à administração da justiça. Algumas seitas religiosas já tinham utilizado edifícios deste gênero para as suas assembleias cultuais, como por exemplo os pitagóricos, cuja basílica foi encontrada na Porta Maior de Roma.

A basílica era uma construção alongada com três naves, cujo teto e vigamento assentavam sobre colunatas, completadas por um vestíbulo à imitação do que existia nas casas e, às vezes, por uma parte arredondada num dos extremos, a ábside, em que se situava o altar. Este tipo foi certamente o mais espalhado: São Pedro, São Paulo extra-muros, São João de Latrão, Santa Inês, Santa Maria Maior, São Lourenço extra-muros, eram desse tipo no seu estado primitivo, para não citarmos senão igrejas romanas, e ainda hoje se vê, quase intacta, Santa Sabina, erigida nos primeiros anos do século V. A igreja de Tiro, dedicada em 314, e a grande basílica de Jerusalém, consagrada em 335, eram sem dúvida deste modelo.

Mas este tipo não é o único. Conhecem-se — sobretudo no Oriente — igrejas que não são mais do que uma sala quadrada coberta com uma cúpula e com ábsides, modelo certamente de origem iraniana; ou igrejas em forma de cruz com os quatro braços iguais, e até igrejas inteiramente circulares, inspiradas em salas das termas ou dos mausoléus, numa disposição que os batistérios hão de conservar. Talvez se deva à influência oriental a aparição do transepto, em meados do século IV, que torna cruciforme o plano da basílica, imprimindo-lhe claramente um valor simbólico.

Visitando esta ou aquela basílica constantiniana — Santa Sabina, por exemplo —, é fácil imaginar o que poderia ser uma cerimônia numa igreja primitiva. O átrio é reservado aos catecúmenos e penitentes; na nave principal amontoam-se os fiéis, homens à direita e mulheres à esquerda; em frente, separado por grades, está o coro, onde se instalam os presbíteros; no vão da ábside, a cadeira episcopal.

As igrejas são ornamentadas tanto no exterior como no interior. O luxo destas ornamentações parece impressionar muito os contemporâneos. Prudêncio consagra descrições repassadas de fervor e de graça à decoração das basílicas de Constantino: "Pinturas multicolores, remirando nos lagos o seu ouro, que a água matiza de reflexos verdes. Tetos com vigas de ouro, que fazem de toda a sala como que um nascer do sol. Nos vãos, vitrais rutilantes, semelhantes a prados repintados de flores". É um hábito quase geral cobrir as paredes dos edifícios religiosos com painéis decorativos, pintados ou de mosaico. Mas não deixam de manifestar-se algumas resistências; ascetas rigorosos, e até um concílio — o de Elvira — fazem certas reservas sobre o uso de uma ornamentação demasiado rica. A opinião mais espalhada, porém, é a de muitos Padres da Igreja, que veem na arte uma utilidade apologética: "O que a linguagem da história ensina pelo ouvido, mostra-o o silencioso desenho pela reprodução", diz São Basílio; e São Gregório Niceno afirma que o desenho nas paredes "presta os maiores serviços" e que o mosaico "torna dignas da história as pedras que pisamos com os pés".

Assim surge, pela pintura, pela escultura e pelo mosaico, uma Bíblia em imagens de uma imensa variedade, e não somente uma Bíblia, mas um livro de piedade e de teologia, um martirológio e uma lenda dourada dos Santos. Alargam-se e expandem-se agora os temas que nos três primeiros séculos giravam somente em torno da esperança do outro mundo. Surge um novo sistema de ensino e de tradição. A figura de Cristo, que até então ocupara um lugar episódico, instala-se no centro de toda esta nova estética. Jesus mostra-se agora coberto de glória nos mosaicos desses arcos do triunfo que assinalam a entrada das ábsides basilicais; já não esse Jesus adolescente e imberbe dos afrescos das catacumbas, mas um Jesus vestido de toga, com a cabeça aureolada por um nimbo, como o juiz majestoso que virá no fim dos tempos.

Quanto a pinturas de igrejas, possuímos poucas; podemos ver algumas análogas nas catacumbas, executadas por ocasião das restaurações e embelezamentos que ali se fizeram. Os traços mais salientes são a preocupação de realismo e de semelhança, e uma firmeza cada vez mais acentuada no desenho. Na outra extremidade do mundo cristão, no Alto Eufrates, a modesta igreja de Dura Europos, relíquia saída das areias, apresenta-nos — como obras provinciais de um artista pouco habilidoso, mas que constituem preciosos documentos dos fins do século III — admiráveis afrescos em que Jesus acalma a tempestade, cura o paralítico, conversa com a samaritana ou caminha sobre as águas.

O mosaico, forma eminente da técnica romana, desenvolve-se a serviço do cristianismo. Os pequenos blocos de mármore, de vidro e de esmalte resistem infinitamente melhor do que a frágil pintura a fresco. No fim do século, quando se constrói sob o impulso do papa Sirício a basílica de Santa Prudenciana, é ao mosaico que se recorre para decorá-la, e o seu grande Cristo em glória, rodeado dos apóstolos, é provavelmente a primeira obra-prima indiscutível da arte cristã da escola romana, antes de que floresça em Ravena a incomparável escola cujas obras-primas ainda hoje nos enchem de admiração.

Por sua vez, a escultura expande-se em baixos-relevos aplicados em algumas partes das igrejas e em inúmeros sarcófagos. Desaparecem os temas pagãos, à exceção de uns poucos motivos decorativos menores. É o Novo Testamento que fornece a maior parte dos assuntos, muitas vezes em ligação com cenas do Antigo que, segundo o método da interpretação simbólica, são consideradas como suas figuras. É o momento em que se multiplicam esses suntuosos sarcófagos que se veem no museu de Latrão, no Vaticano, em Arles, em Ravena e no Louvre; a obra-prima é, sem dúvida, o de Júnio Basso, datado de 359, extraordinariamente perfeito no equilíbrio da sua composição, na proporção e na modelação das personagens.

É surpreendente verificar, em todas as esculturas posteriores a Constantino, uma mudança de expressão fisionômica em comparação com a das épocas precedentes; ao passo que, anteriormente, muitas estátuas apresentavam um rosto de feições cansadas e com a boca caída, as do século IV têm uma doçura e uma serenidade notáveis. Em muitos dos seus elementos, esta escultura anuncia já aquela que virá a florescer, seis ou sete séculos mais tarde, nos pórticos românicos das nossas catedrais.

E assim o Evangelho penetrou nessas terras profundas onde toda a arte vai haurir a sua seiva. Falando da unidade dessa arte, afirma um escritor[31] decididamente "laico": "Esta unidade é devida à comunidade de sentimentos profundos, à emoção perante o espetáculo do universo divino, à piedade pela miséria dos homens, à atenção voltada mais para o mundo dos espíritos do que para o dos corpos", o que mostra bem que o cristianismo soube orientar a arte, como todo o resto, para a lei de Jesus.

O desenvolvimento das letras cristãs

Mais ainda do que a arte, a literatura do século IV presta o seu testemunho provando que, para o cristianismo, se encerrou definitivamente a época em que se tateava em busca da expressão e em que o pensamento buscava o seu caminho. O paciente esforço levado a cabo no século II pelos apologistas e por Santo Irineu, no século III por Clemente de Alexandria e Orígenes, por Tertuliano e São Cipriano, concretiza-se no século IV em obras consumadas que bem cedo irão pertencer ao tesouro comum da literatura universal. A que devemos atribuir este avanço? A várias causas: ao progresso normal da inteligência cristã que, no espaço de trezentos anos, pôde elaborar os seus métodos e que, mesmo nas perigosas discussões em que se achou envolvida, tomou uma consciência mais profunda tanto das suas verdades como dos meios de que dispunha; ao fato de muitos intelectuais terem sido conquistados pelo Evangelho; e ainda às correntes de ideias vindas do Oriente, que semearam em todo o domínio da Igreja o sentido da pesquisa intelectual e o hábito da discussão filosófica. É todo este conjunto de circunstâncias que leva a literatura cristã à maturidade no momento em que a literatura pagã vai desaparecer, contribuindo assim poderosamente para o revezamento que a Igreja operará em todos os campos.

Quanto aos estilos e métodos, esta literatura cristã continua vizinha da literatura pagã que a precedeu e que, em ampla medida, a formou. Todos os escritores cristãos leram os escritos clássicos e se deixaram impregnar por eles. Virgílio, deus das letras tradicionais, goza de grande renome entre os cristãos; Santo Ambrósio cita-o e imita-o sem cessar. Mais ainda: houve até uma poetisa cristã que se empenhou em contar toda a história de Cristo com fragmentos de versos de Virgílio! Os oradores eclesiásticos têm bem presentes na memória as cadências e até os artifícios de Cícero. O perigo desta dependência é enredar em maior ou menor medida a jovem literatura cristã nas malhas e na vaidade de uma retórica vazia, tão do agrado dos romanos da decadência. Mas até nos gêneros mais convencionais se manifesta um novo espírito, vigoroso, orientado não para a contemplação do passado, mas para o futuro que esse pensamento informa; um espírito não de colecionadores e arquivistas, mas de verdadeiros homens de ação.

A partir deste momento, todos os gêneros estão representados e não há nenhum em que não se possa citar um ou vários nomes de importância igual ou superior à dos escritores pagãos contemporâneos.

A história cristã inscreve então no seu livro de ouro o primeiro destes grandes nomes: *Eusébio* (265-340), espírito universal, prodigiosamente erudito, insaciavelmente curioso e trabalhador infatigável, que dá a impressão de ter lido tudo quanto lhe pudesse ser útil, tanto profano como sagrado. É certo que devemos desconfiar das suas intenções teológicas, porque se trata nada mais nada menos do que daquele bispo de Cesareia na Palestina que desempenhou um papel bastante equívoco na batalha do arianismo. Mas, como historiador, levando em conta os hábitos do tempo, temos de reconhecer nele um esforço de documentação e de equidade. A sua obra mestra é a *História Eclesiástica*, em dez tomos, trabalho de alcance inestimável, sem o qual nos seriam pouco acessíveis os três primeiros séculos da Igreja. Devemos mencionar ainda a sua *Crônica* ou *História Universal* — em que, retomando e completando a obra de Júlio Africano, no século III, estabelece um paralelismo entre a Bíblia e a história profana —, bem como a *Vida de Constantino*, lisonjeira mas repleta de ensinamentos. Têm-no chamado o "Heródoto cristão", mas é ir muito longe; no entanto, não é menos verdade que Eusébio de Cesareia é quem dá o impulso a todo o esforço histórico que, no virar do século, será desenvolvido por esse encantador Salústio cristão que se chamou Sulpício Severo, depois por Orósio, que será tão do agrado de Bossuet, e no Oriente pela plêiade constituída por Sócrates, Sozomeno e Teodoreto. O gosto pela história estava agora implantado em terra cristã. Rufino de Aquileia, no começo do século V (por volta de 402-403), irá traduzir e completar a *História Eclesiástica*, enquanto São Jerônimo fará o mesmo com a *História Universal*, e Santo Ambrósio, no meio dos seus afazeres de bispo, verterá para o latim Flávio Josefo.

A poesia cristã tem também pelo menos um grande nome: Prudêncio. Até então, a poesia tinha andado às apalpadelas, procurando o seu caminho fora da antiga prosódia latina com Comodiano, ou perdendo-se na didática com Juvêncio, que traduziu em verso o Novo Testamento. No Oriente grego, os milhões de versos de Santo Efrém transpiram mais piedade do que gênio. O que temos de inscrever no catálogo da verdadeira poesia, embora se trate de poesia popular, são os hinos com que Santo Ambrósio soube enternecer as multidões das basílicas. Com *Prudêncio* (348-410), encontramo-nos em outro plano. Este espanhol culto exercera a profissão de advogado, até os cinquenta e sete anos, antes de se dedicar à religião e às letras, ambas confundidas no mesmo amor; e agora passava a pertencer ao grande lirismo universal, como herdeiro de Horácio e antecessor de Dante. Pela profundidade do sentimento, pelo poder de imaginação e pela forma como soube aliar o realismo ao vôo do espírito, é um verdadeiro poeta. Escutemos, por exemplo, as graciosas estrofes que dedica aos Santos Inocentes:

> "Salve, ó flores dos mártires,
> vós que no limiar da vida
> o perseguidor de Cristo ceifou,
> como a tempestade ceifa as rosas que nascem;
> vós, primeiras vítimas cristãs,
> tenro rebanho de imolados,
> no altar vossas mãos inocentes
> brincam com as vossas palmas e as vossas coroas..."

Quanto à *Psicomaquia,* um estranho tratado em que vemos em luta vícios do mundo e virtudes cristãs, todos encarnados em personagens, não será ele o primeiro desses poemas de abstração, tão do agrado da Idade Média e que tantos artistas gostarão de ilustrar nos pórticos das nossas catedrais?

Não é preciso dizer que é nos gêneros propriamente religiosos, ou que aplicam a temas cristãos os métodos do pensamento antigo, que esta nova literatura atinge o seu apogeu. O século que se abre com a conversão de Constantino, bem como aquele que se lhe segue, ostentam ambos uma quantidade tão grande de *Padres da Igreja* que, se tentássemos ser completos, depressa cairíamos na mais tediosa enumeração. Teologia, teologia moral, exegese, filosofia, todas as disciplinas, enfim, por meio das quais a Igreja, de século em século, irá couraçar as suas certezas, vemo-las já em plena vitalidade nos anos 350, para alcançarem, no fim do século IV, os êxitos mais prestigiosos. E podemos afirmar que nada é menos uniforme e menos estereotipado do que esta literatura que, embora se aplique aos mesmos temas, é espontaneamente renovada pela variedade dos temperamentos, pela riqueza das reações e pelas mais diversas influências. Podem-se distinguir várias grandes "escolas", embora corramos o risco de deixar de fora muitas personalidades como Santo Hilário de Poitiers, cuja importância já vimos na oposição do Ocidente ao arianismo; Santo Efrém, vigoroso defensor da tradição contra os excessos do origenismo; ou mesmo Santo Ambrósio, cuja obra literária, litúrgica e exortativa, escriturística e moral, é talvez eclipsada pelo valor de exemplo que ele possui como bispo e homem de ação[32].

Em *Alexandria*, temos como herdeira de Clemente e mesmo de Orígenes a ilustre escola onde brilhou Santo Atanásio, herói da luta contra a heresia ariana e teólogo da Encarnação, e, logo depois dele e escolhido por ele, Dídimo, o Cego, que forma na ortodoxia mais estrita várias gerações de cristãos.

Em *Antioquia*, encontramos a partir de 350 um grupo misto, apaixonado, de raro brilho, mas de uma segurança doutrinária desigual: Flaviano, Diodoro de Tarso e Teodoro de Mopsuéstia, exegetas que se preocupavam mais com o sentido literal dos textos do que com as interpretações alegóricas à maneira alexandrina, teólogos da humanidade de Cristo. Formam um ambiente singularmente impetuoso e rico, do qual procederá a personalidade excepcional de São João Crisóstomo.

Na *Capadócia*, isto é, nas margens asiáticas do Mar Negro, estabelece-se, como um bloco, a falange desses *Padres capadócios* que o cristianismo grego ainda hoje considera os seus mestres: São Basílio, homem de saúde frágil e de alma indomável que, como vimos, foi o reformador do monaquismo, mas que deixa também uma obra notável contra os arianos, contra os maniqueus e depois contra os que não compreendem o papel do Espírito Santo; o seu amigo São Gregório Nazianzeno, cujo papel será decisivo no Concílio de Constantinopla em 381; e ainda seu irmão, São Gregório Niceno, terno e doce místico, excelente guia das almas que queiram realizar a grande ascensão espiritual.

Onde não haverá desses grupos de espíritos elevados, de inteligências vastas, em quem o amor de Deus e da verdade se plasma em requintadas formas literárias? Na *Africa* — nessa África que Tertuliano e São Cipriano tanto trabalharam no século precedente[33], onde Lactâncio, por volta do ano 300, refletiu sobre a aplicação dos métodos dialéticos às demonstrações dogmáticas —, eis que nessa África do fim do século, utilizando todo o esforço das gerações anteriores, reunindo em si o ardor de Tertuliano, a profundidade de Orígenes e a firmeza de Atanásio, aparece o maior gênio que brotou do húmus cristão depois de São Paulo — Santo Agostinho[34].

Duas grandes figuras das letras cristãs: São João Crisóstomo e São Jerônimo

No glorioso conjunto constituído pelas letras cristãs no século IV, há duas figuras que se destacam. Exatamente contemporâneas (os dois homens nasceram por volta de 344), exercem a sua ação no último quartel do período, isto é, no momento em que a calma relativa dos conflitos doutrinais permite que os grandes espíritos não sejam absorvidos pelas necessidades da polêmica, como acontecera com Santo Atanásio e Santo Hilário.

Assim, ainda que entregues à ação, estes homens puderam consagrar os seus esforços a tarefas menos ligadas ao dia a dia, e como eram excepcionalmente dotados, a sua obra terá um valor permanente. São João Crisóstomo será o verdadeiro fundador e modelo da arte oratória do púlpito; quanto a São Jerônimo, ninguém ignora quanto lhe deve o conhecimento da Sagrada Escritura.

Aquele que já a posteridade imediata devia chamar *João Crisóstomo*, isto é, "João da boca de ouro", era um homem de fraca compleição, rosto emaciado e viva sensibilidade, que desde a juventude fora devorado pelo zelo de Deus. Desde que o cristianismo aparecera sobre a terra, haviam-se visto já muitas almas nas quais o amor de Cristo ardia como chama viva, mas poucas atingiram esse grau de ardor apaixonado, feito de heroísmo e de ternura, essa veemência na afirmação da fé e na submissão às ordens do único Mestre que se notam no pequeno diácono sírio chamado a ser o primeiro pregador do Oriente. O historiador Sócrates, que não simpatiza com ele, acusa-o de ter sido arrogante, acrimonioso e excessivo na linguagem, mas é mais justo reconhecer, em algumas das suas atitudes severas, uma fidelidade absoluta a princípios que não permitem a tibieza, e a firmeza de uma consciência que nunca se deixou intimidar.

Nascido em Antioquia, filho de um alto funcionário do Império, João fora educado por uma mãe admirável que, tendo ficado viúva aos vinte anos, nunca pensou num segundo casamento para poder dedicar-se ao filho. Mais feliz que Mônica, a mãe de Santo Agostinho, Antusa apenas teve de acompanhar passo a passo o harmonioso desabrochar de uma alma que as paixões mais baixas jamais perturbaram. Na sua cidade natal, esse supremo baluarte da alta cultura helênica, João seguiu os ensinamentos de mestres de renome, tais como o retórico Libânio e o sofista Andágato, e adquiriu uma sólida formação clássica que se há de refletir nos seus sermões.

Batizado por volta dos vinte anos — segundo um costume que depois combateria — e ordenado leitor pouco depois, continua a sua formação cristã nos meios de alta intelectualidade da "escola de Antioquia", tornando-se discípulo de Diodoro, futuro bispo de Tarso, e amigo e confidente de Teodoro, futuro bispo de Mopsuéstia. Mal saído da adolescência, já a sua ciência, santidade e eloquência chamavam a atenção. Em 373, morre-lhe a mãe, e João abandona a cidade, embrenhando-se no deserto; ali vive durante seis anos, primeiro num convento e depois numa caverna como anacoreta, alimentando-se Deus sabe do quê. Com um regime dessa natureza, arruina-se-lhe a saúde e volta para Antioquia, onde o bispo o eleva ao diaconado. Esta experiência ascética foi-lhe útil; fê-lo sentir penosamente os seus limites e obrigou-o a refletir sobre a lição que a Providência acabava de lhe dar. Se Deus não o queria como solitário, não seria para lhe dar outra maneira de servi-lo, ajudando os seus irmãos? O monge tem o seu papel, que é sobrenatural, mas o sacerdote, com as mãos mergulhadas na massa humana, também tem o seu. É esta evolução interior que João fixa num documento, o tratado *Do Sacerdócio*, que fica sendo a mais comovente definição desse misto de ação e contemplação, de natural e sobrenatural, de elementos pastorais, sociais e apologéticos, que deve ser a vida de um verdadeiro presbítero.

Tem agora quarenta e dois anos e o seu gênio está em plena maturidade. É neste momento que Flaviano, um dos mestres de Antioquia, que o acompanhou desde a juventude e que o ama como se fosse um filho, o eleva ao sacerdócio e faz dele o pregador-mor e instrutor do povo cristão. Durante doze anos, nesta cidade agitada e cosmopolita, onde se cruzam todas as religiões da carne e do espírito, Crisóstomo assume o seu papel de guia com uma grandeza e energia constantes. As multidões se acotovelam para ouvir os seus sermões.

A sua eloquência transforma as almas. E a sua pregação atinge o apogeu da arte e do trágico quando, em 387, ao rebentar um motim que a polícia imperial reprime ferozmente, cabe a João sustentar a confiança dos seus compatriotas, fazê-los ver o alcance espiritual daquela provação e, na ausência do bispo, acalmar os ânimos. As homilias que pronunciou naquelas tristes circunstâncias permitem-nos avaliar o poder do seu gênio; apoiando-se num incidente ocasional, já esquecido, atingem um alcance tão universal que nenhuma das suas frases deixará de nos comover.

Assim se criou uma reputação tão unânime que o seu nome chegou ao conhecimento da corte imperial. João é chamado a Constantinopla e um poderoso ministro impõe-lhe o cargo de bispo. Este será o último período da sua existência, e também o mais agitado. Recusando-se a fazer o jogo das pessoas da corte, levando na mais alta sede episcopal do Oriente a vida de um monge, declinando todos os convites para banquetes e festas, Crisóstomo prosseguirá durante dez anos a ingrata tarefa de dar testemunho da verdade e da caridade num meio supremamente falso e brutal. Continuando a apontar os vícios dos cristãos medíocres e opondo-se tanto às violências dos chefes godos como às manifestações de orgulho dos senhores poderosos, suportará com calma as perseguições e deportações, preferindo tudo a conciliar a lei de Cristo com qualquer coisa que a pudesse negar. Morre a caminho do exílio, em 407, murmurando esta simples frase: "Glória seja dada a Deus em tudo".

Foi desta existência, toda dedicada ao apostolado, que nasceu a sua obra. Não há nela nenhuma "literatura", no sentido pejorativo do termo. Além do maravilhoso ensaio sobre o sacerdócio, que é a primeira grande obra pastoral que se conhece, e de alguns tratados sobre a vida monástica, a educação das crianças e a castidade, ou ainda textos polêmicos contra os adversários de Cristo, contra Juliano, o imperador apóstata, contra os pagãos ou os judeus, e além das cartas que escreveu durante os seus exílios, o essencial da obra de São João Crisóstomo são os seus sermões e homilias, de que possuímos algumas centenas. Todos os gêneros da arte do púlpito se encontram ali representados: discursos circunstanciais, conferências polêmicas, sermões morais e dissertações teológicas, metafísicas ou escriturísticas. É um conjunto gigantesco, em que a originalidade do gênio explode sem cessar e cujas riquezas nunca se esgotam. Todos estes trechos oratórios se reduzem, aliás, a um tipo quase único: uma primeira parte estabelece solidamente a argumentação sobre bases dogmáticas, e sobretudo sobre a Escritura, e uma segunda extrai, dos princípios, conclusões admiravelmente adaptadas ao ouvinte.

É exatamente por isso que São João Crisóstomo é e continua a ser um modelo que nenhum pregador deveria esquecer. Nunca se limita a planar nas nuvens das vãs especulações. É sempre direto, vivo, assimilável. É um homem que se dirige aos homens e a quem nenhuma das misérias comuns deixa surpreendido ou indiferente. Acontece-lhe, por vezes, ter rigores penosos — principalmente em matéria sexual —, mas quem ousará dizer que não aplicou o ferro em brasa sobre chagas que todos nós conhecemos muito bem? A acuidade das suas análises psicológicas faz dele um dos primeiros moralistas de todos os tempos. Foi a consciência e o diretor de consciência de uma sociedade que tinha muita necessidade de alguém que assumisse junto dela essa missão.

A sua obra literária não é permanente pelo seu valor especulativo, mas pela solidez da lição evangélica que nos dá. Apelo a uma vida mais pura e mais sobrenatural; necessidade de uma caridade que se traduza em ajuda mútua; exigência no cumprimento dos deveres sociais, imposta particularmente aos ricos, e desprezo do dinheiro; necessidade da penitência e promessa do perdão — estes são os temas que os pregadores tinham já tratado até a exaustão, mas que em Crisóstomo encontram uma novidade indestrutível. E mais do que a bela língua grega na qual se expressou, tão simples e repleta de felizes cadências, o que assegura às suas palavras uma inexaurível juventude é o entusiasmo, a fé e a generosidade de alma que, passados já tantos séculos, ainda hoje nelas se fazem sentir. Que cristão não se sentirá eternamente irmão do prestigioso orador que, um dia, encontrou esta fórmula surpreendente: "Nunca te esqueças de que Deus fez de ti seu amigo"?

Se nos ativermos às aparências, *São Jerônimo* é bastante diferente. A imagem com que o têm apresentado é a que os pintores venezianos da Renascença gostavam de representar: o grande sábio que, ao par de todas as disciplinas da inteligência, encerrado na sua cela monástica, rodeado de livros em todas as línguas, desenvolve à custa de um trabalho incalculável uma tarefa cuja imensidade é difícil avaliar. Não há dúvida de que, na sua essência, é um homem de letras; o que conta para ele é o que escreve, o que os outros hão de ler. Assim, tem as qualidades e os defeitos próprios deste tipo de homens; sente-se dominado pelo desejo da obra que tem de realizar, apaixonado pelas questões de estilo e devorado por aquele fogo interior que conhecem bem todos os que empunham uma pena. Mas é também bastante vaidoso, muito sensível à crítica, de uma suscetibilidade à flor da pele, e sempre pronto a tratar como o último dos últimos todo aquele que discorde da sua maneira de pensar.

Nada seria, porém, mais inexato do que ver nele um simples rato de biblioteca. Jerônimo, escritor, permite-nos compreender profundamente como a literatura, enquanto meio de conhecimento e de expressão, pode servir a causa do cristianismo, e até que ponto uma grande obra literária reforça os meios de ação. Nascido de pais cristãos nos arredores de Emona — hoje Ljubljana, na Eslovênia —, não longe de Veneza, começou a sua vida como um rapaz curioso de tudo, ávido de conhecimento, cujo temperamento oscilava entre um desejo sincero de piedade, e até de ascese, e certas liberdades menos morais.

Aos trinta anos, quando viaja pelo Oriente, faz-se monge no deserto sírio, abate as suas paixões à força de uma terrível austeridade e, ao mesmo tempo, aperfeiçoa-se no grego e aprende o hebreu e o arameu. Depois, embora já perto dos quarenta anos, continua a sua formação, frequentando cursos de exegese e tornando-se discípulo de Gregório Nazianzeno. É então, em 382-385, que o papa Dâmaso tem a ideia de encarregá-lo dos grandes trabalhos para os quais o julga melhor preparado do que ninguém. Deixando Roma, onde o seu protetor e amigo acaba de morrer, onde a malícia dos mexericos o irrita e onde, como ele próprio diz, "não se tem o direito de ser santo em paz", parte para a Palestina, instala-se em Belém, perto da gruta da Natividade, e funda ali um mosteiro em que prosseguirá, durante trinta e cinco anos ininterruptos, os seus trabalhos de exegeta, tradutor e historiador.

Tudo nesta vida é, portanto, dominado pelo desejo da obra literária. Mas sob que ângulo a considerava? Ele próprio conta que, numa das suas visões, Deus o censurou por ser mais "ciceroniano do que cristão" e por se interessar mais pelas alegrias da pena do que pelas intenções apologéticas. A partir desse momento, tudo o que aprende e tudo o que escreve tem apenas um fim: o serviço de Deus. E como é dotado de uma vasta inteligência e de uma cultura prodigiosa, e é "ao mesmo tempo — como ele próprio declara sem muita modéstia — filósofo, retórico, gramático e dialético, perito em hebreu, em grego e em latim, possuidor de três línguas", como estudou tudo e tudo anotou, a sua obra vai ser uma pedra angular no imenso edifício cristão.

Essa obra é essencialmente a *Vulgata**, isto é, a tradução latina do Antigo e do Novo Testamento, que é designada com este nome desde o século XIII e que o Concílio de Trento oporá aos protestantes. Para levá-la a cabo, Jerônimo, durante quinze anos, procura as cópias, confronta os textos e consulta até mesmo a ciência dos rabinos. Inicialmente, teve de contentar-se com rever uma antiga versão latina do Novo Testamento chamada *Vetus Latina*, e dessa revisão resultou o atual texto latino do Novo Testamento. Mas, arrastado pelo entusiasmo, lançou-se na gigantesca empresa de traduzir do hebreu os livros do Antigo Testamento. Não são traduções impecáveis. Algumas, feitas com espantosa rapidez *(Ester,* numa noite; *Tobias*, num dia), são bastante fracas; outras, embora feitas também com igual celeridade (os livros de *Salomão*, por exemplo, foram traduzidos em três dias), são excelentes. Mas não há nenhum destes textos saídos da sua pena que não traga a marca de um gênio da língua, cheia de sabor, vigorosa e rica em expressões surpreendentes; em nenhum deles deixamos também de descobrir aquele dom, tão raro, de transportar, para a língua para a qual se traduz, menos a letra do que a alma do original, o que faz de São Jerônimo o príncipe dos tradutores. Foi ele o primeiro dos críticos e dos filólogos que soube depurar os textos sagrados dos acréscimos que lhes foram feitos, bem como de erros, o que é bastante para mostrar a sua importância. No momento em que o latim se tinha tornado a língua litúrgica

---

* Por indicação de Paulo VI, o texto de São Jerônimo foi revisado; a nova versão que daí resultou, conhecida como *Neovulgata*, foi adotada como texto oficial da Igreja em 1979 (N. do T.).

do Ocidente e em que estava próxima a cisão entre as duas metades da área cristã, São Jerônimo deu à Igreja latina alicerces escriturísticos tão sólidos que dezesseis séculos não os puderam abalar.

Essa obra — que ele completará até a morte com imensos trabalhos de comentários, com a tradução e a continuação da *Crônica* de Eusébio, e com os cento e trinta e cinco apontamentos *De viris illustribus,* primeiro compêndio da literatura cristã —, essa obra, nunca Jerônimo a julgará afastada da vida, encerrada na sua biblioteca. Pelo contrário! Bem informado por inúmeros peregrinos que o vêm visitar e por uma inesgotável correspondência, considera os seus majestosos trabalhos como armas que dá à fé — o que é verdade. Lançando-se de peito aberto a todas as batalhas, e não sem preconceitos que surpreendem ou afligem (São João Crisóstomo foi uma das vítimas), é exatamente o tipo daquilo que chamaríamos atualmente um escritor *"engagê"*. Do fundo da sua cela palestina, onde se furta às honras do episcopado e mal aceita ser ordenado presbítero, não invoca, para emitir juízos com voz terrível de profeta, senão a autoridade da palavra divina, aquela cujos elementos ele soube fixar por escrito, à custa de um estudo paciente e de muitas meditações. Assim, este homem de letras cristão assume um papel decisivo simplesmente por permanecer fiel à sua vocação, e torna-se, tanto como o seu rival Crisóstomo, uma das consciências vivas do seu tempo.

São João Crisóstomo e São Jerônimo: duas figuras igualmente representativas da atitude cristã perante a literatura — uma que vê nela a expressão da vida espiritual, a outra que lhe pede que seja um dos alimentos dessa vida —, e de duas grandes tendências que permanecerão até hoje.

Ecclesia Mater

Através do estudo das instituições, da expansão geográfica, do desenvolvimento da literatura e da arte transformadas pelo Evangelho, o que se revelou com força foi o poder da Igreja, a solidez dos seus alicerces, no momento em que os destinos iam decididamente pôr-lhe nas mãos a sorte do mundo ocidental. Mas um quadro desta natureza, quase inteiramente composto por cores de energia e de poder, carece daqueles meios-tons mais delicados que dão a uma obra de arte todo o seu valor. Nos dados complexos que definem este cristianismo situado no limiar da vitória, existe, subjacente a todos os esforços e a todos os êxitos, um sentido profundo que se poderia chamar *sentido da Igreja*, que faz com que a sociedade cristã seja fundamentalmente diferente de toda a sociedade humana, e que um sentimento tão sutil que se torna quase indefinível, una pelas raízes as almas de todos os cristãos.

Em que consiste este "sentido da Igreja" — *sensus Ecclesiae* — que encontramos expresso em todos os Padres e que certamente era compartilhado pelo conjunto de todos os batizados? Num sentimento de fidelidade e de pertença comum, numa caridade fraternal que, mesmo traída e achincalhada em lutas violentas, persiste como uma grande exigência, e na certeza — agora consciente — de se ser membro dessa grande realidade histórica que tem o futuro nas mãos. Mas não é só isso. Este século IV, que vê a Igreja entrar no poder, não é ainda um século de pleno repouso — e, aliás, qual o será? O tempo das grandes batalhas não terminou. Novas ofensivas do paganismo são ainda possíveis, como a de Juliano, o Apóstata. Enormes ameaças de decomposição interna e de invasões bárbaras pesam sobre esse mundo romano em que o grão de mostarda enterrou as suas raízes mais essenciais. Ninguém ousa deixar que o olhar se espraie pelos horizontes da promessa. E é todo este conjunto de receios surdos e de secretas incertezas que conduz a alma para esse "sentido da Igreja", onde há de encontrar apoio, consolação e esperança.

Assim, falando ao povo de Antioquia, que se encontrava possuído de grande angústia, dizia São João Crisóstomo: "Quando estiverdes na praça pública e quando gemerdes na solidão, refugiai-vos junto à vossa Mãe, a Igreja. É ela que vos consolará". Nessa mesma ocasião, na África, a humilde paróquia de Tabarca gravava num grosseiro mosaico da sua basílica esta inscrição que deixa transparecer o mesmo tom de ternura: *Ecclesia Mater*, Igreja-Mãe, Mãe Igreja... O mundo é incerto e a história continua opaca. Mas há um lugar onde os próprios perigos têm um sentido, onde tudo se ordena numa grande esperança, onde se pressente o porquê e o como. Há um lugar onde cessam as investidas da injustiça e do ódio, onde a opressão do Estado encontra enfim adversários, onde existe, para além das barreiras de classes e de raças, um grande ideal humano. Esse lugar privilegiado, do qual a pequena basílica de Tabarca, no seu tosco mosaico, nos dá uma imagem bem pobre, é a Igreja, a Mãe Igreja, refugio e fortaleza dos vivos.

E este é, definitivamente, o papel fundamental para o qual doze gerações de cristãos prepararam a Igreja, o papel que ela assumirá amanhã, quando as circunstâncias fizerem da sua vitória definitiva o começo de uma nova provação e quando se tiver operado a substituição do Império pela Cruz.

Notas

[1] Cf. cap. VII, par. *A expansão cristã.*

[2] Cf. cap. X, par. *Sequelas do arianismo.*

[3] Cf. cap. VII, par. *A expansão cristã.*

[4] Cf. a esse respeito o trabalho de J. Zeiller, *Paganus, essai de terminologie historique.*

[5] Cf. cap. VII, par. *A expansão cristã.*

[6] Símbolo da proteção que o apóstolo nacional dispensou à terra das Gálias, a capa de São Martinho foi a que deu ao oratório que a guardava e a todas as igrejas análogas o nome de *capelas.*

[7] Cf. cap. VI, par. *Desenvolvimento das instituições cristãs*

[8] Os cardeais ostentam hoje esses *títulos presbiterais* das antigas igrejas de Roma. Serão vinte e cinco no fim do século V.

[9] Cf. cap. I, par. *Os sete diáconos.*

[10] É preciso notar que, a partir do século IV, manifesta-se uma certa tendência, ainda episódica, de os imperadores intervirem nas nomeações de bispos, principalmente quanto à sede de Constantinopla. A fraqueza de certas assembleias de bispos autorizou essas intromissões que tanto mal haviam de causar à Igreja nos séculos posteriores.

[11] Assim o diz não apenas o irônico Duchesne, mas também o sério J. R. Palanque.

[12] Cf. cap. V, par. *A unidade da Igreja e o primado de Roma*; e o cap. VII, par. *Desenvolvimento das instituições da Igreja.*

[13] Cf. cap. X, par. *Lutas teológicas e dramas temporais.*

[14] O próprio estilo das primeiras Decretais revela este fortalecimento da autoridade. Em vez do tom simples e cordial das epístolas dos antigos papas, como por exemplo as de um São Clemente, observa-se já uma linguagem solene, administrativa, que anuncia a das *Encíclicas.*

[15] A preeminência dos papas é ilustrada pela obra civilizadora que levam a cabo e que é expressão eminente da obra da Igreja, especialmente do ponto de vista social e caritativo. Cf. cap. XII, par. *A Igreja e os valores do homem.*

[16] Leem-se também nessa obra diversas recomendações sobre a retidão de intenção com que se deve orar, de modo a não procurar obter de Deus os bens da terra. Orígenes cita, por exemplo, este *agraphon* (palavra de Cristo não recolhida no Evangelho): "Pedi grandes coisas, pois as pequenas vos serão dadas por acréscimo; pedi as coisas celestes, e tudo o que é terreno vos será concedido por acréscimo".

[17] Começa a surgir a ideia de que a própria letra da Escritura, compreendida no seu sentido mais estrito, contém toda a espécie de verdades, incluídas as da ciência, o que não tardará a preparar o terreno para graves conflitos. O próprio São Jerônimo se deixou arrastar por essa corrente.

[18] A devoção aos anjos, oriunda da tradição judaica dos últimos séculos da nossa era, já estava presente nos primeiros tempos da Igreja, pois São Justino se refere a ela no século II. O crescimento que experimenta nos séculos III e IV comprova-se, por exemplo, pela insistência com que Santo Ambrósio a recomenda aos fiéis. Veneram-se os anjos como guias dos homens e guardadores dos seus bons pensamentos, e a partir do século V ser-lhes-ão consagradas igrejas; São Miguel e São Gabriel são objeto, desde o início, de uma devoção particularmente intensa.

[19] A bela ideia de Maria como a "nova Eva" pode ser encontrada já em São Justino: "Cristo fez-se homem por intermédio da Virgem a fim de que a desobediência provocada pela serpente tivesse fim do mesmo modo como começou". Santo Irineu desenvolve a mesma ideia, acrescentando que Nossa Senhora é "advogada de Eva". Clemente de Alexandria compara a

fecundidade de Maria à da palavra divina expressa na Sagrada Escritura. E se Tertuliano nega a virgindade de Maria durante e depois do parto, o que logo será considerado uma blasfêmia, Orígenes tem estas palavras admiráveis já por volta de 250: chama-lhe "flor do Evangelho" e diz que "ninguém pode compreender o sentido [das Escrituras] se não recebeu Maria por Jesus, aceitando-a também como sua Mãe". Já se manifesta, portanto, este sentido da ação íntima da Virgem na vida de cada um, como purificadora e dispensadora das graças, que Santo Efrém desenvolverá nos seus poemas e que é tão fundamental para a piedade cristã. E Santo Ambrósio, ao exaltar por volta de 375 as suas virtudes exemplares e a sua santidade excepcional, inscreve-se nesta grande corrente teológica que se há de concretizar na doutrina da Imaculada Conceição. Cf. P. Régamey, *Les plus beaux text es sua la Vierge Marie* (Paris, 1942); D. Rops, *Les Evangiles de la Vierge* (Paris, 1948) e o cap. V, nota 11.

[20] Cf. cap. X, par. *O cisma herético de Donato.*

[21] Num curioso estudo — *La vie chretienne aux IIeme et IVeme siecles d'après les papyrus*, in "Revue Apologétique", 1926, p. 711 —, Bardy cita algumas dessas fórmulas supersticiosas cristianizadas. Eis uma delas, contra as serpentes: "A porta de Afrodite, frodite, rodite, odite, dite, te, o: ôrôr, forfôr, Jao Sabaoth Adonai. Eu te agarro, escorpião. Guardai esta casa de todo o réptil e de todo o mal. Depressa! Depressa! Aqui está Focas".

[22] Cf. cap. VII, par. *Sombras e luzes no quadro da Igreja.*

[23] Da raiz grega que exprime a ideia de solidão; os monges são, etimologicamente, os "únicos", os solitários.

[24] Cf. *JT*, cap. I, par. *Um povo humilhado e que reza.*

[25] Cf. cap. VIII, par. *Décio, o "Velho Romano".*

[26] Nas comunidades de São Pacômio existe já um hábito monástico: túnica de linho sem mangas, cinto de couro, pele de cabra curtida; em tempo frio, um mantelete com capuz. Neste capuz está pregada a insígnia ou distintivo do convento e da "casa" (isto é, do grupo de celas) a que pertence o monge.

[27] Para comparar a liturgia do século IV com a das épocas precedentes, cf. cap. V, par. *Uma missa nos primeiros tempos da Igreja* e *Uma vida consagrada pela oração.*

[28] Quanto às discussões sobre a data da Páscoa, cf. cap. IV, nota 28.

[29] São estas as duas datas mais admitidas, embora às vezes se citem também as de 20 de abril ou 20 de maio.

[30] Cf. cap. V, par. *A terceira raça*, e cap. VII, nota 21.

[31] A. Piganiol.

[32] Santo Ambrósio será estudado como modelo de grande bispo no capítulo XII.

[33] Cf. cap. VII.

[34] Santo Agostinho está exatamente a cavalo entre os século IV e V. Mas, como não foi sagrado senão em 396, e trinta anos do seu episcopado (ou trinta e quatro) são posteriores ao limite cronológico desta primeira parte, e ainda, sob muitos pontos de vista, surge como a figura mais significativa do escol do século V que teve de enfrentar as ameaças bárbaras, estudaremos a sua vida e a sua obra no segundo volume deste trabalho: *A igreja dos tempos bárbaros.*

XII. Revezamento do império pela Cruz

Num mundo que se sabe perdido

O espetáculo de uma sociedade que caminha para o seu fim deprime a inteligência e parece que esta hesita em considerá-lo de frente. As agonias das civilizações não são mais agradáveis de presenciar do que as das pessoas. Por isso, esses momentos de decadência são os menos conhecidos da história. Que se reteve de Roma? As grandes épocas de um Júlio César, de um Augusto, de um Marco Aurélio, talvez de um Diocleciano ou de um Constantino; os reinados dos sucessores menos brilhantes parecem perdidos em densos nevoeiros. No entanto, é nesses períodos de trágica confusão que se preparam os renascimentos; é sobre a podridão das civilizações mortas que germinam as realidades vivas do futuro. E se, contrariamente ao preconceito romântico, é verdade que a desagregação é desagradável, o que é admirável é o esforço realizado por alguns para atravessarem as trevas ameaçadoras, é a luta contra a morte, contra a decadência, levada a cabo por uma lúcida minoria.

Não há diferenças essenciais entre o século III e o século IV. Os sintomas de declínio que pudemos observar num tornam-se mais evidentes ainda no outro[1]; apenas os fatores de morte são mais acentuados, mais ativos. Nesta evolução das sociedades manifesta-se uma lógica imperiosa, uma irreversibilidade tão categórica como a que se observa na fisiologia.

Há, porém, um fato psicológico que se impõe à nossa consideração: o mundo antigo tem cada vez mais o pressentimento das terríveis ameaças que traz dentro de si. A inquietação do século III transforma-se numa dolorosa resignação. Não é que esta noção se imponha unânime e perpetuamente. A inteligência fria sabe que a queda próxima é mais do que verossímil, mas o instinto recusa-se a tais previsões e o coração agarra-se às mais fugidias razões para alimentar a esperança. Consciência ambígua e contraditória do destino, que um europeu do século XX está em condições de compreender muito bem.

O sentimento geral é que terminou definitivamente alguma coisa que jamais poderá renascer. São numerosos os indícios deste estado de coisas. Ao visitar Roma em 356, Constâncio II surpreende-se com a estátua equestre de Trajano que ornava o Fórum, e exclama doloridamente que já não há escultor capaz de fazer uma obra de arte semelhante. Um cortesão, mostrando-lhe com um gesto circular as perfeitas colunatas e os pórticos majestosos, e toda essa cidade vazia em que subsistia a imagem da grandeza passada, responde com um encolher de ombros: "Começai então, ó Imperador, por fazer para o vosso cavalo de bronze umas cavalariças tão belas como estas".

A consciência de uma ameaça traduz-se num mal-estar generalizado. Para o homem da rua, o que prova que "tudo vai mal" é o desequilíbrio econômico, cujas consequências são sentidas até pelo último dos cidadãos. Depois que o Império deixou de expandir-se, deixou também de poder alimentar as suas finanças com o produto das rapinas (as últimas entradas de ouro fresco foram as riquezas de Palmira). A crise monetária torna-se crônica e observam-se todos os sintomas dos regimes doentes, tais como a inflação, o mercado negro, a evasão da moeda etc. A mesma causa impede a chegada de novos escravos; os romanos, por sua vez, trabalham cada vez menos, e assim os campos se convertem em matorrais e a fome ronda por toda parte. O Estado ainda socorre com as suas esmolas as plebes irrequietas das cidades, mas não se preocupa com o resto da população. Não há parte alguma do Império que não sofra esta angústia surda e quotidiana que resulta dos regimes econômicos em desequilíbrio. E para o caso de alguém se esquecer desta situação calamitosa, lá está o próprio Estado para lhe avivar a memória com o seu esmagador sistema de tributos.

As finanças imperiais, cada vez mais endividadas, são como um Moloc devorador. "Mede-se cada campo, escreve uma testemunha, contam-se todas as árvores e cepas, faz-se o registro dos animais e recenseiam-se os homens. Quando o cobrador de impostos vem à aldeia, estalam tumultos. Não se admite a menor desculpa: doentes e fracos, crianças e velhos, ninguém escapa". Em breve, passa a ser preciso comparecer perante o fisco com um volume exato de mercadorias, porque o Estado, desconfiando da sua própria moeda, faz-se pagar em gêneros; ou então, a cada cinco anos, exige ouro, o que é tão terrível que — segundo afirma São Crisóstomo — se viam muitos pais vendendo as filhas para poderem atender às exigências do erário.

É claro que este sistema tributário, verdadeiramente demencial, arrasta consigo um nunca mais acabar de funcionários. "Neste momento — escreve Lactâncio — o número de funcionários começa a ultrapassar o dos contribuintes". Já não se pode trabalhar nem viajar sem licença de um fiscal. Se ao menos esse Estado tão incômodo desempenhasse o seu papel! Mas, desde o mais alto até o mais baixo, todos os seus agentes roubam e pilham. Reapareceu o banditismo, e nunca se sabe se os encarregados de persegui-lo não serão também seus cúmplices. Que confiança pode merecer semelhante regime? É a corte de Milão, a de Tréveris ou a de Constantinopla que manda? A ordem, a paz, a universalidade dos tempos antigos já não passam de uma pungente saudade.

Por outro lado, mesmo que nos quiséssemos enganar sobre a decrepitude em que o Império se encontra, veríamos impor-se ainda outro sintoma. Nas ruas ou nas estradas, quando nos cruzamos com soldados, verificamos que falam línguas estranhas. Já não há romanos nas legiões romanas, porque o cidadão, degenerado, já não quer combater, como também não quer trabalhar. Os alistados cortam o polegar para não poderem disparar o arco, e muitas vezes é preciso marcar os oficiais a ferro para os impedir de desertar. Os soldados do Império são, portanto, mouros, partos, osroenos, bretões e, cada vez mais, todas as variedades de germanos.

O problema bárbaro, que existe desde os últimos tempos da República, já não se apresenta como no Alto Império, quando era suficiente um punho vigoroso para afastá-lo. Agora é um problema político e moral, mais que militar. Os bárbaros, desde o fim do século II, instalaram-se em massa no Império; constituem bandos inteiros, com os seus chefes, os seus costumes, as suas leis e as suas línguas. E, como há necessidade deles, estes mercenários tão irrequietos são adulados, acarinhados e cobertos de honras. Pode-se mesmo afirmar que esses homens violentos, incultos, mas enérgicos e sãos, impressionam os últimos civilizados: Roma está fascinada pela barbárie. Custa-nos crer neste paradoxo estratégico: exércitos bárbaros, comandados por bárbaros, são encarregados de defender as fronteiras contra os seus irmãos de raça, seus companheiros da véspera, que não esperam senão uma brecha para entrar.

Com efeito, do outro lado das fronteiras estão já os invasores de amanhã. Em colunas cerradas, por trás do Reno e do Danúbio (foi preciso reduzir a frente e abandonar o antigo *limes* que cobria outrora os dois rios com uma muralha protetora), encontram-se ostrogodos, visigodos, lombardos e burgúndios junto do Elba e do Oder, alamanos na margem do Reno, francos e saxões na atual Holanda. Durante a primeira metade do século, estes homens de dentes compridos não parecem muito agressivos; de tempos a tempos, um dos seus grupos tenta uma *razzia* nas terras férteis: os francos em 342 e os alamanos em 334. São repelidos e fica-se com a impressão de que, uma vez impelidos a tornar-se "federados" de Roma e a servir nas suas tropas, estes honestos bárbaros continuarão a ver no Império, segundo a expressão de Fustel de Coulanges, "não um inimigo, mas uma carreira". Em 360, vindo do Extremo Oriente, aparece uma nova tribo — os hunos —, que atravessa o Volga em 376 e desloca os godos. Assim se origina uma pressão terrível sobre toda a massa germânica, que se põe em marcha: 365, invasão alamana; 370, invasão sármata; 378, invasão quada; 380, invasão vândala. O Império resiste ainda a todos estes ataques; por quanto tempo?

Perante um espetáculo desta natureza, qual é a reação da consciência romana? Quase nenhuma. A parte alguns espíritos mais avisados, há — segundo as palavras definitivas do melhor historiador deste drama[2] — "uma espantosa atonia da população. A monarquia do Baixo Império ergue-se sobre uma massa morta. A plebe do campo foi sistematicamente reduzida ao papel de gado humano cedido em arrendamento, e a plebe das cidades, que vive na fartura, despreocupada, não se interessa verdadciramente senão pelos seus prazeres e, mais tarde, quando se tiver tornado cristã, pelas controvérsias religiosas. Os maiores acontecimentos políticos passam como nuvens, sombrias ou douradas, por cima da cabeça do povo, que assistirá com indiferença à ruína do Império e à chegada dos bárbaros. É um corpo gasto, cujas fibras já não reagem a qualquer estímulo. Se não houver outra saída, deixar-se-á massacrar por um inimigo bem pouco numeroso e, no fundo, nada temível, sem ter sequer o sobressalto próprio do animal que defende a sua vida".

Não é preciso dizer que todos os valores do homem desapareceram. A moral já não existe, afundada sob um mar de lama e de escândalos. As cortes imperiais, onde os funcionários, cortesãos, eunucos e princesas cozinham as suas intrigas, dão o exemplo de mau comportamento. "O palácio — diz Amiano Marcelino — é uma sementeira de vícios, cujos germes se propagam por toda parte". E da massa do povo pode-se esperar coisa melhor? A devassidão, a queda da natalidade e a desonestidade são gerais, e é inútil fazer-lhes frente. Quanto aos valores criadores, seguem a mesma curva de decadência. O pensamento pagão e a literatura debatem-se na senilidade; é a época dos eruditos, dos gramáticos, dos fabricantes de dicionários como Carísio, Diomedes, Macróbio, Sérvio e Marciano Capela, editor de uma *Enciclopédia das sete artes liberais*, dos vastos compiladores da *História Augusta*, dos autores de manuais e de "súmulas" — como diríamos nós — no gênero de um Aurélio Vítor e de um Eutrópio. Amiano Marcelino, historiador inteligente e sagaz, é o único escritor original deste tempo. E basta considerar os monumentos e obras de arte para se ver até que ponto a vitalidade romana se exauriu: enormes construções improvisadas, estilo colossal inaugurado em Baalbeck, baixos-relevos copiados ou mesmo roubados aos monumentos dos bons tempos, estátuas estereotipadas em que já nada resta do saboroso realismo romano, uma sobrecarga e uma falta de gosto na glíptica, na ourivesaria, na olaria e na vidraria. Tudo o que compõe a grandeza do homem se desagrega quando a alma está ferida de morte.

É num mundo desta natureza que o cristianismo instala as suas bases definitivas. Tinha lançado as suas sementes no mais belo Império da terra; agora triunfa numa sociedade em decomposição. É de atribuir-lhe a responsabilidade de tal desfecho? Depois do que disse Renan, tem-se feito essa afirmação, mas sem aduzir a menor prova. Não foram os princípios cristãos que levaram a sociedade antiga à decadência, nem foram os seguidores do Evangelho que desagregaram os órgãos do Império. Roma morria de velhice. As instituições e as crenças que a tinham sustentado já não eram senão formas vazias; já não havia, para o homem, qualquer meio de exercer uma atividade criadora e livre. Era preciso que tudo isso mudasse. Este Império, que outrora tinha ajudado, sem o querer, a implantar o Evangelho, devia agora ceder o lugar à nova comunidade. Assim tivera que desaparecer o judaísmo, nos primeiros tempos, para que a nova religião não fosse acorrentada pela Lei.

O cristianismo não destruiu o mundo antigo, mas substituiu-o. Tudo o havia preparado para a tarefa de revezamento que lhe ia ser oferecida. Tudo o que a Igreja experimentara no decurso dos três primeiros séculos parecia ter trabalhado para pô-la em condições de substituir a Roma pagã no dia em que esta deixasse cair o bastão. No meio de uma sociedade senil, a Igreja possui a vitalidade empreendedora da juventude; diante de uma civilização minada pelas taras, ela é um relicário de virtudes; perante uma consciência atormentada, que duvida do fim e dos meios, ela sabe onde se encontram "o Caminho, a Verdade e a Vida". Como não havia de impor-se uma força espiritual desta natureza? Nas piores circunstâncias, o cristão contempla uma imagem consoladora sobre o morro calvo de Jerusalém, e exclama com Prudêncio: "Cristo, Tu és a minha luz, Tu és a minha esperança, Tu és a minha força e o meu apoio". Chegou o dia em que a civilização ocidental se vai identificar com o cristianismo; mas, nestes anos decisivos, a Igreja tem ainda três tarefas a realizar: desvincular o seu destino temporal do dos poderes laicos que agora procuram desesperadamente agarrar-se a ela para sobreviver; vigiar os estertores de um paganismo moribundo, mas ainda momentaneamente temível; e preparar o revezamento de quadros que amanhã se tornará necessário. São estes, no exato momento em que triunfa, os últimos esforços da revolução da Cruz.

A Igreja e o poder civil

A primeira dessas tarefas impusera-se à Igreja a partir do dia em que Constantino se passara para o cristianismo. Por mais sincera que tivesse sido a conversão do grande imperador, não havia nenhuma certeza de que, ao impor pela sua autoridade a nova doutrina, não tivesse a intenção de servir-se dela tanto quanto a servia. Deixara-se guiar pela intuição genial de dar a um mundo antigo e envelhecido um novo vigor, injetando-lhe o sangue fresco do cristianismo. Mas, entre um absolutismo que era agora ilimitado e uma instituição que colocava no primeiro plano a afirmação da liberdade humana em Deus, as relações não podiam ser regidas pela submissão que os políticos desejavam. Reinará, pois, a maior parte do tempo, uma viva tensão entre a Igreja e os poderes públicos.

Por um lado, a Igreja, que conhece muito bem o preço dos valores que defende, opõe-se a todas as interferências oficiais nos seus domínios; por outro, o governo, cada vez mais despótico, aceita cada vez menos os elementos irredutíveis. Duas soluções pareciam, pois, possíveis: absorver o cristianismo ou pô-lo de parte. Ambas serão tentadas no decorrer do século IV. A segunda, efêmera, é a de Juliano, o Apóstata, isto é, a da volta ao paganismo oficial, acompanhada de uma regeneração das crenças antigas; mas, humana e historicamente, os mortos não ressuscitam e o neopaganismo de Juliano morre à nascença. A outra solução será a de todos os demais imperadores, que tentam encaixar a Igreja como uma peça no seu sistema e impor a sua vontade à dos chefes religiosos. Surge assim um perigo mais sutil e mais temível: o do cesaropapismo. Mas também esse perigo será afastado. Poderá haver bispos que se mostrem vis cortesãos, mas a Igreja, considerada no seu conjunto, não se deixará dominar. O Baixo Império, que conheceu todas as formas de absolutismo, não conhecerá o absolutismo religioso. "A verdade vos libertará", dissera Cristo; e a Igreja não o esqueceu.

Esta resistência foi facilitada pela decrepitude que fez soçobrar os poderes públicos após a morte de Constantino. Os cristãos teriam sido tentados, talvez, a conformar-se com os chefes que a Providência lhes ia deparando, se a autoridade de que estavam revestidos tivesse sido benéfica e se o seu despotismo tivesse podido aparecer como uma espécie de imagem antecipada do "Reino de Deus". Mas não sucedeu nada disso. O século IV assiste de novo àquelas rivalidades e às sangrentas desordens de que Diocleciano, e depois Constantino, pensavam ter livrado o Império, embora por métodos opostos. Como poderia a Igreja ligar a sua sorte à de soberanos tão contestados e temerários?

Em 335, dois anos antes de desaparecer, Constantino dividira o Império entre os seus três filhos e dois sobrinhos; destruindo a unidade que ele mesmo havia restabelecido e voltando, em resumo, à política de Diocleciano, esperava tornar a sua obra mais sólida. Mas, logo que morreu, em 337, rebentou uma insurreição e os soldados assassinaram vários membros da família imperial, entre os quais os dois sobrinhos. Os filhos dividiram entre si o mundo, que governaram coletivamente durante três anos com três imperadores (337-340), e durante outros dez apenas com dois (340-350), depois de Constantino II ter sido morto numa batalha contra seu irmão Constante. Constante passou a dirigir o Ocidente e Constâncio o Oriente. Mas o primeiro, jovem e medíocre, desempenhava mal o seu cargo, e um dos seus oficiais, Magnêncio, um franco hábil, levantou contra ele o exército, perseguiu-o através da Gália e matou-o ao pé dos Pireneus.

Tendo eliminado Magnêncio e ficado só, Constâncio (350-361) não tentou governar como senhor único. A tarefa era tão pesada para a sua pequena estatura que associou ao poder o seu primo Galo e, depois, Juliano, que foi um excelente administrador. Mas as relações entre o imperador de Constantinopla e o seu associado de Lutécia não demoraram a tornar-se tensas. Quando Constâncio, em luta com os persas, pediu reforços a Juliano, as tropas galo-germânicas revoltaram-se, proclamaram Juliano Augusto e empurraram-no, mais ou menos com o seu consentimento, contra o primo. Ia recomeçar a guerra civil, quando se soube que Constâncio morrera na Ásia Menor e que Juliano era o único imperador.

Restabelecida por acaso, a unidade não devia durar muito tempo. Juliano reinou vinte meses (361-363) antes de ser morto junto do Tibre. Depois dele, Joviano, chefe dos guardas coroado pelo exército, durou menos tempo ainda — oito meses (363-364) —, o suficiente para assinar com o rei Sapor II um tratado absurdo e desonroso. Veio de novo a partilha, entre Valentiniano (364-375), bom general do exército panônio, e seu irmão Valente (364-378), sem que tivesse desaparecido a tensão entre as duas partes do Império, acentuada agora pela diferença de fé entre os dois irmãos, um ortodoxo e o outro ariano. Por fim, a morte de Valentiniano trouxe novamente a desordem. Embora impusessem um tutor — o sábio Teodósio — a seus filhos Graciano (375-383) e Valentiniano II (383-392), a anarquia recomeçou. Surgiram usurpadores, um dos quais o terrível Máximo, que matou Graciano e expulsou o pequeno Valentiniano II. Máximo acabou por ser decapitado, mas apareceram outros ambiciosos. Era a doença do século. Foi somente em 394, após uma encarniçada batalha travada perto de Aquileia, que Teodósio, já senhor do Oriente desde 378, conseguiu eliminar os seus adversários. Mais uma vez se restabelecia a unidade imperial. Mas não por muito tempo.

Perante um regime visivelmente senil, a tarefa da Igreja tornava-se fácil. Uma personalidade moral tão sólida como a dela, tão consciente dos seus destinos, não se arriscava a arriar a bandeira perante um poder tão provisório. Mas os *Estados frágeis são despóticos*. Estes imperadores, antecipadamente condenados a morrer às mãos de assassinos, nem por isso deixam de fazer sentir o peso da sua autoridade tão contestável. Salvo raras exceções, como Juliano, todos eles se comportam como os autocratas orientais, cujo cerimonial e costumes tinham assimilado. Prosternações rituais e beija-pés, títulos superlativos de adulação, um aparato prodigioso que faz da etiqueta uma verdadeira liturgia: os remotos sucessores de Augusto parecem-se cada vez mais com os herdeiros dos "reis dos reis" de Persépolis e de Ecbátana. Amiano Marcelino deixou descrições de toda esta pompa ao evocar, quando da entrada de Constâncio II em Roma, a carruagem imperial de ouro, toda incrustada de pedras preciosas, os dragões com as asas abertas no alto das hastes das bandeiras rutilantes de pedrarias, a imensa fila dos encarregados de preservar a ordem, os *clibanarii* e os *cataphractarii*, todos revestidos com tecidos de malha de aço; e, no meio, o imperador, hirto, imóvel no seu carro, sem pestanejar, "sem se assoar, sem espirrar, sem voltar a cabeça, como se tivesse o pescoço entre talas", testemunhando assim a sua natureza sobre-humana e o seu desprezo incomensurável.

A Igreja não se deixa influenciar por esta empáfia. A todo este alarde de orgulho responde com uma frase muito simples, que Ósio de Córdova escreve a Constâncio e que Santo Ambrósio repetirá a Teodósio: "Lembra-te de que és um homem mortal". Assim, simplesmente pelo fato de ser fiel aos princípios do Evangelho, a Igreja surge como antídoto contra os excessos do poder.

O absolutismo estende-se a todos os domínios. No campo da política, já não há qualquer contrapeso para as investidas do governo, pois a administração pretende imiscuir-se em tudo. Perante o monstro do Estado, porém, tão temível então quanto na nossa época, basta que se erga um bispo ou um Padre da Igreja para que o homem se sinta defendido. É na ordem social e econômica que se observa o exemplo mais expressivo. Nesse campo, acuado pela necessidade, o absolutismo torna-se feroz. Tudo para o Estado! Um sistema de coação universal encerra num colete de ferro o corpo social que definha. Para impedir que os operários abandonem os seus ofícios, que não passam de pretexto para o fisco exercer a sua ação, marcam-nos com um ferro em brasa. Ninguém pode abandonar a sua classe ou as suas funções. E contra estes excessos que a Igreja se levanta. É ela que reclama de Valentiniano I a instituição dos *defensores da cidade*, cuja missão é proteger o povo contra as intoleráveis exigências dos poderes públicos e "lutar — como dirá o próprio imperador Teodósio (que testemunho!) — contra a insolência dos funcionários e a avidez dos juizes". E bem cedo vemos os bispos serem investidos nesse cargo; Santo Agostinho, em Hipona, será *defensor civitatis*[3].

A fidelidade da Igreja aos seus princípios devia levá-la a afirmar ainda de outro modo a sua liberdade em face dos poderes constituídos. A aparição e o desenvolvimento do arianismo, que induzira Constantino a intervir nos assuntos da cristandade, tem um desdobramento inesperado: a heresia abre completamente os olhos aos cristãos. Mais uma vez *oportet haereses esse*. Quando Constantino II tenta promover a unidade religiosa segundo a doutrina ariana, e quando Valente, ariano fanático, se lança numa verdadeira perseguição aos católicos, o dever da Igreja configura-se claramente. No tempo de Constantino, podia haver alguma hesitação sobre a atitude a tomar, e de fato não tinha havido nenhuma oposição nítida à ação imperial; pelo contrário, a Igreja favorecera essa ação a fim de combater Ário. Agora, porém, não há hesitação possível. Lutando pela verdade da sua fé, a Igreja encarna a resistência ao tirano.

Esta independência diante de todos os poderes exprime-se em termos de uma audácia quase incrível. É a grande voz dos profetas de Israel, erguidos contra os reis infiéis, que retine nas bocas destas novas testemunhas de Deus. Nesta suprema batalha, em que está em jogo o futuro do cristianismo, a Igreja dos apóstolos e dos mártires conserva-se fiel a si mesma. Aquilo que o Império hostil não pudera obter dela, não o obterá um Império fingidamente amigo ou desviado da verdade: que ela se cale ou que capitule.

São inúmeras as vozes da liberdade cristã! É Ósio de Córdova, o velho bispo da Espanha, que escreve ao todo-poderoso senhor Constâncio: "Não tendes o direito de imiscuir-vos em assuntos religiosos! Deu-vos Deus a autoridade sobre o Império, mas foi a nós que a deu sobre a Igreja. Em matéria de fé, são as nossas lições que tendes de ouvir"; é Atanásio, a quem ouvimos dizer: "Misturar o poder romano com o governo da Igreja é violar os cânones de Deus"; é

Hilário, que chama ao imperador Anticristo e pronuncia palavras incisivas a respeito das seduções do poder: "Inimigo insinuante, perseguidor manhoso, chicoteia-nos as costas, mas acaricia-nos o ventre; não nos reserva a liberdade da prisão, mas a servidão do palácio; não nos corta a cabeça, mas procura estrangular-nos a alma". São palavras intrépidas, mas que se fazem também acompanhar de atos, como sucedeu quando Crisóstomo, com risco da própria vida, protegeu o favorito Eutrópio, caído em desgraça; ou quando Ambrósio obrigou o imperador Teodósio à confissão pública e à expiação.

Esta atitude é decisiva. No momento em que o Império e a Igreja se vão associar, teria sido um perigo que o cristianismo fosse absorvido pelo Estado, que o imperador se tornasse o *Pontifex Maximus* de Cristo, como havia sido dos ídolos, e que o Evangelho se convertesse numa moral de oportunismo político. A luta tenaz dos maiores chefes cristãos afasta essa ameaça. É certo que um Eusébio, cortesão, fez ajoelhar a sua dignidade eclesiástica diante do teocrático imperador; mas os verdadeiros representantes de Cristo insurgiram-se contra essa atitude. "O poder da Igreja — proclama São João Crisóstomo — ultrapassa em valor o poder civil tanto quanto o céu ultrapassa a terra, ou ainda mais". E Santo Ambrósio, com aquela voz que submete o senhor do mundo, exclama: "O imperador está na Igreja; não está acima dela". O princípio do Império cristão, que a Idade Média procurará pôr em prática com desigual felicidade, está já perfeitamente estabelecido.

O paganismo no século IV

A tentativa de absorção do cristianismo pelos poderes públicos estava votada ao malogro; mais ainda quando se pretendeu cortar o seu avanço opondo-lhe um paganismo revivificado. Foi uma tentativa curiosa, levada a cabo por espíritos de grande inteligência e cujas intenções não envolviam qualquer baixeza, mas foi uma tentativa viciada na sua origem por um completo desconhecimento das realidades da história. O imperador Juliano nasceu com dois séculos de atraso.

Qual era no século IV a situação do paganismo? Legalmente, depois de 313, os cultos oficiais já não eram obrigatórios para ninguém, mas o seu estatuto não fora abolido, como não fora abolida a sua prática. Os seus ritos estavam excessivamente associados à vida dos particulares e aos atos públicos para que pudessem desaparecer de um momento para outro. Uma grande parte da população continuava apegada às suas antigas fidelidades. Constantino, como já vimos, havia mantido a balança mais ou menos equilibrada entre cristãos e pagãos. No Senado de Roma, antes de cada sessão, continuavam a fazer-se as libações diante do bronze tarentino da Vitória alada; em 367, chegou-se a construir no Foro um templo consagrado aos doze casais divinos do Panteão; as peregrinações rituais aos brejos do Aqueronte hão-de durar até 387, e os feriados nos dias das festas pagãs só serão suprimidos em 389. E quando, no reinado de Valentiniano, a grande vestal Cláudia se fizer cristã, causará um verdadeiro escândalo em Roma...

Em que se apoiava este paganismo que, vencido desde a vitória de Ponte Mílvio, não estava ainda disposto a ceder o seu lugar? Apoiava-se sobre elementos de importância desigual. Em primeiro lugar, sobre as intenções ocultas dos imperadores que, embora oficialmente convertidos ao cristianismo, não renunciavam de bom grado a esse instrumento de autoridade que era o culto público de “Roma e Augusto”. Em segundo lugar, sobre boa parte dos camponeses, que se mantinham fiéis aos velhos deuses, dos quais sempre tinham esperado a fecundidade da terra. Por último, sobre os quadros universitários, principalmente na Grécia e no Oriente, onde o amor pela cultura antiga parecia opor uma muralha à difusão do Evangelho.

Quando observamos esse paganismo oficial do século IV, o que mais impressiona é o seu caráter já caduco. Continuar agarrado às formas do passado mais do que permanecer fiel às suas virtudes é uma atitude estéril: os museus são necessários, mas não é das suas salas que brota a vida. O retórico Libânio, falando dos templos abandonados com acentos dignos do Barres da "grande piedade das igrejas da França", é tão ineficaz como ele: não eram tais lamentos que poderiam dar forças vivas à antiga religião.

E quanto a todos esses homens de letras, todos esses intelectuais antigos, que têm sido julgados com tanta exatidão como verdadeiros "Chateaubriand em êxtase perante o gênio do paganismo", basta abrir os livros que escreveram — a *História Augusta*, o *Asclepio*, as *Saturnais*, de Macróbio, as *Vidas dos sofistas* — para lhes avaliar a fraqueza espiritual, a falta de vigor e, principalmente, de caridade que neles se nota. É uma religião de "gente da alta"[4].

Mas esse paganismo não é o único. Sobrepondo-se a ele, continua a viver um outro, que vimos nascer nos últimos tempos da República, desenvolver-se durante o Alto Império e, no século III, invadir a alma inquieta de todos os não-cristãos[5]. É o paganismo dos mistérios, das religiões asiáticas, das filosofias gregas e orientais. O neoplatonismo impregna todo o pensamento pagão. O mitraísmo, embora em declínio, conserva grande número de adeptos, sobretudo nos exércitos, e tem templos por toda parte, mesmo na "Nova Roma" edificada por Constantino. A astrologia também não perdeu terreno, antes pelo contrário. É no próprio reinado de Constantino que aparece a obra-prima desta doutrina, a *Mathesis* (entre 334-337), em que Fírmico Materno tenta ordenar os princípios insistindo na ideia central de uma correspondência metafísica entre o universo e o homem, e exaltando um panteísmo em que o deus supremo é "o mundo, esse imenso animal dotado de uma vida universal, isto é, divina". Por fim, a magia está em pleno vigor; as teorias dualistas carreadas pelo mitraísmo, que afirmam a existência de um deus do mal, e os princípios astrológicos que proclamam a relação do homem com o universo, impelem às práticas da magia. Procura-se utilizar — ou anular — as forças incontroláveis. A magia já não é, portanto, uma amálgama disparatada de superstições populares, mas uma religião às avessas, na qual as mais estranhas e temíveis liturgias são acompanhadas de crimes, necromancia e encantamentos[6].

Todos estes elementos se apresentam cada vez mais misturados e confusos. Há uma tendência geral para o sincretismo. Os indivíduos não só aderem simultaneamente a todas as religiões e aceitam títulos sacerdotais de todas as origens, à semelhança do que ocorria no passado, como se esforçam intelectualmente por amalgamar todos os dados do que poderemos chamar a busca do divino. Os neoplatônicos, seguindo Plotino, declaram respeitar a religião pagã, pois reconhecem nela a expressão de uma antiga revelação. E proclamam inspirados os livros de Hermes Trismegisto, os Oráculos Caldeus e o próprio Homero, interpretado esotericamente! A voga dos poemas chamados "órfícos" é imensa; lê-se e relê-se a *Vida de Apolônio de Tiana*, e faz fortuna uma obra intitulada *O Oitavo Livro de Moisés*, que inclui no marco deste sincretismo as especulações do gnosticismo.

Mas nem tudo é para desprezar neste paganismo tão incoerente; temos de ver nele também o testemunho da alma antiga roída pela inquietação, que não compreendeu ainda que a luz estava ao seu alcance, embora já tivesse recebido dela uma espécie de reflexo. Através de tantas miragens, por vezes grosseiras, distinguimos uma autêntica aspiração espiritual que chega aqui e acolá a exprimir-se de uma forma admirável. Conforme a bela expressão de Festugière, há "pagãos devotos" cuja piedade chega a ser comovente. Quando Porfírio, o anticristão, que é muito lido, escreve: "Não há salvação exceto na conversão a Deus" ou ainda: "Deves ver o fundamento da piedade no amor aos homens e no domínio de ti mesmo"; quando Fírmico Materno exclama: "No breve espaço da nossa vida, não temos outra tarefa senão restituir a Deus, nosso criador, livre de toda a corrupção, a divindade do espírito, depois de termos lavado a imundície do corpo terrestre e de termos extirpado, se possível, os nossos vícios...", como não havemos de reconhecer a nobreza de tais palavras? Os ritos e os mitos, mesmo os mais grosseiros, têm uma tendência a espiritualizar-se pela intenção: o tauróbolo mitríaco, repugnante ducha de sangue, é considerado como um meio de alcançar um renascimento eterno; as mais estranhas lendas da fábula antiga são interpretadas — segundo escreve Salústio por volta de 360 — como significando "o destino da alma, a sua queda e a sua ascensão para o divino".

Assim, o paganismo do século IV encontra-se muito distanciado daquele que Augusto quisera restaurar, e, pelo menos na aparência, está cada vez mais próximo do seu inimigo, o cristianismo. É frequente que se passe daquele para este, como o provam os exemplos de Fírmico Materno e de Santo Agostinho. Mais tarde, perante algumas obras do século IV, os eruditos chegarão a perguntar-se se o autor seria pagão ou cristão. Evidentemente, dá-se isto mais por alguns dados ambíguos e coincidências de vocabulário do que por realidades espirituais idênticas; a caridade cristã e o dogma de Deus encarnado estão sempre ausentes das perspectivas do paganismo, mesmo do paganismo mais depurado. Mas esta semelhança, meramente externa, é bem significativa: as sociedades em declínio sofrem a atração dos seus adversários mais declarados e, quer o saibam, quer não, são por eles influenciados.

Estas influências são tanto mais prováveis quanto é certo que o paganismo e o cristianismo se cruzam por toda parte e forçosamente mantêm relações de homem para homem. Tendo deixado de ser perseguida, a Igreja perdeu o seu caráter de minoria clandestina, da qual era vedado aproximar-se. No século IV, já não podemos ver a sociedade cristã e a sociedade pagã como dois blocos separados: temos de vê-los, pelo contrário, como que intimamente compenetrados, exatamente como vemos nos nossos dias, nas democracias europeias ocidentais, os defensores do comunismo e os defensores das diversas formas de liberalismo encontrarem-se e misturarem-se, por vezes amigavelmente.

As grandes damas cristãs, que correm a ouvir os ensinamentos de São Jerônimo, encontram-se diariamente com as suas amigas pagãs. Certos Padres da Igreja, como São Basílio, mantêm correspondência com os mestres pagãos que os educaram no pensamento clássico. Não são raras a tolerância e a generosidade entre os dois elementos. Citam-se muitos cristãos (Santo Agostinho, por exemplo) que foram solicitados a intervir em favor de um pagão ameaçado, e no tempo de Juliano houve sofistas e retóricos que intervieram para proteger cristãos. Seria errôneo ver as relações entre pagãos e cristãos somente através das polêmicas conduzidas com violência por fanáticos como Eunápio de Sardes, autor do *Asclépio*, ou o imperador Juliano, e não as ver através das respostas que os Padres da Igreja, como São Gregório Niceno, opõem aos pagãos. Exatamente porque a Igreja sabe que é a única que está na posse da verdade, não proíbe aos seus fiéis contatos que, no fim das contas, só favorecem a sua expansão.

É, pois, através de um conjunto de elementos extremamente complexos que temos de encarar este paganismo do século IV, e não pensar que o triunfo do cristianismo foi imediato e geral, logo no dia seguinte ao da vitória de Constantino. O paganismo conserva a sua vitalidade, e disso temos uma última prova. A política dos imperadores — mesmo quando se trata de imperadores cristãos — está longe de mostrar muita coerência. Constantino, ao invés de ser aquele destruidor de ídolos que Eusébio pretende, proibiu apenas os cultos imorais e os sacrifícios, mas não fechou os templos. Se os seus filhos, principalmente Constâncio, vão mais longe do que ele e mandam destruir alguns edifícios idólatras, nem por isso deixam de arrogar para si, como o pai, o título de *Pontifex Maximus*. Certos decretos imperiais proscrevem, entre 343 e 356, as cerimônias mágicas noturnas (em que a moral era bem pouco respeitada), mandam fechar os templos e chegam a cominar com a pena de morte os pagãos que façam sacrifícios, mas a sua redação é tão ambígua que antes parece tratar-se de um simples proforma. A verdade é que, até meados do século, a luta entre o cristianismo em pleno progresso e o paganismo ainda ativo não é decisiva. Num regime despótico, é sempre possível uma reviravolta da política imperial, e alguns permanecem nessa expectativa. Foi o que aconteceu no reinado de Juliano, o Apóstata.

A contra-ofensiva do paganismo: Juliano

É bem curiosa e até, sob muitos aspectos, bastante atraente a figura de *Juliano*, o último imperador pagão. A sua fronte pensativa e precocemente envelhecida, a barba espessa e as órbitas cavadas, mais lembravam um filósofo do que o chefe de um exército, mais um diletante do que um tirano. O seu reinado, muito curto, não lhe permitiu mostrar a medida do seu valor, e temos de formar o nosso juízo mais pelas suas intenções do que pelas suas realizações. Por isso, a sua personalidade, frequentemente explorada na literatura, serviu de bandeira a muitas paixões, e de Voltaire a Vigny, de Ibsen a Merejkowski, conheceu estranhas metamorfoses. Aos olhos do historiador, aparece como uma dessas testemunhas lúcidas que se veem surgir nas épocas de decadência e que, conscientes dos perigos, se esforçam por enfrentá-los empenhando-se tenazmente numa empresa de cujo triunfo talvez duvidem no mais íntimo do seu coração; e que, além disso, também se mostram capazes — como verdadeiros intelectuais que são — de se deixar matar por uma causa que sabem perdida.

Juliano errou quanto aos meios, mas as suas intenções eram nobres. Notando a espantosa desagregação do mundo antigo, julgou que o cristianismo era o responsável por esse estado de coisas e que, suprimindo-o, eliminaria um fermento de morte; estava enganado, pois tomou o efeito pela causa. Mas tinha razão ao pensar que, para uma sociedade em declínio, nada era mais necessário que restituir-lhe as razões de viver. Este homem tinha coração, queria sinceramente o bem e não foi um perseguidor feroz. Desejaria que os ricos fossem menos duros e que o povo humilde sofresse menos com a carestia de vida. Mas não era de forma alguma esse "príncipe tolerante" que se tem retratado, nem mesmo esse "fanático tolerante" de que nos falou Anatole France, e é igualmente absurdo ver nele, como fez Simon, um paladino do "espírito liberal" em face de um cristianismo baixamente sectário. É preciso repetir mais uma vez que a ideia de tolerância não tinha nenhuma raiz na alma antiga, como não havia de tê-la na alma medieval; e a doutrina de Juliano, idêntica à dos seus predecessores imperiais, servirá igualmente para justificar mais tarde a cruzada contra os albigenses, os excessos da Inquisição ou a implantação do protestantismo neste ou naquele país por decreto do seu príncipe. É em nome de uma unidade de princípios, cuja necessidade ninguém na época punha em dúvida, que Juliano, tendo abandonado o cristianismo, quis suprimi-lo em terras romanas; esta intenção contava de tal modo com a aceitação geral que não lha podemos censurar com honestidade.

Resta agora compreender a reviravolta psicológica que levou o jovem príncipe a abandonar a Igreja e a tornar-se seu inimigo. O termo *apóstata*, com que a posteridade há de estigmatizar a sua memória, é materialmente verdadeiro, mas precisa ser explicado. Uma abjuração e uma conversão são fenômenos de natureza similar, cujo mecanismo nunca é compreensível quando visto apenas do exterior, e que só Deus pode julgar. Não se podem considerar baixos os motivos que levaram Juliano a apostatar. Se medirmos o poder do cristianismo no seu tempo, veremos que o imperador não lucrava nada em combatê-lo e que teria sido mais hábil da sua parte tentar, como os seus antecessores, servir-se dele servindo-o. Se este batizado foi infiel ao seu Batismo, é razoável que apreciemos os seus atos à luz das demais fidelidades que o prendiam, à luz de um conjunto de tradições e de princípios que tinham feito a grandeza de Roma e dos quais o cristianismo podia parecer inimigo. Para um romano ainda apegado a esses elementos caducos, podia um imperador cristão deixar de constituir um escândalo? Imaginemos um rei da França que se convertesse ao islamismo e fechasse a catedral de Reims...

Enfim, a estas razões que, no plano da alta política, nos permitem tentar compreender Juliano, é necessário acrescentar outras de uma ordem mais modesta e mais íntima. A sua decisão nasceu de um complexo de dissabores, de cóleras, de desprezos e de receios acumulados em face do êxito da Igreja. E teve por marco o ambiente de um cristianismo palaciano, em que a fé pura dos primeiros tempos cedera o lugar com excessiva frequência ao conformismo, em que havia mais a preocupação pelas posições a tomar do que pelos exemplos a dar, e em que uma ortodoxia quesilenta havia levado a palma à caridade de Cristo. Primeiro dos anticlericais, Juliano, o Apóstata, é no plano da história romana a última cartada, já antecipadamente perdida, de uma tradição agora estéril; e num plano mais geral, é talvez a primeira dessas testemunhas contraditórias que chamarão periodicamente a Igreja ao sentido das suas fidelidades.

Sobrinho de Constantino, primo de Constante e de Constâncio, Juliano, nascido em 331, era cristão de nascimento e não há qualquer motivo para pensar que o Batismo lhe tivesse sido imposto contra a sua vontade. Em 337, foi o único que escapou, com o seu meio-irmão Galo, à carnificina dos seus familiares, uma carnificina que reverteu em benefício dos filhos de Constantino, embora não se lhes possa atribuir com certeza a responsabilidade por ela. Considerado pelos primos como um parente perigoso, foi exilado para um longínquo castelo da Capadócia e mantido sob vigilância. Em 351, Constâncio ficou senhor único do Império e, preocupado com a sua herança, nomeou Galo seu César, mas logo se desfez dele. Em 355, Juliano, que depois de quatro anos de exílio gozava de certa liberdade, visitou a Ásia Menor, Constantinopla e a Grécia. Foi então chamado a Milão, associado ao governo e enviado para a Gália. Este homem jovem, de apenas vinte e quatro anos, logo se revela um César emérito, um eficaz chefe de guerra contra os germanos e um administrador de primeira ordem. Em 361, quando as tropas exigem que ele marche contra Constâncio e a morte de seu primo faz dele senhor único, assiste, em Paris, a 6 de janeiro, à festa da Epifania. Mas, no seu coração, já não é cristão, pois se havia iniciado nos mistérios de Mitra...

Como se operou semelhante reviravolta? Foi no limiar da sua adolescência, no decurso desses obscuros debates em que os jovens procuram o seu caminho, que Juliano perdeu a fé. Que era, a seus olhos, o cristianismo? Um meio de tirania de que Constâncio se servia para domesticar o mundo e para controlar um primo que não lhe era simpático? Terá essa reviravolta resultado dos fracos exemplos dos seus pedagogos, do chamado Hecbólio, que mudara quatro vezes de religião, do bispo ariano Jorge de Capadócia, antigo vendedor de porcos? A desgraça de Juliano foi não ter tido perto de si um verdadeiro sacerdote que o soubesse compreender e guiar na verdade que é o amor. Na Capadócia, no seu castelo de exílio, descobriu o pensamento grego: Homero, que o encantou, os neoplatônicos Porfírio e Jâmblico. Este adolescente, de vida reservada, viu neles um meio de reencontrar a sua liberdade interior. Rejeitar o cristianismo era rejeitar tudo o que ele odiava, tudo o que o perseguia. Em Pérgamo, um filósofo neoplatônico, Máximo, fez o resto. Examinando o que tinha sido a fé decepcionante da sua infância, Juliano, aos vinte anos, desfez-se dela como de coisa morta. "Li — disse ele —, compreendi e recusei".

Foi, portanto, no drama da sua alma que se situou a sua apostasia, e nada será mais falso do que ver nesse jovem um racionalista, hostil por temperamento à fé cristã. São Gregório Nazianzeno, que o conheceu, fala da sua exaltação, do ardor quase doentio que se observava no seu comportamento. Aos dezesseis anos, tinha pensado em fazer-se sacerdote cristão. Havia nele qualquer coisa do místico que se sente capturado pelo divino e, por isso, no dia em que quis combater o cristianismo, não teve senão uma ideia: opor à fé inimiga uma fé tão sublime como essa. Não seria possível substituir o paganismo fossilizado por um neopaganismo depurado, ao qual o neoplatonismo imprimisse a sua tensão mística, a sua aspiração para o contato com Deus; em que as diversas formas de religião se encontrassem fundidas, ordenadas em torno de um deus único, com aparências solares, mas concebido como espiritual e inefável; em que os mitos das veneráveis tradições fossem interpretados segundo um alto simbolismo; e em que, finalmente, uma organização mais ou menos inspirada no cristianismo substituísse a antiga anarquia dos velhos cultos?

Ao lado de Juliano, um grupo de homens inteligentes aplicou-se em levar avante tal empresa: o seu mestre Máximo, o filósofo neoplatônico Prisco, o velho retórico Libânio e sobretudo Salústio, cuja obra *Dos deuses e do mundo* devia constituir a súmula dos novos dogmas. Era a velha tentativa de Aureliano e de Maximino Daia, posta novamente em prática, mas desta vez de forma mais sistemática e por intelectuais não desprovidos de méritos — mas que não passavam de intelectuais...

A subida de Juliano ao trono foi, portanto, assinalada por uma contra-ofensiva do paganismo. Ao longo da sua viagem para Constantinopla, reabriram-se os templos e os sacerdotes dos ídolos vinham aclamá-lo. A princípio, limitou-se a dar a conhecer as suas preferências, sem usar da força. Como gostava de escrever e estava imbuído de Platão e de Heródoto, traduziu as suas novas ideias em verdadeiros mandamentos — que chegaram a ser conhecidos como "epístolas pastorais" —, em que aconselhava os sacerdotes pagãos a imitarem as virtudes cristãs, "a humanidade para com os estrangeiros, o cuidado com os mortos e uma compostura grave", e em que os incitava a constituir um verdadeiro clero, casto e zeloso. Mas, se afetava a atitude de um árbitro que pretendia manter em equilíbrio a balança entre pagãos e cristãos, a verdade é que favorecia os primeiros; aumentou o número de pagãos entre os funcionários e deixou de nomear mais juizes ou oficiais cristãos. Qualquer membro da Igreja que apostatasse era imediatamente recompensado. A cidade palestina de Gaza, que rejeitava o Evangelho, recebeu de presente o porto cristão mais próximo. Pressão oficial, mas não perseguição.

Ao fim de alguns meses, a situação mudou. Os cristãos eram demasiado poderosos para que não houvesse resistências. Um decreto que mandava restituir ao culto pagão as igrejas que tivessem sido templos não pôde ser executado sem incidentes. Em breve aumentou a tensão entre o clero neopagão, sustentado pelo imperador, e as autoridades da Igreja. Dentro do próprio cristianismo, os hereges arianos, donatistas e novacianos, sabendo-se apoiados, enervavam a opinião pública. Em 362, uma lei escolar afastava os cristãos do ensino, sob pretexto de que não se podiam ensinar os clássicos "desprezando os deuses que ali são honrados". Aqui e acolá houve episódios sangrentos; a população saqueou as igrejas na Síria e na Fenícia; o bispo de Aretusa, o mesmo que em 337 havia livrado Juliano de ser assassinado, foi torturado até à morte por ter atacado os pagãos; presbíteros e simples fiéis, que se tinham lançado contra os ídolos, foram executados. Juliano não aprovou esses excessos e chegou até a desaprová-los; mas não eram eles o resultado lógico da sua política?

Durante o inverno de 362 a 363, em Antioquia, onde teve de permanecer para preparar a guerra contra os persas, irritado certamente por sentir o malogro da sua tentativa, Juliano pôs-se a escrever livros violentos contra os cristãos. Já não tratava de se mostrar condescendente, deixando agir o tempo e o desprezo que o dominava. Da sua pena corria agora o pior veneno. "A maquinação cristã é uma invenção da malícia humana", um regresso à barbárie. Os cristãos são traidores. Os seus dogmas, mentiras. As narrativas da Bíblia, absurdos. Cristo não foi senão um homem, uma espécie de anarquista cujos princípios arruinariam a sociedade se fossem aplicados. São Paulo é um impostor; os mártires, uns maníacos; e os monges, uns seres asquerosos. A polêmica anticristã, como vemos, encontrou em Juliano um modelo ilustre. Mas esses gritos não eram senão os da cólera inútil e a confissão de um fracasso.

No mês de junho de 363, lançado numa perigosa campanha nos planaltos iranianos, e tendo que bater em retirada, Juliano corre em socorro da sua retaguarda, mas fá-lo tão precipitadamente que se esquece de vestir a couraça. Um dardo crava-se-lhe no fígado; o imperador tenta em vão arrancar o projétil, cujo ferro lhe corta os dedos. Cai por terra e é levado para a sua tenda, onde morre durante a noite, entretendo-se até o fim — diz Amiano Marcelino — em conversa com os seus amigos filósofos. A morte deste chefe de trinta e dois anos, que até então não conhecera senão êxitos, pareceu tão nitidamente providencial que depressa se espalhou o boato de que, no momento de entregar a sua alma a Deus, o apóstata exclamara: "Venceste, Galileu!"

O cristianismo, que num dia de cólera Juliano jurara "extirpar", saía intacto da última prova. A tormenta foi demasiado breve — menos de dois anos — para que a apostasia dos astutos, a depuração dos quadros e as medidas de violência pudessem ser eficazes. Vigny, ao imaginar que os nazarenos, alarmados, viram metade dos seus regressarem aos ídolos, deixa-se levar pela sua paixão anticristã. Este neopaganismo de intelectuais, mais fraco do que o pensamento de um Atanásio, de um Basílio, de um João Crisóstomo, não era suficientemente vivo e humano para que as multidões reconhecessem nele um rival da caridade de Cristo. De nada serve execrar Juliano, como fez São Gregório Nazianzeno, que o compara ao ímpio Acab e a Nabucodonosor. Não é necessário fazer dele, como os nossos contistas da Idade Média, uma espécie de Barba-Azul que se alimentasse de crianças cristãs. A verdade é mais humilde e mais simples: transviado por uma antipatia cuja responsabilidade está longe de lhe caber por inteiro, Juliano tentou devolver vida ao que era já quase um cadáver. Foi mal sucedido, porque tinha contra si a lógica da história — isto é, a vontade de Deus.

A agonia do paganismo

Com Juliano, o paganismo perdeu a sua última oportunidade. Nenhum dos seus sucessores tentou reiniciar uma luta tão desesperada. Joviano, que o exército empoleirou no trono por pouco tempo, era um cristão convicto e deitou por terra a política do apóstata. Proibiu os sacrifícios "que Juliano tinha multiplicado até a náusea", diz o historiador Sócrates; ordenou talvez — não há certeza disso — que se encerrassem os templos e — isto é certo — anexou muitas terras que outrora tinham sido legadas aos templos por pagãos piedosos.

A partilha do Império entre Valentiniano I e Valente, irmãos cristãos mas dogmaticamente separados, pareceu dar ao paganismo uma nova esperança. O primeiro, Valentiniano, de princípios (se não de costumes) muito católicos, não pretendia de forma alguma impor as suas convicções e, se ajudou a Igreja, somente proibiu aos pagãos as práticas de magia e os sacrifícios noturnos; o segundo, Valente, ariano fanático, perseguiu os católicos com um ódio tão intenso que se esqueceu de combater os idólatras, cujas festas públicas, e até as bacanais, voltaram a fazer a sua aparição em Roma. Mas esta indulgência temporária em nada podia alterar o fato de que o Império, agora cristão, era logicamente impelido a lutar contra o culto pagão.

Essa era a realidade histórica que se ia impor. A situação tinha mudado: tornava-se, pois, necessário tirar as devidas consequências. Numa época em que não se concebia o governo dos homens senão associado a elementos religiosos, um Império cristão não podia tolerar no seu seio um paganismo poderoso, exatamente como um Império pagão não tolerara um cristianismo em pleno crescimento. Era fatal que o Império renovado perseguisse o paganismo, como era fatal que acabasse por fazer corpo com o próprio cristianismo.

Por outro lado, a própria opinião pública forçava os poderes a destruir os ídolos e a confiscar os templos. Recém-convertido, Fírmico Materno, que tinha muito de que pedir perdão, rogava aos imperadores que "extirpassem, aniquilassem, ferissem" por meio de prescrições severas aquelas coisas abomináveis que ele tanto havia louvado. Esta opinião do fogoso polemista espalhar-se-á cada vez mais na segunda metade do século. Se os grandes chefes da Igreja, um João Crisóstomo e um Ambrósio, têm palavras eloquentes para aconselhar a doçura em vez da violência, a massa dos cristãos compreenderá cada vez menos que o triunfo da Cruz não se venha a manifestar à custa dos seus inimigos.

A agonia do paganismo começou aproximadamente a partir de 375. Graciano, filho de Valentiniano I, jovem príncipe profundamente cristão, toma as primeiras medidas que vão cortar os laços entre o Estado e a religião tradicional. Quando assume o poder, recusa-se a aceitar as insígnias de *Pontifex Maximus* que os seus antecessores cristãos tinham recebido até então. Se não manda fechar os templos, promulga uma importante decisão legislativa: o Estado deixa de custear as despesas do culto pagão. Desaparecem as isenções e dotações dos sacerdotes oficiais. As verbas destinadas às vestais e aos sacerdotes são transferidas para o correio imperial. O fisco aproveita-se disso para apoderar-se das terras que pertenciam aos templos. Mais um passo e, em 391, Valentiniano II proíbe terminantemente os sacrifícios, a predição do futuro por meio de presságios e arúspices e a adoração de estátuas idólatras; os templos não são destruídos, mas é proibido lá entrar. No ano seguinte, enfim, Teodósio porá o último selo nesta política que condena o paganismo.

Desta maneira, num período de quarenta anos, a situação modifica-se completamente. Constantino havia poupado os pagãos durante toda a sua vida. Constâncio, ao entrar em Roma, tinha olhado os templos sem cólera e procurara informar-se acerca dos deuses. Mas, neste último quartel do século, os templos já não passam de grandes prédios vazios, interessantes para os turistas, enquanto do outro lado da rua se erguem, cada vez mais numerosas, as igrejas onde se amontoam as multidões.

Como se pode calcular, estas mudanças não deixaram de suscitar reações. Havia ainda muitos pagãos convictos para que os protestos não fossem veementes. A indignação desses corações sinceros exprime-se perfeitamente no discurso *A favor dos templos*, de Libânio; com uma emoção que chega a tocar o coração, o velho retórico fala desses "santuários onde se sucederam gerações inteiras e que são a alma dos lugares onde se erguem"; diz depois que "uma povoação sem templo será uma povoação morta". Houve motins em diversos lugares, porque os pagãos defendiam os seus ídolos contra os funcionários do César cristão e contra os ataques das multidões batizadas. Mas eram vãs todas essas resistências: os dados estavam lançados.

Se quisermos avaliar o que ainda representava o paganismo, basta evocar um episódio e um homem. O episódio é o da *Vitoria*, essa estátua da vitória que, desde tempos imemoriais, presidia na sala do Senado às reuniões da ilustre assembleia. Pode-se dizer que representava o último penhor do paganismo e o símbolo da sua sobrevivência. Em 357, Constâncio mandou retirá-la. Pouco depois, voltou a ocupar o seu lugar. Graciano, quando chegou ao poder, fê-la desaparecer novamente. Dois anos mais tarde, após a sua morte, tão trágica que os pagãos imploraram a vingança dos deuses, o partido "velho romano" — que, aproveitando-se da juventude de Valentiniano II, ocupara diversos cargos elevados — conseguiu que fossem anuladas as medidas tomadas contra a *dea Victoria*, e esta retornou ao seu lugar na cúria senatorial. Mas, nesta época, a Igreja é muito forte. Santo Ambrósio deita fogo e chamas; declara que os senadores cristãos não estão obrigados a encarar um ídolo nem a ouvir os cantos em sua honra. O seu protesto é tão veemente que o imperador cede e a Vitória desaparece, relegada a algum depósito de móveis e utensílios. E assim cedeu a última resistência do paganismo.

O homem em quem se encarna a derradeira energia do paganismo é precisamente aquele que defendeu a posição tradicional na questão da Vitória — Símaco, prefeito de Roma, orador e escritor. Defendeu a causa da *dea Victoria* com palavras eloquentes; Roma fala pela sua boca, gritando aos seus filhos que respeitem a sua vetustez, as suas mais sagradas tradições e essa religião "que submeteu o mundo às suas leis e expulsou Aníbal das suas portas". Esta fidelidade é respeitável, mas de que força espiritual é ela fiadora? Símaco, grande senhor requintado, mostra-se nos seus discursos e na sua correspondência como verdadeiro representante das classes abastadas que se apegam às tradições, não por motivos baixos, mas por viverem à margem do seu tempo, numa esterilidade de que nem elas mesmas suspeitam. Ele e os seus amigos podem generosamente custear as despesas do culto pagão que Graciano despojou de todos os subsídios, mas esse sacrifício por um ideal caduco já nada significa. O alcance dos acontecimentos a que estão assistindo, a revolução moral e social que está em vias de realizar-se, tudo o que é verdadeiramente a vida, tudo isso escapa a estes conservadores. E os deuses, que não têm a sustentá-los senão uns poucos fósseis dessa natureza, estão prestes a morrer completamente.

A consciência de um novo papel

O mundo antigo estava, pois, ferido nas suas obras vitais e os cristãos tinham plena consciência disso. Os Padres da Igreja, especialmente São Jerônimo, evocavam a esse propósito a célebre visão dos quatro impérios que se lê no *Livro de Daniel* (cf. 2, 31-45) e a interpretação que o profeta lhe dera. "Uma enorme estátua erguia-se diante de ti; era de um magnífico esplendor, mas de aspecto aterrador. A sua cabeça era de ouro fino, o peito e os braços de prata, o ventre e os quadris de bronze, as pernas de ferro, os pés metade de ferro e metade de barro". E Daniel fizera a seguinte interpretação: as quatro partes seriam quatro impérios que se revezariam; um de ouro, outro de prata, o terceiro de bronze e o quarto de ferro com pés de barro. Agora, no século IV, não seria fácil reconhecê-los? Não se tinha visto sucederem-se o império da Babilônia, o dos persas e o de Alexandre? E um império "forte como o ferro, esmagador, que tudo triturava", mas com as bases frágeis como o barro de oleiro, não seria uma boa definição do Império de Roma? E não se lia também no texto bíblico que todos esses dominadores da terra seriam esfacelados e se dispersariam "como a palha que voa da eira durante o verão", porque um rochedo semelhante a uma montanha os esmagaria? Impunha-se a conclusão: Roma seria devorada por um imenso cataclismo.

Que sentido tinha esta visão? Para muitos espíritos cristãos, o sentido mais terrível. A profecia não dizia que devia haver outro império depois do quarto. E, aliás, todos os sintomas confirmavam essa dramática certeza. "Aproximamo-nos do fim dos tempos — escreve Santo Ambrósio em 386 —, e é por isso que começam a manifestar-se certas doenças da humanidade que são prenúncios certos do fim do mundo". Reaparecia a velha convicção de muitos cristãos dos primeiros dias, e se essa convicção tivesse sido a única admitida pela Igreja, teria arrastado o cristianismo para uma inação total: muito se teria orado, mas pouco se teria feito.

No fundo das almas, porém, lá onde a esperança de Cristo depositara o fermento que faz levedar a massa, existia ainda uma outra ideia, pouco clara, associada à das fidelidades. No seu desenvolvimento, o cristianismo estivera excessivamente unido a Roma e às suas formas políticas e sociais para que a consciência dos fiéis admitisse sem mais a sua destruição. A Roma condenada era a Roma pagã, aquela que perseguira as testemunhas da Verdade; mas não seria concebível uma outra Roma que substituísse a primeira, uma Roma resgatada pelo sangue de Cristo? E essa seria indestrutível como a promessa de Deus. Tal ideia, mesmo inconsciente, instigava muito mais à ação, à substituição dos valores antigos: era a ideia viva da perenidade de Roma, que a Idade Média haveria de cultivar.

O laço concreto que ligou o cristianismo ao mundo antigo pode ser observado em muitos terrenos: no administrativo, como vimos, quando a Igreja adota as divisões territoriais romanas; no artístico, onde a arquitetura utiliza as formas das construções pagãs; e certamente no campo da cultura, onde esse laço é mais forte e mais decisivo. No decorrer dos três primeiros séculos, a Igreja tivera de servir-se da cultura antiga para voltar contra os seus adversários as suas próprias armas. Se no princípio São Paulo rejeitava "o escriba, o altercador deste século e a sabedoria do mundo" (cf. 1 Cor 1, 20-27); se Tertuliano ainda exaltava, contra a alma formada nas escolas e nas bibliotecas, aquela que — "simples, ignorante e iletrada" — não pretendia aprender outra coisa que não fosse Cristo, já desde o século II vemos cristãos instruídos procurarem conquistar as classes cultas: Clemente, Orígenes e todos os grandes alexandrinos afirmavam que a cultura antiga podia estar a serviço da glória de Deus. "Por isso — afirma São Gregório Taumaturgo — devemos perscrutar com todas as nossas forças os textos dos Antigos, filósofos ou poetas, para aí haurir os meios de aprofundar, reforçar e propagar o conhecimento da verdade". Quando o antagonismo entre o cristianismo e o mundo antigo deixar de se traduzir em violências sangrentas, a quase totalidade do pensamento cristão encontrar-se-á impregnada do desejo, consciente ou não, de fazer desaguar toda a cultura antiga no imenso oceano de Cristo.

A expansão da literatura cristã[7] não marca, portanto, uma ruptura com a literatura antiga. Antes pelo contrário, a influência formal dos clássicos sobre os escritores cristãos teve como resultado que, a despeito da oposição doutrinal, os autores cristãos se sentiram pertencentes à mesma família que os pagãos. Como é que Prudêncio não havia de sentir certa ternura pelos seus antecessores, os líricos latinos a quem tanto devia? Como é que Santo Ambrósio não havia de sentir-se descendente de Virgílio, cujos poemas sabia de cor, e de Cícero, cujo estilo copiava? O próprio São Jerônimo, que gritava: "A Igreja não nasceu da Academia ou do Liceu, mas da plebe mais vil", desejaria verdadeiramente pôr de lado as letras pagãs? Rufino declara — não sem malícia — que o santo pagava melhor aos seus secretários para lhe copiarem Cícero do que para transcreverem trechos piedosos, e que recitava Virgílio às crianças de Belém.

Materialmente, esta fidelidade havia de ter uma importância enorme para o futuro da civilização. Em vez de se interessar unicamente pelos seus próprios textos, a Igreja estudou também os grandes escritores pagãos; em vez de mandar copiar, nos seus conventos, apenas os evangeliários e missais, mandou transcrever também não só Virgílio e Sêneca, como ainda Tito e Tácito. Será graças a ela que chegará até nós, embora incompleta, mas ainda rica e infinitamente preciosa, a herança das letras antigas. Este fato, só por si, é suficiente para sublinhar o vasto alcance do revezamento que a Igreja levou a cabo.

Mas é preciso ir mais longe. Espiritualmente, os cristãos da classe intelectual, aqueles que se sentiam no mesmo nível dos pensadores pagãos, não podiam atirar para o abismo essa Roma grandiosa, esse mundo antigo que os havia formado nos métodos do espírito. Embora fossem plenamente conscientes dos vícios que a minavam, não podiam condená-la sem apelo. Foi através da fidelidade à cultura romana que os cristãos do século IV descobriram a fidelidade à própria Roma, ao seu destino prodigioso. Os testemunhos são numerosos. Encontramos muitos deles em Prudêncio: "Eu não admito que se avilte o nome romano, bem como as guerras que custaram tanto suor, e as honras adquiridas ao preço de tanto sangue. Não tolero que se ultraje a glória da Roma". São raros os documentos em sentido contrário; aqueles que invocam com os seus votos a destruição total de Roma e a irrupção dos bárbaros são uns exaltados semi-loucos, como

Lúcifer de Cagliari. Quando a invasão forçou as fronteiras e Roma caiu, os próprios cristãos soltaram gritos de dor. Quando São Jerônimo soube "que se apagara a luz gloriosa do mundo, que a capital do Império havia sido decepada ou, para melhor dizer, que nesta cidade única havia perecido todo o universo civilizado, calou-se, *humilhado*, sabendo que chegara o tempo de chorar"; e será para confortar os cristãos desta dor que Santo Agostinho escreverá *A Cidade de Deus*.

Bem comovente é, pois, esta fidelidade dos cristãos do século IV! Mas a verdadeira fidelidade ao passado não é agarrar-se a ele com todas as forças, como o fazem os últimos pagãos, esses conservadores; é buscar os seus dados essenciais, as suas virtudes, e alimentar-se delas. A fidelidade cristã a Roma e à tradição antiga será, portanto, uma fidelidade ativa e criadora, que utiliza o passado para construir o futuro. A cultura será orientada para a apologética e ficará a serviço de fins cristãos. A Roma que sobreviverá será a Roma cristã. "Ó Cristo — exclama Prudêncio —, concedei aos romanos a conversão da sua cidade! Fazei Rômulo tornar-se um fiel e Numa abraçar a fé!" E não foi ouvida essa prece? "As luzes do Senado beijam os pés dos apóstolos; o *pontifex*, outrora cingido com as suas faixas, faz o sinal da Cruz e a vestal Cláudia entrou para o seio da Igreja!" A Roma verdadeira não é a ameaçada; essa está protegida por Cristo. "Ó nobre cidade, estende-te comigo no santo Sepulcro. Amanhã seguirás, toda inteira, os ressuscitados".

Assim a ideia de um Império cristão mergulhava as suas raízes numa consciência repleta das exigências da história. Por ter sido sempre uma autêntica revolução, e não uma veleidade reformadora nem uma anarquia, a revolução da Cruz realizava a síntese entre os elementos válidos do passado e o futuro. Para além do sistema romano e da ordem romana que iam desaparecer, o cristianismo semeava a futura civilização. É esta tomada de consciência de um novo papel o que se descortina, subjacente, em toda a Igreja do século IV, essa que se organizava segundo o modelo imperial, essa que ia preparando os seus quadros e cujos escritores ultrapassavam todos os da sua época. Não há, talvez, prova mais flagrante da vitalidade da Igreja nem das intenções providenciais a que obedece a sua história.

A renovação dos valores humanos

E sem esperar pela catástrofe, já o cristianismo se aplicava a renovar as bases da sociedade, isto é, os conceitos fundamentais sobre o homem. A pessoa humana que ele defende das ameaças do poder não é a do mundo pagão; é aquela que foi chamada à vida por Cristo, aquela que, desde que a Igreja existe, se configurou dentro das suas fileiras de acordo com esses modelos perfeitos de humanidade que são os santos. A ordem dada por Jesus a Nicodemos: "É preciso nascer de novo", não deve ser entendida apenas num sentido pessoal; na verdade, implica uma transmutação completa dos valores em todos os planos da vida coletiva, na sociologia, na economia e na moral.

A certeza de ser um "homem novo" não era novidade alguma para um fiel do século IV: desde que São Paulo formulara genialmente essa doutrina, ela estava na raiz do esforço cristão. Ao mesmo tempo, porém, impunha-se daqui por diante uma renovação total numa época em que, com toda a evidência, se desmoronavam as bases sobre as quais se edificara a civilização antiga. Para darmos apenas um exemplo, em que assentavam os princípios da moral pagã? No sentimento abstrato de um imperativo categórico ou na razão de Estado. Um pagão de mérito, um estoico, por exemplo, praticava a virtude, ou porque a razão natural lhe mostrava a sua superioridade, ou porque pensava, conforme as palavras de Marco Aurélio, "ser útil à sociedade e, portanto, a si mesmo". Mas, na atonia geral, que valor têm os imperativos categóricos e as abstrações? E num regime opressivo, em que o único laço social é o colete de ferro do Estado, quem pode experimentar o sentimento de uma comunidade humana? Eram necessários outros princípios — precisamente aqueles que o cristianismo trazia consigo.

Deste modo, as antigas virtudes, as virtudes cardeais da prudência, da justiça, da temperança e da fortaleza, que tinham sido exaltadas pelo pensamento antigo, mas depois tinham perdido toda a sua eficácia, encontram-se reanimadas pelo cristianismo, que lhes assinala outro fim: são vivificadas pelo amor a Deus e ao próximo. A prudência ou, se assim o preferirmos, a antiga *sabedoria*, transforma-se na razão guiada pela luz da fé, com a qual o homem pode ver e apreciar todas as coisas. A justiça não aspira à obtenção de direitos pessoais, mas ao respeito pelos direitos alheios.

A temperança associa-se à doçura da caridade. A virtude da fortaleza renuncia a ser agressiva para se tomar, sobretudo, o meio de suportar o sofrimento. Além disso, outras virtudes que a Antiguidade desconhecia passam também a ser essenciais, como por exemplo a humildade: a busca da glória, tão do agrado do coração dos pagãos, levava ao desprezo dos pequenos, dos miseráveis e dos escravos, e a humildade cristã vem quebrar essa barreira entre as classes.

A renovação dos valores humanos produz duas consequências: por um lado, no seu domínio próprio, a Igreja toma medidas e funda instituições que correspondem às exigências do homem renovado; por outro, exerce uma influência sobre a sociedade civil — o que ela já começara a fazer muito antes de ter triunfado — e, à medida que a sua área se confunde com o próprio Império, tende a impregnar dos seus princípios toda a vida coletiva[8]. E assim se prepara um mundo novo, fundado sobre bases que o antigo desconhecia.

O exemplo mais frisante desta ação observa-se na moral social. A própria ideia daquilo que nós entendemos por "justiça social" era quase desconhecida da humanidade antiga, onde a miséria aparecia como consequência do *fatum*. Nascida na obscura expectativa da tradição judaica e realizada na caridade de Cristo, a ideia de uma responsabilidade coletiva do homem para com o homem só agora começa a impor-se. Não se trata de um princípio político nem tampouco de uma teoria social: trata-se antes de uma exigência espiritual. A pequena frase: "Amarás o teu próximo como a ti mesmo" era suficiente para estabelecer a moral social. O cristão não se conformará com as injustiças e não admitirá que um seu irmão fique entregue aos golpes de um destino cego. Trabalhará com todas as suas forças para estabelecer — *hic et nunc*, aqui e agora — o espírito de equidade. Esta é a grande ideia nova que os Padres da Igreja trazem agora à superfície. "Há um motivo — exclama Santo Ambrósio — que deve impelir a todos à caridade: é a piedade para com a miséria alheia e o desejo de aliviá-la, na medida e até acima das nossas forças".

No plano prático, esta transformação da moral social leva a Igreja a fundar instituições de caridade que não cessarão de se desenvolver. Desde os primeiros tempos, as cartas do papa Clemente e a *Didaquê* tinham mostrado com que cuidado a Igreja se preocupava com a sua missão de caridade. Os papas dos séculos II e III, Evaristo, Pio I, Fabiano e Dionísio, sublinhavam com as suas intervenções a importância que atribuíam a esta parte das suas funções. No século IV, a ação social da Igreja toma um notável incremento; socorre o povo que a subida de preços atirava para a miséria, e as suas dotações, que aumentavam extraordinariamente, passam a ser patrimônio dos pobres. Nas grandes cidades, como Roma e Alexandria, toda a assistência está a seu cargo, tanto os auxílios dispensados aos miseráveis como a manutenção dos hospitais e dos asilos de órfãos e velhos. Ao longo das estradas, criam-se refúgios para os peregrinos e viajantes, e a obra de resgate de cativos, fundada pelo papa Dionísio, nunca deixou de existir; é em socorro dessa obra que Santo Ambrósio proporá que se vendam os vasos preciosos que serviam no altar.

O testemunho de um pagão — Juliano, o Apóstata — faz-nos ver expressamente a influência que esta ação exercia, pelo exemplo, sobre a sociedade inteira. "Não vemos nós que o que mais tem contribuído para desenvolver o ateísmo (isto é, para ele, o cristianismo) é a humanidade para com os estrangeiros, a solicitude para com todos e até a previdência para com os mortos? É com isso que nos devemos preocupar sem qualquer fingimento. Seria vergonhoso que, quando os ímpios galileus, além dos seus próprios mendigos, nutrem os nossos, nós víssemos os nossos miseráveis privados daqueles socorros que lhes devemos". Palavras como estas caracterizam bem a renovação operada pelo cristianismo.

Qual foi a atitude do cristianismo perante o mais grave problema social do mundo antigo — a escravidão? No seu conjunto, não condena a instituição servil enquanto instituição; a escravidão aparece como uma necessidade econômica tão essencial que os homens, salvo algumas exceções, a consideram indispensável. Por outro lado, o cristão, para quem a verdadeira escravidão é a do homem submetido aos seus pecados, coloca-se num plano diferente do da mera reivindicação de direitos.

Raros são os Padres da Igreja que rejeitam o princípio da escravidão; São Gregório Niceno, por exemplo, escreve: "Possuir homens é comprar a imagem de Deus". De ordinário, a ação cristã em favor dos escravos desenvolve-se de maneira diferente. Enquanto na sociedade pagã a condição social se agrava, o tráfico e a venda de crianças abandonadas se convertem em práticas correntes e o rigor oficial se reforça, generalizando o uso da coleira de metal para os escravos que tentem fugir, na sociedade cristã a mansidão para com esses humildes irmãos torna-se regra geral. "Entre nós — diz Lactâncio —, ninguém estabelece diferença entre senhores e escravos". Ainda mais: enquanto a lei romana que proibia casamento entre escravos e pessoas livres era confirmada e agravada, chegando a prever a pena de morte, a Igreja sanciona a validade dessas uniões, e encontram-se inscrições funerárias cristãs em que maridos escravos falam de suas esposas nobres e *clarissimae*. São João Crisóstomo aconselha os senhores a que ensinem um ofício aos seus escravos e depois os libertem. Muitas vidas de santos nos falam de alforrias em massa e de frequentes casos em que ricos senhores cristãos, fazendo-se sacerdotes, davam a liberdade a todos os seus escravos. A partir de Constâncio, a lei passa a reconhecer a validade das declarações de alforria feitas numa igreja. Estes são os sinais precursores da luta que a Igreja há de empreender mais tarde contra a condição servil[9].

O direito e a justiça vão sofrer de duas maneiras a nova influência. Por um lado, a Igreja, que há muito tempo havia instituído no seu seio jurisdições particulares, arbitrando conflitos suscitados entre os seus membros e julgando aqueles que infringiam as suas leis, procura agora que seja reconhecida a sua autoridade em matéria judiciária. A sentença arbitral do bispo obtém força obrigatória civil a partir de 330; os processos civis em que esteja implicado um clérigo passam a ser julgados por um tribunal da Igreja a partir de 348, e assim, num número cada vez maior de casos, os princípios do cristianismo substituem os do direito romano como base para a aplicação da justiça.

Por outro lado, o próprio direito civil oficial e os métodos processuais não podem deixar de ter em conta a forte corrente que o cristianismo traz consigo. Os rigores do poder paternal e marital começam a humanizar-se, e, a partir de 342, em vez de se aterem ao velho princípio romano de julgar segundo fórmulas e de maneira quase automática, os magistrados recebem ordem de examinar as intenções dos acusados. A crucificação e a marca com ferro em brasa, que Constantino tinha suprimido, não voltam a ser restabelecidas, e é a Igreja quem, por uma preocupação de humanidade, faz considerar a prisão como pena infamante, levando a substituir por ela, em certos casos, as penas de morte e de trabalhos forçados. Dir-se-á que ainda é pouco. Efetivamente, não desaparecem nem a tortura preventiva com chicote, nem o potro, nem as unhas de aço ou as barras de ferro ao rubro, como não desaparece também o odioso hábito de uma justiça desigual segundo as classes, em que a escala das penas varia com a categoria do culpado. Numa sociedade viciada, onde a violência pública era paralela à frequência do crime, a aparição do cristianismo não podia bastar para modificar tudo de uma penada; no entanto, implantaram-se balizas que indicavam um novo caminho a seguir.

Um exemplo marcante do papel do cristianismo neste esforço de transformação dos costumes, e também dos limites da sua ação, é o que diz respeito aos jogos. Sabe-se[10] o que os jogos representavam para o mundo romano do Império e o mal que fazia uma instituição como essa, que fomentava entre o povo a ociosidade e o gosto pelo sangue e pela luxúria. Os divertimentos públicos da arena, do teatro e do anfiteatro não cessaram de crescer em importância no decurso dos quatro primeiros séculos. Muitos poucos espíritos avaliavam o perigo que essas aberrações representavam para a sociedade; Sêneca foi talvez o único que o compreendeu. Os governos não tomavam nenhuma medida contra semelhantes práticas de neurose coletiva. Constantino mandou lançar às feras os prisioneiros germanos e o benigno Graciano declara que "não se devem reprimir os divertimentos públicos, mas pelo contrário permitir que o povo manifeste a sua alegria". Em 392, em plena voga das ideias e dos princípios cristãos, Símaco, prefeito de Roma e romano de velha cepa, mostra-se desolado porque vinte e nove prisioneiros saxões, escolhidos para se matarem mutuamente nos jogos que ele preparara, tinham tido o mau gosto de se estrangularem uns aos outros na prisão!

Os chefes da Igreja são os únicos que se levantam contra esta monstruosa aberração do senso moral. Sempre que um Padre da Igreja tem ocasião de falar dos jogos indigna-se, e São Jerônimo, Santo Hilário de Poitiers e Santo Ambrósio condenam-nos formalmente. No reinado de Teodósio, veremos um monge heroico, Telêmaco, atirar-se à arena para separar os gladiadores e ser lapidado pela multidão. Este fato levou o imperador a proibir os combates sangrentos. Os cristãos conservam como lembrança abominável o horror das arenas, e se não os podem suprimir, lutarão para diminuir-lhes a atrocidade. Esses divertimentos durarão ainda mais de dois séculos, mas serão progressivamente atenuados, restringidos a combates entre animais ou a inofensivas corridas de carros, antes de desaparecerem completamente por volta do ano 600. E assim se vai implantando a influência cristã, com dificuldade, mas com a certeza de triunfar.

Todos estes exemplos concorrem para provar que o que a Igreja preparava no meio da desagregação do mundo era uma civilização baseada no homem, uma sociedade cuja razão determinante fosse a pessoa individual. Este fato era de uma importância capital num momento em que o totalitarismo do Estado e o relaxamento dos costumes contribuíam para desagregá-la. Renovando as próprias bases do homem, dando o verdadeiro sentido aos seus valores, o cristianismo carreava os materiais para a cidade futura. A cidade futura é a fraternidade cristã, em que cada um se sentirá amado e apoiado, em que cada um encontrará a liberdade espiritual e a possibilidade de se expandir moralmente. Esta representação grandiosa de uma nova humanidade será a ideia-força do cristianismo no momento da grande derrocada do mundo antigo. E será por ela que a sociedade pagã cederá o seu lugar à entidade que a história esperava — a *plebs Christi*, o povo dos batizados.

Os quadros do revezamento: os bispos

A renovação dos valores humanos implicava uma alteração nos quadros da sociedade. Se a *plebs Christi* se propunha substituir a massa desagregada dos cidadãos imperiais, os superiores que ela reconhecia deviam, paralelamente, mostrar-se líderes verdadeiros. Nunca a diferença entre *autoridade* e *poder* foi tão acentuada como nesta época de transição, em que morria um mundo e nascia outro. Os funcionários imperiais gozavam de um poder quase ilimitado, dispunham de todos os meios imagináveis de coerção, mas eram detestados. Nestas condições, que podiam eles fazer contra a força da inércia que lhes opunha todo o corpo social? Escapava-lhes das mãos a verdadeira autoridade, porque esta pertencia àqueles que a *plebs Christi* tinha colocado à sua testa: os bispos. E, como é regra constante, o poder acabaria por cair naturalmente nas mãos daqueles que já tinham a autoridade.

Os bispos não eram funcionários nomeados por um poder central opressivo; não eram guardas de prisão nem cobradores de impostos. Saídos do povo, escolhidos com a sua concordância, possuíam uma autoridade natural que era, na plena acepção da palavra, de essência democrática. Mas, ao mesmo tempo, pelos poderes que detinham, pela sua organização hierárquica e também — é preciso acrescentar — pelo seu valor pessoal, que foi quase sempre eminente, constituíam uma verdadeira elite, isto é, um indispensável instrumento de animação e controle, sem o qual as sociedades humanas são amorfas. O Estado romano já não tinha uma aristocracia autêntica, consciente do seu papel e dos seus deveres; não havia senão cortesãos, nobres por título e por ostentação. A verdadeira aristocracia estava nas fileiras cristãs. Houve quem escrevesse que a Igreja "combinou num conjunto perfeitamente coerente o princípio eletivo e representativo, tal como o haviam concebido as cidades gregas, o governo pela aristocracia moral, proposto pelos pitagóricos, a monarquia do mais digno, desejada pelos estoicos, e o poder de direito divino que, durante mais de trinta séculos, dera aos faraós do Egito uma indiscutida legitimidade" [11]. Não se podem sublinhar melhor as razões históricas que, pela força das circunstâncias, fizeram dos quadros *religiosos* da sociedade cristã os quadros *sociais* e *políticos* do mundo, agora que era necessário salvá-lo.

A consequência imediata foi que a Igreja drenou para si todas as forças vivas. Sabemos já até que ponto isto foi verdade no campo intelectual; não o foi menos no campo da ação. As personalidades mais vigorosas, os homens conscientes do perigo daquela hora e desejosos de lutar já não podiam ser atraídos para o serviço de um Estado entupido por um funcionalismo paralítico e anquilosado pela rotina, onde já nada existia das antigas virtudes que haviam feito a grandeza de Roma. Para serem eficazes, os reais herdeiros do gênio latino deviam consagrar-se à Igreja. E as velhas virtudes, renovadas pelo cristianismo, rejuvenesciam neste novo escol — senso prático, capacidade de organização, atividade criadora e arte de conduzir as massas —, ao mesmo tempo que os vícios inerentes ao poder romano — orgulho, dureza e desprezo dos homens — se viam combatidos sem trégua pela lei de Cristo.

Foi para estes novos chefes, portanto, que se voltou a confiança das multidões. Enquanto os magistrados municipais — pobres pessoas que o fisco oprimia, mas que não tinham qualquer poder real — perdiam todo o prestígio, os bispos tornavam-se as primeiras personagens das suas cidades. Na sua diocese, o bispo tinha poderes muito vastos, quase absolutos, aureolados de sobrenatural pelos dons do Espírito Santo. Era administrador, juiz e diretor único das obras sociais; nada que interessasse ao povo de Deus deixava de lhe passar pelas mãos. Devido ao método pelo qual era escolhido, e à virtude da caridade que era chamado a exercer, constituía o laço vivo do seu rebanho, a própria expressão das suas aspirações; era o único elemento capaz de contrabalançar os poderes da tirania, isto é, de defender o homem.

Foi este papel de defensores que os bispos se viram, pois, obrigados a desempenhar, por uma espécie de fatal necessidade. Se um funcionário imperial se excedia na sua sanha, quem podia enfrentá-lo? O bispo, apenas o bispo, que o mais insolente dos legados hesitaria em atingir. Quando se abatia sobre a região uma epidemia ou uma calamidade, e o Estado se mostrava quase totalmente incapaz de socorrer os infelizes, quem estava em condições de organizar o auxílio? O bispo, que já tinha a seu cargo uma instituição de caridade e podia dispor de uma reserva de boas vontades tão inesgotável quanto heroica. Se uma invasão dos bárbaros rompia a couraça do Império, semeando a desordem e a surpresa entre as autoridades imperiais, era mais uma vez o bispo quem, com a força de uma incrível esperança, tomava o lugar do poder desfalecido e reunia em volta do rebanho cristão todas as energias que restavam.

Vemos, portanto, que ao longo de todo o século IV, e até os começos do seguinte, se vai preparando uma verdadeira demissão do poder civil em favor das autoridades religiosas. Os cristãos, sentindo-se muito mais amparados e acompanhados pelos bispos do que pelos funcionários, consideram-se mais filhos da Igreja do que cidadãos do Império. Aliás, é o próprio Império que vai decidir esta substituição e consagrar a falência dos seus serviços. Quando o Estado, alarmado com os seus próprios excessos, organiza a estranha instituição a que já nos referimos — os *defensores da cidade* —, é ao bispo que confia essa responsabilidade. No tempo de Valentiniano II e de Graciano, o bispo é solicitado a designar o titular desse cargo, ao mesmo tempo tão pesado e fundamental; e a partir de Teodósio, assume-o ele próprio, frequentemente a contragosto ou muito receoso de que esses poderes civis se sobreponham à sua autoridade espiritual. Mas essa identificação das suas funções viria a ser de capital importância, como se há de revelar no dia em que, perante os bárbaros, perante a ausência do poder do Estado, uma única muralha se opuser à vaga destruidora — a sede episcopal do defensor da cidade.

Assim, estes bispos do século IV vêm acrescentar novos traços à imagem do episcopado cristão, tão admirada desde os primeiros tempos. Sob muitos aspectos, são eles os herdeiros de um Inácio, de um Policarpo ou de um Cipriano; a sua fé e a sua força são iguais às deles; continuam a ser da raça dos apóstolos e dos mártires. Mas, como pedras fundamentais que são de uma Igreja que se prepara para assumir um mundo, têm, mais do que os seus predecessores, aquilo que poderíamos chamar o senso da responsabilidade histórica. O seu prestígio ultrapassa o marco da Igreja. Não trabalham apenas no plano cristão, mas também naquele em que estão em jogo a política e a civilização.

Será preciso recordar nomes? Foram bispos os grandes Capadócios Basílio, Gregório Nazianzeno e Gregório Niceno; foi bispo Atanásio do Egito, que através das lutas doutrinais defendeu acima de tudo essa unidade cristã que em breve viria a substituir a unidade romana; foram bispos Hilário de Poitiers e Martinho de Tours, a quem a Gália há de dever a sua sementeira de cristianismo e de civilização; foi bispo João Crisóstomo, protagonista heroico da independência espiritual da Igreja, isto é, do seu verdadeiro futuro; foi bispo Cirilo de Jerusalém, que formulou tão lucidamente o papel do cristianismo no mundo; foram bispos os sucessores de São Pedro que, não contentes com exercer sobre a Igreja o completo ascendente e influência que já apontamos, lutam na própria Cidade Eterna contra as retomadas ofensivas do paganismo, resistem aos excessos do Estado, mantêm a paz no seu povo e multiplicam as obras de caridade; bispos foram ainda esses príncipes entre os "defensores da cidade", esses agentes determinantes da verdadeira política cristã que são, na Itália do Norte, Santo Ambrósio, e mais tarde, na virada do século, o mais notável de todos — Santo Agostinho[12].

Um exemplo: Santo Ambrósio

O homem que melhor encarnou, sob todos os aspectos, o cristianismo do século IV, prestes a realizar o revezamento do mundo, foi incontestavelmente *Ambrósio*, o grande santo de Milão. Aquele de quem o imperador Teodósio viria a dizer, depois do conflito dramático que os opôs: "De todos os que conheci, só Ambrósio merece ser chamado bispo", esse homem foi o exemplo vivo e a expressão perfeita da elite cristã que, ligada por todas as fibras às bases da civilização, mas transformando-as todas por uma intenção renovada, soube assumir sozinha as responsabilidades da época e tomar a opção sobre o futuro.

Pensaria este rebento de uma família patrícia, destinado desde a juventude à carreira das honras públicas, que um dia a Igreja havia de reconhecer nele um dos seus Doutores? Nascido em Tréveris, onde seu pai exercia a prefeitura das Gálias, mas educado em Roma desde que ficara órfão, Ambrósio cresceu dentro da aristocracia conservadora. Era cristão, sim, em primeiro lugar por tradição de família, pois uma das suas tias-avós sofrera o martírio no tempo de Diocleciano e a irmã recebera o véu das virgens das mãos do papa Libério. Mas, nesse meio que não estava completamente evangelizado, onde as relações mundanas, o respeito humano e talvez também os conflitos de consciência entravavam a marcha de Cristo, Ambrósio parecia mais cristão pela sua filiação e comportamento moral do que pelo seu nível de exigências interiores. Aos trinta anos, não recebera o Batismo. Em contrapartida, a sua carreira civil mostrava-se promissora, visto que, após sólidos estudos clássicos e jurídicos, tivera uma rápida promoção. Encarregado de governar as províncias emiliana e ligúrica como "cônsul", podia olhar o futuro com animadora satisfação; mas Deus, interceptando-lhe o caminho, resolveu chamá-lo.

Foi sem dúvida necessário que em Milão, a poderosa capital da Itália do Norte e, desde 364, de todo o Ocidente, o jovem administrador tivesse mostrado qualidades eméritas, porque a sua celebridade foi o meio de que a Providência se serviu para situá-lo no seu verdadeiro caminho. A *vox populi* foi, no seu caso, *vox Dei*. Na Itália do Norte, sentiam-se as ameaças vizinhas; experimentava-se a necessidade de uma autoridade enérgica, e a *plebs Christi* experimentava-a tanto ou mais do que o resto da coletividade. Em 374, a sede episcopal ficou vaga, devido à morte de um bispo ariano, e a luta entre católicos e hereges ameaçou degenerar em drama. Valentiniano I aconselhou os bispos a escolher em paz "um homem cuja vida pudesse servir de exemplo". Reunidos na basílica, estariam porventura os representantes dos dois grupos dispostos a seguir o conselho e a votar sem discutir? Sem dúvida que não, porque Ambrósio teve de comparecer à sala das sessões para pedir calma, na sua condição de alto magistrado. Quando chegou, ouviu-se do meio da multidão um grito como de criança: "Ambrósio bispo!" Ressoou tal clamor de aprovação que os dois partidos compreenderam que era mais prudente fazerem-se eco da gritaria. "Ambrósio bispo!" Este bem protestou que não era batizado, que era apenas um catecúmeno, que teriam de esperar até que recebesse as ordens e que as suas funções oficiais o inabilitavam... De nada valeram os argumentos. A sua integridade, o seu espírito de justiça apontavam-no como o chefe cristão por excelência. E submeteu-se. Mal tinha quarenta anos.

Seria bispo, na inigualável plenitude do termo, durante vinte e quatro anos. Nenhum homem do seu tempo possuiu, sem dúvida, tantas qualidades para assumir as difíceis funções episcopais, mais difíceis no seu caso por ter de exercê-las na capital do Império, ao lado de senhores ávidos do alheio. Excelente administrador, deu à sua fé, na Itália do Norte, e mesmo fora dela, em direção aos Alpes e ao Ilírico, uma autoridade cujo prestígio a diocese de Milão conservou até os nossos dias. Pai de todos os fiéis, compreensivo para com todas as misérias dos corpos e das almas, foi verdadeiramente aquele que Santo Agostinho viria a pintar "cercado de tal forma pela multidão dos pobres que era difícil chegar junto dele", aquele que propunha vender os vasos sagrados para resgatar os cativos. Orador maravilhoso, cujos escritos ainda hoje deixam perceber a moção interior e a chama que os animava, nunca entregou a outros o cuidado de exercer o magistério da palavra, que desde sempre pertenceu aos bispos, e não cessou de instruir o seu povo sobre inúmeros pontos do dogma, da exegese, da moral e da sociologia. Escritor, Padre e Doutor da Igreja, realizou uma obra em que certamente nem tudo tem o mesmo valor, em que se nota, por vezes, o sermão reaproveitado, mas que é notável quando se aplica a temas mais da sua predileção, como a virgindade, os sacramentos e os salmos da Bíblia. Liturgista[13], promotor do canto sagrado, autor de tantos hinos que a tradição lhe atribuirá quase todos os que forem escritos depois, soube encontrar muitas cadências, muitas fórmulas que a Igreja conservou até hoje. E, possuidor de uma alma profundamente religiosa e de um coração que ardia num amor inefável, revelou-se acima de tudo um verdadeiro místico, cujos acentos repassados de ternura, quando fala de Jesus ou de sua doce Mãe, nos fazem pensar antecipadamente nos de um São Bernardo. Tal foi o bispo Ambrósio, exemplo perfeito dessa síntese viva — que não pertence senão aos grandes santos — entre o homem de ação, o homem de pensamento e o homem de vida interior.

Por tudo quanto foi, Santo Ambrósio revela-se uma figura eminentemente representativa desses quadros que o cristianismo suscitou em seu seio e cuja importância histórica assumia um papel tão considerável no momento em que Roma desabava. Mas o seu maior interesse ainda é que ele próprio pertencia a essa antiga tradição que os destinos deviam pôr em leilão, e que nele se uniam duas espécies de fidelidades nas exigências do dever. Pelas suas origens, pela sua formação, pela carreira administrativa que seguira antes da sua eleição episcopal, o que era Ambrósio, na verdade, senão um "velho romano", o herdeiro perfeito daquelas gerações que haviam feito a grandeza do nome latino? Ele mesmo sabia perfeitamente a que estava ligado, qual era o sentido da sua filiação e das suas raízes. Impregnado de cultura clássica, admirador fervoroso de Virgílio, aluno perfeito de Cícero, nunca pensou em renegar os seus mestres, depois de se ter tornado uma das primeiras figuras do cristianismo. Pelo contrário, sempre lhes rendeu a devida homenagem, e na sua obra literária mais importante, *De officiis ministrorum*, copiou no plano de exposição, e até em certas adaptações bastante literais, o *De officiis* de Cícero.

Sendo, pois, um romano absolutamente fiel, não pensou nem por um instante em rejeitar a herança do passado e aproveitou todas as ocasiões para exaltar essas tradições de que ele era uma última expressão. Mas teria ele compreendido inteiramente o estado de degradação em que essas tradições se encontravam? Teria visto a gravidade das brechas abertas no mundo romano? Não o podemos garantir. Como já vimos, chegou a exclamar algumas vezes que se aproximava o fim dos tempos e que o melhor modelo que se poderia seguir nesses dias de provação era Noé, salvador da humanidade a braços com os piores naufrágios. Mas não parece que tenha avaliado verdadeiramente a extensão do perigo iminente, nem que tenha tirado as necessárias conclusões de uma tal tomada de consciência. Se a morte do imperador Valente sob os golpes dos quados, em 378, lhe causou uma dor profética, e se durante o resto da sua vida a pressão dos invasores marcou para ele um tempo de expectativa, é bem verdade que nunca se debateu com o problema bárbaro como haviam de debater-se um São Jerônimo ou um Santo Agostinho. Sob muitos aspectos da sua personalidade, Santo Ambrósio continuou a ser um homem do passado, uma testemunha do *ancien regime*, incapaz de pôr formalmente em tela de juízo a ordem estabelecida, o sistema imperial, a estrutura social, todo esse mundo a que ele pertencia e que não se resignava a admitir que estivesse ferido de morte.

Mas, mais do que este apego do coração e da inteligência às formas do passado, temos de reconhecer nele, como algo bem profundo, uma irresistível agitação espiritual que o levou a trabalhar pela transformação do mundo. Não se apercebia bem de que o odre estava envelhecido, mas apressava a vindima do vinho novo. Nada mais revelador, neste sentido, do que o *De officiis ministrorum*, tratado de moral cristã inspirado no plano de Cícero, mas com um *elan* totalmente diferente. É uma exposição perfeita, de uma admirável lucidez, da renovação cristã das virtudes.

Mas encontram-se ainda, na sua obra, muitas outras provas desta atitude tão fecunda. Aquele que, numa sociedade tão degradada quanto à moral sexual e familiar, foi um dos primeiros a mostrar o papel cristão da mulher; aquele que, numa sociedade tão injusta e tão submetida ao poder do dinheiro, teve a coragem de exaltar a justiça social e a audácia de escrever, contra os excessos da propriedade, frases que um Proudhon subscreveria[14], tem de ser reconhecido como o anunciador de uma nova forma de vida. O Evangelho fez deste conservador, quase sem que o percebesse, um verdadeiro revolucionário.

Tal é, portanto, o extraordinário interesse de Santo Ambrósio, um homem de transição, ligado ao passado, mas cuja ação suscita o futuro. Fiel a Roma, sim; mas a que Roma? Não à Roma pagã. Contra essa, levantou-se ele com terrível vigor, e quando a estátua da Vitória reapareceu no Senado, foi ele — como nos lembramos[15] — quem conseguiu que fosse novamente retirada. A verdadeira Roma era a Roma cristã, transformada pelo Evangelho, restituída ao seu verdadeiro significado. Quando dizia "os nossos antepassados", não se referia aos filósofos greco-latinos nem aos heróis da Antiguidade pagã, mas aos mártires, aos apóstolos, a todos aqueles que haviam semeado a Boa-nova e, para além deles, aos profetas e patriarcas de Israel, por meio dos quais o monoteísmo viera ao mundo. Levando até as últimas consequências a única posição concebível para o Império após a conversão de Constantino, Santo Ambrósio formulou, portanto, os princípios daquilo que, no dia de amanhã, havia de ser a política cristã: o Evangelho tem de ser a pauta de ação do Império e Roma tem de se colocar sob a salvaguarda da Cruz.

"Vai, sob a proteção da fé! Vai, cingido pelo gládio do Espírito Santo! Vai, porque a vitória te é prometida pelo oráculo de Deus! Já não são as águias militares nem o voo das aves que guiam as tuas tropas, mas sim o nome do teu Senhor, Jesus, e a tua fidelidade". São bem características estas palavras que Ambrósio dirigiu ao jovem Graciano que caminhava para a batalha. Nesta perspectiva, o cristianismo deixava de ser um elemento do Império entre muitos outros: o equívoco chegava ao fim. A Igreja deixava de ser aliada para tornar-se guia; a situação modificara-se completamente.

Foi este papel de guia que Ambrósio reivindicou e assumiu perante os imperadores. Não é que se opusesse às suas pessoas ou ao seu poder, antes pelo contrário. Muitas e muitas vezes falou, com um respeito repassado de ternura, de Constantino, de Santa Helena e da família imperial; os seus panegíricos dos imperadores deixam transparecer uma sincera afeição. Confidente de Graciano, quase-tutor do jovem Valentiniano II, amigo de Teodósio, exerceu uma grande influência sobre todos eles. No entanto, jamais permitiu que a Igreja dobrasse o joelho diante do poder ou unisse a sua ação à do Império. Sempre, em todas as circunstâncias, reivindicou o direito de a Igreja julgar os senhores do mundo em nome de Cristo. "Se os reis cometem alguma falta, não devem os bispos deixar de corrigi-los com justas censuras". E ainda: "Em matéria de fé, cabe aos bispos julgar os imperadores cristãos, e não aos imperadores julgar os bispos". Uma doutrina que depois o papado manterá com tenacidade, e que se resumia na célebre fórmula já referida: "O imperador está na Igreja, não acima dela".

Foi esta a doutrina que Ambrósio pôs em prática no episódio que devia ser o mais célebre da sua vida e em que é possível reconhecer um valor simbólico. Em agosto de 390, por um motivo fútil — a história de um jóquei que fora preso —, estalou um motim em Tessalônica e foi morto o comandante militar, um godo. Furioso, Teodósio mandou reunir toda a população no circo, sob pretexto de um espetáculo, e ordenou que a chacinassem. Informado previamente deste plano bárbaro, Ambrósio protestou e, de início, pareceu que seria atendido. Mas, devido à intervenção de um dos seus ministros, Teodósio acabou por mandar que a ordem fosse cumprida. Os soldados espalharam-se pela cidade e assassinaram cerca de sete mil pessoas, incluindo mulheres e crianças. Tal crueldade da parte de um príncipe cristão constituiu um autêntico escândalo. Ambrósio chamou a si o assunto e em nome da moral de Cristo estigmatizou o crime. Teodósio foi excomungado. Depois, numa carta particular, aliás repassada de grande afeição paternal, o bispo intimou o imperador a reconhecer a sua falta e assegurou-lhe que seria absolvido e readmitido na comunhão dos fiéis se viesse pedir-lhe perdão. Durante um mês, apoiado por cortesãos legistas, Teodósio mostrou-se renitente. Mas os remorsos de consciência foram mais fortes. E assim, na noite de Natal de 390, o imperador mais poderoso da terra despiu as suas vestes suntuosas e, revestido do mísero traje dos penitentes públicos, declarou o seu arrependimento na praça pública de Milão, para ser a seguir reintegrado na caridade de Cristo[16]. A Igreja triunfava definitivamente pela voz do grande bispo.

Teodósio (378-395): o cristianismo, religião do Estado

A cena dramática de um imperador ajoelhado perante a autoridade puramente espiritual de um bispo assume toda a sua importância quando pensamos quem era esse penitente exemplar e o que representava o poder que com ele se humilhava. *Teodósio* é nada menos do que o último imperador que conta antes da derrocada. Depois de Diocleciano, depois de Constantino — e de forma cada vez menos eficaz, porque a decadência tinha gangrenado mais o mundo —, foi ele o terceiro desses guias obstinados que tentaram salvar à força de punhos um mundo suspenso sobre o abismo. Teodósio não teve o cérebro organizador de Diocleciano, a sua visão cósmica da história, nem o gênio de Constantino, e aliás as circunstâncias já não permitiam que mesmo um homem de grande classe as pudesse medir devidamente. No meio de tantas figuras medíocres, porém, ele é o único que aparece como tendo pressentido o alcance do confuso drama que então se desenrolava, e o principal ato do seu reinado devia trazer consequências decisivas para o mundo futuro.

Teodósio era espanhol por nascimento e por caráter. Nascera em 347, na Galícia, não longe de Segóvia, numa família eminente e possuidora de muitos bens. Seu pai exercera altos comandos militares, mas falecera tragicamente, e o jovem que aos trinta anos se distinguira como "mestre de cavalaria" no Danúbio, contra os quados e os sármatas, viu-se relegado à condição de um mero fidalgo de província, entregue aos carneiros e às plantações; em 378, porém, o imperador Graciano mandou chamá-lo para lhe confiar o comando da milícia pretoriana. A escolha, sugerida talvez pelo papa Dâmaso — também espanhol —, foi acertada. Teodósio era mais do que um general enérgico. Este homem de baixa estatura, cabelos louros, um belo perfil semelhante ao de Trajano, era dotado de critério, bom senso e autoridade natural. Tinha a noção nítida dos seus deveres e, embora apreciasse o fausto da corte, não parecia deixar-se iludir por ele. Quanto à crueldade de que por vezes o acusam, pensando em episódios como o de Tessalônica, além de ser um traço da época[17] e, até certo ponto, uma necessidade, é preciso compensá-la, para sermos justos, com o seu arrependimento e os seus atos de bondade. Tudo mostra nele um cristão sincero, de alma inquieta e violenta, que através de dificuldades quase inconcebíveis tentou conciliar as exigências da sua fé com os imperativos de um tempo trágico.

Quando os visigodos de Fritigern, acuados pelos hunos em 378, se precipitaram em direção a Bizâncio, e o imperador Valente sucumbiu ao tentar detê-los no terrível desastre de Andrinopla, Graciano associou a si Teodósio e confiou-lhe o governo do Oriente. Pela sua idade e experiência, Teodósio começou a exercer uma verdadeira tutela moral sobre os seus dois jovens colegas, Graciano e Valentiniano II, e por duas vezes teve de intervir no Ocidente para ajudá-los ou vingá-los. A primeira vez foi contra o usurpador Máximo, que acabava de assassinar Graciano perto de Lyon (383) e se lançava sobre Valentiniano II; Teodósio matou-o em Aquileia, no ano 388. A segunda foi cinco anos mais tarde, contra o franco Arbogasto, o revoltado mentor de Valentiniano II;

Teodósio teve de voltar a intervir em 394 e, no mesmo campo de batalha de Aquileia, obrigou o franco a suicidar-se — cinco meses antes de ele próprio morrer.

Todo o reinado do último grande imperador esteve, pois, dominado pela ameaça de uma rebelião. Com razão dizia Graciano: "No nosso tempo, governa-se no meio de uma *Ilíada* de catástrofes". No próprio palácio a intriga grassava por toda parte; nessa corte gigantesca de eunucos, mulheres e aduladores, era impossível depositar confiança em alguém sem correr o risco de vê-la traída na primeira ocasião. A questão religiosa andava sempre envolvida nas lutas políticas, o que não ajudava a simplificar a situação: intrigas dos hereges, sobressaltos dos últimos pagãos. Assim, Máximo, o usurpador, armava-se em defensor do catolicismo porque a imperatriz Justina, mãe do pequeno Valentiniano II, tinha tendências arianas; ao contrário, Arbogasto e os seus velhos soldados eram partidários dos ídolos e de Mitra.

Pior ainda era a constante ameaça dos bárbaros, que desde o princípio do século não cessara de se agravar, mas que agora se apresentava de forma tal que já não era possível achar-lhe solução. Os godos estavam espalhados por toda parte; não somente ocupavam regiões inteiras, como também se tinham infiltrado em todos os meios. Havia-os na corte e em todos os altos postos; pululavam na polícia e no pequeno comércio. Teodósio sentia afeição por muitos deles, que eram, aliás, servidores fiéis. Foi para vingar um general godo que ordenou o morticínio de Tessalônica. O velho rei visigodo Atanarico era tão seu amigo que quis acabar os seus dias em Constantinopla. Como se podia fazer uma política firme em tais circunstâncias? Umas vezes era necessário combater os godos que, acossados pelos hunos, se amontoavam nas margens do Danúbio; outras, era preciso apelar para as suas armas a fim de conter os usurpadores ou rebeldes.

Na segunda batalha de Aquileia, em 394, Arbogasto terá um exército de francos e de alamanos; Teodósio terá as suas forças constituídas por godos, alanos, iberos do Cáucaso e até hunos; e contará entre os seus generais o vândalo Estilicão, que defenderá Roma, e o godo Alarico que, quinze anos mais tarde, se apoderará dela.

É, portanto, no meio de uma prodigiosa complexidade, de um caos que a desordem da nossa época ainda não atingiu, que temos de situar a ação de Teodósio; e isso explica em boa parte que os seus esforços do ponto de vista político tenham resultado ineficazes. Mas, nesse mundo desmantelado, havia um elemento de firmeza, de estabilidade e de sabedoria: a Igreja. O mérito de Teodósio foi compreender essa realidade e apoiar sobre ela o essencial dos seus esforços. Por isso, os seus dois conselheiros mais ouvidos foram Santo Ambrósio, com quem manteve relações de verdadeira amizade, e de quem muitas vezes (não apenas por ocasião do incidente de Tessalônica) se dispôs a receber lições, e Dâmaso, o mais notável dos papas deste século, aquele que, a despeito das constantes dificuldades, teve certamente a visão mais profunda do papel que a "Sé Apostólica" ia ser chamada a representar[18].

Desde o princípio do seu reinado, Teodósio manifestara publicamente a sua fé cristã, a fé que a sua família lhe tinha legado havia gerações. Quando assumiu o poder, recusou o título de "pontífice máximo". Empenhou-se depois em trazer ao bom caminho o seu jovem colega Graciano que, mais mole, consentira que fossem cunhadas moedas que o representavam rodeado de símbolos do culto de Ísis e que promulgara certos editos favoráveis aos hereges. Teodósio, pelo contrário, apoiou os esforços dos católicos do Oriente, bem como os do papa Dâmaso e de Santo Ambrósio, no sentido de difundir a doutrina de Niceia. Foi precisamente a batalha do arianismo, que ainda continuava dividido até o infinito em escaramuças de seitas, que lhe proporcionou a oportunidade de realizar um ato cuja importância seria capital.

Em *28 de fevereiro de 380*, promulgou em Tessalônica um edito: "Todos os nossos povos devem aderir à fé transmitida aos romanos pelo apóstolo Pedro, àquela que professam o pontífice Dâmaso e o bispo Pedro de Alexandria, isto é, devem reconhecer a Santa Trindade do Pai, do Filho e do Espírito Santo". E estabelecia a seguir o crime de sacrilégio e condenava à infâmia aqueles que desobedecessem a essa ordem; por fim, acrescentava: "Desses se vingará Deus e nós também!" Estavam escritas as palavras decisivas: todos os povos do Império *deviam aderir à fé cristã*, isto é, à do imperador, segundo uma concepção que — mais uma vez o verificamos — nada tinha que ver com a doutrina moderna da liberdade das consciências. A partir de agora, o Estado romano e o cristianismo passavam a formar um todo único. A unidade espiritual, com que tantos imperadores tinham sonhado, que Juliano julgava ter fundado com o neopaganismo e que Constantino não se atrevera a impor, era agora estabelecida por esse indômito ortodoxo que se chamou Teodósio: uma só fé, um só Estado; os adversários de Deus tornavam-se adversários do Estado. Tratava-se de uma solução que teria a seu favor a lógica da história — como também os seus perigos.

Atingidos por estas medidas, os não-conformistas religiosos foram perseguidos pelo poder. E o arianismo foi extirpado: em Constantinopla, onde ainda era poderoso, os seus últimos protagonistas, sobretudo Eunômio, tiveram de ceder o lugar aos católicos, e o próprio imperador conduziu à basílica dos Santos Apóstolos Gregório Nazianzeno, feito bispo da capital. Em janeiro de 381, outro edito imperial — surpreende-nos ler um texto governamental sobre tais assuntos —

proclamou a fé de Niceia como lei do Estado, afirmando "a indivisibilidade da substância divina da Trindade" e legando os bens arianos aos fiéis a Niceia. Por fim, na primavera, o *Concílio de Constantinopla* (381), depois de muitas discussões, pôs fim a todas as discussões dogmáticas, suscitadas depois de Niceia pela proliferação do erro, e anatematizou todos os hereges, tais como "eunomianos ou anomianos, arianos ou eudoxianos, semi-arianos ou pneumatômacos, sabelianos e apolinaristas", formulando uma doutrina que, depois de resumida, se exprimiu no famoso *Credo niceno-constantinopolitano*, o Credo da nossa Missa. O vírus ariano estava eliminado do Oriente. O Ocidente, onde fora sempre menos ativo, livrou-se dele também pouco depois, por meio de um concílio celebrado em Rôma. E assim, perseguida em todo o Império, privada de lugares de culto, essa heresia que tanto atormentara a Igreja desagregou-se com espantosa rapidez. Apenas se conservou, aliás abastardada, como apanágio dos godos[19].

Quanto aos pagãos, não foram tratados com mais indulgência. Completando as leis de Graciano e de Valentiniano II, desabou sobre os idólatras uma avalanche de textos jurídicos que lhes proibiam, uma após outra, todas as manifestações, mesmo privadas, das suas convicções e, por último, proscreviam essas mesmas convicções. A lei de 392 proibiu não somente que se imolassem vítimas e se consultassem as suas entranhas, mas também que se acendessem lâmpadas, que se alimentasse qualquer fogo ou se queimasse incenso, ou mesmo que se pendurassem grinaldas à porta de casa em honra dos deuses. Os templos foram fechados pela polícia. Também nas povoações rurais se deu caça às antigas tradições do culto; erigir um altar de relva ou entrelaçar faixas nos ramos eram coisas consideradas como delitos. Mesmo em casa, na intimidade desse lar que os velhos romanos consideravam sagrado, passou a ser proibido venerar os Lares, falar dos Penates, queimar um pedaço de pão ou derramar uma libação de vinho. "Toda a casa em que se tiver queimado incenso passará a ser propriedade do fisco". Mesmo nas suas piedosas intenções, o Estado não perdia de vista os seus interesses.

Estas medidas radicais provocaram uma onda popular de repulsa ao paganismo. Inutilmente alguns raros espíritos, tanto cristãos como pagãos, exaltaram a liberdade das consciências, "essa coisa que escapa à força", de que já falara o retórico Temisto. A multidão — frequentemente cristianizada às pressas — sentia-se agora respaldada e atacava com ardor. Muitos templos foram destruídos ou convertidos em igrejas. Certos governadores pouco enérgicos no seu antipaganismo foram obrigados a pagar pesadas multas. Símaco, tendo ido a Milão para protestar, foi expulso da presença de Teodósio como um lacaio infiel. Houve mesmo agressões sangrentas contra os pagãos que tentavam resistir. Em Alexandria, os últimos defensores dos deuses, refugiados no Serapeu, sustentaram um cerco de várias semanas; quando, por fim, cederam, o bispo Teófilo destruiu a machadadas a estátua de madeira. A tradição de Alexandria afirmava que, se alguém tocasse nessa estátua, haveria um tremor de terra que arrasaria toda a cidade, mas o ídolo limitou-se a soltar um batalhão de ratos...[20].

O cristianismo assegurava assim o seu domínio. Considerado inimigo público, o paganismo passou a ter uma existência larvada nas profundezas da alma dos camponeses, e de lá seria extirpado pouco a pouco pela paciência dos missionários. A Igreja foi favorecida de todas as formas e encontrou-se colocada acima do direito comum por muitos privilégios fiscais ou judiciários. Os clérigos, mesmo os subalternos, passaram a beneficiar de isenção de impostos.

A jurisdição dos bispos em matéria civil ampliou-se consideravelmente. As igrejas converteram-se em lugares de asilo e ganharam com isso uma popularidade excessiva, a tal ponto que o próprio Teodósio determinou que os que devessem ao fisco não poderiam ali refugiar-se. Em matéria penal e criminal, uma constituição de 384 declarou que os clérigos "tinham os seus próprios juizes", e os processos oficiais contra eles não seriam iniciados senão depois de pronunciada a sentença de um juiz eclesiástico. O Estado, considerando-se defensor da verdadeira fé, segundo os termos das leis teodosianas, começou a desempenhar o papel de braço secular; em 395, os hereges foram privados dos seus direitos civis. Não se pode imaginar aliança mais perfeita. Todas as vantagens de que a Igreja se beneficiaria nos séculos seguintes, até o coração da Idade Média, foram obtidas a partir do governo de Teodósio. Mas deve-se acrescentar que todas as ameaças que viriam a pesar sobre ela e sobre a sua independência também começaram a desenhar-se a partir desse momento.

Com efeito, enquanto viveu o último dos grandes imperadores, esses perigos não foram graves, não só porque a liberdade do cristão foi defendida por homens da têmpera de Ambrósio, mas também porque Teodósio, homem de fé e de coração humilde sob a púrpura imperial, soube proteger a Igreja sem procurar dominá-la. Os resultados desta íntima aliança entre os dois poderes foram felizes sob muitos aspectos; novas leis continuaram a obra empreendida por Constantino, introduzindo no direito princípios evangélicos: leis contra a delação, a difamação, a usura, o tráfico de crianças abandonadas, o adultério e os vícios contra a natureza. O conjunto dessas disposições foi compilado num código, o *Código teodosiano*, que será conhecido mais tarde como "a legislação de ouro". Outras medidas revelaram ainda esta influência: anistia por ocasião da Páscoa e proibição de executar condenados durante toda a Quaresma. A uma sociedade tão profundamente atingida pela desagregação moral, o triunfo do cristianismo trazia antídotos para os seus tóxicos. Quando se fala dos perigos reais que o "cesaropapismo" a faria correr, não devem ser esquecidos estes felizes resultados.

E é também sobre este ato fundamental — a proclamação do cristianismo como armadura do Estado — que, em última análise, se deve julgar Teodósio. Alguns historiadores mostraram-se severos para com a sua memória e acusaram-no de se ter preocupado mais com a teologia do que com a estratégia, de se ter mostrado mais cuidadoso com censuras morais do que com reformas sociais. Apresentam-no como uma espécie de fanático coroado, perdido em projetos irrealizáveis como o de medir o mundo, mas incapaz de sustar a ameaça bárbara e de fazer face a perigos tão próximos. Este julgamento é demasiado severo. Teodósio fez o que pôde, com os seus meios de ação e as suas qualidades de homem, num tempo em que era quase impossível controlar os acontecimentos. Mas teve o pressentimento de que, no naufrágio que a tempestade já começava a provocar, um único poder seria capaz de salvar a situação: a Igreja. E por isso lhe confiou o leme.

No outono de 394, quando acabava de vencer os últimos usurpadores, Arbogasto e Eugênio, Teodósio sentiu em si um profundo abalo. Embora apenas tivesse cerca de cinquenta anos, a sua saúde, que nunca fora robusta, declinou subitamente. Começou, pois, a tratar da sucessão; o filho mais velho, Arcádio, governaria o Oriente, e o segundo, Honório, ficaria com o Ocidente. Este desmembramento fora regra constante no decorrer do século, mas sempre se havia preservado a unidade teórica; a partir de janeiro de 395, porém, a cisão vai ser definitiva. O Império do Oriente e o Império do Ocidente conduzirão separadamente os seus destinos, um por mil anos, o outro por algumas décadas apenas. Acalentaria o último imperador muitas ilusões de que a sua obra lhe sobreviveria nessas condições? A experiência mostrara já suficientemente que, se por um lado o Império já não podia ser administrado por um só, por outro, uma vez partilhado, tendia ao desmembramento.

Mas quem deixava Teodósio atrás de si para exercer o mando nessa hora ameaçada? Arcádio era um adolescente sem projeção, de falar lento e alma sonolenta; Honório, uma criança inepta de onze anos. Ao lado deles, haveria apenas os eunucos de Bizâncio ou os generais bárbaros de Milão para encarnar a força? Instalado na sua capital italiana, Teodósio teve demoradas conversas com Santo Ambrósio e recomendou-lhe os seus dois filhos. Que ele os aconselhasse! Que velasse pelo Império! Depois morreu, a 17 de janeiro de 395, murmurando piedosamente a primeira palavra do salmo dos defuntos: *Dilexi*, "Amei" (Sl 114).

Cerca de quinze meses mais tarde, quando já se desmoronava o Império bicéfalo, quando o Oriente e o Ocidente começavam a digladiar-se, quando os bárbaros iniciavam a sua arrancada selvagem, o grande bispo, cheio de sinistros receios e com o coração mergulhado em tristeza, descia ao túmulo em 4 de abril de 397, vigília do dia da Ressurreição. E assim se abriram sobre a noite as portas do futuro, para esta Roma que havia encarnado a grandeza do mundo.

Te Deum laudamus, Te Dominum confitemur

Nos primeiros anos do século V, correu de igreja em igreja uma historieta popular: a lenda dos Sete Dormentes.

Fora no período da perseguição de Décio, que tanto sangue fizera correr. Sem saber para onde ir, sete fiéis perseguidos tinham-se refugiado numa gruta. Mas o Senhor tivera piedade deles e, enviando-lhes um anjo, mergulhara-os num sono milagroso. Ali repousaram século e meio, enquanto, um após outro, todos os perseguidores desapareciam, Constantino mudava os destinos do mundo e, finalmente, Teodósio apoiava o seu Império no madeiro da Cruz. Depois, o anjo voltou e descerrou-lhes as pálpebras. Levantando-se, os dormentes saíram do seu refúgio, a princípio desconfiados e temerosos de ver aparecer a todo o momento os esbirros de Décio. A surpresa logo os levou, porém, a soltar gritos de admiração e ações de graças. Seria possível? Todas essas igrejas reluzentes de mármore e de mosaicos? Todas essas cruzes erguidas em plena luz do sol? E todas essas multidões entoando o nome de Cristo nas praças públicas de todas as cidades?

Não há dúvida de que, ao lançar um olhar para trás e considerar o caminho percorrido em menos de quatro séculos, a história experimenta uma sensação de estranheza, como se estivesse perante um fenômeno para cuja explicação não bastam um simples porquê ou um como. O grão de mostarda lançado na pobre terra da Palestina por um profeta errante tinha, conforme as suas promessas, atingido as dimensões de uma árvore imensa, a cuja sombra se acolhiam todos os povos do mundo. Do corpo sepultado daquele Deus feito homem, que fora morto às portas da cidade, haviam germinado prodigiosas messes. Tudo parecia absurdo, inadmissível, nessa vitória do vencido, nessa reviravolta completa de uma situação que, no ano 30, parecia ter chegado ao fim. No entanto, aí estava.

Fora necessário percorrer quatro longas etapas. A primeira, a da semeadura ao acaso, em que um punhado de homens fiéis, os apóstolos, vencendo a indiferença do mundo e as suas hesitações humanas, confiando unicamente na palavra do Mestre, tinham levado consigo ao longo das estradas do Império o grão da verdade. A segunda, a do sacrifício, em que milhares de heróis, obscuros ou ilustres, tinham operado a transmutação dos valores e ensinado à terra uma nova concepção da ação política, em que a fraqueza é que é força e em que a força perde o seu poder. A terceira fora a de uma tomada de consciência, quando aqueles que, numa designação justa, viriam a chamar-se os "Padres da Igreja", engendrando para a história a sociedade humana nascida de Cristo, tinham preparado lentamente a mudança das bases morais e sociais sobre as quais havia de repousar a civilização, isto é, tinham renovado a concepção do homem e do mundo. E quando, enfim, os acontecimentos cederam perante a nova lógica, quando o Império chamou a Cruz em seu auxílio, venceu-se com a mesma facilidade a quarta etapa, durante a qual a Igreja de Cristo assimilou as suas conquistas, absorveu os elementos válidos do passado e preparou o futuro.

A revolução da Cruz triunfou em três séculos e meio. Foi como se uma força sobrenatural, aquela mesma que dá à história o seu sentido e o seu alcance, lhe tivesse prestado misteriosamente a sua ajuda, começando por pôr a serviço dos missionários do Evangelho a ordem romana, os seus navios e as suas estradas, passando depois a guiar a mão dos perseguidores para que se fizesse na árvore de Cristo o doloroso trabalho da poda e da enxertia, e, por fim, arrastando o Império para os abismos, quando os tempos se haviam cumprido.

O cristianismo tirou maravilhosamente partido de uma situação revolucionária cuja responsabilidade não lhe cabia. O seu pessoal revolucionário ocupou pouco a pouco os postos de comando. E a sua doutrina operou a revolução mais surpreendente da história, porque essa revolução não se fez nem *por* nem *com* as paixões do homem, mas apesar delas e em nome do amor. Por isso, o triunfo da revolução significou duas coisas de igual importância: o nascimento de um novo tipo de humanidade, aquele que São Paulo definira com o seu gênio; e o anúncio de um mundo novo, destinado a substituir aquele que se encontrava ferido de morte.

Nos últimos dias do século IV, fechava-se o primeiro livro da história da Igreja e ia abrir as suas páginas o segundo. Convertido no único poder espiritual do mundo ocidental, o cristianismo encontrava-se, precisamente por isso, investido da responsabilidade desse mundo, e é essa responsabilidade que ele vai assumir ao longo da segunda parte da sua história. Não pensemos que, ao alargar a sua área e conquistar as massas, a doutrina evangélica não sofreu ataques; o cristianismo do século IV já não é o dos primeiros dias, daquelas épocas heroicas em que não havia meio termo entre a entrega e a recusa totais. Mas para que o sal da terra continuasse a ser eficaz, bastava que algumas almas fiéis fossem preservadas da tibieza; ora, nesta Igreja triunfante, havia ainda inúmeros santos. E é por meio deles que a obra da expansão cristã terá prosseguimento e que serão preservadas as fidelidades decisivas, mesmo no meio dos piores desastres.

Nesta curva da história, não se tratava de salvar uma ordem política e social irremediavelmente atacada pela decadência, mas de recolher os germes da civilização e semeá-los em terra nova, ou antes renovada por terríveis trabalhos. A sociedade antiga, esclerosada, gangrenada, já não podia voltar a encontrar a força de viver. Para que o mundo voltasse a uma moral mais verdadeira, a uma economia mais sã e a uma política menos desumana, era preciso que esta sociedade morresse para renascer. Na perspectiva do tempo, compreende-se bem que os bárbaros fossem necessários. Mas era necessário também que o seu aparecimento no cenário da história não determinasse um desmoronamento total da civilização.

Assim se encontrou definido o papel que ia ser confiado à Igreja e que só ela seria capaz de desempenhar, porque não se havia ligado ao passado, porque não pertencia nem a um regime, nem a uma casta, nem a uma raça, e porque era universal, porque era a única capaz de utilizar, para os fins da civilização, as massas sãs, mas rudes, que iam lançar-se sobre o Império. As virtudes suscitadas por Cristo na alma humana iam encontrar, nas jovens nações que o século V havia de delinear, terreno propício onde lançar raízes. Através de muitos momentos obscuros, virá a nascer uma civilização nova — a civilização cristã da Idade Média —, já em gestação desde o dia em que Constantino colocara o monograma de Cristo na haste dos seus pendões. "Assim — escreve Lippert —, a Igreja surge não só como uma instituição fundada por Cristo no passado, mas como uma realidade que, a cada instante da sua existência, não cessa de fazer brotar de Cristo como que um imenso rio que, saído das profundezas invisíveis da alma, se espalha pelo mundo visível da organização, como o pulsar de um coração eternamente vivo, compassando o movimento da história universal"[21].

Há um texto admirável, contemporâneo desta época decisiva, em que se exprimem perfeitamente os três traços dominantes da alma cristã nesse tempo: a alegria do triunfo, a angústia perante um futuro sombrio e a confiança imarcessível em Deus. É o *Te Deum*, esse canto de ação de graças pelo qual a Igreja, nas ocasiões mais solenes, manifesta ao único Senhor da terra a sua gratidão, a sua confiança e o seu amor. Se nos sublimes acentos que o canto gregoriano imprimiu à liturgia se volta a encontrar a alma eterna do cristão, não se deixam de ouvir também as pungentes confissões dos nossos antigos irmãos, desses fiéis do século IV, que propagaram este hino em tempos de grande inquietação, tempos a que os nossos tanto se assemelham. Esta obra-prima foi atribuída a Santo Ambrósio e a Santo Agostinho, mas parece que, na sua primitiva redação, foi escrito por Nicetas de Remesiana, modesto bispo de uma povoação dos Balcãs. Mas, como o prova o seu êxito, o mal definido autor deste texto encarnava a própria alma da gente da sua época, e é em nome de todos que ele fala:

> A Vós, ó Deus, louvamos; a Vós, Senhor, bendizemos.
> A Vós, ó eterno Pai, adora toda a terra.
> A Vós, todos os Anjos, os Céus, e todas as Potestades; [...]
> A Vós, o glorioso coro dos apóstolos;
> A Vós, o louvável número dos profetas;
> A Vós louva o brilhante exército dos mártires.
> A Vós confessa a Santa Igreja por toda a redondeza da terra,
> Pai de imensa majestade.

Mas se a glória de Deus resplandece nas suas promessas, não se mantém obscuro o horizonte dos homens? Terá, pois, chegado o dia terrível, aquele em que Cristo voltará a aparecer na sua majestade, sentado à direita do Pai, para julgar o mundo?

> Por isso vos rogamos, socorrei os vossos servos,
> que remistes com o vosso precioso sangue.
> Permiti que sejamos do número de vossos santos
> na glória eterna.
> Salvai, Senhor, o vosso povo, e abençoai a vossa herança.
> Governai-os e exaltai-os eternamente.

Não, a esperança será mais forte do que o temor; as forças da morte não triunfarão! Não será vã a promessa de misericórdia feita à terra! O hino vai concluir com um grito de amor, um apelo de fidelidade, com as palavras de uma prece eterna:

> "Em Vós, Senhor, esperei; não serei confundido eternamente. [...]
> Bendito sois, Senhor, Deus de nossos pais! [...]
> Louvável, glorioso e soberanamente exaltado por todos os séculos.
> Senhor, ouvi a minha oração.
> E chegue até Vós o meu clamor.
> O Senhor, permanecei convosco,
> e com o nosso espírito".

E este grito ecoou até nós.

Março, 1944 — março, 1948.

Notas

[1] Cf. cap. VII, par. *Um mundo que nasce, um mundo que vai morrer.*

[2] Ferdinand Lot. Cf. notas bibliográficas.

[3] Cf. par. *Os quadros do revezamento: os bispos.* Os "defensores" são o ponto de partida do futuro regime senhorial da Idade Média. Contra ameaças de todas as espécies, abusos de poder dos funcionários e perigos dos bárbaros, a gente humilde, que já não podia contar com um Estado eficiente, procura a proteção dos grandes senhores. Esta tendência inicia-se por volta de 330, e depois passa a ser generalizada. Salviano descreve perfeitamente o mecanismo desta proteção: "Os pobres colocam-se sob a tutela dos poderosos para obter ajuda e proteção, e assim se tornam colonos dos ricos e ficam sob o seu domínio". Quando estes "defensores" assim escolhidos são bispos plenamente conscientes dos seus deveres, a instituição é benéfica; mas, em certos casos, os humildes têm de submeter-se à força bruta, à força armada. Neste caso, continua Salviano, "para garantir a segurança própria, é preciso entregar aos defensores os bens que se possuem, e assim, para que os pais tenham proteção, os filhos ficam deserdados".

[4] O único interesse desta tendência arcaizante é que ela provoca, no decurso do século IV e depois no V, um grande movimento em favor dos textos clássicos. Fizeram-se numerosas

edições desses livros, com a preocupação de "editar" o melhor texto. Desta época datam os mais antigos manuscritos das grandes obras-primas, como por exemplo o códice de Virgílio em maiúsculas e ornado de miniaturas conhecido como *Vaticanus latinus*, ou o *Bembinus* de Terêncio. Muitos manuscritos deste tempo foram depois raspados e substituídos por um novo texto, geralmente piedoso. A química moderna conseguiu fazer reaparecer o texto antigo no pergaminho; são os chamados *palimpsestos*.

[5] Cf. cap. VII, par. *Em busca de uma religião.*

[6] Esta tendência do paganismo durará muito tempo. No fim do século V, em Beirute, ocorre ainda um escândalo bem significativo: uns estudantes degolam de noite um escravo, para conseguir que um dos seus amigos caia nas boas graças de uma donzela. Descobriu-se depois que existia em casa deles uma biblioteca de magia, de astrologia e de ocultismo.

[7] Cf. cap. VII.

[8] Cf. cap. VII, par. *A Igreja perante o mundo romano*, e cap. IX, par. *Uma política cristã.*

[9] Podemos mencionar mais um exemplo das profundas transformações provocadas pela ação do cristianismo: o que diz respeito à condição moral da mulher. No mundo antigo, a mulher tinha sido reduzida muitas vezes ao seu papel de reprodutora ou então de simples instrumento de prazer. Na época do Baixo Império, tendia a prevalecer esta última concepção. Houve certamente, e ainda havia, na sociedade romana muitos lares em que existia efetivamente, entre os esposos, uma igualdade baseada no amor mútuo. Mas esses casos eram uma exceção. Foi o cristianismo que deu dignidade à mulher, como se viu a partir do martírio de Santa Cecília (cf. cap. IV): exaltando a virtude da virgindade, esse martírio desfez completamente as concepções admitidas até então. A moça que não se casasse deixa de ser considerada como tendo abandonado a sua função social: feminilidade já não é sinônimo de sexualidade. Tornada livre e responsável, a mulher vai assumir na vida conjugal um papel inteiramente diferente do de outrora. O amor deixa de ser um simples comércio carnal; purifica-se e realiza-se em Deus. Por isso, o que nós entendemos por amor não se concebe senão dentro de uma perspectiva cristã: significa agora uma homenagem prestada pelo homem à sua companheira, àquela que ele estima e honra como sua igual em Jesus Cristo. Também neste campo, pois, os valores fundamentais da pessoa humana são encarados em termos novos.

[10] Cf. cap. IV, par. *A perseguição: bases jurídicas e clima de horror.*

[11] Jacques Pirenne.

[12] A figura de Santo Agostinho, sagrado bispo de Hipona em 396, será estudada no segundo volume da presente História.

[13] Cf. cap. XI, par. *Liturgia e festas.*

[14] "Deus criou todos os produtos a fim de que cada um possa usufruir da alimentação comum e a terra seja patrimônio de todos. A natureza criou, pois, o direito de propriedade coletiva. A usurpação individual criou o direito de propriedade privada". Mas estas palavras, que nos lembram a fórmula de Proudhon "toda a propriedade é um roubo", não definem no pensamento de Santo Ambrósio senão um estado de perfeição que a sociedade humana, ferida pelo pecado, não pode atingir neste mundo. Nos seus escritos, encontram-se muitas frases que justificam a existência da riqueza, desde que bem utilizada e com um verdadeiro espírito de pobreza. Era já importante, porém, que ele exprimisse com essa força o ideal de uma exigência verdadeiramente cristã. "Não tenhais ouro nem prata no vosso bolso!", dizia ele ao seu clero. Jesus dissera o mesmo aos seus discípulos.

[15] Cf. cap. XII, par. *A agonia do paganismo.*

[16] O historiador Teodoreto dramatizou a cena ao retratar o bispo, de pé diante da basílica, detendo com um gesto o imperador culpado e impedindo-lhe a entrada. Mesmo que não tenha sido bem assim, nem por isso se modifica o significado do episódio. Acrescentemos que, como prova do seu arrependimento, Teodósio promulgou uma lei segundo a qual nenhuma sentença de morte podia ser executada senão passados trinta dias, "para dar lugar à misericórdia".

[17] Na mesma época, o imperador Valentiano I mandava queimar na sua presença os cortesãos caídos em desgraça, ou dava-os em repasto às suas duas ursas favoritas, Migalha de Ouro e Inocência. Depois de algum tempo, mandou pôr Inocência em liberdade, para recompensar-lhe os seus bons e leais serviços! Teodósio pode ter sido demasiado duro em certas ocasiões políticas, mas não se vê nele nenhum traço de semelhante crueldade natural. A sua dureza é própria do seu tempo.

[18] Cf. cap XI, par. *O reconhecimento definitivo do primado romano.* A expressão "Sé Apostólica" figura pela primeira vez num texto do papa Dâmaso.

[19] Cf. cap. XI, par. *As sequelas do arianismo.*

[20] O último assalto do paganismo teve lugar em Roma, por vontade do franco Arbogasto e do usurpador Eugênio, imperador fantasma que aquele tinha instalado no poder. Os templos receberam compensações pelas perdas que tinham sofrido e a estátua da Vitória reapareceu uma vez mais no Senado. Santo Ambrósio fulminou com a excomunhão os novos ímpios, mas nada disso durou muito tempo. A vitória de Teodósio, um ano mais tarde, liquidou por completo esta última tentativa pagã.

[21] Lippert, *L'Église du Christ.*

Quadro cronológico

Data	História romana	História cristã
14-37	Tibério (dinastia júlio--claudiana).	Morte de Cristo, 30. Martírio de Santo Estêvão, entre 32 e 36(?). Conversão de São Paulo, 33-36(?).
37-41	Calígula.	Perseguição de Herodes Agripa, 41
41-64	Cláudio.	Concílio de Jerusalém, 49. *Evangelho* (arameu) de Mateus, 50-55. *Evangelho* (grego) de Marcos, 55-62. *Evangelho* (grego) de Lucas, 63.
64-68	Nero. Incêndio de Roma, 64.	Princípio da perseguição, 64. Os *Atos dos Apóstolos*, 63--64. Epístolas de São Paulo, 49(?), 52-66. Martírio de São Pedro e São Paulo, 66-67.
68-69	Anarquia: Galba, Otão, Vitélio.	São Lino, papa, 67-76(7).
69-79	Vespasiano (dinastia flaviana). Destruição de Jerusalém, 70.	Santo Anacleto, papa, 87--88(?).
79-81	Tito. Catástrofe de Pompeia, 79.	

81-96	Dominiciano.	Perseguição de Domiciano, 92-96. São João escreve o *Apocalipse*, 92-96. São Clemente, papa, 88-100(?).
96-98	Nerva (dinastia dos antoninos).	São João escreve o seu *Evangelho*.
98-117	Trajano. Trajano assina em 112 o rescrito dirigido a Plínio, o Jovem, sobre os cristãos.	Martírio de Santo Inácio de Antioquia, 107. Santo Evaristo, Santo Alexandre, São Sisto, papas.
117-138	Adriano. Insurreição judaica, 130.	São Telésforo, Santo Hígino, São Pio, papas, 136-154(?).
138-161	Antonino Pio.	Martírio de São Policarpo de Esmirna, 155. Santo Aniceto, São Sóter, papas, 154-175(?).
161-180	Marco Aurélio.	Martírio de São Justino, 163. Santo Eleutério, papa, 175-189. Mártires de Lyon, 177.
180-192	Cômodo.	São Vítor, papa, 189-199.
193-211	Septímio Severo (dinastia dos severos).	São Zeferino, papa, 199-217. Início da perseguição sistemática, 202. Martírio de Santa Perpétua, 203. Morte de Santo Irineu, por volta de 202. O Otávio, de Minúcio Félix, 175-200(?). O Cânon de Muratori, antes de 200. Clemente de Alexandria, 150-211.

212-217	Caracala. Todos os habitantes do Império são feitos cidadãos, 212.	São Calisto, papa, 217-222. Tertuliano, 160(?)-250(?). Orígenes, 135-255.
218-222	Heliogábalo.	Santo Urbano, papa, 222-230.
222-235	Alexandre Severo.	
235-270	Anarquia militar. Desmembramento do Império, reinos independentes na Gália e em Palmira (Arábia).	São Fabiano, papa, 236-250
244-249	Filipe, o Árabe.	
250-253	Décio.	São Cornélio, papa, 251-253. Edito de perseguição de Décio, 250.
253-260	Valeriano. Primeiro ataque dos francos na Gália, 258.	Editos de perseguição, 257-258. Martírio de São Cipriano, 258. São Dionísio, papa, 259-268.
260-268	Galiano.	
268-270	Cláudio II, o Gótico.	São Félix, papa, 270-272.
270-275	Aureliano.	Santo Antão retira-se para o deserto, 270-275.

275-284	Ameaças bárbaras; agitações dos camponeses da Gália e dos "cabilas".	Santo Antão organiza a vida monástica.
284-305	Diocleciano. Estabelecimento da Tetrarquia, 293. Abdicação de Diocleciano, 305. Constâncio Cloro.	Última perseguição, 293-305. São Marcelino, papa, 296--304; São Marcelo, 304-309; Martírios de Santa Inês, São Sebastião, São Cosme e São Damião, Santa Catarina, São Gens, o histrião, São Maurício e da Legião de Tebas. Tolerância no Ocidente.
305-306	Galério.	São Milcíades, papa, 311--314. Galério, ao morrer, volta a pôr em vigor as medidas de perseguição.
305-311	Ruína progressiva do sistema tetrárquico. Constantino governa o Ocidente. Maximiano Daia governa o Oriente.	Perseguição de Maximino Daia.
306-337	Constantino, o Grande. Vitória de ponte Mílvio, 312. Constantino, imperador único. Fundação de Constantinopla.	Ário, o herege, 256-336. Desenvolve-se a heresia de Ário. Edito de Milão, 313. São Silvestre, papa, 314-335. Santo Atanásio, 293-373; Santo Hilário de Poitiers, 315-367. São Pacômio funda um mosteiro, 323. O Concílio de Niceia, 325, condena o arianismo. O historiador Eusébio, 265-340. São Martinho de Tours, 317-397.

337-340	Constantino II.	São Júlio I, papa, 337-352.
248-350	Constante.	Grandes lutas arianas.
351-361	Constâncio.	O papa Libério, 352-366.
361-363	Juliano, o Apóstata.	Retorno do Império ao paganismo.
363-378	Os persas de Sapor progridem. A pressão dos barbáros aumenta: os germanos são acossados pelos hunos.	São Martinho funda a abadia de Ligugé. São Dâmaso, papa, 366-384. São Basílio reorganiza o monaquismo por volta de 370.
378	Derrota de Andrinopla e morte de Valente.	Santa Melânia funda em Jerusalém um convento de mulheres, por volta de 375. Impulso da arte cristã; as basílicas. São João Crisóstomo, 344(?)-407. São Jerônimo, 347-419. O poeta Prudêncio, 348-410.
378-395	Teodósio. Motim de Tessalônica, 390.	Decreto de 380 que torna o cristianismo religião oficial. Concílio de Constantinopla, 381. Santo Ambrósio, bispo de Milão em 373, obriga Teodósio a penitenciar-se. O paganismo é definitivamente proibido, 391. São Sirício, papa, 384-399.

395	Morte de Teodósio; o Império é partilhado entre os seus dois filhos Arcádio e Honório.	Santo Agostinho é eleito bispo de Hipona, 396. Morte de Santo Ambrósio, 397.

ÍNDICE BIBLIOGRÁFICO

A história eclesiástica progrediu muito a partir do pontificado de Leão XIII. Realizaram-se importantes trabalhos sobre as questões de maior interesse e levaram-se a cabo grandes sínteses. Pode-se ter uma ideia desses progressos pelo importante e espiritual artigo de Leclercq publicado pelo *Dictionnaire d'archéologie et de liturgie*, vol. VI, e consagrado aos *Historiens du christianisme.* Não pensamos, portanto, apresentar aqui uma bibliografia completa, nem mesmo suficientemente pormenorizada, sobre todo o período estudado no presente trabalho. As indicações que se seguem não têm outro fim senão permitir que o leitor, se assim o desejar, possa alargar o campo das suas pesquisas sobre qualquer dos assuntos aqui tratados.

Obras de caráter geral

Uma das obras atuais mais completas e mais úteis sobre os princípios do cristianismo é A. Fliche e V. Martin, eds., *Histoire de l'Église*, eds. Bloud et Gay. Há três tomos que dizem respeito ao nosso período: J. Lebreton e J. Zeiller, *L'Église primitive*, Paris, 1934; *idem, De la fin du IIème siècle à la paix constantinienne*, Paris, 1935; e J. R. Palanque, G. Bardy e P. de Labriolle, *De la paix constantinienne à la mort de Théodose*, Paris, 1936.

Há também, de G. de Plinval e R. Pittet, a *Histoire illustrée de l'Église*, Genebra, 1945-1948. Os primeiros capítulos, da autoria de G. de Plinval, se referem ao período estudado.

Outros: Duchesne, *Histoire ancienne de l'Église*, 3 vols., Paris, 1906-1911, obra cheia de exposições sumárias, originais, profundas e por vezes discutíveis; Batiffol, *Le catholicisme, des origines à Saint Léon*, vol. I, *L'Église naissante et le catholicisme*, Paris, 1927; J. Zeiller, *L'Empire Romain et l'Église*, vol. V-2 da *l'Histoire du monde*, dirigida por G. Cavaignac, Paris, 1928; C. Guignebert, *Le Christ*, Paris, 1933, crítica radical que expõe a tese de um cristianismo nascido das ideias e dos esforços de São Paulo; H. Leclercq, *La vie chrétienne primitive*, Paris, 1928, livro muito suscinto, mas excelente; H. Lietzmann, trad. francesa de A. Junit, *Histoire de l'Église ancienne*, Paris, 1936, obra de tendência protestante liberal, mas cheia de observações profundas.

É escusado dizer que todas as histórias gerais da Igreja estudam pormenorizadamente este período; as principais dessas histórias são: Mourret, *L'Histoire de l'Église*, 9 vols., 1910-1922; Jacquin, O.P., 2 vols., 1928; Boulenger, 9 vols., 1931-47; e sobretudo Ch. Poulet, O.S.B., *L'histoire du christianisme,* 4 vols., 1933-48, luminosa exposição da vida interna da Igreja.

Por fim, os manuais: Ch. Poulet, *L'histoire de l'Église*, em 2 vols., 1931; Marion e Lacombe, 4 vols., 1908; Moutret e Carreyre, 3 vols.; Boulenger, 1 vol., 1928; e os menos importantes, de Fournier, 1914; Fatien, 1919; e de Morçay, 1947. Apenas citamos as edições em língua francesa.

A *Histoire des origines du christianisme*, de E. Renan, em 8 vols., Paris, 1861 e segs., está superada em muitas das suas partes, mas conserva ainda grandes qualidades de exposição e de estilo, apesar dos seus preconceitos irritantes, sobretudo contra São Paulo.

Há também numerosos volumes muito úteis na *Bibliothèque catholique des sciences religieuses,* de Bloud et Gay. Encontram-se ainda diversos artigos na *Revue d'histoire ecclesiastique* de Lovaina e na *Revue d'histoire de l'Église de France.*

I. A salvação vem dos judeus

Sobre Jesus Cristo e as origens da Igreja, não podemos deixar de remeter o leitor para *Jésus en son temps* e para as indicações bibliográficas que ali se encontram, lembrando apenas as obras de Grandmaison, Lebreton, Huby, Prat, Ricciotti, e as de Goguel (protestante liberal), Klausner (israelita) e Loisy (crítico radical). No plano espiritual, *L'histoire du dogme de la Trinité*, Paris, 1935, de Lebreton, fornece muitos dados.

O judaísmo da Palestina foi estudado por Joseph Bonsirven, *Le judaïsme palestinien au temps de Jésus-Christ,* Paris, 1934, e num ensaio mais curto, *Les idées juives au temps de Notre-Seigneur,* Paris, 1934. Outros trabalhos: J. Lagrange, *Le messianisme chez les juifs,* Paris, 1909, e *Le judaïsme avant J.C.*, Paris, 1931; Dennefeld, *Le messianisme,* Paris, 1930; e J. B. Brey, *Le conflit entre le messianisme de Jésus et le messianisme des juifs de son temps, Bíblica,* 1933, págs. 133-149 e 269-293.

Sobre a *diáspora,* cf. E. Beurlier, *Le monde juif au temps de Jésus-Christ et des Apôtres,* Paris, 1900, e a grande obra do historiador israelita Juster, *Les juifs dans l'Empire Romain,* Paris, 1914. Numerosos trabalhos de Frey nos fazem compreender bem as relações entre as comunidades judaicas e as comunidades judaico-cristãs.

Sobre os primeiros tempos da Igreja, cf. S. Pouard, *Les origines de l'Église: Saint Pierre,* Paris, 1904; L. Camus, *L'oeuvre des Apôtres,* Paris, 1905; e sobretudo L. Cerfaux, *La communauté apostolique,* Paris, 1943, pequeno livro cheio de observações interessantes. Vejam-se também as notas das diversas edições críticas dos *Atos dos Apóstolos,* bem como os estudos sobre este livro, principalmente os trabalhos de R. Jacquier (1926) e A. Boudon (1933), e o vol. V do *Manuel d'Ecriture Sainte* de J. Rénié, 3ª éd., 1947.

A história do fim de Jerusalém é relatada com grandes pormenores no tomo II de Ricciotti, *L'histoire d'Israël,* tradução francesa de Auvray, Paris, 1948-1949.

Sobre Fílon e as influências judaicas no cristianismo primitivo, vejam-se os caps. IV e V deste volume.

Cf. também, a respeito das relações entre judeus e cristãos, o livro de Marcel Simon, *Verus Israel,* Paris, 1948.

II. Um arauto do espírito: São Paulo

São Paulo tem suscitado tantos estudos que a sua bibliografia é considerável. Entre os livros consagrados ao grande apóstolo, vejam-se os seguintes:

1 Aqueles que tratam principalmente da sua vida e da sua obra em geral, sobretudo F. Prat, *Saint Paul,* 1922; A. Tricot, *Saint Paul, Apôtre des gentils,* 1927; E. Baumann, *Saint Paul,* 1925; E. B. Allo, *Paul, Apôtre de Jésus-Christ,* 1942; J. Huby, *Saint Paul, Apôtre des nations,* 1943; G. Ricciotti, *Paolo Apostolo,* Roma, 1947. Sobre pontos particulares, veja-se as obras de A. J. Festugière, *L'Église des Corinthiens,* Paris, 1946, e K. Lietzmann, *Petrus und Paulus in Rom,* Berlim, 1927.

2 Aqueles que estudam sobretudo a sua doutrina, principalmente as obras clássicas de Prat sobre *La Théologie de Saint Paul,* 1920-1923; de F. Amiot, *L'enseignement de Saint Paul,* 1938; Duperray, *Le Christ dans la vie chrétienne après Saint Paul,* 1928; L. Cerfaux, *La théologie de l'Église selon Saint Paul,* 1942; J. Rénié, *Manuel d'Écriture Sainte,* vol. VI, 2ª éd., 1935; e o ensaio de Huby, *Mystique johannique et mystique paulinienne,* Paris, 1947.

Também se poderão consultar, com muita utilidade, os comentários que acompanham os textos de São Paulo, quer nos *Études Bibliques* (M. J. Lagrange, E. B. Allo), quer em *Verbum Salutis* (J. Huby), quer na *Sainte Bible de Letoumey* (Nédébielle, G. Bardy e D. Buzy), quer ainda na recente edição completa das *Épitres* feita por E. Osty, Paris, 1943, cuja introdução, breve mas muito densa, é excelente.

III. Roma e a revolução da cruz

Sobre a sementeira cristã à margem da obra de São Paulo, vejam-se os livros que estudam São João, principalmente E. B. Alio, *L'Apocalypse*, Paris, 1933; L. Pirot, Paris, 1923; C. Fouard, *Saint Jean et la fin de l'âge apostolique*, Paris, 1922; e A. Oliver, *Cahiers de littérature sacrée*, Paris, 1947. As diversas *Histoires de l'Église* tratam, evidentemente, do assunto, principalmente Lebreton e Zeiller; mas a obra fundamental é a de A. von Harnack, *Die Mission und Ausbreitung des Christentums in den ersten drei Jahrhunderten,* Leipzig, 1916. Sobre as tradições referentes à ação dos diversos apóstolos, cf. L. Duchesne, *Les anciens recueils de légendes apostoliques*, Bruxelas, 1895.

A situação do Império Romano por ocasião do nascimento do cristianismo foi já analisada, segundo outras perspectivas, na nossa obra *Jésus en son temps*, Paris, 1946; encontra-se ali uma sucinta bibliografia. As grandes coleções históricas já publicadas contêm obras de valor sobre a parte da história romana que nos interessa. As duas principais são L. Homo, *Le haut Empire*, vol. III de *L'histoire romaine*, in *Histoire générale*, col. dirigida por G. Glotz, Paris, 1941; e E. Albertini, *L'Empire Romain*, vol. IV da col. *Peuples et civilisations*, dirigida por L. Halphen e P. Sagnac, Paris, 1938, ambas de primeira ordem. Fornece-nos também sobre este período uma vista mais rápida, mas singularmente rica em observações e sínteses, a obra de Gonzague de Reynold, *L'Empire Romain*, tomo IV de *La formation de l'Europe*, Freiburg e Paris, 1945. Veja-se também L. Homo, *Nouvelle histoire romaine*, Paris, 1941, e o vigoroso trabalho de L. Pirenne, *Les grands courants de l'histoire universelle*, vol. I, *Des origines à l'Islam*, Paris, 1946. Festugière, em dois pequenos volumes, estudou *Le monde gréco-romain au temps de Notre-Seigneur*, Paris, 1935. Encontramos também muitos pormenores concretos e uma vista exata da civilização no livro de J. Carcopino, *La vie quotidienne à Rome à l'apogée de l'Empire*, Paris, 1939, e em *Le siècle d'or de l'Empire Romain*, de L. Homo, Paris, 1930.

Sobre as questões religiosas no mundo antigo, cf. J. Toutain, *Les cultes païens dans les provinces latines de l'Empire Romain*, Paris, 1907-1920; Franz Cumont, *Les religions orientales dans le paganisme romain*, 4ª éd., Paris, 1929; J. Carcopino, *Aspects mystiques de la Rome païenne*, Paris, 1941, e *L'Evangile en face du syncrétisme païen*, Paris, 1930.

IV. A gesta do sangue: mártires dos primeiros tempos

Entre as numerosas obras sobre o assunto, cf. Paul Allard, *Histoire des persécutions,* 5 vols., Paris, 1903-1908; *Le christianisme et l'Empire Romain,* Paris, 1908; *Dix leçons sur le martyre,* Paris, 1910; Le Blant, *Les persécuteurs et les martyrs,* Paris, 1893. São importantes os trabalhos de R. P. Delehaye, principalmente *Les passions des martyrs et les genres littéraires,* Bruxelas, 1921, e *Les origines du culte des martyrs,* Bruxelas, 1912-1933. É excelente também a coleção de H. Leclercq, *Actes des martyrs,* mais simples e mais resumidos são os livros de Monceaux, *La vraie légende dorée,* Paris, 1928, e sobretudo a coletânea de Hanozin, *Les geste des martyrs,* Paris, 1935.

Sob um ponto de vista mais histórico, cf. E. Causse, *Essai sur le conflit du christianisme primitif et de la civilisation,* Paris, 1920, e L. Homo, *Les empereurs romains et le christianisme,* Paris, 1931.

Sobre os cristãos de Lyon, Camilo Jullien escreveu páginas magníficas no vol. V da sua grande *Histoire de la Gaule,* Paris, 1914.

Sobre Santa Cecília, tudo o que sabemos encontra-se reunido numa animada brochura de Robert Kemp, Paris, 1942.

Por último, sobre o significado sacramental do martírio, veja-se Marcel Viller, *La spiritualité des premiers siècles chrétiens,* Paris, 1930, e o curso de Jean Daniélou no *Institut Catholique* de Paris, 1944-1945; um e outro contêm sobre este ponto um capítulo de primeira ordem.

V. A vida cristã no tempo das catacumbas

O pequeno livro de Leclercq citado entre as obras gerais dá uma ideia perfeita do assunto. Cf. também G. Bardy, *L'Église à la fin du premier siècle,* Paris, 1932; E. Amana, *L'Église des premiers siècles,* Paris, 1928; e sobretudo o admirável curso de Daniélou, já citado.

No que se refere à vida da alma, às práticas religiosas e à liturgia, citaremos apenas M. Viller, *La spiritualité des premiers chrétiens,* Paris, 1930; Cabrol, *Le livre de la prière antique,* Paris, 1900, publicado depois com o título *La prière des premiers chrétiens*, 1929; Duchesne, *Les origines du culte chrétien*, Paris, 1920; *Liturgia,* Paris, 1948; P. Batiffol, *Leçons sur la Messe,* Paris, 1919; Pius Parsch, *La Sainte Messe expliquée dans son histoire et sa liturgie,* Bruges, 1941. Sobre a primazia de Roma, F. Mourret, *La papauté,* Paris, 1929; P. Batiffol, *Cathedra Pétri*, Paris, 1938; Besson, *Saint Pierre et les origines de la primauté romaine,* Genebra, 1929-

Sobre as catacumbas há uma bibliografia enorme; os principais elementos estão contidos no guia de N. Maurice-Denis e R. Boulet, *Romée ou le pèlerin moderne à Rome,* Paris, 1948. As obras principais sobre o assunto são as de Rossi, *Rome souterraine*, Roma, 1864-1867, resumida em francês por Paul Allard em 1877; A. Pératé, *L'archéologie chrétienne*, Paris, 1892; M. Besnier, *Les catacombes de Rome,* Paris, 1909; e H. Chéramy, *Les catacombes romaines*, Paris, 1932; por último, há duas grandes obras ilustradas, em alemão e italiano, de Mons. Wilpert sobre as pinturas e os sarcófagos.

Sobre a Igreja e o sentido exato desta palavra, vejam-se L. Cerfaux, *La théologie de l'Église selon Saint Paul*, Paris, 1942; e Cullmann, *La royauté du Christ et de l'Église,* Paris, 1941. Encontrar-se-á um excelente resumo da teologia da Igreja na bela carta pastoral do cardeal Suhard, *Essor ou déclin de l'Église,* Paris, 1947.

VI. Nas fontes das letras cristãs

Sobre a redação do Novo Testamento, os dois livros mais recentes são os de J. Huby, *L'Évangile et les Évangiles,* Paris, 1940, e o de L. Cerfaux, *La voix vivante de l'Évangile au début de l'Église*, Tournai e Paris, 1946. Sobre as epístolas e os textos de São João, vejam-se as indicações nas notas bibliográficas dos capítulos III e IV deste volume. A formação do Cânon foi estudada por Lagrange, *Histoire ancienne du Canon du Nouveau Testament*, Paris, 1923; a transmissão dos textos, por L. Vaganay, *Introduction à la critique actuelle néotestamentaire,* Paris, 1934.

A bibliografia dos Padres da Igreja é tão vasta que se torna impossível dar um apanhado. A enorme publicação de Migne, em latim — os Padres gregos estão traduzidos para o latim — é reservada aos especializados. Existem manuais bem feitos que guiam neste vasto conjunto, como por exemplo E. Cayré, *Patrologie et histoire de la littérature grecque chrétienne,* Paris, 1928; e, para os latinos, P. de Labriolle, Paris, 1920. Existem inúmeros estudos que contêm grandes extratos; entre outros, podemos citar G. Bardy, *La vie spirituelle d'après les Pères des trois premiers siècles,* Paris, 1935, e E. Amann, *La philosophie chrétienne,* vol. I, Paris, 1935. Todos estes volumes contêm bibliografias que permitirão ao leitor alargar os seus estudos. Os que queiram recorrer aos textos podem procurar a coleção *Sources chrétiennes,* das Éds. du Cerf, com introduções de eminentes especialistas como Daniélou, Mondésert, de Lubac, Bardy e outros, e onde se encontram textos bem escolhidos e bem traduzidos de Orígenes, de Clemente de Alexandria, de São Gregório Niceno, de São João Crisóstomo, de

Santo Inácio de Antioquia, de Santo Atanásio, de Santo Hipólito, de São Basílio e de Santo Hilário de Poitiers. Veja-se também a edição da *Didaqué* por Emile Besson, Rouen, 1948.

Sobre os contatos intelectuais com os pagãos, veja-se Labriolle, *La réaction païenne*, Paris, 1939. Sobre Fílon, os trabalhos de Bréhier, principalmente, *Les idées philosophiques et religieuses de Philon d'Alexandrie*, Paris, 1925, e as obras de M. Wolker e H. À. Wolfson. Sobre a gnose, as obras de L. de Faye, principalmente *Gnostiques et gnosticisme*, Paris, 1925.

VII. Um mundo que nasce, um mundo que vai morrer

Sobre o conjunto deste capítulo, vejam-se os grandes manuais indicados no princípio destas notas bibliográficas, principalmente a *Histoire de l'Église* de Fliche e Martin, vol. II, *De la fin du IIème. siècle à la paix constantinienne*, por Lebreton e Zeiller, Paris, 1935.

Sobre o declínio do Império, poderemos recorrer às histórias romanas já citadas, porque todas contêm bons capítulos a esse respeito, sobretudo Gonzague de Reynold. Cf. também Maurice Besnier, *L'Empire Romain de l'avènement des Sévères au Concile de Nicée*, Paris, 1937, vol. IV da *Histoire romaine*, in *Histoire générale* de Glotz. Vejam-se também dois livros excelentes: G. Ferreno, *La ruine de la civilisation antique*, Paris, 1929; e H.-I. Marrou, *Saint Augustin et la fin de la culture antique*, Paris, 1928.

Sobre as relações entre Roma e a Igreja, à margem das perseguições propriamente ditas, veja-se de Labriolle, *La réaction païenne*, Paris, 1934-1942.

Vejam-se também as obras sobre as questões religiosas pagãs indicadas no capítulo III, e Toutain, *op. cit.*, vol. II, Paris, 1911. Sobre Apolônio de Tiana, a melhor obra é até hoje a de Westermann, traduzida em 1862 por Chassaing com uma importante introdução do tradutor; Mario Meunier e Gérard Caillet publicaram grandes extratos da *Vida* desse filósofo, da autoria de Filóstrato, com sólidos prefácios, e o segundo também uma série de citações de todos os que falaram de Apolônio.

Sobre *Orígenes*, a obra fundamental é a de E. de Faye, Paris, 1923-1930; veja-se também a excelente introdução de de Lubac na coleção *Sources chrétiennes*, e o ensaio de Daniélou, Paris, 1948. Sobre *Tertuliano*, pode-se consultar a obra de Freppel, embora já superada (1861-1862) e as mais recentes, mas parciais, de Monceaux, *Histoire littéraire de l'Afrique chrétienne*, Paris, 1901 e de A. d'Alès, *La théologie de Tertullieu*, Paris, 1905. Sobre o conjunto do pensamento cristão nesta época, G. Bardy, *La théologie de l'Église, de Saint Irénée au Concile de Nicée,* Paris, 1947.

VIII. A gesta do sangue. as grandes perseguições

A bibliografia deste capítulo é a mesma do capítulo IV. No que se refere à história romana, veja-se a bibliografia do capítulo VII; a política do império no século III perante o cristianismo é muito bem estudada no volume de Besnier na coleção Glotz. Citamos também nas notas o romance de Louis Bertrand, *Sanguis Martyrum,* evocação patética e muito exata das perseguições do século III na África, e cuja personagem central é Cipriano.

IX. A luta final e a cruz sobre o mundo

Obras gerais que dizem respeito a este capítulo: André Piganiol, *L'Empire chrétien,* vol. II da história romana na coleção Glotz, Paris, 1947; Ferdinand Lot, *La fin du monde antique et le début du Moyen Âge,* in *L'évolution de l'humanité,* Paris, 1927; J. R. Palanque, G. Bardy e P. de Labriolle, *De la paix constantinienne à la mort de Théodose,* in *L'histoire de l'Église* de Fliche e Martin, vol. III, Paris, 1936; o vol. II de *L'histoire ancienne de l'Église,* de Duchesne, Paris, 1907; e o vol. II de Lietzmann.

Sobre Diocleciano, cf. a tese de A. W. Hunziger, *Die diokletianische Staatsreform,* Rostok, 1899; um artigo de A. Piganiol, Viena, 1930; J. Zeiller e E. Hebrard, *Spalato, le Palais de Dioclétien,* Paris, 1912; e o interessante artigo de J. Lacourt-Gayet, *Prix et salaires sous Dioctétien,* in *Ecrits de Paris,* março de 1948.

Sobre os últimos mártires, cf. as obras indicadas para os capítulos IV e VIII.

Sobre Constantino, as obras principais são as de J. Maurice, Paris, 1924, e de A. Piganiol, Paris, 1932. Veja-se também H. Grégoire, *La conversion de Constantin,* in *Revue de l'Université de Bruxelles,* 1930--1931; P. Batiffol, *La paix constantinienne et le catholicisme,* Paris, 1914; e a obra de J. d'Elbée, *Constantin le Grand,* Paris, 1947. Sobre Santa Helena e a sua peregrinação, veja-se A. M. Rouillon, *Sainte Hetène,* Paris, 1908, e J. Maurice, introdução a *La Confrérie de la Sainte-Croix,* Lila, 1927. Sobre as basílicas romanas, lembremos *Romée,* de Noelle Maurice--Denis e Robert Boulet, Paris, 1935.

X. O grande assalto da inteligência

Obras gerais citadas precedentemente, sobretudo o vol. III de Fliche e Martin. Obras também citadas na bibliografia do capítulo VII, sobretudo o belo *Manuel de Patrologie* de Cayré.

Sobre o donatismo, veja-se Leclercq, *L'Afrique chrétienne,* vol. I, Paris, 1904; Duchesne, *Le dossier du donatisme,* in *Mélanges de l'Ecole de Rome,* 1890; P. Monceaux, *Histoire littéraire de l'Afrique chrétienne,* vols. IV e V, Paris, 1912, 1920; F. Martroye, *Une tentative de révolution sociale en Afrique,* in *Revue de questions historiques,* 1904-1905; J. P. Brisson, *Gloire et misère de l'Afrique chrétienne,* Paris, 1949.

Sobre Ário e o arianismo, cf. G. Bardy, *Saint Lucien d'Antioche et ses disciples,* Paris, 1936; E. Revillout, *Le Concile de Nicée,* Paris, 1899; A. d'Alès, *Le dogme de Nicée,* Paris, 1926; G. Bardy, *La politique de Constantin après le Concile de Nicée,* in *Revue des sciences réligieuses,* Paris, 1928. O recente livro do mesmo autor sobre *La théologie de Saint Irénée au Concile de Nicée,* citado no capítulo VII; o *Saint Athanase* de G. Bardy, Paris, 1914; o *Saint Hilaire de Poitiers,* de P. Largent, Paris, 1902, e a introdução de J. P. Brisson à sua edição do *Traité des mistères,* de Santo Hilário, Paris, 1947.

Sobre o maniqueísmo, temos de recorrer, sobretudo, a Santo Agostinho, *As confissões, Contra os hereges* e *Costumes dos maniqueus*, bem como às obras consagradas ao grande doutor. Veja-se também F. Cumont, *Recherches sur le manichéisme*, Bruxelas e Paris, 1908-1912; E. de Stoop, *Essai sur la diffusion du maniqueisme dans l'Empire Romain*, Gant, 1909.

Sobre as origens sassânidas do maniqueísmo, veja-se René Grousset, *L'Empire du Levant*, vol. I, Paris, 1947, e a bibliografia pormenorizada contida em Christensen, *L'Iran sous les sassanides*, Paris, 1936. Veja-se também Labourt, *Le christianisme dans l'Empire Perse*, Paris, 1912.

Sobre a expansão do maniqueísmo na Ásia, veja-se René Grousset, *L'Empire des steppes,* Paris, 1928, e no Ocidente, Pierre Belperron, *La croisade contre les albigeois*, Paris, 1942.

XI. A Igreja no limiar da vitória

Vejam-se os livros sobre a Igreja, sua organização, a sua vida espiritual e arte nas notas bibliográficas do capítulo V e sobre os Padres da Igreja nas do capítulo VI.

A propósito dos diversos parágrafos deste capítulo, os principais trabalhos que devem ser consultados são:

Sobre São Martinho, o grande livro de Paul Monceaux, Paris, 1926, e o tomo VII de *Histoire de la Gaule*, de C. Jullian.

Sobre a organização eclesiástica, um excelente artigo de P. Allard na *Revue de questions historiques*, de 1895, sobre *Le clergé au milieu du IVème. siècle.*

Sobre o desenvolvimento do poder pontifício, P. Battifol, *Le siège apostolique*, Paris, 1924, e Ch. Pichon, *Histoire du Vatican*, Paris, 1946.

Sobre o culto dos santos, além dos livros já citados a propósito dos mártires, veja-se M. Delehaye, *Sanctus: essai ur le culte des saints dans l'Antiquité*, Bruxelas, 1927. Na imensa bibliografia sobre o culto de Maria, devemos assinalar a volumosa obra, já antiga, mas que é uma mina de admiráveis textos, de Terrien, *La Mère de Dieu et la Mère des hommes,* 4 vols.; *Les plus beaux textes sur la Vierge Marie,* tão bem escolhidos por Régamey, Paris, 1942; E. Neubert, *Marie dans l'Église anténicéenne*, Paris, 1908; e Daniel-Rops, *Les Evangiles de la Vierge*, Paris, 1948.

Sobre as peregrinações, o curioso livro de D. Gorce, *Les voyages, l'hospitalité et le port des lettres dans le monde chrétien des IVème. et Vème. siècles*, Paris, 1925; o estudo de Cabrol sobre a *Peregrinatio* de Silvia Etéria, Poitiers, 1895; um opúsculo de Emile Baumann sobre *L'histoire des pèlerinages de la chrétienté,* Paris, 1941. As *Sources chrétiennes* publicaram também o *Pèlerinage d'Etheria,* 1948.

Sobre o culto das relíquias, cf. o artigo *Reliques* do *Dictionnaire apologétique* de D'Alés, Paris, 1922.

Sobre o monaquismo há uma enorme bibliografia, da qual destacamos U. Berlière, *L'ordre monastique des origines au XIIème. siècle*, Paris, 1928; as duas obras de G. M. Besse, *Monachisme africain* e *Moines d'Orient,* 1900; e H. Ch. Puech, reedição da *Vie de Saint Antoine* de Santo Atanásio, Paris, 1943.

Sobre Prisciliano e o seu drama, cf. E. Ch. Babut, 1909.

Sobre liturgia, os cantos e as festas, duas obras de Mons. Batiffol, *Histoire du bréviaire romain,* Paris, 1911 e *Etudes de Liturgie et d'Archéologie,* Paris, 1909. P. Wagner, *Origine et développement du chant liturgique,* Tournai, 1904; J. Bonnacorsi, *Noël, notes d'exégèse et d'histoire,* Paris, 1903. Bernardet reuniu também os *Plus beaux textes de la liturgie romaine,* Paris, 1946.

Sobre a arte cristã, a grande obra é a de Louis Bréhier, Paris, 1928, e, naturalmente, o já antigo *Manuel d'archéologie chrétienne* de Leclercq, Paris, 1907. Cf. também Emile Mâle, *La fin du paganisme en gaule et les plus anciennes basiliques chrétiennes,* Paris, 1950.

Sobre a literatura, os dois grandes manuais são os de Puech (literatura grega) e P. de Labriolle (literatura latina) já citados. Acrescentamos as seguintes monografias: V. Hély, *Eusèbe de Césarée, premier historien de l'Église,* Paris, 1877; uma edição da *Psychomachie* de Prudêncio por Maurice

Lavarenne, com uma introdução excelente, Paris, 1933; A. Puech, *Saint Jean Chrysostome et les moeurs de son temps,* Paris, 1891; o trabalho de Bardy, *Les plus belles pages de Saint Jean Chrysostome,* Paris, 1943; a grande obra de F. Cavallera sobre *Saint Jérôme,* Paris, 1922, e, para toda a atmosfera literária da época, a eminente tese de H.-I. Marrou, já citada, sobre Santo Agostinho.

Por último, todo o clima espiritual do século IV está perfeitamente evocado na obra clássica de J. Purrat sobre a *Spiritualité chrétienne, des origines au Moyen Age,* Paris, 1926.

XII. Revezamento do império pela cruz

Para este último capítulo, além das obras gerais já citadas, devemos assinalar alguns livros notáveis que explicam com precisão o drama que então se desenrolou. São particularmente: Ferdinand Lot, *La fin du monde antique et le début du Moyen Age*, Paris, 1927; Christopher Dawson, *Les origines de l'Europe*, Paris, 1924; os primeiros capítulos de G. Schnurer, *L'Église et la civilisation au Moyen Âge*, Paris, 1933; o fim de Gonzague de Reynold, *La formation de l'Europe*, vol. V de *L'Empire Romain*, Paris e Freiburg, 1945. Lembremos também o livro antigo, mas ainda valioso, de G. Kurth, *L'Église aux tournants de l'histoire*, assim como o trabalho coletivo *Le christianisme et la fin du monde antique*, Lyon, 1943; e Bardy, *L'Église et les derniers romains*, Paris, 1948.

Sobre o paganismo, P. de Labriolle, *La réaction païenne*, Paris, 1934, 1942; a obra antiga de G. Boissier sobre *La fin du paganisme*, 1891, e a de Franz Cumont sobre *Les religions orientales*, já citadas.

Assinalemos ainda os importantes trabalhos de Festugière, principalmente sobre *La révélation d'Hermès Trismégiste, l'astrologie et les sciences occultes*, Paris, 1944, e as três preciosas brochuras em que apresentou textos de *Trois dévots païens* (Fírmico Materno, Porfírio e Salústio), Paris, 1944.

Sobre um ponto da história do Baixo Império, cf. P. Allard, *Les esclaves chrétiens*, Paris, 1914, e os capítulos finais de *L'éducation antique*, de Henri-Irénée Marrou, Paris, 1948.

Juliano, o Apóstata, mereceu uma bibliografia enorme. Pondo de parte certos textos imaginários, como os de Merejkowsky, ou mesmo a passagem de Chateaubriand no vol. II dos seus *Etudes historiques* de 1831, podem-se citar os livros de H. A. Naville, 1877; de Paul Allard, 1906-1910; de Rostagni, 1920. Trabalhos mais recentes são os de J. Bidez, principalmente *La vie de l'Empereur Julien*, Paris, 1930, e a publicação das suas *Lettres, discours et fragments*, Paris, 1924-1932.

Quanto a Santo Ambrósio, já foi estudado por muitos autores, principalmente por A. de Broglie, 1899, e P. de Labriolle, 1908; foi estudado também por J. R. Palanque na sua tese sobre *Saint Ambroise et l'Empire Romain*, Paris, 1933. Não é preciso dizer que o estudo dos últimos tempos do século IV não pode desconhecer os trabalhos, muito numerosos, sobre Santo Agostinho e a sua época, principalmente os de E. Gilson, de Bardy, Cayré, Combès e de Henri-Irénée Marrou, já citado.

ÍNDICE ANALÍTICO

ESTE LIVRO ACABOU DE SE IMPRIMIR
A 5 DE NOVEMBRO DE 2024,
EM PAPEL IVORY SLIM 65 g/m^2.